初北平｜著

海上保险法

Marine Insurance Law

法律出版社
LAW PRESS · CHINA

前　言

海上保险法面临的一个现实问题是，在立法层面海上保险合同属《海商法》的一章，受英国海上保险法及保险实践影响颇深。而《保险法》作为保险合同的一般法，虽然在特别法没有规定的时候对海上保险活动亦有调整，但其立法理念却与大陆法渊源更深，故两个法系间的差异研究成为贯穿海上保险法研究的特色。同时，中国保险市场与国际保险市场不同的发展历程以及中国所特有的海事司法制度使海上保险法的研究不能脱离中国的实际。《海商法》修改工作于2017年启动，我有幸参与了《海商法》各章的调研及研讨，深受业内专家的指点和启发，同时也感慨于立场不同所带来的观点的巨大差异！故而觉得更有必要深耕海上保险法的基础理论，推动观点的争鸣，为将来的立法提供支撑。

本书是我近年来海上保险法学术论文的提炼与汇总，也是对于此前的《船舶保险条款研究》一书的扩展与完善。为方便读者研读及评判，本书的章节安排尽量以《海商法》的章节顺序以及保险实务中合同订立、履行、解除以及救济的逻辑顺序为基础；最大诚信置于保险合同当事人的义务部分进行讨论；保险合同的补偿性以及赔偿理赔中所遵循的赔偿原则分开进行论述；对于保赔保险的性质及其法律适用从业法与合同法两个层面展开讨论，并提出我国《海商法》调整保赔保险合同的初步设想；对我国新兴的自保公司的法律性质和自保合同的法律适用进行阐明。此外，本书对海上保险市场中的常用条款进行了解读，以回应近年来海上保险司法实践以及《海商法》中业界关注的热点问题。

学术研究虽然充满乐趣，但时间方面让我捉襟见肘，所以本书历经数年才得以出版。感谢英国南安普敦大学的高级讲师宋美娴博士，为我提供大量的英国法案例及信息。感谢曹兴国讲师以及在读博士生方阁、李婉、邢厚群等，他们为我每个阶段的书稿进行许多整理及校对甚至是观点的修正。没有他们，本书的出版恐怕还需更长的时间。最后，本书的顺利出版，必须感谢法律出版社的吴昉、郑怡萍女士。她们的严谨与高效，令我钦佩与感动。

初北平

2017年11月2日

目　录

第一章 绪 论

第一节 海上保险及海上保险立法的历史发展

一、海上保险的起源

(一)关于海上保险起源的争议

就像人类其他大多数的艺术、工业、职业一样,我们对于海上保险的起源也知之甚少。[1] 历史资料的匮乏使寻找海上保险确切起源的工作变得十分困难。目前学界关于海上保险起源的认识主要有两种:一种观点认为海上保险起源于共同海损(general average);另一种观点认为海上保险起源于船货抵押借款(maritime loans)。

共同海损,是指在同一海上航程中,船舶、货物和其他财产遭遇共同危险,为了共同安全,有意地、合理地采取措施所直接造成的特殊牺牲、支付的特殊费用。共同海损是海商法中最具特色的制度,也是海商法中最成熟的制度。它的历史非常悠久,早在公元前3世纪左右的《罗得海商法》中就有关于共同海损的规定:"为减轻船的重量而抛弃货物,是为了大家的利益进行的,所遭受的损失必须由全体分摊。"[2]共同海损实质上体现的是一种分摊原则,即将一个人或者一部分人的损失由所有受益方分摊,使损失在一定程度上得到转移。由于共同海损体现的分摊原则与保险所倡导的多数人共同分摊损失、互助共济精神相一致,因此,有学者认为共同海损是海上保险的萌芽或起源。

船货抵押借款早在公元前7世纪的希腊法律中或者甚至更早的腓尼基人(Phoenecians)时代的商事活动中就已存在,[3]其又可称为"海上冒险借贷",在意

---

〔1〕 Frederick Martin, *The History of Lloyd's and of Marine Insurance in Great Britain: With An Appendix Containing Statistics Relating to Marine Insurance*, Nabu Press, 2010, p. 2.

〔2〕 参见王小波:《〈罗得海商法〉研究》,中国政法大学出版社2011年版,第109页。

〔3〕 J. P. VAN Niekerk, *The Development of the Principles of Insurance Law in the Netherlands from 1500 to 1800*, Uitgeverij Verloren, 1998, p. 16.

大利语中称为“Commenda”，在法语中称为“Contrat de prêt a la grosse avanture”。[4] 船货抵押借款包括两个方面：以船舶和运费作为抵押物时称为船舶抵押借款（bottomry）；以货物作为抵押物时则称为货物抵押借款（respondentia）。与普通的借款一样，船货抵押借款制度作为一种筹措资金的方式，其产生的动因主要是船东或者货主在出海航行之前缺乏资金，需要通过借款为船舶的建造、修理、供给以及货物的采购提供资金；但与普通的借款不同的是，船货抵押借款的操作方式使海上贸易的风险很大程度上由放款人承担：船东和货主对借款本金的偿还建立在船货安全到达目的地的基础之上——如果船货在途中不幸由于风暴、海盗、战争、瘟疫以及其他灾难事故而沉没、灭失，则放款人的本金债权即告消灭。由于船货抵押借款制度很大程度上将船货灭失的风险从船东和货主的身上转移到了放款人身上，因此，也有很多学者认为船货抵押借款制度具备了海上保险的核心内容，是海上保险的起源。

（二）海上保险的真正起源——船货抵押借款

虽然共同海损制度在一定程度上体现了损失分摊、互助共济的精神，但是将其认定为海上保险的起源却略显牵强。(1)从制度的设立目的来看，共同海损的设立本质上是为了维护船货的共同安全，平衡共同海损各方当事人的利益，这与海上保险为船东和货主在出现保险事故时提供经济补偿的目的相去甚远。(2)共同海损制度尚不具备海上保险的核心内容——海上风险承担的转移。共同海损制度只是各当事方对将要发生或者已经发生的为共同安全或共同利益之目的而产生的损失或者费用的分摊，而并没有将各当事方各自面临的风险进行分摊和转移。事实上，在共同海损制度下，船货双方的海上风险仍是由船东和货主各自承担的。(3)从补偿的效果来看，共同海损制度下的损失方不仅仍需自行承担一部分的损失，而且其能否追偿回损失因依赖于获益财产的价值而颇具偶然性，[5] 这与通常海上保险只要损失是由于承保风险且非除外风险造成的，则保险人必须按保险合同的约定足额、及时赔偿的赔付规则完全不同。因此，从本质上来说，共同海损与海上保险是两个截然不同的制度，共同海损制度不是海上保险的起源。

而与共同海损制度不同，船货抵押借款制度虽然起因于融资需求，但是其操作方式实际上已经构成了将风险从船东和货主的身上转移到其他人身上的最初形态，具备了海上保险的实际效果。船货抵押借款制度与海上保险制度有着很大的相似之处：船东或货主通过这种借款协议的安排，将海上风险转移给贷款人，相当于海上保险中被保险人通过保险合同将海上风险转移给保险人，而相对应地，放款

〔4〕 Samuel Marshall, *Jonathan Williams Condy*, *A Treatise on the Law of Insurance: of bottomry and respondentia*, W. P. Farrand, 1810, p. 734.

〔5〕 Howard Bennett, *The law of marine insurance*, Oxford University Press, 2006, p. 2.

人通过借款协议的安排实际上承担了类似于保险人的角色,负担了船货在海上的风险;船东或货主支付的利息(marine interest)相当于保险费;被抵押的船舶和货物则可以认为是保险合同中对应的保险标的;发生事故时放款人不再收回借款的本金则相当于保险下保险人对船东和货主的保险赔偿。因此,可以认为船货抵押借款已经构成现代海上保险的逆形态,[6] 即放款人预付保险赔偿金(船货抵押借款的本金),借款人事后支付保险费(船货抵押借款的利息)。

综上所述,相比于共同海损,船货抵押借款不仅符合风险转移的保险本质,而且在具体的操作方式上也大体包含了现代海上保险的基本要素,具备现代海上保险的雏形,其甚至还与现代海上保险中的全损险有异曲同工之妙。Santerna 和 Straccha 这两位保险合同条约的最早起草者也认为保险合同是从船货抵押借款合同发展而来。[7]

(三)船货抵押借款制度的历史演进

考虑到作者将船货抵押借款认定为海上保险的真正起源,则对于海上保险历史演进的研究,也应开始于船货抵押借款制度。根据学者 C. F. Trenerry 的考察,船货抵押借款合同起源于从幼发拉底河流域的代理贸易(Trading by Agents)发展而来的伊斯兰康曼达契约(Commenda of Islam),其亦被称为冒险借贷制度(Foenus Nauticum)。[8] 伊斯兰康曼达契约是资本家(或产品生产者)与零售商(Darmatha)之间达成协议,由资本家或者产品生产者为零售商提供资金或者产品,而由零售商将利用其资金购买的产品或者由其直接提供的产品运到遥远的外地市场销售以获取最大的利润。为获得资金或产品,零售商需要以财产和自己、家人的人身作为担保——如果货物在途中被抢劫或者灭失,则零售商的财产和家人都将变成资本家或产品生产者的财产和奴隶。同时,如果贸易获得成功,则零售商需要向资本家或者产品生产者支付一半的利润或者相当于贷款数额的金钱作为利息(两者取其高)。当然,任何情况下,零售商都需归还资本家或产品生产者所提供的本金。由于当时盗贼横行,零售商被抢劫的情况常有发生,此种贸易失败的后果对那些诚实尽职的零售商来说过于严苛。因此,随着实践的发展,双方逐渐达成如下妥协:如果零售商能够证明货物的灭失确系遭到抢劫所致且其本身无过失,则其可被免除归还本金和利息的义务。[9] 后来,这种做法为公元前 1776 年颁布《汉谟拉比

---

〔6〕 William D. Winter, *Marine Insurance: Its principles and Practice*, Nabu Press, 2010, p. 3.

〔7〕 J. P. Van Niekerk, *The Development of the Principles of Insurance Law in the Netherlands from* 1500 *to* 1800, Uitgeverij Verloren, 1998, p. 27.

〔8〕 C. F. Trenerry, *The Origin and Early History of Insurance*, Lawbook Exchange, 2009, p. 46.

〔9〕 C. F. Trenerry, *The Origin and Early History of Insurance*, Lawbook Exchange, 2009, pp. 56 – 58.

法典》(Code of Hammurabi)所记载和认可。[10]

此后,在与古巴比伦人的贸易活动过程中,腓尼基人(公元前1600年)和印度人(公元前600年)逐渐掌握了伊斯兰康曼达契约的操作方式,并在适当改进的基础上将其适用于海上贸易,[11]使船货抵押借款制度初具雏形。而在公元前9世纪左右,腓尼基人将前述已经包含船货抵押借款核心特征的借款制度引入希腊,希腊人根据实践的需要,进一步将其发展成为真正意义上的船货抵押借款制度。[12] 同时,当时希腊关于船货抵押借款制度的法律规定也已十分完备——根据学者鲍彻(Boucher)和亨德里克斯(Hendriks)的观点,其甚至和法国在1806年以及英国在1862年所使用的法律几乎相同。[13] 因此,可以说船货抵押借款制度在公元前7世纪的希腊已经完全发展成型。而在公元前7世纪左右,已经发展成型的船货抵押借款制度被引入罗马,并被称为"Pecunia Traiecticia"。[14] 船货抵押借款不仅在罗马帝国时期有着非常广泛的使用,而且在后来的意大利、法国、西班牙等欧洲国家也一直被沿用。直至现代意义上的海上保险出现后,船货抵押借款的使用才逐渐减少。[15]

(四)海上保险的产生及早期发展

虽然船货抵押借款制度蕴含着海上保险的萌芽,但是由于其首要功能仍是借贷与融资,因此尚无法称为真正意义上的海上保险。船货抵押借款向海上保险的转变,需要将其风险转移的功能从借贷融资中独立出来。这一过程发生在14世纪

---

〔10〕《汉谟拉比法典》碑文所载之第101~107条对该种制度进行了规定。例如第103条规定,中途被敌人劫去其所有之一切者,零售商应以上帝之名宣誓,免除其偿还责任。参见[英]爱德华兹:《汉谟拉比法典》,曾尔恕勘校,中国政法大学出版社2005年版,第39~40页;何勤华:《汉谟拉比法典》,中国政法大学出版社2005年版,第39~40页。

〔11〕与古巴比伦人相比,腓尼基人和印度人对伊斯兰康曼达契约的改进表现在以下几个方面:(1)就借款人免除责任的情形而言,由原来的仅在货物灭失(如被抢劫)时才免除责任发展为由于意外事故导致货物未按约定交付都可免责;(2)就适用的范围而言,从原来只适用于陆上发展为亦适用于海上;(3)就借款的利息而言,利息的计算方式更为灵活合理,如综合考虑贸易活动的风险性质和合同持续的时间;(4)就利率的确定而言,利率是由精通该种借款风险的人来计算的;(5)根据前项计算出来的利率,必须再经过双方当事人的协商一致才能具有法律约束力。

〔12〕根据记载,希腊人所使用的船货抵押借款制度已经十分完善:船货抵押借款协议(Bottomry bill or Bonds of Respondentia)需要由银行家起草并保存,而船货抵押借款协议包括借款的担保(船舶或货物)、借款的期限、利息的计算方式、放款人所需承担的风险以及享有的权利、借款人的义务等内容。

〔13〕C. F. Trenerry, *The Origin and Early History of Insurance*, Lawbook Exchange, 2009, p. 75.

〔14〕对于"pecunia traiecticia"一词的翻译,国内学者王小波、丁玫将其翻译为"海运借款",但是,经作者查阅学者S. P. Scott所翻译的英文版《查士丁尼法典》,该词的英文翻译为"maritime loan",即本文所称的船货抵押借款。

〔15〕C. F. Trenerry, *The Origin and Early History of Insurance*, Lawbook Exchange, 2009, pp. 12-13.

的意大利。[16]

在十字军东征的刺激下，在城市商业贸易和经济早期的发展基础上，约自1300年起，意大利的城市国家经济开始繁荣。[17] 这种经济的繁荣，在海上贸易中体现得尤为明显。在这种背景下，海上保险也应运而生。当前关于现代意义上的海上保险的最早记载出现在14世纪初期的意大利北部城市——佛罗伦萨。[18] 在佛罗伦萨商会保存的一些记录于1318年商事交易的书中，可以经常发现保险这一支出项目，这表明至少在1318年，为货物保险已经成为一个习惯做法。[19]

不过，这一时期的海上保险合同本质上是从船货抵押借款演变而来的"假借贷"合同(Mutuum Gratiset Amore)。[20] 所谓"假借贷"合同，以船舶保险为例，其操作方式可概括为：在航行开始之前，船东和资本所有者签订借贷合同，船东以放款人的名义出现，资本所有者则以借款人的名义出现。但事实上，这笔借款并未真正交付(故实为"假借贷")，相反，船东在出海之前需向资本所有者支付一笔风险负担费。如果船舶平安无事地完成航海任务，安全抵达目的港，那么原先签订的借贷合同即告无效，资本所有者就无须履行偿还这笔"借款"；但如果船舶中途遇难受损，则原先的借贷合同成立，船东可找名义上的借款人(资本所有者)要求归还这笔"借款"。

从"假借贷"制度的操作方式中我们可以看出，相比于船货抵押借款制度，其更符合现代保险先支付保险费，再在保险事故发生后支付保险赔偿的做法。也正是基于这个原因，1347年10月23日意大利热那亚商人乔治·勒克维伦与即将出海驶向马乔卡的"圣·克勒拉"号商船船东签订为期6个月的"假借款"合同，被普遍认为是至今世界上发现的第一张保险单。[21] 该合同的措辞可以概括为：乔治·勒克维伦向圣·克勒拉号船东借了一笔钱，船舶在安全抵达马乔卡前，他必须承担

---

[16] J. P. Van Niekerk, "Fragments from the History of Insurance Law", *South Africa Mercantile Law Journal*, 2001(13), p. 104.

[17] 参见于民、欧阳翠梅：《论中世纪和近代早期的意大利城市国家经济》，载《潍坊学院学报》2007年第3期。

[18] 也有学者认为"保险"一词在现代意义上的首次使用是在 *Chronyk van Vlaendern* 这一历史著作中。根据其记载，在1310年，弗兰德(Flander)法院批准设立了一家保险协会(Chamber of Assurance)。但是该书内容的真实性受到质疑，也没有任何其他的证据证明其记载的内容是真实的。

[19] William Reynolds Vance, *The Early History of Insurance Law*, *Select Essays in Anglo - American Legal History*, Association of American Law Schools, 1909, pp. 104 - 105.

[20] 之所以产生这种转变，一方面是由于海上贸易发展对于风险转移的需求，另一方面则是由于中世纪教会立法对高利贷的普遍限制导致船货抵押借款的借贷融资功能受到限制而逐渐被淡化。

[21] Gerard J. Mangone, *United States Admiralty Law*, Kluwer Law International, Alphen aan den Rijn, 1997, p. 240. 但是根据学者 Humbert O. Nelli 在"The Earliest Insurance Contract - A New Discovery"一文中的考察，已经发现了一张于1343年2月13日签发的保险单。

风险并负责还款；如果船舶在6个月内安全抵达马乔卡，借款合同即告失效。[22]至于利息，实际上在出海前，船主就付给了乔治·勒克维伦，但在借款单中没有出现。显然，这是一份由船货抵押借款转变而来的"假借款"协议，虽然并没有明确约定保险人的承保范围，尚不完全具备现代保险单的基本形式，但是这并不影响其被认定为具有保险合同的本质。

到14世纪下半叶，现代意义上的保险合同开始在意大利被广泛地使用。而今天的术语"保险单"即来自意大利语"Polizza"，表达承诺及许诺之意。[23] 在一张日期为1385年的意大利佛罗伦萨和比萨格式保险单中，清楚地列明其所承保的风险：天灾、海难、人祸、火灾、弃货、王子、城邦或其他人的没收、报复性劫掠、意外事故或其他任何的妨碍。[24] 该保单已经基本具备了现代意义上保险单的承保内容。而到了14世纪末，意大利的海上保险业已很发达。莎士比亚的名著《威尼斯商人》中就描写了当时的海上保险及其种类。历史上第一家保险公司也出现在1424年的意大利。[25]

此后，随着资本主义在西欧各国的发展以及新航线的开辟，贸易中心逐渐从地中海一带转移到大西洋沿岸，海上保险制度也从意大利经葡萄牙、西班牙的各大城市传入荷兰、英国、法国以及北欧的一些城市，英国逐渐在海上保险领域崭露头角。[26] 将海上保险由意大利传向英国的是意大利的伦巴第商人。他们说服当时的英国国王亨利四世（Henry Ⅳ）同意他们在伦敦城建立自己的家园以方便开展贸易，这个区域后来被称为"伦巴第街"（Lombard Street）而闻名于世。[27] 1574年，伊丽莎白一世（Elizabethl）女王批准设立保险商会，专门办理保险单的登记事宜，并颁布经营海上保险的法案，制定标准保险单，极大地促进了英国海上保险的发展。可以说，直至英国伊利莎白时代，伦巴第商人控制英国保险业的局面才开始得到改观，英国的保险业开始由英国的专业保险商控制，英国的海上保险业务由伦巴第街一带转移到了专门办理保险单登记并代为解决保险纠纷的伦敦皇家交易所下的保险商会。之后，随着劳埃德保险人（Lloyd's underwriters）的兴起以及举世闻名的劳氏保单（Lloyd's form）的制定，英国在海上保险领域的中心地位得以确立。

---

〔22〕 Humbert O. Nelli, "The Earliest Insurance Contract - A New Discovery", *The Journal of Risk and Insurance*, Vol. 39, 1972(2), pp. 217 - 218.

〔23〕 Donald O'may, edited by Julian Hill, *Marine Insurance: Law and Policy*, Sweet & Maxwell, 1993, p. 1.

〔24〕 G. Clayton, *British Insurance*, Elek books Limited, 1971, p. 27.

〔25〕 Jan Berting, *Europe: A Heritage, a Challenge, a Promise*, Eburon Publishers, 2007, p. 128.

〔26〕 16世纪以前英国的对外贸易和保险业均被意大利和汉萨同盟的商人控制。

〔27〕 Frederick Martin, *The History of Lloyd's and of Marine Insurance in Great Britain: With An Appendix Containing Statistics Relating to Marine Insurance*, Nabu Press, 2010, p. 20.

二、海上保险立法的起源

(一)海上保险立法的萌芽

海上保险起源于船货抵押借款,因此对于海上保险立法起源的完整考察也应当从船货抵押借款制度的立法开始,其可被称为海上保险法的萌芽。

早期有关船货抵押借款的立法,最集中地体现于罗马法的集大成者——东罗马帝国皇帝查士丁尼一世下令编纂的国法大全(Corpus Iuris Civilis)。其中,《查士丁尼法典》(The Code of Justinian)第四卷第三十二章就是关于船货抵押借款的规定。在该章中,不仅规定船货抵押借款在船进港前不受一般契约共同利率的制约,而且明确指出只有在实际承担海上风险的前提下,债权人才有权获得该种借款下的高利息。[28]《查士丁尼学说汇纂》(The Digest of Justinian)第二十二卷第二部分则汇编了公元前100年至公元300年有关法学家对船货抵押借款的论述。从这些论述中,我们可以看出当时对船货抵押借款制度的认识已经相当深入,其甚至还涉及了船货抵押借款合同与货物质权的关系。[29]

随着时间推移,在汉萨联盟(Hanseatic League)早期颁布的一些条例(Recessus)中,也包含着对船舶抵押借款制度的规定。其中,在吕贝克(Lübeck)颁布的一个条例中就对船长签订船货抵押借款合同的限制和例外作出了详细的规定。[30]综上所述,自公元前100年至14世纪有关船货抵押借款制度的法律规定可被视为海上保险立法的萌芽。

(二)海上保险立法的产生与早期发展

伴随着船货抵押借款制度向现代海上保险的逐渐转型,海上保险的立法也在此过程中孕育而生。根据学者威廉·雷诺兹·万斯(William Reynolds Vance)的考证,早在1411年和1424年,意大利的威尼斯就已经分别颁布了两个关于禁止威尼斯保险人承保国外船舶和货物的条例。[31] 不过由于这些立法只是当地政府对当时习惯做法的一些规制,因此并未形成大的影响。第一部真正具有历史影响的海上保险立法是1435年的《巴塞罗那商业条例》。该立法针对当时实践中出现的保险欺诈现象,规定了特定类型船舶的承保数额(防止超额承保)并禁止对外国人拥有或营运的船舶进行承保。同时,该条例还规定了海上保险的承保规则和损害赔偿手续,如"保险合同必须由被保险人或其代理人签字","保险合同只有在被保

---

〔28〕 S. P. Scott, *The Civil Law*, Vols. 12 - 14, Lawbook Exchange, 2001(Book Ⅳ), p. 84.

〔29〕 Alan Watson, *The Digest of Justinian* (Volume 2), University of Pennsylvania Press, 1998, pp. 185 - 186.

〔30〕 Frederick Martin, *The History of Lloyd's and of Marine Insurance in Great Britain: With An Appendix Containing Statistics Relating to Marine Insurance*, Nabu Press, 2010, p. 5.

〔31〕 参见于民、欧阳翠梅:《论中世纪和近代早期的意大利城市国家经济》,载《潍坊学院学报》2007年第3期。

险人支付保险费并在保险合同中加以确认后才能生效”等。[32] 该法作为当时最为全面的海上保险立法对其他地区产生了深刻的影响。例如,威尼斯于1468年7月2日颁布的关于法院如何处理保单纠纷中的程序问题及防止欺诈的法令就是以此为蓝本制定的。此后,该法分别在1436年、1458年以及1461年进行了修订和扩展,并最终形成了1484年[33]的《巴塞罗那海上保险条例》。[34]

16世纪,海上保险立法有了进一步的发展。1523年,佛罗伦萨在总结以往海上保险立法的基础上制定了一个比较完整的条例。值得注意的是,该条例附有当时普遍使用的标准保单,成为世界上最早的标准保险条款。同时,该法规定如果要在保单中加入任何的特殊条款,需经过由5名委员(commissioner)组成的委员会的同意才能生效。而在随后的立法中,这些委员还被赋予了确定保险费率、任命保险经纪人的权利,并对保险经纪人的义务、收入进行了规定。[35] 1556年,法国鲁昂(Rouen)出现了对法国海上保险具有深远影响的《海上指导》(Le Guidon de la Mer)。值得注意的是,《海上指导》本质上不是国家制定的立法,而是私人对当时海上惯例加以整理形成的著作。[36] 由于当时法国并无关于海上保险的立法且调整海上活动的《奥列隆法典》(Rôles d'Oléron, Rôles of Oléron)并没有对海上保险加以规定,因此《海上指导》实质上是对《奥列隆法典》的补充,并在实践中起到了显著的指导作用。[37] 同年,西班牙国王菲利普二世(King Philip Ⅱ)颁布法令,对往来于印度的船舶和货物保险进行了规定。[38] 1563年比利时通过《安特卫普法令》,该法令明确规定保险应按照安特卫普交易所的习惯做法来进行,并设有防止欺诈和赌博的条款。这一法令在欧洲产生了广泛的影响,英国的皇家交易所保险公司就是按照此法经营的。[39]

进入17世纪后,各国的海上保险立法开始走向完善。1601年,伊丽莎白一世制定了英国第一部有关海上保险的法律——《伊丽莎白法案》(An Act Concerning Matters of Assurances used among Merchants)。该法阐明了海上保险比其他补偿方

---

〔32〕 William D. Winter, *Marine Insurance: Its principles and Practice*, Nabu Press, 2010, p. 8.

〔33〕 1484年的《巴塞罗那海上保险条例》共25条,其英文译本可在Stanley S. Jados所编译的*Consulate of the Sea and related documents*一书中找到。载http://libro.uca.edu/consulate/consulate.htm,最后访问日期:2018年3月9日。

〔34〕 James Reddie, *An Historical View of the Law of Maritime Commerce*, *Adamant Media Corporation*, 2005, pp. 169-170.

〔35〕 Frederick Martin, *The History of Lloyd's and of Marine Insurance in Great Britain: With An Appendix Containing Statistics Relating to Marine Insurance*, Nabu Press, 2010, pp. 27-28.

〔36〕 James Reddie, *Historical review of the Law of Maritime Commerce*, W. Blackwood and sons, p. 342.

〔37〕 Jan Berting. Europe, *A Heritage, a Challenge, a Promise*, Eburon Publishers, 2007, pp. 341-348.

〔38〕 Jan Berting. Europe, *A Heritage, a Challenge, a Promise*, Eburon Publishers, 2007, p. 314.

〔39〕 参见李玉泉:《保险法》,法律出版社2003年版,第27页。

法的优越性并规定在保险商会内设立仲裁庭解决海上保险的纠纷案件。1681 年,法国国王路易十四(Louis XIV)颁布了当时最为先进的海上立法——《海事敕令》(Marine Ordinances of Louis XIV),第六章为海上保险的法律制度,被认为是欧洲大陆最早的具有现代意义的保险法。[40] 该敕令有关海上保险的规定为 1807 年《法国商法典》第二编有关海上保险的规定奠定了基础,甚至两者的许多规定除了一些语言及小的改动外基本相同。[41] 1687 年,丹麦—挪威王国国王克里斯蒂安五世(Christian V)颁布实施了《挪威法典》(Norwegian Code),专设一章对保险进行调整。纵观早期海上保险的立法,即可发现早期各地区或国家有关海上保险的立法规定具有很大的相似性。该种相似性主要源于两点:一是这些早期立法大多具有相同的起源,即中世纪的商人法(Medieval Law Merchant);二是海上保险属于国际或者跨地区海上贸易的风险保障机制,由于多数情况下被保险人与保险人不在同一国家或地区,因此有关海上保险的立法很容易借助贸易的国际性在不同的地区或国家得到传播并相互借鉴。

另外,还有一点值得我们关注的是与目前海上保险争议大多由海事法院或普通法院审理不同,早期有关海上保险的争议多由特别法庭(Special Tribunal)审理。在早期的佛罗伦萨、伦敦、鹿特丹、阿姆斯特丹等大多数海上保险发达的城市都存在这种特别法庭。这些特别法庭主要由港口的商人法庭的审理人员或者保险委员会的委员组成,并讲求审理的迅捷性。正如学者 Marsden 所说,"(早期)海上保险法的发展与海事法官并无多大的关系。海事法院似乎并不符合保险人或者商人的需求"。[42]

三、中国海上保险及其立法的历史沿革

我国的保险最早是伴随着帝国主义的经济侵略而兴起的,而帝国主义的经济侵略又是从海上开始的,因此,保险进入中国的历史就是中国海上保险起源的历史。

(一)新中国成立前的海上保险及立法

1685 年,清政府开放海禁,在广州设立粤海关,广州作为当时唯一的对外贸易通商口岸开展对外贸易,海上贸易在中国沿海逐步开展。在 1801 年,仅有一些外国商人临时组织的会社承保船只及其运载的货物。随着国际贸易的发展,有些印度加尔各答的保险机构,在广州设置了代理处。1805 年英商在广州成立了谏当保

---

〔40〕 James Reddie, *An Historical View of the Law of Maritime Commerce*, Adamant Media Corporation, 2005, p. 29.

〔41〕 John Duer, *The Law and Practice of Marine Insurance Deduced from a Critical Examination of the Adjudged Cases*, The Lawbook Exchange, 2007, pp. 43 – 44.

〔42〕 Howard Bennett, *The law of marine insurance*, Oxford University Press, 2006, p. 15.

安行(Canton Insurance Society),[43]这是外商在广州,也是在中国开设的第一家保险机构。

1840年鸦片战争后,随着《南京条约》、《望厦条约》、《黄埔条约》以及《天津条约》、《北京条约》等一系列条约的签订,清政府开放的口岸从上海等沿海五个口岸逐步扩展到长江中下游的十个口岸,保险也紧随贸易从沿海进入了内地。上海在五个口岸中发展最快,外国侵略者最早在那里划定租界,到19世纪40年代末,逐渐代替广州成为全国对外贸易的中心,保险的中心也逐渐转移至上海。然而,残酷的现实是,至19世纪中叶,我国的海上保险业务几乎全部由外商保险公司垄断,而且其对中国企业的承保条件非常苛刻。以当时中国最大的海商贸易企业——洋务派创建的轮船招商局为例,它的船舶和货物由英商的怡和及保安两家保险公司承保,其承保的条件是:(1)不是外国制造或购自外国的船舶不予承保;(2)保额只能保实际价值的六成;(3)保险费率为10%。[44]

中国民族保险业的发展,首先在于对西方现代保险思想的引入。1841年魏源受林则徐委托,撰写了《海国图志》,第一次介绍了英国的现代保险制度:其中在第五十一卷"大西洋英吉利国二"中介绍了该国货物运输保险的办法;在第八十三卷"夷情备采,贸易通志"中,编者把保险译为"担保",火灾保险译为"宅担保";海上保险译为"船担保";人寿保险译为"命担保",然后对"担保会"的集资规模、盈亏分摊、互保险种等分别作了介绍,[45]使中国人对现代保险有了第一次的认识。1865年5月25日,中国第一家民族保险公司——上海义和公司保险行成立,开创中国民族保险业的先河。上海义和公司保险行创办伊始,为维护民族尊严,便利华商投保,即在保险单上采用一面汉字,一面英文的形式,创保险业的先例。从其开业启事来看,当时仅承保货物运输,尚未开办船舶保险业务。[46] 此后,洋务派在屡受外商保险公司的欺压之后,也逐渐认识到"须华商自立公司,自建行栈,自筹保险"。在这种思想的推动下,保险招商局在1875年12月28日正式成立。保险招商局成立后,由中国人自办船舶保险和货物运输保险,受到了民族工商业者的欢迎和支持,保险业务随之不断增加。但保险招商局承保能力有限,溢额须向外商保险公司转保,而外商保险公司只限保六成,剩余风险仍需由保险招商局自己承担。[47]在此背景下,1876年7月,另一民族保险公司仁和水险公司成立。由于仁和水险公司只承保船舶险和运输险,不保码头、栈房和货物的火灾保险,因此1877年年

---

〔43〕 参见《中国保险史》编审委员会编:《中国保险史》,中国金融出版社1998年版,第16页。

〔44〕 参见初北平:《船舶保险条款研究》,法律出版社2009年版,第10页。

〔45〕 参见《中国保险史》编审委员会编:《中国保险史》,中国金融出版社1998年版,第29~30页。

〔46〕 参见《中国保险史》编审委员会编:《中国保险史》,中国金融出版社1998年版,第40页。

〔47〕 参见《中国保险史》编审委员会编:《中国保险史》,中国金融出版社1998年版,第46页。

初,轮船招商局并购了美商旗昌轮船公司的轮船、码头、栈房,并于1878年4月由保险招商局组织成立了济和船栈保险局,专保仁和水险公司的溢额和轮船招商局的码头、栈房和货物的火灾保险业务。[48] 此后济和船栈保险局增资并更名为济和水火险公司。1883年中法战争的爆发导致轮船招商局了陷入了非常拮据的处境,仁和水险公司、济和水火险公司也深受影响。1886年2月仁和水险公司、济和水火险公司两家公司合并为仁济和水火保险公司。但由于仁济和水火保险公司大部分资金滞留在轮船招商局,严重影响了经营,业务慢慢萎缩,最终于1934年10月停业。[49]

辛亥革命之后至国民政府期间,中国的民族保险业经历了一个曲折的发展期。从1912年到1937年,银行业相继投资于保险业,大大促进了保险业的发展。例如,1926年12月东莱银行等投资100万元(实收50万元)开设了安平水火保险公司;1929年11月,金城银行投资100万元(实收50万元)开设太平水火保险公司;[50] 1929年至1934年,民族保险业根据业务经营上的特殊需要和共同目标,进行了联合管理,组成了太平保险公司集团——太安丰天总经理处、华商联合保险公司、中国船舶保险联合会等联合营业组织,大大加强了华商保险公司对巨额保险的承保能力,减少了对外商保险公司的依赖。[51] 抗日战争胜利后,国民政府迁回旧都南京,金融市场重心由大后方转回上海,上海重新成为中国保险业的中心。此时的官僚资本逐渐发展成为国家金融垄断势力。上海官僚保险机构的数量更是由战前的8家增加为24家。这些规模大小不一的机构,控制了企业财产、船舶、货物运输、人寿及再保险等业务。民营保险机构逐渐在保险市场上成为官僚资本的附庸。新中国成立前夕,国民经济濒临崩溃,通货膨胀率居高不下,保险市场陷入了巨大的混乱之中,许多保险公司不得不宣告破产。[52]

法律是调整社会关系的工具,因此,有海上保险关系和海上保险纠纷的存在,就有海上保险立法的需求。中国近代保险史上的第一部保险法规是光绪三十三年(1907年)拟具的《保险业章程草案》,共有七章105条,但是在上报清廷后就被束之高阁,并未批准付诸实施。[53] 1911年的《大清商律草案》也涉及了保险的规定,其第二编"商行为"中对损害保险和生命保险作出明确规定,但该法最终还未及实

---

〔48〕《申报》1878年3月16日。《国营招商局七十五周年纪念创刊》,本局编年记事,第53页。转引自《中国保险史》编审委员会编:《中国保险史》,中国金融出版社1998年版,第47页。

〔49〕参见中国网,载 http://www. china. com. cn/international/txt/2008 - 05/09/content_15136176. htm,最后访问日期:2013年12月20日。

〔50〕参见《中国保险史》编审委员会编:《中国保险史》,中国金融出版社1998年版,第72、80页。

〔51〕参见《中国保险史》编审委员会编:《中国保险史》,中国金融出版社1998年版,第83页。

〔52〕参见张洪涛、郑功成主编:《保险学》,中国人民大学出版社2002年版,第47页。

〔53〕参见《中国保险史》编审委员会编:《中国保险史》,中国金融出版社1998年版,第57~58页。

施就遭夭折。此后,国民政府于 1929 年通过并颁布了《保险法》,并于 1937 年 1 月同时公布了经修正后的《保险法》《保险业法》《保险业法施行法》,[54] 但这些法律都未及实施。而关于海上保险的明文立法则最早可追溯到宣统元年(1909 年)完成的《海船法草案》,该法从第三编开始都是直接或间接与保险有关的法律条文。这部《海船法草案》并未颁行,因而没有法律上的效力,但在中华民国成立后的北洋政府时期颁行的《海船法案》和《海商法》,都是以该法为基础的。[55] 另外,在抗战时期民国政府还颁发了水、火、人寿三种保险单基本条款,对水险保单应载明事项、责任范围和保险契约的有效条件均有所明确,使海上保险契约的内容更趋于标准化。[56] 因此,总体来看,旧中国关于海上保险的立法虽然跨出了从无到有的第一步,但大多都停留在纸面而没有得到真正的应用。

总之,新中国成立前,中国民族保险业道路曲折,深受当时动荡的社会环境和外商保险机构排挤的影响。海上保险也同样未能幸免,虽然在这一过程中民族海上保险企业的数量在不断增加,相关法律制度也开始陆续出台,但由于民族保险业的力量薄弱、经验不足,我国民族海上保险公司根本无法与外商保险公司相抗衡。这一点从当时签发的保单中也可以得到印证:当时所有的华商保险公司出具的海上保险单基本是劳合社(lloyd's)的标准保险单格式。即使从 1934 年起,有些华商保险公司的保险单开始采取中英文对照的方式,但其仍注明"中文条款仅系译文"。中国的海上保险在当时仍无法做到独立经营、自我发展。

(二)新中国成立后的海上保险及立法

解放战争的胜利和新中国的成立为我国的保险业翻开了新的篇章。为整顿当时混乱的保险业市场,人民政府授权地方党委和军事管制委员会接管官僚资本的保险机构。至 1949 年 10 月,除批准中国产物保险公司和专营船舶保险、船员意外保险的中国航联意外责任保险公司恢复营业外,其他被接管的保险公司对未到期火灾保险单一律办理退保手续,终止保险责任。对人寿保险金的清偿,因涉及新中国成立前货币多次贬值,与银行存款清偿一样,草拟《人寿保险金清偿办法》,上报审批。对民营保险公司采取公私兼顾、劳资两利的保护政策,积极扶持促其恢复营业。经过整顿改造,开始纳入为生产、为群众服务的轨道,为恢复国民经济发挥作用。同时,对于外商保险机构,为了彻底改变帝国主义垄断中国保险市场的局面,维护民族独立,不但取消了外商在华保险公司的种种特权,如外汇自由汇出、华洋两种费率等,而且对其业务经营采取严格管理的政策,如禁用外币保单、禁止挪用保险费经营商业或拆放私人生息等。外商保险公司只能在我国法律、政策允许的

---

[54] 参见《中国保险史》编审委员会编:《中国保险史》,中国金融出版社 1998 年版,第 100 页。

[55] 参见《中国保险史》编审委员会编:《中国保险史》,中国金融出版社 1998 年版,第 58 ~59 页。

[56] 参见《中国保险史》编审委员会编:《中国保险史》,中国金融出版社 1998 年版,第 152 页。

范围内经营业务。因此,到1952年年底,外国在华保险公司都陆续申请停业,自动退出中国保险市场。

新中国保险业的真正起步是自1949年10月20日中国人民保险公司在北京正式成立之日开始的,海上保险亦是如此。对于海上保险业在新中国的发展,我们大致可以以改革开放为界限,分为两个阶段。

改革开放前,中国海上保险业的发展属于起步和填补空白阶段,主要以中国人民保险公司〔57〕为主线。1951年,为适应我国对外贸易不断发展的需要,人保公司以英国协会货物保险条款为蓝本,首次制定了我国自己的海洋运输货物保险条款。为进一步适应市场的需要,1956年起,人保公司根据我国保险工作实际情况,在参照国际保险市场的习惯做法的基础上陆续制定了各种附加险条款,至此,我国的海洋运输货物保险终于有了一套自己的比较完整的保险条款。然而好景不长,1958年以后,社会主义保险事业受到极"左"思潮的严重干扰,错误地认为城乡的任何风险都可由国家和集体承担,保险事业已完成历史使命。1958年12月,除上海等个别地区外,停办了国内保险业务。〔58〕从1959年起,全国国内保险业务除上海、哈尔滨等地因客观需要继续维持了一段时间外,其余地区全部停办了各种保险业务。国外保险业务被划拨给中国人民银行总行国外局一个处领导。〔59〕不过万幸的是,国内保险的停办并没有完全阻挡海上保险的发展。虽然1969年1月交通部的远洋船舶保险曾被停办,但由于进口白金丢失事件的发生,在周恩来总理的指示下,涉外保险与再保险得以继续办理。〔60〕1960年人保公司承保第一艘国轮"光华轮",〔61〕但当时适用的仍是外国的船舶保险条款。1963年和1970年,人保公司分别对海上货物运输保险条款进行了两次修订,并于1972年4月1日起正式实施新条款。这一条款既吸取了协会条款的优点,又结合了我国的实际情况,条款主险包括全损险、基本险和综合险三种。1976年又对条款进行了修订,但基本内容没有变化。1972年,人保公司还制定实施了自己的船舶保险条款,填补了我国船舶保险条款的空白,在海上保险历程上跨出了重要的一步。1976年,中国人民保险公司又对1972年条款的某些条文措辞作了修改,使之在文字上更加严谨和准确。〔62〕

纵观这一时期海上保险业的发展,虽然有许多历史性的跨越,但是受制于当时对外贸易水平较低和社会主义改造完成及农村人民公社建立后国内保险被停办的

〔57〕 人保或人保公司是对中国人民财产保险股份有限公司(原中国人民保险公司)的简称。中国人民财产保险股份有限公司的前身是1949年10月20日成立的中国人民保险公司。

〔58〕 参见李玉泉:《保险法》,法律出版社2003年版,第45页。

〔59〕 参见张洪涛、郑功成主编:《保险学》,中国人民大学出版社2002年版,第48页。

〔60〕 参见《中国保险史》编审委员会编:《中国保险史》,中国金融出版社1998年版,第416、419页。

〔61〕 参见初北平:《船舶保险条款研究》,法律出版社2009年版,第10页。

〔62〕 参见顾寒梅:《涉外保险理论与实务》,复旦大学出版社2005年版,第161页。

历史背景,海上保险在短暂的起步发展之后开始处于停滞不前的状态。

1979 年 2 月,在"文化大革命"结束和执政党将工作重心转移到经济建设的大背景下,中国人民银行全国分行行长会议作出了恢复国内保险业务的决定。[63] 国内保险业务的恢复工作,首先是设计制定保险条款、费率和单证格式。1979 年 5 月至 6 月,先后推出企业财产保险、货物运输保险和家庭财产保险三个险种。海上保险业也随之迎来了新的发展契机。随着对外经济贸易的迅速发展,海上保险的需求也日益增加。为适应这种需求,1980 年,人保公司参照联合国贸易和发展会议(United Nations Conference on Trade and Development,UNCTAD)及七十七国集团(Group of 77,G77)关于海运货物保险条款的建议以及英国、德国、美国及其他能够收集的条款、法规、公约、协定等修改成了《中国人保海洋运输货物保险条款(1981 版)》。该条款适用至 2009 年后,更名为《中国人保海洋货物保险条款(2009 版)》,其内容变化甚微。1986 年,人保公司在参考《英国 1983 年协会定期船舶保险条款》的基础上制定了新的船舶保险条款。上述两套保险条款设计基本合理,符合我国改革开放的需要,获得了国际上的认可并一直沿用至今。同时,由于社会主义市场经济地位的逐步确立和发展,海上保险市场的保险主体也逐渐呈现多元化的趋势。1986 年 7 月 15 日,中国人民银行批准成立了"新疆生产建设兵团农牧业生产保险公司",1992 年更名为"新疆兵团保险公司"(以下简称"兵保")。"兵保"的出现,结束了人保公司独家经营的历史。[64] 1988 年和 1991 年,中国人民银行分别批准成立了平安保险公司和中国太平洋保险公司,从而打破了海上保险一直由人保公司一家垄断经营的局面。此后,随着市场经济的深入,华泰、永安、华安、大众等中资财产保险公司和其他外国保险公司也开始进入海上保险领域,海上保险市场多层次多元化的竞争体系逐渐形成。目前,随着我国对外贸易和船舶吨位在全球的崛起,海上保险领域已经成为各家财产保险公司竞争的重点领域。

在海上保险立法发展方面,改革开放前,我国关于保险的规制大多以条例、决定、办法的形式颁发,而无专门的保险立法,海上保险也是如此。改革开放后,民主法治得到了前所未有的重视,保险立法的起草也逐渐提上日程。1981 年全国人民代表大会第四次会议公布了《经济合同法》,对财产保险合同作了原则性的规定,标志着我国保险立法的开端。1983 年,国务院颁发了《财产保险合同条例》,海上保险合同作为财产保险合同的一种也同样适用。此外,三资企业法的陆续出台也为外国保险机构进入中国海上保险市场提供了法律依据。1992 年,《海商法》第一次以法律的形式对海上保险作出了明确的规定。在其第十二章中分六节对海上保险合同、保险人和被保险人的权利义务、保险标的的损失和委付、保险赔偿的支付

---

〔63〕 参见张洪涛、郑功成主编:《保险学》,中国人民大学出版社 2002 年版,第 49 页。

〔64〕 参见张洪涛、郑功成主编:《保险学》,中国人民大学出版社 2002 年版,第 49 页。

等都作出了明确的规定,使海上保险有了专门的法律调整。1995 年,《保险法》的出台为海上保险提供了《海商法》没有规定领域的一般规定。此后,《保险公司管理规定》《外资保险公司管理条例》等保险业法律规范的出台也为海上保险业的发展提供了更为细致的法律监管。1999 年通过的《海事诉讼特别程序法》则对海上保险人行使代位求偿权进行了专门的规定。2007 年开始施行最高人民法院《关于审理海上保险纠纷案件若干问题的规定》,解决了海上保险诉讼中许多的实际困惑。2009 年《保险法》进行大修,海上保险的法律规范也进一步得到完善。总体来看,目前我国关于海上保险的立法虽然还存在一些问题,但已经相对比较健全,基本形成了一套有层次的法律体系。

第二节 海上风险的分类

风险与保险有着密切的联系,故有保险法谚"无风险则无保险"。海上保险就是集合众多可能发生损失的风险单位,收取保险费建立保险基金,对遭受损失的被保险人予以补偿或给付的一种机制。[65] 航运业从诞生之初就面临着极高的风险,海上航行的复杂情况与人类有限的航海能力存在根本矛盾。即使在科技日渐发达的今天,这一矛盾也未从根本上予以解决。不过,也正是这一矛盾,导致了海上保险业务的出现以及不断发展。海上保险具有分散风险、分摊损失、履行经济补偿的功能,从而将从事航运相关业务个体所承担的风险降到可以承受的最低限度,大大促进了航运业的发展。因此,我们有必要从风险本质的角度对海上保险所承保的风险进行正确认识。

近年来,"航运保险"这一提法逐渐兴起,并且随着"上海航运保险协会""上海保险交易所"等的出现,成为保险业及航运业关注的热点。从风险的角度审视,海上保险所集合的风险都是因海上航行而发生或者与海上航行有关的风险,即与航运相关的风险。[66] 从业务范围上,航运保险比传统的海上保险更为宽泛,与航运相关的传统船舶货物保险、保赔保险和综合物流保险都包括在内。实际上,随着海上保险业的发展,现代海上保险的业务范围不应局限于传统的船舶货物保险、保赔保险、海事责任保险,也应包括海洋工程、海上渔业设施、海洋能源、海上航空器的保险及其再保险。当前保险市场所指的"海上保险"仍为传统的海上保险。因此本书仍沿袭这一提法。

---

〔65〕 参见樊启荣:《保险法》,北京大学出版社 2011 年版,第 7 页。

〔66〕 参见曾立新:《海上保险学》,对外经济贸易大学出版社 2001 年版,第 114 页。

一、风险与可保风险

对风险的正确认识，脱离不了所研究的具体语境。“风险没有唯一的定义，经济学家、行为学家、风险理论家、统计学家和保险精算师，每一个人都有他们自己对于风险的定义。常见的关于‘风险’的定义有：(1)未来产出的可能性；(2)损失的可能性；(3)预期或希望的产出发生反向偏离的可能；(4)给定情况下存在的可能产出的变化；(5)实体遭受损失的可能性。但是，风险在传统上被定义为不确定性。”[67] 广义上的风险表现为盈利或损失的不确定性。[68] 而在保险法语境下，风险则只与损失相联系。之所以排除盈利，是因为保险业从诞生之初就以补偿被保险人损失为目的，而并不是保障其获利。因此，保险法语境下的风险只能表现为一种发生不确定损失的状态。

风险应当具有三个特性：客观性、损失性和不确定性。[69] 客观性，是指“风险”是一种客观存在的状态，无论是否意识到，都是客观存在的。风险不以人的意志为转移，与当事人的期望和认识无关。人们只能降低风险发生的概率，无法从根本上消灭风险。损失性，是指尽管从过程中看，风险所产生的不仅仅是损失，也可能伴随着利益，但从结果上看，获取的利益无法弥补遭受的损失，风险一定会造成损失。不确定性，是指风险事故发生与否、事故发生时间、事故发生所致后果不能确定，且事故发生属于意外，而非被保险人故意行为所造成。[70]

上述特征揭示了保险语境下风险的基本特点，不具有上述特点，则不能称为风险，自然也不能为保险所承保。例如，博彩中的风险实质是一种对巨大盈利的高度不确定性，博彩方有获利可能而并无损失的可能，因为博彩方遭到的损失只有赌资的丧失，但赌资是一种确定性的支出，并不符合风险不确定性的要求，因此不具有损失性。所以即使不考虑公共秩序等原因，单纯从风险本身角度考虑，保险所承保的风险也与博彩“风险”不同，这是两者本质性的区别。当然，并非所有具有上述特征的风险保险人都能够承保，对于符合一定条件、保险人同意承保的风险，称为“可保风险”。一般认为，一种风险构成可保风险，还需具备以下条件：

1. 纯粹性。纯粹性与投机性相对，纯粹性风险，是指仅有损失机会而无获利可能，而投机性风险则既有损失的可能，又有获利的可能。由于保险语境下的风险必须与损失相联系，因此可保风险必须是纯粹的。如果对投机性风险予以承保，那么保险对于被保险人则成了“稳赚不赔”的手段，保险人难以维系经营。因此，诸如

---

〔67〕 [美]乔治·E. 瑞达：《风险管理与保险原理》，刘春江、王欢译，中国人民大学出版社 2010 年版，第 4 页。

〔68〕 参见江生忠：《风险管理与保险》，南开大学出版社 2008 年版，第 3 页。

〔69〕 参见孙祁祥：《保险学》，北京大学出版社 2013 年版，第 3 页。

〔70〕 参见曹兴权：《保险法学》，元照出版有限公司 2015 年版，第 17 页。

股市风险等投机性风险是难以成为可保风险的。

2. 同质性。从经济学角度讲,商业保险能够运作的理论依据是大数法则:大量标的面临同质性风险,可能遭受损失,但实际出险标的仅有少数。唯其如此,保险人才能够精确地估计出风险单位发生损失的期望值,制订出合理而可靠的保险费率,从而成功设立保险基金。〔71〕因此,仅仅具有纯粹风险,但是如果这种风险只由少数几个标的所承担,那么便失去了大数法则运作的基础,该风险便难以被承保。许多商业风险正是因为风险承受单位太少,所以难以成为可保风险。

3. 符合法律法规要求。法律对可保风险有一系列要求。例如,《英国 1906 年海上保险法》第 4 条第 1 款明确规定用于赌博的海上保险合同无效。〔72〕再如,一些国家法律对不同性质的保险公司规定了不同的业务范围,因此对特定的保险公司来说,超出了其经营范围的可保风险,仍然是不可保风险。〔73〕

可保风险并不是一个静态概念,一些风险可能从本质上是符合"可保风险"要求的,只是因为缺乏数据等原因暂时不具有"可保性",并会随着实践中事故数据资料的积累和保险技术手段的提高成为可保风险。〔74〕特别是目前保险业竞争不断加剧,激励各保险公司不断推出涵盖新风险的保险创新产品,开始出现了所谓"可保风险条件弱化"现象:保险人承保的风险不再局限于传统保险理论中所认为的理想化的风险。对于过去许多不符合大数法则的风险,如众多的商业风险,随着再保险制度的完善以及风险证券化趋势,保险人得以进行有效的风险分散,从而使之满足大数法则要求,成为可保风险。因此,可保风险的外延是随着保险业发展而不断扩展的。

二、海上保险中的承保风险

海上保险主要承保各类海上风险。海上风险的含义非常广泛,从本质上来说,海上风险是一切与"海"相关的不确定的损失。海上风险需要符合前文所述风险的基本特征。

海上保险仅仅承保一部分可保的海上风险,又被称为承保风险。可保风险,是保险人能够进行承保的风险,而承保风险,则是保险人实际予以承保的海上风险。海上保险的承保风险主要包括普通海上风险、外来风险以及海事责任风险。这里

---

〔71〕 参见胡炳志、徐荣坤:《可保风险与不可保风险的经济学分析》,载《中国保险管理干部学院学报》2002 年第 6 期。

〔72〕《英国 1906 年海上保险法》原文:Section 4 (1): Every contract of marine insurance by way of gaming or wagering is void.

〔73〕 参见胡炳志、徐荣坤:《可保风险与不可保风险的经济学分析》,载《中国保险管理干部学院学报》2002 年第 6 期。

〔74〕 参见孙祁祥:《"可保风险":保险业务发展之"根基"》,载《中国保险报》2009 年 12 月 16 日,第 2 版。

要特别强调一下海事责任风险。近年来,以海事诉讼保全责任保险、物流经营人责任保险为代表的一批海事责任保险,成为我国海上保险创新的热点领域。

(一)普通海上风险

普通海上风险几乎都是海上航行过程中最为常见的风险,其在国际上的承保历史也较为悠久。这些风险首先包括在海上遭遇的自然风险,如《中国人保船舶保险条款(2009 版)》中所列明的地震、火山爆发、闪电或其他自然灾害。除此类风险外,普通海上风险还包括海上灾害及发生在海上的其他风险:

1. 海上灾害(perils of the seas)

海上灾害,又称海难,是海上保险承保的最主要的风险之一,在海上保险中并非是简单的风险描述,而是被逐渐演变为独特的海上保险法律术语。但是《海商法》等相关立法都没有对"海上灾害"给予明确的界定或解释。《中国人保船舶保险条款(2009 版)》是将其作为"搁浅、碰撞、触碰任何固定或浮动物体或其他物体"风险的补充性表述。[75] 在确定何为"海上灾害"时我们需要参考英国立法和判例中对"海上灾害"的理解。根据《英国 1906 年海上保险法》附件 1,保险单解释规则第 7 项规定,"海上灾害(perils of the seas)仅指海上的意外事故或灾害,不包括风浪的通常作用"。[76] 可见,构成"海上灾害"至少应当满足以下两个条件:

(1)损害发生的原因必须是"意外事故或灾害"(fortuitous accident or casualties)。"意外"一词明确将被保险人的故意行为以及由于风浪的通常作用而造成的不可避免的损耗排除在外。即损失发生的原因不能是故意的或必然发生的。判断某一事件是否是"意外"的关键在于判断该事件是"经常的、正常的、自然渐进的结果"还是"异常的、不能避免、不可预测的"。在 Magnus v. Buttemer[77]案中,保险船舶在港口进行卸载作业,由于潮水的自然涨落而搁浅受损。法院判决认为损失发生的原因并非是异常的,也不是灾害或事故。该损失被归于正常磨损。被保险人对"损害发生的原因是意外事件"承担举证责任。

但是,尽管都要求损害发生的原因必须是意外的,但在如何认定"意外"这一问题上,中英的司法实践、学者观点却存在差异。以恶劣天气为例,我国有不少法院倾向将"恶劣天气"本身认定为海上灾害,因此要求引起海上事故的"恶劣天气"须是意外的、异常的。其程度必须能够构成灾与害,并以风险是否超过保险标的原本的抗灾能力作为判断标准。

---

[75] 《中国人保船舶保险条款(2009 版)》原文:搁浅、碰撞、触碰任何固定或浮动物体或其他物体或其他海上灾害。

[76] 《英国 1906 年海上保险法》原文:The term "perils of the seas" refers only to fortuitous accidents or casualties of the seas. It does not include the ordinary action of the winds and waves.

[77] Magnus v. Buttemer, 11 C. B. 876 (1852).

例如,在2008年天津海事法院审理的怡信有限公司与中国平安财产保险股份有限公司北京分公司等船舶保险合同纠纷上诉案[78]中,怡信有限公司以保险条款中的"其他自然灾害"为理由之一,主张被保险船舶发生了保险事故,要求保险公司予以赔付。根据海事事故调查报告,施救时,海上的风速为14米/秒、风力为5级;之后至10月3日天气逐渐变坏,至沉船事故发生时,风速达到20~22米/秒,风力7~8级,浪高5~5.5米。一审和二审法院均认为,沉船事故发生时虽为恶劣天气,但此种天气状况未达到海上灾害的程度,不构成自然灾害,仍属于一般海上风险,故并非保险的承保范围。怡信有限公司以自然灾害为由主张保险赔偿的依据不足,不能得到支持。

与此不同,英国最高法院通过2011年The Cendor Mopu[79]案明确,"海上灾害"并非是指恶劣天气或海上状况本身出乎意料、不可预见,而是指由于恶劣天气、海上状况而引发的事件或灾害属于意外,该等损害超出自然磨损的损失,即损失的发生并非是航程中必然的。Mance勋爵指出,将海上天气情况进行等级划分,从而判断哪一程度等级可以构成海上灾害是没有意义的,法院在判决时没有必要考虑天气或海上状况本身的恶劣程度,问题的关键是判断该等天气和海上状况对船舶的作用是否是异常的、不可预见的,进而引发了船舶的事故和灾害。

在Marina Offshore Pte Ltd. v. China Insurance Co.(Singapore)Pte. Ltd.[80]案中,被保险船舶于2003年12月26日14时由日本神户驶往新加坡,期间遭遇恶劣天气,并在27日沉没。从12月25日晚到28日凌晨,神户气象台定期发布该地区的大风预报,谨慎合理的船东应当可以预测其面临的恶劣海上天气情况。然而,法院认为此时仍构成海上灾害,"恶劣天气虽然在损失发生前已经预测到,但并不能以此否定损失意外事件,船舶进水本身仍然是意外事件"。

另一则有关海上货物保险的案例确定了同样的规则。在N. E. Neter & CO., Ltd. v. Licenses & General Insurance Co.[81]案中,塔克(Tucker)法官认为:"因为天气情况可能被合理的预见就说不存在海上灾害这种观点是错误的。导致损失发生的原因的确应当存在某些意外或不可预见的因素,但在我看来,当你发现适当装载的木桶,在装船时状况良好,但由于在恶劣天气中对船舶的施救行为而导致其翻倒时,就出现了意外的因素。"

(2)引起船舶损失的灾害必须是由"海"造成的。海上灾害中的"海"是区别于

---

[78] (2007)津海法商初字第269号;(2008)津高民四终字第58号。

[79] Global Process Systems Inc. v. Syarikat Takaful Malaysia Berhad, The Cendor Mopu[2011] UKSC 5.

[80] [2006] 4 SLR 689; [2006] SGCA 28.

[81] [1944] 1 AllER 341,[1943] 77 Ll. L. Rep. 202. at 202.

其他灾害的最大特点。如果没有海水在其中起作用,或者某种灾害脱离“海”之外仍可能发生,这种灾害就不是海上灾害,因为这种灾害已经失去了海上灾害最主要的特点。

船舶上的牲畜(货物)受损是由于船舶摇摆不定或前后倾斜所致,那么这应当被认作是海上灾害;船长采取了错误的航行路线并因此而延长了航程,以致饲料短缺、牲畜因饥饿而死亡,则并非海上灾害。海水通过老鼠咬的洞进入货仓,导致大米受损,这是海上灾害;奶酪(货物)由于船上的老鼠偷食而受损,则不能认为是海上灾害。由上述两组案例的对比,很容易发现海上灾害与非海上灾害的区别,关键就是要弄清楚某种灾害究竟是不是海上所特有的。如果某种灾害并不是只有在海上才可能发生,那么它就不是海上灾害。换句话说,并不是所有发生在海上的灾害都能被称为海上灾害,主要还是要看灾害的发生是否与“海”有特定关系。

“海上灾害应当与‘海’有关”但并不意味着任何被认为是海上灾害引起的损失都必须由“海”直接导致。如果保险标的的损害并不是由于海上灾害直接引起的,但却是由于为防止海上灾害的发生而采取的行动或措施所引起的,那么由此给保险标的带来的损害仍然视为海上灾害所引起的后果,同样应当是由海上灾害所造成的。

如在 Canada Rice Mills Ltd. v. Union Marine and General Insurance Co. Ltd.〔82〕案中,被保险人与保险人签订了一份有关运送大米的浮动保险单,承保由海上灾害所引起的损失。大米从仰光运至弗雷泽河。到达目的地之后发现大米受热致损,这是为防止海上的大浪进入货舱而将通风口以及货舱关闭所导致的。之后被保险人向保险人索赔大米的损失。英国枢密院司法委员会(Judicial Committee of the Privy Council)判定该索赔成立,他们认为虽然货物的损失不是由于海水的进入而造成的,但却是因为采取防止海水进入货舱的措施而造成的,因此该损失同样被视为由海上灾害引起,应当得到保险赔偿。赖特(Wright)法官认为,根据实际天气状况的要求,关闭通风口不能被认为是在海上灾害以及货物损害之间介入了一个单独的、独立的原因,而应当被视为根据良好船艺而在遭遇海上灾害时所采取的常规操作,因此损害应当被视为海上灾害的直接后果。

事实上,上述判断结果可以与火灾保险相类比,在承保火灾风险的情况下,如果保险标的的灭失或损害是由于为灭火而采取的必要而合理的措施所引起的,那么该灭失或损害仍然被视为是由火灾引起的,仍然在火灾险的承保范围内。判断火灾风险的这种原理同样可以适用到判断海上灾害险中,即也不能认为直接导致损害发生的与“海”有关的事故本身必然单独构成海上灾害。正如上文所述,海上灾害必须要有某些偶然的或意外的因素参与其中,否则,即使保险标的是由于海水

---

〔82〕 [1941] A. C. 55.

而造成了损失,其仍然不能被视为由海上灾害所致。如"风浪的通常作用"造成的损失,虽然表面看来也是由海水引起的损失,但是其仍然不是海上灾害。

2. 发生在海上的其他风险

其他一些普通海上风险尽管不是海上所固有的风险类型,也不属于海上自然灾害,但由于这些意外事故在航海过程中经常发生,且容易导致被保险人的巨大损失,因此将其作为承保风险承保。火灾和爆炸风险就是典型的一种。火灾和爆炸一般起因于意外事故,但是意外性并不是二者的构成要件,如即使是故意纵火也可以属于火灾险的承保范围。火灾与爆炸风险也不是海上所特有的,因此不能属于海上灾害。同陆地相比,航行中的船舶一旦发生火灾或爆炸,其后果往往十分严重。2002 年在日本名古屋一船厂发生的 M/V Diamond Princess 轮火灾案中,损失金额高达 4 亿美元。此外岸上火灾对船舶的威胁也很大,如果港口码头仓库起火,加之风力的作用,很可能使在港口装卸的船舶遭受严重损失。由于在实践中很难判断损害发生的原因究竟是"火灾"还是"爆炸",新的《英国 1995 年协会定期船舶保险条款》与《中国人保船舶保险条款(2009 版)》中都将爆炸与火灾风险合并于一个条款,以降低被保险人的举证难度。

除火灾或爆炸风险外,常见的其他海上风险还包括暴力盗窃(violent theft by person)、海盗行为(piracy)、船长或者船员的过失或者恶意行为(negligence or barratry of the master and mariners)、抛弃(jettison)等。

(二)外来风险(extraneous Risks)

外来风险,是指除普通海上风险以外,由外来因素造成的风险。外来风险可分为造成保险标的损失的一般外来风险以及战争风险和罢工风险等特殊外来风险。

1. 一般外来风险

一般外来风险并不是一种严格的逻辑划分产物,而是根据航运业实践,将一些常见的外来风险归入一类,以便于附加险承保。例如,货物保险的一般外来风险包括偷窃(theft, pilferage)、提货不着(non - delivery)、淡水雨淋(fresh and rain water damage)、短量(shortage in weight)、沾污(contamination)、渗漏(leakage)、碰损(clashing and breakage)、破碎(clashing and breakage)、串味(taint of odour)、受潮受热(sweating and heating)、锈损(rusting)、钩损(hook damage)等。

2. 特殊外来风险

特殊外来风险是指在海上航行或运输过程中一些特殊外来原因带来的风险。战争风险和罢工风险是最为典型的特殊外来风险。战争风险在海上保险早期与普通海上风险一起由同一份保单承保。如果被保险人不希望投保战争险,就在保险单中加入一个明示条款排除,这一条款逐渐发展为著名的"捕获扣押不保条款"(Free of Capture and Seizure Warranty, F. C. & S. 条款)。随着武装冲突对航行影响的不断加深,F. C. & S. 条款成为海上保险保单的标准条款,对战争风险不再承保。到20世纪80年代,F. C. & S. 条款被英国新的协会保险条款中战争除外条款取代,同时另行制定战争险保单条款。罢工风险出现在工业革命后,在英国保险人协会旧的水渍险(W. A.)和平安险(F. P. A)条款中,明确约定有"罢工、暴动和民变不保条款"(free of strikes, riots and civil commotion clause, F. S. R. & C. C. 条款)。如今,罢工风险在英国新的协会保险条款中被视为除外责任,由专门的罢工险条款进行承保。在船舶保险中,通常将战争风险和罢工风险合并由同一条款承保,而在货物保险中,则通常分别承保。

(三)海事责任风险(marine liability risks)

海事责任风险,主要指海上运输相关业务经营者在经营过程中因为依法对第三人承担海事赔偿责任而面临的风险。海事法律责任的产生原因复杂多样,可能源自一次碰撞事故,也可能来自一次错误扣船等。海事责任风险虽然也属于海上风险,但与前述海上风险存在一定不同:在前述风险中,风险事故是造成损失的直接原因,而在责任风险中,赔偿责任并不因风险事故而直接发生。除责任本身的合法性之外,赔偿责任的产生还需要两个前提:(1)保险人应对受害人承担赔偿责任;(2)受害人需行使索赔权。鉴于海事责任风险的特殊性,这里我们将其作为与普通海上保险、外来风险并列的第三类海上风险。

各类海事责任保险的出现,是海上保险业进一步发展的标志,既表明各类海事法律制度逐渐完善,又意味着保险业对航运业的参与程度进一步加深:保险业由最初承保有形的物质利益风险,经历了人身风险后,扩展到承保各种非物质的责任保险。

同时,随着航运业发展,航运业业务主体增加、业务范围扩展,导致了相关海事法律对其的规制不断完善,法律责任风险因此也不断增加,这就为海事责任险的发展创造了契机,这也是各类海事责任险能够成为我国航运保险创新最为活跃的领域的主要原因。下文将介绍几种较为常见的海事责任风险。

1. 碰撞责任风险

碰撞责任风险是最为常见的一种海事责任风险,有着悠久的承保历史。但是,碰撞责任始终未能发展为一个独立的险种,而是始终以船舶保险条款的组成之一存在。在De Vaux v. Salvador[83]案中,法院认为船东的碰撞责任不由通常的船舶S. G. 保险单承保,该判决导致此后船舶保险单中普遍加入了保险人附加承保被保险船舶的碰撞损害赔偿责任的"碰撞责任条款"。碰撞责任成为当时英国船舶保单承保的唯一责任险。

2. 海事诉讼保全责任风险

海事诉讼保全责任风险,是指海事请求人在向法院申请财产保全强制措施过

---

〔83〕 (1836) 5 L. J. K. B. 134.

程中,请求人对被申请人因错误保全遭受损害的赔偿责任。关于财产保全责任风险是否是可保风险,在理论界曾经引发争议。有学者认为,这种责任并不具有风险特征中的客观性和不确定性,因为申请人的恶意诉讼或恶意保全系故意为之,且在错误保全申请时责任已经确定。实际上,是否存在错误保全需要由法院通过审理来确定,同时错误保全的情况也不限于申请人故意错误保全的情况。以扣船为例,扣船申请人向被申请人要求了过高数额的担保,也需要进行赔偿,而扣船申请人要求担保的数额过高,并不一定具有主观故意,可能仅仅是出现了估算错误。因此在法院对于错误保全作出确定裁判之前,是否存在错误保全的情形一直处于不确定的状态。海事诉讼保全责任仍具有客观性、损失性和不确定性,符合风险的基本特征。

3. 物流责任风险

物流责任风险,是指航运物流活动从业者对第三人依法应负的赔偿责任。其中航运物流活动从业者是指为物品从供应地向接收地的实体流动提供服务的民事主体,包括承运人、仓储人等。第三人则是指保险合同当事人之外的其他民事主体,包括航运物流合同的相对方以及运输货物义务人之外的其他民事主体。当然,被保险人雇员、代理人和独立合同人均不属第三人之列。现代化的新型物流方式(主要是多式联运)所体现的覆盖面广、涉及环节多等特点使得以第三方物流(third party logistics, TPL)为主的航运物流业经营人承受着超过以往的风险。根据物流过程的主要环节,航运物流经营人的风险主要来自运输、仓储、装卸、搬运、加工、包装、配送以及信息服务等各环节,因此相应的物流经营人的风险也覆盖了航运物流的全过程。按照赔偿的类型划分,物流经营人在新型物流方式下的风险主要包括对货主的赔偿责任、向次物流履行方追偿的费用损失、对第三人的侵权责任、因自身疏忽需承担的费用等。

第三节 海上保险法概述

一、海上保险法的概念

(一)海上保险法的概念界定

通常认为,海上保险法是保险法的特别法。对于保险法的概念,当前通说认为其"是以保险关系为调整对象的一切法律规范的总称",而"保险关系即是指当事人之间依保险合同发生的权利义务关系和国家对保险业进行监督管理过程中发生的各种关系”。[84] 也就是说,通常我们所说的保险法包括两大组成部分:一是保险合同法,即狭义上的保险法,主要调整平等民事主体之间因保险合同而产生的权利义务关系,属于私法的范畴;二是保险业法,主要涉及国家对保险公司在设立、组织、运营等方面的监督和管理,属于公法的范畴。我国当前施行的《保险法》就是按照这种架构制定的:第二章“保险合同”是有关保险合同法的内容,第三章至第六章(保险公司、保险经营规则、保险代理人和保险经纪人、保险业监督管理)是有关保险业法的内容。

根据上述保险法的概念,似乎海上保险法的概念可随之界定为以海上保险关系为调整对象的一切法律规范的总称。然而该概念并不符合目前我们对海上保险法的普遍认识。通常来说,海上保险法并不像保险法那样由海上保险合同法和海上保险业法两部分组成,其实质上只是海上保险合同法。对此,有两方面的支持论据:(1)从有关海上保险法的立法实证来看,当前以“海上保险法”命名的立法都只涉及合同订立、履行、变更、终止、解除以及索赔处理等有关海上保险合同法的内容。例如《英国1906年海上保险法》(Marine Insurance Act 1906,MIA1906)、《澳大利亚1909年海上保险法》(Marine Insurance Act 1909)、《加拿大1993年海上保险法》(Federal Marine Insurance Act 1993)等都不涉及保险业法的内容。(2)从作者收集的国内外学者关于海上保险法的著作[85]来看,现有关于海上保险法的理论研究亦只涉及海上保险合同法方面。因此,海上保险法通常是在狭义上使用的,其概念可表述为以围绕海上保险合同而产生的关系为调整对象的法律规范的总称。

(二)海上保险的特殊性及海上保险法的相对独立性

就语义逻辑而言,“海上保险”应属于“保险”概念下的子概念。但较之广义的保险,海上保险具有十分明显的特殊性。

1. 海上保险法是调整平等的商主体之间保险行为的商事保险法。不同于广义的保险既包括商业保险,又包括消费者保险,海上保险是商事主体之间的保险活动。在联合国贸易和发展会议撰写的《海运保险合同的法律和单据问题——贸发会议秘书处的报告》中即阐述了“海运保险”[86]的目标是“使船舶所有人或货物的

---

[84] 李玉泉:《保险法》,法律出版社2005年版,第15页。

[85] 包括 Jonathan Gilman et al., *Arnould's Law of Marine Insurance and Average*, Sweet & Maxwell, 2013; Howard Bennett, *The law of marine insurance*, Oxford University Press, 2006; Francis Rose, *Marine Insurance: Law and Practice*, Informa Law, 2012; Susan Hodges, *Law of Marine Insurance*, Cavendish Publishing Limited, 1996; Rhidian Thomas, *Marine Insurance: The Law in Transition*, Informa Law, 2006;汪鹏南:《现代海上保险法的理论与实践》,大连海事大学出版社2004年版。

[86] 联合国贸易和发展会议在其《海运保险合同的法律和单据问题——贸发会议秘书处的报告》的中文版采用了“海运保险”一词作为“marine insurance”的翻译,但从其报告所论述的内容及报告英文版的用词(marine insurance)而言,该词语含义与本书所用的“海上保险”之含义是相同的。

买方和卖方能够经营各自的业务，不必承当——最低限度不必全部承当——由于海上各种危险造成财产灭失或损坏的财务重担”。[87] 无论是船舶保险中的船舶所有人，还是海上货运保险中的投保人或被保险人，这些主体的共同点是从事专门的商事营业活动的主体而非普通的消费者，往往对于保险标的具有不低于保险人的专业知识，甚至可能掌握更多保险人所无法获得的保险标的的信息。因此，海上保险法在立法精神上较之一般保险法更为注意保险合同双方的意思自治和缔约自由，对于保险合同双方的权利义务分配更为平衡，或更倾向于保障保险人的权益，如我国《海商法》第十二章“海上保险法”中规定的“无限告知义务”“保证”等制度设计。这与一般保险法下通常偏向保护被保险人利益的立场存在显著不同。

2. 海上保险制度经过长期的发展已经与国际海上运输及国际贸易形成了相互融合、相互影响的局面，而海上保险法也与国际海上运输法和国际贸易法相互交叉和相互影响。较为典型的例子即是海上货运保险单的转让制度。不同于《保险法》第 49 条第 2 款“保险标的转让的，被保险人或者受让人应当及时通知保险人”的一般规定，《海商法》第 229 条规定海上货物运输保险合同可以由被保险人背书或者以其他方式转让，而不需要通知保险人。如此规定的目的是配合单证贸易的需要和在国际贸易中保险标的的所有权可能被频繁转移的情况。

3. 由于海上保险具有的国际性特征，海上保险法也呈现了国际性的特点。由于海上保险所承保的均是货物或船舶在海上运输或航行中的风险，而海上运输和船舶营运本身具有国际性，因此，海上保险的保险标的、保险参与者、承保风险等方面均体现了明显的国际性特征。在海上保险中，被保险人或投保人将风险向境外保险人投保是司空见惯的事情，而本国保险人也经常承保境外的货物和船舶。因此，一国的海上保险法制度必然在实际应用中存在明显的国际化特点。尤其是《英国 1906 年海上保险法》，是很多国家海上保险法的立法蓝本。

基于海上保险以及海上保险法的上述特殊性，海上保险法相对于一般保险法存在相对独立性，多数国家也都对海上保险法通过不同形式加以专门规定。

二、海上保险法的立法模式

由于海上保险作为保险制度起源的历史地位以及其承保的海上风险的特殊性，各国一般都对海上保险进行特别立法。然而由于各国法律传统和法律体系的

---

〔87〕 原文：Its purpose has been to enable shipowner and the buyer and the seller of goods to operate their respective business while relieving themselves, at least partly, of the burdensome financial consequence of their property's lost or damaged as a result of the various risks of high seas. 参见联合国贸易和发展会议秘书处，Legal and Documentary Aspects of the Marine Insurance Contract（《海运保险合同的法律和单据问题——贸发会议秘书处的报告》），文件编号：TD/B/C. 4/ISL/27/Rev. 1，第 7 页（第 19 段），载 http://unctad. org/en/pages/PublicationWebflyer. aspx? publicationid = 297，最后访问日期：2016 年 12 月 7 日。

不同,各国关于海上保险的立法亦采取了不同的模式。目前世界各国有关海上保险的立法模式可概括为以下两种。

(一)单行立法模式

这种立法模式由英国首创,并对世界海上保险法的发展产生了深远的影响:据统计,目前世界约有2/3的国家,包括约3/4的发展中国家在采用它,[88]很多国家的海上保险法甚至照搬了《英国1906年海上保险法》。[89] 值得注意的是,采取该种立法模式的国家在对待海上保险法和一般保险法之间的关系上并不一致。例如直至《英国2015年保险法》(Insurance Act 2015)通过前,英国并未专门制定成文的保险合同法对一般商业保险活动进行调整。《英国1906年海上保险法》除适用于海上保险外,还可适用于一般保险:法官在审理一般保险案件时,如遇到和海上保险共享的规定或原则,可以援引《英国1906年海上保险法》的相关规定作为判案依据;而在澳大利亚,一般保险亦有单独的立法加以调整,如《澳大利亚1973年保险法》及《澳大利亚1984年保险合同法》,而且根据《澳大利亚1984年保险合同法》第9条(d)项的规定,其不适用于《澳大利亚1909年海上保险法》调整的海上保险合同。

(二)法典模式

采取这种立法模式的以大陆法系国家、地区为主,例如《法国商法典》、《德国商法典》、《日本商法典》、《希腊海事私法典》(The Code of Private Maritime Law)、《荷兰海商法典》、《俄罗斯联邦商船航运法典》、《意大利航海法典》以及我国台湾地区"海商法"等中都有专门针对海上保险合同的具体规定。[90] 与前一种立法模式相同的是,采取该种立法模式的国家或地区在对待海上保险法和一般保险法之间的关系上亦有两种不同的做法:一种以德国、挪威为代表,规定一般保险法不适用于海上保险。例如《德国2008年保险合同法》第209条即明确规定其不适用于海上保险;《挪威1989年保险合同法》也明确其并不适用于根据《挪威1994年海商法》登记的船舶的保险以及国际货物运输保险。另一种则以法国、日本和我国台湾地区为代表,规定一般保险法亦可适用于海上保险。例如,日本于2008年颁布的新《日本保险法》第36条规定该法的第7条、第12条、第26条、第33条不适用于海上保险契约,其他内容在《日本商法典》海上保险部分未规定时,可适用于海上保险。我国台湾地区"海商法"第126条也规定,关于海上保险,本章无规定

---

〔88〕 参见郭瑜:《海商法教程》,北京大学出版社2002年版,第281页。

〔89〕 例如,《澳大利亚1909年海上保险法》几乎照搬了《英国1906年海上保险法》,而《加拿大1993年海上保险法》则被称为《英国1906年海上保险法》的现代版本。

〔90〕 参见王海波:《论中国海上保险法与一般保险法之协调》,复旦大学2012年博士学位论文,第14页。

者，适用"保险法"之规定。

我国海上保险立法采取的是第二种模式，即在《海商法》中通过单独一章的形式（第十二章"海上保险合同"）对海上保险进行特别规定。

三、海上保险的法律适用

（一）涉外海上保险合同纠纷的法律适用

如前所述，海上贸易的涉外性使得为其提供风险保障的海上保险亦经常具有涉外性。根据最高人民法院《关于适用〈中华人民共和国涉外民事关系法律适用法〉若干问题的解释（一）》第1条[91]的规定，如果海上保险合同当事人一方或双方为外国公民、法人，保险标的在中华人民共和国领域外或者保险事故发生在中华人民共和国领域外，则基于该海上保险合同产生的纠纷就具有涉外性，并产生法律适用问题。

最高人民法院《关于适用〈中华人民共和国涉外民事关系法律适用法〉若干问题的解释（一）》第3条第1款规定："涉外民事关系法律适用法与其他法律对同一涉外民事关系法律适用规定不一致的，适用涉外民事关系法律适用法的规定，但《中华人民共和国票据法》、《中华人民共和国海商法》、《中华人民共和国民用航空法》等商事领域法律的特别规定以及知识产权领域法律的特别规定除外。"据此，涉外海上保险合同的法律适用应优先适用《海商法》的相关规定。我国《海商法》第269条规定："合同当事人可以选择合同适用的法律，法律另有规定的除外。合同当事人没有选择的，适用与合同有最密切联系的国家的法律。"因此，海上保险合同作为《海商法》所调整的合同的一种，应适用该条规定，即对于涉外海上保险合同来说，其法律适用应依次遵循以下两个原则：一是意思自治原则；二是最密切联系原则。

1. 意思自治原则

意思自治原则作为确定合同准据法的首要原则得到了各国学者和立法实践的肯定。对于海上保险合同而言，当事人亦有权就合同所适用的法律作出约定。约定的方式一般有两种：一种是明示选择，通常表现为当事人在海上保险合同中特别约定管辖权和法律适用条款。[92] 另一种是默示选择，即当事人虽然没有在合同中明确选择适用的法律，但从合同及与合同有关的情况中可以判断当事人实际上已经对合同的准据法作出了选择。第一种约定方式通常争议较少。如下案例即涉及

---

[91] 最高人民法院《关于适用〈中华人民共和国涉外民事关系法律适用法〉若干问题的解释（一）》第1条规定："民事关系具有下列情形之一的，人民法院可以认定为涉外民事关系：（一）当事人一方或双方是外国公民、外国法人或者其他组织、无国籍人；（二）当事人一方或双方的经常居所地在中华人民共和国领域外；（三）标的物在中华人民共和国领域外；（四）产生、变更或者消灭民事关系的法律事实发生在中华人民共和国领域外；（五）可以认定为涉外民事关系的其他情形。"

[92] 例如，英国的协会货物保险条款中都明确规定其受英国法律和惯例的调整。

对并入条款中的法律适用条款是否构成整个海上保险合同的法律适用条款的问题,争议涉及一份海上货物运输保险。保险合同本身并无法律适用条款,但在承保条件中声明并入了《英国2009年协会货物保险条款(A)》,具体措辞为:The conditions for cover are stated as being: covering loading risks (all risks), transportation risks as pre institute cargo clauses(A), war risks and SRCC。《英国2009年协会货物保险条款(A)》中的法律适用条款明确规定,本保险受英国法和惯例调整(This insurance is subject to English law and practice)。由此产生的问题便是该并入的法律适用条款是否适用于整个海上保险合同。考虑到《英国2009年协会货物保险条款(A)》只是作为承保条件并入保险合同中,故合理的解释应是有关承保条件的争议应适用英国法和惯例,但有关整个保险合同的争议(如合同是否有效订立等)仍应根据冲突规范另行确定适用的法律。当然,如果《英国2009年协会货物保险条款(A)》不仅仅是作为承保条件并入合同中,则又另当别论。对于默示选择这种方式,我国法律不予承认,因为《涉外民事关系法律适用法》第3条仅规定,当事人依照法律规定可以明示选择涉外民事关系适用的法律。欧洲的学者对此列举了一些可能被认为存在默示的情形,如(1)合同采用的标准格式条款通常受某特定法律体系支配,如海上保险合同使用劳合社标准船货保单格式,可以默示表明受英国法支配;(2)合同中含有选择特定的管辖法院或选择特定的仲裁地的条款;(3)合同中涉及某个特定法律体系的条款;(4)在关联合同的部分合同中或在双方当事人的前续合同中约定了法律选择条款。[93]

2. 最密切联系原则

最密切联系原则,是指法院在审理某一涉外民事案件时,通过一定的方法和依据对与案件有关的各种主客观因素进行权衡,从而确定与该案中的涉外法律关系有最密切联系地(如最强联系地、最重要联系地、最真实联系地、最实际地或重力中心地)法律作为审理该案件最应当适用的法律。[94] 对于海上保险合同最密切联系地法律的确定,已经失效的最高人民法院《关于审理涉外民事或商事合同纠纷案件法律适用若干问题的规定》[95]第5条第2款第8项曾规定保险人住所地法是最能体现保险合同特殊性质的法律。但是根据《涉外民事关系法律适用法》第41条的规定,在选择最密切联系地法律时,应适用履行义务最能体现该合同特征的一方当事人经常居所地或者其他与该合同有最密切联系的法律。考虑到“海上保险

[93] 参见尚清、高广飞:《论欧盟海上保险合同的法律适用》,载《河北学刊》2008年第5期。

[94] 参见赵相林:《国际私法》,中国政法大学出版社2011年版,第215页。

[95] 根据最高人民法院《关于废止1997年7月1日至2011年12月31日期间发布的部分司法解释和司法解释性质文件(第十批)的决定》,最高人民法院《关于审理涉外民事或商事合同纠纷案件法律适用若干问题的规定》目前已经失效。

合同的本质在于其是一个补偿合同;海上保险合同的唯一和专门的目的是向被保险人提供补偿以弥补(按最严格的意义而言)其可能因某些危险所承受的损失,而这些危险的后果正是保险人基于保险条款承诺向被保险人提供保护来加以避免",〔96〕则最能体现海上保险合同特征的义务履行方应是承担保险赔偿责任的保险人。因此,在一般情形下,海上保险人主营业地国或其他营业地所在国的法律应被推定为与海上保险合同有最密切联系。需要说明的是,我国《海商法》作为特别法虽然在第269条规定合同当事人没有选择的情况下,适用与合同有最密切联系的国家的法律,但未规定最密切联系地的确定标准,因此,《涉外民事关系法律适用法》第41条确定的规则仍将适用确认最密切联系地。

(二)海上保险国内法的适用

我国《保险法》第182条规定:"海上保险适用《中华人民共和国海商法》的有关规定;《中华人民共和国海商法》未规定的,适用本法的有关规定。"最高人民法院《关于审理海上保险纠纷案件若干问题的规定》第1条规定:"审理海上保险合同纠纷案件,适用海商法的规定;海商法没有规定的,适用保险法的有关规定;海商法、保险法均没有规定的,适用合同法等其他相关法律的规定。"在适用中国法解决海上保险合同纠纷时,其法律适用的顺序一般应依次是《海商法》、《保险法》、《合同法》、《民法通则》或《民法总则》。〔97〕另外值得注意的是,根据《海商法》第268条第2款的规定,对于涉外海上保险合同,在我国法律和我国缔结或者参加的国际条约没有规定时,可以适用国际海上保险惯例。

---

〔96〕 原文:It is of the essence of the contract of marine insurance that it is a contract of indemnity; its sole and exclusive object is to procure for the assured indemnity, in the strictest sense of that word, for any losses he may sustain through the agency of those perils against the effect of which the underwriter by the terms of his policy stands pledged to protect him. See Jonathan Gilman et. al., *Arnould: Law of Marine Insurance and Average*, Sweet & Maxwell, 2013, p. 10.

〔97〕 自2017年10月1日起,《民法总则》与《民法通则》将并行实施。依照新法优于旧法的原则,条文存在冲突的应当以《民法总则》为准。

第二章　海上保险合同的基本概念

第一节　海上保险合同概述

一、海上保险合同的概念

我国《海商法》第 216 条规定:“海上保险合同,是指保险人按照约定,对被保险人遭受保险事故造成保险标的的损失和产生的责任负责赔偿,而由被保险人支付保险费的合同。前款所称保险事故,是指保险人与被保险人约定的任何海上事故,包括与海上航行有关的发生于内河或者陆上的事故。”关于海上保险合同的概念,《英国 1906 年海上保险法》第 1 条规定,海上保险合同,是一种保险人按照约定的方式和范围,对与海上冒险有关的海上灭失,向被保险人承担赔偿责任的合同。[1]

从内容上看,我国《海商法》第 216 条的内容,既规定了保险合同的性质,也规定了保险合同的承保范围。《英国 1906 年海上保险法》将保险合同的性质与保险合同的范围相分离,在“海上保险合同”的概念中,仅规定了保险合同的性质,而将保险合同的承保范围放在第 2 条中,其规定:(1)海上保险合同,得用明示条款或经由某种贸易习惯,扩展保障被保险人在与海上航程有关的内河或任何陆地风险中的损失。(2)如果用海上保险单格式的保险单,承保建造中的船舶,或者船舶下水,或类似海上冒险的任何冒险,本法中的各项规定,只要是可适用者,均得适用之;但除本条规定者外,本法的任何规定,都不能改变或影响任何适用于本法规定

---

[1] 《英国 1906 年海上保险法》原文:Section 1: A contract of marine insurance is a contract whereby the insurer undertakes to indemnify the assured, in manner and to the extent thereby agreed, against marine losses, that is to say, the losses incident to marine adventure.

的海上保险合同以外的保险合同的法律规定。[2]

从范围上看,我国海上保险合同的承保范围与英国基本相同,都是承保海上风险,可扩展适用于与海上航行或冒险有关的发生于内河或者内陆上的事故。《英国1906年海上保险法》第2条第2款提到的建造中船舶相关的保险,虽然在我国《海商法》第十二章中并没有对其作出明确的规定,但在实践中通常认为其也属于海上保险的范畴。[3]

二、海上保险合同的性质

海上保险合同的效力、当事人权利义务的确定,应与海上保险合同的性质息息相关,也是海上保险合同或其他财产保险合同区别于一般合同的特点。

(一)海上保险合同是补偿合同

保险在诞生之初,即"冒险借贷"(Bottomry and Respondentia)时期就已被打上了"补偿性"(Indemnity)的烙印。[4] 海上冒险从业者通过这种方式达到分散风险、补偿损失的目的。[5] 保险合同的补偿性,布雷特(Brett)勋爵在Castellain v. Preston案的判决书中有非常精辟的阐述:"在我看来,适用于保险法的每一条规则的真正基础在于保险合同的补偿性。补偿性意味着被保险人因保险事故的发生而遭受损失时,应获得充分补偿,但也仅限于充分补偿。补偿原则是保险法的根本原则,如果有某种主张与该原则背离,使被保险人无法获得充分补偿,或使其获得超额补偿,则该主张无疑是错误的。"[6]英国对于海上保险合同具有补偿性的认识由来已久,早在《英国1906年海上保险法》制定前,就已经通过判例的形式确定了海上保险合同具有补偿性。[7] 在《英国1906年海上保险法》颁布后,英国上议院(House of Lords)在Richards v. Forestal Land, Timber and Railways Co., Ltd. 案中指出:"对于普通法下的一般性原则和必要性或禁止性规定,双方当事人可以依据

---

〔2〕《英国1906年海上保险法》原文:Section 2:(1) A contract of marine insurance may, by its express terms, or by a usage of trade, be extended so as to protect the assured against losses on inland water or on any land risk which may be incidental to any sea voyage. (2) Where a ship in course of building, or the launch of a ship, or any adventure analogous to a marine adventure, is covered by a policy in the form of a marine policy, the provisions of this Act, in so far as applicable, shall apply thereto; but, except by this section provided, nothing in this Act shall alter or affect any rule of law applicable to any contract of insurance other than a contract of marine insurance as by this Act defined.

〔3〕参见(2011)沪海法商初字第1308号。该案中虽然案例主要判决内容为建造中的船舶不适用海事赔偿责任限制,但就保险有关内容,适用的法律是我国《海商法》第十二章。

〔4〕"bottomry"是以船舶为抵押的借贷方式,"respondentia"是以货物为抵押的借贷方式。

〔5〕此种借贷方式存在于古巴比伦,为腓尼基人、古希腊人、罗马人所使用,并在中世纪时期的意大利得以复兴。

〔6〕Castellain v. Preston, [1883] 11 QBD 380, CA, p.401.

〔7〕Castellain v. Preston, [1883] 11 QBD 380, CA, p.386.

合同自由地选择或排除法定的条款,而立法机关和法院的本意是确立补偿性作为保险法的基本原则,并使其在不同的事实和法律中更具可操作性。因此,商法已经去寻求或解决在一些海上保险实践中所产生的问题。"[8]《英国1906年海上保险法》将补偿原则作为其中的基本原则,同时认定海上保险合同具有补偿性。

海上保险合同作为财产保险合同的一种,其补偿性是以保险标的所遭受的实际损失为补偿依据,在合同订立时,可以对保险标的进行价值计算,当实际发生损失时,对其遭受的损失进行弥补,被保险人不能从中获利。同时,海上保险只能是补偿承保范围内的损失,被保险人的损失未必能得到全部补偿,如定值保险合同,其约定的价值与实际损失之间会存在一定的差别。另外,保险法中的"损害补偿"应区别于民法上的"损失赔偿"。民法上的"损失赔偿"是因违约或侵权而承担的一种责任,有一种非难及制裁的意思。保险法上的损害补偿,是保险中的弥补损失,不因为被保险人有过失或者保险人的侵权行为而赔付,这是一种给付行为,是一种履行合同义务的方式,其并没有制裁的意思。

保险合同的补偿特性与作为保险合同客体的保险利益保持了理论上的一致性,同时也是代位求偿、委付、重复保险等在内的一系列具体的海上保险制度的理论基础。此外,保险合同的补偿性揭示了保险对于赌博的排斥性,从而有效地规避了道德风险的发生。

(二)海上保险合同是射幸合同

射幸合同(aleatory contract),是指"以机会利益为标的的合同,当事人义务的履行取决于机会或不确定事件的发生或者不发生。"[9]在海上保险合同中,被保险人交纳保险费,并不一定能够获得保险人的赔偿,保险人赔偿与否取决于保险事故是否发生。保险事故的发生具有一定的概率,这意味着必然发生的事或者在承保期间内永远不可能发生的事不能被称为风险。保险的目的在于分散风险,基于大数法则,通过多数人承保来分散少部分人所遭受的损失。因此,保险事故发生与否、发生的时间或者发生程度必须具有一定的偶然性和随机性,所以被保险人能否得到赔付也应当是具有偶然性与随机性。

基于海上保险人合同射幸合同特性的确立,被保险人所缴纳的小额的保费与保险人可能作出的高额赔偿仍可确认为一种对价平衡,同时,当被保险人违约时,赋予保险人的救济方式以及程度方能从更为公平合理的基准进行考量;此外,对于保险人是否已经承担相应责任的判断,亦不应简单从承保时间的长短或者保险标的是否发生损失为依据。

---

〔8〕 Richards v. Forestal Land, Timber and Railways Co. Ltd., [1941] 3 ALL ER 62, p.76.

〔9〕 王利明:《合同法研究》(第4卷),中国人民大学出版社2017年版,第347页。

三、海上保险合同的当事人及相关辅助人

海上保险合同的当事人,是指在海上保险合同中参与海上保险活动并享有权利和承担义务的人。根据我国《海商法》,海上保险合同的当事人为保险人和被保险人。在《保险法》下,保险合同的当事人则为保险人和投保人。另外,保险经纪人、保险代理人和保险公估人虽然不是海上保险合同的当事人,但是他们对海上保险合同的订立和履行起了重要的辅助和参与作用。

(一)保险人

保险人是在海上保险合同中,按照合同约定收取保险费、承担赔偿责任的一方当事人。根据各国保险业的实际情况,保险人是经营保险业务的经济组织或个人,其组织形式各有不同。

我国《保险法》第10条第3款规定:“保险人是指与投保人订立保险合同,并按照合同约定承担赔偿或者给付保险金责任的保险公司。”由此说明,在我国保险市场中,保险公司作为保险人经营《保险法》所规定的商业保险业务是没有争议的。同时,根据《保险法》第6条和第181条的规定,保险业务由依照本法设立的保险公司以及法律、行政法规规定的其他保险组织经营,其他保险组织也可以经营商业保险业务。[10]

在英国海上保险市场中,保险人既可以为保险公司,也可以为个人。自然人作为海上保险保险人主要存在于劳合社市场。英国1720年6月通过的《英国1720年反投机法》(The Bubble Act,又称《泡沫法案》)曾批准“皇家交易保险公司”(The Royal Exchange Assurance Corporation)及“伦敦保险公司”(London Assurance Corporation)两家公司享有海上保险的独占经营权,其他公司或合伙组织均不得经营海上保险业务。从此以后,这两家特许保险公司垄断经营伦敦海上保险业务长达近一百年。但该法案并没有限制个人经营者办理海上保险业务。这就为劳合社(lloyd's)——一家以个人名义办理海上保险业务的社团组织的发展提供了有利条件,也促进了劳合社个人保险组织在英国海上保险市场中的发展,并一直延续至今。英国法下的保赔协会(也称为互保协会)[11]也享有保险人的法律地位。根据《英国1862年公司法》和1876年 In re Arthur Average Association(De Winter and

---

〔10〕《保险法》第6条规定:“保险业务由依照本法设立的保险公司以及法律、行政法规规定的其他保险组织经营,其他单位和个人不得经营保险业务。”《保险法》第181条规定:“保险公司以外的其他依法设立的保险组织经营的商业保险业务,适用本法。”

〔11〕在海上保险中,可能涉及的互保协会主要是船东互保协会(包括国际互保协会集团,The International Group of P&I Clubs)和特殊责任互保协会,后者包括租船人互保协会(如The Charterer's P&I Club)、抗辩险互保协会(如The UK Defence Club)、罢工险互保协会(如The Strike Club)、战争险互保协会(如UK War Risks Club)、联运保赔协会(如TT Club)等。

Co’s Case)案[12]的判决,“保险合同中必须有一个经合法登记的公司作为保险人才是有效的保险合同”。保赔协会也被认定具有独立的法人资格。在英国,根据《英国2006年公司法》第5条,保赔协会一般登记为无股份资本的担保有限公司(a company limited by guarantee, LBG)。[13]

在我国,《保险法》第三章就我国保险公司的设立、经营范围等作了专门的规定。中国原保险监督管理委员会(以下简称保监会),[14]根据《保险法》和《公司法》于2009年10月1日颁布实施了《保险公司管理规定》,对保险机构的设立、保险经营、保险条款和保险费率、保险公司的资金管理、保险公司的偿付能力、再保险等方面作了详细的规定。

根据上述法律法规,在我国成为海上保险合同的保险人必须具备以下条件:(1)经过政府机构的批准,取得保险人资格;(2)应当具有经营海上保险业务的资格。获准经营海上保险业务的财产保险公司,均可以成为海上保险合同的保险人。

需要特别提及的是首席保险人的概念。在包括英国在内的一些国家,考虑到海上保险相对较大的风险性,一份保险合同下可能存在多个共同保险人,这些保险人依据不同的份额共同承保一份保险,英国的劳合社就是如此。在此类保险合同下,通常由一个相对权威的保险人作为首席保险人,代表其他保险人与被保险人一方洽谈保险合同的相关内容。需要注意的是,存在多个保险人的情况下,每一个保险人都视为与被保险人之间存在一个独立的保险合同,必要时还可以设定不同的费率及具体条款。另外,首席保险人从其他保险人处取得的授权是依据一份单独的协议或惯例,而非源于保险合同本身。首席保险人又分为首席承保人和首席保险理赔人。首席承保人与保险经纪人一样负责核定费率,安排保险,而首席保险理赔人则以全部共同保险人的名义行事,其行为对所有共同保险人具有约束力。

与英国的首席保险理赔人相比,挪威的首席保险理赔人更加正式,主要体现在三个方面:(1)在订立保险合同时由船东在保单中指定;(2)首席保险理赔人依据《2013年北欧海上保险方案》(The Nordic Marine Insurance Plan of 2013, NMIP 2013)的规定取得权利;(3)授权内容清晰,主体明确,效率较高。依据《2013年北欧海上保险方案》,首席保险理赔人有权采取下列措施:第一,决定与修船有关的事项;第二,为船舶碰撞、触碰或救助责任提供担保;第三,唯有首席保险理赔人有权与第三方进行谈判,只要符合条件,谈判的决定即对共保人产生约束力;第四,可以垫付保费;第五,首席保险理赔人若想获得其他权利,则通过共保人之间的协议

[12] In re Arthur Average Association(De Winter and Co’s Case), (1876)34 LT 942, 3 Asp MLC 245.

[13] David Semark, *P&I Clubs: Law and Practice*, London, Informa Law at Routledge, 2013, p.8.

[14] 中国保险监督管理委员会与中国银行业监督管理委员会合并,称为中国银行保险监督委员会,其现作为国务院保险监督管理机构。

来约定。首席保险理赔人的义务是,应尽快将出险通知转告给共保人。此外,首席保险理赔人无权代表共保人就保险支付进行谈判,如果违反与共保人之间的协议,则对船东承担责任。

(二)投保人

投保人,又称要保人。根据我国《保险法》第10条第2款的规定,投保人是指与保险人订立保险合同,并按照合同约定负有支付保险费义务的人。保险人与投保人是合同当事人,被保险人与受益人为合同相关人。而根据《海商法》第216条海上保险合同的定义,合同当事人是保险人与被保险人。《海商法》与《保险法》在保险合同主体方面规定的差异,起因于《海商法》所借鉴的英国法与《保险法》所借鉴的大陆法系的保险立法理念的差异。《海商法》的规定更多是借鉴了英国法模式,而《保险法》则借鉴了大陆法系。大陆法系区分了投保人与被保险人两种保险合同的主体,并设定不同的权利义务;英国法则通过"代理"制度来解决订约人与被保险人的权利和义务。

尽管《海商法》下海上保险合同中没有"投保人"这一主体,但海上保险实务中保险人签发的保险单证中却有"投保人"栏目。当投保人与被保险人不一致的情形下,《海商法》下的被保险人的告知义务以及缴纳保险费的义务是否约束被保险人?为此,有观点认为应与《保险法》相一致引入投保人概念,并规定投保人与被保险人承担相同的义务;但更为主流的观点并不主张对《海商法》作出修改以引入投保人的概念,也不给予投保人在海上保险法律关系中独立的法律地位,投保人的法律地位根据具体案情参照代理的法律关系予以解决,以维持我国海上保险长期以来的习惯做法,并防止引入投保人概念后对整个海上保险合同下被保险人与投保人义务的区分所带来的进一步疑问。

(三)被保险人

被保险人,是指保险事故发生时,遭受损失并享有赔偿请求权的人。我国《保险法》第12条第5款规定:"被保险人是指其财产或者人身受保险合同保障,享有保险金请求权的人。投保人可以为被保险人。"

如果投保人为自身利益投保,则投保人与被保险人是同一个当事人。如果投保人为他人利益投保,被保险人就是另一个当事人。被保险人应具备如下两个条件:(1)与保险标的之间有切身利害关系,即具有保险利益;(2)在保险事故发生时将直接承受损失后果。例如,在承运人为货物投保海洋运输保险的情况下,对于其能否成为货运险中的被保险人,依据上述两个条件进行判断时,因为承运人是否符合保险利益要件以及是否将承受损失的后果都有争议,故而很多法院都否认承运人是合格的被保险人。这部分内容在第六章代位求偿权部分有详细论述。

被保险人须在保险合同中作出明确规定,有三种确定方式:(1)在保险合同中明确列出被保险人的名字;(2)以变更保险合同的条款的方式确认被保险人;

(3)采取扩展被保险人的方式来确认被保险人。[15]

(四)保险经纪人

海上保险经纪起源于英国。由于当时海上贸易的风险很大,海上事故经常发生,在伦敦保险市场上,没有一个承保人敢于承担一次航行的全部风险,所以他们每个人只能承担保险价值的一部分,这就需要利用具有丰富保险专业知识和了解市场行情的人作为中介,将超出单个承保人能力部分的风险和保额在其他承保人之间分摊,这就是早期的保险经纪人。同时,从事国际贸易的商人要投保,就得了解各承保人的保险条件和资信状况等,办理填单、投保、索赔等各项手续,实际操作费时费力,特别是外国商人投保更加困难,借助于保险经纪人就显得更加重要。最初的保险经纪人大部分是无组织的,其中不乏兼职的商人、银行家等,有的本身就是皇家交易所内的职员。他们有丰富的保险知识,并且通过长期的实践熟悉航海的风险,一般有固定的办公场所,依靠撮合保险作为职业或收入来源。

今天的保险经纪业务不再局限于海上保险,已广泛应用于各类保险之中。在英美等保险业发达的国家,保险经纪人在保险中介市场中扮演着重要角色。比如在著名的劳合社保险市场上,辛迪加组织90%以上的保险业务是由劳合社保险经纪人带来的。辛迪加组织是劳埃德保险市场上对相同风险有共同偏好的保险人共同出资成立的合伙组织,当市场上出现了其可以接受的风险,就由辛迪加组织出面签署保单。辛迪加组织是劳埃德保险市场的核心部分。

"保险经纪人"这一名词在中国出现已有百年的历史。1935年在上海成立了第一家公司性质的保险经纪机构——潘安记保险事务所。随后在上海、重庆等地还颁布过一些规范保险经纪人的法令,但由于当时的社会环境、经济等原因,这些法令没有得到有效的实施。1980年国内保险业务全面恢复后,保险经纪人经历了一个从无到有,再到飞速发展的历程:在业务经营方面,中国保险监督管理委员会在1999年正式批准筹建的三家保险经纪公司(北京的江泰保险经纪有限公司、上海东大保险经纪有限责任公司和广州的长城保险经纪有限公司)的挂牌经营,标志着保险经纪制度的初步确立。在法律方面,1995年《保险法》对"保险经纪人"就作出了原则性的规定。随后1998年2月16日中国人民银行公布了《保险经纪人管理规定(试行)》,第一次以部门规章的形式对保险经纪人进行了法律上的规制。2009年我国《保险法》第五章"保险代理人和保险经纪人"对我国的保险经纪人制度作出了具体的规定;第七章"法律责任"中也涉及了保险经纪人违反法律规定的后果问题。中国保险监督管理委员会于2004年12月15日颁布了《保险经纪机构管理规定》,该规定自2005年1月1日起施行。我国的保险经纪机构虽然在我国的保险中介市场上取得了一定的地位,但是我国的保险经纪人制度仍然处在

〔15〕 参见孙祁祥:《保险学》,北京大学出版社2013年版,第48页。

一个相对落后的阶段。

我国《保险法》第 118 条规定："保险经纪人是基于投保人的利益，为投保人与保险人订立保险合同提供中介服务，并依法收取佣金的机构。"

中国保险监督管理委员会 2015 年修订版《保险经纪机构监管规定》第 6 条对保险经纪机构的组织形式作出规定，保险经纪机构应当采取下列组织形式：(1)有限责任公司；(2)股份有限公司。第 27 条对其业务范围作出规定，保险经纪机构可以经营下列保险经纪业务：(1)为投保人拟定投保方案、选择保险公司以及办理投保手续；(2)协助被保险人或者受益人进行索赔；(3)再保险经纪业务；(4)为委托人提供防灾、防损或者风险评估、风险管理咨询服务；(5)中国保监会批准的其他业务。

从国际上来看，保险经纪人的收入来源主要有两个：(1)通过为被保险人提供保险咨询服务而收取的咨询费；(2)为被保险人签订保险合同而向保险人收取的佣金。[16] 一旦被保险人不支付保费，保险经纪人则对保单具有留置权。但是随着时代的发展，保险经纪人也在发生一些改变，部分保险经纪人现在也直接向被保险人收取佣金，以简化交易流程。而在挪威市场上，许多船东已经不通过保险经纪人来安排保险。

保险经纪人存在的主要问题有以下四个：(1)保险经纪人主体呈现出多样性发展。由于保险经纪人的市场准入条件较高，进而产生了类似于"保险咨询公司"等形式的组织从事保险经纪业务，甚至个别保险代理人违规从事保险经纪业务，严重扰乱市场经济秩序。(2)保险经纪人的行业自律性不足。很多保险经纪人，以"利益"为导向，没有为被保险人提供合理、经济的保险。(3)"提成佣金"(contingent commissions)问题，[17] 即"保险人基于自己的承保收益率或者基于特定被保险人账户的收益率而支付给保险经纪人的佣金"引发的利益冲突。[18] 保险经纪人既受被保险人的委托为其制定保险方案，同时又接受保险人的隐形报酬(回扣)，其结果是导致大量高利润的保单流向同一个保险公司，被保险人并非承保于最佳保险人。(4)逃避监管。越来越多的保险经纪人采用离岸资本化投资，躲避政府监管。在美国，由于各州法不同，法律监管存在漏洞，一些保险经纪人利用州立法的空白，将保险经纪公司转移到百慕大和开曼群岛地区，以躲避政府监管。

(五)保险代理人

我国《保险法》第 117 条第 1 款规定："保险代理人是根据保险人的委托，向保

---

〔16〕 由保险公司从保险经纪人客户支付的第一份保费习惯性地抽出 10% 作为佣金。

〔17〕 也有其他名称，如"代理佣金"(overrides)、"配置服务协议"(placement service agreements, PSAs)、"市场服务协议"(market service agreements, MSAs)等。

〔18〕 参见[美]肯尼斯·S. 亚伯拉罕：《美国保险法原理与实务》，韩长印等译，中国政法大学出版社 2012 年版，第 62 页。

险人收取佣金,并在保险人授权的范围内代为办理保险业务的机构或者个人。"很多保险公司的从业人员,虽然是保险公司的雇员,但也有可能从事代理行为,这种代理行为被称为职务代理。职务代理是指根据代理人所担任的职务而产生的代理,即法人或其他组织的成员以及主要工作人员就其职权范围内的事项进行的法律行为,无须法人或其他组织的特别授权,其法律效果应当由法人或其他组织承担。[19] 职务代理属于意定代理的一种,意定代理不仅发生于委托,而且还有可能发生于工作中的授权。保险代理人的权限,通常在代理合同或授权书内予以规定,一般包括招揽与接收保险业务、代收保险费、出立暂保单或保险单、勘察理赔等。

根据代理合同内容的不同,保险代理人的权限通常分为一般代理和特殊代理。一般代理,是指在保险人的授权范围内,从事招揽与接收保险业务、代收保险费、出具暂保单或保险单等业务;特殊代理,是指经过保险人的特别授权,从事勘验定损,核查理赔等业务。需要注意的是,在我国自我代理和双方代理是民法所禁止的情况,属于代理权的滥用。

保险代理人存在的主要问题是从业人员素质偏低,违规现象比较严重,与海上保险的高技术性相比,显得不相称。这主要表现在两个方面,一方面是保险代理人骗取保费,另一方面是表见代理现象经常发生。因此,加强对保险代理人的监管、提高行业自律能力显得尤为重要。例如,Elmer Tallant Agency, Inc. v. Bailey Wood Products, Inc. 案中,即便保险人明确拒绝代理公司的投保申请,但是保险代理人依旧告知被保险人合同成立且只有一个保险人,所以保险代理人依旧构成表见代理行为,因此法院判定由保险人承担对被保险人的赔偿责任。[20] 实务中也常发生保险代理人代投保人签章的情况,根据我国最高人民法院《关于适用〈中华人民共和国保险法〉若干问题的解释(二)》第3条第1款的规定,投保人或者投保人的代理人订立保险合同时没有亲自签字或者盖章,而由保险人或者保险人的代理人代为签字或者盖章的,对投保人不生效。但投保人已经交纳保险费的,视为其对代签字或者盖章行为的追认。但此处的签章仅意味着保险合同的成立,并不能取代投保人在保险合同"声明栏"处的签章,不能据此推断保险人及其代理人已经履行了告知义务。

在我国,保险代理制度以前主要用于国内拓展保险业务,现在为了开展国外业务,财产保险公司在世界各地主要港口和城市聘请了货物检验理赔代理、船舶检验代理,同时我国保险公司也作为外国保险公司在中国的货物、船舶保险的检验代理人。在拓展业务的同时,推动了保险代理制度的规范和完善。

---

〔19〕 参见王利明:《民法总则研究》,中国人民大学出版社2012年版,第629页。

〔20〕 Elmer Tallant Agency, Inc. v. Bailey Wood Products, Inc., 374 So. 2d 1312 (Ala. 1979).

第二节　海上保险的保险标的与保险利益

一、保险标的

财产保险保险标的,是指作为保险对象的财产及其有关利益,〔21〕是保险合同双方当事人要求提供保险保障的目标或对象,〔22〕也是保险人承担保险责任的各类危险的载体,即保险事故发生的本体。〔23〕 明确保险标的,有利于确定保险人应当对哪些财产或者人身发生保险事故造成的损失承担保险责任,有利于确定投保人或者被保险人能够将哪些财产或者人身所发生的损失转嫁给保险人。〔24〕 对保险标的的确定,有利于确认投保人或者被保险人是否符合保险利益原则,对保险金额和保险价值的确定也具有重要影响。

任何可能遭受海上风险的对象都可以作为海上保险的标的。《英国 1906 年海上保险法》第 3 条第 1 款规定,每一合法的海上冒险得为海上保险合同的标的。〔25〕海上保险的标的与海上保险合同的标的是不同的,任何合法的海上冒险行为都可以作为海上保险合同的标的,而且海上保险合同的承保范围可以不限于狭义的海上风险,也可以包括部分陆上的风险,但是海上保险的标的必须要有面临海上风险的可能。我国《海商法》和相关保险条款中最主要的保险标的是船舶和货物。此外,海上保险标的还包括但不限于船舶营运收入、货物预期利润、船员工资和其他报酬以及对第三人的责任等。

保险标的不同于保险合同的客体(subject of matter of insurance contract)。民法中的客体是权利义务共同指向的对象。保险合同双方的权利义务体现为:投保人或被保险人的义务是按转嫁风险的保险金额缴纳保险费,其对应的权利是当保险标的发生保险事故时,依照保险合同向保险人请求损失赔偿;保险人的权利是收取保险费作为其承担保险赔偿的对价,其义务是在保险标的发生保险事故时,履行赔偿或给付保险金责任。〔26〕 尽管保险标的作为投保的对象,是保险事故发生的本体,但保险人承担的责任并不是保证保险标的不发生保险事故,而是对被保险人因

---

〔21〕 参见《保险法》第 12 条第 4 款规定。

〔22〕 参见司玉琢:《海商法专论》,中国人民大学出版社 2018 年版,第 409 页。

〔23〕 参见郑玉波:《保险法论》,台北,三民书局 1998 年版,第 25 页。

〔24〕 参见《英国 1906 年海上保险法》第 26 条关于保险标的的确定的规定。

〔25〕 《英国 1906 年海上保险法》原文:Section 3(1): Subject to the provisions of this Act, every lawful marine adventure may be the subject of a contract of marine insurance.

〔26〕 参见粟芳、许谨良编著:《保险学》,清华大学出版社 2006 年版,第 102 页。

保险标的的损失或损害所遭受的经济损失承担补偿责任，简言之，保险合同并不负责保障保险标的安全，而是保障保险标的受损后被保险人的经济利益。[27] 所以，保险合同的客体应当是保险利益。有关保险利益请参见本节“保险利益”部分。

（一）船舶（ship, vessel）

我国各船舶保险条款对所承保“船舶”的范围皆有规定：《中国人民保险公司船舶保险条款》（1986 年）[28] 与《中国人保船舶保险条款（2009 版）》都规定，船舶作为其承保的标的，包括船壳、救生艇、机器、设备、仪器、索具、燃料和物料，不包括《海商法》第 219 条所规定的船员给养和淡水；中国人民银行 1996 年《沿海、内河船舶保险条款及费率》（银发〔1996〕253 号）[29] 及中国人民银行《沿海内河船舶保险条款解释》（银发〔1996〕459 号）[30] 和《中国人保沿海内河船舶保险条款（2009 版）》[人保（备案）〔2009〕N6 号] 则规定，船舶作为保险标的，包括船体、机器、设备、仪器和索具，并明确规定船上燃料、物料、给养、淡水等财产和渔船不属于船舶保险标的的范围。

广义的船舶，是指能够漂浮和航行于海洋、江河及其他可航水域且有船的形状的运载工具，主要船舶类型包括杂货船、干散货船、集装箱船、油槽船等。从保险条款的措辞上来看，船舶备件似乎并不属于船舶的范畴。[31] 但是我国司法实践倾向于认为船舶保险标的包括船舶备件。在 2013 年宁波海事法院审理的一起沿海船舶保险合同纠纷案 [32] 中涉及了该问题。该案虽是沿海保险合同纠纷，但是沿海船舶一切险条款在关于船舶是否包括备件的问题上与《中国人保沿海内河船舶保险条款（2009 版）》条款相同，均未明确。因此本案的判决对于理解《中国人保沿海内河船舶保险条款（2009 版）》条款具有借鉴意义。该案中，原告投保的船舶与他船碰撞沉没，对方船舶对事故承担全部责任。依据侵权法律关系，原告向肇事船舶主张船舶价值损失 2,992,660 元，船舶燃料、物料备件、供应品损失 310,395 元以及其他损失。同时，原告向被告报告了保险事故，并要求被告根据船舶保险合同先行赔付。对于物料、备件、供应品的损失，被告不予认可，法院认为备件及船上工具等虽系营运船舶所必备的物品，但该部分物品价值应包含在船舶价值之内，不应

---

〔27〕 参见曾立新编著：《海上保险学》，对外经济贸易大学出版社 2001 年版，第 42 页。

〔28〕 参见《中国人民保险公司船舶保险条款》（1986 年 1 月 1 日）。

〔29〕 虽然中国人民银行《关于下发〈沿海、内河船舶保险条款及费率〉的通知》已失效，但《沿海、内河船舶保险条款及费率》（1996 年 7 月 25 日中国人民银行发布，自 1996 年 11 月 1 日起执行）仍现行有效。

〔30〕 中国人民银行《关于印发〈沿海内河船舶保险条款解释〉的通知》现已失效。

〔31〕 船舶备件，是指为船舶的主机、副机、辅助机械、电气设备、通导设备等船舶设备维修与确保船舶航行安全所需备用的部件、配件和零件。

〔32〕 参见（2013）甬海法商初字第 383 号。

单独计算,故对于原告这一部分损失主张,法院未予确认。可见,法院认为根据保险合同,船舶备件的价值不应单独计算,而是包含在船舶的保险价值中。该案从另一层面上,承认了在沿海船舶一切险条款中备件为船舶保险标的的组成部分。

在英国海上保险中,根据《英国1906年海上保险法》附件1第15条的规定,船舶这一术语包括船壳、材料和设备、高级船员和船员的给养,且若船舶受雇于特别运输,包括该运输所需的通常要求的装置,如果是汽船,包括被保险人所有的机器、锅炉、煤和机舱贮备。[33] 此外,根据《英国1906年海上保险法》第16条第1款以及第30条第2款的规定,船舶的保险价值还包括了预付给船员的工资(money advanced for seaman's wages)。上述附件1是针对SG保险单的术语解释规则,并不强制适用于新格式的海上保险单,法官在判断新格式保险单所欲承保的船舶范围时,可以以此为指导。[34] 因此,如果保险标的填写为"vessel",[35]则并非仅承保船体本身,而应理解为承保船体、设备、给养以及其他运输所需的全部设备。[36] 若船东不准备投保船舶整体,应在对保险标的的描述中表明。如果保险标的填写为"hull and machinery"则应理解为仅承保船壳和机器,上述其他各项不在承保之列。[37]

海上保险标的的确定应该建立在海上保险合同双方当事人合意的基础之上。在中科院海洋研究所诉中财保青岛市北区第二支公司[38]案中,海上保险合同标的的认定成为案件争议的焦点。原告中科院海洋研究所于1998年4月6日向被告提出投保要求,欲对"科学一号"船上的包括温度、盐度、深度探头(conductance temperature depth,CTD)和ROSSETE採水器在内的船舶仪器进行投保,由于被告当时只有"沿海、内河船舶保险"的保险项目,于是在明知原告欲投保船舶仪器的情况下,填写了以"科学一号"船为保险标的的沿海、内河船舶保险保险单,随后"科学一号"船因触碰水下不明物所致超负荷使钢丝绳断裂,导致CTD和ROS-

〔33〕《英国1906年海上保险法》原文:The term "ship" includes the hull, materials and outfit, stores and provisions for the officers and crew, and, in the case of vessels engaged in a special trade, the ordinary fittings requisite for the trade, and also, in the case of a steamship, the machinery, boilers, and coals and engine stores, if owned by the assured.

〔34〕Jonathan Gilman et al., *Arnould: Law of Marine Insurance and Average*, London, Sweet & Maxwell, 2013, p. 325.

〔35〕新的保险单格式中留有空白处用于填写船舶名称和保险标的。

〔36〕Jonathan Gilman et al., *Arnould: Law of Marine Insurance and Average*, London, Sweet & Maxwell, 2013, p. 324.

〔37〕Roddick v. Indemnity Mutual Marine Insurance Co., [1895] 1 Q. B. 836, affirmed [1895] 2 Q. B. 380, CA.

〔38〕参见最高人民法院中国应用法学研究所编:《人民法院案例选》(2002年第3辑总第41辑),人民法院出版社2003年版,第377~384页。

SETE 两套船舶测量仪器丢失,被告以承保标的为船舶,仪器丢失不构成保险事故为由,拒绝赔偿。青岛海事法院认为,关于沿海、内河船舶保险单"被告接受原告投保要求时已知原告所投保的标的是'科学一号'船的随船仪器,却出具一份将'科学一号'船作为保险标的的沿海内河船舶保险单。该保险单虽由原告收到,但该保险单载明的内容与原告和被告之间的真实意思表示相差甚远……因此,该保险单载明的内容未能表达原告和被告之间的真实意思,不具备保险合同凭证的功能。关于对随船仪器的保险,被告作为保险人接受原告提出的保险要求时意思表示一致,保险合同成立的主要内容和条件已具备,原、被告之间就仪器加保保险合同成立"。因此,保险合同双方对船舶仪器的承保达成合意,因此该保险合同的标的物应该是船上的仪器,而非"科学一号"船。由此案件可知,保险标的并非总是保险单上规定的承保对象,在某些情况下还应考虑合同双方合意所指向的客体,只有合同双方对客体的承保达成了合意,客体才能成为保险合同的标的。

对设备(outfit)的理解有时会引起争议。例如在 New Liverpool - Eastham Ferry & Hotel Co. v. Ocean Accident & Guarantee Co., Ltd.〔39〕上诉案中,保险标的为一艘为渡轮提供煤的驳船,为实现其供煤的目的,该驳船被系泊设备固定,仅在重新装载或者维修等情况下才离开该位置,该案存在的争议是该驳船的系泊设备能否作为保险标的纳入承保范围。承办该案的地方法院法官认为,除非习惯上如此,否则驳船的锚并不附着于地面,系泊设备是该船为了实现其作为供煤船的用途所通常应具有的设备,应属于船舶设备的范围。该观点得到上诉法院多数法官的支持。因此在判断某物是否属于船舶设备时,不能仅仅从设备的物理形态或者空间位置上进行判断,还应从船舶的用途以及使用目的的角度判断该物是否是船舶操作所必须的装置。

对于船舶的"燃油"(bunkers)、"润滑油"(lubricating oils)和"机舱物料"(engine stores),如果其是被保险人的财产,也能够作为船舶保险的保险标的,只是对其能够投保的数量有所限制,在航次保险的情况下,保险人所承认的燃油数量,是履行该航次的合理数量,在定期保险的情况下,则为该船的通常存油量。船舶的燃料和物料是否是保险标的的争议体现在 Roddick v. Indemnity Mutual Marine Insurance Co.〔40〕案中。该案件的争议点在于一份承保汽船的船壳与机器设备(hull and machinery)的定期保险,其保险标的是否包括了船用煤和物料(bunker coals and stores)。如果包括,原告将被认为违反了保证;如果不包括,则原告没有违反保证,被告的抗辩不成立。被告提出证据并认为,在实践操作中,船壳航次保险的

〔39〕 New Liverpool - Eastham Ferry & Hotel Co. v. Ocean Accident & Guarantee Co., Ltd., [1929] 34 LI. L Rep. 421.

〔40〕 Roddick v. Indemnity Mutual Marine Insurance Co., [1895] 1 Q. B. 836.

保险标的也包括了保单中写明的航程所需的煤和物料。但主审法官 Kennedy 认为以船壳和机器设备作为保险标的的定期保险,其保险范围无论如何也不可能包括煤和物料。该判决得到了上诉法院的支持,[41]并认为即使在航次保险中也不能将作为保险标的的"船壳"扩充理解为煤和物料。本案的判决说明,承保船壳和机器设备的保险单其保险范围就仅仅是船壳和机器设备,不能做扩大解释,如果被保险人还想对其他的标的投保,应在保险标的中明确写明,否则事故一旦发生,风险只能自己承担。

建造中的船舶在传统海上保险法中一般将其视为保险标的。但建造中的船舶与建成的船舶的法律地位在我国《海商法》下具有较大的区别,如《海商法》中的船舶优先权、海事赔偿责任限制等制度并不适用于建造中的船舶。我国最高人民法院已有判例认定,没有航海能力的船舶不属于《海商法》意义上的船舶,且该法第十二章"海上保险合同"亦未将保险标的船舶作特别的定义,故不具有航海能力的建造中的船舶保险纠纷不适用《海商法》。[42]

(二)货物(goods, merchandise)

海上保险中的货物,是指海上运输过程中的货物,即以运送到目的地为目的的物品,包括商品和其他动产,还包括贸易货物和非贸易物品(如捐赠物资、救援物资和展览品等)。《海牙规则》(Hague Rules)对海上运输过程中货物的范围排除了活动物和甲板货,将货物定义为:"货物,包括各种货物、制品、商品和任何各类的物件。活动物和运载合同中载明装于甲板并实际上装于甲板的货物除外。"[43]《汉堡规则》(Hamburg Rules)在《海牙规则》的基础上将货物的范围扩大至活动物和货物的装运器具,[44]我国《海商法》第 42 条第 5 项参照《汉堡规则》的定义,规定"'货物',包括活动物和由托运人提供的用于集装货物的集装箱、货盘或者类似的装运器具"。

在海上集装箱货物运输中,经常存在一票货物多套提单的问题,因此导致了海上货物保险保险标的识别上的争议。例如,在 Pretty Lake 船集装箱箱号一致但提单号不一致保险标的争议案中,[45]原告向湖南国合公司以 CIF 价格购买了 20 吨锌粉,后者按《中国人保海洋货物运输保险条款(1981 年版)》向被告保险公司投保一切险及战争险,货物经由香港运往高雄,到达目的港时发现集装箱破损,锌粉水湿。保险人认为检验公司鉴定的货物提单号、集装箱号与保险合同承保货物的

---

〔41〕 Roddick v. Indemnity Mutual Marine Insurance Co., [1895] 2 Q. B. 380.

〔42〕 中国人民财产保险股份有限公司航运保险运营中心诉泰州三福船舶工程有限公司保险纠纷再审案,(2017)最高法民再 242 号。

〔43〕 参见《海牙规则》Art1(c)。

〔44〕 参见《海牙规则》Art1(5)。

〔45〕 参见(2000)广海法事字第 013 号,载《中国海事审判年刊》2000 年,第 547 页。

提单号和集装箱号不一致，发生货损的货物并非保险单中所指的保险标的，因此原告无权索赔。广州海事法院认为，装港签发的提单与宝岛海事鉴定公司出具的“公证报告书”中所载的集装箱编号都是采用国际统一标识，足以认定同一。集装箱号一致说明货物一致，因此货损货物是被告签发的保险单中的保险标的，被告应该对货损进行赔偿。因此，在一票货物多套提单的情况下，即使发生保险事故的提单号与保险合同规定的不符，只要集装箱号前后一致就能证明其仍然是保险合同的标的。

《英国1906年海上保险法》附件1第17条规定“货物”这一术语指的是，具有商品性质的货品，不包括个人财产或供船上使用的物料和给养。[46] 因此作为海上保险标的的货物应具有商品性质（nature of merchandise）、以贸易为目的，旅客和船员的个人物品以及船舶给养不包括在货物之列。[47] 我国《海商法》第十二章和有关保险条款并没有对货物的定义，也没有规定当货物作为海上保险标的时所应具有的性质，但在海上保险实践中个人物品一般不作为货物承保。

《英国1906年海上保险法》附件1第17条同时规定，除另有相反的惯例外，甲板货和活动物不属于通常的货物种类，而应另行办理专门的保险。[48] 因此，英国海上保险中对甲板货和活动物的保险不包括在普通货物保险之内。之所以作出此种规定，是由于运输甲板货和活动物所面临的风险要远远大于以通常方式运输的货物。在British and Foreign Maritime Insurance Co. v. Gaunt[49]案中，争议的问题是对第17条中的“惯例”（usage）应作何理解。英国上议院判决认为“惯例”应理解为某种行业的惯例，而非保险业务的惯例，因此原告根据当地羊毛行业的惯例将羊毛装于甲板之上，应该被看作普通货物，无须另行投保，保险人应对该批羊毛因海水受到湿损承担赔偿责任。由此可见，作为货物保险人，还应该熟悉有关承保货物的行业习惯和惯例，不知道该行业的习惯和惯例，不足以成为拒绝承担赔偿责任的理由。[50]

我国《海商法》第四章“海上货物运输合同”仅规定货物“包括活动物和由托运人提供的用于集装货物的集装箱、货盘或者类似的装运器具”，但第十二章“海上保险合同”未将甲板货和活牲畜规定为必须进行特殊保险的货物。《中国人保海洋运输货物保险条款（2009版）》［人保（备案）〔2009〕N106号］也没有对甲板货

---

〔46〕《英国1906年海上保险法》原文：The term “goods” means goods in the nature of merchandise, and does not include personal effects or provisions and stores for use on board.

〔47〕Duff v. Mackenzie, (1857) 3 CBNS 16.

〔48〕《英国1906年海上保险法》原文：In the absence of any usage to the contrary, deck cargo and living animals must be insured specifically, and not under the general denomination of goods.

〔49〕British and Foreign Maritime Insurance Co. v. Gaunt, [1921] 2 A.C.41 (HL).

〔50〕Susan Hodges, *Law of Marine Insurance*, London, Routledge - Cavendish, 1996, p.25.

和活牲畜能否作为普通货物进行保险作出规定。尽管如此,由于活牲畜和甲板货的特别风险,除非被保险人对货物装于甲板这一情况并不知情,保险人有权以被保险人违反告知义务而解除保险合同,〔51〕因此,根据海洋运输货物保险条款订立海上保险合同时,被保险人仍应将甲板货的情况如实告知保险人,并额外投保舱面险,否则保险人可能对因货物装于甲板而造成的损失不承担赔偿责任。现代集装箱制作精良、抗风险能力强,所以装运集装箱的货物装于舱面上可以被视为航运惯例,无须另行投保舱面险。此外,《中国人保国内水路、陆路货物运输保险条款(2009版)》[人保(备案)〔2009〕N104号]〔52〕对活牲畜作为保险标的作出了限制,规定:"下列货物不在保险标的范围以内,蔬菜、水果、活牲畜、禽鱼类和其他。"

由于装运货物的集装箱不是货物的一部分,除非集装箱是由被保险人或货方提供的,且在保险单中明确表明集装箱属于保险人的承保范围,否则货运险保单一般不予承保。另外,对于集装箱也有专门的标准保险条款予以承保,如协会定期集装箱保险条款(CL388-87, Institute Container Clauses - Time, 11/187)和《中国人保进口集装箱货物运输保险特别条款(2009版)》[人保(备案)〔2009〕N139号]。

对于货物的包装是否属于货运险保险人的承保范围也常常引起争议。如果保险单中明确写明承保货物包装材料的损失(如保单中加保包装破裂险),那当然没有任何问题。但如果保险单中没有写明,保险人是否要就包装的损坏承担赔偿责任呢?在英国海上保险中,这通常要看货物的包装是否是承保货物在通常运送中所要求的。如果是,保险人就应当要赔偿包装材料的损失,如果不是,保险人就无需赔偿。例如在英国J. Lysaght Ltd. v. Coleman〔53〕案中,保险标的为镀锌铁,在此次保险航程中,保险货物被装载于容器中运输,但通常情况下类似货物的运输一般不加任何包装。因此Esher法官认为:"保险单非常清楚地写明将铁作为保险标的的,被保险人不能因包装的损坏而向保险人要求任何赔偿。"在Brown v. Fleming〔54〕案中,保单保的为228瓶威士忌。比格姆(Bigham)法官说:"包装酒瓶的稻草和酒瓶上的标签都是保险标的的一部分,就像是酒的酒瓶和瓶塞一样。"因此该案中保险人不仅要赔偿酒的损失,有关的包装材料的损失也需要赔偿。同样在Berk v. Style〔55〕案中,保险单载明的保险标的为100吨硅藻土,这些硅藻土装运于纸袋中进行运输。证据表明,在通常情况下,硅藻土必须装于纸袋中进行托运。所以法院判决保险人像赔偿硅藻土本身的损失一样,赔偿包装纸袋的损失。

---

〔51〕 参见汪鹏南:《海上保险合同法详论》,大连海事大学出版社2011年版,第35页。

〔52〕 该条款的保险标的可为国内江、河、湖泊和沿海水路运输的货物。

〔53〕 J. Lysaght Ltd. v. Coleman, [1895] 1 Q. B. 49.

〔54〕 Brown v. Fleming, [1902] 7 Com. Cas. 245, p. 246.

〔55〕 Berk v. Style, [1956] 1 Q. B. 180, [1955] 3 W. L. R. 935.

根据起源于英国海上保险的航程损失原则(doctrine of loss of the voyage),海上货运保险不仅承保货物物质损失的风险,而且也承保货物能否顺利抵达目的地的风险。[56] 该原则在《英国1906年海上保险法》颁布之前被认为是"已确定的法律"(settled law),但由于航程损失原则在《英国1906年海上保险法》中没有得到体现,因此其能否在海上保险中继续适用存有疑问。直至1915年The Sanday Case[57]案,重新确立了该原则在海上保险中的适用。该案中被保险人为其运往德国的货物运输航程进行投保,随后"一战"的爆发使完成该航程属于非法,船舶因此驶回英国港口,货物无损并由被保险人储存在了英国仓库。围绕被保险人能否获得保险赔偿,上诉法院法官雷丁(Reading)指出,货运险的保险标的不仅包括货物,还包括保险航程的顺利完成。布雷(Bray)法官也认为货物运输保险只承保货物是不正确的,最终被保险人成功宣告推定全损,将货物委付给保险人,并获得了航程终止的损失赔偿。Lord Wright 在后来的审判中也认为,货运险所承保的是复合利益,包括货物安全以及因货物抵达目的地而获得的预期利益。[58] 由于The Sanday Case案的判决重新确立了航程损失原则在英国保险市场的适用,"the frustration clause"[59]作为除外责任被引入协会货物战争险保险条款的除外责任部分[Institute War Clauses (cargo) ,IWC(C)],规定基于航程或冒险的损失或受阻的任何索赔本保险概不承保。

航程损失原则也可以在我国《海商法》第246条有关推定全损的规定、《中国人保海洋运输货物保险条款(2009版)》对货物推定全损及转运费用的规定、海洋运输货物战争险条款对航程丧失或挫折的除外责任的规定中得到体现。

(三)货物的"预期利润"(expected profit)

由于货方能获得海运货物的预期利润的前提是货物能够安全到达目的港,因此海运货物的预期利润与货物本身所面临的风险是一样的。正因如此,海上保险中货物的预期利润也可以作为保险标的。我国《海商法》第218条第1款第4项明确将海运货物的预期利润作为一项海上保险标的。货物的预期利润(expected profit on cargo)与预期利益损失(expectation loss)中的预期利益并不相同,货物预期利润损失是海上保险中的概念,是指由于遭遇承保风险导致的货物预期利益的

---

〔56〕 Susan Hodges, *Law of Marine Insurance*, London, Routledge - Cavendish, 1996, p. 26.

〔57〕 British and Foreign Marine Insurance Co., Ltd. v. Samuel Sanday and Co., [1915] 2 KB 781, [1916] 1 AC 650.

〔58〕 《英国1906年海上保险法》原文:One covering a composite interest, the physical things or chattels, and also the expected benefit from their arrival. Rickards v. Forest Land Timber & Rys et al., [1942] A. C. 50.

〔59〕 《协会货物战争险保险条款》原文:IWC (C) Clause 3.7: Any claim based upon loss of frustration of the adventure is not covered.

丧失,而预期利益损失是合同法中的概念,一般是指若没有违约受害方本可以在合同下期望获取利益的丧失,[60]是由于商业风险导致的损失。

正常的预期利润是经常包含在货物的保险价值中承保。一般CIF买卖经常会加上10%的预计利润,并把该部分预计利润视为货物价值的一部分。但是仅仅包括10%的预计利润往往不能满足货方的需要,因为在运输途中,该票货物的市场价格可能大大上涨,如果遇到了灭失或者损坏,10%的预计利润很难给予货方足够的补偿。另一原因也可能是买方不希望让卖方知道他在这个买卖中实际赚多少钱。面对这种现实需求,英国海上保险实务中有可以让货方分开投保额外利润损失或货物增值的保险条款,如《英国协会货物保险条款》(Institute Cargo Clause, ICC)的第14条规定的"增加价值保险"(increased value insurance)。

在该保险出现之前,货物的增加价值保险通过"荣誉保单"(Policy Proof of Interest, PPI)[61]承保。由于PPI保单在英国法下被认为无效,因此没有强制执行力。另外,也是因为货物在运输途中到底会增加多少价值不好算,所以协会货物保险条款规定"增加价值保险"。"增加价值保险"与"原始保险"(original insurance)是共同保险,总的保险价值是保险金额之和,保险人之间按承保金额比例分担责任,分享追偿所得。我国货运险中仅承保了CIF价10%的预计利润损失,对于因市场上涨或者因其他原因造成的货方金钱上的损失没有明确的条款予以承保,这是不符合现实需求的。我国可以借鉴协会货物保险条款,增加相应的增加价值保险条款。

由于货物的预期利润具有无形性,因此在判断某一预期利润损失是否属于利润损失保险的保险标的时,应根据作为其实体的货物是否因海上风险遭受损失。在M'swiney v. Royal Exchange Assurance Co.[62]案中,原告购买了6000袋大米,准备用船将其从马德拉斯运送给伦敦的买家,原告对从马德拉斯到伦敦的航程中装载或将要装载于船舶上的货物之预期利润向保险人投保,合同承保海上货物运输通常之风险。在货物装载过程中,船舶遭遇了海上风险,使船舶装货无法继续、航程受阻无法完成,已经装载于船上的1200袋货物也遭受了损害,使原告买卖合同的目的无法实现。保险人赔偿了已经装船的1200袋大米的预期利润,但对是否赔偿未装船的4800袋大米的预期利润双方存在争议。英国王座法庭认为,6000袋大米的预期利润属于预期利润保险的保险标的,因而剩下的4800袋大米的损失

---

〔60〕 参见杨良宜:《预期利益损失与信赖利益损失》,载《中国海商法年刊》2011年第1期。

〔61〕 参见英国 The Marine Insurance Act 1745, The Gambling Act 1845, The Marine Insurance Act 1906, The Marine Insurance (Gambling Policies) Act 1909, The Gambling Act 2005 等立法的相关规定,详见下文"保险利益"部分。

〔62〕 M'swiney v. Royal Exchange Assurance Co., [1849] 14 Q. B. 634, p. 646.

应该赔偿，但当时的英国上诉法院（Court of Exchequer Chamber）持相反的态度，并推翻了原判决。认为虽然6000袋货物都具有保险利益，但未装船货物的损失并非由海上风险造成，而是由海上风险造成的其他损失之后果，由于本保险只承保通常的海上风险，因此未装船货物预期利润的损失并非由承保风险造成，保险人无须赔偿未装船货物的损失。

（四）船舶营运收入（income from the operation of ship）

与货物的预期利润相对应，在船舶保险下，船舶的营运收入也可以作为保险标的。在英国海上保险实践中，以船舶营运收入为标的的保险被称为运费保险。

根据我国《海商法》第218条第1款第3项的规定，船舶营运收入，包括运费、租金、旅客票款。但是，"运费保险"在我国海上保险业务中开展的不是很普遍，相关的法律也差不多是空白，很少有船东单独投保一定期间内的营运收入或某一航次的"待收运费"保险，或支付了"预付运费"的承租人投保运费保险。但是，我国船东和船舶保险人也并非从不考虑船舶运费问题，因为在实践中船舶保险大多采用定值保险，在其保险价值和保险金额中，双方除考虑船价外，还可能已考虑了"预期运费"以及"船舶营运费用"。在发生船舶全损时，保险赔偿中就包括了对预期运费的赔偿，也就是说，船舶保险可能包含了运费保险。同样，在货方承担运费风险的情况下，会将运费金额列入货价，使其通过投保货运险的方式获得承保。

在英国海上保险中，由于其抽象、无形、种类繁多的特点，以及种类繁多、在《英国1906年海上保险法》中鲜有规定等原因，"运费"被认为是一种非常难掌握的保险标的。[63] 在严格意义上，运费是指承运人完成货物运输而对托运人或收货人有权请求的报酬。[64] 但在英国海上保险中，运费还包括一些通常不以运费来指代的项目。根据《英国1906年海上保险法》第90条的规定（附件1第16条有相同的规定），"运费"包括船东使用其船舶运载自己的货物或动产获得的利润及由第三者支付的运费，但不包括乘客票款。[65] 其中，"船东使用其船舶运载自己的货物或动产获得的利润"，是指船东运用自己的船舶载运自己所有的货物或者动产，在卸货港出售所获得的利润，即通过运输增加的货物价值（increased by their carriage in his own ship）。[66] "由第三者支付的运费"包括承租人因承租整艘船或船舶部

---

〔63〕 Susan Hodges, *Law of Marine Insurance*, London, Routledge – Cavendish, 1996, p. 28.

〔64〕 参见司玉琢主编：《海商法》，法律出版社2018年版，第88页。

〔65〕 《英国1906年海上保险法》原文：Section 90："Freight" includes the profit derivable by a shipowner from the employment of his ship to carry his own goods or moveables, as well as freight payable by a third party, but does not include passage money.

〔66〕 Flint v. Flemyng, (1830) 1 B. & Ad. 45, p. 48.

分舱位而支付的租金，[67]以及船东作为承运人为他人运输货物所获得的收益。Tenterden 法官也认为，运费是船东运用自己的船舶获取的利益（the benefit derived by the ship－owner from the employment of his ship）。[68]

因此，尽管《英国 1906 年海上保险法》中将上述各项统称为“运费”，但在英国海上保险实务中被保险人的运费主要包括两类：（1）通过货物运输取得的运费，也称作提单运费（bill of lading freight）；（2）通过船舶出租获得的运费，又称租约运费（chartered freight）。提单运费与租约运费的区分是站在船东的角度做的分类，船东既可以与不同的人订立货物运输合同，将船舶运往目的地，也可以与他人订立租船合同收取租金。对于船东而言，两种处理方式并无太大区别，都可以作为运费进行投保，但对于作为非船东的租船人而言，虽然也可以以上述方式利用其所租用的船舶，但租船人运用所租船舶所获得的利益不属于运费保险的承保范围，如果承租人意图对所获租金进行保险，应将其作为“利益”（profit）进行保险。

对于提单运费，当货物遭到严重损坏已无法辨认或已不再是装船时所称的货物，承运人则无法获得运费。租约运费根据租船合同的不同，可以分为航次租约运费和定期租约运费。在英国保险市场上有两套有关海上风险中运费的保险条款，分别是《英国 1995 年协会定期运费保险条款》（CL287－95，Institute Time Clauses Freight，01/11/95）和《英国 1995 年协会航次运费保险条款》（CL288－95，Institute Voyage Clauses Freight，01/11/95）。两套条款中的主要条款大致相同。

由于运费险保险标的的多样性，被保险人在投保运费保险时应对保险标的进行清楚地描述，保险单中承保的运费是否包括租金或者船东运输自己货物的运费。另外，运费是保全程还是保某一段航程或是某一段时间的航程，都应该写清楚。此外，运费中是否包括装卸船的费用，也都需要在保险合同中写明。

（五）船长、船员工资和其他报酬（master's and crew's wages and other remuneration）

我国《海商法》明确规定了船员工资和其他报酬能够作为海上保险的保险标的，其中其他报酬包括了加班费、航行津贴、资深津贴、奖金和社会保险费用等。在英国法下，曾经不允许船长、船员为自己的工资投保。因为当时船员的工资是和运费挂钩的，甚至有说法称“运费是船员工资之母”。由于担心船员有了工资保险以后，若船舶发生海损事故就不再尽力营救船舶，因此法律不允许船员为自己的工资投保。但是《英国 1854 年商船航运法》（Merchant Shipping Act 1854）改变了船员获取工资的制度，规定船员的工资不再以运费为基础，船员可以一直拿到工资只要

---

〔67〕 Per Lord Tenterden in Winter v. Haldimand, (1831) 2B. & Ad. 649; per Lord Ellenborough in Forbes v. Aspinall, (1811) 13 East 323, p. 325.

〔68〕 Flint v. Flemyng, (1830) 1 B. & Ad. 45, p. 48.

船舶仍然存在,他们仍在船上工作。随后在《英国1906年海上保险法》第11条明确肯定了船长、船员对其工资具有保险利益。[69] 实际上,船舶发生海损事故灭失后,船员预期工资将遭受损失,而且在船舶仍然存在的情况下,船员对船舶有优先权,船舶一旦灭失将失去优先权的保障。所以船长、船员应当有权对其工资和其他报酬投保。对于船员利用工资购买并放置在船上的物品,即使是在船员工资不允许投保的年代,也允许对其进行保险。在美国允许对船员携带的一定数量物品进行投保。[70]

(六)对第三人的责任(liabilities to third parties)

对第三人的责任也可以作为海上保险的标的。在海上航程中,发生海难事故除了会给船舶和货物造成损坏以外,也可能产生人身伤亡、环境破坏或者在发生船舶碰撞事故时产生对另一方的赔偿责任等。海上保险中常见的可以作为保险标的的责任有船东对船员、旅客、装卸工人、引航员的人身伤亡责任,船舶碰撞责任,油污及其他环境污损责任,沉船清除的责任,承运人对货损货差的责任以及期租承租人对船舶损害的责任等。

《英国1906年海上保险法》第3条明确规定了由于海上风险的原因对第三方产生的任何责任得为海上保险的标的。[71] 《英国1995年商船航运法》将油污责任保险纳入了强制保险的范畴,规定如果船舶载运超过2000吨法律特别规定的油类货物而缺少证书证明该船投保油污责任保险,该船的船东或者船长将面临罚款;船舶在上述情况下试图离港将被扣押。[72]

《英国1983年协会定期保险条款》和《英国1995年协会定期保险条款》中包括3/4碰撞责任条款,又称碰撞条款(running down clause, RDC)。根据该条款,保险人承担被保险人对第三人3/4的赔偿金额。除碰撞责任外,第三人责任保险通常是由船东互保协会承保,责任保险通常不属于标准船舶保险条款的承保范围。

在我国,除中国船东互保协会承保责任保险外,我国各主要商业保险公司也提供船舶对第三人的责任保险保障。

(七)其他海上保险标的

上文论述的是我国海上保险中常见的保险标的。在英国海上保险中,常见的保险标的还包括动产(moveables)、利益(profit)、费用(disbursement)等。

对于动产,《英国1906年海上保险法》第90条定义为除船舶以外任何可移动

---

[69] 《英国1906年海上保险法》原文:Section 11: The master or any member of the crew of a ship has an insurable interest in respect of his wages.

[70] Galloway v. Morris, 3 Yeates R445 (1802).

[71] Merchant Shipping Act 1894 中也有类似规定。

[72] 参见 Section 162, Merchant Shipping Act 1995。本条规定是对《国际油污损害民事责任公约的1992年议定书》相应内容的回应。

的有形财产,包括货币、有价证券及其他单证。[73] 根据第2款的规定,如果该动产受到海上危险的影响,即可以成为海上保险的标的。

对于利益,《英国1906年海上保险法》第3条规定可以作为海上保险的标的,由于利益是无形的,它依附在有形的船舶、货物以及动产之上,因此要使利益成为海上保险的标的,作为其本体的船舶、货物及动产应该受海上风险的影响。利益主要包括货物的预期利润和船舶承租人的利益,货物的预期利润已在上文讨论。船舶承租人的利益是指船舶承租人将船舶转租或者与他人订立货物运输合同所获取的利益。

费用,指的是有关航程的营运开支,但必须是为可保财产支出的款项,如燃料费、给养费、港口使费、入坞费、油漆费等。协会保险中存在营运费用保证条款(disbursements warranty clause),允许保险人在一定百分比之内在原保险的基础上对营运费用办理附加保险。

除了上述常见的海上保险标的外,其他与海运相关环节可能面临海上风险的物品、责任或费用也可以作为海上保险的标的,如海运"集装箱"、船舶经纪人的"佣金"、船舶代理人的"代理费"和船舶抵押权人的"船舶抵押权"等。

二、保险利益

(一)保险利益的起源与学说

1. 保险利益的起源

(1)保险利益产生的背景

保险利益(insurable interest)在各国有不同称谓:德国称为"被保险的利害关系";日本商法称为"被保险利益";英国人寿保险法和海上保险法称为"可保利益";我国则称为"保险利益"。我国有学者指出"insurable interest"译为"可保利益"较为合理,其表示客观存在的可以投保的利益,有此利益者可能投保;保险利益是指保险所产生的利益,其英文应该是"insured interest"。[74]

关于保险利益的起源,因年代久远及相关记载文献的匮乏,无从准确考证。但目前有三种流传的说法,分别是共同海损起源说、船舶抵押借款起源说和货物抵押借款起源说三种。其中,船舶抵押借款起源说为通说。[75] 关于这三种说法请详见本书第一章第一节"海上保险及海上保险立法的历史发展"。

船舶抵押借款利息比一般的借款利率高得多,当时的法律之所以允许这种做法,是因为这种借款冒着本息可能遭受全部损失的风险,规定高利率正是为了补偿

---

〔73〕《英国1906年海上保险法》原文:Section 90:"Moveables" means any moveable tangible property, other than the ship, and includes money, valuable securities, and other documents.

〔74〕参见陈欣:《保险法》,北京大学出版社2010年版,第43页。

〔75〕参见覃有土主编:《保险法概论》,北京大学出版社2001年版,第45页。

放款人可能遭受的损失。此时,借款人与船舶有密切的利害关系,船舶抵押借款和赌博行为尚可以明确区分。但随着借款利息的进一步提高,也逐渐吸引了一些与被保险的船舶没有任何利害关系的人以此进行投保。他们既不是船舶的所有人也不参加航运中的任何活动,甚至导致被保险人为了免除偿还借款义务故意破坏航行的顺利进行,进而海上保险欺诈大量发生并导致许多船舶丢失和毁坏。这样性质的保险合同成了"罪恶的温床",被称为"罪恶性的赌博"。在十六七世纪,这种现象越来越多,引起了学者和政府的高度关注。

(2)保险利益的提出及立法发展

保险利益的产生深刻体现了补偿原则这一保险的基本原则。在16世纪末期,学者Strccha第一次在理论上提出了保险利益的概念,即被保险人只有证明他对被保险财产具有保险利益——所有权,才能向保险人请求支付保险金,而保险人只需对被保险人具有所有权部分的金额进行赔付。"这个时期,只是产生了保险利益的概念,真正意义上的保险利益的系统理论尚未产生,但这一概念的产生为以后理论的发展奠定了基础"。[76]

尽管保险利益的概念已经出现,缺乏保险利益所引发的道德风险也开始受到关注,但在18世纪之前保险利益并未受到重视。[77] 当时的普通法判例承认了与英国公共政策不冲突的赌博合同的有效性。[78] 具体到保险合同中,法院逐步认可了赌博性质的保险,只要保险人在保单中明示放弃保险利益要求。[79] 实践中双方常会以"interest or not interest""policy proof of interest""without benefit of salvage"等之类的措辞来满足明示的要求。[80]

普遍认为,《英国1745年海上保险法》(Marine Insurance Act 1745)首次以法律条文的形式规定了保险利益。[81] 其序言中就写道:诸如此类的合同(无保险利益的合同)已经成为许多罪恶产生的温床,许多船、货由此而欺诈性地丢失和损毁

---

〔76〕 江朝国:《保险法基础理论》,中国政法大学出版社2002年版,第48页。

〔77〕 参见杨良宜:《海上货物运输保险》,法律出版社2010年版,第107页。

〔78〕 Jones v. Randall, (1774) 1 Cowp. 37; Mickle field v. Hepgin, (1793) 1 Anst 133.

〔79〕 Lucena v. Craufurd CEC(1802) 3 Bos. & Pul. 75, p. 101.

〔80〕 "interest or not interest",系指双方约定无论被保险人有无保险利益保险合同均有效。"policy proof of interest",系指双方约定被保险人持有保险单即证明了自身具有保险利益。"without benefit of salvage",系指双方约定保险人在支付了全部保险金额(保险金额等于保险价值)后放弃对保险标的剩余利益的权利。

〔81〕 参见任以顺、陈夏:《论新〈保险法〉对保险利益范围的界定》,载《金融与经济》2010年第9期。

了……与此同时，滋生出一种罪恶性的赌博。[82] 该法的公布标志着赌博性质的保险合同开始受到保险利益原则的限制。该法规定，任何个人或者公司均不得对英国船舶及其装载的货物以有或没有利益，或者保单即证明利益，或者以赌博的方式，或者对保险无任何残值利益的方式进行投保，这种保险无效并对各方不具有法律约束力。[83]

但是《英国1745年海上保险法》并未完全否定不具有保险利益的保险合同的有效性，这针对两种情况：第一，非英国船舶及其装载的货物，主要考虑到涉外案件在举证上的困难，但是基于保险合同的补偿性，保险人必须在保险合同中明示放弃保险利益；[84] 第二，由英国资助的私掠船，这主要是为了鼓励本国民间资本投资私掠船，配合英国争夺海上霸主地位。[85]

随后的《英国1788年海上保险法》（Marine Insurance Act 1788）一改《英国1745年海上保险法》允许出具无被保险人姓名的保单的做法，改为船舶或货物保险单至少要列明一个具有保险利益的被保险人。《英国1845年禁止赌博法》（Gambling Act 1845）规定，各种形式的赌博合同一律无效。

《英国1906年海上保险法》的颁布，有关保险利益的规定再次引起了学者们对保险利益的研究热潮。该法第5条第2款规定，当一个人与某项海上冒险有利益关系，即因与在冒险中面临风险的保险财产有着某种法律上或者衡平法上的关系，并因可保财产完好无损如期达到而受益，或因这些财产的灭失、损坏、被扣押而

---

〔82〕 原文：Whereas it hath been found by Experience, that the making Assurances, Interest or no Interest, or without further Proof of Interest than the Policy, hath been productive of many pernicious Practices, whereby great Numbers of Ships, with their Cargoes, have either been fraudulently lost and destroyed, or taken by the Enemy in Time of War; and such Assurances have encouraged the Exportation of Wooll, and the carrying on many other prohibited and clandestine Trades, which by Means of such Assurances have been concealed, and the Parties concerned secured from Loss, as well to the Diminution of the public Revenue, as to the great Detriment of fair Traders; and by introducing a mischievous kind of Gaming or Wagering, under the Pretence of assuring the Risque on Shipping, and fair Trade, the Institution and laudable Design of making Assurances, hath been perverted.

〔83〕 原文：No Assurance or Assurances shall be made by any Person or Persons, Bodies Corporate or Politick, on any Ship or Ships belonging to his Majesty, or any of his Subjects, or on any Goods, Merchandizes or Effects laden or to be laden on board of any such Ship or Ships, Interest or no Interest, or without further Proof or Interest than the Policy, or by Way of Gaming or Wagering, or without Benefit of Salvage to the Assurer; and that every such Assurance shall be null and void to all Intents and Purposes.

〔84〕 Cousins v. Nantes, (1811) 3 Taunt 513.

〔85〕 See N. Legh - Jones, "The Elements of Insurance Interest in Marine Insurance Law", in D. Thomas (ed.), *The Modern Law of Marine Insurance*, Vol. 2, 2002, para. 4 - 6.

受到损失，或因之而负有责任，则此人对此项海上冒险就具有保险利益。[86]

《英国1906年海上保险法》第5条第2款对保险利益的描述，是基于100年前Lucena v. Craufurd[87]案中所谓双重要件的观点。“保险利益主要就是针对受保人会因为海上航程或受保财产的安全到达而受益，或者也因为他们的灭失、损坏、被滞留而受损，也或因为受保财产而招致责任。但是仅这一个定义就会令保险利益变得太广泛，所以1906年的立法还加上了另一个要求，即被保险人需要对受保财产有‘法律上或衡平法上的关系’（legal or equitable relation）”[88]——对保险标的，被保险人不仅要具有经济上的利益，而且要具有法律上或衡平法上的权利。仅具有经济上的利益不能构成保险利益，理由是单纯经济上的利益太难于限制。[89]当然，该法不仅规定了没有保险利益的海上保险合同和保险单证明保险利益的保险合同无效，而且规定了保险利益的含义、具有保险利益的时间和保险利益的种类。

《英国1909年海上保险法（赌博保险）》[The Marine Insurance (Gambling Policies) Act 1909]的出台，则进一步规定没有保险利益的海上保险合同的双方当事人负有刑事责任，并由法庭直接裁决，判处不超过6个月的监禁或相应的罚款，并没收这种非法保险合同项下所取得的保险金收入。保险利益从诞生之初就与禁止赌博这一公共政策有着密切的关系，但随着经济社会的发展，这一政策也逐渐受到质疑。耐人寻味的是，尽管英国曾用各种法律来限制禁止赌博合同，但英国一直是世界上博彩业最为发达的国家之一。在这一背景下，是否还有必要在保险合同中过分强调保险利益？英国的态度也在发生改变，除了对保险利益范围的界定不断宽松，同时《英国2005年赌博法》（The Gambling Act 2005）也不再概括性规定各种形式的赌博合同一律无效，而是交由各特别法进行调整。

人身保险领域大致经历了类似的过程。最初，英国普通法对投保人以他人的生命投保没有任何限制，这种法律政策使得不法之徒有机可乘。18世纪，利用人身保险进行赌博活动，以致为谋取保险金，而危害被保险人生命的事件不断发生。为了遏止这种道德风险的发生，英国制定了《英国1774年人寿保险法》（Life Insurance Act），规定任何人或团体不得以无任何利益关系之他人之生命或其他危险投

---

〔86〕《英国1906年海上保险法》原文：Section 5 (2): In particular a person is interested in a marine adventure where he stands in any legal or equitable relation to the adventure or to any insurable property at risk therein, in consequence of which he may benefit by the safety or due arrival of insurable property, or may be prejudiced by its loss, or by damage thereto, or by the detention thereof, or may incur liability in respect thereof.

〔87〕Lucena v. Craufurd CEC (1802) 3 Bos. & Pul. 75, p. 101.

〔88〕参见杨良宜：《海上货物保险》，法律出版社2010年版，第110页。

〔89〕参见汪鹏南：《现代海上保险法的理论与实践》，大连海事大学出版社2004年版，第92页。

保,也不得以赌博目的加入,否则,违反本法规定订立的保险契约一律无效。在美国法下,保险人对投保人是否具有保险利益和取得被保险人同意具有恪尽职守的法律义务,否则便有可能承担侵权责任。[90] 投保人或保险合同受益人对被保险人的生命是否具有保险利益,便被看作人身保险能否有效成立的要件之一,后来又有法律将此原则的作用范围推广到其他保险领域,从此奠定了保险利益原则在整个保险法中的地位。英美法在保险利益领域成文立法的最新发展为《2016 年英国保险利益法(草案)》(Draft Insurable Interest Bill 2016,DIIB 2016)。

至此我们可以清晰看出,保险利益之所以被提出,主要是基于明确财产保险合同之功能在于填补损失(补偿原则)、避免赌博以及防范道德风险等三个方面的原因。

2. 保险利益的学说

(1)大陆法系保险利益学说

第一,一般性保险利益学说。一般性保险利益学说的产生源于一个在德国引起争论的案例:某商人为某物投保,但他对该物只有部分所有权,保险事故发生后,该商人要求受偿全额之约定保险金额,由此产生的问题是,保险人能否以该商人并非所有权人,或只是部分所有权人为抗辩理由。一般性保险利益首先区分了保险行为和赌博行为,认为如果前述之例是赌博行为,则保险人可以被保险人无所有权为由拒绝理赔;反之,若为保险行为,则保险人可以被保险人没有所有权或只有部分所有权进行抗辩,决定是否赔偿以及赔偿金额的标准是保险利益,只有被保险人能证明有保险利益(当时认为保险利益即为物的所有权)的情况下,他对保险人才具有请求权。[91]

一般性保险利益学说最大功能是正确地区分了保险行为与赌博行为,确定了保险只应填补受害人的真正损害,遏制不当得利的产生,有利于人们认识到保险的价值,促进了现代意义上保险业的健康发展。但是,该学说将保险利益简单地等同于所有权,忽略了所有权包含的占有、使用、收益与处分的权能,随着经济的发展,这一理论阻碍了保险业向纵深发展的弊病日益显现。[92] 一般性保险利益学说盛行期间,人身保险制度尚未出现,因此该学说并不适用于人身保险。

---

〔90〕 Liberty National Life Insurance Co. v. Weldon, 267 Ala. 171 (1957), 100 So. 2d. 696 (1957). 本案基本案情为:投保人为两岁的外甥女投保了人寿保险,并指定自己为受益人,后投保人杀害了被保险人。孩子的父母起诉保险人,理由是保险人没有履行审查义务,将保单不适当地出具给对被保险人不具有保险利益的投保人,结果导致孩子被谋杀死亡。法庭认为,该保单无效,保险人不承担给付保险金的义务。但是,出具保单是导致谋杀孩子的近因,保险人应承担侵权责任,赔偿受害人父母相关损失。

〔91〕 参见李玉泉主编:《保险法学——理论与实务》,高等教育出版社 2010 年版,第 69 页。

〔92〕 参见江生忠主编:《保险学理论研究》,中国金融出版社 2007 年版,第 134 页。

第二,技术性保险利益学说。一般性保险利益学说认为一个物上只能有一个保险利益,这在很大程度上制约了保险业的发展。随着保险扩展到了日常生活的方方面面,保险关系趋向多样化,保险种类也越来越多,出现了保证保险、信用保险、责任保险、婚姻保险等一批新险种。为了克服一般性保险利益学说的局限性,技术性保险利益学说应运而生。

技术性保险利益不再局限于所有权,还包括间接保险利益,如抵押权人、质押权人等与物形成法定关系之人也应同所有权人一样对物的完好无损具有相当的保险利益;在一个物上可以建立多种法定关系从而存在多种不同的保险利益,此种保险利益不是直接的所有权保险利益而是间接的保险利益。保险可分为定额和损害保险。在定额保险中只要所承担的危险事故发生,则保险人即须付所保之金额,一般用于人身保险;损害保险,则必须先确定所发生的事故是否真的造成损害,然后还须确定损害的价值。[93] 损害保险又具体分为积极保险和消极保险,前者防止财产价值的丧失或减少,后者防止赔偿义务的产生。损害保险的标的是一种人对客体的关系,由于这种关系的存在,被保险人因保险合同约定的特定事故的发生而蒙受损失,即保险合同的标的不是损害事故发生所依附的物,而是被保险人因所担心发生的事故不发生而具有的利益。

技术性保险利益学说确定了保险利益是人对于某一客体的特定关系,财产保险合同的保险标的是保险利益而非物本身。但不足之处是未能深入探讨每一类保险利益的性质,未能区分不同保险利益的不同衔接对象,从而使各种保险利益容易发生混淆。

第三,经济性保险利益学说。经济性保险利益源于对技术性保险利益的批判。在一德国案例中,原告以其房屋向被告投保,保险期间内原告将房屋卖给他人,买方已经支付价款并占有房屋但并未办理登记。此时发生保险事故,原告向保险人请求赔偿。德国法院认为,根据本国民法不动产登记制度,原告仍旧是房屋的所有权人,是保险利益的主体,因此有权向保险人索赔,而买方只能根据卖方不能交付房屋而要求原告将保险金请求权转让给自己。

上述案例是在技术性保险利益学说影响下作出的判决,备受经济性保险利益学者们的反对。后者认为,本案法官太过于拘泥民法上权利的归属,而忽视了经济上真正遭受损失的人。他们主张,对于保险利益进行判断,不应以其他法为依据,因为保险利益概念是经济性概念而非以其他法为依据的概念。[94] 如果某人对某物具有事实上的经济关系,即使没有法律上的权利依据,在不违反公序良俗的前提下,只要某人因为某物的损失而遭受损害,即可认定该人对此物具有保险利益。

---

〔93〕 参见江朝国:《保险法基础理论》,中国政法大学出版社 2002 年版,第 52 页。

〔94〕 参见江朝国:《保险法论文集(一)》,台北,瑞兴图书股份有限公司 1997 年版,第 61 页。

经济性保险利益学说相较于技术性保险利益学说,是保险利益从形式到本质的一次飞跃,体现了保险利益学说从形式正义向实质正义的过渡。其不但充分体现了保险制度的经济补偿功能,而且有利于强化对被保险人的保护,便于公共政策的落实,因而长期以来为较开化的美国所推崇。但是由于经济型保险利益学说完全是从经济学的角度出发,其对经济利益的判断较为随意和混乱,因而也容易被滥用。[95]

(2)英美法系保险利益的学说

根据早期英国的保险判例,对于什么是保险利益的法理基础存在不同的看法。归纳起来大致有三种理论:第一,法定关系理论(legal interest theory);第二,实际利益理论(factual expectancy theory);第三,存在合法关系的实际利益理论(factual expectancy with legal basis theory)。

较早说明保险利益法理基础的案例是1782年Le Cras v. Hughes[96]案。Mansfield勋爵认为,该案中支持船长和船员是否具有保险利益取决于两个方面。一方面是"战利品奖励法"。该法赋予船舶和货物的合法权利构成了法定保险利益要求的"法定关系"。他认为这是本案中"最强有力的理由,它产生诉的利益"。另一方面,Mansfield发现本案中存在对实际利益的期望,这是支持被保险人诉讼请求的另一个理由。因为即使没有"战利品奖励法",根据当时的惯例,船长和船员也会获得皇家的奖励。在这个案例中,既有"法定关系"可以作保险利益的基础,又有"实际利益"可以作保险利益的基础。

第二个在保险利益原则的发展过程中有重要影响的案例是上议院于1806年处埋的Lucena v. Craufurd案。[97] 本案历时8年之久,前后经过8次庭审,16位法官审理,最后结案,形成了"法定利益理论"和"实际期待利益理论"两种对立的观点。后来该案经常被无数学者和法官在论及保险利益原则时引用,并对英国保险法的立法产生了深远的影响。该案中,埃尔登(Eldon)法官认为保险利益取决于法定权利的存在,他担心由于预期经济利益无法准确把握,一旦承认实际预期经济利

---

〔95〕 参见李玉泉主编:《保险法学——理论与实务》,高等教育出版社2010年版,第70页。

〔96〕 Le Cras v. Hughes, (1782) 3 Doug. 81, (1782) 99 E. R. 549. 本案案情为,在英国与西班牙的战争中,英国人缴获一艘船只和船上的货物。根据当时《英国战利品奖励法》的规定,缴获战利品的人有权获得战利品。为了保护这些战利品能平安地返回英国,缴获船只的英国船长和船员为船货投保了到英国的航程保险。在返回的途中,船货因遭遇海上风险灭失。保险人以缺乏保险利益为由拒绝赔偿,被保险人提起诉讼。

〔97〕 Lucena v. Craufurd, (1806) 2 Bos. & Pul. (N. R.) 269. 本案大意为几艘荷兰船舶在南大西洋St. Helena港被俘获。当时一批英国皇家专员根据英国政府的授权控制这些船舶和所载货物,并负责将船货押送回英国港口。这些皇家专员为这批船货投保了到达英国港口的海上保险。在航行过程中,船货遭遇海上风暴,其中一些灭失,另一些严重受损。同时,在这期间英国和荷兰宣战,船货成为皇家战利品。

益关系可以构成保险利益，则具有保险利益的人群会漫无边界的扩大，导致任何人都可以对一项财产投保。他作出如下论述："无论我们如何理解其含义，有一点是肯定的，就是被保险人必须具有保险利益。为了在严格的权利和虚无的预期之间区分出什么是保险利益，许多人说当这种预期的利益要达到确实有把握的程度时(moral certainty)就可以成为一项保险利益，但是当我竭力要找出一条在'确定性'和'期待'之间的合适的分界时，却是徒劳；我也无法指出什么是利益，除非它是一项在财产中的权利(a right in the property)，或者是一项关于该财产的合同所产生的权利(a right derivable out of some contract about the property)。现有法律及保险条例均是将船舶、货物、仓库、商品、财产作为保险标的投保，对于预期经济利益等其他种类的利益的投保，至今未有法律认可……"因此他认为在船舶和货物到达英国港口之前，原告对其不享有保险利益，并进一步推论："如果这种确实有把握的预期利益可以成为保险利益，那么对这些船舶和货物具有保险利益将有成千上万，首先有港口公司，其次码头主管，再次仓库管理员，乃至搬运工以至任何对这些船舶和货物存在确实有把握的利益的人……"[98]可见，埃尔登法官将保险利益限定为一项财产权利、一项关于财产的合同所产生的权利之下，也就是说，保险利益取决于某种具有约束力的法定权利的存在，被保险人与保险标的之间必须存在法定关系，保险利益严格限制在法律关系之下，该观点后来被称为"法定关系理论"。

根据埃尔登法官的观点，严格的法定关系方能产生保险利益。本案的另一位劳伦斯(Lawrence)法官却作出了针锋相对的论述，也被称为"劳伦斯准则"，也可称为"接近必然的可能性准则"(moral certainty test)[99]或者"宽松灵活准则"，后来，也被称为"经济利益准则"(economic interest test)。劳伦斯法官先从保险合同的本质说起展开论证认为，"被保险人可能遭受财产性'有形'财产损失，但是也有可能遭受利润、利益、好处等'无形'利益损失，被保险人为无形性损失投保，这符合保险合同的本质。虽然财产性损失在保险事故发生后很容易证明，而利益、好处等无形损失在有些案件中可能很难证明，但是并不能因此而否认一切非财产性权利可以成为保险合同的标的，将保险利益限定为财产性权利是违背保险合同原理的。利益并不必然意味着对事物的全部或部分的财产权利，也不必然地或专门地指私有关系的标的，而是指与保险标的之间存在的某种联系或关系，这种联系或关系会使投保人因为保险事故的发生而受到损失、伤害、侵害……如果不发生保险事故他就会受益；而发生保险事故，他就会受到损害，当一个人处在这种情境下，即对

---

〔98〕 Lucena v. Craufurd, (1806) 2 Bos. & Pul. (N. R.) 269, p. 321.

〔99〕 也常常翻译为"道德上的必然性"。参见邢海宝：《从法律上的可保利益到经济可保利益》，载《法学家》2005 年第 3 期。

投保标的享有保险利益。"[100]劳伦斯法官关于保险利益的观点本质是建立在一种对实际利益的预期理论之上。他认为保险利益不必然等同于对投保标的享有所有权等私法上赋予的权利。当被保险人因为投保标的保存完好而受益，因为其遭遇保险事故而遭受损失，在这种情况下，被保险人即对该保险标的具有保险利益。该案件最后结果是，上议院接受了埃尔登法官的观点，裁决被保险人因为没有保险利益而败诉。该案件所确立的准则，就是"艾尔登准则"，也称为"严格限制准则"。此外针对该案还有一种观点，认为保险利益的存在既需要有对经济利益的预期，也需要有合法的利益关系。这种观点最终被《英国1906年海上保险法》所采纳。[101]这种理论看起来像是前两种理论的折中，吸纳了前两种观点的合理内核。因为保险利益应该是"法定关系"和"实际利益"的统一，两者缺一不可。如果一个人对标的具有法定关系，但这种法定关系却不具有价值，得出的结论仍是对该标的无保险利益，因为缺乏实际利益。同样，倘若缺乏法定关系，实际利益得不到法律的保护，投保人对标的亦不存在保险利益。

以上各种学说，均因其产生的不同历史阶段而有其合理性，各种保险利益学说的产生适应了保险业发展的要求。通过以上关于保险利益的各种学说和理论的对比，可以得出如下结论：保险利益并非是一成不变的，它的内涵随着保险产品的多样化、保险技术的成熟化和保险业发展而不断演变；其概念的变化也是一种保险合同的内在要求。英国学者所创造的保险利益概念，对保险关系进行了高度的抽象概括，并且在此概念的基础上构建了保险利益原则，在保险法上具有里程碑的意义。早期的保险利益学说只关注所有权人的利益，置其他物权人及债权人的利益于不顾，限制了保险业的拓展，随着时间发展无法满足社会风险分散的需要，因此技术性经济利益说取代一般性保险利益说，符合了保险业发展的需求；经济性利益学说因其保障范围的扩大，解决了技术性保险利益所不能解释的所有权未转移而经济利益和风险转移情况下的保险利益归属问题，对保险标的的快速流转起到了保障作用，促进了流通，虽然其也存在一定的缺陷，目前却受到广泛承认。沿着保险利益原则发展的路径，保险保障的主体从一元化向多元化发展，从法律上的利益延伸到经济上的利益。保险利益也从一般要求，演化成了保险法的基本原则，然究其不变的宗旨，保险利益原则始终是追求分散风险，使各种损失得到实质补偿并防止不当得利产生的重要法律工具。[102]

保险利益作为保险补偿原则的必然要求，被保险人必须证明其遭受了损失才有可能获得保险人的赔偿。如果被保险人对保险标的没有保险利益，被保险人便

---

〔100〕 Lucena v. Craufurd CEC (1806) 2 Bos. & Pul. (N. R.) 269, p. 302.

〔101〕 下文对此另有详述。

〔102〕 参见孙积禄：《保险利益原则及其应用》，载《法律科学》(西北政法学院学报)2005年第1期。

无法证明他因为保险标的之损坏或灭失而遭受了损失，没有损失自然就无补偿。除此以外，各国保险法将保险利益作为一项重要的原则，其意义还在于：

第一，将保险合同与赌博行为区分，防止保险沦为赌博的工具。从前文论述可见，保险利益原则的发展始终与防止赌博这一社会公共政策要求有着密切关系。保险行为与赌博行为都具有机会性、偶然性的特点，但两者存在本质的区别，这点可以参见本书第一章第二节。对保险利益的要求，正是为了保持保险合同的合法性，防止其沦为赌博合同。

第二，防止道德危险的发生。所谓道德危险，是指投保人或被保险人为谋取保险金而违反道德，人为故意地促使保险事故的发生或扩大损失程度的行为。对保险标的不具有保险利益的人若与保险人订立了保险合同，很容易发生道德危险。由此引发的悲剧在 Liberty National Life Insurance Co. v. Weldon〔103〕等案件中一再上演。对保险利益的要求，可以一定程度上减少道德危险的发生，维护社会秩序。

（二）现代保险利益含义的扩张

保险利益含义的理论核心是保险利益的判断标准。对此当前各国立法大致体现出两种倾向：一是以美国、加拿大和澳大利亚等为代表的国家仅要求被保险人对保险标的具有经济利益（economic interest）考量；二是英国、中国等为代表的，不仅要求被保险人对保险标的经济利益，还要求被保险人于保险标的具有法律关系考量。但法国、德国等大陆法系国家的商法及保险契约法没有任何关于保险利益的明文规定，甚至有学者认为日本立法亦不知保险利益为何物。〔104〕

尽管我国多数学者认为，《英国 1906 年海上保险法》第 5 条第 2 款是对保险利益的定义，但事实上，英国保险法学者及法官普遍认为，对保险利益下一个定义是极其困难的，该法并非意图给保险利益下一个穷尽式的定义。〔105〕准确地说，该法第 5 条第 2 款只是规定什么人应当被认定为具有保险利益，因此我们只能从中间接地推导出保险利益的定义。然而，对于其具体内涵，英格兰法律委员会（Law Commission）与苏格兰法律委员会（Scottish Law Commission）2008 年 1 月 14 日联合发布的《保险合同法问题报告 4：保险利益》（Insurance Contract Law Issues Paper 4：Insurance Interest）里指出，保险利益的定义依保险标的物的不同而不断变化。有时投保人不得不去证明其对于作为保险标的的生命或其他事物具有严格的法律或经济利益，有时候却又完全不必这样。以上有关保险利益的案例都是一些比较

---

〔103〕 Liberty National Life Insurance Co. v. Weldon, 267 Ala. 171 (1957), 100 So. 2d. 696 (1957).

〔104〕 参见陈俊郎：《保险法规》，台北，三民书局 1992 年版，第 50 页。

〔105〕 参见［英］唐纳德·奥马、朱利安·希尔：《OMAY 海上保险法律与保险单》，郭国汀等译，法律出版社 2002 年版，第 56 页。Jonathan Gilman et al., *Arnould*: *Law of Marine Insurance and Average*, London, Sweet & Maxwell, 2013, p. 365.

古老的案例,但是最近十几年的新案例显示出,英美法下法官对于保险利益的判断标准越发宽松,开始由"艾尔登准则"向"劳伦斯准则"靠拢。

这种改变首先可以参考 1992 年 The Moonacre[106]案,该案适用了"劳伦斯准则"。在该案中,被保险人 Sharp 先生拥有游艇 Moonacre 号并居住在游艇上。为了税收的原因,他把游艇注册在自己的一家直布罗陀公司名下,该公司又赋予 Sharp 先生广泛的管理使用游艇的权利。其后他以自己的名义进行投保,游艇发生火灾而推定全损。保险人因为 Sharp 先生不具有法律或衡平法上的关系而拒赔。Colman 法官判决认定,Sharp 先生被赋予了广泛的管理和使用游艇的权利,游艇的损失会给他带来损失,而游艇的完好会使他受益,被保险人对游艇有保险利益;自《英国 1845 年禁止赌博法》颁布以来并没有过这么一类保险合同,既不是赌博合同,却又因为没有保险利益而不能强制执行,只要一个被保险人对保险标的有相当的利益关系,足以令他的保险合同不至于沦为一个赌博合同,他就有权利强制执行这个合同。

在后来的 Deepak Fertilisers & Petrochemicals Ltd. v. Davy McKee (London) Ltd. and another 案[107]中,上诉法院认为虽然被保险人 Davy 与建造中的工厂没有直接关系,但是如果工厂在建造中受到损坏或灭失,其也会因此而失去他的工作与相关的收入。在后来的 Martin P. 案[108]中,法院同样认可了船舶经纪人对自己代理的船舶具有保险利益,因为船舶的灭失会导致他失去工作机会与赚取佣金的机会。

通过这些案例可以发现,英国对保险利益的判断标准越来越宽松,即使是没有明确的"法律上或者衡平法的关系"也可能被认定为是有保险利益的。但是这样宽松的标准对确定保险利益也带来了困难。因此,整体来看,尽管存在不同的判例,在英国保险利益还是必须涉及被保险人对保险标的具有一定的法律或者衡平法上的关系或利益。在英国法律委员会公布的《2016 年保险利益法草案》(Draft Insurablc Interest Bill 2016)中,非人身保险合同的被保险人对保险标的具有保险利益的情况包括:(1)对保险标的具有财产权;(2)对保险标的具有基于合同产生的权利;(3)占有或掌管保险标的(基于运输和托管);(4)经济利益的合理期望或遭受经济损失的可能性。在 Martitin P. 案中,西贝里(Siberry)法官曾作出以下总结:(1)保险利益并不要求对保险标的必须有所有权或占有权;(2)商业上的便利做法

---

[106] The Moonacre, [1992] 2 Lloyd's Rep. 501.

[107] Deepak Fertilisers & Petrochemicals Ltd. v. Davy McKee (London) Ltd. and another, [1999] 1 Lloyd's Rep. 387. 本案基本案情为,原告 Deepak 在印度建造一个甲醇厂,由于被告 ICI 的技术协助,所以双方达成了协议。但实际作出协助的是 ICI 授权许可使用该技术的 Davy,后来工厂发生事故,保险人认为 Davy 不具备保险利益拒绝赔偿。

[108] The Martin P., [2004] 1 Lloyd's Rep. 389.

也可能构成判断保险利益的一个因素;(3)托管或者负责管理保险标的并因此会产生责任的人对保险标的有保险利益,即使他不需要对保险标的的灭失或损坏负有责任;(4)有权使用保险标的的人对保险标的的灭失或损坏具有保险利益;(5)由于保险标的的灭失或损坏而导致工作或赚钱机会丧失的人具有保险利益。

美国没有统一的保险法典,各州的保险法律对保险利益都有规定。《加利福尼亚州保险法典》第281条关于保险利益概念内涵的规定为:保险利益是指任何在财产中的利益,或任何与其发生的联系,或因其产生的责任,其具有令被保险人受到一个预期的风险直接侵害的可能性。[109] 第282条关于保险利益概念外延的规定为:一项保险利益的构成可以是(1)一项现存的利益;(2)一项基于现存利益而产生的未成熟的(inchoate)利益;或(3)一项伴随着现存利益,并因现存利益而产生的期待。[110]

《纽约州保险法》第3401条规定,财产中的保险利益——任何在本州签发的,或针对位于本州之内的财产签发的保险合同或保险单,除非是由那些对保险财产具有保险利益的人受益,否则不具备强制执行性。"保险利益"包括任何合法并且真实的,系于财产的安全或完好保存,免于灭失、毁坏或价值损失的经济利益。[111]

《路易斯安那州保险法典》第614条规定,本节保险利益指任何合法并且真实的,系于保险标的的安全或完好保存,免于灭失、毁坏或价值损失的经济利益。[112]《犹他州法典》第31A-21-104(1)(c)段规定,在财产险或责任险中"保险利益"是指系于保险事故的不发生的任何合法的并且真实的经济利益。[113] 而且根据《犹他州法典》第31A-21-104(5)段规定,保险合同并不因为保险单持有人没有保险利益,或者在人身保险情况下,未征得被保险人的同意而无效。但是,在此情况

---

〔109〕《加利福尼亚州保险法典》原文:281:Every interest in property, or any relation thereto, or liability in respect thereof, of such a nature that a contemplated peril might directly indemnify the insured, is an insurable interest.

〔110〕《加利福尼亚州保险法典》原文:282:An insurable interest in property may consist in: 1. An existing interest; 2. An inchoate interest founded on an existing interest; or, 3. An expectancy, coupled with an existing interest in that out of which the expectancy arises.

〔111〕《纽约州保险法》原文:3401:Insurable interest in property: No contract or policy of insurance on property made or issued in this state, or made or issued upon any property in this state, shall be enforceable except for the benefit of some person having an insurable interest in the property insured. In this article, "insurable interest" shall include any lawful and substantial economic interest in the safety or preservation of property from loss, destruction or pecuniary damage.

〔112〕《路易斯安那州保险法典》原文:614 (B):"Insurable interest" as used in this Section means any lawful and substantial economic interest in the safety or preservation of the subject of the insurance free from loss, destruction, or pecuniary damage.

〔113〕《犹他州法典》原文:31A-21-104(1)(c):"Insurable interest" in property or liability means any lawful and substantial economic interest in the nonoccurrence of the event insured against.

下，法院可以判令保险赔偿支付给真正具有保险利益的人，而不是支付给保险单指定的受益人。法院也可以判令设立信托基金，对依判决应由保险人支付的赔款进行信托。[114]

以上各州的法律反映了美国大多数州关于保险利益原则的立场，概括起来有以下几个特点：保险利益范围很广，包括一切合法、真实的，系于保险财产的安全或完好保全的经济利益，不限于财产所有权或对财产的合同权利并在一定条件下，期待利益可以成为保险利益；即使被保险人没有保险利益，保险合同仍然有效，唯保险赔偿不能支付给被保险人或保险合同约定的受益人，而应当支付给保险合同外的真正具有保险利益的人。美国保险法学者 John F. Dobbyn 也认为，美国法下财产保险的保险利益可以划分为财产权利、合同权利，以及法律责任三类。他还将之具体细分为普通法上的权利（利益）、衡平法上的权利（利益）、占有利益、债权人之利益、财产上的期待利益、代表人利益、股东对公司财产的利益以及责任利益。[115]当然此种观点是以法定财产利益观点为基础，而自 20 世纪 80 年代以来，美国法院更加倾向于对保险利益作扩大解释，即被保险人因为保险事故发生而事实上可以预料到的（factual expectation）一切损失均可以作为财产保险的保险利益。

大陆法学者则依据不同的维度将财产保险的保险利益分为积极利益与消极利益和现有利益与期待利益。其中积极利益包括物权、债权、合伙人对合伙财产的权利关系、股权关系；消极的保险利益主要针对责任保险。现有的利益是合同订立时已经存在的利益，而期待的利益包括基于现有利益而生的期待利益、基于有效合同而生的期待利益。[116]

（三）我国保险立法对于保险利益原则的适用

1．保险利益概念的发展

我国《保险法》第 12 条第 6 款规定，保险利益是指投保人或者被保险人对保险标的具有的法律上承认的利益。我国台湾地区“保险法”第 14 条规定，要保人对于财产上之现有利益，或因财产上之现有利益而生之期待利益，有保险利益。

通常认为，财产保险中保险利益的构成需满足下列三个条件：（1）必须为合法

---

[114]　《犹他州法典》原文：31A－21－104（5）：（a）An insurance policy is not invalid because：（i）the insurance policy is issued or procured in violation of Subsection（2）；or（ii）consent has not been given.（b）Notwithstanding Subsection（6）（a），a court with appropriate jurisdiction may：（i）order the proceeds to be paid to some person who is equitably entitled to the proceeds，other than the one to whom the policy is designated to be payable；or（ii）create a constructive trust in the proceeds or a part of the proceeds on behalf of a person who is equitably entitled to the proceeds，subject to all the valid terms and conditions of the policy other than those relating to insurable interest or consent.

[115]　参见［美］约翰·F. 道宾：《保险法》，梁鹏译，法律出版社 2001 年版，第 87～90 页。

[116]　参见李玉泉主编：《保险法学——理论与实务》，高等教育出版社 2010 年版，第 74～75 页。

利益。保险是一种法律制度，具有合法的经济功能，作为保险利益的利益必须为法律规定的利益或合法约定的利益，或为法律承认的、不违反社会公共利益和公序良俗的其他利益。(2)必须为经济利益。保险的本质目的在于补偿被保险人的损失，因此，保险利益必须为经济上的利益，且可以货币化，否则保险赔偿就没有办法进行，保险的目的就无法达到。(3)必须为确定的利益，即能够成为保险利益的经济利益必须是已经确定的或者可以确定，可以是现有利益也可以是基于现有利益而可以确定的期待利益。

应如何理解我国《保险法》第12条规定的“法律上承认”的利益？对此，理论界存在法律联系说和经济联系说两种观点。持法律联系说观点的学者认为，“法律上承认的利益”在解释上应作严格的限制，保险利益是指法律明确规定或依据有效合同取得的财产权。换言之，保险利益就是通过保险标的表现出来的被保险人的所有权、他物权、请求权。[117] 经济联系说的学者则认为，“法律上承认”其含义即为“合法”。某种利益只需受到法律保护即可，不必然要求存在法律明文规定的某种联系形式（如合同关系、所有权关系或受托关系）。

从国内司法实践的现状看，《保险法》颁布之初，法院倾向于对保险利益采用的是法律联系说。当前司法实践更多地认为经济联系说优于法律联系说。[118] 因为将保险利益局限于法律所承认的利益，这使保险制度仅仅成为法律赔偿制度的替代品。[119] 然而，保险的本质功能在于分散风险、填补损失，这种损失并不限于法律明文规定的利益之损失。除了法律明确承认以及禁止的利益，还存在大量法律上没有涉及的利益，此种利益的取得不违反法律之规定，不违反公序良俗原则。同时，法律往往难以对新的利益形态及时作出回应，具有滞后性，不能满足被保险人迅速分散风险的商业需求。只要被保险人事实上对某一关系具有经济上的利益，法律即应当允许其通过保险制度将危险分散于其他投保人。[120] 这一理解更接近保险利益的本质，也符合国际上对保险利益从宽解释的潮流，因此本书认为，应当参考《英国2016年保险利益法案》对财产保险合同中的保险利益所作的开放式定

---

[117] 参见杨芳：《可保利益效力研究——兼论对我国相关立法的反思与重构》，法律出版社2007年版，第113页。

[118] 司法实践中，我国法院对于保险利益的认定也不再严格坚持“法律承认说”。例如，在天安保险股份有限公司浙江省分公司与泉州鸿圣轻工有限公司国际海上运输货物保险合同纠纷上诉案[(2010)闽民终字第551号]案中，二审法院福建省高级人民法院在判决中表示，“保险利益系投保人对保险标的具有的法律上承认的利益，只要保险标的在保险事故发生时受损，导致投保人或被保险人的经济利益随之受损，即表明其具有保险利益。”

[119] 参见胡军：《保险利益原则在我国海上保险制度中的适用》，载《求索》2009年第4期。

[120] 参见梁鹏：《保险利益概念立法之检讨——以我国〈保险法〉第12条为中心的研究》，载《中国青年政治学院学报》2006年第5期。

义，使之逐渐向经济利益标准的靠拢。

2. 保险利益范围的界定

“保险利益的范围，可以从客体范围和主体范围两方面进行考量。就客体范围而言，即投保人或被保险人对哪些财产及其相关利益具有保险利益，或投保人对哪些人员具有保险利益的问题。就主体范围而言，是一种反向思维，即在保险标的这一载体上，哪些主体可能具有保险利益。反向思维的意义在于可以揭示不同主体对同一保险标的具有不同性质保险利益的问题”。〔121〕 对于财产保险一般涉及的是客体范围的界定，而对于人身保险主要涉及哪些主体具有保险利益。

无论是客体范围还是主体范围，在审视投保人或被保险人是否具有保险利益时，都具有决定性意义，因为我国现行《保险法》仅仅规定“保险利益是指投保人或者被保险人对保险标的具有的法律上承认的利益”，仅就人身保险的客体范围作出了界定，而对财产保险利益的范围缺乏进一步明确的规定。

在财产保险中，哪些经济利益是可以构成保险利益的，学者们有从理论上对保险利益进行分类以明确保险利益的含义。其实早在 2003 年 12 月 8 日最高人民法院《关于审理保险纠纷案件若干问题的解释(征求意见稿)》中已有所考虑。该意见稿的第 1 条规定：“保险法第十二条所称保险利益，即可保利益，应当是可以确定的经济利益。除保险法第五十三条规定外，投保人对因下列事由产生的经济利益具有保险利益：(一)物权；(二)合同；(三)依法应当承担的民事赔偿责任。不同投保人对同一保险标的具有保险利益的，可以在各自保险利益范围内投保。”但最高人民法院最终放弃了该方案。在 2009 年修订的《保险法》中也没有作出进一步的规定，究其原因，主要是财产保险的客体范围极其广泛和复杂，并非保险立法所能涵盖，需要依据相关的民商事法律来界定。

总结两个法系的划分标准，并遵循经济利益标准，保险利益的范围一方面可以依据民商法规定来界定，如《物权法》所规定的所有权、用益物权、担保物权、占有等，《合同法》下物权型利益和责任利益，《侵权责任法》下的民事责任以及民事权益，包括生命权、健康权、姓名权、名誉权、荣誉权、肖像权、隐私权、婚姻自主权、监护权、所有权、用益物权、担保物权、著作权、专利权、商标专用权、发现权、股权、继承权等人身、财产权益。另一方面保险利益的范围可以依据可期待的经济利益或预期的损失来确定。尽管法律条文没有明确规定，只要被保险人存在获得经济利益的可能性，或是产生损失的可能性，就可以认定被保险人有保险利益。

3. 财产保险中增加受益人规定

我国现行保险法将受益人的适用范围仅限于人身保险，受益人成为人身保险

---

〔121〕 方乐华：《〈保险法〉司法解释热点问题解析——关于保险利益的范围问题》，载《上海法治报》2012 年 8 月 29 日，第 B7 版。

中的专属概念，且人身保险中的受益人仅指死亡受益人，即因被保险人发生死亡保险事故而可行使保险金请求权的人，从而将受益人的适用范围进一步局限于死亡人身保险；未涵盖生存受益人，即因被保险人发生疾病、残废或生存至保险合同约定的年龄等非死亡保险事故而可行使保险金请求权的人。对于财产保险中是否存在保险法意义上的受益人，我国现行保险法中规定的受益人制度能否适用到财产保险中的问题，理论界及审判实务中对此一直有不同的看法。

从理论上讲，限制财产受益人最终是不可实现的。无论是财产保险还是人身保险的被保险人因保险事故死亡，即使被保险人未指定受益人，也不会发生无人行使保险金请求权的问题，此时保险金请求权可由被保险人的继承人行使。如前所述，无论是在人身保险中还是在财产保险中，无论是在死亡人身保险中还是在非死亡人身保险中，只要被保险人的保险金请求权因当事人的意思表示或法律的直接规定移转于第三人，第三人均可因受让被保险人的保险金请求权而成为受益人，受益人的适用范围不应受到限制。至于财产保险中的受益人因无损失而获利可能诱发的道德危险，与人身保险一样可通过被保险人单方变更或撤销指定行为、受益人受益权的法定丧失等措施予以控制，而无须在财产保险中禁止设置受益人，否则有因噎废食之嫌。因此，受益人的适用范围不应仅限于人身保险，财产保险中同样可设置受益人，而且财产受益人在实务中已经出现，并被认可。以银行与房地产开发商会联手推出银行按揭业务为例，由购房者向银行申请买房贷款，购房者将所购房屋抵押给银行，购房者同时被要求购买房屋财产保险。银行在保险公司签发的“抵押住房保险保单”批注事项一栏里盖章，并注明：“本保单第一受益人为某银行某支行。”[122]认可财产保险中的受益人制度是既符合法理又合乎实际需求的。

4. 保险利益与保险合同效力

保险利益与保险合同的效力密切相关。保险利益的立法理由，除了基于补偿原则以及防止赌博的考虑以外，还是为了防范因缺乏保险利益而引发的道德风险，即不具有保险利益的被保险人图谋保险赔款，在订立保险合同后希望或促成保险事故的发生，或者在保险事故发生时人为扩大损失程度的行为，从而损害被保险人的人身或财产安全。

保险合同当事人必须对于保险标的具有保险利益方可订立有效的保险合同，否则将会导致保险合同的无效。例如《英国 1906 年海上保险法》第 4 条第(1)款规定，缺乏保险利益的赌博合同无效。我国台湾地区“保险法”第 17 条规定，要保人或被保险人，对于保险标的物无保险利益者，保险契约失其效力。我国也曾采纳这种观点，1995 年《保险法》第 12 条第 2 款就曾经规定，投保人对保险标的不具有

---

〔122〕 规定银行作为第一受益人的做法源自 1992 年 9 月 23 日中国建设银行房地产信贷部《职工住房抵押贷款暂行办法》中的规定，当时我国《保险法》尚未生效。此后保险公司多沿用了此种做法。

保险利益的,保险合同无效。

但保险合同毕竟属于当事人意思自治的范畴,法律不宜作出过多干涉。特别是针对财产保险,可以通过约定除外责任甚至承担刑事责任来规避道德风险。另外实践中还出现了保险人的取巧行为:出于经济利益的考量,很多保险人在订立保险合同时故意不检查被保险人是否具备保险利益就收取保险费,在事故发生后再以被保险人不具有保险利益为理由拒赔。为了兼顾保护被保险人人身财产安全与维护当事人意思自治两个目标,我国《保险法》对人身保险和财产保险进行了区分:针对人身保险合同,第31条第3款规定,订立合同时,投保人对被保险人不具有保险利益的,合同无效。针对财产保险合同,第48条规定,保险事故发生时,被保险人对保险标的不具有保险利益的,不得向保险人请求赔偿保险金。财产保险中保险合同的效力与保险利益脱钩,体现了对当事人意思自治的尊重,而人身保险中为了避免道德风险仍规定缺乏保险利益的保险合同无效。

要正确理解我国《保险法》区分对人身保险和财产保险的规定,还必须结合《保险法》对人身保险和财产保险保险利益时间效力的不同要求。《保险法》第12条要求财产保险的被保险人在保险事故发生时对保险标的享有保险利益,这一规定与海上保险的要求实现了一致。我国《海商法》尽管未对保险利益存在的时间作具体规定,但根据最高人民法院《第二次全国涉外商事海事审判工作会议纪要》第123条的内容,订立保险合同时被保险人对保险标的不具有保险利益但发生保险事故时被保险人对保险标的具有保险利益的,保险人应当对被保险人承担保险赔偿责任;订立保险合同时被保险人对保险标的具有保险利益但保险事故发生时不具有保险利益的,保险人对被保险人不承担保险赔偿责任。这与《英国1906年海上保险法》的做法基本一致,是海上保险的补偿原则在保险利益时间要求方面的体现。不过,英国海上保险法对此的要求更为细致,根据《英国1906年海上保险法》第4条第2款第2项的规定,被保险人必须在保险合同订立时存在保险利益或获得保险利益的可能性,否则即使被保险人在事故发生时获得了保险利益,保险合同也因属于赌博合同而无效。[123]

对于人身保险,保险法要求投保人应在保险合同订立时对被保险人须享有保险利益。根据2015年12月1日施行的最高人民法院《关于适用〈中华人民共和国保险法〉若干问题的解释(三)》第3条的规定,人民法院在审理人身保险合同纠纷案件时应主动审查投保人订立保险合同时是否具有保险利益。

(四)海上保险中常见的保险利益判断

1. 基于物权产生的保险利益

基于对船舶或货物享有的所有权而拥有保险利益是保险利益的最常见形态。

---

〔123〕 Howard Bennett, *The Law of Marine Insurance*, Oxford, Oxford University Press, 2006, p. 69.

法律承认各种基于所有权而产生的保险利益。例如，船舶保险中船东被认为拥有广泛的保险利益。又如，在 Hobbs v. Hannam〔124〕案中，船东将船舶出租，双方约定承租人将赔偿船舶遭到损失的全部价值，法院仍认为船东可按照船舶的全部价值投保，因为其并没有完全信任债务人的义务。

抵押人、抵押权人同样对于船舶、货物具有保险利益。抵押人对于船货的全部价值具有保险利益，即使足额或超额抵押，因为如果发生保险事故，抵押人不仅会丧失抵押权标的物，同时仍要承担抵押权所担保的债务。〔125〕抵押权人的保险利益基于债务人对担保物的请求权产生。船舶保险中抵押权人可基于船舶的全部价值投保，但仅能在担保债务的范围内受偿，除非其是为抵押人投保。〔126〕

2. 对预期利益的保险利益

预期利润、收入也是海上保险的常见保险标的，除了在计算货物保险的保险价值时将估计利润计算在内，还有很多情况下被保险人会单独投保额外的利润。但是，如前文所述，利润作为一种预期，其必须具有一定确定性，普通法认为必须具有一定的法定权利来支持被保险人在事故发生时的索赔。〔127〕例如，在 Knox v. Wood〔128〕案中，原告就货物出售所赚取的佣金投保，但当时原告并未得到货物。法院认为这种“预期的预期”过于遥远，不具有保险利益。埃伦伯勒（Ellenborough）法官认为，本案利益属于一种臆想，如果认为有保险利益，就如同是认为尚未购买彩票的彩迷对当期奖金享有保险利益。

在货物保险中，这种预期利益的产生多是基于合同项下的权利。对此英美两国法院的做法存在差异，英国法院要求被保险人首先举证证明其在货物安全抵达后会赚取利润，之后才能认定其具有保险利益；〔129〕而美国法院则可以决定性地推定（conclusive presumption）被保险人的货物在国外出售时会获得利润。〔130〕

3. 货物买卖中的保险利益问题

货物保险中的一个难点问题是国际货物买卖中买卖双方的保险利益问题。根据《2010 年国际贸易术语解释通则》（The Incoterms rules or International Commer-

---

〔124〕 Hobbs v. Hannam, (1811) 3 Camp. 93.

〔125〕 Hutchinson v. Wright, (1852) 25 Beav. 444.

〔126〕 Irving v. Richardson, (1831) 2B. & Ad. 193.

〔127〕 Jonathan Gilman et al., *Arnould*: *Law of Marine Insurance and Average*, London, Sweet & Maxwell, 2013, p. 373.

〔128〕 Knox v. Wood, (1808) 1 Camp. 543.

〔129〕 Hodgson v. Glover, (1805) 6 East 316.

〔130〕 Patapsco Ins Co. v. Coulter, 3 Peter's Sup. Court R. 222 (1830). 所谓决定性推定（conclusive presumption），是指根据一个已经证实的事实推定另一事实的真实性，并且任何其他证据，无论有多大说服力，都不能推翻该推定。参见薛波主编：《元照英美法词典》，法律出版社 2003 年版，第 276 页。

cial Terms 2010, Incoterms 2010)的规定,CIF 买卖中风险在货物装运上船时发生转移,而彼时买方尚未取得所有权,但仍可基于风险负担而取得保险利益。[131] 此外,如果货损货差发生在货物装船之前,此时收货人既无所有权又不承担风险,则不具有保险利益。这种情况在集装箱运输普及的今天越发普遍,因为装船时很难发现岸上阶段的货损货差。对此解决办法是卖方通过转让保险合同将自己的索赔权利转让给买方,由买方向保险公司行使索赔权。[132] 而如果采用 FOB/CFR 等贸易术语,由于卖方不负责订立保险合同,则买方无法采取上述办法,此时的解决手段之一是买方逆向背书将保单转让给卖方由其索赔,或是在保险合同中约定"lost or not lost"条款,不知情的被保险人(买方)可基于保险发生事故后取得的保险利益提出索赔。[133] 在 New South Wales Leather Co., Pty Ltd. v. Vanguard Insurance Co., Ltd. 案[134]中,澳大利亚新南威尔士州上诉法院法官汉德利(Handley)认为"lost or not lost"条款的存在使不知情的被保险人在损失发生之后取得保险利益的情况下仍可能获得赔偿,但前提是损失真正发生。

另一个难点问题由承运人投保货运险引发。由于货运险与责任险保费相差悬殊,实务中普遍存在承运人投保货运险的情况,而保险人为了经济利益也往往予以承保。可一旦发生保险事故,保险人极有可能以承运人对货物缺乏保险利益为由进行抗辩。为了避免在保险利益方面发生纠纷,承运人作为货运险投保人多将货方约定为被保险人,但这又引发了保险人向承运人代位求偿的问题。这一问题将在本书第六章有关代位求偿权部分进行详细探讨,这里只简单介绍一下承运人方可能的应对方法,为了以货物险有限涵盖自己的责任防止遭到代位追偿,承运人可以将自己作为被保险人与货方构成共同保险,也可以与保险人订立放弃代位权条款。

承运人投保货运险问题的实质是保险利益问题。承运人负责将货物经海路由一港运至另一港,其因对货损负有责任而投保责任险,这应没有争议。但这种保险利益能否支持承运人投保货运险,从而获得货物损失的保险赔偿?是否具有保险利益以及所投险种、险别是否正确是两个问题。只要认定被保险人对保险标的具有保险利益,则防止赌博行为、道德风险这些公共政策要求就已经得到满足,结合补偿原则,被保险人得到的赔偿最终不会超过其损失。至于具体投保了哪个险种、险别,则属于双方意思自治的范畴,法律不宜干涉,因投保错误导致其保险利益未

---

〔131〕 参见杨良宜:《海上货物保险》,法律出版社 2010 年版,第 126 页。

〔132〕 如果货物买卖未采取提单形式而采取电放等形式,事故发生时买方有可能已经支付了货款,则买方因取得货物所有权而拥有了保险利益。

〔133〕 Howard Bennett, *The Law of Marine Insurance*, Oxford, Oxford University Press, 2006, p. 71.

〔134〕 New South Wales Leather Co., Pty Ltd. v. Vanguard Insurance Co., Ltd., (1991) 25 NSWLR 699.

得到有效保护的不利后果也由被保险人承担。在 Crowley v. Cohen 案[135]中,法院认为,货物保险单足以涵盖承运人对其掌管的货物所具有的利益,而具体是何种利益则无须明确。因此,承运人对所载货物具有保险利益,这种利益是基于运输合同而产生的经济利益,至于究竟应订立责任险合同抑或货运险合同,由双方决定,无须区分承运人到底享有所谓的"责任险保险利益"抑或是"货运险保险利益"。但是,承运人投保的是"责任险保险利益"还是"货运险保险利益"对于保险人能否因承运人不能免责的货损行使代位求偿权问题会有影响。本书认为,承运人如果按照货运险条款投保,则有关保险合同承保的是货物所有人的保险利益,则在承运人不能免责原因造成货损的情况下,除非赔偿货损的保险人放弃,其有权向承运人行使代位求偿权,否则将产生承运人不当得利的后果。

我国司法实践中已有法院认可了承运人投保货运险。例如,在南京傲江货运代理有限公司与中国平安财产保险股份有限公司江苏分公司海上、通海水域保险合同纠纷案[136]中,武汉海事法院认为,原告作为连环运输中承运人之一,在货物在运输途中发生毁损、灭失时,应当承担相应的赔偿责任,其对保险标的具有法律上承认的利害关系,因此其对承运的货物具有保险利益。法院同时认为,在沿海、内河货运保险中,承运人(特别是规模较大的货代公司)为自己承运的货物投保货运险的情况非常普遍。虽然保险公司纷纷推出了承运人责任险,但由于责任险保费较高,出于对经营成本的考虑,很多承运人选择购买保费较低的货运险。同时,有些保险公司在承运人投保当时明知其不是货物的所有人,考虑到市场竞争因素,也接受了承运人投保货物险的要求,并向被保险人签发了货物险保单,从合同条款分析,双方之间形成了货物运输保险合同关系。至于有学者担心的一方面承运人投保货运险取得了赔偿,另一方面又由于对货损免责而不对货主承担赔偿责任,[137]这种情况完全可以通过不当得利制度予以解决。

第三节 保险价值与保险金额

在讨论本节内容之前,有必要对我国海上保险中使用的保险价值和保险金额这两个术语作一界定。我国《保险法》和《海商法》都未对保险价值作出明确的定

---

[135] Crowley v. Cohen, 3B. & Ad. 478.

[136] 参见(2014)武海法商字第 00450 号。

[137] 参见李兆良:《海上承运人对货物的保险利益有关问题研究》,载《中国律师 2010 年海商法国际研讨会会议论文集》。

义。虽然许多国内的保险教科书从经济学或法学的角度对保险价值和保险金额作了不同程度的界定,但在解释时仍不免有语义重复或相互释义之嫌。普遍来看,有以下三种说法:(1)保险价值,是指投保人与保险人订立保险合同时,作为确定保险金额基础的保险标的的价值,即投保人对保险标的所享有的保险利益在经济上用货币估计的价值额;[138] (2)保险价值,是被保险人与保险人之间议定的保险标的的价值;[139] (3)保险价值,是保险标的在某一特定时期内的实际经济价值。[140] 这些概念里,难免有相互矛盾或者解释不清的地方,故而不能很好地反映保险价值的本质。因此在实践中,尤其是在保险理赔时,保险价值的含义引发很多争议。

保险金额在我国《保险法》第 18 条中的定义是保险人承担赔偿或者给付保险金责任的最高限额。这是从保险责任限制角度对保险金额的定义。从投保人角度,保险金额是投保人就保险标的意欲移转的风险在经济数额上的体现,即实际投保金额。[141] 由于保险价值和保险金额在保险金的计算、是否构成超额保险或重复保险等问题上共同发挥作用,所以本节将二者放在一起进行介绍。

一、保险价值的界定与意义

尽管各种定义在对保险价值进行界定时,总是与保险标的的经济价值相联系,但从学理上分析,保险价值本质上应当是保险利益的价值(The Insurable Valuation of the Interest at Risk)。[142] 抛开保险利益谈论保险价值是没有意义的,因为在财产保险中,保险承担的是被保险人遭受的损失,而未必是因保险事故招致损毁的保险标的的价值。[143] 以失窃为例,保险标的本身可能并无损伤,其价值没有变化,但是对于被保险人来说,其保险利益遭受了损失。因此,保险价值是投保人(被保险人)对保险标的所享有的保险利益在经济上的价值体现。

在保险法中,保险价值的法律意义在于:(1)决定被保险人投保金额的限度,我国法律禁止投保金额超过保险价值,超过保险价值的保险金额部分无效;[144] (2)通过制订保险价值来确定保险人的赔偿限度,如在不足额保险的情况下,若发生全损,则赔偿的最高限度是投保金额,若发生部分损失,则赔偿的最高限度是保

---

[138] 参见李玉泉:《保险法》,法律出版社 2003 年版,第 147 页。

[139] 参见傅廷中:《海商法论》,法律出版社 2007 年版,第 510 页。

[140] 参见胡援成:《财产保险》,东北财经大学出版社 1999 年版,第 51 ~52 页。

[141] 参见刘学生:《保险价值与保险金额——不定值保险合同若干问题辨析》,载《保险法前沿》2012 年第 1 期。

[142] See Jonathan Gilman et al. , *Arnould*: *Law of Marine Insurance and Average*, Sweet & Maxwell, 2013, p. 422.

[143] 参见樊启荣、康雷闪:《保险价值之法本质及功能解释》,载《法学》2013 年第 4 期。

[144] 参见《保险法》第 55 条第 3 款;《海商法》第 220 条。《保险法》第 55 条第 3 款:"保险金额不得超过保险价值。超过保险价值的,超过部分无效,保险人应当退还相应的保险责。"

险金额与保险价值的比例部分，以防止被保险人通过保险获得超过其实际损失的不当利益。

二、保险价值的确定方式

在保险实务中，保险价值由保险合同的双方当事人在订立合同时约定，或者在保险事故发生时，依据保险标的的实际价值予以确定。根据保险价值确定方式的不同，保险合同可以分为定值保险合同和不定值保险合同。

（一）定值保险合同

定值保险合同，是指在保险合同订立时就已经在保险合同或者保险单中载明了保险标的的保险价值的合同。采用定值保险合同，是为了在发生保险事故时，保险人与被保险人不需要对保险标的进行估价。尤其是在海上货物运输保险中，运输货物的价值随时间、地点而变动，为避免出险时对计算保险标的的价值产生争议，合同的当事人往往采用定值保险的形式。

由于定值保险的保险价值是事先约定的，保险理赔时，难免会出现定值保险中约定的保险价值高于保险标的实际价值的情况。为防止和避免被保险人利用保险额外获利，抑制道德风险的增加，保险法中很多制度的设计都受到“补偿原则”的影响，即保险的目的应当是使被保险人恢复到“未发生损失时的经济状况”，但是对定值保险的立法却并未完全遵循上述原则。曼斯菲尔德（Mansfield）勋爵在Lewis v. Rucker案[145]中，明确了定值保险保单不能被看作赌博保单，约定价值的效力只是为了固定保险的主要成本，同时要求被保险人获得赔偿的标准是确实发生了损失，即将确定的保险价值视为约定的违约赔偿金，以此来肯定其有效性和合法性。在定值保险中，之所以没有完全按照补偿原则要求，给被保险人获得额外利益留下制度上的可能性，最主要的还是商业选择的结果。保险人和被保险人为了索赔时的便利，尽量避免因为保险价值的确定而发生争议，减少发生保险事故时核定保险价值的烦琐程序，节约核保时间，提高核保效率，选择“以容忍某种程度上之不当得利，避免保险事故发生时计算保险价值之麻烦”。[146] 在此问题上，保险法体现出追求效率的价值选择，除非被保险人存在欺诈的情形。

我国《保险法》第55条规定，投保人和保险人约定保险标的的保险价值并在合同中载明的，保险标的发生损失时，以约定的保险价值为赔偿计算标准。《海商法》第219条第1款规定，保险价值由保险人和被保险人约定。据此理解，在定值保险情况下，无论是定期保险还是航次保险，无论是全部损失还是部分损失，保险事故的损失赔偿金额的确定，均以双方当事人约定的保险价值为计算依据，被保险人无须再证明保险标的在事故发生时的实际价值。《英国1906年海上保险法》第

〔145〕 Lewis v. Rucker, 97 E. R. 769.

〔146〕 参见江朝国：《保险法基础理论》，中国政法大学出版社2002年版，第387页。

27 条“定值保险单”第 3 款也规定，除本法另有规定外，在没有欺骗行为的前提下，无论损失是全损还是部分损失，保险单约定的价值就是在保险人与被保险人之间确定保险标的保险价值的最终依据。[147] 与《海商法》规定不同的是，英国法特别强调了“欲要投保”的标的，目的是将确定保险价值的时间定在“保险合同成立时”而非保单责任开始时。通常情况下，二者之间有一段时间差，在这两个时间点的保险标的价值可能会发生很大的变化。[148] 需要注意的是，虽然上述法律条文中并未再进一步规定双方约定的保险价值存在欺诈时如何处理，但是英国 Wright 法官认为一旦保单中有欺诈的事实，不仅仅是保险价值，整个保单也会被认定为无效。[149]

1. 定值保险是否赋予代位求偿权优先效力

海上保险大多是定值保险，由于运输货物的价值在不同的时间、地点可能差别很大，在保险标的价格大幅度上涨的情形下，保险赔偿常常不能弥补被保险人的全部损失。并且在海商法领域，承运人享有单位责任限制的权利，船舶所有人、船舶经营人等享有海事赔偿责任限制的权利。因此，对被保险人负有责任的第三人的赔偿数额经常不能同时满足保险人的代位求偿权和被保险人未受偿部分的请求权。在这种情况下，是应当优先保证保险人的代位求偿权，还是被保险人未得到保险赔偿的部分优先受偿？或者保险人与被保险人按照各自索赔额的比例进行分配？这个问题在英美法系和大陆法系都充满争议，在中国的海事司法实践中也是如此。

在 The North of England Iron Steamship Insurance Association v. Armstrong[150] 案件中，Hetton 轮与 Uhlenhorst 轮发生碰撞，Hetton 轮被认定为全损，Uhlenhorst 轮应负全责。Hetton 轮的船东从其保险人处得到了约定的全部保险价值 6000 英镑，随后 Hetton 轮的船东向 Uhlenhorst 轮提出索赔，要求 Uhlenhorst 轮赔付 Hetton 轮的实际价值 9000 英镑，由于船东责任限制，Uhlenhorst 轮只需赔偿 5700 英镑，而 Hetton 轮船东主张，5700 英镑是基于船舶的实际价值 9000 英镑所得到的赔偿，而保险人只赔付了 6000 英镑，故作为被保险人的船东有权得到这 5700 英镑的 1/3。英国王座法院最后判决保险人有权取得第三人的全部赔偿额，即 5700 英镑，判决理由之一即定值保险单中约定的保险价值具有确定的约束力。梅洛（Mellor）法官认为保险合同的基础是船舶的约定价值，当事人约定船舶保险价值的目的是避免

[147] 《英国 1906 年海上保险法》原文：Section 27（3）：Subject to the provisions of this Act, and in the absence of fraud, the value fixed by the policy is, as between the insurer and assured, conclusive of the insurable value of the subject intended to be insured whether the loss betotal or partial.

[148] See Susan Hudges, Cases and Materials on Marine Insurance Law, Routledge - Cavendish, 1999, p. 187.

[149] Loders and Nucoline Ltd. v. Bank of New Zealand（1929）33 L1L Rep 70.

[150] （1870）L. R. 5Q. B. 244.

关于船舶真实价值的争议,关于赔付的所有权利都应该受该约定价值的制约。[151]其意思是,即使被保险人具有可保利益的标的物的实际价值超过保险单确定的价值,但由于保险人已按照合同约定支付了被保险人保险金额,对致害第三方提起诉讼时,即被保险人丧失了对抗保险人的权利。因此,梅洛法官判定保险人享有的代位求偿权优先于被保险人未受保险赔偿部分的损失请求权。

在定值保险中,若不存在欺诈、赌博或有违告知义务等情形,保险价值的约定对保险合同双方一般都是有约束力的,即使约定的数值与实际价值有偏差,甚至偏差很大。但作者认为,以“约定的保险价值具有约束力”为由判决第三人的赔偿全部归保险人所有,值得商榷。

被保险人与保险人约定保险价值的目的是避免在发生保险事故时,保险人与被保险人就保险标的的真实价值产生争议,从而简单、快捷地确定保险标的损失的具体金额,使保险人可以尽快赔付被保险人,保险人可以尽快恢复到保险事故发生前的状态,最终使海上货物运输业可以迅速有效的发展。以“合同相对性原则”为根据禁止被保险人向第三人行使权力,保险合同约定的保险价值不应成为阻碍这一权利行使的屏障。在保险赔偿尚未完全填补被保险人损失的前提下,被保险人就其剩余未获得赔偿部分的损失理应有权向负有责任的致害第三方继续索赔。

至于当保险人就保单确定的价值依照保险合同赔偿完毕后,保险人自动取得代位求偿权转向第三人索赔时,保险人享有的代位求偿权与被保险人就其超出保险约定价值的那部分损失的请求权究竟何者优先,这并非当事人约定保险价值所意图解决的问题,也并未在保险合同中有所表示。因而,保险人与被保险人签订的保险合同,并不涉及保险人享有的代位求偿权与被保险人就其超出保险约定价值的那部分损失的请求权何者优先的问题。因此作者认为,梅洛法官实际上是将保险合同中约定的保险价值的作用扩大化,此举并不妥当。

2. 超额定值保险

在学理上,超额定值保险,是指约定的保险价值高于出险时标的物的实际价值。[152] 一般而言,在定值保险中,保险人是以约定的保险价值为基础确定保险金额的,在订立保险合同时就可以确定是足额保险还是不足额保险。但是,由于定值保险的明显缺陷,一些投保人不顾诚信,利用定值保险的特点,投保时故意过高地约定保险价值,以期在发生保险事故时谋取不当利益。我国《保险法》第 55 条对定值保险及其效力作出了规定,但是在定值保险中约定保险价值的效力认定及“超额定值”的法律规制方面,仍存在空白。

---

〔151〕 (1870) L. R. 5Q. B 248.

〔152〕 参见何小锐:《定值保险中保险价值的认定及法律规制——以一则保险纠纷案的分析为起点》,载《当代经济》2014 年第 9 期。

关于“超额定值”的问题，国外已经有相关的立法。《德国 2008 年保险合同法》(Insurance Contract Act 2008)第 76 条中有规定，在保险事故发生时，约定的保险价值不得有显著超过实际价值的限制。[153] 根据《英国 2015 年保险法》第 3 条公平陈述义务(the duty of fair presentation)和附件 1，如果被保险人知道保险标的的实际价值远远低于约定价值，而没有向保险人如实告知，即使其行为不构成欺诈，也可能因违反该义务而导致合同被撤销或变更。[154] 在 Ionides v. Pender 案[155]中，原告的保险货物的价值远超其实际价值，并且没有向保险人披露，法院认同了陪审团的观点，认为约定价值过高，但不构成欺诈，认定被保险人对保险人有隐瞒过分超值的事实，违反了告知义务，保险合同自始无效。但是，在 General Shipping and Forwarding Co. v. British General Insurance Co., Ltd. 案[156]中，定值保险单中约定的船舶价值是 5000 英镑，而当时的实际价值仅为 1500 英镑，保险人拒绝赔付。法院认为，在订立保险合同时，保险人在对船舶市价的评估问题上，与被保险人处于相同的地位，被保险人并不存在告知义务。但如果是货物保险，情况就不尽相同，如果被保险人没有如实申报，保险人是无法得知货物的真实价值的，无法约定合理的保险价值。所以，依据英国普通法，船舶和货物的定值超额保险存在区别。

目前，由于“超额定值”的立法空白，该问题在我国司法实务界存在较大争议。2005 年 9 月 1 日，重庆市某旅游船有限公司(以下简称旅游船公司)所有的一艘轮船在追越另一轮船的过程中不慎触礁，造成全损，产生纠纷。从 2003 年开始此旅游船公司向某保险公司对该轮进行投保，约定保险价值和保险金额均为 2200 万元，旅游船公司要求某保险公司支付 2200 万元保险金，法院委托会计师事务所进行评估，该轮出险当时市场实际价值的评估值为 1305.08 万元。被告辩称，该轮的实际价值远不足 2200 万元，保险单中约定的保险价值超过其实际价值，该合同是一份超额保险合同，其超额保险的部分无效，保险金额应以实际价值 1305.08 万元为限。一审法院判决支持原告诉讼请求。判决理由为该保险合同属于定值保险合同，保险事故发生后，被告某保险公司应该按照之前约定的保险金额进行理赔。但是二审法院则认为，保单中载明的保险金额远远超出了保险船舶的实际价值，该合

---

[153] 《德国 2008 年保险合同法》原文：Section 76 Under insurance: Insurance Contract Act 2008, Clause 75: Underinsurance: If the sum insured is considerably less than the insurable value upon the occurrence of the insured event, the insurer shall only be liable in the proportion that the sum insured bears to this value.

[154] 该法于 2016 年 8 月 12 日生效。在最大诚信义务方面，该法修订了《英国 1906 年海上保险法》第 17 条的规定。

[155] [1874]LR 9 QB 53.

[156] [1923]15 L1 L Rep. 175, KBD.

同是一份超额保险合同,超过保险实际价值的部分应该认定无效,保险人应该在保险标的的实际价值范围内予以赔偿。在上述案件中,一审、二审法院作出不同判决的原因在于对保险价值的理解不同。一审法院根据我国《保险法》第55条,认为在定值保险中,保险价值应为约定价值,而二审法院则认为,保险价值是保险标的物在出险时的实际市场价值,此项合同为"超额保险合同"。上述案件中,二审法院将"超额保险合同"和"超额定值保险合同"两个概念混淆了。本案中提到的"数额超过"实际上指的是约定的保险价值高于出险时标的物的实际价值,这种情况属于"超额定值保险"。本案是关于船舶的超额定值保险,旅游船公司是在事故发生的2年前就已经开始投保,保险人有能力对船舶的实际价值进行评估,保险人仍然连续3年与被保险人约定保险价值为2200万元,并且按此收取保险费,被保险人并没有违反告知义务,上述保险合同约定的保险价值应当有效,保险人应该按照合同约定的保险金额进行赔偿。

(二)非定值保险

非定值保险,是指在保险合同订立时当事人未在保险合同或者保险单中载明保险标的的保险价值,而只载明双方同意的保险金额,将保险标的的保险价值留到保险事故发生时再做确定的合同。[157] 我国《保险法》和《海商法》中都未规定非定值保险的定义,而只是规定了如何确定非定值保险中的保险价值。非定值保险与定值保险的最大不同在于非定值保险下被保险人负有证明保险标的实际价值的义务,而在定值保险下被保险人不负此种义务。[158]

1. 非定值保险下确定保险价值的时间标准

我国《保险法》第55条第2款规定,投保人和保险人未约定保险标的的保险价值的,保险标的发生损失时,以保险事故发生时保险标的的实际价值为赔偿计算标准。依此规定,双方当事人在订立保险合同时只约定保险金额,保险价值乃是待到保险标的发生保险事故时才做计算。那么,就可能发生这样一个情况:当双方订立保险合同时,约定保险金额为1000万元,而在出现保险事故之后依照《保险法》第55条第2款规定,确定保险标的的实际价值,就要依照保险标的发生事故当时的市场价格进行判断。若最后确定保险价值的实际价值为800万元,依照《保险法》第55条第3款的规定,此次保险就成为超额保险,则保险金额无效。只能依据800万元作为赔偿最高限额进行赔偿。

---

〔157〕《英国1906年海上保险法》原文:Section 28: An unvalued policy is a policy which does not specify the value of the subject - matter insured, but, subject to the limit of the sum insured, leaves the insurable value to be subsequently ascertained, in the manner herein before specified.

〔158〕See Jonathan Gilman et al., *Arnould: Law of Marine Insurance and Average*, Sweet & Maxwell, 2013, p. 428.

在这一问题上,我国《海商法》作出了不同的规定,根据第 219 条的规定,若双方未约定保险标的的保险价值,那么保险标的的保险价值(实际价值)都是在保险责任开始时计算,而不是依据发生保险事故时的价值进行计算。这样具备非常好的合理性和可操作性,因为不定值保险不预先约定保险价值,是为了保险事故发生时准确评估被保险人所遭受的实际损失,并非为了保险金额约定有意留下自由空间。即使采取不定值保险,当事人双方对保险金额的约定也是建立在对保险责任开始当时保险标的市场价格的合理估价基础之上的。如此一来,以保险责任开始时的实际价值作为保险价值,可以有效地避免保险金额超过保险价值的情形,从而保护投保人或被保险人的利益。另外,在海上保险尤其是海上货物保险中,货物的价格浮动较大,使得在保险事故发生时,货物价格可能远高于或者低于保险金额。若采取保险责任开始时的保险价值,就可以使货物价值的估计更准确、更具可操作性,避免双方当事人在保险价值的确定上出现较大争议。

2. 确定保险价值的具体标准

我国《保险法》并未对如何计算保险价值作出具体规定,只是作出一般规定。但是在海上保险中,我国《海商法》第 219 条对保险价值的计算在参考《英国 1906 年海上保险法》第 16 条的基础上作出了具体规定。但需注意以下两个问题:

(1)船舶的保险价值,不仅指船体本身的价值,还包括了机器、设备、物料、船员给养、燃料、索具、淡水的价值,在这里边不包含应当支付的船员工资。这与《英国 1906 年海上保险法》中的规定是不同的。[159]

(2)在航次保险中,船舶的保险价值,是指保险责任开始时的保险价值,而不是航程开始时的保险价值。这是因为,航次保险下保险责任开始的时间具有特殊的条件,只有满足这些条件才能起算保险责任期间。

在沿海、内河船舶保险实务中,由于船舶结构及设备异常复杂、航运市场价格变化不定,要合理确定船舶的实际价值比较困难,以致保险双方在确定船舶的保险金额时经常发生分歧。《沿海内河船舶保险条款(2009 版)》对船舶保险价值定义是:船龄在 3 年(含)以内的船舶视为新船,新船的保险价值按重置价值确定,船龄在 3 年以上的船舶视为旧船,旧船的保险价值按实际价值确定。保险金额按保险

---

〔159〕《英国 1906 年海上保险法》第 16 条第 1 款将支付给船员的工资以及为使船舶适合于保险单规定的航程或风险而发生的其他使费也纳入保险价值。原文:Section 16 (1): In insurance on ship, the insurable value is the value at the commencement of the risk, of the ship, including her outfit, provisions and stores for the officers and crew, money advanced for seamen's wages, and other disbursements (if any) incurred to make the ship fit for the voyage or adventure contemplated by the policy, plus the charges of insurance upon the whole: The insurable value, in the case of a steamship, includes also the machinery, boilers, and coals and engine stores if owned by the assured, and, in the case of a ship engaged in a special trade, the ordinary fittings requisite for that trade.

价值确定，也可以由保险双方协商确定，但保险金额不得超过保险价值。实务中会出现的情况是，保险人和被保险人约定了保险价值，但在船舶发生保险事故时，船舶的实际价值显著低于约定的保险价值，此时应当按实际价值赔偿还是按《沿海内河船舶保险条款(2009版)》的规定重新计算保险价值，将产生较大争议。

三、保险金额及其与保险价值的关系

从保险价值和保险金额的含义可以确定出二者之间的关系，尽管保险价值的确定方式有所不同，但其本质上还是与保险利益的客观经济价值联系甚密，如果相差过大则涉及道德风险，会被法律所禁止。在保险合同的不同阶段，保险价值的作用不同，在订约时，保险价值是约定保险金额的基础，在保险事故发生后，是损失评估和计算保险人赔偿责任数额的基础。保险金额是保险人与被保险人约定的投保和承保的金额，保险金额的作用首先是保险人承担赔偿或者给付保险金责任的最高限额，然后才是保险人计算保费的一个重要依据。[160] 因此，保险金额是保险人按照保险合同的约定，对保险标的遭受损失时所负赔偿责任的最高限额，不是保险人认定的标的实际价值，也不是发生损失时，保险人的应赔数额。法律规定保险金额不得超过保险价值，[161]既是符合保险补偿原则的体现，也表明了二者之间的关系是，“保险价值为保险人依法规定赔偿之最高额，保险金额为保险人依约定赔偿之最高额”。[162]

(一)足额保险、不足额保险和超额保险

根据保险金额和保险价值的关系，可以将保险合同分为三类：足额保险、不足额保险、超额保险。足额保险，是指保险金额等于保险价值的情形，这在定值保险中比较普遍。不足额保险，是指保险金额低于保险价值的情形。不足额保险既可能出现在定值保险中，也可能出现在不定值保险中。超额保险，是指保险金额超过保险价值的情形。

定值保险中，由于保险金额和保险价值在双方订立保险合同时都是确定的，双方为了避免约定的保险金额超过保险价值而导致超出部分无效，所以通常不会出现保险金额高于保险价值的情形。在不定值保险中，因为保险标的市场价格的涨跌及双方对保险金额约定等问题，极有可能出现超额保险的问题。《英国1906年海上保险法》第84条第3款第5项规定，被保险人在不定值保单下超额保险的，保险费按比例退还。我国《海商法》第220条规定，超过保险价值的，超过部分无效。

---

〔160〕 Continental Illinois National Bank & Trust Co. of Chicago v. Bathurst (The Captain Panagos DP) [1985] 1 Lloyd's Rep. 625, per Mustill J. p. 630.

〔161〕 参见我国《海商法》第220条规定：“保险金额由保险人与被保险人约定。保险金额不得超过保险价值；超过保险价值的，超过部分无效。”

〔162〕 江朝国：《保险法基础理论》，台北，瑞兴图书股份有限公司2009年版，第384页。

但是我国《保险法》第55条第3款规定，保险金额超过保险价值的，超过部分无效，保险人应当退还相应的保险费。

（二）重复保险

重复保险是有可能产生超额保险的又一情形。根据我国《海商法》第225条的规定，被保险人对同一保险标的就同一保险事故向几个保险人重复订立合同，而使该保险标的的保险金额总和超过保险标的的价值的为重复保险。我国《保险法》第56条也有类似规定，但法条的规定并没有揭示出重复保险最重要的特征。例如，被保险人一个是保险标的的所有人，另一个是保险标的的抵押权人，则即使针对同一保险标的就同一保险事故与不同的保险人订立了合同，也不应当认定为重复保险。[163]《英国1906年海上保险法》第32条第1款规定，当被保险人或其代理人，就同一风险或者利益或其中的一部分订立了两张或两张以上的保险单，且保险金额超过本法所允许的索赔额时，被保险人即被视为因重复保险而超额保险。从此条可以看出，重复保险被认定的依据除了同一保险标的同一风险外，更重要的是同一保险利益。

在重复保险的情况下，重复保险的投保人应当将重复保险的有关情况通知各保险人。我国《保险法》和《海商法》对通知义务的履行时间均未作规定，也没有对通知义务的具体内容进行规定。按其他国家的立法例来看，通知义务的具体内容一般为各保险人的名称与住所、保险标的、保险价值、保险金额、保险费、承保的保险责任范围、保险期间以及保险金赔付等情况。

在重复保险的各个保险人的责任分摊方面，我国《保险法》采用的是比例责任分摊方式，当保险合同中没有约定分摊方式时，就统一采用比例责任分摊方式来进行责任分摊。我国《海商法》采用的是连带比例赔偿方式，在保险合同中没有特别约定分摊方式时，各保险人一律采用连带比例责任分摊方式分摊保险责任。我国《海商法》第225条规定，出现重复保险的情况，除合同有约定外，被保险人可以向任何保险人提出赔偿请求。被保险人获得的赔偿金额总和不得超过保险标的的受损价值。各保险人按照其承保的保险金额同保险金额总和的比例承担赔偿责任。任何一个保险人支付的赔偿金额超过其应当承担的赔偿责任的，有权向未按照其应当承担的赔偿责任支付赔偿金额的保险人追偿。在海商法的规定中，即使是重复保险，被保险人也有权向任何一个保险人索赔全部损失，但是须受以下两个条件限制：(1)被保险人获得的赔偿总额不得超过保险标的的受损价值；(2)在责任保险时，保险人承担赔偿责任的限度以被保险人对第三人承担责任的范围为限。

---

[163] Godin v. London Ass Co. (1758) 1 Burr 489, 495.

第四节 保 险 期 间

保险期间,也称保险责任期间(Duration of Underwriter's Liability)或保险期限,是指保险人对由于承保风险造成的保险标的之损坏或灭失承担责任的期间。依保险法理论,保险期间是保险合同的有效期间,所以也叫保险责任的起讫期限。[164] 我国的《保险法》中并未对保险期间的定义作出具体规定,只是在《保险法》第14条中规定,保险人按照约定的时间开始承担保险责任,并在第18条中规定,保险合同中应当约定保险期间和保险责任开始期间,一般将其认为是法律对定期保险和不定期保险的规定。虽然,我国《海商法》第216条对海上保险合同的定义并未提及"保险期间",但根据第217条,保险期间是当事人须在保险合同中约定的主要内容之一。

对于保险期间的意义,理论上存在两种不同认识。一种观点认为,保险期间是对保险事故发生时间的限制。如有学者认为,保险期间既然是保险人承保保险事故的期间,保险事故自然必须发生在保险期间内(即使发生时没有人知道),如在保险期间开始之前或保险期间终止以后发生保险事故者,保险人不负保险给付的义务。[165] 另一种观点则认为,保险期间是对损失发生时间的限制。如有学者认为,保险人承保的并非风险本身,而是上述列明风险所造成的保险标的的损失。因此在保险期间内发生了上述风险造成的全损,保险人即应负赔偿责任,即便风险本身发生在保险合同生效之前。[166]

就此争议,我国法律和保险条款中尚无明确的规定。英国判例法则认为,保险事故和保险事故造成的损失都必须发生在保险期间内,保险人才有义务赔偿损失。但也有例外情形,如在保险期间内虽然危险已经存在,但损害只在孕育阶段,保险期间过后才明显化,该损害被认为是发生于保险期间的危险所带来的必然后续后果,保险人即应当负赔偿责任,即所谓的"致命打击原则"(the Doctrine of Death Blow)。

如果保险事故发生在保险期间尚未开始之时,但所造成的损失或部分损失是在保险期间产生的,按照英国法的一般规则,保险人不负责赔偿。当然,基于"合同自由"原则,双方当事人可以在合同中另作约定。但是正如克鲁姆·约翰逊

---

〔164〕 参见李玉泉:《保险法》,法律出版社2003年版,第149页。

〔165〕 参见刘宗荣:《新保险法:保险契约法的理论与实务》,中国人民大学出版社2009年版,第110页。

〔166〕 参见杨良宜、汪鹏南:《英国海上保险条款》,大连海事大学出版社2009年版,第59页。

(Croom Johnson)大法官在 Kelly v. Norwich Union Fire Ins Sy Ltd. 案[167]中所言，虽然一切最终取决于保险单上的约定，但只有当保险单上的措辞足够令人信服时(compelling language)，才能推翻一般的规则而得出相反的结论(contrary to common understanding)。例如，被保险人可以在保险单中额外约定“保险人需对保险期间内发现的任何损失负责，无论该保险损失是在何时实际发生的”。[168] 在理解中国法和我国保险条款时，英国法的上述立场值得我们参考。

保险合同的保险期限，通常有三种确定方式：(1)用日历年、月计算。例如，财产保险一般为一年，期限届满后可以再续订合同。(2)以某一事件的始末为保险期限。例如，运输货物保险、运输工具保险都以航程为保险期限。(3)以空间与时间的混合为保险期限。例如，《中国人保海洋运输货物保险条款(2009 版)》第 3 条第 2 款的规定。[169]

一、定期保险

通常，船舶保险多采用定期保险，而货物保险只能采用航次保险。定期保险的保险期限的开始和终止以保险单上注明的日期为准，一般精确到分钟，同时应明确约定适用的是格林威治时间，还是订立合同地的当地时间。例如，2016 年 1 月 1 日 00:00 至 2016 年 12 月 31 日 23:59，指北京时间(GMT +0800)。未作规定的，通常理解为从保险开始当天的零时起算，到保险终止日的 24 时为止，即包括起止日期当天在内。保险期限最长一年，一般习惯上也约定为 12 个月。[170] 参考《中国人保船舶保险条款(2009 版)》第 5 条第 1 款之规定，定期保险期限最长一年，起止时间以保险单上注明的日期为准，但该条款并未对保险中的具体时间作出规定。值得注意的是，保赔协会的保险期间的起止时间与船舶保险并不相同。保赔保险的保险期间是从每年的格林威治(GMT)时间 2 月 20 日午时到来年的 2 月 20 日午时为止。其原因是，传统上认为 2 月 20 日是波罗的海冰雪融化之日，船舶在闲置一个冬日之后终于可以航行。

在 Scottish Metropolitan Assurance Co, Ltd. v. Stewart 案[171]中，定期保单上规定，保险期间从 9 月 20 日到来年 2 月 20 日，争议的问题是起止日期本身是否包括在期间中。罗拉特(Rowlatt)法官认为，解释保单措辞时并没有什么技术性的规则，而是从案件中探求当事人的真意，保单中明确约定保险期间从 9 月 20 日开始，应当包括 9 月 20 日整天。

---

[167] [1989] 2 All ER 888,894 – 895.

[168] See E. R. HardyIvamy, General Principles of Insurance, Butterworths, 1979, p. 403.

[169] 原文：被保险货物如在非保险单所载明的目的地出售，保险责任至交货时为止，但不论任何情况，均以被保险货物在卸载港全部卸离海轮后满 60 天为止。

[170] 参见汪鹏南：《海上保险合同法详论》，大连海事大学出版社 2011 年版，第 217 页。

[171] (1923) 15 Ll. L. Rep. 55.

(一)保险期间的延续(Continuation)

保险期间的延续,是指在合同中约定或载明的保险终止日到来之后,保险人仍继续承担保险责任的情况。

虽然我国法律中并没有对保险期间续展的相关规定,但是根据合同自由的原则,当事人可以在合同中自由约定保险期间的延续。例如,《中国人保船舶保险条款(2009 版)》第 5 条第 1 款规定,保险到期时,如保险船舶尚在航行中或处于危险中或在避难港或中途港停靠,经被保险人事先通知保险人并按日比例加付保险费后,本保险继续负责到船舶抵达目的港为止。保险船舶在延长时间内发生全损,需加交 6 个月保险费。该部分是对于保险合同续期的规定。根据该条款,在被保险人按比例支付增加的保险费后,保险合同自动延展。适用本条款延长保险期限时应注意的问题如下:(1)保险到期,被保险船舶只有处于四种情形下才可以适用,即船舶尚处于航行中,或处于危险中,或在避难港,或在中途港停靠,否则本条不予适用。(2)在上述四种情形下,保险船舶的保险期限并非自动延续,而需要被保险人事先将续期的意愿通知给保险人。(3)保险人必须接受保险延续,其可以对延续的天数按日加收保险费,但不能提高保险费率。应付延期保险费的计算方法为:(保险金额 × 保险费率) ÷ 365 天 × 超期天数。(4)这种保险期限的延期只能延期至船舶抵达目的港为止。根据这一条款,超期承保的条件和额外保险费的增收在保险合同中已经事先进行了明确的约定,被保险人在满足上述条件时,选择延长保险期限只是行使其在保险合同中的既有权利。

上述规定的必要性在于,当船舶正遭遇海难时,保险人不愿意接受承保或保险费率特别高;在通讯不发达的时代,保险人对正在海上航行的船舶也不愿意承保。本条规定对被保险人提供了很大的保障。《英国 1983 年协会定期船舶保险条款》与《中国人保船舶保险条款(2009 版)》规定的内容基本一致,但是考虑到现代通信便利和商业做法,《英国 1995 年协会定期船舶保险条款》对保险期限的延续加以限制,只有在保险期满船舶处于危险之时,保险人才同意按原保险条件延续保险,而且仅顺延至安全抵达实际驶往的下一个港口(若在海上遇难)或脱离危险(若在港内遇难)。

(二)保险期间的例外

并不是所有发生在保险期间内的保险事故都会得到赔偿,被保险人必须在营运过程中不违背与保险人之间的约定。例如,《中国人保船舶保险条款(2009 版)》第 4 条规定,除非事先征得保险人的同意并接受修改后的承保条件和所需加付的保费,否则,本保险对下列情况所造成的损失和责任均不负责:(1)保险船舶从事拖带或救助服务;(2)保险船舶与他船(非港口或沿海使用的小船)在海上直接装卸货物,包括驶近、靠拢和离开;(3)保险船舶为拆船或为拆船出售的目的的航行。《英国 2003 年国际船舶保险条款》第 10 条航海条款也规定了除非经过保险人同意,否则保险船舶以及被保险人不得从事一些特殊的海上作业或行为。例如,船舶不得违反保险有关货物、航行区域或者位置的规定,不得进行非习惯性拖带,不得订立限制或者免除引航员或拖轮责任的合同而进行习惯性拖带,不得用于在海上将货物装入他船。在第11条中又进一步规定,在违反第10条的情况下,除非被保险人在知悉情况后立即通知保险人,并按照双方的合意修改承保条件及增加保费,否则在违反约定期间内发生任何损失和费用保险人不予赔偿。

(三)保险期间的自动解除

在正常情况下,保险期间将在保险期间届满后自动终止,但是,如果发生合同约定的事项时,保险期间也会自动解除。

我国仅有《海商法》在第230条关于"船舶转让"之相关条款对船舶保险合同的自动解除作出了规定。根据该条,若在保险期间内转让保险船舶,未经保险人同意,保险合同会在转让之日起或航次保险中航次终了之日起解除。在中国平安财产保险股份有限公司宁波分公司与浙江鸿霖船舶工程有限公司海上保险纠纷案中,宁波海事法院在判决中明确表示"被保险人虽未履行通知义务,但保险人对保险合同自船舶转让之时起无论如何均不再承担赔偿责任,未通知保险人并未造成保险人的义务负担"且被保险人"对船舶所有权注销登记后的保险费不负支付义务"。[172] 除我国《海商法》规定以外,《中国人保船舶保险条款(2009版)》第6条规定了定期保险中保险解除的三种情形:(1)一旦保险船舶按全损赔付后,本保险自动解除。(2)当船舶的船级社变更,或船舶等级变动、注销或撤回,或船舶所有权或船期改变,或转让给新的管理部门,或光船出租或被征购或被征用,除非事先书面征得保险人的同意,本保险自动解除。但船舶有货载或正在海上时,经要求,可延迟到船舶抵达下一个港口或最后卸货港或目的港。(3)当货物、航程、航行区域、拖带、救助工作或开航日期方面有违背保险单特款规定时,被保险人在接到消息后,应立即通知保险人并同意接受修改后的承保条件及所需加付的保险费,本保险仍继续有效,否则,本保险自动解除。

英国船舶保险条款中的"终止条款"(Termination Clause)也规定了类似的内容。以《英国2003年国际船舶保险条款》第14条(船舶管理)第1款为例,发生下列情况之时,除非保险人书面作出相反的同意,保险责任期间将自动终止:(1)船舶的所有权或船旗改变,不论是否出于自愿;(2)船舶转移给新的管理人;(3)光船

[172] 参见(2014)甬海法商初字第361号。

出租;(4)被征收或被征用。[173] 第14条第2款又特别约定,除非保险人书面作相反的同意,本保险自动终止于船舶(不管是否载有货物)为被拆解的意图而航行,或已被出售用作拆解。《英国2003年国际船舶保险条款》与《英国1995年协会定期船舶保险条款》相比作了较大的改动,取消了关于船级社、船级变动等情形下的合同自动解除。

此外,对于《英国2003年国际船舶保险条款》第14条第1款的理解,有两点需要注意:(1)在变更之时,不论被保险人是否自愿,均会导致保险自动终止,但是若船上载有货物且已经从装货港开航或者在海上空载航行的,保险合同经要求后可自动延伸至船舶抵达最后卸货港或者空载船舶抵达目的港时为止。而在被征用或被征收情况下,若被保险人没有事先签署协议,保险合同会在征用15天后终止保险。(2)对于该情况下自动延伸是否需要额外支付保费未作出规定,而只规定了合同自动解除后的净保费返还。

二、航次保险

航次保险与定期保险相比,具有更多的不易确定性。《中国人保海洋运输货物保险条款(2009版)》中均用保险责任的起讫时间代替了定期保险中的保险期间,但是均没有对航次保险作出定义。[174] 所以,对于航次保险的理解可以参照《英国1906年海上保险法》第25条。[175]

(一)船舶航次保险

《中国人保海洋运输货物保险条款(2009版)》第5条航程规定,航程保险按保单订明的航程为准。起止时间按下列规定办理:(1)不载货船舶,自起运港解缆或起锚时开始至目的港抛锚或系缆完毕时终止。(2)载货船舶,自起运港装货时开始至目的港卸货完毕时终止。但自船舶抵达目的港当日午夜零点起最多不超过30天。

---

[173] 《英国2003年国际船舶保险条款》原文:Clause 14. Management: 14.1Unless the Underwriters agree to the contrary in writing, this insurance shall terminate automatically at the time of 14.1.1 any change, voluntary or otherwise, in the ownership or flag of the vessel, 14.1.2 transfer of the vessel to new management, 14.1.3 charter of the vessel on abare boat basis, 14.1.4 requisition of the vessel for title or use provided that, if the vessel has cargo on board and has already sailed from her loading port or is at sea in ballast, such automatic termination shall if required be deferred, whilst the vessel continues her planned voyage, until arrival at final port of discharge if with cargo or at port of destination if in ballast. However, in the event of requisition for title or use without the prior execution of a written agreement by the Assured, such automatic termination shall occur fifteen days after such requisition whether the vessel is at sea or in port.

[174] 海洋货物运输保险一般属航次保险。

[175] 《英国1906年海上保险法》原文:Section 25 (1): Where the contract is to insure the subject – matter "at and from", or from one place to another or other, the policy is called a "voyage policy".

应当注意的是,航次保险的航程应在合理的期限内开始。《英国1906年海上保险法》第42条对此予以明确规定,认为航程在合理期限内开始是航次保险合同的默示条款。我国的立法并没有类似的规定,但是在司法实践中,法院在判决中也有类似的意见。例如,在美国陈氏公司诉中国太平洋保险公司上海分公司〔176〕案中,双方于1995年2月27日订立了船舶航次拖航保险合同,适用《中国人保船舶保险条款(1986版)》,保险期限或航程另写明1995年4月20日(未写终止日期),被保险船舶于5月30日首次启拖,后遭遇事故全损。原告认为船舶航次保险的责任期间是从起拖港解缆起锚时开始至目的港抛锚或系缆时终止,只要在本航次航行范围内发生的海上灾害致船舶遭受损失的,保险人应当赔偿。被告则以原告延误起拖时间作为抗辩理由之一,认为其违反了保险单的特别约定和保证条款导致保险责任自动终止失效。上海海事法院经审理认为,涉案保险单保险期限或航程载明的1995年4月20日开始,并非是指1995年4月20日涉案船舶必须在该日开始起拖,但也并非表明涉案船舶在该日后的任何时间起拖均符合合同的约定……合理解释应为被保险船舶应在该日或该日后的一段合理期间内起拖。超过合理时间起拖,可能会使预定航程出现双方在订约当时所不能预见的保险风险,使双方的订约基础发生质的变化。因此,在合理时间内开航构成保险合同的保证条款。按照涉案保险单约定,涉案航程应自1995年4月20日开始,但被保险船舶的首次起拖时间为同年的5月30日,间隔长达40天之久,已不能认为是在合理时间内开始航程。

此外,船舶投保航次保险时,保险期间的起始与装卸港口密切相关,因此明确"港口"的定义非常重要,一般应以"商业常识"进行解释。港口本质上就是货物习惯上被装载和卸载的地点。

在 Cockey v. Atkinson 案〔177〕中,船舶保险的保险期限规定为"4个月,在从某一特定的地点到任何无论哪一个港口"。船舶航行到达某一岛屿时,该船舶在该岛通常用来装卸作业的开放锚地遭遇灭失。保险人拒绝承担赔偿责任,理由是开放锚地并非保单中"港口"的含义。但是保险人的主张最终并未被采纳,港口的通常特征是供船舶安全停靠的自然形态的陆地或人工建筑,并不仅仅限于是法律或经济意义上的港口。

(二)货物航次保险

货物保险多以航次保险为主,几乎所有国家对货物航次保险保险期间的规定都没有采取普通财产保险中规定一个具体的时间段的做法,而是采用"仓至仓"这样的空间概念代替时间的概念,将货物的运输过程作为保险人的责任期间。这样

〔176〕 参见(1997)沪海法商字第486号。

〔177〕 参见(1819) 2B & Ald 460;另见 Brawn v. Tayleur (1835) 4A & E 241。

更有利于保护保险公司和被保险人的利益,同时简化合同中关于保险期间的规定。但是在货物航次保险中,计算保险责任开始时间也可能采用时间、空间混合的办法。

1.保险责任期间的开始

当前货物保险通常采用"仓至仓"条款。这是因为货物的运输包含了从仓库到船边,又从船边到仓库的整个过程,导致货物保险实际上是对海陆混合风险的承保。关于陆上风险的界定,我国《海商法》在第216条中将其限定为与海上航行有关的发生于内河或者陆上的事故。

《中国人保海洋运输货物保险条款(2009版)》第3条第1款规定,本保险负"仓至仓"责任,自被保险货物运离保险单所载明的起运地仓库或储存处所开始运输时生效。这一规定与《英国1982年协会货物保险条款》中"转运条款"的规定是一致的。所谓"运离",即已经开始运输过程,通常理解为货物已经离开仓库或储存处所并开始运送。对于"离开"仓库的解释,不应严格理解为运输工具(如汽车、船舶等)启动后,保险责任方才开始,而应该结合所适用法律下的仓储责任的终止和"运输责任"开始的时间点来确认。如果承运人的运输责任已经开始,即使货物尚未离开仓库或储存处所,或者货物已经离开仓库或储存处所但未开始运送,都应属于货物"离开"起运地的情况,也应当属于在保险期间之内。另外,"运离起运地仓库或储存处所"必须是为了"开始运输",因此,运离起运地仓库前往包装处所、进行为安全运输目的而包装的途中或包装过程,都不属于保险期间。"起运地仓库或储存处所"必须是被保险人或发货人将起运的被保险货物装上运输工具并直接运往港口码头装船之前的最后一个仓库或储存处所。因此,货物在运离发货人的仓库或储存场所后,存放在承运人仓库、港区码头的仓库或发货人在港区码头自设的专用仓库待运时,由于已经是为了装上运往目的地的船舶而暂时存放,因此仍处于"正常运输过程中"。同样,保险人应当对被保险货物从起运地运往集装箱装卸站的过程及货物存放在上述待运储存处所期间发生的损失承担责任。具体而言,在我国的司法实践中,有关保险期间的开始,在以下几个方面存在较为典型的案例。

(1)为装箱所进行的运输

在亿利进出口公司(以下简称亿利公司)诉美国美亚保险公司广州分公司(以下简称广州美亚)海上货物运输保险合同纠纷案[178]中,亿利公司向潮州雄集公司购买花瓶,后者又向黄德耀购买花瓶。亿利公司为此向广州美亚投保了协会货物保险A条款承保一切风险,从中国潮州经香港转运至德国西根,保证在整个运输过程用集装箱装载。货物先从黄德耀仓库运至潮州枫溪东田雄集陶瓷厂,然后由

[178] 参见(2006)粤高法民四终字第58号。

潮州雄集陶瓷厂负责装入集装箱,再运往深圳盐田港。后发生货物受损,查明是因为货物在集装箱内的不当堆放造成的。被保险人认为保险事故发生时保险期间已经开始,遂向保险人索赔。保险人则以保险期间尚未开始拒赔。

一审广州海事法院认为,装货的集装箱是货物的运输工具,潮州雄集陶瓷厂将货物装入集装箱完毕之前,货物还不具备集装箱运输的条件,运输实际并未开始进行。因此,潮州雄集陶瓷厂将本案货物装入集装箱和在集装箱中积载的过程,并不属于运输过程,而是属于货物运输前装货的过程。可见,货物在集装箱中的积载是在《英国 1982 年协会货物保险(A)》第 8.1 条和第 8.1.1 条所规定的保险责任开始前进行的。二审广东省高级人民法院进一步认定,关于保单中的"载明的仓库或储存处所",应当是指保险单上所载明的装货地的仓库或储存处所,而不是泛指与货物有关的所有仓库。关于"运送",应当理解为与海上航程起始直接紧密相连的内陆运输,而不能无限向前延伸至与货物有关的一切运输。从黄德耀至潮州枫溪东田雄集陶瓷厂的运送仅为装箱目的,并不是为装运港装船而发生的内陆运输,其与保险单中的海上航程起始之间没有紧密相连的关系,该段运输尚未构成《英国 1982 年协会货物保险(A)》所指的"开始运送"。

(2)集装箱或非集装箱货物

在适履意贸易(上海)有限公司(以下简称适履意贸易公司)诉华泰财产保险股份有限公司(以下简称华泰保险)、华泰财产保险股份有限公司上海分公司海上货物运输保险合同货损赔偿纠纷案[179]中,适履意贸易公司根据《英国 1982 年协会货物保险(A)》向华泰保险投保,货物起运地为香港,目的地为上海。该批货物自香港运抵上海后,原告开箱发现部分货物发生严重湿损,原因是在上海港拆箱之前的运输过程中有水进入集装箱所致。原告索赔,但被告主张应结合集装箱运输的特征,保险期间应自涉案集装箱货物从码头堆场装船开始。

上海海事法院判决认为,本案中保险合同双方协议选择《英国 1982 年协会货物保险条款(A)》作为承保条件,该条款实际上就是一个"仓至仓"条款,其保险责任期间并不因集装箱或非集装箱而有所区别。被告主张应结合集装箱运输的特征,保险责任自涉案集装箱货物自码头堆场装船开始,与《英国 1982 年协会货物保险条款(A)》规定明显不符。因此,根据《英国 1982 年协会货物保险条款(A)》,集装箱货物在从起运地运往集装箱装卸站以及在装箱过程中发生的损失,属于保险责任范围内,保险人应该负责。

(3)货物从未装上保险单载明的船舶

在蔡桂木诉中国太平洋保险公司贵港办事处水路运输货物保险合同纠纷

[179] 参见(2005)沪海法商初字第 632 号。

案[180]中，原告电话委托糖厂装运赤砂糖，并委托其办理国内水路、陆路货物运输保险，后糖厂找到自称是水运公司“014号”船的“女船主”，双方口头约定了由该船装运赤砂糖。后货物被装上“女船主”提供的“三无”黑船，原告一直未能收到货，即向公安机关报案。同时原告向被告保险人提出索赔，被告以货损系诈骗所致、不属保险责任为由拒赔。原告遂诉至法院。

北海海事法院认为，作为水路货物运输保险，其货物运载工具即特定船舶是为保险合同及保险关系要素的重要内容和保险人承保水路运输货物险的承保条件。本案的关键问题是，原告保险标的赤砂糖并未装上保险凭证所载明的“014号”船，而是装上了“014号”船以外的一条“三无”船舶。正是这条“三无”船舶即假冒的“014号”船，才致原告所交货物失踪全损。由此可见，原告保险标的并未装上保险凭证所载明的“014号”船，因而被告的保险责任从未开始。被告不需要对原告货物未装上“014号”船而货损承担保险责任。二审法院支持了一审判决。

(4)责任开始时间、合同成立时间或保单签发时间不同

在江苏省海外企业集团有限公司诉丰泰保险（亚洲）有限公司上海分公司海上货物运输保险合同纠纷案[181]中，原告向法国S公司购买了木材。1999年9月12日货物在国外装船启运后，原告于10月14日填写了3份货物运输投保书向被告投保。10月18日，被告制作出日期为9月12日的3份倒签保险单，保险单上记载的保险条件为协会货物C条款。同年10月21日，S公司传真通知原告，承运投保货物的船舶因遇风暴沉没，货物全损。原告投保时，没有人向原告报告过此次海损事故，因此此次海损事故属于被告承保的责任范围。原告遂向被告报案并要求理赔。被告以保险事故发生时其保险责任尚未开始为由拒绝。对此，原告主张将保险单倒签的日期作为保险责任开始时间。

上海海事法院判决认为，保险责任的开始时间，与保险合同的成立时间或者保险单的签发时间是有区别的，并非保险合同一旦成立或者保险单一经签发，保险责任就开始。保险合同的成立时间，取决于保险承诺到达要约人的时间；保险责任的开始时间，取决于当事人在保险合同中的约定，包括在保险单上的约定或者当事人之间的特别约定。依照当事人在保险合同中的约定，保险责任开始时间既可以早于，也可以等于或者晚于保险合同成立时间，而保险单只是反映保险合同磋商过程，或者经磋商成立的保险合同具体内容的一个工具，因此其是否签发以及何时签发，与保险合同的成立以及保险责任的开始没有直接的、必然的联系。本案保险合同成立于10月18日，双方当事人均承认，保险单上的签发日期9月12日是倒签。能否将此倒签日期作为保险责任的开始时间，保险合同中没有明文约定，必须结合

---

[180] 参见(2000)海商初字第022号。

[181] 参见《最高人民法院公报》2015年第11期。

对保险合同的具体分析作出判断。原告主张将保险单倒签的日期作为保险责任开始时间,该主张缺乏法律依据,不予采信。

对于《英国2009年协会货物保险条款》和《中国人保海洋运输货物保险条款(2009版)》的保险期间开始的理解,《英国2009年协会货物保险条款》第8.1条规定,保险期间开始于为了立即装运到装载车辆或者其他运输工具以开始运输为目的,而在仓库或者合同规定的储藏地开始被搬动那一刻起。其中,"为了立即装运"的概念意在表明货物首次被搬动与货物运输的紧密联系,排除了保险人对货物在等待区发生损坏或灭失的保险责任。[182] "装载车辆或其他运输工具"不包括叉车等用于将货物从仓库或者储藏地搬运上装载车辆或其他运输工具的搬运工具。因此,叉车在搬运过程中造成的货物灭失或损坏,保险人不予赔偿。"以开始运输为目的"应该指货物被装载车辆或者其他运输工具所接收而准备开始运输,而不能指货物被承运人或者仓库保管人接收后等待将来再运输。可以看出,《英国2009年协会货物保险条款》承保在起运地仓库内装上运输工具的过程中发生的损害,而《中国人保海洋运输货物保险条款(2009版)》规定保险责任开始于"从货物离开列明的仓库或储存处所开始运送之时"。[183] 要求"离开"启运地,通常是指货物通过仓库大门的那一刻,[184]因此在起运地仓库内装上运输工具过程中发生的损害不属于其保险责任范围。

另外需要注意的是,《英国1906年海上保险法》和伦敦协会条款中还特别规定了"倒签保单"的保险责任开始期限可以早于合同订立的时间,即"无论损失与否条款"(lost or not lost clause)。[185] 例如,《英国2009年协会货物保险条款》第11条第2款规定,被保险人有权取得本保险承保期间发生的承保损失的赔偿,尽管该损失产生在本保险合同订立之前,除非当时被保险人知道该损失而保险人不

---

〔182〕 参见郑睿:《英国海上保险法律与实务》,上海交通大学出版社2014年版,第104页。

〔183〕 《中国人保海洋运输货物保险条款(2009版)》原文:Clause 8: Subject to Clause 11 below, this insurance attaches from the time the subject – matter insured is first moved in the warehouse or at the place of storage (at the place named in the contract of insurance) for the purpose of the immediate loading into or onto the carrying vehicle or other conveyance for the commencement of transit, continues during the ordinary course of transit and terminate either.

〔184〕 See John Dunt, Marine Cargo Insurance, Informa Law from Routledge, 2009, p. 230.

〔185〕 《英国1906年海上保险法》原文:Section 6: When interest must attach. (1) The assured must be interested in the subject – matter insured at the time of loss though he need not be interested when the insurance is effected. (2) Where the assured has no interest at the time of the loss, he cannot acquire interest by any act or election after he is aware of the loss.

知道。[186] 但是《中国人保海洋运输货物保险条款(2009 版)》中并无此规定,甚至在实践中,保险人和被保险人会在保险条款中特别约定对投保之前的损失保险人不负责任。

2. 保险责任期间的持续

《中国人保海洋运输货物保险条款(2009 版)》第 3 条第 1 款规定的"包括正常运输过程中的海上、陆上、内河和驳船运输在内"属于保险责任的持续。"正常运送过程",是指以习惯方式运输,沿着通常的运输路线,合理快速地将货物运抵目的地。如果正常运输过程中断,保险的责任期间也自然中断。对于如何判断某一货物是否处于正常运输过程中,英国法下通常采用"附带目的"标准(collateral purpose test)。在"附带目的"标准下,需要客观地考虑在当时的情境下货物运输过程的中断或迟延是否是必须或者合理的。如果延迟或者中断不符合这些标准,那么就说明被保险人对偏离正常的运输过程是有其他附带目的的,而在这种偏离过程中发生的损失就不能被认定为是在"正常运输过程中"。[187] 在司法实践中,通过是否具有"附带目的"来判断是否属于"正常运输过程"的方法在以下两个案例中得到了体现:

在 SCA (Freight) Limited v. Gibson[188] 案中,承运人用两辆大卡车将货物书籍运送到罗马,当一辆卡车已经装满而另外一辆已经装了一半的时候,一位司机驾驶已经装满书籍的卡车出发但是顺道在罗马夜游了一趟,而卡车就在这期间发生翻车导致书籍损毁。承运人根据保单向保险人索赔,保险人认为事故发生时,货物不在"正常运输过程中",因而拒赔。法院判决认为,当运输货物的过程已经不能被认为是为了将货物运送到最终目的地的过程的合理延续或扩展,货物就不能被认为是处于"正常运输过程中"。如果司机偏离正常运输的行为是为了购买补给或者休息以避免疲劳驾驶从而更安全地把货物运送到最终目的地,那么这样的行为可以被认为是发生在正常运输过程中。本案中司机的夜游行为是对正常运输路途不相干的偏离,不能认定为"正常运输过程中"。

在香港高等法院审理的 Elaz International Co. v. Hongkong & Shanghai Insurance Co. Ltd. 案[189]中,原告从东莞购买了一批针织毛衣,转卖给墨西哥的买方。货物从东莞海运运到洛杉矶,然后再通过铁路和公路运输到达美国拉雷多市。货

---

[186] 《英国 2009 年协会货物保险条款》原文:Clause 11. 2: Subject to Clause 11. 1 above, the Assured shall be entitled to recover for insured loss occurring during the period covered by this insurance, notwithstanding that the loss occurred before the contract of insurance was concluded, unless the Assured were aware of the loss and the Insurers were not.

[187] See John Dunt, *Marine Cargo Insurance*, Informa Law from Routledge, 2009, p. 238.

[188] [1974] 2 Lloyd's Rep. 533.

[189] [2006] HKCFI 406.

物将在拉雷多市停留等到进口墨西哥的清关手续办妥。货物抵达拉雷多市后由海运承运人的代理人照管,后来又被转移到拉雷多市的另外一个集装箱货场。货物在集装箱堆场从集装箱中卸下,然后装上一辆拖车。后来拖车丢失,一个月后找到拖车但是货物已经全部丢失。原告遂向被告索赔,被告以货物丢失时已不在"正常运输过程中"为由拒赔,被告辩称,因为货物在拉雷多滞留过长时间而原告没有进行任何解释。法院最后没有接受保险人的拒赔理由,判决认为,尽管货物滞留时间不明,但是货物在拉雷多停留的唯一原因就是等待运往目的地墨西哥,而没有其他附带的商业目的。法院进一步认为被保险人已经尽力安排使货物能够尽快运抵目的地。因此,保险合同的保险责任期间并没有中断,在货物被盗之时保险人仍需承担责任。

《中国人保海洋运输货物保险条款(2009 版)》第 3 条第 2 款将"非正常运输"的结果直接规定为"致使被保险货物运到非保险单所载明目的地",并且要求必须在被保险人"及时将获知的情况通知保险人,并在必要时加交保险费"的情况下,保险合同才可以继续有效。

3. 保险责任期间的终止

保险责任期间的终止可分为正常情况下的终止和非正常情况下的终止。

(1)正常情况下的终止

保险责任期间的终止同时受到了空间上和时间上的限制。在空间限制上,货物由船舶运送至最后卸货港后,可能有三种流向:第一,正常运抵保险单所载明的目的地收货人的最后仓库或储存处所;第二,运抵被保险人用作分配、分派或非止常运输的其他储存处所;第三,开始转运至其他目的地。为了敦促被保险人或收货人及时提货,避免意外情况下货物卸离船舶后长时间不能内运以致保险人的保险责任无限期延长,"仓至仓"条款对保险期间还进行了时间上的限制。如果货物未抵达上述仓库或储存处所,则以被保险货物在最后卸载港全部卸离海轮后满 60 天为止。卸载是一个连续的过程,这里的 60 天,应按一张保单所承保货物的最后一件卸下船舶的当日午夜零时起算。[190] 该款为保险责任期间的兜底条款,60 天时间是绝对的,不包含任何阻断事由。上述三种情况的保险期间的终止都要受到货物卸离船舶后 60 天的时间限制,以先发生的为准。

对于第一种情况,货物运至目的地收货人的最后仓库或存储处。一般来说,如果投保时明确告知具体地点的,则该地点应为"最后仓库或存储处";如果仅载明目的港,那么货物实际运至收货人在港区内的任一仓库均可视为"最后仓库或存储处";如果仅载明目的地,比如某一城市,那么收货人在该地区的行政区划范围的任一仓库均为"最后仓库或存储处";如果记载的港口名称不明确,且当事人理

[190] 参见应世昌:《谈海上货运险的"仓至仓"责任起讫时点》,载《上海保险》2005 年第 6 期。

解存在争议的,可作出有利于被保险人和受益人的解释。"收货人的最后仓库或储存处所"包括收货人自己设在卸货港的仓库、收货人的代理人或受托人设在卸货港的仓库或收货人在卸货港没有仓库,为储存货物而租用的港口、码头、海关等临时性运输仓库。[191] 在保险实务中,往往由于目的港最后仓库堆放不下,因此被保险人在其他仓库存放,如果不是为了进行下一程正常运输的目的,而是为了被保险人自身利益,如为了更节省时间和费用开支或者为了转售货物等,此时的"暂时性储存"就不在"正常运输过程中",不属于保险责任期间。

对于第二种情况,判断是否属正常运输很难有具体界定,通常需要结合被保险人的具体行为和目的。一般来说,为了分拣、重新包装、分销等目的或者其他与货物运输无直接关联且属于收货人可控的原因,应当视为"非正常运输";若为了货物继续运输而入仓,如货物在转运港入仓、目的港临时入仓等待货车等,后在合理的时间内继续货物运输的,应视为在途的"正常运输"。需要注意的是,只有被保险人取得对货物的控制权才能对货物实施分配、分派或转运。因此,若收货人不可能对处在储存场所的货物实施分配和分派,则仍处于保险人的责任期间中。

对于第三种情况,保险责任期间在货物开始转运时终止。保险合同是合同双方的合意,对保险合同涉及的保险标的、责任承担等均建立在双方明确约定基础之上。货物在运至目的港后转运至约定之外的目的地,属于投保人单方行为,对保险人而言该行为造成的风险不可预见,因此不能要求其对此承担责任。即使当时货物尚未离开保单载明的目的地范围,只要货物一开始转运,保险期间就终止了。实践中这样的情况经常发生。例如,香港的货仓紧张,货物就会在运抵香港后拉到蛇口堆放。则货物一开始运往蛇口,保险人便解除了保险责任。但是在这种情况下,可以通过及时通知保险人并在必要时增加保费"续保"(renewal)使原保险合同继续有效。

司法实践中,有关保险期间的终止,如下典型案例可供参考:

第一,货物临时性储存于港口仓库,尚未构成保险期间终止。在中国轻工业品进出口总公司(以下简称轻工业品公司)诉中国平安保险公司海运货物保险合同纠纷案[192]中,轻工业品公司为外贸合同项下货物磷酸二氨投保了货物运输保险,承保条件为海洋货物运输保险条款,一切险附加短重险,包括"仓至仓"条款。货到目的港后,被保险人提取部分货物并对此进行分配、分派运往河北等地。其余货物后因天津港仓库遇特大海潮灾害而受损。保险人拒赔,称其所承保的该批货物的保险责任已在出险前终止。天津海事法院认为轻工业品公司未提取的货物在出险时正处于港口仓库和库场内,该批货物所处地点属港口作业区,因而原告无法实

[191] 参见应世昌:《新编海上保险学》,同济大学出版社 2010 年版,第 215 页。

[192] 参见(1992)津海法商字第 110 号。

施对货物的分配、分派。只有在取得对货物的控制权,即提货后,原告才能对该批货物实施分配、分派或转运。因此,被告对原告未提取的处于港口仓库和库场的未提取货物仍负有保险责任。

第二,货物临时性储存于码头仓库,尚未构成保险期间终止。在江西赣南卷烟厂(以下简称赣南卷烟厂)诉中国人民保险公司南康县支公司(以下简称南康人保公司)、中国平安保险公司(以下简称平安保险公司)"佛克"货物运输保险理赔纠纷案〔193〕中,赣南卷烟厂从德国进口设备,向平安保险公司投保了一切险及战争险。原告的进口设备运抵到岸口岸广州黄埔港,1993 年 9 月 17 日卸离海轮后存放于黄埔港码头,原告随后向南康人保公司办理了国内陆上货物运输保险。11 月 4 日原告前往黄埔提货,装载进口设备的 6 辆大货车行驶在广东新丰路段上发生事故,进口设备受损。事后,赣南卷烟厂向南康人保公司报告并要求赔偿,但遭拒绝。最高人民法院判决,货物卸离海轮后存放于黄埔港码头,该码头的仓库只是属于正常运输过程中的用于临时储存货物的场所,赣南卷烟厂仓库才是保险单所载明的最终目的地。因此平安保险公司的保险责任期间应延展至最后目的地赣南卷烟厂仓库。并且赣南卷烟厂的进口设备于 9 月 17 日全部卸离海轮,11 月 4 日在陆上运输出险,期限并未超出 60 天之限,因此该货物仍然处于保险人的责任期间。平安保险公司不能推卸责任,赣南卷烟厂有权从平安保险公司获得赔偿。

第三,保险责任应终止于货物到达保险单所载明目的地,被保险人在某一处所实际分配、分派货物之时,而非终止于货物到达该处所之时。在广东恒兴集团有限公司(以下简称恒兴公司)诉被告华泰财产保险股份有限公司广东省分公司海上货物运输保险合同纠纷案〔194〕中,恒兴公司为运输货物鱼粉向被告购买了海洋货物运输一切险,该货物运抵卸货港上海。恒兴公司准备提货时发现货物颜色变红,有异味及焦灼味。经质检人员化验,货物发热、自燃现象严重,已失去了原来的使用价值。恒兴公司向保险人提出了保险索赔,保险公司拒赔。被保险人认为,货物以何种方式到达保险单所载明目的地收货人最后仓库,并不是保险责任终止所需要考虑的因素,因而无论是国际货物运输合同的承运人将货物运进仓库,抑或是收货人提货后自行将货物运进仓库,都不影响以货物进入仓库的时刻作为保险责任终止的规定,即收货人从承运人处提货后自行运进仓库前的一段时间仍属于保险责任期间。广州海事法院判决,被告对鱼粉的保险责任终止于在上海龙吴码头分配或分派鱼粉之时,而非终止于货物从集装箱内拆出完毕之时。涉案鱼粉在起运港装运时质量符合要求,货损不可能在原告分配或分派货物的一瞬间发生,而显然是一个由量变到质变的渐变的损坏过程。即货损是在被告的保险责任期间发生,

〔193〕 参见(1996)交提字第 2 号。

〔194〕 参见(2007)广海法初字第 426 号。

目前没有证据证实货损是由于保险人的除外责任引起，因而被告理应承担相应的赔付责任。显然，只有当货物实际被分配、分派时，才能确定某一处所为分配、分派货物的处所；倘若货物在该处没有被分配、分派而是被运进了仓库，则该处所就不是用作分配、分派货物的处所。保险责任之所以应该终止于货物于某一处所被实际分配、分派之时，是因为只有在此时才确定了该处所是用作分配、分派货物的处所的属性。

第四，保险责任在货物开始转运终止。在尤迪特包装私人有限公司等诉大众保险股份有限公司海上保险合同纠纷案〔195〕中，原告向被告进行了投保，货物自中国上海港运至印度那瓦什瓦港（Nhava Sheva，亦称孟买新港），投保险别为一切险、海运战争险、罢工险、骚乱和民变险，保险期间为“仓至仓”。涉案货物运抵目的港后，原告于2009年7月27日办理进口报关。2009年8月1日，集装箱从印度那瓦什瓦集装箱集散站提出，装上集装箱卡车，经陆路运往原告在印度浦那（Pune，Poona）的场所。次日，该卡车在离印度潘维尔市（Panvel）约3公里的高速公路上驶向浦那的一侧发生翻车事故。原告向被告索赔，被告以货损不在保险责任期间之内为由拒赔。上海海事法院判决认为，保险单责任起讫条款约定了“仓至仓”责任，保险责任的终止是被保险货物到达保险单所载明目的地收货人的最后仓库或储存处所或被保险人用作分配、分派或非正常运输的其他储存处所为止。由此可见，被保险货物运抵卸货港卸货后，保险责任并没有当然终止，如果该货物通过陆路运往保险单载明的卸货港所在地区的收货人的仓库，则保险责任直至该仓库为止。本案保险单载明自中国上海港至印度那瓦什瓦港，结合保险单背面条款，被告的保险责任应从中国上海至印度那瓦什瓦收货人的仓库。涉案货物从目的港提离后，在运往印度浦那途中发生事故，已经离开了印度的那瓦什瓦，而浦那和那瓦什瓦并非同一城市，因此，根据上述条款，被告的保险责任自涉案货物提离目的港开始运输时终止。本案中，保险单载明自中国上海港至印度那瓦什瓦港，因此印度那瓦什瓦港是保险合同关系中载明的目的地，如果收货人在那瓦什瓦港区域范围内有仓库，那么满足“货物运至目的地收货人的最后仓库或存储处”情形，涉案货物的保险责任期间止于货物运抵该仓库时。但涉案货物运抵目的港之后并未存放于那瓦什瓦港范围内的仓库，而是通过陆路运输直接运至印度浦那，而浦那并非保险单载明的目的地，货物发生转运，符合“货物开始转运”的情形，即涉案货物在运抵那瓦什瓦港装上卡车时，涉案海上保险合同保险责任期间即终止。因此，货物在运往浦那的陆路运输过程中发生的事故不在保险责任期间内，保险人不应对此承担保险赔付责任。

第五，保险期间终止后，如发现货物在保险期间受损，保险人仍应承担责任。

---

〔195〕 参见（2011）沪海法商初字第101号。

在莫斯科考兰特有限公司(Trading Company Korat)诉中国平安保险股份有限公司绍兴支公司、中国平安保险股份有限公司海上货物保险合同纠纷案[196]中,保险单载明的目的港为芬兰南部科特卡港(Kotka),保险责任期间为自宁波港至科特卡港的海上运输区间,承保条件为一切险。货到科特卡港后,没有拆箱检验。由于货物最终目的地为莫斯科,货物运抵科特卡港后,马上用7~10天时间转运至莫斯科。货物运抵莫斯科后,被保险人申请检验,结论是所有鞋子在过分潮湿的空气及相应温度所形成霉菌的情况下作用了1~1.5个月,由此可以推断,货损发生在海运期间,属于保险人所承保的责任期间。但保险人主张货物在运抵科特卡港时完好无损、其保险责任已经终止,从而拒绝赔偿。宁波海事法院采纳检验机构的结论,认为事故发生于保险期间且该风险属于一切险中一般附加险的受潮受热险,是保险人所承保的责任范围,保险人应负赔付责任。即使保险期间终止,只要货损"发生"在保险期间之内,保险人就需要承担保险责任,而不要求被保险人在保险期间内"发现"货损。

《英国2009年协会货物保险条款》第8.1.1条到第8.1.4条规定了保险责任期间终止的四种情形:(1)当全部货物在保险合同列明的目的地从运输车辆或其他运载工具卸载到最后仓库或储存场所之时;(2)当全部货物在保险合同列明的目的地或之前就从运输车辆或其他运载工具卸到任意其他仓库或存储场所之时,而被保险人或其雇员选择将该仓库或储存场所用作运输的正常过程之外的储存或用于分配或分发;(3)当被保险人或其雇员选择使用运输车辆、其他运载工具或集装箱用作运输的正常过程之外的存储之时;(4)当保险标的在最后卸货港全部卸离运载船舶满60天之时。

对于第一种情况,"卸载"是指整个卸载过程的完成之后,保险人的责任才终止。具体而言,卸载过程的完成应当以货物被叉车等运输工具在仓库内放下那一刻为标准。因此,保险人对货物被叉车等运输工具从运载车辆搬下之后,在运往仓库这段时间内发生的损失应当承担保险责任。但是对于货物被叉车在仓库内放下后又再一次被搬动而发生的损失,就不在保险责任期间之内。[197] 对于最后仓库或储存场所,皮尔森(Pearson)大法官在John Martin of London Ltd. v. Russell案[198]中说道:"货栈,根据港口实务操作,是将货物从船上卸下之后一个立即可有的储藏地,这些货物显然在等待被送往别处,所以,货栈不是最后仓库。"对于第二种和第三种情况,判断保险责任期间是否终止的关键在于确定被保险人或其雇员在何时主动作出了导致保险责任期间终止的"选择"。而且只有在被保险人或其雇员

---

〔196〕 参见(1999)甬海商初字209号。

〔197〕 See John Dunt, *Marine Cargo Insurance*, Informa Law from Routledge, 2009, p.241.

〔198〕 [1960] 1 Lloyd's Rep. 554 at 565.

这样的“选择”明确化之后,保险责任期间才告终止。如果被保险人或其雇员先前作出了这样的“选择”,但是却从来没有落实以明确化该“选择”,那么保险人不能以此拒赔。[199]

相较而言,《中国人保海洋运输货物保险条款(2009 版)》并没有将保险责任扩展到货物卸货过程。另外,该条款规定保险单载明目的地的必须是“收货人的最后仓库或储存处所”,而《英国 2009 年协会货物保险条款》则规定为保险单载明目的地的“收货人的或其他最后仓库或储存处所”,并没有要求该仓库一定是收货人的最后仓库。收货人的仓库解释为收货人所有或可以控制的仓库更具合理性。最后,《英国 2009 年协会货物保险条款》新增的第 8.1.3 条还规定,如果被保险人或其雇员选择将运输工具、其他运输工具或集装箱用作通常运送过程以外的储存,保险期间自动终止。《中国人保海洋运输货物保险条款(2009 版)》并没有相关的规定。

(2)非正常情况下的终止

“非正常运输”是指在运输过程中出现的被保险人无法控制运输延迟、船舶绕道、航线变更、运输合同终止等异常情况以及由此引起的货物在途中被迫卸货、重装或转运,致使货物运到非保险单所载明的目的地的非正常情况。[200] 出现非正常运输的情形时,被保险人需要“续保”,即及时将获知的情况通知保险人并在必要时加缴保费,保险合同才得以继续有效。《英国 2009 年协会货物保险条款》第 8.3 条与第 4.3 条“被保险人的义务”相类似,该款规定,“如遇航程变更或发现保险单所载明的货物,船名或航程有遗漏或错误时,被保险人应在获悉后立即通知保险人并在必要时加缴保费,本保险才继续有效”。但第 8.4 条中货物运到非保单载明的目的地是由于被保险人无法控制的原因而被迫改变目的地,而第 4.3 条中的航程变更是被保险人主动变更保险单载明的目的地。

“无法控制的运输延迟”是指运输过程中的被保险人无法控制的原因致使货物未能在明确约定的或合理的时间内交付。“绕道”,也称为“绕航”(Deviation),在第 8.3 条中是指没有合法理由情况下,有意地临时偏离正常航线,并且有意地恢复正常航线,最终到达保险单载明的目的地。[201] “绕航”与“航程改变”的区别就在于是否改变了目的地。[202] “被迫卸货”是指承运人不能完成航程,而在目的地

---

[199] See John Dunt, *Marine Cargo Insurance*, Informa Law from Routledge, 2009, p. 250.

[200] 参见顾寒梅主编:《涉外保险理论与实务》,复旦大学出版社 2005 年版,第 167 页。

[201] See Howard Bennett, *The Law of Marine Insurance*, Oxford University Press, 2006, p. 527.

[202] Thames & Mersey Marine Insurance Co., Ltd. v. Van Laun (1905) (1917) 23 Com Cas104, 110 - 11 per Lord Davey: “It is often a nice question on the facts whether an interruption of the voyage amounts to a deviation only or is a change of voyage, The usual test is whether the ultimate terminus ad quem remains the same.”

前卸下货物。如船舶遇难后为了续航的安全,可能被迫需要把货卸到岸上使船舶进入避难港进行修理。“重新装载”“转载”仅指非预定的和非正常的在装港或中途港卸下、重装或转运货物。在海上货物运输中,货方无法控制船舶的航行与操作,如果货物保险合同因上述情况而失效则对被保险人是不公平的,也不利于国际贸易的发展。因此,在出现上述情况后,被保险人通过“续保”可以延续保险期间。但需要注意的是,由于运输迟延造成的损失或费用属于除外责任范围,因此,虽然运输延迟的期间可以续保,但保险人对直接由运输迟延造成的损失是不负赔偿责任的。对于“被迫卸货”“重新装载”“转载”所发生的损失在“续保”后可以在“吊索损失”项下进行索赔。对于“承运人运用运输契约赋予的权限所作的任何航海上的变更或终止运输契约”,如提单或租约下的转运条款允许承运人转运,航程受阻时承运人可以终止运输合同,被保险人对此也不能控制,因此也可以通过“续保”延续保险期间。

非正常运输情形下保险期间开始的时间点与上款正常运输下的情况一致,仅在保险期间的终止上不相同。非正常运输下,货物可能有三个流向:(1)在非保险单所载明的目的地出售;(2)继续运往保险单所载原定目的地;(3)继续运往其他目的地。对于第一种情况,若货物能够在60天内转卖掉,就不用续保,保险期间在交货时终止;若货物不能在60天内转卖,则保险期间在货物卸离海船后满60天终止。对于后两种情况,实际上是被保险人自行安排转运,若货物在卸离海船起60天内开始转运,则不用续保,保险期间得以延续,按照前述正常运输情况终止。若超过60天,被保险人需要及时续保,保险才能继续有效。

《英国2009年协会货物保险条款》将非正常运输分为三种情形,即第8.3条规定的“被保险人不能控制的迟延、任何绕航、强制卸货、重装或转载,以及船东或承租人行使根据运输合同赋予的自由权产生的任何航海上的变更”,第9条规定的“运输合同终止”和第10条规定的“航程改变”。

在第8.3条规定的情形下,被保险人无须采取任何行动,保险合同效力不受影响,自动有效。在理解第8.3条时必须结合第18条“避免损失条款”和《英国1906年海上保险法》第48条,在货物发生迟延是由于为了被保险人自己的便利或是被保险人可以控制的情况下,第8.3条不适用,保险合同并不会自动有效。另外,第8.3条的“绕航”要与第10条“航程改变”相区别。“航程改变”是指风险开始后,船舶的目的港自愿地变为非保险单所规定的目的港。[203]“绕航”是临时偏离正常航线,最终还是要回到原定目的地。另外,如果被保险人为船东或承租人时,“绕

---

〔203〕《英国1906年海上保险法》原文:Section 45 (1): Where, after the commencement of the risk, the destination of the ship is voluntarily changed from the destination contemplated by the policy there is said to be a change of voyage.

航”就构成了对“避免损失条款”的违反。对于“强制卸货、重装或转载”期间,保险合同自动有效,但并不意味着因此所产生的损失都可以获得承保,因为《英国2009年协会货物保险C条款》对“吊索损失”是不予承保的。对于“船东或承租人行使根据运输合同赋予的自由权产生的任何航海上的变更”,判断运输合同是否赋予船东或承租人变更的权利是确定保险合同是否自动有效的关键。只要承运人有权作出变更,被保险人就无须通知保险人,也无须增加保费,保险合同自动延续。

但在第9条“运输合同终止”的情况下,被保险人必须采取积极行动“续保”,即及时通知保险人并根据需要增加保费,保险合同才能继续有效。“运输合同终止”的原因并不要求为承保风险,可能是航程受阻,也可能是船东违约、船舶中途被扣押等。运输合同终止后,如果被保险人没有续保,保险合同并不是马上终止,而是以第9.1条和第9.2条为限。在第9.1条下,即使不续保,保险也会延续到货物到港后的60天。一过60天,被保险人就应该马上“续保”。第9.2条是针对货方自己安排转运的情况,只要在货物到港后60天内进行转运,保险仍然有效,不用续保。其中,“及时通知保险人”是第18条“避免迟延条款”的要求。

在第10条“航程改变”的情况下,被保险人也必须积极“续保”,才能延续保险合同。根据《英国1906年海上保险法》第45条的规定,除保险单另有规定,保险人得自航程改变决定明白表示时起解除责任。针对该条,协会货物保险条款规定,在航程改变时,保险合同并不是自动终止,而是在被保险人续保的前提下继续有效。对于保险人与被保险人在协商续保条件期间的损失,保险人也是负责赔付的,只要有关的续保可以以合理的保费与合理的保险条件在市场上获得。[204]

相对于《英国1982年协会货物保险条款》,《英国2009年协会货物保险条款》还针对“鬼船”的情况增加了第10.2条,只要被保险人或其雇员不知道船舶一开始运送航程就计划驶往另一目的港,还是“视为”承保风险已经开始。“鬼船”(Phantom Ship)是国际海事局(International Maritime Bureau, IMB)描述无有效船级、无任何有效船舶登记,通常用来进行海运欺诈的船舶,其犯罪手法通常是假装开往合同载明的目的地,但是预谋使船舶连带货物一起在离开启运港不久就消失。[205] “鬼船”通常是一些低的老旧船,悬挂方便旗,然后就去租船市场揽货,而装了货后根本不是开往签发提单的目的地,而是开去另一个可以非法把该批货物脱手的地方,卸完货后再将船舶改名并更换方便旗,因此船舶就像“幽灵”(Phantom)一样消失掉了。这种船东或承运人通过“鬼船”盗取货物的情况在20世纪70年代后期和80年代初期的中东非常猖獗。根据《英国1906年海上保险法》第44

---

〔204〕 参见杨良宜、汪鹏南:《英国海上保险条款详论》,大连海事大学出版社2009年版,第623页。

〔205〕 See Jonathan Gilman et al., *Arnould: Law of Marine Insurance and Average*, Sweet & Maxwell, 2013, p. 475.

条以及先例“The Prestrioka”[206]的判决结果,受“鬼船”现象下欺诈的无辜被保险人将不能受到保险的保障,而且由于不能通过市场商业费率得到承保,“续保”条款不能适用于“鬼船”。[207] 因此,受“鬼船”欺诈的无辜被保险人往往要自行承担损失。为了保护无辜被保险人的利益,《英国2009年协会货物保险条款》对“鬼船”欺诈进行了有限的承保。由于仅排除了被保险人或其雇员不知情情况下《英国1906年海上保险法》第44条的适用,因此并不会纵容“鬼船”欺诈。根据《英国2009年协会货物保险条款》第10.2条的规定,保险人承保“鬼船”现象下的货损需要满足两个条件:(1)根据第8.1条,货物已经开始了保险合同项下的航程;(2)被保险人或其雇员不知道船舶驶往另一目的港。

《英国1906年海上保险法》第44条规定,保单载明了目的地,但船舶不驶往该目的地而驶往其他地点的,保险人的责任并不开始。《英国1982年协会货物保险条款》规定保险责任在货物为了运输而离开仓库之时开始(《英国2009年协会货物保险条款》规定货物保险责任在“为了把保险合同的标的货物马上装上运输工具,而在仓库或者储藏的地方首次移动货物”之时开始)。因此,在“鬼船”情况下,被保险人经常抗辩认为“运送条款”取代了第44条,保险责任已经在货物离开仓库(首次移动)之时开始,保险人应当承担保险责任。然而这样的主张一直不被法院认可。[208] 因为海上风险才是海上保险合同承保风险的主要特征,与之相关联的陆上风险仅是辅助性作用。[209] 英国协会货物保险条款中的“运送条款”并不能改变保单的基本性质,应当在承保航程已经开始的前提下讨论承保风险的开始和终止问题。换言之,保险责任的开始与终止是在已经开始海上航程的基础上进行讨论。[210] 在指定了起运港的货物保险单下,直到船舶离开指定的起运港,才算开始了海上航程。因此,在“鬼船”情况下,承保的海上航程根本没有开始,也不会出现承保风险。所以,对于从仓库运送到起运港过程中发生了货物部分损失,但剩余部分货物装上“鬼船”的情况,保险人不需要承担赔偿责任。但是对于开航前将货物从仓库运送到起运港过程中发生的货物全损,因为事实上没有装上“鬼船”,所以保险人是否进行赔付需要根据被保险人的意图进行确定。波特(Potter)大法官说道:“当保险人援引《英国1906年海上保险法》第44条,法院会通过对船长和船东

---

[206] Nima SARL v. Deves Insurance Public Co. Ltd. [2003] 2 Lloyd's Rep. p.327.

[207] LiberianIns Agency v. Mosse [1977] 2 Lloyd's Rep. p.560.

[208] Simon Israel [1893] 1 Q. B. 303; George Kallis [1985] 2 Lloyd's Rep. 8; The Prestrioka [2003] 2 Lloyd's Rep. 327; The Pacifica [2002] 2 Lloyd's Rep. 591.

[209] See Jonathan Gilman et al., *Arnould: Law of Marine Insurance and Average*, Sweet & Maxwell, 2013, p.476.

[210] Hima SARL v. Dwes Insurance pic (The Prestrioka) [2002] EWCA Civ 1132; [2003] 2 Lloyd', Rep 327. para 48 per Potter LJ.

在船舶开航时的行为、意图来认定开航时船舶真实的而非合同载明的目的地。如果法院认定船舶和货物在开航时是去往其真正想去的目的地而不是保单载明的目的地,则此时适用第44条,保险风险没有在货物离开仓库之时开始。"[211]

《中国人保海洋运输货物保险条款(2009版)》并没有对非正常运输的情况进行区别对待,而是采取同一法律后果,即如果被保险人没有"续保",保险合同便自动终止。无论运输合同是否终止,只要发生被保险人无法控制的非正常运输情况,被保险人就要办理续保手续。这对被保险人是不利的,尤其是海上货物运输合同明确规定承运人有权进行习惯性转运时;被保险人在无法控制的转运事件发生后,每次都要立即通知保险人并办理续保手续,不仅程序复杂,而且会使运营费用大幅增加。《英国2009年协会货物保险条款》则规定只有在运输合同终止才涉及续保问题,更符合商业实践的需要。另外,《中国人保海洋运输货物保险条款(2009版)》与《英国2009年协会货物保险条款》在"运输合同终止"情况下,保险期间终止的"60天"时间限制的起算点上也有很大区别。《英国2009年协会货物保险条款》规定"保险标的到达此种港口或地点满60天",而《中国人保海洋运输货物保险条款(2009版)》规定"被保险货物在卸载港全部卸离海轮后满60天"。相较而言,《中国人保海洋运输货物保险条款(2009版)》的"60天"排除了在船舶卸货港等待和实际卸货的期间,对被保险人更有利。

4. 保险利益对保险期间的限制

值得注意的是,保险期间还应当受到保险利益原则的限制。我国《保险法》第12条第2款规定,财产保险的被保险人在保险事故发生时,对保险标的应当具有保险利益。如果损失发生时被保险人没有保险利益,就不会因为所保风险遭受损失,也就不能得到保险赔付。对货物是否具有保险利益,取决于货物所有权或风险的转移。在货物所有权没有转移给买方之前,如果依据贸易术语解释规则货物风险也并未转移给买方,则买方也很难享有对货物的保险利益。在FOB和CFR条件下,风险在货物在装运港装船(或货物在装运港越过船舷)之后发生转移,如果卖方此前未投保仓库至船边的货运风险,则买方对此阶段的损失风险将没有保险利益。所以,对于那些并不享有完整的或连续的保险利益的当事人而言,在FOB和CFR贸易术语下的承保责任期间并非严格的"仓至仓",从起运地发货人仓库至装运港码头这一段期间的风险并不属于保险人承保的责任期间。

司法实践中,有关"仓至仓"条款受到保险利益原则的限制,如下典型案例可供参考:

(1)CFR价格条件下,原告只有在货物装船之后才享有保险利益。

---

[211] [2002] EWCA Civ 1132, [2003] 2 Lloyd's Rep 327, paras. 53 – 54.

在 Fuerst Day Lawson Ltd. v. Orion Insurance Co. ,Ltd. 案中,[212] 原告 Lawson 公司为 CFR 价格条件下购买的精油投保了包含“仓至仓”条款的伦敦保险协会“一切险”。货物到港后,卸货时买方发现,桶里装的是水,只是在表面漂了一层精油,由于此时卖方已通过信用证取得货款,买方遭受重大损失。Lawson 公司向保险人索赔,保险人拒赔。Lawson 公司认为,在装船之前,桶里装的是其所购买的精油。到港卸货时,桶里是水,依据双方的保险合同,保险人应承担保险责任。保险人则认为,首先,桶里一直装的是水而不是精油。如果说曾经装过精油,但后来被替换成水,那也只可能是发生在装船之前,而在 CFR 价格条件下,原告(买方)只有在货物装船之后才享有保险利益,被告不应承担保险责任。

判决中,法官分四个阶段来分析本案中究竟桶内装的是水是油的问题或说究竟是在什么时候被换成水的问题,从而确定是否属于保险责任的范围:第一,货物从供应商到公司的仓库阶段;第二,从公司仓库到装货港阶段;第三,在装货港等待装船阶段;第四,装船之后的阶段。而在哪一段时间里发生这一变化,直接关系该事件是否属于保险事故的问题,进而涉及责任问题,即是被骗还是被盗直接影响原告是否拥有保险利益。如果是卖方欺诈买方,桶里就没装过油一直是水,那明显保险公司就不具保险责任。如果是卖方的供应商提供的确实是油,而在从卖方仓库到等待装船之前发生被换货的事件,根据惯例,在 CFR 条件下,买方只有在货物装船之后才享有保险利益,因此,即便在此阶段发生被换的事情,买方因不享有保险利益,保险人也不需承担保险责任,而在货物装船之后,买方享有保险利益,但此阶段发生被换事件是不可能的。最后,法官认为,原告没能证明其所购买的货物是装上指定的船舶之后被盗,故保险人不需承担保险责任。

(2)即使风险已经转移,若买方明确拒绝履行货物买卖合同,买方不具有保险利益。

在福州闽胜砂石有限公司诉中国人民保险公司福建省分公司营业管理部、中国人民保险公司福建省分公司海上货物运输保险合同纠纷案[213]中,福州闽胜砂石有限公司与买方(某日本公司)签订砂石买卖合同,价格条件为 CIF,货物于 2002 年 9 月 6 日装上“Pia Frontier”轮,承运人签发的提单载明福州闽胜砂石有限公司为托运人。福州闽胜砂石有限公司为此向保险人投保了平安险。9 月 7 日,该轮离开福州港,在驶往日本途中,遭遇台风沉没,船上货物全部灭失。事后,福州闽胜砂石有限公司向保险人报案,并向保险人提交了提单等相关单据要求理赔。福州闽胜砂石有限公司仍持有全套三份正本提单中剩下的两份,并且原告自愿将该两份正本提单提交法院保存,以证明其是发生保险事故时唯一对涉案货物具有

---

[212] [1980] 1 Lloyd's Rep. 656.

[213] 参见(2003)厦海法商初字第 080 号;(2003)闽经终字第 232 号。

所有权的人。保险人预赔了部分损失,其余没有赔付。福州闽胜砂石有限公司诉至法院请求判令保险人全额赔付。保险人辩称,在CIF价格条件下,货物灭失和损坏的风险自货物装上"Pia Frontier"轮后,涉案货物的所有权和风险已经全部转移给了买方。所以,原告不具有涉案货物的保险利益,不是适格的原告。

一审厦门海事法院认为,原告是否对涉案货物具有保险利益,取决于发生保险事故时案涉货物的所有权及风险是否已转移给买方。本案中,在发生保险事故时,原告并未背书转让提单,且至今仍持有全套的正本提单,因此原告在发生保险事故时,对案涉货物具有所有权,当然也就具有保险利益;而且,即使原告在发生保险事故后,有权根据贸易合同的约定将风险转移给买方承担,而向买方要求支付货款,但这是原告(卖方)的一种权利,原告有权予以放弃,由自己承担风险,选择根据未背书转让的全套正本提单及其作为被保险人的保单直接向保险人索赔。究其原因,Coterms贸易术语中,对货物的风险转移的约定与货物所有权无关。本案中,原告在发生保险事故时,对案涉货物具有所有权,自然也就具有保险利益。保险公司应当赔偿。二审福建省高级人民法院维持了一审法院的判决。

第五节 保 险 费

我国《海商法》第216条第1款规定,海上保险合同,是指保险人按照约定,对被保险人遭受保险事故造成保险标的的损失和产生的责任负责赔偿,而由被保险人支付保险费的合同。对于其保险费的具体含义,我国《海商法》和《保险法》均未作出明确说明。英美法系将保险费定义为"针对保险人在保险合同下所承担的义务,而要求被保险人所支付的对价"。[214] 结合英美法系对保险费的定义和我国《海商法》《保险法》的有关规定,可以将保险费定义为,"被保险人为了在发生约定的保险事故时能够获得保险人的保险赔偿,而按照约定应当向保险人支付的费用"。也就是说,保险费是保险人依据保险合同承担约定风险而应当获得的报酬。

一、保险费的数额

每一笔投保的保险费数额,都是以保险费率为基础计算得来的。一般来说,保险费率都是由专业人员(通常是保险精算师)经过计算后确定的,在报保监会备案

---

〔214〕 See Jonathan Gilman et al., *Arnould: Law of Marine Insurance and Average*, Sweet & Maxwell, 2013, p. 152. 对价是英美法系合同法中的重要概念,其内涵是合同一方为换取另一方做某事的承诺而向另一方支付的金钱代价或得到该种承诺的承诺,即必须给予对方的相应代价。

或审批[215]后，就可以由各分公司在订立保险合同时适用了。我国保险市场中有的保险公司为了规避同行竞争而产生的费率泄密，并不在保单上打印保费，而是由核保人在报价的时候报出保险费的数额或相关的计算方法。在出具保单的情况下，保险费会体现在给投保人开具的发票里，保险人的系统里也需要做账统计，只不过在保单里不出现。

但在极少数情况下，会出现保险合同因为疏忽未约定保险费数额或者合同双方对于约定的数额或者计算方式不明的情况，此时，就涉及未约定保险费数额的保险合同是否成立及生效的问题：如果保险合同成立并生效的话，应依据何种标准确定保险费数额？

保险合同不属于我国《合同法》15 种有名合同之列，因此应适用《合同法》总则规定。《合同法》总则规定"承诺通知到达要约人时生效"，"承诺生效时合同成立"，"当事人采用合同书形式订立合同的，自双方当事人签字或盖章时合同成立"，"依法成立的合同，自成立时生效"。[216] 我国《保险法》也有类似规定"投保人提出保险要求，经保险人同意承保，保险合同成立"，"依法成立的保险合同，自成立时生效"。[217] 由以上法律规定来看，似乎只要存在一个有效的要约及承诺，合同即可成立，保险费数额约定不明，并不影响保险合同的成立及生效。但事实上，除了要约和承诺，合同的成立尚需满足一些其他的条件：(1)存在有缔约能力的适格当事人；(2)就合同条款达成合意。对于保险费的数额的确定，则可以参照双方交易习惯、市场通常价格等因素来确定。

英国保险法中也同样存在这一问题。针对海上保险合同未约定保险费数额这一问题，《英国 1906 年海上保险法》第 31 条作出了明确规定，如果保险合同成立时，保险费有待双方磋商决定而没有商定，则被保险人必须支付合理的保险费。适用这一规定的前提是，双方当事人有明确的意愿去接受这一未明确保险费的保险合同的约束，且存在一些客观可行的方法可以对保险费的数额加以确定。

二、保险费支付的义务主体

(一)《海商法》与《保险法》的不一致

依据我国《海商法》第 216 条的规定，海上保险中负有保险费支付义务的是被

---

[215] 在财产保险中，依据《财产保险公司保险条款和保险费率管理办法》(保监会令 2010 年第 3 号)第 5 条、第 7 条的规定和《关于实施〈财产保险公司保险条款和保险费率管理办法〉有关问题的通知》(保监会发〔2010〕43 号)第 1 条的规定，对关系社会公共利益的险种，依法实施强制保险的险种，机动车辆保险，非寿险投资型保险，保险期间超过 1 年的保证保险和信用保险，以及保监会认定的其他应审批的险种的保险条款和保险费率实行审批制，其他保险险种的保险条款和保险费率实行备案制。

[216] 《合同法》第 25 条、第 26 条、第 32 条、第 44 条。

[217] 《保险法》第 13 条。

保险人。实践中,被保险人通常会被记录在保险合同或保险单证之上,并不难识别。但关于保险费应由谁支付的问题,《海商法》和《保险法》的规定并不一致。《保险法》第10条规定负有保险费支付义务的是投保人。但投保人并非当然是被保险人,只有当投保人为自己的财产或人身在保险人处投保时,投保人才兼具了被保险人的双重身份。之所以会出现这样的差异性规定,主要是因为我国的《海商法》"海上保险合同"一章中没有投保人的概念。但事实上,由于海上保险在实务操作上的复杂性,很多时候,负有支付保险费义务的主体也并非仅局限于被保险人。以CIF下的货物险为例,CIF的货物保险是由货物买卖合同中的卖方负责订立的,在多数情况下,卖方会以自己为被保险人,在需要时再将保险单转让给买方,此时卖方作为被保险人,依据《海商法》有关规定负有法定的支付保险费的义务。但在一些特别的情况下,买方会通过买卖合同或信用证等方式要求卖方在订立保险合同时直接将被保险人记载为买方,此时依据《海商法》买方作为被保险人应当具有法定的支付保险费的义务,而同时卖方作为订立保险合同的人,是事实上的投保人(虽然《海商法》下无此概念),其依据合同的相对性,应当也是负有保险费的支付义务的,这也是符合《保险法》下有关规定的。投保人与保险人是订约行为的参与人,被保险人虽是具有保险利益的主体,但具有保险利益的主体并非都是被保险人。保险合同中的被保险人是由投保人在与保险人订立保险合同时,从具有保险利益的主体里选择一个适格主体。实务操作中,对保险费负有支付义务的主体也是投保人而非被保险人,发票的抬头如不做特殊要求,保险公司的系统内默认的一般是投保人。投保人也不一定要具有保险利益,即投保人与被保险人可以是同一个主体,也可以是不同主体。因此从某种程度上讲,《海商法》没有规定投保人的概念及其在保险合同下的义务是存在一定问题的。但应该看到的是,我国《海商法》第216条的主旨,是针对海上保险合同作出的定义,而并不是要明确保险费支付的义务主体,因此不应刻板地理解为仅有被保险人才是支付保险费的义务主体。

(二)保险中介人参与合同订立

我国参与保险订立的中介人通常有两类,即受保险人委托的保险代理人和基于投保人利益的保险经纪人。虽然过去很长一段时间我国保险中介人参与的保险成交量较低,但近年来,我国保险中介市场发展迅速,并开始呈现规模化趋势。实践中,有保险中介人参与订立的保险合同,通常由投保人或被保险人将保险费交与保险中介人,即保险经纪人或保险代理人,再由保险中介人交与保险公司。我国的保险中介人,无论是保险经纪人还是保险代理人,都只是保险合同当事人的代理人,并不承担支付保险费的义务。因为依据我国民法代理制度,作为保险中介人的代理人的行为后果均由被代理人承担,因此负有保险费支付义务的仍是保险合同下的投保人或被保险人,这也与我国《保险法》和《海商法》投保人或被保险人才是负有保险费支付义务主体的规定相一致。

与我国不同,英国绝大部分的海上保险合同都是通过保险经纪人订立的,此种情况下,保险费支付的有关规定也会较为特别。《英国 1906 年海上保险法》第 53 条第 1 款规定,除另有约定外,通过保险经纪人订立的保险合同,保险经纪人负有向保险人支付保险费的直接义务。[218] 也就是说,如果保险经纪人未按照约定支付保险费,保险人仅能向保险经纪人追讨,被保险人没有向保险人支付保险费的义务。英国之所以采取此种保险费支付办法,主要还与其发达的保险市场和独特的订约习惯有关。

我国的保险费交纳规则,虽与英美国家保险行业习惯有差异,但却既符合我国民法代理制度,也适应于我国现行的保险市场投保的实践做法。当然,如果保险合同中约定保险经纪人负有直接或连带的保险费支付义务,此种约定也应当是有效的。另外,实践中出现的保险中介人代为收取和缴付保费的情形,对于保险代理人或保险经纪人在费用收支与存管方面的权利和义务,我国法律的规定仍有待完善。

三、保险费支付的时间及方式

对于保险费支付的时间及方式,同样应当优先适用当事人约定,在当事人无约定的情况下,适用法律规定。

我国目前的实践中,保险费支付的时间及方式越来越灵活,可以一次性支付,也可以分期支付,可以要求在保险单签发之前支付,也允许在保险期间结束甚至出险后再支付,当然也可以说明在保险费未支付的情况下发生保险事故,保险人不负赔偿责任。总之,不管支付的时间及方式如何多样,只要当事人在合同中作出了明确约定,此种约定就应被遵守。同样,英国法下保险费支付的时间和方式也主要是依据合同约定来确定,比如依据《英国 2003 年国际船舶保险条款》第 35 条第 6 款的规定,如果保险合同是通过经纪人订立的,则当经纪人把证明保险费支付的通知提交保险人[219]时即视为保险费已经支付。实践中为方便起见经纪人通常不会频繁地为每一笔保单去特意交纳保险费,而是通过一个特殊的账户记录应当交纳给保险人的保险费和保险人应当支付给被保险人的保险赔偿金,然后以一定时间段通常是季度为单位,对二者合并结算一次。

对于逾期未支付保险费的后果,在合同没有约定的情形下,适用法律规定。但

---

[218] 《英国 1906 年海上保险法》原文:Section 53 (1):Unless otherwise agreed, where a marine policy is effected on behalf of the assured by a broker, the broker is directly responsible to the insurer for the premium, and the insurer is directly responsible to the assured for the amount which may be payable in respect of losses, or in respect of returnable premium.

[219] 《英国 2003 年国际船舶保险条款》原文:Clause 35.6:Where the premium is to be paid through a Market Bureau, payment to the Underwriters will be deemed to occur on the day of delivery of a premium advice noteto the Bureau.

是我国《保险法》和《海商法》均未对逾期未支付保险费的后果作出规定。实践中，在被保险人未按约定时间支付保险费而保险合同也未约定相应后果时，不应轻易赋予保险人合同解除权。就这一问题，我国最高人民法院《关于审理海上保险纠纷案件若干问题的规定》(法释〔2006〕10 号)第 5 条规定，被保险人未按照《海商法》第 234 条的规定向保险人支付约定的保险费的，保险责任开始前，保险人有权解除保险合同，但保险人已经签发保险单证的除外；保险责任开始后，保险人以被保险人未支付保险费请求解除合同的，人民法院不予支持。

但这并不意味着在保险责任开始后面对被保险人逾期不支付保险费的情形，保险人没有任何救济措施。保险人可以在保险合同中约定被保险人未按约定支付保险费的保险人有权解除合同。在此情况下保险人可以依据《合同法》第 93 条和第 96 条行使合同解除权。在保险人未依法行使解除权前，保险合同仍是有效的，因此在合同解除前发生的保险事故，即使保险人未支付保险费，保险人仍需对保险事故造成的损失负赔偿责任，但是有权收取保险费。当然，如果在保险人的保险责任期间未发生保险事故，被保险人仍应缴清保险费。在中华联合财产保险股份有限公司温岭支公司诉浙江长鑫海运有限公司船舶保险合同保费欠款纠纷案〔220〕中，双方约定分三期支付保险费，但是被告在支付了第一期保费之后就没有继续履行支付义务，并以在保险责任期间未发生任何保险事故为由拒绝支付剩余保险费。最终，法院认定被告违约，其仍负有支付未缴付保险费的义务。英国法下，当被保险人未按约定时间支付保险费时，保险人同样不能轻易获得从合同中脱身的权利。只有在被保险人以明确的语言或实际行动表示不会再履行保险合同或构成根本性违约时，才赋予保险人解除合同的权利。这一点，我国和英国采用了同样的态度，即使被保险人未按约定时间支付保险费，保险合同也不得轻易解除。〔221〕

---

〔220〕 参见 (2010)甬海法台商初字第 20 号。

〔221〕 参见中国人民财产保险股份有限公司广东省分公司诉晨洲船业集团有限公司等海上保险合同纠纷案,(2016)最高法民申 2724 号;中国人民财产保险股份有限公司广东省分公司与晨洲船业集团有限公司等海上保险合同纠纷上诉案,(2015)浙海终字第 240 号;晨洲船业集团有限公司等诉中国人民财产保险股份有限公司广东省分公司海上保险合同纠纷案,(2014)甬海法商初字第 318 号。另参见云南福运物流有限公司与中国人寿财产保险股份公司曲靖中心支公司财产损失保险合同纠纷案,(2013)民申字第 1567 号,载《最高人民法院公报》2016 年第 7 期(总第 237 期)。

第三章　海上保险合同的形式

第一节　海上保险合同的法定形式与内容

根据我国《海商法》第216条第1款的规定,海上保险合同是指保险人按照约定,对被保险人遭受保险事故造成保险标的的损失和产生的责任负责赔偿,而由被保险人支付保险费的合同。海上保险合同的形式,是指保险当事人双方合意的外在表现形式,是保险合同内容的载体。海上保险合同的内容则是指以双方权利义务为核心的保险合同的全部记载事项。本节主要通过对我国《保险法》《海商法》相关规定的解读,以及与英国相关法律进行比较研究,阐述海上保险合同是否具有法定形式、海上保险合同内容中的必要条款与非必要条款以及约定条款的效力等相关问题。

一、海上保险合同的法定形式

合同的法定形式,是指依据法律规定合同所必须采取的表现方式,一旦该要求未被遵守,将有可能导致合同不成立或无效。

在海上保险领域,证明海上保险合同的单证称为海上保险单证或海上保险凭证。其主要有以下几种形式:(1)投保单;(2)保险单;(3)保险凭证;(4)承保条。《英国1906年海上保险法》第22条规定,受任何法律规定的制约,海上保险合同不能作为诉讼的证据,除非包含在符合本法的海上保险单内。保险单可在保险合同成立时或以后签发。[1] 这表明保险合同必须包含在保险单内(contract must be embodied in policy)。也就是说,在英国只有以保险单形式出现的海上保险合同才可以作为证据在法庭上使用,保险单才是海上保险合同的法定形式,其他任何形式的海上保险合同都是不被承认的。但需要说明的是《英国1906年海上保险法》第22条是一条非常古老的规定,有着其独特的历史背景:在18世纪,英国政府对每

---

〔1〕《英国1906年海上保险法》原文:Section 22: Contract must be embodied in policy. Subject to the provisions of any statute, a contract of marine insurance is inadmissible in evidence unless it is embodied in a marine policy in accordance with this Act. The policy may be executed and issued either at the time when the contract is concluded, or afterwards.

一张签发出去的海上保险单都要征收印花税,而商人们为了避免交纳印花税常常签订完保险合同后就不再另行签发保险单,此种做法导致英国政府印花税收入大幅减少,最后政府为了遏制商人们的这种逃税行为,规定海上保险合同必须写入保险单,否则不得作为证据在诉讼中使用。现在英国早已取消对海上保险合同印花税的征收,但该条款却一直没有被废除,成了一条不合时宜的规定。实际上,在如今的英国海上保险市场,一旦保险人在承保条上签字,海上保险合同即告成立,这已经成为一种公认的惯例,实践中没有任何人会因没有签发保险单而对保险合同的成立提出质疑。在诉讼领域,也有案例表明并非只有正式的保险单才能被法院接受,只要满足了海上保险合同的实质要件,其他海上保险合同的凭证同样可以作为诉讼上的证据使用。[2] 鉴于《英国1906年海上保险法》第22条的规定在实践中引发了大量的争议,英国法律改革委员会曾在2006年开始的保险合同法改革的研究报告中建议废除该条款,[3]但目前该条款尚未废除,因此海上保险合同的法定形式问题在英国仍有一定争议。

关于海上保险合同是否必须具有法定形式,我国法律与英国法律有所不同。我国《海商法》第221条明确规定,保险人应当及时向被保险人签发保险单或者其他保险单证,并在保险单或者其他单证中载明当事人双方约定的合同内容。《保险法》第13条也规定,保险人应当及时向投保人签发保险单或者其他保险凭证。保险单或者其他保险凭证应当载明当事人双方约定的合同内容。当事人也可以约定采用其他书面形式载明合同内容。由此可见,在中国,虽然实务中一般都把保险单作为保险合同的正式凭证,但是法律并未限定海上保险合同的法定形式,除保险单外,也可以选择其他单证的形式。在缺少保险单的情况下,只要当事人有其他证据,如投保单、保费收据等一系列在海上保险实务中所涉及的单证,依然可以证明保险合同的存在。在宁波市粮油食品进出口公司诉中保财产保险有限公司上海分公司海上货物保险合同纠纷案中,原告就一批海上运输的鱼粉向被告投保了一切险,被告在审查投保内容后在投保单上盖章确认、接受投保,但事后并未签发保险单。庭审中,被告以并未签发保险单作为抗辩理由之一,但一审及二审法院都认定经被告签章的投保单即为一份有效的海上货物保险合同,保险人应当依约支付保险赔偿金。[4]

---

〔2〕 Eide UK Ltd. v. Lowndes Lambert Group Ltd. (The Sun Tender) [1998] 1 Lloyd's Rep. 389.

〔3〕 See Reforming Insurance Contract Law Issues Paper 9, The Requirement for a Formal Marine Policy: Should Section 22 Be Repealed?,载 https://www.scotlawcom.gov.uk/files/9412/8860/4129/cpinsurance_issue9.pdf,最后访问日期:2016年12月10日。

〔4〕 参见(1998)沪海法商初字第539号;(1999)沪高经终字第612号。

二、海上保险合同的内容

（一）海上保险合同的必要条款与非必要条款

海上保险合同的条款是合同内容的具体表现形式，它约定了海上保险合同保险责任的范围、合同当事人的具体权利义务和其他有关事项。其中，法律规定的海上保险合同必须具备的条款是海上保险合同的必要条款，缺失必要条款的保险合同依法不能成立。必要条款也可称为基本条款。

海上保险合同中还有大量的非必要条款。这类条款可分为两类：(1)以格式条款的形式出现，实质是某种附加条款的标准条款，被称为个性化保险条款。在非海上保险领域中，也普遍存在基本险种之外的个性化保险条款。例如，在机动车交通事故责任强制保险中，除了在全国范围实行统一条款、统一基础费率、统一标识、统一限额和统一单证外，各保险公司还制定了一些很有特色的特约条款，如不计免赔额条款等。(2)约定的条款，通常出现在保险单的正面，被称为特别约定(Special Agreement)。

1. 中国海上保险合同的必要条款

我国《海商法》第217条仅对海上保险合同"主要"包括的内容作出了规定，并未规定"应当"包括的内容。《保险法》第18条对保险合同"应当"包括的内容作了规定，主要有：保险人名称和住所；投保人、被保险人名称和住所以及人身保险的受益人的名称和住所；保险标的；保险责任和责任免除；保险期间和保险责任开始时间；保险金额；保险费以及支付办法；保险金赔偿或者给付办法；违约责任和争议处理；订立合同的年、月、日等十项内容。依据"特别法有规定适用特别法，特别法无规定适用一般法"的原理，海上保险合同的必要条款应当依据《保险法》第18条确定。从《保险法》第18条规定中的"应当"一词来看，上述十项内容应当均为海上保险合同的必要条款。

但应该看到的是，上述十项内容所包含的范围十分广泛，如果将其全部认定为海上保险合同的必要条款，无疑是不合理的，实践中也极有可能导致为数不少的海上保险合同因缺乏了其中的某项内容而被判定尚未成立。事实上，为了维护合同的稳定性，法律对合同必要条款的规定不应过于宽泛。我国的立法者显然也已经认识到了这一问题，因此在最高人民法院《关于适用〈中华人民共和国合同法〉若干问题的解释(二)》(法释〔2009〕5号)第1条中规定，当事人对合同是否成立存在争议，人民法院能够确定当事人名称或者姓名、标的和数量的，一般应当认定合同成立。但法律另有规定或者当事人另有约定的除外。虽然上述规定仅为《合同法》的司法解释，但较之《保险法》第18条的规定更为合理。也就是说，海上保险合同的必要条款应仅限制在当事人名称或姓名、标的、数量范围内。这也与司法实践中的做法是一致的。上海海事法院在宁波市粮油食品进出口公司诉中保财产保险有限公司上海分公司海上货物保险合同纠纷案[5]中,在《保险法》第18条规定的必要条款之保险费数额缺失的情况下,判决双方当事人之间存在有效的保险合同,保险人应当赔偿被保险人因保险事故所遭受的损失。[6] 这一观点也得到了上诉法院上海市高级人民法院的支持。[7]

2. 英国海上保险合同的必要条款

20世纪80年代以前的英国海上保险市场,通行的海上保险合同是"S. G保单"(S. G Form)。1983年,"S. G保单"被废止,取代它的是"新海上保险单"(New Marine Policy Form)。无论是哪种形式的海上保险合同,其包含的主要内容并无太大差别,即包括保险人、被保险人、保险标的、保险利益、保险期间、保险金额、承保风险、除外责任等内容。但上述内容并非都属于海上保险合同的必要条款,具体哪些内容属于必要条款,还需要看法律的具体规定。

在英国,海上保险合同的必要条款主要规定于《英国1906年海上保险法》,其第23条第1款规定,海上保险单必须载明被保险人或代被保险人投保的人的名称;[8]第24条第1款规定,海上保险单必须由保险人或其代表签署,假如是(保险)公司出具保险单,则加盖公司印章即可;[9]第26条第1款规定,保险标的必须在海上保险单中合理确定地标明。[10] 由此可知,英国海上保险合同的必要条款仅包括保险人、被保险人及保险标的。

(二)海上保险合同条款的效力问题

1. 强制性规定与任意性规定

法律规定依据权利、义务的刚性程度,可分为强制性规定和任意性规定。所谓强制性规定是指其适用不以当事人意志为转移、不能通过约定予以排除或变更的规定。[11] 任意性规定则允许主体变更、选择适用或者排除该规范的适用。

---

〔5〕 参见(1998)沪海法商初字第539号。

〔6〕 需要注意的是,此时适用的是1995年施行的《保险法》第17条,相关条文为:"保险合同中规定有关于保险人责任免除条款的,保险人在订立保险合同时应当向投保人明确说明,未明确说明的,该条款不产生效力。"

〔7〕 参见(1999)沪高经终字第612号。

〔8〕 《英国1906年海上保险法》原文:Section 23 (1): The name of the assured, or of some person who effects the insurance on his behalf.

〔9〕 《英国1906年海上保险法》原文:Section 24 (1): A marine policy must be signed by or on behalf of the insurer, provided that in the case of a corporation the corporate seal may be sufficient, but nothing in this section shall be construed as requiring the subscription of a corporation to be under seal.

〔10〕 《英国1906年海上保险法》原文:Section 26 (1): The subject - matter insured must be designated in a marine policy with reasonable certainty.

〔11〕 参见孙鹏:《论违反强制性规定行为之效力——兼析〈中华人民共和国合同法〉第52条第5项的理解与适用》,载《法商研究》2006年第5期。

关于强制性规定与任意性规定的判断标准，历来都是一个较为复杂且富有争议的问题，在实践中可以参考如下标准：

（1）通过语义进行初步判断。任意性规定最常使用的是"可以"一词，而强制性规定则大多使用"应当""必须""不得""禁止"等词。但需要注意的是，包含"可以"一词的一定是任意性条款，但使用"应当""必须""不得""禁止"等词的却不一定就是强制性条款。比如我国《保险法》第17条第1款规定，订立保险合同，采用保险人提供的格式条款的，保险人向投保人提供的投保单应当附格式条款，保险人应当向投保人说明合同的内容。但事实上如果实践中保险人没有在提供投保单时附上格式合同，而是在稍后正式签订保险合同时才出示格式合同，很难说该种做法会对合同效力产生影响。因此，语义的分析至多可以帮我们识别出任意性规范，但却无法让我们精确地判断出强制性规范。[12]

（2）通过规范的目的进行判断。拉伦茨认为，强制性规范主要包括：第一，规定私法自治以及私法自治行使的要件的规范，如行为能力、意思表示生效的要件以及合法的行为类型；第二，保障交易稳定、保护第三人之信赖的规范；第三，为避免产生严重的不公平后果或为满足社会要求而对私法自治予以限制的规范。[13] 我国学者也有类似的看法，认为但凡关系到国家一般利益、社会秩序、市场交易安全及善意第三人利益保护等重大事项的规定为强制性规定；其他则为任意性规定。[14]

举例说明：在《中国人保远洋船舶保险条款（2009版）》约定全损险的情况下，保险人不赔偿被保险人因施救产生的费用。但我国《保险法》第57条却规定，保险事故发生时，被保险人应当尽力采取必要的措施，防止或者减少损失。保险事故发生后，被保险人为防止或者减少保险标的的损失所支付的必要的、合理的费用，由保险人承担；保险人所承担的费用数额在保险标的损失赔偿金额以外另行计算，最高不超过保险金额的数额。可以看到，对于施救费用的问题，《中国人保船舶保险条款（2009版）》的约定不同于《保险法》的规定，由此产生的问题是，《中国人保船舶保险条款（2009版）》下不赔偿施救费用的约定是否会因与《保险法》第57条相抵触而无效。解决该问题的关键在于判断《保险法》第57条的性质。《保险法》第57条使用了"应当"一词，因此初步判断似乎比较符合强制性条款的特征，但究竟是否真的是强制性条款，还要对立法目的进行考察。关于被保险人在出险时是否有施救义务以及保险人是否应当赔偿施救费用的问题，第一，该问题不属于界定

〔12〕 参见黄忠：《违法合同的效力判定路径之辨识》，载《法学家》2010年第5期。

〔13〕 参见［德］卡尔·拉伦茨：《德国民法通论》（下册），王晓晔等译，法律出版社2003年版，第590～591页。转引自吕英：《效力性强制性规定研究》，吉林大学2013年硕士学位论文，第9页。

〔14〕 参见韩世远：《合同法总论》，法律出版社2011年版，第76页。

私法自治范围（如行为能力等）的规定；第二，“全损险”是保险合同双方基于船况较为特殊的船舶所约定的承保范围非常局限的保险，保险条款中规定保险人不承担施救费用属于合理的保险条件，不涉及国家利益、社会秩序及第三人利益；第三，该规定也不影响交易安全及交易公平。综上所述，《保险法》第57条虽然使用了“应当”一词，但其目的并非是对保险条款进行强制性的规制，仍属任意性规定，《中国人保船舶保险条款（2009版）》以约定形式对其排除适用的做法应当有效。[15]

2. 违反法律强制性规定的后果

关于约定条款的效力，主要是解决被保险人与保险人的约定能否超越法律规定的问题。在任意性规定下，当事人可以在其合同中对法律不作限制的事项进行自由约定，其效力当然是高于法律规定的，如保险人责任的免除就是典型的情形。

习惯上，我国学者一般将强制性规定区分为基于公共利益的强制性规定和基于私人利益的强制性规定。在强制性规定具有保护契约相对人之目的时，不应简单地认定违反该规定的法律行为无效，应由被保护人来决定是否消灭契约的效力。[16]

但根据我国《保险法》第19条的规定，采用保险人提供的格式条款订立的保险合同中的下列条款无效：(1)免除保险人依法应承担的义务或者加重投保人、被保险人责任的；(2)排除投保人、被保险人或者受益人依法享有的权利的。在约定条款为格式条款的情况下，如果其内容明显免除了保险人的义务或者加重了投保人、被保险人的责任，或者排除了保险人、被保险人或者受益人的权利的，则应认定该条款为无效条款，而不能由被保险人来决定。

当约定条款的内容违反公法性质的强制性规定时，判断其效力时应对违反强制性规定和公序良俗作一体化的把握，结合个案对行为的效力作具体评价，以最大限度地实现法的正义与衡平。在我国《海商法》和《保险法》中，有关“保险金额不得超过保险价值；超过保险价值的，超过部分无效”和“财产保险的被保险人在保险事故发生时，对保险标的应当具有保险利益”等强制性规定，显然具有公法色彩，是国家为了避免保险沦为赌博并避免道德风险而进行的干预。[17] 因此，当约定条款与法律当中的这些强制性规定相冲突时，这些约定的内容是当然无效的。

综上所述，当海上保险合同中的约定条款与基于私人利益的强制性规定冲突时，应由被保护人来决定该条款是否有效，但如果该约定条款是保险人提供的格式

---

〔15〕《英国1906年海上保险法》第78条“施救费用条款”也未强制性地规定在任何情况下保险人都需支付施救费用。

〔16〕参见初北平：《船舶保险条款研究》，法律出版社2009年版，第23页。

〔17〕参见初北平：《船舶保险条款研究》，法律出版社2009年版，第24页。

条款，且条款内容为免除保险人的义务或者加重投保人、被保险人的责任，或者排除保险人、被保险人或者受益人的权利的，则该条款效力为当然无效。当约定条款的内容违反了公法性质的强制性规定时，其效力也是当然无效的。

第二节　海上保险单证

海上保险单证是海上保险合同的现实载体，整个海上保险实务操作都是依赖于保险单证的流转来实现的。这些单证包括投保单、暂保单、保险单、保险凭证等。在国际贸易长期发展的过程中，为了适应海上运输对于分散风险和分摊损失的需求，海上保险的承保流程不断复杂。对各类海上保险单证的性质、种类、法律规制等方面的研究认识也就显得越发重要。通过对海上保险单证相关制度的研究，有利于规范海上保险单证的正常流转，降低海上保险交易成本，防止因制度原因造成的海上保险单证争议，从而有利于海上保险市场的良性运行。这其中，投保单、承保条和保险单是最为重要也最具代表性的海上保险单证。

一、投保单

实务中，海上保险合同的订立过程通常都是从投保人与保险人就具体投保事宜进行商洽，投保人向保险人如实陈述意欲投保的标的及标的可能面临的具体风险，以期达成海上保险合同的行为开始的。虽然目前我国法律上并没有规定海上保险的投保须以书面的形式作出，但在海上保险的承保实务中，投保人一般以填写保险人设计的书面投保单（投保申请书，application form）作为其投保意愿的表示，也有为简化程序而在出口公司填制的出口货物明细单或发票副本中加填与投保有关的必要事项的做法。[18] 海上保险以书面形式投保可以详细记载双方当事人的订约意愿，有利于后期海上保险合同的订立和履行，也对海上保险单的签发起到辅证作用，在合同双方出现冲突的时候可以作为考察双方订约时真实意思表示的依据。

（一）投保单的法律性质

关于投保单的法律性质问题，目前在我国尚存争议。有学者认为投保单只是一种程序性单证，产生于海上保险合同的订立过程中，不具有实体法上的作用。但作者认为，投保单与海上保险单等其他海上保险单证有着密切联系，具有海上保险合同要约的性质。

我国《合同法》第14条规定，要约是希望和他人订立合同的意思表示，内容具

---

〔18〕 参见王海明：《船舶保险理论实务与经营人管理》，大连海事大学出版社2006年版，第269页。

体确定，且表明一经受要约人接受即受该意思表示约束。学术界普遍认为，要约有四个构成要件：(1)特定人所为的意思表示；(2)受约束的意旨；(3)内容的确定性；(4)向相对人发出。[19] 仔细分析四要件，首先投保单通常是由特定的被保险人向意向中的保险人一对一发出的，因此上述要约的(1)及(4)要件是满足的。投保单是海上保险合同订立的正式开端，投保人在填写特定保险人提供的投保单之前，通常会在海上保险市场上发出类似于商品买卖合同中有关交易价格的发盘或询盘，概述自己意欲投保标的的大致情况及自己的投保要求，只有在接到保险人提供的保险费率、保险条件的信函或报价后，才会选择与其投保意图最为相宜的保险人填写其海上保险投保申请。也就是说，在填写投保单之前，投保人或被保险人通常已经与保险人进行过一段时间的接洽和谈判，填写投保单之时基本已经进入到了订约阶段，即被保险人已经具有受合同约束的意向，符合要约构成的(2)要件。海上保险投保单中通常有类似于“兹有下列物品拟向某某公司投保”的条款，以此表明投保人或被保险人一经保险人承诺即受其投保单中意思表示的约束。另外，填写海上保险投保单的最终目的在于获得保险人的承诺而订立海上保险合同，所以投保单内容与海上保险合同的主要内容基本相一致，如保险人名称(制定投保单的保险公司在题头上会注明)、被保险人名称、保险标的及其状况描述、保险金额、保险价值、保险期间、保险责任和除外责任(投保险别及条件)、保险费和保险赔偿金及其支付办法等影响保险人决定是否同意承保或保险费率高低的重要事项。投保人只须将保险标的相关情况按投保单各栏逐项如实填写即可，即投保单的内容具有确定性。综上所述，投保单通常满足要约构成的四项要件，属于要约。当然，由于目前我国海上保险市场上的投保单大多是由各保险公司自行拟定的，形式内容并不完全相同，因此很难一概而论全部投保单都属于合同要约。对于一些比较特殊的投保单的法律性质确实需要视情况而定，这是造成我国投保单法律性质模糊的原因之一。

(二)投保单与海上保险合同

海上保险合同的成立同其他合同一样需要经过要约—承诺这一过程来实现。我国《海商法》第221条规定，被保险人提出保险要求，经保险人同意承保，并就海上保险合同的条款达成协议后，合同成立。保险人应当及时向被保险人签发保险单或者其他保险单证，并在保险单或者其他保险单证中载明当事人双方约定的合同内容。由此可见，海上保险合同是在保险人同意承保的意思表示到达投保人时即成立的，而不是保险人签发保险单或其他保险单证时，或被保险人缴纳保险费时成立，除非因交易习惯或当事人间另有约定。至于保险人同意承保的方式，《保险法》及《海商法》皆没有特别严格的要求，保险人可以通过口头或书面的方式作出

---

〔19〕 参见韩世远：《合同法总论》，法律出版社2011年版，第77~81页。

承诺,也可以根据交易习惯或之前的约定以行为的方式作出,如在海上保险投保单上签章,接受投保人或被保险人支付的保险费等。关于海上保险合同的成立时间,根据双方约定、法律规定或交易习惯,以保险人的承诺通知到达时或承诺行为作出时为准。当然,若保险人作出的承保表示对投保人的投保单内容作出了实质性变更,则应视为其提出了新的要约,有待投保人承诺的生效才能成立海上保险合同。海上保险合同成立时间的确定对被保险人的告知及通知义务、保险人的责任期间、双方的权利义务以及违反的后果(违约责任还是缔约过失责任)等方面都有重要意义。

如前所述,海上保险合同仅以保险人同意承保即承诺为条件,而不以签发保险单为条件。若保险人接受投保单记载事项而未作出实质性变更,则在保险人同意按投保单的约定承保时,海上保险合同成立,此时的投保单和日后签发的保险单等保险凭证不仅是保险合同的证明,也是保险合同的组成部分。投保单和保险单都是海上保险合同的表现形式,当投保单与保险单的内容存在不一致甚至冲突时,二者之中谁更具有优先效力？对此,我国《海商法》和《保险法》均没有明确规定。2013 年最高人民法院《关于适用〈中华人民共和国保险法〉若干问题的解释(二)》(法释〔2013〕14 号)给出了明确的规定,其中第 14 条规定,保险合同中记载的内容不一致的,按照下列规则认定:(1)投保单与保险单或者其他保险凭证不一致的,以投保单为准。但不一致的情形系经保险人说明并经投保人同意的,以投保人签收的保险单或者其他保险凭证载明的内容为准……

作者认为,当投保单与保险单不一致时,直接认定投保单效力优先的做法不一定是最优选择。投保单与保险单内容的冲突主要表现在合意不一致、记载错误或遗漏两方面。如果冲突是因为当事人的记载失误导致,根据"误载不害真意"的一般合同法原理,此时需要做的仅仅是将记载的不准确予以更正罢了,并不涉及投保单与保险单的效力位阶问题。如果投保单与保险单的冲突来源于缔约合意的前后不一致或者理解分歧,这时应当参照合同解释的一般规则,参酌缔约真意和条款文义来综合考察。对于保险合同的解释,请参见本书第五章相关内容。

实际上,合同的订立是一个动态的过程,在订立过程中一切来往文件、邮件甚至电话都可能属于合同的一部分,甚至于合同履行过程中的一些文件都可以成为证明合同内容的辅证。因此海上保险合同的组成应视情况而定,可能包括由订立到履行海上保险合同过程中所涉及的一切书面材料和单证,如投保单、投保人的保证或说明、保险费收据、变更海上保险合同的申请、批单、关于保险标的风险程度的证明及鉴定报告、发生保险事故的通知、索赔申请、损失清单、有关费用支出的发票、收据等,这在我国的保险业实践中也已经得到了认可。例如中国太平洋财产保险股份有限公司的"货物运输投保单"中规定,保险合同由投保单、保险单、保险条款、批单、双方协议、单方承诺以及其他双方约定构成合同的内容组成。所以,在订立和履行海上保险合同的过程中被保险人和保险人需注意收集保存上述单证，用以在提交诉讼或仲裁时证明双方订立合同时的真实意图。

二、承保条

（一）承保条的运作流程

在英国的海上保险市场中，承保条（slip）被广泛用于订立保险合同。所谓“承保条”，是一种长方形的卡片，载明了经简化的保险单格式内容，并使用缩写和一些加密符号来表明被保险人的意图要点。在英国保险市场上，保险合同的订立通常都是在保险经纪人的参与下完成的。保险经纪人作为被保险人的代理人，在收到被保险人或其委托人的指示后制作承保条，先由被保险人填写承保条记载事项，如船名、投保航次、责任期间、保险标的、保险价值、保险金额、保险条件和特别约定条款等，而后由保险经纪人分送给其选定的海上保险人，有承保意愿的保险人对承保条进行认购，在承保条上签署其公司名称或所属辛迪加的名称（劳合社保险人）和所承保的份额，这就是英国海上保险法下极具特色的“承保条认购制度”。当承保条上所有的保险金额都被认购完毕时，保险经纪人即可到保险出单机构或保险人处办理签发保险单。

关于“承保条认购制度”的详细介绍，请参见本书第四章第一节相关内容。

（二）承保条的法律属性

传统观点认为，承保条本身构成要约，而不是简单的要约邀请，保险人在承保条上签字认购的行为属于承诺，[20] 保险人在承保条上签字盖章时，在保险人与被保险人之间成立了数个具有约束力的合同。但是，承保条本身却并不属于海上保险单。[21] 《英国1906年海上保险法》第21条规定，保险人接受被保险人的投保方案后，无论当时是否出具保险单，海上保险合同即被认为已经成立；为表明保险人何时接受投保申请，得参考承保条或暂保单或其他签订合同时惯有的备忘录。[22] 可见，若海上保险单未签发，则承保条只具有信用层面的证据效力。换言之，虽然认购行为表示合同的成立，但是保险人仍然可能拒绝签发保险单，而由于海上保险单在诉讼或者仲裁中具有绝对证据的法律地位，保险人可能因保险单的缺失而拒绝承担保险责任。[23] 这是《英国1906年海上保险法》的不足之处。但是在实践当

---

〔20〕 Jaglom v. Excess Insurance Co. Ltd. [1972] 2 Lloyd’s Rep. 116.

〔21〕 Home Marine Insurance Co. v. Smith [1898] 1 Q. B. 829.

〔22〕 《英国1906年海上保险法》原文：Section 21：A contract of marine insurance is deemed to be concluded when the proposal of the assured is accepted by the insurer, whether the policy be then issued or not and, for the purpose of showing when the proposal was accepted, reference may be made to the slip or covering note or other customary memorandum of the contract.

〔23〕 参见张金蕾、沙晓岑、郭兴亮：《中英海上保险合同缔约单证之比较》，载《学术交流》2014年第3期。

中,由于保险人担心其商业信誉受到影响,因此一般不会冒险从事认购承保条而不签发保险单以拒绝承担赔偿责任的行为。另外,英国完善的保险经纪人制度也使得承保条争议大大减少。另一问题是,当承保条与海上保险单记载不一致时,应该以何者为准呢?这一问题可参见本书第五章相关内容,这里只简单提及结论:当发生此类情况时,英国司法实践倾向于将两个文件放在一起解释,参考交易背景等情况,而不在原则上赋予哪个文件更高的法律效力。[24] 另外,此时也有可能构成英国法下的海上保险合同修正,请参照本书第四章第一节内容。

(三)投保单与承保条

由以上分析可知,英国保险实践中所采用的承保条与我国保险实践中经常使用的投保单在海上保险合同订立过程中有着极为相似的作用和地位,但其在具体操作和相关规定方面仍存在显著区别,主要表现为以下几点:(1)从制作主体上看,投保单由我国各个保险人根据各自情况自行制定,而承保条有其标准格式(the London Market Principals' Slip),由国际保险人协会(the International Underwriting Association, IUA)与伦敦保险经纪人委员会(the London Market Insurance Brokers' Committee, LMBC)制定,于2002年在伦敦保险市场开始运用。[25] (2)从参与主体上看,投保单的签发与签署,主要由被保险人与保险人介入进行操作,而在承保条制度下,则特别强调保险经纪人的作用,倾向于利用保险经纪人在保险领域内的丰富经验,尽量避免日后在保险人与被保险人之间就海上保险合同发生争议。

三、海上保险单

签发海上保险单是保险人的法定义务之一。[26] 应投保人或其代理人要求,保险人单方签署保险单,交由被保险人收执,这是海上保险中不可或缺的一环。

(一)海上保险单的法律性质

海上保险单的法律性质,涉及保险合同的法定形式问题,已在前文第三章第一节进行了论述。

(二)海上保险单的转让

海上保险与国际贸易联系非常紧密,特别是在海上货物保险中,保险合同常常需要跟随货物一起进行流转。依据《海商法》第229条的规定,海上货物运输保险合同可以由被保险人通过背书或其他方式转让,而无须征得保险人的同意。其原因在于运输途中的货物在承运人的控制管辖之中,大部分时间内不在其所有人的

---

〔24〕 HIH Casualty and General Insurance Ltd. v. New Hampshire Insurance Co. [2001] Lloyd's Rep. IR 596.

〔25〕 The LPM 2001 Slip Creation Guidelines, the LPM Slip.

〔26〕 我国《海商法》第221条规定:"……保险人应当及时向被保险人签发保险单或其他保险单证,并在保险单或者其他保险单证中载明当事人双方约定的合同内容。"

控制之下,危险的发生与否不在被保险人的控制范围之内,保险人不会因被保险人身份的变化而遭受损害。而在船舶保险中,《海商法》又作出了不同规定。依据《海商法》第230条的规定,要求被保险人在转移标的船舶时,保险单必须经保险人同意才可转让。之所以对船舶保险单作出了不同于海上货物运输保险单的转让规定,是因为在船舶保险中,标的船舶的情况往往依赖于被保险人的经营管理,所以被保险人的变更自然会在很大程度上影响到保险人所承担的风险。当船舶所有人发生变化时,保险人需对船舶所有人经营管理船舶的情况进行评估,以防风险的过度增加。

对于海上保险合同转让的具体条件,请参见本书第四章第三节相关内容。

(三)海上保险单的分类

从不同的角度,可以对海上保险单进行不同的分类。

1. 依据承保方式的不同:逐笔保险单、闭口保险单和预约保险单。

逐笔保险单,适合经常性的、零散的货物保险,由被保险人就单个标的逐笔投保。

闭口保险单又名总括保险单,是保险人在约定的保险期间内对指定保险标的所作的承保,适用于一些价值较小、运输时间和距离偏短的货物运输。与预约保险单相比,它规定了总的保险金额,但不同的是被保险人不必对货物逐批申报,一旦发生货损,保险人即作出赔付,并将所赔付款额从总保险金额中扣除。

预约保险单是海上货物运输保险的常见形式之一。预约保险单在签发时对于装运货物的船名、航线、货物价值和保险金额数量等具体情况尚不能确定,因而只能就一般保险事项作出笼统约定,依据被保险人的事后申报(declaration)确定。

2. 依据保险价值约定与否:定值保险单和不定值保险单。

对于定值保险单,《英国1906年海上保险法》第27条第3款规定,除本法另有规定外,在没有欺骗行为的前提下,不论损失是全损还是部分损失,保险单约定的价值就是在保险人与被保险人之间确定对保险标的物需要保险的最后价值。[27]因此,只要不存在欺诈,海上保险当事人就保险价值的约定就是有效的。

对于不定值保险单,我国《海商法》第219条和《英国1906年海上保险法》第16条均作出了关于保险价值计算的明确规定,且大致相同,即保险价值为保险责任开始时保险标的的实际价值和保险费的总和,不包括预期利润。

3. 依据保险期限不同:航次保险单、定期保险单和混合保险单。

航次保险单,是双方约定按照从起运港到目的港之间的一个单航次、往返航次

---

〔27〕《英国1906年海上保险法》原文:Section 27 (3): Subject to the provisions of this Act, and the absence of fraud, the value fixed by the policy is, as between the insurer and assured, conclusive of the insurable value of the subject intended to be insured, whether the loss be total or partial.

或多航次为责任期限的保险单形式。这种保险单多被海洋运输货物保险或不定期营运船舶保险所采用。

定期保险单则是以一定的具体期限为保险责任期间的保险单形式，多被船舶保险所采用，一般约定为半年或1年，通常不会少于3个月。

混合保险单是指既以航次又以时间作为保险期间，以航次为主，同时避免航次中拖延时间过长而约定一定期限限制，兼具二者性质的保险单形式。实践中，海洋运输货物保险与船舶保险均使用该种形式的保险单。

4. 依据承保标的的不同，还可以将海上保险单分为海上货物保险单、船舶保险单、运费保险单、责任保险单、保障与赔偿保险单以及海上石油开发保险单等。

第三节　保 险 条 款

一、海上保险条款的历史沿革

（一）英国海上保险条款的历史沿革

1. 劳氏保险单与条款

劳氏保险单与条款被称为S. G. 保险单，全称为“劳氏S. G. 保险单格式”（The Lloyd's S. G. Form of Policy），是由劳氏委员会批准印刷的一种仅由劳氏保险人使用的标准保单格式。《英国1765年印花税法案》中规定对“海上保险”征收印花税，同时确定保单的标准形式包括单独承保船舶的S格式保险单、单独承保货物的G格式保险单以及将两者结合的S. G. 格式保险单。S格式保单和G格式保单很少被使用，原因可能在于S. G. 格式保单既可以用来承保船舶也可以用来承保货物，更为便捷，且征收印花税更加方便。〔28〕 在1779年1月12日Royal Exchange公司的股东大会上，劳氏保险人同意使用S. G. 格式保单。不久，当时被授权承办海上保险业务的两家保险公司〔29〕也迅速采用了S. G. 保单。

该保险单由保单和条款构成。自1779年开始采用至1983年停止使用，其作为海上保险的指导性合同（governing contract）长达200余年，对国际保险业的发展产生了巨大影响。《英国1906年海上保险法》也将S. G. 保险单列为“附件一”，附在法律条文之后作为标准的保险单格式，供当事方选择，从中可见S. G. 保险单影响力之大。

然而，S. G. 保险单在实践中也暴露出许多问题，引起了被保险人对保单的诸

〔28〕 See John Dunt, *Marine Cargo Insurance*, Informa Publishing, 2009, para. 1,7.

〔29〕 两家公司分别是The Royal Exchange Assurance 和The London Assurance。

多不满。(1)其措辞艰涩难懂。[30] (2)S. G. 保险单虽然由保单和条款构成,但是其条款并不详尽,被保险人欲知悉保单的承保范围,不但需要研究 S. G. 保单本身,还必须先研究其所依附的《英国 1906 年海上保险法》和协会保险条款。非专业的被保险人难以一下子理解冗长的法律条文,而在其主张保险赔偿时,发现保险人可以依据各种理由予以拒赔,这对于被保险人是极为不公平的。[31] (3)S. G. 保单过于陈旧,保单里承保的许多风险已无现实意义,又难以涵盖许多新的风险类型。(4)根据 1871 年劳氏法案(Lloyd's Act)的规定,S. G. 保单不能被劳氏以外的保险人使用。这些问题使得被保险人要求修改 S. G. 保单的呼声越来越高。在 1975 年 5 月联合国贸发会议提出的"海上保险—海上保险合同的法律及文件问题"报告中,虽然认可了英国"海上保险国际市场中心"地位,但也尖锐地批评了 S. G. 保单存在的问题。英国保险人尽管并不愿意修改保单,毕竟 S. G. 保单使用了两个世纪,几乎每一个词语都在司法判例中得到过解释,但是也担心联合国贸发会议会另起炉灶,制定出一套自己的示范保险单和保险条款,在世界范围内、特别是在发展中国家首先推广使用,从而危及英国海上保险市场中心的地位。最终改革的压力战胜了保守的心理,英国保险市场开始了"悄悄地改革"。[32]

1972 年,由劳氏保险人协会(Lloyd's Underwriters' Association)与伦敦保险人协会联合组成了联合船壳委员会(Joint Hull Committee)、联合货物委员会(Joint Cargo Committee),承担条款和保单的修订工作,但实际上由技术与条款委员会进行了该工作。该委员会认为仅仅修改 S. G 保单不足以解决该保单所存在的问题,必须对 S. G 保单和伦敦协会保险条款统一作出修改。从 1983 年4 月起,伦敦市场之海上货物运输保险不再使用旧保单,同年 9 月 30 日船舶保险条款也摒弃了 S. G. 保单。1983 年10 月1 日,古老的 S. G 保单退出了历史舞台,取而代之的是新的劳氏保单和新保单条款。伦敦保险人协会也制定了《伦敦保险人协会保单》,后改称为公司水险保单(corporate marine policy)格式,并于 1982 年和 1983 年分别出台了《英国协会货物保险条款》和《英国协会船舶保险条款》。

新的劳氏保单仍然可以同时承保船舶和货物,但相比旧 S. G. 保单非常简捷,只规定了有关约束劳氏内部辛迪加的条款,而保险标的、保险价值、保险费、批注更改等均记载在保险单第 2 页的附表上,将保单与条款分离,保险单使用的保险条款

---

〔30〕 See Panamanian Oriental Steamship Corporation v. Wright (The Anita) [1970] 2 Lloyd's Rep. 365,该案中,Mocatta J. 指出在这个法律改革的时代,保险人或给予其建议的人应该有足够的智慧设计出更加简单、直接且易于理解的保险条款。(原文:It cannot be beyond the wit of underwriters and those who advise them in this age of law reform to devise more straightforward and easily comprehended terms of cover.)

〔31〕 参见杨良宜、汪鹏南:《英国海上保险条款详论》,大连海事大学出版社 2009 年版,第 2 页。

〔32〕 参见杨良宜、汪鹏南:《英国海上保险条款详论》,大连海事大学出版社 2009 年版,第 3 ~4 页。

可以印刷或贴附在保险单上。新保险单条款基本采用了 1982 年和 1983 年颁布的协会保险条款。[33]

2. 伦敦保险人协会条款

英国伦敦保险人协会(Institute of London Underwriting)制定的海上保险条款习惯上称为“协会条款”。最早的“协会条款”可追溯至 1888 年。起初,协会条款用于对 S. G. 保险单的修改和补充,以加贴条款的形式附于 S. G. 保险单的背面,作为其组成部分。

如上文所述,鉴于新的海上保险单格式本身并不包括承保风险条款和其他有关保险条件的条款,《英国 1982 年协会货物保险条款》和《英国 1983 年协会定期船舶保险条款》应运而生。[34] 到 20 世纪,协会保险条款的应用已非常广泛。在伦敦,由劳氏和其他合作保险人所签发的保险单一般是采用协会保险条款的格式。1998 年伦敦保险人协会与伦敦保险和再保险市场协会(London Insurance and Reinsurance Market Association, LIRMA)合并,成立了伦敦国际保险人协会(International Underwriting Association of London, IUA)。合并之后该协会重新签发新的保险单格式,但保险条款却没有改变。这些条款被称为协会保险条款,主要有四类:协会船舶保险条款、协会货物运输保险条款、协会运费保险条款和协会各种附加险条款。协会保险条款几乎可以满足被保险人的海上风险投保需求。

就船舶保险条款而言,主要针对商船,但渔船、高速船和游艇等也可投保。承保风险分为全部风险(full risks)和限制风险(restricted risks),涉及全部损失(all losses)或全损(total loss only),也包括港口的风险和标准的船壳建造险。2002 年,在伦敦国际保险人协会的支持下,新的《国际船舶保险条款》(International Hull Clauses)出台,并于 2003 年 11 月发布新修订的条款。

协会货物保险条款在 1982 年以前包括协会货物运输一切险(all risks)、协会货物运输水渍险(with average)、协会货物运输平安险(free from particular average)、协会货物运输战争和罢工险条款(war and strike risks)。1982 年,伦敦保险人协会为了适应国际保险市场的需要,将货运险修订为 A、B、C 条款。然而随着保险市场行情的变化、货物装卸操作的发展以及保险人面临的风险的改变(尤其是恐怖主义威胁日益严峻),2005 年年末,联合货物委员会决定修订协会货物保险条款,最终在 2009 年 1 月 1 日将修订的货物保险条款投入市场即《英国 2009 年协会货物保险条款》,与《英国 1982 年协会货物保险条款》共同提供给海上保险的当事方,供其选择适用。[35]

---

〔33〕 参见王海明编著:《船舶保险》,首都经济贸易大学出版社 2012 年版,第 8 页。

〔34〕 参见顾寒梅主编:《涉外保险理论与实务》,复旦大学出版社 2005 年版,第 161 页。

〔35〕 See John Dunt, *Marine Cargo Insurance*, Informa Publishing, 2009, para. 1,13.

协会运费保险与船舶保险类似，可以分为定期保险条款和航次保险条款。协会各种附加险条款是根据保险市场情况的客观变化和保险人的要求而制定的，作为主要条款的补充。附加险条款使海上保险条款有一定的灵活性，缓解主险条款可能存在的滞后性弊端。例如，协会船舶保险条款附加的封锁险条款和协会核动力污染条款在过去是没有的，只是由于1967年埃及和以色列爆发战争苏伊士运河封闭以及核动力船舶出现后，被保险人的需求才导致协会着手制定这两种风险的附加险条款。〔36〕

除了伦敦协会条款和后来的国际船舶保险条款，其他国外著名的海上保险条款还有《美国保险条款（1997）》、《2013年北欧海上保险方案》，《德国保险条款（DTV 1984）》以及《法国保险条款（2002）》等。这些条款以格式条款为特征，被保险人、船东、经纪人、律师以及法官所熟知。格式条款的选用为业界了解该国保险条款乃至促进国际海上保险法的协调和统一发挥了重要作用。

（二）国内海上保险条款的历史沿革

1. 船舶保险条款历史沿革

1949年10月20日，中国人民保险公司在北京正式成立，中国的保险业揭开了新的一页。自1960年开始承保第一艘国轮“光华轮”始，至1972年，中国人民保险公司一直使用冠以人保公司名义的英国协会保险条款。1972年中国人民保险公司制定了自己的远洋船舶保险条款。该条款的条文过于简单，同时受政治思想的影响，该条款中的战争险和罢工险条款删除了国际上广泛认可的“五大国”交战自动终止条款，使该条款受到国际再保险市场的抵触，但是该条款有别于国际船险市场的特色——承保“4/4碰撞责任”和“碰撞固定建筑物”引起的赔偿责任，得到国际市场的普遍认可。该条款实行了14年，最初每几年条款会印刷一次并以该年份命名，因此出现了《中国人保1974年远洋船舶保险条款》和《中国人保1976年远洋船舶保险条款》，但事实上《中国人保1976年远洋船舶保险条款》并未对《中国人保1972年远洋船舶保险条款》作出任何修订。1986年1月1日，人保公司参照联合国贸易和发展委员会制定的国际船舶保险条款、《英国1983年协会定期船舶保险条款》、《挪威海上保险计划》以及《美国船舶条款》，修订了《中国人保1972年远洋船舶保险条款》，形成了国内保险公司普遍采用的《中国人保1986年远洋船舶保险条款》。

《中国人保1986年远洋船舶保险条款》在险别的称谓上，将原来的“综合险”改为“一切险”，同时保留了承保“4/4碰撞责任”和承保“碰撞固定建筑物”赔偿责任这两大特色。将战争险自动终止的“五大国”定义修改为“联合国常任理事国”，

〔36〕　参见王海明：《船舶保险》，首都经济贸易大学出版社2012年版，第10页。

从而达到了与国际市场的对接。[37] 该条款是用外币或人民币支付保险费投保的远洋船舶保险条款，又称涉外业务船舶保险条款，但沿海船舶也可在保险人接受的情况下投保。反之，双方可约定对远洋船舶按沿海、内河船舶保险条款承保，但保险责任范围会明显不足。

中国保险市场现行的远洋船舶保险条款是《中国人保远洋船舶保险条款(2009版)》。其与《中国人保1986年远洋船舶保险条款》差别不大，在承保风险上未作变动，仅就保险人的除外责任、保险人的义务、索赔与赔偿以及争议的处理条款作了统一修订与部分改动，且与英国1995年修订的协会条款更趋一致。除了中国人民保险公司以外，其他各家保险公司所报备的船舶保险条款均与《中国人保远洋船舶保险条款(2009版)》类似。

我国国内的保险业务在1979年得以恢复。中国人民保险公司于1981年颁布了国内船舶保险条款，适用范围既包括国营、集体企业的船舶，同时也包括个人所有的船舶。当时拥有船舶的单位主要集中在交通部或交运局系统所属企业，而这些企业处于高度国营化，核算制度仍为"大锅饭"形式，对保险需求不强。因此，国内船舶保险虽然起步较早，但发展缓慢。到了20世纪80年代初期，乡镇企业迅速发展，个体、联户的航运业应运而生，这些资产高度个体化，极需保险支持。此外，由于乡镇船舶与大型国营企业的船舶在管理体制、船舶构造、航行区域等各方面有着较大的差异，《中国人保1981年国内船舶保险条款》不能适应其特殊需求。为此，中国人民保险公司于1983年制定颁布了农民个人、联户船舶保险暂行条款及"费率规章"。随着我国经济体制改革的不断深入，国有企业对保险的需求也逐渐增大。在20世纪80年代后期至90年代初，国内船舶保险开始启动，并逐步进入快速发展时期。交通部、交运局所属企业如上海海运局油轮公司、上海长江轮船公司、上海港务局等，相继要求航行于沿海、内河的船舶参加保险。《中国人保1981年国内船舶保险条款》已不适应形势的发展。与此同时，《中国人保1983年国内船舶保险条款》在执行过程中，也遇到了很多问题。因为没有对承保质量进行严格管控，一度出现承保数量越多，整体赔付记录越差，经营亏损越严重的局面。鉴于上述情况，1988年中国人民保险公司将《中国人保1981年国内船舶保险条款》与《中国人保1983年国内船舶保险条款》合二为一，并进行了修订，颁发了新的国内船舶保险条款及"费率规章"。

然而，事实证明经营船舶保险的保险公司按照《中国人保1988年国内船舶保险条款》依然是亏多盈少。这是因为国内船舶保险业务长期无序发展，承保风险难以控制，赔付率过高等。为了使经营船舶保险的保险人摆脱多年亏损的局面，1996年中国人民保险公司再次调整了费率、修订了条款，经人民银行组织中国人

---

〔37〕 参见王海明:《船舶保险》，首都经济贸易大学出版社2012年版，第10页。

民保险公司、中国太平洋保险公司、中国平安保险(集团)股份有限公司两次论证,颁发了《中国人保1996年沿海内河船舶保险条款》、"费率规章"和"条款解释",明确在全国范围内统一实施。《中国人保1996年沿海内河船舶保险条款》总体指导思想是提高保险人船舶经营效益,控制风险。

然而,《中国人保1996年沿海内河船舶保险条款》在实践中也暴露出一些不足,主要表现为以下方面:(1)将沿海船舶和内河船舶规定在一个条款项下,会出现风险不对称情况。沿海船舶与内河船舶抗风险的能力明显不同,往往前者的抗风险能力更强,在除外责任上与内河船舶规定相同,对沿海船舶的被保险人不公平。(2)一些风险仅针对内河船舶,如崖崩、滑坡和泥石流风险等,与沿海船舶无关。对于沿海船舶而言,保单承保的是其不可能遭遇的风险,这与保险理论相冲突,缺乏合理性与逻辑性。针对这些问题,2008年中国人民财产保险股份有限公司对《中国人保1996年沿海内河船舶保险条款》进行修订,形成《中国人保沿海内河船舶保险条款(2009版)》,并将沿海和内河分拆开来,分别制定了《中国人保沿海船舶保险条款(2009版)》和《中国人保内河船舶保险条款(2009版)》。新条款对与保险理论相冲突的部分进行了修正,供承保双方选择使用。

2. 货物运输保险条款历史沿革

货物运输保险条款产生的历史背景与船舶保险条款相同。中国人民保险公司为适应我国对外贸易不断发展的需要,于1951年参照英国协会货物保险条款,首次制定了我国的海洋运输货物保险条款。1956年起,又根据我国保险工作实际情况,结合国际保险市场的习惯做法,制定了包括海洋、陆地、航空、邮政包裹等不同运输方式的货运保险条款和各种附加保险条款,总称为"中国保险条款"(China Insurance Clauses, CIC)。

1963年9月1日,中国人民保险公司公布了经修订后的海洋运输货物保险条款。根据这个条款,基本险包括平安险和水渍险两种,附加险共有13种。由于这一条款存在文字烦琐、责任含糊等不足之处,因此除在由我方负责保险的进口贸易中使用外,较少在国际上使用。[38] 鉴于《中国人保1963年海洋运输货物保险条款》的不足,中国人民保险公司于1970年开始对其进行再次修订。新条款于1972年4月1日起正式实施,主险包括全损险、基本险和综合险三种。这一条款吸收借鉴了英国协会保险条款的优点,同时也考虑了我国的实际情况,颇具中国特色。1976年,针对《中国人保1972年海洋运输货物保险条款》中的某些措辞,中国人民保险公司进行了再次的修改,总体来看,修订的变化不大,但是文字上更加严谨和准确。"文化大革命"结束后,中国人民保险公司参照1963年协会货物保险条款,对海洋货物运输保险条款进行了第三次修订,即1981年1月1日发布实施的《中

〔38〕 参见顾寒梅主编:《国际货运风险与保险》,对外经济贸易大学出版社2013年版,第33页。

国人保 1981 年海洋运输货物保险条款》。该条款被使用了 26 年之久。实践证明,《中国人保 1981 年海洋运输货物保险条款》是一个较为成功的条款,它在一定程度上打破了国际货物运输保险市场中伦敦协会货运保险条款的主导格局,确立了中国人民保险公司海洋运输货物条款的地位。然而,该条款在实践中也暴露出许多缺陷,如保险责任、除外责任的规定不够明确,措辞表述不够清晰,与我国《海商法》和《保险法》相关文字的表述不一致等。随着 2009 年《保险法》正式施行,中国人民财产保险股份有限公司结合《保险法》对条款再度进行了修订,形成了我国目前使用的《中国人保海洋运输货物保险条款(2009 版)》。

3. 中国海上保险条款的发展趋势

不同于英国,我国在传统上没有保险行业协会制定的统一保险条款,国内通用的保险条款是中国人民财产保险股份有限公司所制定的,其他保险公司以此为蓝本,制定自己的保险条款。根据保监会 2010 年颁布的《财产保险公司保险条款和保险费率管理办法》(中国保险监督管理委员会令 2010 年第 3 号),各家保险公司需要将其保险条款向保监会进行备案。事实上各家保险公司的海上保险条款几乎相同,存在保险产品重复开发、重复报备的问题,这是对社会资源的浪费,增加了社会成本。

2013 年 8 月,国务院正式批准设立中国(上海)自由贸易试验区。为推动保险业更好参与和服务中国(上海)自由贸易实验区建设,保监会下发《关于进一步简化行政审批支持中国(上海)自贸区发展的通知》(保监厅发〔2014〕36 号),[39] 允许上海航运保险协会试点开发航运保险协会条款,报备后由会员公司自主使用。这是中国保险监管领域首次允许行业协会作为条款报备主体。另外,根据 2016 年 3 月保监会发布的《关于开展财产保险公司备案产品自主注册改革的通知》,保险公司备案类财产保险产品将由向保监会备案逐步转变为各公司在备案产品自主注册平台上进行。这些举措将有利于发挥行业组织优势,激发保险产品创新活力,改善当前航运保险产品重复开发、重复报备现象,提升航运保险产品规范性和标准化,有效降低保险机构报备成本,便利航运保险业务开展,同时,也有利于借鉴和引进国外成熟航运市场的保险产品,提升国内航运保险的国际化水平。

二、保险条款的法律地位

(一)保险条款的"准立法性"

海上保险法,例如《英国 1906 年海上保险法》和我国《海商法》第十二章,其很多条文都是非强制性规定,供当事人选择适用,也可另行约定,这就为保险条款发

〔39〕 参见中国保险监督管理委员会,载 http://www.circ.gov.cn/web/site0/tab5168/info3915906.htm,最后访问日期:2016 年 12 月 7 日。

挥其"规范作用"提供了空间。[40] 海上保险是一种商事交易,交易应尽量遵循合同自由原则,因此海上保险的立法应该体现出相应的灵活性。然而,海上保险理论复杂,保险合同双方从业人员都期望保险合同条款的周延性和稳定性,标准的保险条款便以一种"准立法"的姿态恰好在二者之间起到弥合作用。一些法律人士寄希望于通过保险条款这种"准立法"形式来调整、理清以及具象化海上保险合同相关主体间的权利、义务关系,进而为业务操作提供具体的指引和评价。就英国海上保险条款而言,其"准立法"的作用已被实践所验证。在英国协会保险条款被世界上很多国家所采用或借鉴的情况下,英国海上保险的制度、理念被广泛地传播和接受,既缓和了各国海上保险制度的差异,又为国际航运保险实务提供了操作规范。正如美国海商法协会时任主席斯达林先生在其向工作组提交的关于保证制度的报告中所认为的,伦敦保险市场对海上保险标准条款的修订工作已经大大缓和了保证制度对于被保险人的苛刻性,也证明了海上保险业的自我调整是海上保险法变革和协调更为有效的途径。[41] 挪威海上保险方案在挪威保险市场所具有的地位更能佐证保险条款的准立法性。《挪威海上保险方案》是挪威海运保险中心联会(The Central Union of Marine Underwriters,CEFOR)牵头,由保险人、被保险人和其他利益方共同制定的标准条款。其时间可追溯到1871年,后来每隔10~30年进行一次修订。随着航运业及保险业的发展,该方案尽量向国外的其他条款靠拢,以满足竞争再保险的需求。该方案自1964年分化为《挪威船舶保险方案(NMIP1964)》和《挪威货物保险方案(NIPCG1967)》。挪威于1989年颁布新的《保险合同法》,但其并不约束海上保险。[42]《保险合同法》仅在有关受损害的第三人的责任险(直接诉讼)的规定上是强制的。[43]《挪威海商法》也不调整海上保险,因此,挪威海上保险方案事实上就是私法典。

保险条款的国际统一性使其"准立法"地位得以进一步凸显。保险条款能够较快地适应贸易、航运的变化情况,及时作出符合实务要求的修改,新保单或条款能够及时去除某些陈旧的、晦涩难懂的条款,并及时调整保险人与被保险人利益的不平衡之处,因此保险条款更有可能在全球范围内获得统一。此时,即使各国的海

---

〔40〕《英国1906年海上保险法》中强制性规定约有58条,而非强制性规定约有36条。我国《海商法》中"海上保险合同"一章强制性规定约为25条,而非强制性规定约为15条。

〔41〕 See Graydon S. Staring, "Harmonization of Warranties and Conditions: Study and Proposals", *CMI Yearbook* 2003, p. 533.

〔42〕 Thor Falkanger, Hans Jacob Bull, Lasse Brautaset, *Scandinavian Maritime Law: the Norwegian Perspective*, Uniersitetsforlaget, 2004, pp. 476 – 477.

〔43〕 See Commentary to Norwegian Marine Insurance Plan 1996 version 2007, §1 – 4. Reference to Norwegian jurisdiction and choice of law and §4 – 17 Determination of the liability of the assured,载http://www.docin.com/p-617536599.html,最后访问日期:2016年12月15日。

上保险立法仍有差异，但其对保险条款的理解与适用必将在一定范围内达到相对的统一或稳定。

（二）海上保险条款的监管

海上保险条款一般是由保险公司或保险行业组织事先印制的，具有固定的内容和格式，且在投保时被保险人或其代理人只能选择接受或者不接受。此种条款属于格式条款无疑。

海上保险合同作为格式合同意味着被保险人一般处于较弱的谈判地位，双方当事人并非古典契约理论中忽略个体差异性的“抽象的一般之人”，法律对合同的干预随之产生。在我国，相较于一般的格式条款，海上保险条款不仅受到一般格式条款意义上的法律规制，而且受到特定机构的监督和管理。目前，银保监会负责对全国商业保险和商业保险机构实施监管，以维护保险市场的健康发展。毋庸置疑，海上保险条款作为一种重要的商业保险条款，不能游离于保险监管之外。根据我国《保险法》第 135 条的规定，海上保险领域的“保险条款和保险费率”，应当报保险监督管理机构备案，[44] 旨在保证保险条款和费率制定的合法性与合规性。此外，我国《保险法》第 136 条对于保险公司使用保险条款和保险费率违反法律法规和有关规定的行为规定了相应的行政处罚措施。[45]

值得注意的是，海上保险合同的监管、限制实际与海上保险合同的准立法性之间存在一定的冲突。值得思考的问题是海上保险合同自由的空间应如何界定。对此，有观点主张修改海上保险法，并尽可能对保险合同的权利和义务作详尽的规定，如保费的缴纳及退还等细节均纳入海上保险法的调整范围中。但作者认为，契约自由作为合同法的基本原则不容动摇，每个人都是自身利益的最佳判断者，立法不应予以过多的介入和限制。对于保费缴纳这类规定完全可以在保险条款中加以约定。例如《俄罗斯现行船舶保险条款》（Ingosstrakh Hull Insurance Clauses）第 16 条第 3 项即规定被保险人未按期支付保费，保险合同自动终止。若任由立法介入，不仅是对当事人自由的干涉，更将违背合同法鼓励交易的原则。同时，海上保险条款的自由空间在多大程度上受到限制，是与一国的立法文化和保险市场成熟化、自律化程度密切相关的。我国海上保险市场处在与世界保险市场接轨的过程中，作

---

〔44〕 我国《保险法》第 135 条规定：“关系社会公众利益的保险险种、依法实行强制保险的险种和新开发的人寿保险险种等的保险条款和保险费率，应当报国务院保险监督管理机构批准。国务院保险监督管理机构审批时，应当遵循保护社会公众利益和防止不正当竞争的原则。其他保险险种的保险条款和保险费率，应当报保险监督管理机构备案。保险条款和保险费率审批、备案的具体办法，由国务院保险监督管理机构依照前款规定制定。”

〔45〕 我国《保险法》第 136 条规定：“保险公司使用的保险条款和保险费率违反法律、行政法规或者国务院保险监督管理机构的有关规定的，由保险监督管理机构责令停止使用，限期修改；情节严重的，可以在一定期限内禁止申报新的保险条款和保险费率。”

者认为除存在涉及公共利益的、高度危险的突发性环境侵权行为和人命安全责任应采取强制投保方式，以及遵循最大诚信原则、补偿原则等必要的保险法律原则外，其余条款应设置为任意性条款。当事人可以约定排除适用，若未作约定，保险合同法的内容将自动成为约定内容。

第四节 保赔保险

保赔保险合同纠纷的法律适用以及保赔保险行为的行政监管问题在我国海事司法实践和海上保险实务中引发了很多争论。保监会2015年颁布的《相互保险组织监管试行办法》中对"相互保险组织"作出了规定，但其对船东互保协会的适用仍存在疑问。随着《相互保险组织监管试行办法》的实施及《海商法》修改工作的展开，有关我国海上保赔保险的法律地位以及立法安排引起了业内高度重视。其核心问题可归纳为三方面：(1)保赔保险的特性以及与一般相互保险的关系；(2)我国船东互保协会就其发起及成立的法律依据与国际传统保赔保险的差异；(3)参与国际竞争并为船东提供优质服务的政策考量。

一、我国船东互保协会的国际共性

无论是我国现行的《保险法》还是《海商法》都没有明确界定海上"互保协会"或者"保赔保险"的概念。很长时间以来，船东互保协会在中国法下的法律性质并不明确。国际上的相互保险，简言之，即是一种由相互保险人承保的一种保险，该承保主体的组织成员同时也是保险单持有人。〔46〕按欧洲相互保险人和保险合作社联合会对于相互保险模式的描述，〔47〕现代的相互保险是由保险组织向其成员提供的保险业务，而该保险组织也是由这些成员集体拥有(collectively owned by its members)。这种保险的商业模式关注于将盈余专门地为其保单持有人(也是其成员)和该组织的利益服务，其与《相互保险组织监管试行办法》中的相互保险并无差异。海上保赔保险(以下简称保赔保险)是相互保险的一种，源于友好互助保险协会，是一种责任补偿保险，在船东承担赔偿责任之后由协会予以补偿，以体现其保护船东利益的宗旨。虽然互助性保险在我国近代已经出现〔48〕，但船东互保协

〔46〕 Association of Mutual Insurer and Insurance Cooperatives in Europe, What is mutual insurance, 载http://www.amice-eu.org/today.aspx，最后访问日期：2019年12月27日。

〔47〕 Association of Mutual Insurer and Insurance Cooperatives in Europe, What is mutual insurance, 载http://www.amice-eu.org/today.aspx，最后访问日期：2019年12月27日。

〔48〕 参见杨锦銮：《相互保险在近代中国的早期形态——以"火险联保"和"人寿小保险"为中心的探讨》，载《上海保险》2002年第12期。

会这一组织则出现较晚。中国船东互保协会是随着20世纪80年代我国海运业快速发展而经国务院批准成立于1984年成立的，其组织被定性为“非营利的民间互助组织”，后依据《社会团体登记管理条例》登记注册成为社会团体法人，[49]接受交通运输部的业务主管和民政部的登记管理。[50]中国渔业互保协会（原中国渔船船东互保协会）成立于1994年，是第一家全国性农业互助合作保险组织。该协会也是根据《社会团体登记管理条例》注册登记为社会团体，并采用了由农业部和民政部双重领导的模式。[51]除了上述两家全国性的船东互保协会外，我国的一些沿海省份还成立了地方性渔业互保协会，如河北省、山东省、浙江省、福建省等。这些地方性渔业互保协会在各自省区范围内为会员提供互助保险服务。此外，也有重庆航运交易所牵头组建针对内河船舶的重庆船东互保协会，[52]以及贵港市船东互保协会。我国船东互保协会从事的保险业务并非全部符合保赔保险的特点，而且国内渔船互保协会和地方船东互保协会还具有明显的政策性特点，其财务体制和产品报备等与国际保赔市场差异较大。中国船东互保协会从事的海上保赔保险既具有国际共性，也具有本土化特点，并且既属于相互保险的一种，也区别于国内一般的相互保险。以下重点以中国船东互保协会为例讨论其国际共性。

（一）承保全面性及理赔灵活性

现代船东互保协会是为了保障商业保险公司所不承保的风险而产生。[53]保赔保险与船舶保险不同，对船东运营船舶中船舶可能面临的责任风险几乎全部覆盖，如罚款、对救助人的特别补偿、海事调查费用及法律费用等船舶保险所不予承保的风险。此外，多数保赔保险合同中还包含保险延展条款（omnibus clause），对于未列明的“船舶营运所产生的费用”及其他责任风险，由互保协会的董事会决定是否予以承保，以针对无法预料的风险为船东提供全方位的保障。

一般来说，保险合同的补偿性与保险利益互为依存，且补偿原则是保险理赔应遵循的基本原则，但保赔保险对于补偿原则以及保险利益的执行却相对宽松。为应对航运市场发展以及船舶管理营运的多元化局面，给会员提供最大限度地保障，互保协会的董事会在保险条款的授权下对具体案件中的非承保的风险进行裁量，给予“适当赔付”。此外，基于对保险利益的扩大解释，保赔保险合同往往将登记

[49]　根据《社会团体登记管理条例》的规定，“社会团体”被归为“非营利性组织”。

[50]　参见中国船东互保协会网，载 http://www.cpiweb.org/cpiwebmanager/pages/about.jsp?type=XHGK&menuCode=XHGK&SYSMODULE_ID=1426，最后访问日期：2019年12月28日。

[51]　参见中国渔业互保协会网，载 http://www.cfmi.org.cn/index.php?m=content&c=index&a=lists&catid=10，最后访问日期：2019年12月29日。

[52]　其管理公司为重庆长江船东互助服务有限公司。参见重庆航运交易所网，载 https://www.cse.net.cn/，最后访问日期：2019年12月13日。

[53]　安丰明：《从互助到保障和赔偿：船东保赔协会演变研究》，载《现代法学》2003年第5期。

船东、实际船东、船舶管理人、船舶经营人、光船承租人等列为会员。当前从各国的司法实践看，并不否认这些会员对于入会船舶的保险利益。

（二）互益性及目的非营利性

船东互保协会建立的目的不是为会员追求盈余的分配或利润，而是向会员提供特定服务和产品。这类非营利性社会组织被认为是营利性组织、公益性组织之外的“中间组织”即“互益性组织”。[54]我国学界对“互益性组织”以行业协会或商会为中心进行分析，[55]但船东互保协会并不同于行业协会或商会。行业协会通常是从事同种行业的参与者组成的社会团体，以实行行业服务和自律管理为目的，[56]具有一定的公益性并承担了一定的社会管理职能。船东互保协会的会员入会的目的是享受协会所提供风险保障服务并为此支付会费，而协会成立之首要目的就是向会员提供风险保障服务。这种服务的范围一般不会扩展至会员之外的其他同业者，而且船东互保协会承担风险责任的资金本身也正是源于会员缴纳的会费，故船东互保协会的成立目的完全是成员的私人利益服务。

同时，国际上的船东互保协会营利性投资是协会保持储备金保值增值，提高偿付能力，增强抵御风险的实力，减轻会员会费支付成本压力的重要手段。即使其盈利所得不在会员间进行分红，最终也能减少会员应负担的会费成本。因此，有观点认为船东互保协会虽然不以营利为目的，但也并非完全没有营利性。

（三）与会员利益的不完全趋同性

一方面，船东互保协会的会员是协会的成员，会员根据协会章程行使会员的权利义务，并对协会进行内部治理。另一方面，船东互保协会与通常意义的行业协会的重要不同还在于船东互保协会与会员之间并非仅是基于行业组织与行业成员之间的社会关系，而是处于特定的合同关系中的相对方，彼此承担了具体的义务。从这一点来说，在二者的合同关系中，船东互保协会与其会员之间更重要的是平等民事主体之间的合同关系，而不仅是协会的内部治理所涉及的其他法律关系。因此，从法律关系论，船东互保协会是独立于其会员的，具有独立的法律地位和法律上的权益，与会员存在一定的对立性。

也有观点认为船东互保协会的上述保险合同可以被认为是全体会员共同制定的，保赔保险合同“具有会员合同和保险合同的双重法律关系”“是全体会员共同

---

〔54〕 陈晓军：《论互益性法人》，载《比较法研究》2008年第3期。

〔55〕 郭小聪、宁超：《互益性依赖：国家与社会“双向运动”的新思路——基于我国行业协会发展现状的一种解释》，载《学术界》2017年第4期；陈晓军：《互益性法人法律制度研究——以商会行业协会为中兴》，中国政法大学2006年博士学位论文；姚旭：《浅析行业协会组织的法律属性》，载《沈阳工程学院学报》（社会科学版）2010年第3期。

〔56〕 张丽娟：《论我国行业协会的法律规制》，载《政法论丛》2007年第1期。

制定的,而不是强加于会员的”。[57]但这种观点是建立在协会完全体现会员自治、体现每个会员的利益的理想状态。而相互保险组织的内部治理并不必然体现这种理想状态。

同时,会员制度并非意味着协会行为所体现的利益与每一位会员的利益一致。船东互保协会作为全体会员组成的集合体,其法人意志独立于每一位会员的意志,其所追求的利益也不同于个体会员的利益。船东互保协会所关注的是基金的保值增值、保证偿付能力、限制承保风险的扩大等事宜,而个体会员则是关注其承担的给付义务、风险发生时的赔付等问题。因此,尽管协会所关注的利益有助于保持会员整体作为具有同质风险的共同体的长期风险负担能力,但是二者在保险合同关系中所持的立场在某种程度上有所不同,甚至存在一定的对立。

另一方面,相互保险组织本身存在的“强大的内部人控制”的问题是公认的治理难题,[58]实际制约着投保人作为组织所有人和成员的权力的实现。现代船东互保协会也不例外,虽然成员大会是协会的最高权力机关,但协会保险条款的建议和起草等职权往往是协会董事会的职责范围,[59]管理层实际对于保险条款的内容、解释和理赔操作等问题有更大的影响力。因此,会员与协会之间的关系更多仍是体现在保险条款中的承保人与被保险人之间权利义务关系,会员作为协会“所有人”或“社团成员”的法律地位实则受到限制。

---

〔57〕 中国船东互保协会诉深圳光汇石油集团股份有限公司保赔合同纠纷案:(2012)广海法初字第341号。

〔58〕 刘燕、李敏:《相互保险在中国:理念、特征与挑战》,载《保险法前沿》(第四辑)。

〔59〕 如北英船东互保协会的董事会(Directors)享有修改、增加或废除保赔保险条款的权力,而成员理事会(Member Board)则仅有根据董事会的建议或提议作出决议的权力。参见 North of England Protecting & Indemnity Association Limited. Members Board – Terms of Reference,载 https://www.nepia.com/members – board – terms – of – reference – final/,最后访问日期:2019 年 12 月 15 日;North of England Protecting & Indemnity Association Limited. Article of Association,载 https://www.nepia.com/publications/articles – of – association – 2019,最后访问日期:2019 年 12 月 28 日;另如 Gard 互保协会、Skuld 互保协会、Swedish 互保协会等知名船东互保协会的组织章程中也均将对于保险条款(Rules)的决定权交由董事会来行使,或不作为会员大会(General meeting)审议的议题范围。参 Gard 互保协会章程第 6 条[Article 6 of Amended and Restated Bye – Laws of Gard P&I (Bermuda) Ltd.];Gard P&I Club. Corporate Governance Manual 2019,载 http://www.gard.no/Content/19808843/CorporateGovernanceManual_Dec2019.pdf,最后访问日期:2019 年 12 月 26 日;参见 Skuld 互保协会章程第 1.7.6 条(Article 1.7.6 of Skuld Statues 2019):The Skuld. Statues 2019,载 https://www.skuld.com/contentassets/11b0345af9b84481864d42ae63520f70/2019_skuld_statutes.pdf,最后访问日期:2019 年 12 月 28 日;参瑞典互保协会章程第 8 条(Article 8, Article of Association):The Swedish Club. Article of Association 2018,载 https://www.swedish-club.com/media_upload/files/Corporate%20Governance/TSC%20Articles%20of%20Association%202018.pdf,最后访问日期:2019 年 12 月 30 日。

因此,采用相互保险制度的船东互保协会的内部治理结构中,协会会员与协会之间的法律地位依然是更多体现为保险人和被保险人的关系,二者之间的协议也更多体现为明显的保险合同关系,会员权实际上存在很多限制。从多家知名船东互保协会的内部决策结构看,尽管会员与协会的一致性可能占主导,尤其是大船东会员组成的董事会会积极参与并有决策权,但不能否认的是,船东互保协会的一般会员对于保险合同条款内容的直接决定权是非常有限的,因此,会员与协会之间的船东互保合同的所谓"会员合同"的性质并不应过度解读。

(四)经营的跨国性

船东互保协会在运营上的特点之一是其存在国际联营性。现代国际上主要的船东互保协会并非是独自为各自会员提供保障与赔偿的服务。国际上几家知名的船东互保协会组成的国际保赔协会集团建立了分保机制,以增加各成员互保协会的对外风险承担能力。国际保赔协会集团是"协会的协会",集团内各协会分摊一定数额以上的索赔,并以集团的名义在国际保险市场上安排再保险,使集团内各协会能够以最优惠的费率获得最广泛的保险保障,将保赔保险的风险最大限度地降低和分散。根据这种索赔分摊池的安排(Clubs' claims pooling arrangement),目前国际保赔协会集团各成员的赔偿自留额为1000万美元。对于超过自留额以上的索赔,才通过国际保赔协会集团的风险保障机制进行补偿。国际保赔协会集团的保障机制分为集团自留、超额损失再保险以及巨灾分摊等三个层次:集团自留的额度为1000万美元到1亿美元;超额损失再保险的范围为1亿美元到21亿美元;巨灾分摊是针对超过21亿美元再保限额的索赔,通过向船东征收巨灾会费来解决(但为减少风险,对其中的10亿美元部分进行再保险)。但对会员征收的巨灾会费最高不能超过入会船按《1976年海事赔偿责任限制公约》计算出来的非人身的海事赔偿责任限额的2.5%。通过三个层次的安排,国际保赔协会集团最高能为船东提供约77.5亿美元的保障。但是,对于油污风险,国际保赔协会集团规定的保险限额为10亿美元,对于旅客责任的保险限额为20亿美元,对于旅客与船员责任的保险限额为30亿美元。[60] 基于国际保赔协会集团成员协会之间分摊赔偿额度的安排,主要的互保协会成员的大额理赔实际是通过全球的主要船东互保协会分摊。这种互保协会间的分摊安排加强了互保协会的抗风险能力和理赔能力。由于加入分摊机制的优势,即便是未加入国际保赔协会集团的互保协会也需要通过国际分保来保障其对外的赔偿能力,而并非仅仅依赖于会员缴纳会费形成的基金来保障理赔,如中国船东互保协会也通过与六家国际保赔协会集团中的主要互保协会建立合作关系,保障其对外理赔能力。

---

〔60〕 参见国际互保协会集团网,载 https://www.igpandi.org/reinsurance,最后访问日期:2019年12月25日。

船东互保协会的业务范围也趋向国际化。虽然国际互保协会集团中多数成员的名称都体现了较为明显的地域特色，但随着其发展，船东互保协会的地域性逐渐减弱，名称中体现区域的用词也逐渐成为一种传统的留存，主要的互保协会的入会成员构成体现着国际化的趋势。例如，历史悠久的西英船东互保协会，其入会船舶覆盖了各大洲（其中亚洲占39.7%，希腊占20.7%，欧洲占27.3%，中东非洲占7.2%，美洲占5.1%）[61]。我国的中国船东互保协会的会员也包括了国外企业，而不仅是国内航运公司[62]。另外，中资船舶加入外国互保协会的现象较为常见。2018年，我国商船总吨位达到2.57亿吨，[63]而同年，中船保的入会船舶总吨位超过6000万吨。[64]从上述数据可见，加入外国互保协会的我国商船吨位要远高于加入中国船东互保协会的我国商船数量。

由此可见，互保协会所经营的保险业务呈现明显的国际化特点，而外国互保协会在另一国进行展业也因此较为普遍。这种现象又进一步带来了对一国对境外互保协会在内国经营的监管问题。

二、我国船东互保协会的本土特征

（一）政策性特征

与欧洲和美国的船东互保协会的历史起源不同，我国的船东互保协会由政府批准建立，并呈现出政策性特点。中国船东互保协会不是由船东自发组织建立，而是在政府的支持、批准甚至推动之下，由国有航运企业和行政部门牵头，经国务院批准建立的。截至目前，我国的国际性船东互保协会仅有中国船东互保协会一家，全国性的渔业互保协会也仅有中国渔业互保协会（渔船船东互保协会）一家。[65]

---

〔61〕 转引自西英保赔协会2019年度报告（Annual Review 2019）。参见West of England P&I Club. Annual Review2019，载https://www.westpandi.com/getattachment/78dc2fd6-5cb1-48a1-984e-b741df5d54c6/annual-review-2019.pdf?disposition=attachment，最后访问日期：2019年12月26日。

〔62〕 根据中国船东互保协会网站上的资料，截至2018年，中国船东互保协会已经发展成为拥有177家会员、逾6000万吨的国际保赔协会。会员主要包括中国远洋海运集团、招商局集团、河北远洋运输集团、山东海运股份有限公司、福建国航远洋集团、伟马集团、加拿大西斯班（Seaspan）公司、香港东方海外货柜航运有限公司、新加坡万邦集团、新加坡太平船务、韦立国际集团等海内外大型知名航运企业。参见中国船东互保协会网，载http://www.cpiweb.org/cpiwebmanager/pages/about.jsp?type=XHGK&menuCode=XHGK&SYSMODULE_ID=1426，最后访问日期：2019年12月27日。

〔63〕 参见《中国水运发展前所未有的四十年——访交通运输部原副部长徐祖远》，载中华人民共和国交通运输部网，http://www.mot.gov.cn/jiaotongyaowen/201812/t20181218_3145686.html，最后访问日期：2019年12月26日。

〔64〕 参见中国船东互保协会网，载http://www.cpiweb.org/cpiwebmanager/pages/about.jsp?type=XHGK&menuCode=XHGK&SYSMODULE_ID=1426，最后访问日期：2019年12月29日。

〔65〕 其前名为渔船船东互保协会。沿海省份陆续成立地方渔业互保协会。

从中国船东互保协会发起的原因看,我国作为世界重要的贸易大国,进出口贸易需要拥有不断提升的航运产业以及庞大的商船队伍,而航运保险成为制约或限制船东进行营运的重要条件。在此种背景下我国政府意识到,如果构成航运保险两个支柱的商业保险和保赔保险不能自主,则很可能出现受制于人的情况,影响我国航运业的稳定性,为此由原交通部组织成立了中国船东互保协会。可见,中国船东互保协会并不是完全基于航运参与者的自由组合而建立,其后续发展也未完全脱离政府政策的鼓励。在国内市场环境中,中国船东互保协会短期内也并无其他同类型的组织与之竞争,〔66〕其成立伊始就肩负着在国际船东互保市场中与国际其他互保协会竞争的使命;尽管中国渔业互保协会以及各省渔业互保协会都声明是由渔民或者从事渔业生产经营单位自愿成立,但实际其成立之时都有政府的推动与支持,有的省市甚至会给予政策性财政补贴。与此不同的是,我国《相互保险组织监管试行办法》框架下的互助性保险组织则基本是基于市场环境由市场参与者自发筹建的,并在经营中处于国内外市场的竞争中。

因此,基于我国目前的船东互保协会组建的过程、目的以及协会的性质,我国的多数船东互保协会是一类政策性较强的互益性社团法人组织,在主体监管上不宜按照《相互保险组织监管试行办法》作为商事主体的"互助性保险组织"来进行监管,而应通过单行法律或行政法规的方式,对船东互保协会这类具有政策性和战略性的民事主体单独规定其成立方式、组织模式和内部治理结构。这既有利于未来其他更为专业性的船东互保组织的组建,也有利于我国现有的船东互保协会摆脱被定义为"社会团体"的尴尬境地。此种关于船东互助保险组织的立法方式已经为我国周边的日韩等国家采纳,〔67〕用以解决船东互保协会的相关法律问题。

(二)规制法律的模糊性

1. 保险业法下的定性

我国《保险法》所调整的保险属于商业保险。〔68〕《保险法》起草之初,在报送

---

〔66〕 当然由于商业保险公司和船东互保协会所提供的保险种类日益趋同,故我国的船东互保协会与保险公司还是存在业务上的竞争。

〔67〕 日本于1950年通过了《船主相互保险组合法》(The Shipowners Mutual Insurance Association Law),并在同年10月成立了日本船东互保协会。参见 Japan P& I Club. History,载 https://www.piclub.or.jp/en/about/History,最后访问日期:2019年12月15日;韩国于1999年2月通过了《船东相互利益保险协会法》(Shipowners' Mutual Benefit Insurance Association Act),并在2000年1月正式成立和运营韩国船东互保协会(Korea P&I Club)。参见 Korea P&I Club. History,载 https://www.kpiclub.or.kr/sub/about_history_page,最后访问日期:2019年12月28日。

〔68〕 《保险法》第2条规定:"本法所称保险,是指投保人根据合同约定,向保险人支付保险费,保险人对于合同约定的可能发生的事故因其发生所造成的财产损失承担赔偿保险金责任,或者当被保险人死亡、伤残、疾病或者达到合同约定的年龄、期限等条件时承担给付保险金责任的商业保险行为。"

《保险法》草案说明时就明确该法调整的仅是商业保险，而不包括社会保险，后者将留待专门立法予以规范。[69] 后在2009年《保险法》修订中，将经营保险业的主体范围扩大到包括“法律、行政法规规定的其他保险组织”。根据《关于〈中华人民共和国保险法（修订草案）〉的说明》，2009年修订的《保险法》对经营保险业主体进行修订的原因是“为给相互制、合作制等保险组织以法律地位，修订草案增加规定，相互制、合作制等形式的保险组织由法律、行政法规另行规定，其保险业务活动适用本法规定。”[70] 也就是说，《保险法》还承认其他法律或行政法规规定的保险组织从事的保险业务，尽管此类保险不是该法所直接规定的保险形式。[71] 如该法第184条还规定，农业保险和强制保险，都由其他法律、行政法规另行规定。[72]

随着银保监会《相互保险组织监管试行办法》的颁行，多家相互保险组织获得批准进行筹建[73]并已经获得开业许可[74]。除了公司制的相互保险组织，我国还有以农业保险互助社为形式的规模较小的组织。自2011年我国首家农村保险互

---

〔69〕 扈纪华：《我国商业保险领域的第一部基本法》，载《当代司法》1995年第8期。

〔70〕 参见《关于〈中华人民共和国保险法（修订草案）〉的说明》，载中国人大网，http://www.npc.gov.cn/wxzl/gongbao/2009-06/09/content_1517192.htm，最后访问日期：2019年12月29日。原文节选：“二、进一步完善保险行业基本制度　（一）完善保险公司组织形式　国外保险业中普遍存在相互制保险公司的组织形式。相互制公司具有合作性质，比较适合在县域保险等领域发挥作用。经国务院批准，2004年年底阳光农业相互保险公司作为我国第一家相互制保险公司开始了有益的尝试。”《国务院关于保险业改革发展的若干意见》提出，“探索发展相互制、合作制等多种形式的农业保险组织”。为给相互制、合作制等保险组织以法律地位，修订草案增加规定，相互制、合作制等形式的保险组织由法律、行政法规另行规定，其保险业务活动适用本法规定。”

〔71〕 《保险法》第6条规定：“保险业务由依照本法设立的保险公司以及法律、行政法规规定的其他保险组织经营，其他单位和个人不得经营保险业务。”

〔72〕 《保险法》第184条规定：“国家支持发展为农业生产服务的保险事业。农业保险由法律、行政法规另行规定。强制保险，法律、行政法规另有规定的，适用其规定。”

〔73〕 参见《保监会批准筹建首批相互保险社我国多层次保险市场体系建设迈出全新步伐》，载中国银行保险监督管理委员会网，http://bxjg.circ.gov.cn/web/site0/tab5207/info4033580.htm，最后访问日期：2019年12月29日；另见《关于筹建众惠财产相互保险社的批复》（保监许可〔2016〕552号）、《关于筹建信美人寿相互保险社的批复》（保监许可〔2016〕551号）、《关于筹建汇友建工财产相互保险社的批复》（保监许可〔2016〕550号）。

〔74〕 参见中国银行保险监督管理委员会：《关于众惠财产相互保险社开业的批复》（保监许可〔2017〕101号），载http://bxjg.circ.gov.cn/web/site0/tab5239/info4059517.htm，最后访问日期：2019年12月30日；中国保险监督管理委员会：《关于信美人寿相互保险社开业的批复》（保监许可〔2017〕462号），载http://bxjg.circ.gov.cn/web/site0/tab5239/info4068935.htm，最后访问日期：2019年12月27日；中国银行保险监督管理委员会：《关于汇友建工相互保险社开业的批复》（保监许可〔2017〕623号），载http://bxjg.circ.gov.cn/web/site0/tab7765/info4073938.htm，最后访问日期：2019年12月25日。

助社“伏龙农村保险互助社”试点运行后，我国的农村保险互助组织也不断出现。[75]《相互保险组织监管试行办法》中对相互保险组织的登记和注册做了相应的要求，即“相互保险组织应当经中国保监会批准设立，并在工商行政管理部门依法登记注册”。伏龙农村保险互助社即在工商局注册为集体企业，且接受中国保监会的监管。如果仅从船东互保协会所从事的互保业务模式看，其行为与《相互保险组织监管试行办法》中“相互保险”的经营行为无异。但是目前我国的船东互保协会是登记在民政部的社会团体法人，而并非是登记在工商管理部门的组织，更不是以公司法人的模式运营。故从民事主体性质的角度，尚不能认为我国的船东互保协会等同于《相互保险组织监管试行办法》所规定的“相互保险组织”。

此外，《相互保险组织监管试行办法》并不限制“相互保险组织”的营利性，也并未将“相互保险组织”定义为“非营利组织”。已经由银保监会核准成立的三家相互保险社在其组织章程中也未将自身定义为“非营利性组织”。如信美人寿相互保险社、汇友财产相互保险社、众惠财产相互保险社的章程中即允许向会员分配盈余。[76] 但中国船东互保协会以及我国目前的渔业互保协会均将自身定位为社会团体法人，而基于社会团体的性质，理论上也不能向成员分配收益，[77]这是船东互保协会被定性为“非营利性”范畴的主要原因；船东互保协会会员在通常的会费外，还有追加会费的义务也是船东互保协会非营利性的另一体现。同时，这种安排使协会会员与互保协会的偿付能力相关联，避免了互保协会因赔付额过高而产生亏损，从而保持良好的偿付能力，这是船东互保协会的保赔保险与商业保险公司的商业保险之间差异的再一表征。总之，中国船东互保协会是按照《社会团体登记

---

〔75〕 中国银行保险监督管理委员会浙江监管局：《关于瑞安市兴民农村保险互助社开业的批复》（浙保监许可〔2015〕3872号），载 http://zhejiang.circ.gov.cn/web/site39/tab2260/info3976344.htm，最后访问日期：2019年12月28日。

〔76〕 《信美人寿相互保险社章程》第218条规定：“本社可以采取以下方式进行盈余分配：（一）降低保费或抵扣后续保费；（二）增加保额；（三）以现金方式进行分配；（四）其他董事会及会员代表大会认可的方式。”

《汇友财产相互保险社章程》第212条规定：“本社提存的会员盈余分配准备金，可以采用现金分红、转为保费、增加相应保额等方式使用。采用现金分红或转为保费的，可以结转至下一个年度。”

《众惠财产相互保险》第188条规定：“本社可以采取以下方式进行盈余分配：（一）以现金方式进行分配；（二）会员（代表）大会及董事会认可的其他方式。”

〔77〕 《社会团体登记管理条例》第26条第2款规定：“社会团体的经费，以及开展章程规定的活动按照国家有关规定所取得的合法收入，必须用于章程规定的业务活动，不得在会员中分配。”

管理条例》[78]成立在民政部注册登记,业务上接受交通运输部指导。[79] 但值得指出的是,目前尚无法律、行政法规来规制其特殊的业务形式。正因为协会是一个在民政部登记的社会团体法人,而非企业法人,因此协会将其宗旨确定为为会员服务,性质上属于非营利性的互助行业组织,没有明确规定为相互保险组织,导致司法实践中关于船东互保协会的法律地位争议较大。2003 年 5 月 15 日保监会在《关于船东互保协会问题的复函》(保监办函〔2003〕78 号)中对湖北省高级人民法院的答复指出:"根据《中华人民共和国保险法》第二条、第九条,以及《国务院关于成立中国保险监督管理委员会的通知》的规定,中国保险监督管理委员会负责对全国商业保险进行监督管理。船东互保协会从事的活动不属于《中华人民共和国保险法》第二条规定的商业保险行为,因此,不属于中国保险监督管理委员会的监管范围。"2004 年 5 月 26 日,最高人民法院在《关于中国船东互保协会与南京宏油船务有限公司海上保险合同纠纷上诉一案有关适用法律问题的请示的复函》对湖北省高级人民法院的请示答复为:"中国船东互保协会不属于我国《保险法》规定的商业保险公司。中国船东互保协会与会员之间签订的保险合同不属于商业保险,不适用我国《保险法》规定,应当适用我国《合同法》等有关法律的规定。"[80]

2. 海事行政法以及海事诉讼法的实践

2010 年由交通运输部颁布的《中华人民共和国船舶油污损害民事责任保险实施办法》(以下简称《实施办法》),将"保险机构"一词的外延扩展到了"互助性保险机构",并且在其条文规则中允许"在我国境内设立代表机构或者代理机构"的境外互助性保险机构(如互保协会)向中国国内船舶提供该《实施办法》下的强制保险。此外,在中华人民共和国海事局《关于公布 2009 年度中国籍船舶油污损害民事责任保险人名单》(海船舶〔2009〕30 号)中,中国船东互保协会就位列该名单中首位。在《2013 年度中国籍船舶油污损害民事责任保险机构名单》(海船舶〔2012〕828 号)中,中国船东互保协会同样名列首位,并在通知中特别强调"经征求国务院保险监督管理机构的意见"。中国船东互保协会虽然只是社会团体法人,但根据较早的最高人民法院交通运输审判庭《关于认可中国船东互保协会担保的通知》(法交〔1989〕4 号)以及《关于认可中国船东互保协会之担保事》(法交〔1989〕5 号),海事法院即接受中国船东互保协会为其会员船舶和与之建立通信代理关系的外国互保协会入会船舶提供的担保。中国船东互保协会的担保函与其他

---

〔78〕 中国船东互保协会在成立时所适用的是 1989 年 10 月 25 日国务院颁布的《社会团体登记管理条例》。该条例目前已经根据 2016 年 2 月 6 日《国务院关于修改部分行政法规的决定》修订。

〔79〕 参见中国船东互保协会网,载 http://www.cpiweb.org/cpiwebmanager/pages/about.jsp? type = XHGK&menuCode = XHGK&SYSMODULE_ID = 1426,最后访问日期:2019 年 12 月 24 日。

〔80〕 参见〔2003〕民四他字第 34 号。

商业保险公司具有同等的担保信誉。此外,我国《海事诉讼特别程序法》规定了保赔保险的地域管辖和会费纠纷的海事请求保全。该法第6条第4款规定:“因海上保赔合同纠纷提起的诉讼,由保赔标的物所在地、事故发生地、被告住所地海事法院管辖。”最高人民法院《关于适用〈中华人民共和国海事诉讼特别程序法〉若干问题的解释》第6条又将“保赔标的物所在地”明确解释为“保赔船舶的所在地”;《海事诉讼特别程序法》第21条第17款规定,因船舶所有人或者光船承租人应当支付或者他人为其支付的船舶保险费(包括互保会费)的海事请求,可以申请扣押船舶。可见,在程序意义上,《海事诉讼特别程序法》并未对保赔保险作商业与非商业的区分,船东互保协会所经营的保赔保险完全可以适用。

三、保赔保险合同归类于保险合同的合理性

(一)保险合同当事人的关系

如前文所述,国际船东互保协会的内部治理结构中,协会会员与协会之间的法律地位则是更多体现为保险人和被保险人的关系,确切地说,二者之间更多体现为明显的保险合同关系,会员权实际上存在很多限制。这就回应了“互保协会”在字面上容易带来的歧义——保赔保险合同完全是会员与会员之间的互保关系,但互保协会实际的经营管理模式却体现为保险人与被保险人的保险关系。现代船东互保协会随着规模的扩大,会员与会员之间的联系趋向于淡薄。尤其在管理公司成立的情况下,尽管会费收取与保险费的收取模式有差异,但船东会员更多地与管理公司进行交易,其与互保协会之间的关系实质上演变为与管理公司之间的关系。

我国船东互保协会的经营方式与国际船东互保协会基本一致。但我国船东互保协会社会民间团体的登记管理模式,导致其保险人的特性被进一步掩盖。中国船东互保协会与渔业互保协会按照社会团体法人的模式进行管理具有时代局限性,甚至是一个历史错误——其既不能体现出作为社会团体法人进行管理的优势,也没有法理依据必须采取此种管理模式。现在社会中对于任何实体的管理模式更应依据其行为确定,而不是名称。必须承认的现实是,国际船东互保协会的保险性早已被普遍接受并呈现保险或金融监管的大趋势,我国与《相互保险组织监管试行办法》下的“相互保险组织”也已经纳入保险监管的轨道,我国船东互保协会虽存在会费与国际再保的差异性,但并不意味着排除其保险人特性。

(二)行为的商业性

最高人民法院《关于中国船东互保协会与南京宏油船务有限公司海上保险合同纠纷上诉一案有关适用法律问题的请示的复函》认为“船东互保协会不属于我国《保险法》所规定的商业保险公司。中国船东互保协会与会员之间签订的保险合同不是商业保险合同”。即使船东互保协会的经营模式具有保险性,其是否具有商业性似乎也值得考量。

我国《保险法》未对商业保险的范围进行界定，有学者认为，“商业保险”所对应的概念应是社会保险。[81] 我国《保险法》所调整的“保险行为”应是私主体之间的商事保险行为，与其相对的概念除社会保险外，还包括政策保险等政府为履行社会管理行为的保险行为。“商业保险”的范畴应考虑保险行为的目的和承保的风险种类。据此条件，船东互保协会所从事的保险活动显然仍属于私主体之间的活动；其提供的保险服务也不同于日常的消费者保险，因为协议的双方均是专业的航运组织。故船东互保协会所从事的保险活动显然并不属于社会保险或政策保险的行为，而应归类于专业的商事行为。

也有观点认为，商业保险的特征是具有营利性。关于营利性的边界，国际上看并无明确的标准，需根据各国的法律及文化综合判定。我国的船东互保协会的目的非营利性也不应当成为其活动不属于商业保险活动的理由。虽然船东互保协会不同于商业公司为其成员带来“积极利益”，但船东互保协会所提供的服务确使会员获得“消极利益”，而这种也被民法学者认为是营利性行为的一种。[82] 船东互保协会的盈余可能会根据董事会决议纳入理赔基金，从而间接地可能减少会员所承担的分摊会费，并可能增加对会员的保障力度——其目的仍是为了会员利益的商业运营服务。因此，即使船东互保协会的经营活动并非以向成员分配利润为目的，其行为是一种经营行为，属于商行为的一种。

实际上，将是否存在“营利分配”作为是否属于商业保险的划分标准并非国际通行做法。如我国台湾地区“保险法”虽在立法体例方面与大陆《保险法》相似，将保险行为法（保险合同法）和保险业法一并规定，但在其中未将保险的范围以“商业保险”作为语义上的限制，而是对于保险行为做了较为普遍性的定义，且将保险合作社明确为法律认可的保险业组织形式，但考虑到合作社内部治理的特殊性而对该类组织的内部治理规则适用其他相关法律规定之；《英国 1906 年海上保险法》非但没有将相互保险（mutual insurance）排除在该法对海上保险合同的法律规制之外，反而在立法中明确了“相互保险”仍属于该法下的“保险”范畴，仅是将有关保险费的规定排除强制适用。

对于我国现行《保险法》中对于“保险”定义，中国保险法学会研究会已经在《〈保险法〉（第三次重大修订）专家建议稿》[83]（以下简称《专家建议稿》）中曾在修改理由上明确指出不应将保险限制于“商业行为”，也不再将《保险法》所调整的

---

〔81〕 郑尚元：《社会保险之认知——与商业保险之比较》，载《法学杂志》2015 年第 11 期。

〔82〕 史尚宽：《民法总论》，中国政法大学出版社 2002 年版。

〔83〕 尹田、任自力、贾林青等：《〈《保险法》（第三次重大修订）专家建议稿〉最终成果》，载《保险法前沿》（第四辑）。

保险合同以保险公司作为保险人订立者为限。[84]

四、保赔保险的立法应对

(一)公司成立以及监管法律

从《相互保险组织监管试行办法》看,相互保险组织成立的上位法依据是《保险法》和《农业保险条例》。其中农业相互保险组织属于《农业保险条例》下的保险机构的一种。[85] 从《相互保险组织监管试行办法》中相互保险的定义判断,[86] 中国渔船船东互保协会是由农业部主管、民政部批准的相互保险、非营利性的社会团体,其组织形式与中国船东互保协会一致,都应属于相互保险组织的范畴。但目前《保险法》中并未规定其成立的法律依据,也没有相关保险条例对此进行规范。地方船东互保协会(如重庆船东互保协会和贵港市船东互保协会),都是由地方民政局监督并接受由地方交通部门业务指导,其成立的法律依据也不清晰。

从监管法律层面看,中国船东互保协会的成立时间要早于《相互保险组织监管试行办法》实施的时间,且我国现有船东互保协会的既有条件在组织的登记注册方式、会员人数、初始运营资金等诸多方面与《相互保险组织监管试行办法》所设立的相互保险组织的设立条件存在差异。从船东互保协会参与国际竞争以及获得国际认同的现实需求看,我国现有的保险监管规则对国际船东互保协会的管理运作具有较大的不适应性。考虑到中国船东互保协会的历史发展以及其国际业务竞争的现实需求,对其单独设定与其他商业保险公司和相互保险组织不同的监管规则确有必要。[87] 地方船东互保协会尽管也与国外再保险公司存在分保协议,但当前其经营模式尚不符合保赔保险的特征,更接近于固定费率的商业保险。因此,应考虑地方船东互保协会的经营模式的规范化并确定与之相适应的监管规则。

境外船东互保协会在中国境内扩展业务的监管也面临同样的境遇。《外国保

---

〔84〕《专家建议稿》对于《保险法》第 2 条的修改建议为:"本法所称保险,是指投保人根据合同约定,向保险人支付保险费,保险人对于合同约定的保险事故因其发生所指损失承担赔偿或给付保险金责任的风险转移行为"。《专家建议稿》将《保险法》第 10 条中对保险合同中的"保险人"的定义修改为:"保险人是指与投标人订立保险合同,并按照合同约定承担赔偿或者给付保险金责任的保险公司或其他保险组织。"

〔85〕《农业保险条例》第 2 条第 2 款规定:"本条例所称保险机构,是指保险公司以及依法设立的农业互助保险等保险组织。"

〔86〕《相互保险组织监管试行办法》第 2 条规定了相互保险的定义:具有同质风险保障需求的单位或个人,通过订立合同成为会员,并缴纳保费形成互助基金,由该基金对合同约定的事故发生所造成的损失承担赔偿责任,或者当被保险人死亡、伤残、疾病或者达到合同约定的年龄、期限等条件时承担给付保险金责任的保险活动。

〔87〕日本船东互保协会即是根据日本《船主相互保险组合法》(the Ship Owners' Mutual Insurance Association Law),在 1950 年成立的。参见 Japan P&I Club. History,载 https://www.piclub.or.jp/about/history,最后访问日期:2019 年 12 月 27 日。

险机构驻华代表机构管理办法》虽将其所调整的“外国保险机构”定义为“指在中国境外注册的保险公司、再保险公司、保险中介机构、保险协会及其他保险组织”，但是我国银保监会已经明确表示船东互保协会所从事的业务不属于其调整范围，也就是说国际互保协会的经营管理的特殊性已经被充分认识到。如果船东互保协会在未来被纳入《保险法》调整的范畴和保险监督管理部门的监管范围，则境外互保协会在中国境内从事经营也应当遵守我国《保险法》对相互保险的强制性规则，也应当在我国保险监督管理机构核准和备案。除了国际保赔协会集团成员外，国际还存在数个不同规模的保赔协会，各协会的偿付能力、服务网络差异较大。如在未来监管规则中要求在我国境内展业的外国互保协会向保险监督管理部门提供基本信息、资信情况、偿付能力等方面的证明或者保证金，以及在我国经营的外国互保协会的保险条款在我国保险监督管理机构核准和备案等监管事项的设立，也需充分兼顾保赔保险的性质。

修改《海商法》时将保赔保险合同纳入海上保险合同并进行特别规定，则可为《保险法》中的业法部分将中国船东互保协会纳入调整范围时进行区分对待奠定了基础。同时，在《海商法》中明确保赔保险的海上保险特性，也有助于实现针对境外船东互保协会制定符合国际保赔保险的通行做法的监管规则，最终促进境外船东互保协会规范经营，为中资船舶提供优质的保险服务。

（二）合同纠纷的适用法

我国现行《保险法》和《海商法》第十二章“海上保险合同”中规定了保险合同的一系列基本规则，包括提示说明义务、告知义务、保险利益原则、保险合同解除权等。这些规则是针对保险合同及海上保险合同的特殊性而量身定做。而在未来针对海上保赔保险合同的法律条文制定时，应明确《保险法》和《海商法》相应法律规则的适用性。

首先，保险合同法中的基本规则应适用于保赔保险合同。如上文所述，保赔保险合同与《保险法》下的商业保险合同和《海商法》法的海上保险合同具有相同的特征。从宏观角度，保险是以行为人付出保险费为代价，将个体损失或个体所负的危险全部或部分地直接转移给保险人，最终分散于社会的一种安全制度。[88] 船东互保协会的经营模式并不异于上述理念。基于相同的经营模式，承保方与投保方之间形成的法律关系均属于民法中所称的“射幸合同”，保险合同法中的“诚信原则”、“告知义务”以及“保险利益原则”等制度仍应尽量适用于此类合同，以避免道德风险。

其次，保险法中对于保险合同条款的解释规则是否也应适用于保赔保险合同，需要在立法中加以斟酌。一方面，无论是保险合同，还是保赔保险合同，其中所指

〔88〕 参见王文宇、林全国、王志诚、许忠信、汪信君：《商事法》，中国人民大学出版社2008年版。

定的合同条款本身就是服务的内容,只有基于明确的条文所限定的风险内容,承保方才能合理的核算基于特定的风险应向被保险人(或会员)收取的费用标准。这就导致了这两类合同的条款必须是事先确定的。另一方面,如前文所分析,无论是船东互保协会,还是一般性的相互保险组织,其与会员之间的保险合同并不完全被认为是全体会员共同制订的合同。会员制的内部治理结构并不能使互保组织作为独立法人主体的利益和被保险人的个人利益相一致,从而消除合同条款提供方制定单方有利的合同标准条款的可能。这是保赔保险合同归类于保险合同的原因之一。《保险法》在规则中设定了合同解释原则以及保险关系双方的基本权利义务,以保证在由承保方提供条款的情况下双方权利义务的平衡。《海商法》也设定了保险免责条款的提示和说明义务。这些合同解释规则或者保险免责条款的提示和说明义务是否适用保赔保险合同,应根据保赔保险是否归类于或参照海上保险合同来进一步判定,因为海上保险合同(包括保赔保险合同)具有明显的商业性,与《保险法》所需要调整的保护消费者类型的普通保险应有所区别。

最后,保赔保险合同的普遍性条款均约定了"先付原则"〔89〕。这一条款业已形成了船东互保协会与会员之间的一种习惯性约定。关于该条款是否可以阻碍有权向被保险人索赔的第三人直接向船东互保协会索赔应依据保险法律确定。英国的2010年《第三人(对保险人的权利)法案》通过"权利转移"(transfer of the right)的方式以将被保险人针对保险人的权利转移给第三人来赋予其针对保险人的直接诉权,而不需先行证明其对于被保险人的索赔主张和金额已经被法律认可。但英国法认为,如果保赔合同已经明确约定了"先付原则",则互保协会有权援引该抗辩来对抗第三方的索赔。〔90〕英国判例已表明第三人在向互保协会提起直接诉讼要求给付保险金时由于"先付条款"的存在而困难重重〔91〕。我国《保险法》第65条对解决责任保险下第三人的直接诉讼作了专门规定。〔92〕尽管保赔保险应归属

〔89〕 如《中国船东互保协会2014年保险条款》第8条"通用规则"第1款规定:"……除非董事会另作决定,会员从本协会取得对任何责任、开支或费用的赔偿的先决条件,是其必须首先解除该责任和付清该开支和费用。……"

〔90〕 Jonathan Gilman, Professor Robert M. Merkin, Claire Blanchard et al., *Arnould: Law of Marine Insurance and Average* (18th edition), London: Sweet & Maxwell, 2013, pp. 4 - 14.

〔91〕 Frima C - Trade S. A. v. Newcastle Protection & Indemnity Association [1987] 2 Lloyd's Rep. 299; Socony Mobil Oil Co. Inc. and Others v. West of England Ship Owner Mutual Insurance Association Ltd. [1987] 2 Lloyd's 599. 上述两个案例中,英国法院最终认为先付条款的存在会阻碍第三人依据《1930年第三人(对保险人的权利)法》向互保协会提出直接索赔。

〔92〕 根据我国《保险法》第65条的规定,第三人向责任保险的保险人直接要求支付保险金的情形有三类:(1)保险合同约定或法律、法规规定的;(2)被保险人对第三者应负的赔偿责任确定的,根据被保险人的请求,保险人应当直接向该第三者赔偿保险金;(3)被保险人怠于请求的,第三者有权就其应获赔偿部分直接向保险人请求赔偿保险金。

于保险的范畴,但普通保险法中的制度并非完全适用于保赔保险。《保险法》第65条中规定的第三人针对责任保险人的直诉权就是需要审慎考虑的一类。根据《保险法》第65条的规定,如被保险人对第三者应负的赔偿责任已经确定,被保险人可以主动要求其责任保险人向第三方支付赔偿。该种对被保险人的直接请求向第三方支付的规则与"先付原则"设立的目的就存在冲突。"先付原则"之所以存在是因为互保协会的理赔基金来自一定数量的船东汇集资金形成,如果因个别会员船东自身破产或出现其他丧失清偿能力的情况下有权要求协会向第三方支付,这将导致其他会员将实际共同承担该会员自己的债务,而前者在承担后却又无法从向该会员获得追偿,最终会损害其他出资会员的权益。这点与一般的商业责任保险的运作机制存在差异。所以"先付原则"被船东互保协会接受为一种"黄金条款"。在英美法下,保赔保险合同中的"先付原则"条款则可以作为责任保险人的抗辩理由对抗第三人。[93] 因此,基于保赔保险的性质,《保险法》第65条所赋予被保险人直接请求责任保险人向第三方给付的条款不应作为针对船东互保协会的保赔保险的法律默示条款,[94]并应明确"先付原则"在保赔保险合同中的法律地位。同时,基于相同的理由,《保险法》第65条中"被保险人怠于请求的,第三者有权就其应获赔偿部分直接向保险人请求赔偿保险金"的规定在保赔保险合同中的适用条件也应加以限制,应充分考虑"先付原则"的存在和商业价值。

综上所述,保险法律制度适用于保赔保险的范围判断,与保赔保险是否应归类于海上保险范畴密切相关。

(三)海上保险的特别法

从保赔保险的历史发展以及其承保风险内容,其更具海上保险的特征。这也从反向印证普通商业保险的法律制度对其不适用性有着深刻的实践原因。

1. 海上保险渊源

保赔保险诞生于18世纪,具有相当清晰的海上保险渊源。当时英国海上保险业已远远不能满足蓬勃发展的航运业需求:一方面,由1720年《反投机法》(The Bubble Act,又称《泡沫法案》)所调整的皇家保险交易所(the Royal Exchange Assurance)和伦敦保险所(the London Assurance)仅经营风险较低的保险险种,其他公司和社会团体则被排除在海上保险市场之外。另一方面,受《泡沫法案》保护的个人保险业赔付能力较差,其动辄破产更是令被保险人苦不堪言。在保险失灵的

〔93〕 现在多数保赔协会虽然在保单的"先付原则"条款覆盖人身伤亡赔偿责任,但是从多种因素考虑,互保协会往往会基于董事会的自由裁量权放弃该抗辩理由。参见 The *Fanty* and the *Padre Island* [1989] 1 Lloyd's Rep. 239。

〔94〕 责任保险人对第三人抗辩原则,针对责任保险人对人身伤亡和环境污染的保险赔偿责任,则可以考虑不适用此种豁免。

情况下,英国船东尝试在互助共益的基础上(on a mutual basis)承保自己船舶的风险,每一位会员既是被保险人又是其他会员的保险人,这就慢慢组建成船舶(船壳)保险协会(the Hull Clubs)。至18世纪末,英国建立了大量的友好互保协会。随后,英国开始了以蒸汽机发明为标志的工业革命,很快应用至航运业,对传统的法律原则和其他不适应航运业需求的法律保障制度提出了挑战。英国1854年《商船法》和1846年《致命事故法》导致的索赔激增,在这种情况下,旧的船舶保险协会逐步被改造为"保障"(Protecting)或"保护"(Protection)协会,旨在减轻船东风险。协会主要帮助船东抵御两种风险:一种是人员死亡和身体伤害责任;另一种是常规海上保险单不予承保的碰撞责任。[95] 1870年Western Hope轮案,英国上诉法院判决船东因绕航对船上货物的灭失负有责任。[96] 这个案例不仅开创了海商法律认定船东对货物负有责任的先例,也使从1871年起,货主开始向船东提出大量的货损索赔。面对这样一项新的、数额巨大的责任风险,船东对保险的需求明显增加。1874年,英国成立了一家新的承保船东对货物责任的互保协会——汽船船东互保和赔偿协会(the Steamship Owners' Mutual Protection and Indemnity Association,又称船东互助赔偿协会,Ship Owners Mutual Indemnity Club),它标志着海上保险业界第一家保障和赔偿协会的诞生。之后各家互保协会纷纷效仿,将船东货损责任的风险(船舶所运载货物的灭失、短少或损坏的责任风险)也列入了承保范围。后来互保协会又逐渐承保港口拖带合同责任,即在拖轮与码头相撞的情况下,即使被拖船舶没有实际过失,船东对码头损失和拖轮损失也负赔偿责任,互保协会将对诸如此类的合同责任予以承保。随着保赔保险的发展,将保障与赔偿一分为二的承保分类不复存在,各家协会都将其合并在一起承保。同时,为了区分协会之间的风险承保差异,凡承保货损风险的船舶保障协会均改名为我们现在所熟知的"保障与赔偿协会"(以下简称互保协会,Protection and Indemnity Club, P& I Clubs)。

互保协会很快发展为船东责任保险的最主要提供者。1899年,为了加强船东互保协会的赔偿能力,英国的六家互保协会在伦敦签订分摊协议,成为国际保赔协会集团的雏形。[97] 后来其他互保协会陆续签约加入,组成了国际保赔协会集团。该集团是出于分保目的和解决大多数成员关系问题而组成的联营体,作为非法人的团体由某一成员协会作为代表进行管理。集团内部协会各自独立经营,按照集

---

〔95〕 早期的普通海上保险对船舶碰撞责任不予承保,最初的保赔保险对碰撞责任完全承保,这与目前常见的1/4碰撞责任不甚相同。

〔96〕 Steven J. Hazelwood, David Semark, *P&I Clubs: Law and Practice*, Informa, 2010, p. 7.

〔97〕 联合王国保赔协会(UK P&I Club)、布雷塔尼亚保赔协会(Britannia Club)、标准保赔协会(Standard Club)、伦敦保赔协会(London Club)、纽卡斯尔保赔协会(Newcastle Club)以及桑德兰保赔协会(Sunderland Club)等六大保赔协会签署了"联营协议"。

团的内部规则公平竞争。目前国际保赔协会集团主要的13位成员所承保的责任保险覆盖了世界约90%的远洋船舶吨位（ocean - going tonnage）。[98] 1967年Torry Canyon案之后，海上的保赔保险开始向现代化转型，开始涵盖溢油污染事故的责任。1997年Nagasaki Spirit案之后，[99]保赔协会和其他海上保险业成员共同制定了SCOPIC条款，作为对一般LOF下救助费用确定方式的补充。

2. 承保范围的高度关联

互保协会承保的碰撞责任是船舶保险中碰撞责任的补充。（1）许多国家的船舶保险仅承担3/4碰撞责任，剩下的1/4碰撞责任由船东互保协会承担。（2）互保协会还承保船舶保险人不予承保的超额碰撞责任，即一艘保险金额相对较小的入会船舶与另一艘价值相对较大的船舶发生碰撞而产生的超额责任。船舶保险人承保的其他船舶碰撞的赔偿有一定限额，对他船的责任超过这个限额，则不予赔偿。互保协会所承保的碰撞责任就是船舶保险人不予承保的、由船东承担的上述超额碰撞责任。（3）在海上发生船舶碰撞以后，入会船舶可能赔付许多费用，如对方船舶上人员的死亡费用、码头损坏费用、航道清除费用、油污费用、清除障碍物及残骸的费用等，它们在船舶保险中恰恰属于除外责任，需由互保协会予以衔接承保。

互保协会还承保船东不能收回的共同海损分摊和船舶保险不予承保的海难救助中的特别补偿费用。例如，船东在开航之前或当时，未能谨慎处理使船舶适航，为避免船货发生共同危险而产生的合同费用或者牺牲即使被认定为共同海损，货方也可能依法拒绝支付应付的分摊金额。对于此种损失，如果不能从船舶保险人那里得到补偿，船东可以从互保协会获得补偿。

基于保赔保险与海上保险的高度关联性，国际保险实践基本上将保赔保险归类于海上保险。可以说，现代海上保赔保险与承保一般海上风险的商业保险一起

---

〔98〕 集团成员现包括美国保赔协会（American Steamship Owners Mutual Protection and Indemnity Association, Inc.）、布雷塔尼亚保赔协会（The Britannia Steam Ship Insurance Association Ltd.）、嘉德保赔协会［Assuranceforeningen Gard（Gjensidig）］、日本保赔协会（The Japan Ship Owners' Mutual Protection and Indemnity Association）、伦敦保赔协会（The London Steam - Ship Owners' Mutual Insurance Association Ltd.）、北英保赔协会（The North of England Protecting and Indemnity Association Ltd.）、船东互保协会［The Shipowners' Mutual Protection and Indemnity Association（Luxembourg）］、斯库尔德保赔协会［Assuranceforeningen Skuld（Gjensidig）］、标准保赔协会（The Standard Steamship Owners' Protection and Indemnity Association Ltd.）、汽船保赔协会（The Steamship Mutual Underwriting Association Ltd.）、瑞典保赔协会［Sveriges Angfartygs Assurance Forening（The Swedish Club）］、联合王国保赔协会［The United Kingdom Mutual Steam Ship Assurance Association（Bermuda）Ltd.］、西英保赔协会［The West of England Ship Owners' Mutual Insurance Association（Luxembourg）］。

〔99〕 ［1997］1 Lloyd's Rep. 323.

共同构成了海上风险的保障体系。而保赔保险合同争议的法律适用,也应在《海商法》中给出解决方案:对保赔保险合同给出相应定义,并明确《海商法》第十二章对保赔保险合同的适用或参照适用。

总之,船东互保协会作为具有悠久历史传统的相互保险组织,其所从事的保赔保险活动符合海上保险活动的特点,因此保赔保险合同不宜适用《保险法》《合同法》进行调整。基于国际保赔保险的共性特征以及全球协调的必要性,我国船东互保协会虽具有独特的成立依据以及主管部门,但具有融入国际保赔的意愿和现实需求,其营运模式也与国际保赔保险的普遍做法保持一致。因此,从法律逻辑和行业监管要求来考察,有必要将船东互保协会的保赔保险活动与一般的相互保险组织区别开来。为实现此目标,《海商法》修改中亟须明确保赔保险应适用《海商法》,或者至少应明确参照适用《海商法》。此种体例安排,不仅有益于确定保赔保险的法律适用,而且有益于明确保赔保险的特殊性以及其特殊的监管规则需求,最终提升我国船东互保协会的服务水准以及国际竞争力,也为未来国内沿海内河船舶的船东互保协会的国际化发展消除立法障碍。

第五节　航运自保公司

近年来,我国逐渐发展起另外一种特殊的保险公司,被称为自营保险公司或自保公司。此类公司是由非保险企业拥有或控制的,其主要目的是为母公司及其子公司的某些风险提供保险保障。自保公司最初出现于19世纪中期,如19世纪40年代美国船东创办Atlantic Mutual,为自己提供劳合社承保人所无法提供的海上保险服务。在20世纪60年代至80年代,全世界的自保公司得到迅速发展。自保最初是作为企业内部的风险管理机制,但在后续的发展过程中逐渐对外开放,也为与母公司无隶属关系的企业提供保险。今天自保已被世界各地的商业机构广泛使用,成为国际上一种流行的风险管理的内部筹资方式,甚至发展为利润中心。自保公司这一特殊的保险组织以其特有的优势为保险市场体系的完善与发展作出了不可替代的贡献。[100] 我国在60年代也曾短期出现海运企业停止向保险公司投保以节省保费的情形,但没有成立的专业的自保公司。

一、自保公司的法律性质

当前自保公司主要分为纯粹自保公司、主要自保公司、联合自保或集团自保公

〔100〕 参见李明秋:《发展专业自保,完善保险市场体系》,载《中国保险管理干部学院学报》2001年第1期。

司、风险自留集团或租借式自保公司等形式,[101]经营的侧重点各有不同。例如,美国的自保公司主要经营意外险业务,尤其是产品责任和职业责任保险,而欧洲的自保公司通常为财产及物质损失提供保障;有的自保公司从事直接保险业务,有的从事再保险业务。相比于向商业保险公司投保,成立自保公司具有以下优势:(1)经营成本低。与商业保险公司收取的保费标准相比,就相同保障范围的保险而言,自保公司的费用更低。其原因是自保公司不需要承担商业保险公司通常需要发生的市场推广、宣传、运营开支等行政费用,且由于不必支付佣金,可以减少承保成本。同时,自保公司在与商业保险公司或再保险公司进行业务往来时,具有较强的谈判优势,可以就承保范围、费率等方面讨价还价,而不是像一般企业只能被动地接受对方提出的保险条件。此外,就母公司而言,设立自保公司还可以节约保费、税费,并通过提取准备金进行资金运作,为母公司增加投资收益。自保公司对保险资金的投资收益完全为投资者所有,而不是被与投资者无关的保险公司获得。自保公司能够使资金在母公司停留较长的时间,并且在赔款上有较大的变通空间,因而可以有效地降低集团现金流量的不稳定因素。(2)具有防灾防损优势。保险的最高社会价值目标并非是赔偿,而是防损。自保公司基本由大型公司设立,具有本行业专业化的风险管理经验,可通过损失控制和安全指引来有效实现防灾防损的目标。(3)保险方案针对性强。在保险市场中,商业保险公司对于某些特别风险可能并不提供保险保障,或者是即使提供也要支付较高的保险费。因此,自保公司可以针对特别风险设置专门险种。同时基于自保公司对风险分布的掌握和专业管理,可以使保险、再保险的安排更加契合其整体需要,有利于进行全球保险统筹安排。

从国内外自保公司的发展趋势看,其作为企业新型风险转移的工具越来越得到大型企业的青睐。随着我国航运保险市场竞争激烈程度的加剧以及市场的完善和体系化形成,航运自保公司必然成为我国大型航运企业或集团在选择风险管理方式时的重要选择,航运自保公司在我国的发展也必然受到关注。

---

[101] 纯粹自保(pure captive)公司,是指完全为母公司所拥有和控制并仅以母公司拥有的主要业务为保险对象的公司。主要自保(senior captive)公司,是指完全为母公司拥有和控制,但其承保的风险除了来自母公司,还来自外部其他公司。联合自保(association captive)或集团自保(group captive)公司,是指由两个或两个以上母公司合作承保这些母公司风险的公司。这些母公司共出保费,同担风险。风险自留(risk retention captive)集团,这是一种特殊形式的联合自保公司,主要是专门承保某种特定责任风险。这种类型的自保公司产生于美国,是依据1981年的产品责任风险自留法案和1986年的责任风险自留法案批准成立的。租借式自保(rent - a - captive)公司,是指那些提供自保服务设施的保险公司,该公司向与之并不相关的组织提供自保的服务设施,主要目的是为了向缺乏资金或不愿出资创办专业自保公司的企业或组织租借资本或执照,使其能够通过该平台开展自保业务并获得承保收益和投资收益。

二、自保合同的法律适用

从我国《保险法》第 2 条关于保险的定义看，自保公司从事的保险是否属于《保险法》所调整的范围，除了考察其收取保险费并就承保损失作出赔偿的行为特征外，还需要判断其性质上是否属于商业保险。[102] 尽管自保公司的商业行为与常规的商业保险存在差异，其不是依据大数法则和行业经验获得项目风险定价，而是依据专业经验确定更为合理的承保费率以平衡自保公司的盈亏，但其盈亏理念与常规的商业保险公司并无根本性差异，而且从自保公司的经营目标看，其旨在为母公司制定和优化保险管理策略，提供有力的风险管理服务，有效降低风险成本，在性质上具有明显的商业特征。同时，自保公司的母公司以专业技术力量向自保公司提供支持为条件获得费率优惠，该行为仍可归类为商业行为，而且自保公司通常利用此种专业的风险设计优势来控制或影响自保或再保险市场，而与自保公司交易的再保险人更多是常规的商业保险公司，因此将自保公司归类为商业保险更具合理性。

尽管自保公司属于《保险法》下所称的保险，保险合同也将受《保险法》的规制，但是，对于自保公司的设立与监管，应以《保险法》中保险业法的内容为基础根据相应的政策调整。2013 年 12 月，保监会发布《关于自保公司监管有关问题的通知》（保监发〔2013〕95 号）对自保公司的设立条件、筹建和开业、保险经营和监督管理进行了规定，从内容上看监管部门目前对自保公司参照常规商业保险公司管理，但在注册资本、股东、业务对象以及监督管理等方面作了一些差异化要求，如将自保公司的业务范围确定为母公司及其控股子公司的财产保险和员工的短期健康保险、短期意外伤害保险业务。考虑到自保公司分散风险的需要，允许自保公司业务分出，但应符合再保险监管相关规定。分入业务仅限于标的所有人为其母公司及其控股子公司的财产保险业务，以防止商业保险市场的风险传递到自保公司。不过值得注意的是，在我国保险法律法规对保险市场经营主体的界定中，尚未针对自保公司这一范畴。

此外，自保的公司以及航运自保公司的保险条款审批或备案要求与常规商业保险条款也无差异。航运自保公司所订立的海上保险合同纠纷的法律适用与常规海上保险合同完全一致。

---

〔102〕《保险法》第 2 条规定："本法所称保险，是指投保人根据合同约定，向保险人支付保险费，保险人对于合同约定的可能发生的事故因其发生所造成的财产损失承担赔偿保险金责任，或者当被保险人死亡、伤残、疾病或者达到合同约定的年龄、期限等条件时承担给付保险金责任的商业保险行为。"

第四章　海上保险合同的订立、解除与转让

第一节　海上保险合同的订立与变更

一、海上保险合同的订立

海上保险合同作为合同的一种，其订立要受一般合同法调整，需要满足要约、承诺等合同订立的基本要求。同时，海上保险合同的订立，还会因在不同地点订立而受到差异化市场惯例的影响。例如，同样一份海上保险合同，在中国市场上订立就不同于在英国市场上订立，即使同样是在英国，伦敦市场与伦敦外市场对订立的理解和惯例又有不同。相比于我国，英国海上保险合同的订立更具特色，且在国际市场中具有举足轻重的地位，因此本部分将以英国海上保险合同订立的相关法律问题为重点进行研究。

(一)英国市场海上保险合同的订立

英国的海上保险市场分为两大部分：伦敦市场和本土其他市场。二者在订约习惯、操作流程上均存在较大差异。另外，由于历史传统等各方面原因，二者实务中的业务范围也略有不同：伦敦市场既承保船舶保险也承保货物保险，其他市场一般仅承保货物保险业务。伦敦市场一般包括保险公司市场(Companines' Market)和劳合社(Lloyd's of London)两个部分。

1. 伦敦市场(London Market)

(1)概述

伦敦市场是以"认购"(subscription)为基础运作的，该传统已有上百年历史，被认为是伦敦市场最鲜明的特色之一，因此也有人将伦敦市场形象地称为认购市场。所谓"认购市场"(subscription market)，不是指某一个市场实体，而是一种市场运作方式。其特征如下：

第一，风险分割。认购市场机制下，同一承保风险被不同保险人以认购一定风险百分比的方式加以分割，每个保险人仅对自己认购的部分承担责任。

第二，文件、资金的集中化处理。各保险人仅负责签名认购一定百分比的风险，与该保险合同有关的后期工作包括确认各保险人认购额、核对文件和签名、代保险人签发保险单、核算保险费等均交由集中化处理机构——伦敦市场保单签发

办公室（人们通常所说的 XIS）统一进行。[1]

(2)伦敦市场订约流程

在伦敦市场订立一份保险合同，通常需要经历如下几个步骤：

第一，保险经纪人根据被保险人的要求准备承保条（slip）。当被保险人有投保需求时，通常会首先选择一位在特定险种领域内有丰富经验的经纪人，将其保险需求详细告知经纪人，并根据经纪人的询问针对有关保险标的的情况提供准确信息。保险经纪人利用其专业知识对被保险人的需求和保险标的的具体情况进行评估，整合信息，制作承保条。[2] 传统的伦敦市场的承保条通常由四部分组成：第一部分主要是对风险的描述，其中包括以标准合同条款的形式进行的描述或者可能附加非标准条款。第二部分标题为"认购协议"，这部分主要是阐述了在认购市场中如何处理合同的修订以及对合同发生的争议。第三部分标题为"告知信息"（information），这些信息有助于保险人准确评估风险，同时，当双方就被保险人是否在合同订立前履行告知义务发生争议时，这一部分的记载内容常常被作为法官裁判案件时的辅助证据。第四部分记载国家有关税收和保险监管的规定。这四部分都有明确的标题，除第一部分的标题未被强制性确定外，其他三部分的标题不能更改、删除或增添其他内容。

经过 2007 年 7 月的《市场改革合同》（the Market Reform Contract，MRC）之后，新的 MRC 作为标准合同格式和与之相配套的《合同确定性操作准则》（Contract Certainty Code of Practice）于同年 11 月正式投入使用。相比于传统的承保条，MRC 从结构和内容上更加清晰地表现了保险合同双方的合意，它包括六个部分的内容，分别是风险描述（risk details）、告知信息（information）、安全信息（security details）、认购协议（subscription agreement）、税收与监管（fiscal and regulatory）、经纪人薪酬及扣除额（broker remuneration and deductions）。

第二，寻找首席保险人（leading underwriter，也称 slip leader）。保险经纪人在对市场进行综合考察后，会选中在此类保险领域具有较高声望的一个或多个保险人作为其意向的首席保险人，向其发出订立保险合同的要约（offer）。保险经纪人对首席保险人的选择至关重要，该承保风险能否得到其他保险人的认购，很大程度上取决于业内其他保险人对首席保险人专业权威性的认可。

第三，首席保险人认购。意向首席保险人可以就承保条记载的保险条款与保险经纪人协商并作出修改，直到达到一个双方满意的程度。随后意向首席保险人

---

[1] 第一家集中化处理机构是 Lloyd's Underwriters' Signing Bureau，成立于 1915 年。Xchanging Insure Services（XIS）成立于 2001 年，由多方共同出资成立，其中 Lloyd's 拥有 25% 股权，International Underwriting Association of London 拥有 25% 股权，Xchanging BV 拥有 50% 股权。

[2] 有关承保条的具体内容请参见本书第三章第二节。

就会在承保条上签字表示同意承保，该签字行为在伦敦市场被称为“认购”(scratch/initial)。一旦首席保险人在承保条上签字，就构成了法律意义上的承诺(acceptance)，保险合同在被保险人与首席保险人之间即告成立。首席保险人在签字的同时，会明确其认购的风险百分比。

第四，其他保险人加入认购。在获得首席保险人认购后，保险经纪人会持该承保条向其他保险人发出认购要约。对该承保风险有兴趣或对首席保险人的专业权威有信心的其他保险人，会以在承保条上签字并声明认购百分比的方式作出法律意义上的承诺，从而成为该保险合同的保险人。除首席保险人以外，其他在承保条上签字认购风险的保险人，被称为认购保险人(subscribing underwriters)。

第五，签发保险单。当达到被保险人预期的承保额度时，保险经纪人就会结束承保条的认购。重新准备一份被称为 signing slip 的文件，其上有保险条款、包括首席保险人在内的所有认购保险人名单及各保险人最终的风险认购百分比。[3] signing slip 交由首席保险人检查与原始承保条一致后，通常保险经纪人还会帮忙起草保险单(policy)，随后有关文件全部会交由 XIS 核实。核实无误后，XIS 会代各保险人签发保险单。

至此，一份意向中的承保风险就通过伦敦市场完成了其承保的全过程，“承保条认购制度”的基本流程即告完成。保险经纪人在保险合同的订立过程中发挥着重要的作用，从准备承保条、寻找首席保险人、发出认购邀请、到提交签发保险单有关文件等均由保险经纪人一手主导。可见，保险经纪人是伦敦市场下保险合同订立过程中不可或缺的重要角色。

依照伦敦市场惯例，保险经纪人向某个保险人出示承保条寻求认购即为一个有效的要约，该保险人在承保条上签字认购即为一个有效的承诺，此时一个有效的保险合同在该保险人与被保险人之间成立，与保险单是否签发无关。事实上，由于保险经纪人需要在风险认购到一定程度时，才会结束承保条认购，统一向 XIS 办理包括签发保险单在内的后续手续，因此保险合同的成立与保险单的签发间隔数月的情况，在伦敦市场是很常见的。虽然《英国 1906 年海上保险法》第 22 条明确规定仅有保险单才是法庭唯一可接受的保险合同存在的证明，[4] 但这丝毫不影响整个伦敦市场对于承保条一经签字保险合同即告成立的认定，一旦发生保险事故，某个或部分保险人选择全额赔偿，不会妨碍其他保险人选择抗辩。

---

〔3〕 各保险人最终的风险认购百分比，可能会因 signing down 的影响，不同于其最初认购的百分比，详见下文。

〔4〕 《英国 1906 年海上保险法》原文：Section 22：Subject to the provisions of any statute，a contract of marine insurance is inadmissible in evidence unless it is embodied in a marine policy in accordance with this Act. The policy may be executed and issued either at the time when the contract is concluded，or afterwards.

从很早以前,伦敦市场就开始按照这种“承保条认购制度”进行操作,这种做法益处颇多。一方面避免了因全部风险交由一个保险人承保,单个保险人无法承保的情况发生;另一方面使各个保险人均有机会进入认购市场,共同承保,相互分摊风险。许多保险人可以共同参与对同一风险的评估、承保,有利于保险市场综合业务能力的整体提升。

(3) signing down——伦敦市场认购制度下需要了解的特色

依照伦敦市场的惯例,当承保条下的风险得到被保险人预期的全部认购后,保险经纪人有权将认购行为超额继续下去。当承保条最终结束认购时,所有保险人的原始认购百分比将依照被保险人预期认购总额与所有保险人实际认购总额的比例自动下调至一个新的认购百分比,这一过程就称为 signing down,中文或可译为“下调认购百分比”。举例说明,被保险人授权保险经纪人在伦敦市场订立一份80%认购额的保险合同,有保险人 A、B、C 分别认购 10%、30%、40% 的风险,则该承保风险至此已经得到了全部认购。但保险经纪人没有关闭承保条,而是选择了继续寻求认购,于是保险人 D 又加入了认购行列,并且认购了 80% 的风险。随后,保险经纪人结束了承保条下的认购。虽然总认购额已经超越了被保险人授权的80%达到了160%,但保险人 A、B、C、D 作为该保险合同下保险人的地位并不会受到影响,只是他们最终的认购百分比,通过 signing down 这一过程而按照超额比例下调为 5%、15%、20%、40%,从而在总和上满足了被保险人对于 80% 认购的要求。下调后的认购百分比(signed down percentage),是各保险人最终实际承担的认购百分比,也是计算保险费及出险后赔偿金的标准和依据。

保险人为确保自己认购的百分比不致受超额认购的影响而下降到一个不可接受的程度,有时会在认购时要求保险经纪人作出一个“关于认购百分比下调率的说明”(或称为保证),此保证被称为 signing indication。如上段提及的例子,保险经纪人作出的 signing indication 就会是 signing 50%,意为原始认购百分比会下调 50%。保险经纪人作出的“关于认购百分比下调率的说明”,会在保险经纪人与保险人之间产生一个独立于保险合同的合同,如果保险人原始认购百分比的下调率未能达到保险经纪人承诺的程度,则保险人有权向保险经纪人寻求补偿。由于保险经纪人所作出的认购百分比下调率仅依赖于其对于未来认购信息的判断,不可能完全精确,因此市场惯例上允许保险经纪人对认购百分比下调率的说明存在 10% 的误差。只要最终的认购百分比在误差允许的范围内,都是可以被接受的。需要注意的是,无论保险人最终的认购百分比是否在认购百分比下调率说明的误差允许范围内,保险人都需要按照该认购百分比对被保险人承担保险合同下的责任。另外,如果 signing indication 被写入了承保条,则其会成为保险合同的一部分,其效力就不仅存在于保险人与保险经纪人之间,还会及于被保险人。

超额认购后再通过 signing down 下调认购百分比，看似比较复杂，却有其存在的现实必要。如被保险人最初仅想向市场寻求 50% 的风险承保，保险经纪人通过超额认购使认购总额达到 100%，此时如果被保险人改变主意想要寻求 80% 的风险承保，则保险经纪人无须再次寻求认购，只需按约定或按比例相应上调现有各保险人的认购百分比即可。由此可见，伦敦市场作为世界海上保险市场的领军者，其每一项看似复杂的制度都有着其存在的必要价值。这些制度的产生和发展，很多时候并非是基于法理，更多的是基于市场和现实的需要。

2. 其他市场

其他市场（Outside the London Market），指伦敦市场以外的英国海上保险市场。其他市场有自己的运转规则，却也并非与伦敦市场完全割裂，二者既有相同之处，也存在一定差别。相同之处主要有以下方面：(1) 伦敦市场广泛使用的承保条，其他市场也同样会使用。(2) 除了合同另有约定外，两市场保险合同成立时间相同，都是自保险人在承保条上签字之时成立。(3) 保险经纪人同样在订约过程中发挥着重要的作用。(4) 保险单的签发与否均不影响保险合同的成立。

不同之处主要有以下方面：(1) 其他市场保险合同的订立，主要受一般合同法原则的调整；伦敦市场除受一般合同法调整外，认购的市场惯例对保险合同的订立有着深远的影响。(2) 较之伦敦市场以认购为基础的风险分割承保，其他市场保险合同的订立不以认购为基础，其风险分割方式和交易习惯不同于伦敦市场。(3) 由于不存在多个保险人的认购，故无文件及资本集中化处理的必要，因此其他市场不存在像伦敦市场中 XIS 性质的集中化处理机构。(4) 在伦敦市场中，首席保险人是其他保险人的代理人，一般情况下，保险经纪人只能与首席保险人协商投保事宜；在其他保险市场，保险经纪人可以与其他各个保险人分别协商。(5) 伦敦市场的多数制度与再保险制度有直接衔接，如前文提及的承保条和 signing down 制度。参考下文论述，再保险业务也是伦敦市场的主要业务之一，但在其他市场不存在这种情况。

3. 几类特殊的合同

下述几类合同由于其自身性质或实务操作中存在特殊性，需要特别讨论。

(1) 再保险合同（reinsurance contract）

再保险是指保险人将其所承保的风险和责任向其他保险人再投保的行为，通过再保险合同来实现。再保险合同于 18 世纪中期在英国首次出现，其合法性在于再保险人对于保险人承保的保险标的具有保险利益，这种保险利益的合法性也被《英国 1906 年海上保险法》第 9 条所确认。有时候，承保的风险过于巨大，即使在伦敦市场上进行了风险分割，分割后的风险对于保险人来说仍然难以承受。则保险人会要求保险经纪人先办理好再保险事宜，自己才愿意在承保条上签字认购。[5] 面对此种情况，保险经纪人会先准备好再保险的承保条，向意向中的再保险人寻求再保险下的风险认购，愿意承保的再保险人会在再保险承保条上签字认购。由于此时作为再保险合同另一方当事人的保险人尚未确定，因此不能认为再保险合同已经成立，再保险人的签字认购仅能被视为一个要约。不过，在其他条件具备时，再保险人的签字认购有可能会被认定为一个存在于再保险人与保险经纪人之间的有约束力的合同，但不属于再保险合同。当保险经纪人将再保险人签过字的再保险承保条交给保险人并得到保险人认可接受后，一个有效的再保险合同才刚刚成立。在此之前，再保险人随时可以撤回自己关于再保险的要约，其唯一可能面临的风险是与保险经纪人间的违约责任。

（2）预约保险（open covers）

预约保险单是海上货物运输保险的常见形式之一，但无论在我国还是国际保险业界都没有对其作出权威的定义。[6] 不同于一般的逐笔海上保险，预约保险合同在订立时对于保险标的的具体情况尚不能确定，因而只能就意见已经达成一致的事项作出粗略的记录，如承保期间、保险费率、承保险别、保险标的范围、每一保险或地点的最高保险金额及保险费结算办法等。其他具体详细内容如装运货物的船名、航线、货物价值和保险金额等，在每批货物发运前，据被保险人的申报（declaration）再确认。预约保险合同涉及的单证包括预约保险单和保险凭证。我国《海商法》第231条和第232条第1款分别规定，预约保险合同应当由保险人签发预约保险单证加以确认。应被保险人要求，保险人应当对依预约保险合同分批装运的货物签发保险单证。在实务中，一般由保险人将空白的保险凭证交给被保险人，当每批货物承运后被保险人将其详细信息填写完整，并提交给保险人，保险人经审核在保险凭证上签字盖章或另外签发航次保险单。保险凭证的内容应与预约保险单内容完全相符，若不相符，则应以特殊的保险凭证记载为准。这也符合《海商法》第232条第2款的规定，保险人分别签发的保险单证的内容与预约保险单证的内容不一致的，以分别签发的保险单证为准。

至于在预约保险合同下被保险人是否有义务将未来一段期间所有符合投保条件的全部货物均向保险人处申报，以及保险人是否必须全部接受，这关系到保险人的保险责任是否自货物装上船时自动开始，是国内保险实务中的争论点。最高人

---

〔5〕《英国1906年海上保险法》原文：Section 9：(1) The insurer under a contract of marine insurance has an insurable interest in his risk, and may reinsure in respect of it. (2) Unless the policy otherwise provides, the original assured has no right or interest in respect of such reinsurance.

〔6〕浮动保单（floating policy）被认为是预约保险保单的前身，其在很多方面与预约保险存在一定相似之处，但不完全相同。《英国1906年海上保险法》第29条有关floating policy的规定，实务中有时会酌情适用于预约保险。

民法院《关于长春大成玉米开发公司与中国人民保险公司吉林省分公司海上保险合同纠纷一案的请示的复函》中，认为“投保人长春大成玉米开发有限公司（以下简称大成公司）依据该协议向中国人民保险公司吉林省分公司（以下简称保险公司）投保，保险公司在协议约定的期限内不得拒绝投保人大成公司的投保，投保人大成公司也要在协议约定的期限内将其出运的货物全部在保险公司投保，这应是预约保险合同的对等义务”。[7] 该复函对实务具有一定的指导作用，但国内有保险人认为该复函仅针对个案，并非针对国内预约保险条款的所有情形。

当前实务中存在预约保单、选择/义务接受的预约保单（facultative/obligatory covers）、选择性预约保单（facultative covers）三种。在选择/义务接受的预约保单下，被保险人可以通过申报有选择地将满足要求的货物向保险人处投保，保险人必须接受；在选择性预约保单下，被保险人可以有选择地将满足要求的货物向保险人处投保，保险人也可以有选择的接受。三者虽然都是关于批量货物的保险合同（或框架协议），但在保险合同成立时间方面存在根本性的不同。预约保险合同本身就是一个有效的保险合同，只要该合同成立，保险合同即告成立，与货物是否装上船、被保险人是否履行申报义务无关。货物装上船的时间，是保险责任开始的时间，并不是保险合同成立的时间。至于被保险人是否履行申报义务，既不影响保险合同的成立，也不会影响保险责任的开始，只要被保险人是善意的，申报的作用更多地体现在保险费的计算上，如美国、挪威等协会或公司的预约保险单。[8] 选择/义务接受的预约保单下，对于投保货物，被保险人有权利选择性投保，保险人却没有权利拒绝，因此选择/义务接受的预约保单订立之时，并不能认为已经存在了一个有效的保险合同，因为被保险人并无必须投保的义务。一般认为，选择/义务接受的预约保单仅是保险人发出的一个持续性要约，当被保险人选择将某批货物通过申报向保险人处投保时，一个有约束力的保险合同才刚刚成立。也就是说，选择/义务接受的预约保单本身并不是一个保险合同，被保险人的每一次申报，都成立一个单独的保险合同，每一个批次货物的保险合同之间不发生关系。选择性预约保单下，由于合同双方都具有选择权，无义务性，所以本质上来讲，选择性预约保单并不是一个合同，而仅是一个未来订约的意向。因此选择性预约保单下，只有当被保险人向保险人作出了投保的申报，保险人接受了申报，二者之间才刚刚成立了一个保险合同。

当前我国很多保险人基于对部分被保险人诚信的担忧，更倾向于主张预约保险属于类似于选择/义务接受的预约保单的预约保险模式。因此，如果被保险人期

---

〔7〕 参见民四他字［2001］第25号。

〔8〕 《美国海上保险人协会的预约保险条款》；《挪威1995年海上货物保险条款》（Norwegian Cargo Clauses：Conditions relating to Insurance for the Carriage of Goods of 1995）。

待“保险责任自货物装上船时自动开始”的法律效果,需在预约保险保险合同中予以明确。

(3)授权协议

首席保险人协议(leading underwriters agreements)、约束性授权(binding authorities)与分保条(line slips)是伦敦市场经常出现的合同形式,但三者都不是保险合同,从性质上说更接近于授权协议。

首席保险人协议的存在,大大提高了伦敦市场认购制度的运作效率,其赋予了首席保险人代表同一承保条下其他认购保险人为一定行为的权利。这些权利可能包括代为同意承保条款、修改条款、接受预约保险下被保险人的申报、处理包括和解在内的索赔事宜等。首席保险人可以代其他认购保险人为哪些行为,完全取决于首席保险人协议的约定。传统的首席保险人协议通常用很简单的用词赋予首席保险人非常广泛的代表权利,经常导致纠纷的发生。为解决这一问题,在伦敦市场推行的改革计划中包含了一项新首席保险人协议标准格式(general underwriters agreement,GUA)。GUA 有六个不同版本以适应不同种类保险的需要,其中有三个版本是针对海上保险的。GUA 将有关条款划分为三个类别(categories):第一类条款,首席保险人有权自行代其他认购保险人修改;第二类条款,需要首席保险人和其他保险人共同批准才可修改;第三类条款,只有各个保险人自己拥有修改的权利,修改后的条款仅对此保险人有效。GUA 下,首席保险人被称为代理人(Agent),即 GUA 认为在首席保险人与其他保险人之间成立的是代理关系,一旦发生首席保险人超越实际授权给其他保险人造成损失时,其他保险人有权要求赔偿。不过由于 GUA 并不强制适用,不愿为此背负责任的首席保险人可以通过选择其他种类的首席保险人协议从而避开代理理论的适用。毕竟,首席保险人的权力是来源于代理理论还是行政上的帮助,仍要看首席保险人协议如何措辞。

授权协议,是保险人授权某一主体代替自己签订保险合同的业务授权书,被授权人被称为承保代理人(cover holder)。之所以会有此授权,是因为在某些情况下,承保代理人比保险人更容易进入某些保险市场。根据授权协议,承保代理人被视为保险人的代理人,其存在完全是为了被代理的保险人的利益,因此保险合同下的一切利益均归属于保险人,保险人也因此而有权利查看保险合同订立过程中的一切往来文件,这是授权协议与首席保险人协议的一个明显区别。

分保条,是保险人授权首席保险人或其他人代为订立符合本授权要求的保险合同的书面授权协议。表面看来,分保条似乎与首席保险人协议非常相似,其实二者之间仍有很大区别。第一,分保条的授权通常仅局限于保险合同的订立,首席保险人协议的授权则要广泛得多,通常包括合同的订立、条款的修改甚至后期索赔的处理;第二,分保条通常是由管理人(Managing Agent)代表辛迪加所作出的给予其他管理人[9]或保险人的授权,首席保险人协议则是存在于同一承保条下的保险人间的相互授权,与管理人无关。

(二)中国市场海上保险合同的订立

1. 订约习惯和流程

我国的海上保险市场,与伦敦市场不同,没有将风险拆分承保的习惯,保险公司通常独立完成对一个风险的承保。由于这种区别于伦敦保险市场拆保、认购的实践做法,保险经纪人在中国市场并未发挥巨大作用,更多的只是充当保险人与被保险人中介或者提供相关辅助服务的角色。

我国海上保险合同订立同样需遵从"要约—承诺"的程序,只是在信息披露、保险利益等特殊问题上对保险人和被保险人提出了特殊的要求。具体来看,通常情况下,一份海上保险合同在我国市场中的订立大致可以分为如下几个阶段:(1)被保险人向保险人表达投保意愿。(2)双方就有关保险事项进行洽谈。(3)当双方对有关投保事宜达成一个初步的共识后,保险人会要求被保险人填写一份事先准备好的投保单(application)。投保单的内容大致包括被保险人信息、保险标的、险种、保险期限、保险费等,具体的内容和样式则因保险公司不同而有所差别。(4)保险人对投保单的内容核实无误后,在投保单上签字和/或盖章。(5)被保险人交纳保险费,保险人签发保险单。

随着电子信息的发展及现代社会对于经济效率要求的不断提高,传统的海上保险合同订立流程开始有所简化,尤其是在货物险领域。除大宗散货及精密仪器外,大多数的货物险都属于标的小、保费低、技术含量不高的零散业务,保险人需要更多地依赖保险代理人、保险经纪人的参与以提高效率、节省成本。因此,保险人会与一些代理网点(通常是掌握大量客户资源保险代理公司)签订长期协议,通过协议授予代理网点在不超过约定费率、免赔额、运输方式等限制条件的情况下,直接签发以该保险公司为保险人的保险单,无须提供投保单,也无须保险人核保。对于超过授权范围的投保,则需要保险公司单独核保,代理网点无权直接代为签发保险单。代理网点通常以约定的期间(如一个月)向保险公司统一结算保险费并交还保险单副本。代理网点在保险合同下的法律地位则要视相关保险合同或单证确定,必要时也可查看保险公司与代理网点的授权协议作为辅助。多数情况下,代理网点的身份会是投保人或保险经纪人,法律地位的不同会关系到其在保险合同下

[9] 劳合社保险市场上,多个保险人或辛迪加组织有时会委托一个共同的管理人代为管理日常事务,该管理人即为managing agent。

的权利义务，比如是否负有支付保险费的义务。[10] 除代理网点，保险公司也会直接与一些业务量稳定可观的货方签订长期协议，简化投保流程并给予一定的价格优惠。至于该种长期协议是否属于“预约保险”，则要视具体协议内容确定。对于其他零散的货物保险，则通常需要完成包括填写投保单在内的完整订约流程。

船舶保险较之货物保险，通常标的额更大，风险也更为集中，出险的概率也要高于货物险，其承保过程需要保险人拥有一定的关于船舶结构、航海技术、法律在内的专业知识。船舶保险通常需要逐笔核保，且对于一些老龄船的核保有时不仅要进行书面文件的审核，必要时还要现场登船查验，因此保险公司通常要自行核保或外请专家，而不会像货物险一样为追求效率简化投保流程。特别是对于一些集团公司将自己名下所有子公司、关联公司的船舶一次性投保时，相关的合同条款更会经过双方的反复协商，此时如涉及保险经纪人，其作用也会由简单的代为办理保险业务转化为提供专业知识咨询与中介服务。

2. 合同成立时间及方式的厘清

依据我国《合同法》的有关规定，除部分要式合同外，大多数合同并无固定的格式要求，只要满足合同订立的基本要件即可。我国《保险法》第 13 条第 1 款规定，投保人提出保险要求，经保险人同意承保，保险合同成立。保险人应当及时向投保人签发保险单或者其他保险凭证。我国《海商法》第 221 条规定，被保险人提出保险要求，经保险人同意承保，并就海上保险合同的条款达成协议后，合同成立。保险人应当及时向被保险人签发保险单或者其他保险单证，并在保险单或者其他单证中载明当事人双方约定的合同内容。由此可见，无论是依据我国《保险法》还是《海商法》，保险单的签发都不是保险合同成立的必要条件。在使用投保单的情况下，权利义务内容较为明确的投保单就可以认定为是一个有效的要约邀请，保险人对投保单的确认，即为一个有效的承诺，此时一个有约束力的保险合同已经订立。随后的被保险人交纳保险费、保险人签发保险单，仅是对保险合同下义务的履行。在代理网点或者在保险公司授权范围内通过网站直接以投保人身份签订保险单时，电子保险单的生成时间应视为保险合同的成立时间。

关于口头合同的有效性问题，我国和英国都承认口头合同的有效性，理论上保险合同也可以通过口头方式订立。但正如本节开篇所讲，保险合同的订立除受一般合同法调整外，还需要受不同市场惯例的制约。仅通过口头方式订立的保险合同在实践中是非常罕见的。但是，如果有充足的证据能够证明存在一个权利义务均十分明确的口头保险合同，也应当认定为其有效。

---

〔10〕 根据我国《保险法》的规定，投保人属于保险合同当事人之一，负有支付保险费的义务；保险经纪人仅靠提供服务赚取佣金，不享有保险合同下的权利也不承担保险合同下的义务，保险费仍由投保人支付。

二、告知义务与最大诚信

告知义务(duty of disclosure)包括投保人的告知义务和保险人的告知义务两方面,是海上保险合同的订立过程中的重要义务,一直以来被归入最大诚信义务的范畴。最大诚信(utmost good faith)作为英国海上保险法的标志性内容之一,百年来一直被大多数普通法国家的保险法遵从,甚至被许多大陆法系国家借鉴。我国《海商法》第十二章"海上保险合同",在立法之初即深受英国保险法的影响。从对"中国裁判文书网"2007年至2017年的司法案件统计结果看,司法实践中涉及保险合同是"最大诚信合同"的主张或认定的判例达到1654件之多,其中"最大诚信原则是保险合同的基本原则"和"保险合同是最大诚信的合同"这两种表述最具代表性。[11]然而,我国《海商法》或《保险法》中是否包含最大诚信义务仍需解读。

(一)英国保险立法中的最大诚信

1.最大诚信的来源

最大诚信似乎是专属于保险法领域的概念。从学界对最大诚信的研究路径来看,英国海上保险法往往是解读最大诚信之含义的源点。英国海上保险法下的最大诚信,以《英国1906年海上保险法》为分界,有不同的含义。

在成文法之前的判例法阶段,通常认为1766年的Carter v. Boehm案[12]是最大诚信的起源。该案当时的大背景是保险业非常稚嫩,保险单的签发只在伦敦一家由劳埃德(Lloyd)拥有的咖啡馆通过协商进行,所以曼斯菲尔德(Mansfield)勋爵认为,保险的诸多风险大多数只有被保险人知道,保险人既无从获知,也不知道该询问何种问题,只能简单地依据被保险人的告知,因此应该要求被保险人承担告知的义务。该义务被后人总结为utmost good faith,并被翻译为"最大诚信"。但实际上,该案判决本身并没有使用"最大诚信"一语。依据现有的资料,从字面上看,"最大诚信"的表述最早出现在1789年与保险利益有关的Wolff v. Horncastle案中,[13]但仅是一句话简单地提及"保险合同是最大诚信合同"(contract uberrimae fidei),主审法官并未进一步说明什么是最大诚信或者这一概念的渊源,甚至在本案中也并未引用前述Carter v. Boehm案。也有文献指出,关于最大诚信的早期判例也包括普通法院审理的Seaman v. Fonereau案[14]和衡平法院审理的De Costa v. Scandret案。[15] 这两个案件涉及的主要法律问题都是关于投保人(被保险人)

---

〔11〕 上述数据来自对中国裁判文书网的检索统计。

〔12〕 Carter v. Boehm, (1766) 3 Burr. 1905.

〔13〕 See John Birds, Ben Lynch & Simon Milnes, *MacGillivray on Insurance Law*, Sweet & Maxwell, 2012, para. 17.

〔14〕 (1743) 2 Str 1183, 93 Eng. Rep. 1115, 1378 - 1865.

〔15〕 (1723) 2 P Wms 170, 24 Eng. Rep. 686, 1557 - 1865.

的告知义务，只不过法官在判决书中未提及最大诚信或者诚信。[16]

《英国1906年海上保险法》使用了“最大诚信”这一表述，但对于该表述的起源，英国学界始终无法给出确切的回答。“拉丁文 *uberrimae fidei* 的用语同样也是较晚才引入的。研究表明，这个词的使用是受到了《查士丁尼法典》第四卷中有关合伙合同的类似用语的启发。最可接受的观点似乎是这个词并不为罗马法所知，在罗马法中也没有相同的概念。”[17] 英国学者霍华德·博尼特(Howard Bennett)在2016年南安普敦召开的中英海商法会议上的发言谈到，曼斯菲尔德勋爵在Carter v. Boehm案中是受到了大陆法系尤其是法国法下的诚信原则的影响。[18] 在1985年南非上诉法院审理的 Mutual and Federal Insurance Co. Ltd. v. Oudtshoorn Municipality 案中，罗伯(Joubert)法官在查找罗马法和荷兰法的渊源的基础上指出，罗马人熟知“bona fides”和“mala fides”，但从未将“uberrimae fidei”作为另一种诚信。在罗马法和荷兰法中找不到任何渊源能够支持保险合同是最大诚信合同这一命题，但其无疑是诚信的合同。[19] 对此，有观点认为，“uberrimae fidei”这个词在罗马法中根本就不为人所知——既不是作为独立的法律标准而存在，与“bona fides”也具有差异。更有甚者，“uberrimae fidei”这个词也不为大陆法系学者所知，它只不过是对英国法院和19世纪法律著作中“greatest good faith”的便捷翻译。[20] 可以说，《英国1906年海上保险法》中的最大诚信的含义从该法律术语本身无法找到肯定的答案，还需要从具体法律条文和相关判例中解读。

2. 最大诚信义务的边界与内涵

英国法下最大诚信义务的边界与内涵的确定过程，实际上是对英国判例法关于《英国1906年海上保险法》下最大诚信义务的诠释以及《英国2015年保险法》改革的全面总结。

从《英国1906年海上保险法》的条文本身看，第17条并未尝试对“最大诚信”给出定义。[21] 当然，站在客观立场的学者并不认为这是一个立法缺陷：诚信是一个弹性的、不断发展的概念，其更体现为一种态度、一种观点，而不是一个字典上的

[16] See Howard Bennett, *The Law of Marine Insurance*, Oxford: Oxford University Press, 2006, p. 105.

[17] Manifest Shipping Company Limited v. Uni – Polaris Shipping Company Limited and La Reunion Europeene, [2001] 1 Lloyd's Rep. 389, 398.

[18] See Margaret C. Hemsworth, *The Fate of "Good Faith" in Insurance Contracts*, [2018] LMCLQ 143, pp. 143 – 170.

[19] [1984] ZASCA 129, p. 432 B – C, p. 433 E – F.

[20] See Johan Hendrik Botes, *From Good Faith to Utmost Good Faith in Marine Insurance*, Pieterlen: Feter Lang GmbH, 2006, p. 215.

[21] 《英国1906年海上保险法》第17条规定：“海上保险合同建立在最大诚信的基础上，如果合同任何一方不遵守最大诚信，另一方即可宣告合同无效。”

概念。[22] 如果结合案例法揭示最大诚信的含义,则应该从合同前的告知义务入手,因为二者的联系从历史上看最为密切:Carter v. Boehm 案关于诚信义务的判决主要涉及告知义务和误述,这使此后立法以及案例中关于最大诚信的讨论几乎皆围绕告知义务和误述展开。但最大诚信义务在英国法下显然并不局限于合同前的告知义务。

(1)最大诚信与欺诈索赔

Carter v. Boehm 案主要关注的是保险合同订立前的最大诚信义务,并曾引起最大诚信义务是否仅仅适用于保险合同订立之前的争论。[23] 但是,自 19 世纪的 Britton v. Royal Insurance Co. 案[24]开始,英国法院就判定,如果有人欺诈性地夸大其索赔,则其全部索赔将被没收,而不是仅仅拒绝赔偿夸大的部分。法院认为,如果允许当事人去尝试这种欺诈是非常危险的。应当说,该"没收规则"具有一定的合理性。《英国 1906 年海上保险法》出台后,欺诈性索赔似乎也可归类于违反最大诚信将导致"合同被另一方宣告无效"。在之后的英国判例法中,隆摩尔(Longmore)法官在 the Mercandian Continent 案[25]中具体列举了合同订立后最大诚信义务适用的情形,其中一项便是"欺诈性索赔"。但在英国著名的 the Star Sea 案[26]中,英国上议院在两个方面限制了《英国 1906 年海上保险法》第 17 条的适用范围:第一,一旦法律程序开始,最大诚信义务就不再适用,而应该适用法院程序;第二,合同前诚信义务与合同后诚信义务有所不同,合同前义务相对比较严格。其结果是,欺诈性索赔中的诉请及证据采信标准就不再适用"违反则对方有权宣告无效"的最大诚信义务规则。不过,此后英国司法实践在执行该案所确立的原则时,又出现了观点的反复和演进。在 the Aegeon (No. 1) 案[27]中,曼斯(Mance)法官认为欺诈性索赔受普通法规则调整,而非受《英国 1906 年海上保险

---

[22] See Rhidian Thomas (ed.), *The Modern Law of Marine Insurance*, Volume Ⅱ, London: LLP, 2002, p. 29.

[23] 有观点认为,"第 17 条位于'告知与陈述'的标题下,因此第 17 条仅适用于告知与陈述相关的事项。而第 18 条规定被保险人的告知义务仅限于保险合同订立前,因此,第 17 条相应地也应仅适用于保险合同订立前"。相反的观点则指出,"告知义务源于最大诚信义务,而不是相反。虽然二者存在交叉的部分,但不能将二者等同。最大诚信义务有着更广的外延"。See Susan Hodges, *Law of Marine Insurance*, London: Cavendish Publishing Limited, 1996, p. 83.

[24] (1866) 4 F & F 905.

[25] K/S Merc – Scandia v. Certain Lloyd's Underwriters and Others, [2001] 2 Lloyd's Rep. 563. 在该案中,隆摩尔法官对保险合同成立后诚信义务的产生限定了条件,包括风险变动、续保、续期、保险期间保险人要求提供信息、欺诈索赔及可默示诚信的其他情形。

[26] Manifest Shipping Company Limited v. Uni – Polaris Shipping Company Limited and La Reunion Europeene, [2001] 1Lloyd's Rep. 389, 401, 402, 407.

[27] Agapitos v. Agnew (No. 1) (The Aegeon), [2002] EWCA Civ 247, [2003] QB 556.

法》第 17 条的调整。因此，当发生欺诈性索赔时，保险人不得宣告合同无效。理论界也有不同的观点：英国保险法权威著作《麦吉利夫雷论保险法》一书作者认为，"没收规则"和"宣告合同无效规则"可由保险人在抗辩时选择适用；[28] 但克拉克（Clarke）教授则认为，"应该只有一种理论：欺诈性索赔全部不应支持，且保险人有权解除合同，但之前的诚实索赔继续有效，且保险人不能要回其他索赔已经赔付的款项"。[29] 在 Axa General lnsurance Ltd. v. Gottlieb 案中，[30] 曼斯（Mance）法官显然采用了克拉克教授的观点，并再次申明欺诈性索赔受特别的普通法规则调整。在该案中，尽管被保险人存在欺诈性索赔，但保险人仅可免除其对欺诈性索赔部分的赔偿责任，而之前的诚实索赔则继续有效。总结来看，近几年英国的主流观点在发生转变：欺诈性索赔不再受《英国 1906 年海上保险法》第 17 条中的"一方宣告合同无效规则"的调整。

（2）最大诚信对保险人的适用

保险合同的订立是一个保险人和投保人进行双向选择的过程。现代保险人作为保险专业从业者，掌握有大量风险信息，并将其运用到保费厘定、条款制定过程中，对此投保人、被保险人难以与之抗衡。保险人的说明义务，作为合同前义务之一，同样对于海上保险合同的订立起到重要作用。特别是在保险人实力越发雄厚，海上某些风险随着科技进步逐渐具有更强可预见性的背景下，忽视保险人的说明义务，将会严重破坏缔约双方的利益平衡，降低被保险人投保的积极性，最终影响整个海上保险业的发展。《英国 1906 年海上保险法》第 17 条显然包含一层含义：最大诚信义务不仅由被保险人承担，也应由保险人承担。保险人的最大诚信义务主要表现为以下方面：第一，对承保风险的告知义务，即如果保险人得知保险标的已经不可能因发生保险事故而遭受损失的，应将该情况告知被保险人；如果保险人知道被保险人所期待投保的风险其实并不在保险单的承保范围之内，则也应如实告知被保险人。第二，对保险合同条款的释明义务，即保险人应当向被保险人说明合同的内容。第三，及时支付保险赔偿金的义务。

最大诚信适用于保险人是明确的，但是保险人违反最大诚信义务后，对于被保险人的救济措施却非常僵硬。从《英国 1906 年海上保险法》第 17 条的规定看，一方违反最大诚信义务，无论该行为发生于合同订立前还是订立后，另一方唯一的救济方式就是宣告合同无效。据此，另一方不得援引合同法下的其他救济方式，如主张损

---

[28] See John Birds, Ben Lynch & Simon Milnes, *MacGillivray on Insurance Law*, Sweet & Maxwell, 2012, para. 20 – 57.

[29] See M. A. Clarke, J. M. Burling & R. L. Purves, *The Law of Insurance Contracts*, Informa Law from Routledge Press, 2006, para. 27 2C3; Lord Mance, *The* 1906 *Act*, *Common Law and Contract Clauses* – – *All in Harmony*? [2011] LMCLQ 346, 346360.

[30] [2005] EWCA Civ 112, [2005] 1 All ER (Comm) 445.

害赔偿。这种救济措施显然存在明显的不合理之处。在 Banque Keyser Ullman SA v. Skandia (UK) Insurance Co. Ltd. 案中,[31]保险人明知被保险人的代理人故意向被保险人隐瞒保险合同的部分条款,却未将上述情况告知被保险人,一审法院认为保险人违反最大诚信义务且被保险人有权向其主张损害赔偿。上诉法院维持了一审法院关于保险人违反最大诚信义务的判决,但推翻了被保险人有权获得损害赔偿的裁定,这一判决也得到了枢密院的支持。由此,保险人违反最大诚信的后果却是被保险人得不到保险赔偿。在前述 the Star Sea 案中,霍布豪斯(Hobhouse)勋爵同样认为,一方违反最大诚信义务时,另一方可以溯及既往地宣告合同全部无效。如果因此需要对双方的经济地位进行调整,依据的是返还法(Restitution Law),而不是合同法。[32] 很显然,宣告合同无效仅在保险事故尚未发生时才对被保险人有意义,其本身并不能满足保险事故发生后被保险人的救济诉求。但被保险人往往要等到保险事故发生时才能发现保险人未尽最大诚信义务,在此情况下,即使被保险人得知保险人违反最大诚信义务,也几乎不会因此宣告合同自始无效,故宣告合同无效的救济方式在多数情况下对被保险人并无实益。为弥补此种不足,《英国2015年保险法》在第四部分特别针对保险人的迟延赔付行为,创设了对被保险人的救济机制——对及时支付保险赔偿默示义务的确认。在英国法下,一旦该义务成为默示条款,则意味着其将与合同中其他明示的条款一样可以适用普通法的违约救济。这改变了过往英国判例法认为保险人及时支付保险赔款不构成保险合同下默示义务的传统。[33] 此外,保险人违反有关风险告知与条款解释说明的义务时,英国的司法实践对被保险人的救济也很少见到基于合同被一方宣告无效而否认被保险人的赔偿请求权的情况。[34] 这说明,最大诚信义务虽然包含订约前对保险条款的说明义务,但在保险人违反有关风险告知与条款解释说明的义务时的救济措施,应该予以特别考虑。

除外责任条款是对被保险人极其不利的条款,其严厉性要求保险人在订约前明确告知被保险人,否则由于格式条款及被保险人知识水平的限制,很容易对被保险人的利益造成极大的损害。我国《海商法》对保险人除外责任条款的说明义务

---

〔31〕 [1990] 1 QB 665, [1991] 2 AC 249.

〔32〕 [2001] 1 Lloyd's Rep. 389, 400.

〔33〕 Insurance Corporation of the Channel Islands Ltd. v. McHugh, [1997] LRLR 94. 该案法官的结论是:不支持默示条款的存在。

〔34〕 当前,英国保险市场中的保险人需要按照《金融服务管理局保险业务守则》(Financial Services Authority's Insurance: Conduct of Business Rules)来执行良好行业操作(good industrial practice)。该规则具体规定了保险人应向保单持有人主动介绍和说明的条款内容,保险人的诚信义务(缔约前和缔约后)由此已被该规则标准化。值得注意的是,该规则虽然定位于"良好行业操作",属于行业标准而非法律,却对保险人起到了很严格的约束作用。

没有明确规定,但《保险法》第 17 条规定,保险合同中规定有关保险人责任免除条款的,保险人在订立保险合同时应当向投保人明确说明,未明确说明的,该条款不产生效力。实务中关于除外责任条款的争议仍然较多,一方面是由于保险人疏忽履行此义务,另一方面来源于对某一保险条款是列明承保风险还是列明除外责任存在争议。在广州海上救助打捞局诉中国人民保险公司广东省公司德跃轮船舶保险案中,承保条件为《中国人保远洋船舶保险条款(1986 版)》的一切险,后来补充删除了《中国人保远洋船舶保险条款海运条款(1986 版)》除外责任条款项下第 1、2 项,即被保险船舶从事拖带或救助服务;被保险船舶与他船(非港口或沿海使用的小船)在海上直接装卸货物,包括驶近、靠拢和离开。"德跃"轮拖带"滨海 308"驳船过程中,因风浪影响,"滨海 308"驳船与另一锚泊船"澜沧江"轮发生碰撞,造成"澜沧江"轮受损,该轮船东向保险人书面提出索赔。但保险人仍以"'海运'条款的删除,并不意味本保险承担一切风险,整个条款规定的除外风险并不因为'海运'条款的删除而被列入承保范围"为由拒赔。一审判决被保险人败诉,二审维持原判。因此,《中国人保远洋船舶保险条款(1986 版)》为列明承保风险,未在保险条款责任范围内列明的风险都不属于保险责任的范围,包括但不限于除外责任条款中的风险。[35]

关于保险人对格式条款下除外责任、免责条款的说明义务,最高人民法院《关于适用〈中华人民共和国保险法〉若干问题的解释(二)》第 9 条规定,保险人提供的格式合同文本中的责任免除条款、免赔额、免赔率、比例赔付或者给付等免除或者减轻保险人责任的条款,可以认定为《保险法》第 17 条第 2 款规定的"免除保险人责任的条款"。保险人因投保人、被保险人违反法定或者约定义务,享有解除合同权利的条款,不属于《保险法》第 17 条第 2 款规定的"免除保险人责任的条款"。第 11 条第 1 款规定,保险合同订立时,保险人在投保单或者保险单等其他保险凭证上,对保险合同中免除保险人责任的条款,以足以引起投保人注意的文字、字体、符号或者其他明显标志作出提示的,人民法院应当认定其履行了《保险法》第 17 条第 2 款规定的提示义务。实践中,由于保险人在是否履行了明确的说明义务方面处于不利的举证地位,在国内水路运输货物保险及渔船保险中,某些保险人会在保单上印就"特约约定"或"特别声明",大意为被保险人在该声明栏中签字便视为对保险条款免责事项完全知悉。针对此类声明或约定的效力,业界有两种观点:一种观点认为有效,该条款已经起到了提醒被保险人的作用,如果被保险人有疑问,完全可以提起询问,保险人有义务作出明确的说明。因此可以推定保险人已经履行该义务。另一观点认为无效,此种条款实际是将保险人的明确说明义务降到

---

〔35〕《中国人保船舶保险条款(2009 版)》与《中国人保远洋船舶保险条款(1986 版)》一样,所谓的"一切险"本质上仍属列明风险。

“不问不答”的程度,其不过是保险人并未履行告知义务,但又借此摆脱责任的工具。作者认为,判断保险人是否履行该义务,不应以保单中是否存在此类声明为绝对标准,而应该看保险人对被保险人进行明确告知的实际行为。如果仅是在保单背后印上保险条款,对相关的除外责任或免责条款既未使用特殊字体标识也未做书面、口头说明,那么即使存在所谓的“特约约定”或“特别声明”,也应当认定没有正确履行保险人的说明义务。

这一观点也得到了我国司法实践的支持。在涂奎才与中国大地财产保险股份有限公司柳州中心支公司通海水域保险合同纠纷上诉案中,保险人在保险单上统一印制“投保人声明”,内容为被保险人本人已经仔细阅读《沿海内河船舶保险》条款,特别是黑体字部分,并对条款内容完全理解无异议。又在投保单的背面附上全文黑体的保险条款。二审法院广西壮族自治区高级人民法院认为,尽管本案中存在“投保人声明”,但所附保险条款的免责条款字体与其他条款字体同一,大小一致,颜色无异,与其他条款没有明显的区别,因而保险人没有尽到《保险法》第17条所规定的足以引起投保人注意的说明义务。[36]

为避免被保险人以保险人未“告知”某免责条款为由作技巧性抗辩,同时考虑到被保险人的不利举证地位,作者认为应当对保险人所负的此项义务作合理的限制。针对“说明”的含义是对免责条款主动进行详细解释直至对方理解还是仅仅告知免责条款的存在,即提请被保险人注意,作者认为,保险人所负义务应是提示义务,理由有三:第一,在海上保险领域,很多被保险人是长期从业者,并非第一次投保,应当知道免责条款的存在;第二,即使是首次使用某一保险条款,被保险人也有义务仔细阅读该条款;第三,由于专业知识水平所限而不理解的事项,被保险人完全可以要求保险人予以说明。但为减少争议并增强可操作性,我国《海商法》仍需增加条文来明确保险人的此项先合同义务:海上保险合同中规定有关于保险人责任免除条款的,除非在通常业务中被保险人已知道或应当知道该条款,保险人在订立合同时,应当采取合理的方式提请被保险人注意此种条款,并按被保险人的要求,对此条款予以说明,否则此种条款不约束被保险人。

(3)最大诚信在合同订立前后的差异性

英国上议院在 the Star Sea 案中明确了最大诚信不仅可适用于保险合同订立前,还可适用于保险合同订立后。该案中,在保险合同订立后,保险人发现被保险人未告知其所有的另一艘配置相同的 Kastora 轮由于同样的设施起火而造成全损的事实。该案同时明确了最大诚信在合同不同阶段的义务标准是不同的。对此,克莱德(Clyde)勋爵在该案中作出如下解释:“保险合同中的诚信理念反映了对当事人告知义务的要求,但该要求并非一成不变。该义务的内容随着合同的履行而

〔36〕　参见(2013)桂民四终字第31号。

变化,需要通过法院的裁判来确定。在合同订立阶段要求非常高的公开程度是合理的,但合同成立后,仍要求同等的程度则不具有正当性。"该解释的逻辑是,若这种义务完全相同,则被保险人在订立保险合同后违反最大诚信义务的,保险人即可宣告合同无效。其不仅可以免除向被保险人支付本次事故保险金的责任,还可宣告保险合同自始无效,向被保险人主张返还之前赔付的保险金,即使这些保险金的取得完全合法有效。这种违反后果的严厉性虽会对被保险人起到阻吓作用,但其不公平之处也非常明显。正因如此,英国法院在一系列案件中对《英国1906年海上保险法》第17条的适用范围进行了限缩性解释。在the Mercandian Continent案中,隆摩尔法官认为该法条的适用须同时满足以下条件:第一,被保险人的行为对于谨慎的保险人评估风险至关重要,且足以诱导保险人作出不同的意思表示,即被保险人的违约行为须同时满足实质性和诱导性两个标准。因此,被保险人的违约行为应与保险人的最终责任有关系,或者至少与保险人的抗辩有关系。第二,被保险人的违约行为相当于毁约(repudiation of the contract),因为宣告合同无效比毁约的救济方式更为严厉。〔37〕 此先例确立后,《英国1906年海上保险法》第17条的解释进入一个新的阶段:"即使不是不可能,最大诚信也将很难适用于保险合同订立后。"〔38〕

(4)《英国2015年保险法》改革

在《英国2015年保险法》之前,《英国1906年海上保险法》除了一些特殊制度规则(如默示条款、推定全损)外,总体上适用于普通商业保险,而非商业保险(消费者保险)适用《英国2012年消费者保险(告知与陈述)法》[Consumer Insurance (Disclosure and Representations) Act 2012, CIDRA]。另外,汽车保险中的强制责任保险、普通责任保险、雇主责任保险和人身意外险等特定保险领域也有相应的法律调整。在此情况下,尽管英国判例法已经对《英国1906年海上保险法》有所发展,英国法律委员会仍决心通过新的保险立法对最大诚信进行改革。《英国2015年保险法》出台之后,《英国1906年海上保险法》的部分条文已经被替代,其他部分因不存在明显的适用冲突将继续有效。

第一,《英国2015年保险法》在第五部分"诚信"中,对违反诚信义务的法律后果进行了修改。该部分标题使用"诚信"(good faith),但内容却是围绕最大诚信展开。其第1条规定,违反最大诚信义务的后果不再是宣告合同无效。其第2条进一步规定,任何有关规定保险合同为最大诚信合同的法律规则,应该修改为以该法以及消费者保险法所要求的程度为限。其法律效果是,消费者保险合同中被保险

---

〔37〕 [2001] 2 Lloyd's Rep. 563.

〔38〕 See Jonathan Gilman et al., *Arnould's Law of Marine Insurance and Average*, London: Sweet & Maxwell, 2013, pp. 824 - 825.

人的告知义务和陈述义务为“不作误述的合理注意义务”；针对具有海上保险属性的消费者保险合同（如私人游艇保险合同）下的最大诚信义务，《英国 2012 年消费者保险（告知与陈述）法》将优先于《英国 1906 年海上保险法》第 17 条适用。[39] 因此，最大诚信义务的具体边界在《英国 2015 年保险法》第五部分中没有涉及，而是要参照该法其他部分的规定以及消费者保险法的相关规定。至此，最大诚信在英国保险法下依然存在，但成为一项具有指导功能的解释性原则（Interpretative Principle）。[40]

第二，该法在第二部分引入了“公平陈述”（Fair Presentation）的新模式来代替《英国 1906 年海上保险法》第 18 条、第 19 条和第 20 条中的告知和陈述义务模式。这实际上融合了传统的告知义务及陈述两项内容。该部分将告知义务的标准修改为“有限的主动告知义务”（limited disclosure）：如果被保险人不能达到“无限主动告知”的要求，“被保险人也应告知保险人充分的信息，以使谨慎的保险人能注意到其需要进一步询问被保险人以揭示这些重要情况”。[41] 同时，该法将投保人（proposer）违反告知义务或陈述义务的特定违约（qualifying breach）区分为故意、重大过失和其他违反两种情形来详细规定。[42] 对于前者，其救济是保险人有权解除合同；对于后者，救济则要视假如保险人知悉被保险人公平陈述的信息的反应而定：其一，宣告合同无效：如果保险人会拒绝承保，则保险人有权解除合同，但须归还保费；其二，选择赔付：如果保险人会选择某些事项承保，则保险人仅承担其可能承保事项的赔付义务；其三，比例赔付：如果保险人会增加保费，则保险人按照实际收取的保费和可能收取的较高数额保费的比例进行赔付。

（5）最大诚信的内涵总结

综上所述，在《英国 2015 年保险法》之后，英国法下最大诚信义务的特征变得非常具有典型性：第一，在普通合同法的陈述义务之外加设有限的主动告知义务。第二，即使是有限的主动告知义务，主动告知的本质并未改变，仍是对传统的合同法下“买者后果自负”（Caveat Emptor）原则的颠覆。也就是说，在保险法下，被保险人在谈判合同时应谨慎地选择哪些信息应向保险人披露，保险合同谈判阶段的

---

〔39〕 参见《英国 2012 年消费者保险（告知与陈述）法》第 2 条第 2 款、第 4 款、第 5 款。

〔40〕 The Treasury, Explanatory Notes to the Insurance Bill [HL], HL Bill 39, *the Authority of the House of Lords*, London: The Stationery Office Limited, 17 July 2014, para. 109.

〔41〕 参见《英国 2015 年保险法》第二部分第 3 条第 4 款。该条第 5 款进一步规定了被保险人未被询问，不要求被保险人告知的情况：（a）使风险降低的情况；（b）保险人知道的情况；（c）保险人应当知道的情况；（d）推定保险人知道的情况；（e）保险人放弃获悉的情况。

〔42〕 参见《英国 2015 年保险法》第 8 条第 3 款规定，《英国 2015 年保险法》所称的特定违约，是指能够使保险人有权获得救济的被保险人的违约。第 8 条第 4 款规定，特定违约包括被保险人故意或重大过失的行为，或被保险人既非故意又非重大过失的行为。

诚信义务标准仍然高于普通合同。第三,在合同履行阶段,合同方履行义务要诚实、公开和坦白(candid),当然诚信的具体要求因时代的不同其内容也有不同的解释。第四,抽象的最大诚信被具体化,违反诚信的救济方式也由单一的规则演变为各种个性化的救济途径。

(二)诚信与最大诚信的关系考察

可以观察到的是,2015 年之前英国保险法的案例主要是围绕某项义务的违反是否适用《英国 1906 年海上保险法》第 17 条的规定而展开争论,并没有回答最大诚信与合同法下的诚信有何分野。2015 年之后英国保险法将最大诚信义务修订为一项解释性的"原则",实际上是对保险法诚信理念的较大改变。自此,英国保险法下的最大诚信与合同法下的诚信原则也将不可避免地产生纠缠。就我国而言,我国保险法已秉承大陆法系传统确立了诚信原则,而且根据一般法与特别法的适用规则,该原则同样适用于海上保险。我国《海商法》的修订是否以及如何借鉴英国保险法下的最大诚信,也必须以厘清诚信原则和最大诚信的关系为前提。

1. 大陆法下的诚信

诚信概念源于罗马法,主要作为程式诉讼中的特殊条款——"欺诈例外"(Exceptio Doli)而发挥作用。但随着程式诉讼的式微和最终废除,诚信概念为更宽泛的公平(Aequitas)概念所吸收。在整个中世纪和现代社会早期,诚信和(或)公平也支配着商人之间的关系,成为商人法的基本原则。[43] 大陆法系显然继承了这一原则。《德国民法典》在第二编债的关系法中规定了债务人有义务依诚实和信用并参照交易习惯履行给付,并引申出一系列附随义务,如合同前的告知义务和合同后的单证交付义务、协助义务、保护义务和披露义务等;《德国民法典》还在总则编规定,对合同的解释,应遵守诚实信用原则,并考虑交易上的习惯。[44] 《德国 2008 年保险合同法》中并没有对诚信原则的直接表述,相关内容将适用民法典的规定。《意大利民法典》也规定了合同的磋商和订立过程、合同的解释以及合同的履行应遵循诚信,[45] 但《意大利保险法》中并没有关于诚信或善意的表述。[46] 法国法除其《法国民法典》中关于合同的规定外,其诉讼法、消费法、劳动法和行政法中皆有

〔43〕 参见[德]齐默曼、[英]惠特克主编:《欧洲合同法中的诚信原则》,丁广宇等译,法律出版社 2005 年版,第 10 页以下。

〔44〕 参见《德国民法典》第 242 条、第 157 条。

〔45〕 参见《意大利民法典》第 1337 条[合同双方在合同磋商过程和合同订立过程中应遵循诚信原则(buona fede)]、第 1366 条(合同应依据诚信原则进行解释)以及第 1375 条(合同应依据诚信原则履行)。

〔46〕 《意大利保险法》(Code of Private Insurance, 2017/2006)仅在第 118 - 1 条中规定,对向保险中介机构的"善意"的付款行为,视同于对保险人付款。第 190 - 4 - bis 条中规定,与审计项目有关的审计师和精算师等应当及时且"诚实"地向保险监管机构 IVASS(原 ISVAP)提供信息。

诚信的要求。合同谈判阶段的诚信原则在法国不仅为法学理论所承认,在当前也被《法国民法典》和《法国保险法》等法律所承认。诚信在合同磋商、订立和履行阶段都有要求,并被认为关涉公共利益。[47]《法国保险法》中虽然没有体系化的诚信制度,但有涉及诚信义务的规定:如被保险人违反询问告知义务时,除非被保险人证明其已诚信履行合同,保险人不承担若知道此种信息就拒绝承保的风险;[48]任何导致风险增加的合同修正应当在三日内通知保险人,除非被保险人证明其诚信地履行了合同,否则将承担违反合同的责任。[49]

欧盟(European Union,EU)法中没有关于保险和再保险合同的订立与履行的统一的一般性规则。兰多委员会草拟的《欧洲合同法原则》明确规定了诚信,并且不允许合同双方约定排除该条文的适用。[50]同时,欧盟不少法律也规定了诚信,要求不仅合同条文要公平合理,而且订约的程序和实体都要公平合理,并且不允许合同排除或者限制诚信规则的适用。这些有关诚信的原则或规则,其效力均由欧盟各成员国内法调整。[51]

可见,大陆法系的合同法中总体上承认并执行一条至上的原则——诚信订约和履约。其含义远远超出"互不欺骗"的标准,而是类似于"公平交易",旨在通过诚信原则对合同订立以及履行中的不公平情形进行矫正。部分国家如法国、德国、瑞士和奥地利等的合同法或保险合同法对谈判阶段的义务要求设定较高,要求每一方谈判时尽量考虑对方的利益,并根据当时的情况提供适当的信息和建议。[52]但是,这些国家的保险法中并未直接使用"最大诚信"的概念。

2. 普通法下的诚信

罗马法下的诚信原则显然并未被英国法所接受,英国法也未接受当代欧盟法

---

〔47〕 参见《法国民法典》第1102条、第1103条及第1104条(根据2016年2月10日的第2016-131号法令修订)。

〔48〕 参见《法国保险法》第172-2条。

〔49〕 参见《法国保险法》第172-3条。

〔50〕 Art. 1. 106 of Lando Commission's Principles of European Contract Law.

〔51〕 针对欧盟《1999年消费者合同不公平条款条例》(Unfair Terms in Consumer Contract Regulation 1999),英国上议院的案例 Director General of Fair Trading v. First National Bank plc (2002) 1 AC 481 判决:合同条文要公平合理,不违反诚信,要求在订约的程序上与实体上都公平合理。另一个例子是欧盟《商事代理指令》(Commercial Agents Directive, 1986/653/EEC),要求代理对他的委托人必须尽责任与诚信。其他对诚信提出要求的法律有《金融服务远程展业指令》(Financial Services Distance Marketing Directive, 2002/65 /EU)、《不公平商业操作指令》(Unfair Commercial Practices Directive, 2005 /29 /EU)以及明文强制规定不允许排除诚信的《欧洲共同销售法(建议案)》(Proposal for a Regulation of the European Parliament and of the Council on a Common European Sales Law, Annex I, Art. 2)。

〔52〕 参见[德]海因·克茨:《欧洲合同法》,周忠海等译,法律出版社2001年版,第294页。

中的诚信原则，而是发展出解决公平问题的“碎片化方案”（Piecemeal Solution）。[53] 多数英国学者认为，英国没有一个普遍适用的诚信原则。[54] 其原因主要有三：(1)英国法用碎片化的个案来解决问题，而不是采用广泛使用的大原则。(2)英国法代表了自由主义的社会思潮，合同方有权利在合同中追求自己的利益。(3)鉴于诚信内容的模糊性与主观性，承认诚信原则令人担心会产生太多的不确定性，而是否破坏合同确定性的目标恰恰是英国法所看重的。[55] 英国法下，如果合同方欲以诚信来约束双方的订约谈判或是合作，必须以明示条文来表明此种意愿，否则法院会拒绝执行。整体来说，英国法院更尊重订约自由、当事人自治和严格履约，诚信并不是足以改变合同的理由。例如，航运市场高涨时，租船合同下的船东趁租方未能按照合同及时支付租金行使选择权撤船、终止租约的做法，在英国法下并不会被认为有违诚信。同时，英国法也认为，诚信与承认每一方有权合法地为自己谋取合约下的利益以及谈判双方处于敌对的地位，在法理上有根本的矛盾。[56] 此外，诚信往往与“不占对方便宜”“不投机取巧”等道德标准相关，但道德标准难以界定，而且合同一方主观上如何考虑也很难判断。[57]

所以，英国法下仅将部分特殊类型的合同归类为“诚信的合同”，如合伙合同，因为这种合同必须由双方紧密合作才能履行；[58] 又如雇佣合同，因为普通法中要求雇主如果没有合理的理由不能破坏合同双方之间的信任。[59] 这些具有显著诚信要求的合同被称为“诚信的合同”。对于其他普通合同，英国法院仅在某些领域承认有限度的诚信：(1)对裁量权的承认。行使裁量权的标准就是公平、合理、诚信及不能误解法律。[60] 例如，租船合同中船长对港口是否安全以及天气状况是否允许开航的判断。[61] (2)英国法院对于商业合同条款中呈现的承认诚信的趋势持开放态度，尤其是标准格式合同中对诚信的规定。例如，合同条款要求双方诚信地达成关于公平合理的市场价格的协议或者是合同方以相互信赖和合作的精神来

---

[53] Interfoto Picture Library Ltd. v. Stiletto Visual Programs Ltd., [1989] QB 433.

[54] See J. Chitty & H. G Beale, *Chitty on Contracts*, 31st ed., London: Sweet & Maxwell, 2012, para. 001 - 041.

[55] Yam Seng Pte. Ltd. v. International Trade Corp. Ltd., [2013] EWHC 111 (QB).

[56] Walford v. Miles, [1992] 2 AC 128.

[57] Petromec Inc. v. Petroleo Brasileiro SA Petrobras (No. 3), [2006] 1 Lloyd's Rep. 121.

[58] O'Neill v. Phillips, [1999] 1 WLR 1092.

[59] Malik v. Bank of Credit and Commerce International SA, [1998] AC 20.

[60] C. V. G. Siderurgicia Del Orinoco SA v. London Steamship Owners' Mutual Insurance Association Ltd., [1979] 1 Lloyd's Rep. 557.

[61] Government of The Republic of Spain v. North of England S. S. Co. Ltd., (1938) 61 Ll. L. Rep. 44; Abu Dhabi National Tanker Co. v. Product Star Shipping Ltd., [1993] 1 Lloyd's Rep. 397.

行事等。(3)对诚信默示义务的部分承认。在 Yam Sheng 案中,[62]法院确认基于合作关系的“诚实意义上的诚信”这一默示义务可以在商业协议中存在。该判例的要旨在2014 年被英国法院的数个案件所遵从。(4)对于诚信地谈判条款效力的确认。值得注意的是,英国法院对商业合同下的合同前诚信义务并没有开放,但对于规定双方诚信地谈判的合同条款或“协议将来达成协议”(Agreement to A-gree)的态度却有所转变:其起初对“协议将来达成协议”的做法并不支持,[63]但随着“互锁协议”(Lock - out Agreement)等在实践中的应用和现实价值,英国法院也开始承认其有效,但前提条件是合同方必须有订约意图且谈判的期限必须明确。[64] 与普通合同相比,英国法下“诚信的合同”要求合同双方在订约阶段即负有主动告知义务,而普通合同并不设有此项义务。[65] 在合同的履行阶段,二者并无显著的差异。

《美国第二次合同法重述》和《美国统一商法典》总体上将诚信义务的适用范围限于对已成立合同的履行和执行。[66] 但《美国第二次合同法重述》在个别合同的订约阶段也要求依诚信履行义务。[67] 在澳大利亚法律中,法院很普遍地援引诚信认定“诚信地协商合同”(negotiate contract by good faith)在合同法下的可执行性,并很愿意认可普通合同双方应该在履约时密切配合的默示条款。[68] 但《澳大利亚 1909 年海上保险法》几乎是《英国 1906 年海上保险法》的翻版,该法中的最

---

〔62〕 Yam Seng Pte. Ltd. v. International Trade Corp Ltd. , [2013] EWHC 111 (QB). 该案是英国法下确认在商业合同的履约阶段合同方负有诚实合作义务的里程碑式的案例。

〔63〕 Courtney & Fairburn Ltd. v. Tolaini Bros (Hotels) Ltd. , [1975] 1 WLR 297.

〔64〕 Pitt v. PHH Asset Management Ltd. , [1994] 1 WLR 327, CA. 在前引的 Walford v. Miles 案中,英国上议院判定互锁协议无效的原因主要是互锁协议中没有约定谈判时间,导致法院认为存在太大的不确定性。

〔65〕 保险合同与其他“诚信的合同”相比,虽然同属于主动告知的类型,但因为保险法中“最大”的措辞的存在,使得司法实践中法官对于保险合同中告知的程度要求更高。

〔66〕 参见[德]莱因哈德·齐默曼、[英]西蒙·惠特克主编:《欧洲合同法中的诚信原则》,丁广宇等译,法律出版社 2005 年版,第 109 页。但就海上保险法而言,美国最高法院霍姆斯大法官曾主张“在海上保险领域,有必要与英国保险法保持一致”。See Queen Ins. Co. of American v. Globe & Rotgers Fire Ins. Co. , 263 U. S. 487, 44 S. Ct. 175, 1924 AMC 107.

〔67〕 参见 E. Allan Farnsworth, Comment on Michael Bridge's: Does Anglo - Canadian Contract Law Need a Doctrine of Good Faith? 9 *Canadian Business Law Journal* 426 ff. (1984)。Farnsworth 列举了关于“缄口协商者”的例子:想要购买一块土地的买受人了解到该土地中蕴含着有价值的矿藏,这一情况尚不为土地所有者所知。在订立合同购买该土地之前的磋商阶段,该买受人闭口不提此事。Farnsworth 认为,至少根据《美国第二次合同法重述》第 161 条规定,不披露信息可能等于虚假陈述,除非保持沉默符合诚信与公平交易的合理标准。

〔68〕 See J. Chitty & H. G Beale, *Chitty on Contracts*, 31st ed. , London: Sweet & Maxwell, 2012, para. 001 - 041.

大诚信义务规定与英国法完全一致。

总体来看,受英国法的影响,普通法下的合同法中虽然有诚信义务的要求,但订约阶段的诚信义务却并不普遍。最大诚信义务则为保险法体系所独有。

3. 最大诚信与诚信原则的差异

英国法与大陆法系国家的诚信要求既非完全割裂,又存在差异。(1)在英国法下,一旦商业合同被归类为诚信的合同,则表示这些合同与大陆法系下的合同一样,订约和履约过程都受到道德的约束,只不过在订约阶段要披露于己不利的信息。这对商人而言是更高的道德标准,因为诚信意味着须为合同相对方的利益着想,与为己方谋利的商业合同目的相背离。而大陆法系下的诚信原则相对宽松得多,诚信原则并不反对商业合同的当事方谋利,其更多地强调公平、守约与守法的意识,但在订约阶段告知义务的标准并不要求主动告知。(2)对于普通的商业合同,英国法认为在合同履行阶段双方需要进行密切配合和沟通,这与大陆法系下所有合同履行阶段的诚信义务有所趋同。但英国法认为,虽然有的合同应该设定诚信义务,但不宜设立宽泛、不确定的大原则,而是应该设定具体而确定的义务规则。所以,英国法下的诚信义务标准更为明确和严格。大陆法系的诚信原则看似对双方当事人设定了没有上限的诚信要求,甚至可以推断,轻微违反诚信原则的行为也将受到制裁,但司法实践并没有给出充分的例证,反而更看重原则对于法律规则模糊或遗漏之处的补充功能。(3)英国法下的合同解释原则中并不存在诚信原则,第一,因为英国普通法没有诚信原则的要求,而是用具体的合同法概念来解决问题(比如误述或禁反言等);第二,英国法尊重合同意思自治,权利义务由合同约定,不附加诚信义务。[69] 在大陆法系,诚信原则是合同解释的重要原则之一。

特别就保险合同而言,英国法下的保险合同不仅满足上述“诚信的合同”标准,而且在此基础之上使用了“最大诚信”的用语,并设置了违反最大诚信的救济规则以及与最大诚信义务相一致的主动告知义务。大陆法系下当前并无权威的论著认为保险合同对诚信的要求与其他合同有明显的差异,大陆法系的现有立法一般将对诚信的要求在总则中设为基本原则,然后在分则中设定标准不同的具体诚信义务。虽然这些诚信义务中设定主动告知义务的情形并不多见,但传统航运国家的海上保险法规范中也有不少范例,[70] 只不过大陆法系的保险法中难以找到

---

〔69〕 In Emirates Trading Agency LLC v. Prime Mineral Exports Private Limitecd, [2014] EW, HC 2104 (Comm), 1 July 2014; In Bristol Groundschool Ltd. v. Intelligent Data Capture Ltd. & ors, [2014] EWHC 2145 (Ch), 2 July 2014.

〔70〕 参见德国 DTV – ADS 2009 条款第 22.1 条;《法国保险法》第七部分(海上、航空、内河、湖区保险)第 172 – 19 条(3)、(4)。德国海上保险以及再保险不受《德国保险合同法》(VVG)调整,海上保险中的船舶保险适用的是由德国保险协会(GDV)拟定的 DTV – ADS 2009 条款,其前身是 DTV Hull 条款;货物保险适用的是 DTV Cargo 2000 /2008 条款。

“最大诚信”的提法。在此基础上,弄清英国法体系的保险法与大陆法系的保险法关于诚信的差异,关键在于最大诚信中的“最大”是否有实质的法律含义,以及最大诚信是法律原则还是规则。

英国法下对于最大诚信与诚信是否具有同等含义,确实有过争论。鉴于“最大”诚信的字面含义,其容易被误解为“在保险合同的各个阶段当事人均需满足最高程度的诚信要求”。但实际上,如前所述,在保险合同的不同阶段,对当事人诚信的程度要求是不尽相同的。对此,英国有学者对于“最大”用词的必要性也产生质疑,认为“最大”一词并没有增加新的含义,甚至是多余的,最大诚信实际就是诚实信用。[71] 更有学者认为,“最大”是19世纪立法增加的用词,并非曼斯菲尔德勋爵在1766年Carter v. Boehm案判决中的措辞。[72] 可以肯定的是,《英国1906年海上保险法》中所使用的“最大诚信”一词,并非经历了从一般诚信到最大诚信的演变过程,没有依据说明最大诚信是诚信的特殊形式,也没有证据支持最大诚信是诚信的更高位阶形态。但另一方面,也不能就此断定“最大”就是多余的,至少法官在判断合同一方是否违反诚信时,“最大”的要求依然会有鲜明的提示效果:因为此处诚信的要求较高,就不允许合同方轻易违反。因此,“最大”的措辞仅具有更容易促使的潜在效果,但最大诚信与诚信在实质的法律含义层面并无差异。对此,南非上诉法院罗伯法官更是直接否定了“最大诚信”这一提法的必要性:“最大诚信并不是一个具有准确内涵的法律术语,故不能将其作为具有准确法律意义的标准而予以适用。它是一个外来的、模糊的、误用的表述,其在法律中没有任何意义。我们的法律不能以最大诚信作为保险合同缔结之前的就重大事实履行告知义务的法律基础。我们的保险法并无保留最大诚信之必要,现在将之予以抛弃适逢其时。”[73]英国法律委员会在起草保险法草案时,也曾经慎重地考虑过,在保险立法中是否还需要将诚信义务表述为最大诚信义务,简单表述为诚信是否足以表达其含义。调查结果显示分歧很大:有人认为这两个概念可以互换,也有人认为“最大”二字至少承担着区别保险合同与普通商业合同的功能。最终,《英国2015年保险法》依然保持了“最大诚信”的概念,但将本部分的标题确定为“诚信”而非“最大诚信”。从某种程度上来说,最大诚信与诚信的差异不在于诚信是否“最大”,而在于诚信本身在不同法系和国家中因其缘起与历史演变的差异而形成的

---

[71] See S. Henchcliffe, Insurance Claims: Fraud and Duty of Good Faith, 8 *Insurance Law Journal* 210 (1997). See also F. Hawke, Utmost Good Faith: What Does It Really Mean? 6 (2) *Insurance Law Journal* 91 (1994).

[72] See Howard Bennett, Mapping the Doctrine of Utmost Good Faith in Insurance Contract Law, *Lloyd's Maritime & Commercial Law Quarterly*, Issue 2, 1999, p. 165.

[73] 参见[1984] ZASCA 129, p. 432 B – C, p. 433 E – F。但罗伯法官的观点并未得到多数英国学者的认同。

被业界普遍接受的不同含义。

至于《英国1906年海上保险法》下的最大诚信在法律适用上属于规则还是原则,按照当前有关规则与原则的区分标准,最大诚信应该是法律规则。(1)法律规则所具有的"全有或全无"的适用结果,与最大诚信义务存在的依据——《英国1906年海上保险法》第17条所规定的"违反则对方有权宣告合同无效"的单一适用结果——完全一致,其不具备法律原则适用时的伸缩性或灵活性。(2)"违反则对方有权宣告合同无效"的条文,同时具备假定条件、行为模式、法律后果三项法律规则的要素,因此具有明确的规范性,而法律原则并不直接包含任何具体的决定,它本身并不一定直接解决问题。基于此,《英国1906年海上保险法》第17条关于"最大诚信义务"的条文当属于法律规则而非法律原则。英国权威海上保险法著作《阿诺德论海上保险法与海损》也使用最大诚信义务的表述,这也是英国诸多权威判例的表述方式。[74] 而普遍存在的"最大诚信原则"的说法,主要是因为法律规则与法律原则的区分是在德沃金于1967年发表"原则理论"之后才获得广泛认同的。[75] 在此之前,因为最大诚信义务所呈现的"违反则一方可宣告合同无效"的严厉后果,使保险合同双方为维系保险合同的效力而谨慎地将最大诚信奉为圭臬,由此一些英国法学者将其称为"原则"。当然,在法律原则与法律规则进行区分的当代,也有英国法学者在研究最大诚信义务时仍然习惯地不对"原则"和"规则"进行精确的划分。[76] 这种情况对国内学者也影响至深,也是国内不少学

---

〔74〕 See Jonathan Gilman et. al., *Arnould's Law of Marine Insurance and Average*, London: Sweet & Maxwell, 2013, p. 58; Manifest Shipping Co. Ltd. v. Uni-polaris Insurance Co. Ltd. and Others (the Star Sea), [2001] 1 Lloyd's Rep. 389; K/S Merc-Scandia XXXXII v. Certain Lloyd's Underwriters (the Mercandian Continent), [2001] ECWA Civ 1275, [2001] 2 Lloyd's Rep. 563; Pan Atlantic Insurance Co. Ltd. v. Pine Top Insurance Co. Ltd., [1995] 1 AC 501, [1994] 2 Lloyd's Rep. 427; HIH Casualty and General Insurance Ltd. and Others v. Chase Manhattan Bank and Others, [2003] UKHL 6, [2003] 2 Lloyd's Rep. 61.

〔75〕 其在当时的《芝加哥大学法学评论》上发表了题为"规则模式"(The Model of Rule)的论文。该文针对哈特的"规则理论"(哈特认为法律由"第一性规则"和"第二性规则"结合而成)指出,法律不仅包括规则,也包括原则和政策,原则与政策又被视为广义的原则。法律规则与法律原则这两种彼此对应的法规范形态由此确立。See Ronald M. Dworkin, The Model of Rules, 35 (1) *The University of Chicago Law Review* 14-46 (Autumn, 1967).

〔76〕 See Susan Hodges, *Law of Marine Insurance*, London: Cavendish Publishing Limited, 1996, p. 83.

者认为最大诚信是英国保险法基本原则之一的原因所在。[77]

（三）我国海商法中与诚信原则有关的告知义务

一个值得注意的现象是，英国财政部于2014年7月17日向上议院提交了《保险法法案及其解释报告》，详尽展示了英国法律改革委员会近年来对于最大诚信义务进行改良的具体内容及思路。但是，我国保险法学界及实务界人士却有相当大的比例认为我国保险法或保险业务中已在遵循“最大诚信原则”，[78]并以此为基础展开对英国保险法的借鉴研究。因此，在对诚信与最大诚信的关系予以考察之后，需要进一步厘清我国保险法中的诚信原则与当前英国法中的最大诚信的异同，并在此基础上回答我国海商法在修订时对与诚信原则有关的具体义务是否需要作出调整这一重要问题。

1. 是否引入最大诚信概念

由于没有证据表明英国传统海上保险法下最大诚信义务所具有的功能会导致优质的业务离开伦敦保险市场，[79]且没有一致性意见和决定性论据支持用“诚信”替代“最大诚信”，使英国保险法改革时亦未能舍弃“最大诚信”。[80]英国保险法对于最大诚信制度加以改革后，其主要特征在于：(1)在法律中明确了最大诚信原则指导性的解释功能，最大诚信在英国法下从规则转变为解释原则；(2)强化了合同前和合同后的主要义务并对违约救济途径作出具体规定。英国法的改革值得我国借鉴的地方在于：第一，诚信解释性原则与具体化义务和多元化违约救济方式相结合的立法模式缓和了传统上违反最大诚信义务后果的严厉性；第二，最大诚信义务得以尽可能地明确；第三，以诚信解释性原则为未来法律规则可能存在的模糊之处提供指导。

---

〔77〕 参见司玉琢主编：《海商法》，法律出版社2018年版，第343页；张湘兰主编：《海商法》，武汉大学出版社2014年版，第298页；张丽英主编：《海商法》，中国政法大学出版社2015年版，第307页；贾林青：《海商法》，中国人民大学出版社2017年版，第317页（在本书中，作者使用了绝对诚信原则的表述）；应世昌：《新编海上保险学》，同济大学出版社2016年版，第103页；杜鹃：《海上保险》，上海财经大学出版社2015年版，第23页；郑睿：《英国海上保险法律与实务》，上海交通大学出版社2014年版，第64页；贾林清、朱铭来、罗建主编：《保险法》，中国人民大学出版社2015年版，第29页；刘玮：《海上保险》，南开大学出版社2006年版，第69页；曾立新：《海上保险学》，对外经济贸易大学出版社2001年版，第68页。

〔78〕 通过中国知网《中国学术文献网络出版总库》检索的2015年1月至2018年4月的98篇与“最大诚信”相关的公开发表的学术论文或学位论文中，有近90篇论文认为我国保险法或保险业务已在遵循“最大诚信”原则。

〔79〕 Pan Atlantic Insurance Co. Ltd. and Another v. Pine Top Insurance Co. Ltd. [1994] 2 Lloyd's Rep. 427, 440.

〔80〕 See the Law Commission and the Scottish Law Commission (LAW COM No. 353) (SCOT LAW COM No. 238), *Insurance Contract Law: Business Disclosure; Warranties; Insurers' Remedies for Fraudulent Claims; and Late Payment*, July 2014, p. 321.

从最大诚信中“最大”含义的澄清以及原则和规则的区分来看，我国保险法中的诚信原则与当前英国法中最大诚信的差异实质上可归纳为：(1)基于法系的不同，我国保险法中将诚信原则作为基本原则及合同解释原则，与英国保险法下将最大诚信作为指导性的解释原则，在司法实践中具体形成裁判规则方面可能存在差异；(2)有关诚信的告知义务、保证、欺诈性索赔和弃权等具体义务的设定可能不同。在洞察这两点实质差异之后，在我国保险法已秉承大陆法系传统确立了诚信原则的情况下，我国《海商法》的修改已经没有必要再拘泥于“最大诚信”这个本身极具模糊性的概念，况且就我国《海商法》或《保险法》的立法特点而言，也不可能在成文法精练的法律条文中将“最大诚信”的含义阐释清楚。

我国《海商法》修改的重点应在于充分发挥《海商法》在我国法律体系中作为特别法的优势，针对关涉诚信的保险合同双方的合同前及合同后义务，在该法中作出与社会形态及科技发展趋势相适应的、对保险合同双方的具体诚信义务进行合理再平衡的明确规定。同时，通过修法和未来的司法解释，将我国理论界与实务界所通常引用的“最大诚信”概念的内涵逐步统一于通俗易懂的“高标准的诚信要求”的理念之上。

2. 是否修订告知义务规则

英国保险法在诚信原则之外，规定有关告知义务、欺诈性索赔等具体的诚信义务，并对违反诚信义务的救济用具体的法律规则进行限定。其中，订约阶段告知义务的安排是诚信制度最重要的特征。我国《海商法》和《保险法》下的具体告知义务将对我国诚信原则的解释与适用产生最为直接的影响。[81] 从比较法的视角来看，出于对消费者保险的考虑，一些国家对告知义务的设定更多是采用“询问告知”模式，[82] 而多数的海上保险法或准立法中，则以“主动告知”居多。[83] 我国《海商法》第222条第1款所采取的“主动告知”模式是否需要作出调整，是当前修

〔81〕 针对欺诈性索赔，我国《海商法》第242条仅对被保险人故意制造保险事故这种严重的欺诈性索赔作了规定。《保险法》第27条对故意制造、虚构保险事故和提供虚假证据等欺诈索赔作了规定。针对迟延赔付，《保险法》第114条规定，保险人应当按照合同约定和本法规定，及时履行赔偿或者给付保险金义务。

〔82〕 如1996年《法国保险法》第L113－2条。

〔83〕 德国DTV－ADS 2009条款以及《北欧海上保险方案》(Nordic Marine Insurance Plan，NMIP)皆采取主动告知模式，二者被普遍认为具有“类似于”立法或“准立法”的效力。NMIP基于《1996年挪威海上保险方案》制定。在挪威，基于历史和实践的原因，海上保险被认为具有相较于其他保险明显的特殊性，应当由立法单独调整。据此，在随后的《挪威1989年保险合同法》(ICA 1989)以及相应的立法准备文件(在北欧国家中这是常见的法律渊源之一)中，通过类似“准用性规范”的条文允许有关海上保险的内容进行单独规定，甚至背离挪威《保险合同法》(责任保险例外)。NMIP(当前版本不包括有关再保险和保赔保险的规定)在挪威的历史要远早于挪威《保险合同法》和现代挪威《海商法》。

法研究中必须回答的问题。[84]

质疑主动告知义务的理由主要包括三个方面:(1)被保险人不比保险人更专业。(2)在数据信息飞速发展的时代,保险人比以前易于获得保险标的的信息,《英国1906年海上保险法》立法之初保险标的的重要信息均由被保险人单方掌握的假设并不成立。(3)被保险人可能并不知道应当告知哪些内容,或应当告知到何种程度,从而导致违反告知义务的"无心之过"。因此,被保险人可能会通过向保险人提供大量未经整理的信息的方式来履行告知义务。例如,将所有相关的信息都刻录到一张光盘上,让保险人自己整理和决定哪些是和风险相关的重要情况。英国法律委员会将上述情形定义为"信息倾倒"。相比之下,保险人显然比被保险人更清楚用以评估风险级别及费率高低的信息类别,但保险人却可能滥用其承保人的地位,在承保时缺乏足够的动机主动提出其关心的与风险有关的问题。

对于主动告知义务的调整首先从英国法院开始。英国有判例认为,《英国1906年海上保险法》第18条中的"主动告知义务",应受到"弃权"理论的制约。也就是说,如果被保险人给予保险人足够的信息,使谨慎的保险人有必要对被保险人作出询问,保险人就应该作出此种询问。如果保险人未能做到,就不能以此类信息未能披露为由寻求救济。[85] 该判决的合理性在于,保险单持有人虽然掌握事实,但保险人却了解哪些事实相关,为有效完成投保程序,保险人必须承担评估所告知的信息以及进一步询问的角色。基于英国法院前期的判决以及《英国2015年保险法》起草过程中对告知义务模式的调研,《英国2015年保险法》最终对告知义务进行了改变,在第二部分使用7个条文详尽规定了被保险人的"合理陈述义务"(duty of fair presentation)。保险人在被保险人的告知义务的履行方面必须紧密配合:被保险人仍应该将其知道或者应当知道的重要情况如实告知保险人;或者如果未尽到上述要求,被保险人应告知保险人充分的信息以使谨慎的保险人能注意到其需要进一步询问被保险人以揭示这些重要情况,[86] 即采用了"有限度的主动告知义务"的模式。

《英国2015年保险法》所采模式的实质,是增加了保险人一定限度的询问义

〔84〕 在2000年和2014年海商法修改软科学研究项目中,两个修改建议案皆维持现行海商法中的"主动告知"模式不变。但在英国2015年保险法改革之后,理论界也出现了与我国保险法相一致的"询问告知"(参见王金玉:《海上保险合同无限告知义务的价值分析》,载《法学杂志》2009年第11期)和类似于英国法的"主动告知与询问相结合"(参见郑睿:《论英国海上保险合同告知义务之演进与立法启示》,载《中国海商法研究》2015年第4期)两种意见。

〔85〕 WISE (Underwriting Agency) Ltd. v. Group Nacional Provincial SA, [2004] EWCA Civ 962, [2004] 2 All ER 613.

〔86〕 参见《英国2015年保险法》第4条第3款。

务,并以被保险人的“合理查询”义务相平衡。[87] 这可以视为“主动告知”和“被动告知”之间的折中。英国保险改革法案本来不乏反对的声音,但其最终能够在英国议会获得通过,说明“保险法改革研究项目”的负责人大卫·哈泽尔(David Hertzell)在立法听证会上关于保险法草案的内在价值取向的阐述说服了议员——“我们这些提案背后所蕴含的理念是要全面提升保险市场参与人的专业化”;[88] 也说明英国财政部所指出的修法目的获得了立法议员的认可——“草案的目的是使这些领域(告知和陈述、保证及其他术语以及欺诈性索赔)的成文法框架实现现代化,并使之与现代英国保险市场最好的实务操作相一致”。[89]

英国法律委员会关于告知义务立法的改革可能是成功的,但这并不等于我国《海商法》或《保险法》必须借鉴。尽管我国早已是世界上第三大保险市场,但英国保险市场中投保程序的专业化却远非我国能比。表面上,我国保险市场中的投保业务逐渐像英国一样由经纪人、代理或者销售公司来完成,但似乎价格和承保范围等表面环节更受关注,深层次的风险管理和保费精算却在投保程序中严重缺位。因此,英国保险法的改革内容能否适于我国保险市场的实务操作现状,能否促进我国保险市场参与人员的专业化,尚有疑问。

从对“中国裁判文书网”2007 年至 2017 年的司法案件统计结果和我国海事法院自 2013 年起上网的 25 份有关诚信和告知义务的生效判决的研判结果看,我国司法实践中依诚信原则解释出来的订约阶段的义务标准比英国法宽松。25 份生效海事判决中,被保险人按照投保单的内容如实填报相关信息后,保险人认为被保险人未告知相关信息的主张无一获得支持,判决理由主要是保险人未完成举证责任以及保险人作为更专业的一方应该对其认为重要的信息进行询问。也就是说,我国法院对于被保险人是否尽到告知义务的认定标准并不严苛,也不认为保险人可以“坐等”被保险人的无限告知而无任何询问义务。此外,对 2017 年全国海上保险业务排名靠前的 10 家保险公司的实践操作环节的调研也表明,以下三个层面的结果值得关注:

(1)保险人并非完全等待被保险人的主动告知,也采用询问、沟通和填写问题单的方式来表达对于投保标的信息的关注,形成了保险人和被保险人之间的诚信合作。在实务的订约流程中,投保人通常会将投保标的和投保意向等信息通过各

---

〔87〕《英国 2015 年保险法》第 4 条第 6 款规定了推定被保险人“应当知道”的“合理查询”情形:“不论是否是个人,经过合理查询就能合理揭示的信息(不论查询是通过询问或其他任何方式进行),视为被保险人应当知道的情况。”

〔88〕 The Special Public Bill Committee, House of Lords, *Insurance bill* [*HL*], the Authority of the House of Lords, London: The Stationery Office Limited, 24 December 2014, p. 7.

〔89〕 The Treasury, *Explanatory Notes to the Insurance Bill* [*HL*], HL Bill 39, the Authority of the House of Lords, London: The Stationery Office Limited, 17 July 2014, para. 10.

种方式发给保险人（核保部门）询价（如招标文件或询价邮件），甚至一些简单的业务仅经口头沟通后便直接投保。保险人接到询价后，在报价之前需审查对其告知的信息是否满意。如果对其中的信息有疑问或需进一步澄清，保险人会询问关于标的风险状况的相关问题。

（2）保险人对于告知的要求及标准与被保险人的业务规模以及可信任度存在关联。核保人不仅要管控风险，还要兼顾险种的市场经营，并定期根据盈亏报表调整经营思路。因此，在市场压力下，核保人针对小规模的零担客户报价会比较严格，表现为约定特别条款和比较全面的询问，但是针对平台客户或物流园项目等则仅仅询问年保费规模、出单货物种类等，核保系统会留给保险代理人或相关平台一定的自动核保权限，或采取预约保险协议的形式，不需要被保险人在订约阶段告知较多的信息。

（3）调查问卷的使用缘于保险人对于关键风险因素的重点关注。海上保险中的船舶险、物流责任险、码头责任险以及为适应市场而开发的新险种，通常被列为高风险的险种，其核保程序采取传统的、严格的"一船一单一报价"《客户调查问卷》或《标的风险调查表》的方式，由被保险人申报，再根据申报内容报价，进行相关特别约定。对于一般的货物保险，其订约阶段的告知或询问程序则相对简化。虽然主观上并非为了减轻被保险人的告知义务，但客观上有助于被保险人履行其告知义务。

从以上对实务操作的调研可知，尽管我国《海商法》第222条第1款通常被解读为"无限而主动的告知"，但是保险的实务操作并不存在一个始终由被保险人（投保人）主动进行无限告知的程序，保险人的询问已经构成投保程序不可或缺的部分。此种主动告知与辅助询问相结合的模式，一方面避免了保险人承保地位的滥用，另一方面也在标的本身的特殊性导致保险人询问不足时，将被保险人的充分告知设置为兜底义务。当前，我国保险人对于被保险人诚信水平参差不齐的现状表示严重关切。从对国内法院公开判决的保险欺诈刑事案件的统计结果看，被保险人的诚信状况依然堪忧，况且尚有数量巨大的欺诈未遂的案件未进入统计。[90]尽管统计结果中海上保险的欺诈案件数量很少，但这并不能归因于海上保险中被保险人的诚信程度更高。尽管对国内保险公司的调研结果显示其原因复杂而综合，但至少有两点不容忽视：（1）海上保险理赔程序中引入专业第三方公估机构的勘验和评估，以及公估机构对于保险公司委托的业务非常看重；（2）海上保险更高程度的告知义务标准对于被保险人的阻吓作用。值得注意的是，诚信程度较高的

---

〔90〕 据统计显示，2013年至2017年，保险欺诈案件涉及89家保险公司，案件总数为305件，其中人身保险和车辆保险占比73.11%，其他财产保险案件为26.56%，而海上保险（船舶建造险）案件仅为1件，占0.33%。

英国也不乏保险欺诈的案件发生。据《英国保险欺诈小组终期报告(2016 年 1 月)》显示,保险欺诈平均每年给每个保险单持有人造成50 英镑的损失,而给国家造成的损失总共超过30 亿英镑。其中,虚假陈述、未能告知相关信息和滥用合同地位都被英国保险人协会(Association of British Insurers)列为欺诈的情形。[91] 因此,以科学的法律机制来削减保险欺诈或保险标的的损失,仍是当下全球保险市场操作的执着追求。而我国《海商法》所规定的兜底性义务,实际发挥了安全阀的功能——违反告知义务的严重后果将起到对不够诚信的被保险人的阻吓作用。

虽然我国《海商法》要求被保险人承担“主动告知义务”,但对告知的范围和标准设定了限制条件。《海商法》第 222 条第 2 款规定,保险人在通常业务中知道或者应当知道的情形不需要告知,[92] 而根据该条第 1 款规定,被保险人虽然掌握该信息,但主观上不知道该信息会影响保险人是否愿意接受投保的情形也无须告知。[93] 即使被保险人对于重要情况的判断有失误而未能告知,《海商法》第223 条仅就被保险人故意不告知重要信息的情形设定了较为严厉的后果:保险人有权解除合同,不退还保险费,且不赔偿合同解除前发生的保险事故造成的损失。对于非故意造成的未告知,保险人虽然有权解除合同或者要求相应增加保险费,但要免除合同解除前发生的保险事故的损失赔偿责任,保险人要承担较重的举证责任:(1)该事项属于被保险人“知道”或“应当知道”的“重要情况”;(2)未告知或者错误告知的重要情况对保险事故的发生有因果关系。

从我国保险市场的实务操作看,我国并未出现“信息倾倒”或者“保险人滥用合同地位”的突出现象,《海商法》中关于告知义务的规定尚能回应实践中的争议。尽管近年来我国海上保险实务操作与英国海上保险市场有更多的相通之处,但依然存在巨大的差异。我国《海商法》修改所要针对的应该是立法与我国保险市场实务操作相脱节的情况。既然保险实务调研的结果显示《海商法》中的告知义务规定尚未对实践形成明显的制约,那么告知义务制度在当前阶段尚不需要立即进行根本性的变革。同时,《英国 2015 年保险法》中“公平陈述”是一个传统保险法

---

〔91〕 See *Final Report of Insurance Fraud Taskforce*, UK Government Pulications, PU1891, OGL, January 2016, pp. 3, 81.

〔92〕 《英国 1906 年海上保险法》第 18 条(3)(b)项规定的除外情况可以分为三种:(1)保险人知情;(2)保险人应当知情;(3)推定保险人知情。

〔93〕 第 222 条第 1 款规定的“重要情况”,在保险立法中难以界定,即使《英国 1906 年海上保险法》及英国判例法对于“重要情形”也没有给出明确的指导。在 Pan Atlantic Insurance Co. Ltd. v. Pine Top Insurance Co. Ltd., [1995] 1 AC 501 案中,上诉法院确认重要情形属于对谨慎的保险人在评估风险时对其思考有影响的那种情形,该情形不要求对接受风险和确定保险费有决定性影响。此案也确立了“诱导标准”,在该检验标准中,已经不需要假定一个谨慎的保险人,而是依案件中真实的保险人而定。

的“告知义务”与合同法的“陈述”相融合的订约前信息披露机制,《海商法》现有的条文框架结构在借鉴该制度时具有先天的困难。但是,为避免对“主动告知”作出等同于“保险人可以坐等被保险人无限告知”的字面化曲解,我国《海商法》可以对被保险人“无需告知”的事项作出进一步补充:“如果被保险人已向保险人告知的信息足以令一个谨慎的保险人意识到有必要进一步询问相关情况,则保险人应该负有相应的询问义务。”

总之,对于最大诚信而言,《英国2015年保险法》是继《英国1906年海上保险法》之后的第二次重大立法转折。它改良了“违反诚信义务即可宣告合同无效”的单一规则模式,开启了诚信原则与告知义务等具体义务规则相结合的保险诚信制度新篇章。尽管改革后最大诚信作为指导性解释原则的法律效果有待普通法司法实践进行检验,其与我国《保险法》下的诚信原则在法律漏洞补充、裁判规则创造等功能方面具有基于不同法系的细微区别,而告知义务等具体义务规范也因为立法体例与实践操作的不同与我国保险立法存在较大差异,但此种“原则+规则”模式所隐含的法律思想和制度内涵却与我国《保险法》以及《海商法》呈现出趋同性。在当前我国《保险法》和《海商法》的诚信原则以及相关告知义务的具体规则尚未落后于海上保险实践的背景下,重构海上保险诚信制度的时机尚不够成熟。保险理论及实务界中长期以来存在的认为我国《保险法》或《海商法》中一直遵循“最大诚信原则”的理论,对我国保险法和海上保险立法中诚信义务法律内涵的解释与完善造成了困扰。我国《保险法》中的诚信的内涵及定位并不复杂,与一般商业合同法相比,其可以被解释为“高标准的诚信”。在此基础上,我国《海商法》可以考虑对具体告知义务的限定条件进行补充,而欺诈性索赔和迟延赔付等对我国海上保险与其他商业保险普遍适用的义务适宜在保险法中进行完善。

三、保险经纪人和代理人的法律地位

(一)保险经纪人

保险经纪人是在英国海上贸易迅速发展和海上保险需求日益增长的背景下应运而生的。有据可循的保险经纪人出现于16世纪的伦敦保险市场。[94] 而后,保险经纪人在英国逐步成长并形成规模。如今,英国大部分的保险业务都由保险经纪人安排,其在保险交易当中的地位也远重要于保险代理人,特别是在劳合社海上保险市场中,保险合同几乎全部经由保险经纪人订立。

1. 保险经纪人的法律地位

明确海上保险经纪人的地位,有助于厘清被保险人、保险经纪人与保险人的权利义务关系。在英国的海上保险业务中,保险经纪人的地位是明确的:保险经纪人是被保险人的代理人,受被保险人的委托,基于被保险人的利益,为被保险人与保

〔94〕 参见刘玮:《海上保险》,南开大学出版社2006年版,第386页。

险人订立海上保险合同提供中介服务,并向保险人收取佣金。虽然在一些例外情形下,保险经纪人也可能代表被保险人以外的人行事,如为保险人委托公估人出具勘查报告、为保险人向其他分摊保险金额的保险人传递信息等,但英国法同时也规定该行为不得与被保险人发生利益冲突,并且在行事前应得到被保险人的明确同意,以保护被保险人的利益。

与英国不同,我国保险经纪人的法律地位不甚明确。对此,学界有三种观点。(1)保险经纪人是居间人;(2)保险经纪人是投保人或被保险人的代理人;(3)保险经纪人是投保人或被保险人的受委托人。根据我国《保险法》第118条[95]及《保险经纪机构监管规定》第2条[96]的规定,我国现行法律下仅第一种观点有法律依据。然而,实践中保险经纪人在保险业务中的活动范围远超过"为投保人与保险人订立保险合同提供中介服务",[97]它不仅活跃于保险合同订立过程中,而且在保险合同的履行以及保险理赔等阶段也发挥重要作用。因此,我国《保险法》对于保险经纪人的界定是不全面的,基于此种界定而将保险经纪人认定为"居间人",也是有待商榷的。

2. 保险经纪人的权利义务

(1)英国保险经纪人的权利义务

在英国的海上保险业务中,作为被保险人的代理人,保险经纪人的义务全面而具体,贯穿保险合同订立到索赔的方方面面,主要包括根据被保险人的指示促成合适的保险合同、对保险方进行适当的陈述与披露、安排保险合同订立过程中的合理谨慎义务、协助被保险人索赔等。

在保险合同订立过程中,保险经纪人运用自身的专业知识与所了解的市场信息为被保险人服务,他们以保险咨询专家的身份向投保人提供投保方案与建议,寻找符合投保人特殊需求的保险人,并促成保险合同的订立。在保险合同成立以后,保险经纪人的基础义务是为被保险人保管好相关文件,以备将来被保险人启动保险索赔时之需。对于保险期间内将从保险人处了解到的防灾防损通告等信息及时传达给被保险人,并且将保险标的的重大风险变化等重要信息及时代替被保险人履行通知义务。保险事故发生后,保险经纪人应在被保险人同意后通知保险人,取得初步处理意见并及时反馈被保险人。

---

〔95〕《保险法》第118条规定:"保险经纪人是基于投保人的利益,为投保人与保险人订立保险合同提供中介服务,并依法收取佣金的机构。"

〔96〕《保险经纪机构监管规定》第2条第1款规定:"本规定所称保险经纪机构是指基于投保人的利益,为投保人与保险公司订立合同提供中介服务,并按约定收取佣金的机构,包括保险经纪公司及其分支机构。"

〔97〕我国《保险法》第118条将保险经纪人定义为:保险经纪人是基于投保人的利益,为投保人与保险人订立保险合同提供中介服务,并依法收取佣金的机构。

保险经纪人也应向被保险人提供专业性意见，协助减少损失，全面及时地准备好理赔材料，积极与保险人沟通协调，帮助被保险人获得保险赔偿。当然，保险经纪人在整个保险合同从订立到履行的过程中，包括理赔的过程中，如果存在任何过错，导致被保险人利益受损，则应承担相应的法律责任，被保险人有权获得损害赔偿金。且对于如何计算损害赔偿金，英国法院有着各种细化规则，根据保险经纪人的过错程度不同、该过错造成的损失大小以及保险经纪人提出的共同过失等抗辩理由，以一定比例计算其应支付的损害赔偿金，为被保险人提供公平合理的救济。此外，根据《英国 1906 年海上保险法》第 53 条第 1 款的规定，除协议之外，在经纪人代被保险人投保的情况下，经纪人直接承担向保险人支付保险费的义务。换句话说，保险经纪人还承担着向保险人承担支付保费的义务。这是因为在伦敦海上保险市场上，保险人在绝大多数情况下都是在和保险经纪人打交道，而不是被保险人。[98]

在权利方面，保险经纪人享有的权利主要有两项。第一，代表被保险人行事，保险经纪人有权获取佣金。保险经纪人获得的佣金一般从该项海上保险的保险费中扣除；佣金率则一般主要由保险交易协会或者劳合社规定，英国法律很少介入，且保险合同的成功订立是保险经纪人获得佣金的前提。第二，保险经纪人对保险单具有留置权。由于保险费的支付由保险经纪人对保险人直接负责，因此在保险人未收到保险费便出具保险单或被保险人在保险经纪人垫付保险费而取得保险单的情况下，保险人可能面临被保险人拒付保险费的情况。故为了防止被保险人不缴纳保险费，赋予保险经纪人在收到保险费之前，对保险单具有留置权。[99]

（2）中国保险经纪人的权利义务

与英国相比，我国保险经纪人的权利义务面临着众多空白。义务方面，我国《保险法》主要是诚信义务和禁止欺诈方面的强制性规定，比如，保险经纪人不得欺骗保险合同当事人，不得隐瞒与保险合同有关的重要情况，不得伪造、擅自变更保险合同，或者为保险合同当事人提供虚假证明材料等。[100] 然而，保险经纪活动涉及的环节众多，以上规范显然没有谈及遵从被保险人的指示、协助被保险人索赔等其他方面的义务。权利方面，我国对保险经纪人获取佣金和保单留置权同样缺

---

〔98〕 参见郑睿：《英国海上保险法律与实务》，上海交通大学出版社 2014 年版，第 45 页。

〔99〕 《英国 1906 年海上保险法》原文：Section 53（2）：Unless otherwise agreed, the broker has, as against the assured, a lien upon the policy for the amount of the premium and his charges in respect of effecting the policy; and, where he has dealt with the person who employs him as a principal, he has also a lien on the policy in respect of any balance on any insurance account which may be due to him from such person, unless when the debt was incurred he had reason to believe that such person was only an agent.

〔100〕 参见我国《保险法》第 131 条。

乏明确规定。根据我国《保险法》第118条的规定,保险经纪人有权收取佣金,但向谁收取佣金,却没有明确的规定。《保险经纪机构监管规定》第33条虽然规定,保险机构应当按照与保险合同当事人的约定收取佣金,但仍然未明确"保险合同当事人"是哪一方。至于保险经纪人的保单留置权,虽然《物权法》第230条[101]对一般留置权进行了规定,但该留置权与保险经纪人享有的保单留置权有很大差别。第一,保单不同于动产;第二,保险事故未必发生,即便保险事故发生,保险经纪人也未必能凭一张保单优先受偿,因此一般留置权的规定对于保险的适应性难以确定。实践中,保险经纪人通常依据行业惯例行使"保单留置权",因而出现了社会实践与法律相脱节的情形。

(二)保险代理人

保险代理人是保险市场上除保险经纪人之外的另一重要中介方。鉴于中国保险代理人与英国保险代理人之间的业务有所差异,因此,作者将在下文分别对中国保险代理人与英国保险代理人的业务运作加以阐释。

1. 中国保险代理人的业务运作

我国《保险法》第117条规定,保险代理人是根据保险人的委托,向保险人收取代理手续费,并在保险人授权的范围内代为办理保险业务的机构或者个人。实际上,被保险人可以委托代理人办理投保,接受退费和/或保险索赔等业务,如委托上述保险经纪人,但被保险人的代理人,通常不称作保险代理人。在我国,保险代理人主要分为签单代理人、检验代理人和理赔代理人三类。在保险合同订立过程中起主要作用的是签单代理人。签单代理人根据保险人提供的"业务指南"上的要求,代理保险人与被保险人或其经纪人洽谈投保事宜,持有投保单,对被保险人详细解释投保单条款、着重提示影响被保险人权利义务的重要事项,对于符合要求的被保险人签发保险单并代收保费。保险人通常则以签单代理人收取的保费收入为标准计算其业务量,并支付相应的佣金。检验代理人负责运用专业知识或聘任专业机构在保险标的发生损失时勘验定损,实践中经常出现签单代理人与检验代理人身份重叠的情况。理赔代理人负责处理出险后的工作,如共同海损理算、接受或拒绝委付等相关事项。保险人与保险代理人之间存在代理协议,保险代理属于委托代理的一种,由于我国立法中未区分民事代理和商事代理,关于保险人与代理人之间的权利义务关系,按照一般民事代理规则处理。

在我国,保险代理制度以前主要用于国内保险业务,现在为了开展国外业务,保险公司在世界主要港口和城市安排了货物检验理赔代理、船舶检验代理,同时,许多保险公司也作为外国保险公司在中国的货物、船舶保险的检验代理人。保险

[101] 《物权法》第230条第1款规定,债务人不履行到期债务,债权人可以留置已经合法占有的债务人的动产,并有权就该动产优先受偿。

公司的这些活动在拓展业务的同时,也推动了我国保险代理制度的发展和完善。

2. 英国保险代理人的业务运作

在英国,保险代理人既可以作为单个保险人的代理人,又可以作为保险集团、组织的代理人。英国市场上的保险代理人可以分为很多种,可以按照他们的权利、义务以及所需承担的责任,对其进行划分。作者重点对劳合社代理人和签单代理人进行介绍。

(1)劳合社代理人

劳合社代理人并不是单独保险人的代理人,[102]他们受聘于劳合社被分散至世界各个港口,负责收集当地船舶到港离港信息以及有关航运和保险资讯。[103] 在某些特殊情况下,若劳合社需要劳合社代理人代为认购或签订保险合同,需要明确就该事项进行授权。当发生保险事故时,劳合社代理人需将损失情况立即通知劳合社,但是,他们无权代为签发海损理算书,也无权代表保险人接受船舶、货物的委付。在 Drake v. Marryatt 案中,劳合社代理人签发一份证明材料证明货物损失占货物总量的5%,但法院认为劳合社保险人从事的行为属于越权行为,应属无效。[104] 换句话说,劳合社代理人在赔付方面的作用并不大,其只是劳合社委派的到港船舶的服务者,当被保险人在某港口发生损失时,由劳合社代理人将相关情况通知劳合社,由劳合社最终作出处理决定。

(2)签单代理人

随着国际贸易的不断发展,英国的保险人不再满足于仅承保英国本国的保险标的,而是想将业务向世界范围内扩展,因此,他们委托授权签单代理人在世界其他国家代为签单。签单代理人本身也是资深的保险人或保险经纪人。签单代理人可以应情况的需要被授权厘定风险、签发保险单、收取保险费、支付损失赔偿金、代为参加诉讼或仲裁。除此之外,签单代理人还需要视情况根据当地法律的要求处理有关税收、注册登记等行政问题。

签单代理人在保险合同订立过程中,不享有如保险经纪人那般的独立性——可以自行调整拆保比例,他只能在充分考虑保险人的利益、减轻保险人责任的基础上从事行为。通常签单保险代理人会经被保险人的允许代为填写投保单,并在填写完成后将其交由被保险人确认,随后被保险人在投保单上签字,代表其同意保险代理人填写的内容并愿受到约束。有观点认为,此时代理人即被看作被保险人的代理人,此种情况被称为“转移的代理”。

---

[102] Wilson v. Salamandra Ins. Co., (1903) 8 Com. Cas. 129.

[103] See Jonathan Gilman et. al., *Arnould: Law of Marine Insurance and Average*, Sweet & Maxwell, 2013, p. 113.

[104] Drake v. Marryatt, (1823) 1 B & Cr. 473.

实践中,多个保险人或再保险人可以组成一个保险集团,这一保险集团整体任命一名签单代理人,授权其代为承保风险。在这一保险集团成员内部划分承保比例,保险集团中独立的保险人或再保险人对超过其比例的责任不予承担。同时,签单代理人还负责代表这一保险集团寻求再保险以承保保险集团内成员可能面临的风险。

四、海上保险合同的变更

(一)概述

1. 变更的概念

海上保险合同的变更有广义和狭义之分。广义的变更包括合同主体的变更和合同内容的变更,其中合同主体的变更又称合同的转让。狭义的变更仅指合同内容的变更,即在合同成立后,尚未履行或尚未完全履行以前,基于法律规定、法院或仲裁机构的裁判行为或者当事人的法律行为等,使合同内容发生变化的现象。[105]本部分内容的讨论仅限于狭义的海上保险合同变更,即合同内容的变更。海上保险合同的转让请参见本章第三节内容。

2. 要素变更与非要素变更

在传统民法中,合同内容的变更分为要素变更与非要素变更。要素变更,是指合同中的重要部分发生了变更,导致合同失去了同一性。通常要素变更的法律后果是旧合同消灭,新合同诞生。在海上保险领域,保险标的的变更,如保险标的由船舶变成了货物,即属要素变更。非要素变更,则指不会导致合同失去同一性的合同中非决定性的次要部分发生的变更。要素变更的本质在于债务人和债权人成立新债务同时消灭旧债务,即“合同的更改或者更新”。[106] 严格来讲,我国并没有将此种变更纳入法律调整范围,我国《合同法》和《保险法》中的合同变更仅限于非要素变更。

(二)变更的种类

海上保险合同的变更分为两种:一种是法定变更;另一种是约定变更。

1. 法定变更

所谓法定变更,是指在合同成立后,为了保障当事人的权利,在发生特定的情况时依据法律规定或法院判决、仲裁裁决对合同内容进行变更。

我国有关海上保险合同法定变更的内容主要见于《海商法》《保险法》《合同法》中。其中《海商法》第223条规定,不是由于被保险人的故意,未将本法第222条第1款规定的重要情况如实告知保险人,保险人有权解除合同或者要求相应增加保险费。第235条规定,被保险人违反合同约定的保证条款时,应当立即书面通

---

〔105〕 参见韩世远:《合同法总论》,法律出版社2011年版,第451页。

〔106〕 参见崔建远:《合同法》(第2版),北京大学出版社2013年版,第231页。

知保险人。保险人收到通知后，可以解除合同，也可以要求修改承保条件、增加保险费。《保险法》第 49 条、第 51 条及第 52 条分别规定，因保险标的转让导致危险程度显著增加的，保险人自收到前款规定的通知之日起 30 日内，可以按照合同约定增加保险费或者解除合同；投保人、被保险人未按照约定履行其对保险标的的安全应尽责任的，保险人有权要求增加保险费或者解除合同；在合同有效期内，保险标的的危险程度显著增加的，被保险人应当按照合同约定及时通知保险人，保险人可以按照合同约定增加保险费或者解除合同。除此之外，依据我国《合同法》第 54 条的规定，当订立时存在重大误解、显失公平或一方以欺诈、胁迫手段或乘人之危使对方在违背真实意思的情况下订立的合同，当事人可以请求法院或仲裁机构对合同进行变更或撤销。

在洪都拉斯奥萨航运公司（以下简称奥萨航运公司）诉中国人民保险公司湖北省分公司船舶保险纠纷案[107]中，船舶保险业务通过香港的保险经纪人来安排，在保险单有效期间内船舶所有人和船名进行过变更，但被保险人的名称在保险单中仍然被错误地记载为原船舶所有人。现船舶所有人奥萨航运公司虽然曾通过保险经纪人要求保险人变更保险单上的被保险人，但是证据显示保险经纪人并未向被保险人提供由保险人签发的更正"批单"正本，被保险人甚至在诉讼时也未取得正本的保险单。船舶出险后，保险人以奥萨航运公司不是保险单上记载的被保险人为由拒赔。法院认为被保险人提供的"批单"等证据为复印件，无法证明被保险人关于保险合同主体变更的主张，裁定驳回被保险人的起诉。通常而言，保险合同订立时保险人对被保险人的身份判断错误，依据《合同法》第 54 条的规定，合同订立时存在重大误解的，保险合同可以依法变更或撤销。但在本案中，被保险人所提交的用来证明保险合同主体已经发生变更的证据未被法院采信，从而导致败诉。实际上，在我国司法实践中，对证据形式标准一直有较高的要求。对于主张合同变更的当事人，应当向法院提供较为充分的证据。

英国法中也有一种类似的法定变更，即合同修正（Rectification）。所谓修正，是指当书面合同没有真正反映出缔约双方的真实合意时，应其中一方的申请，法院或仲裁庭可以对书面合同的内容进行变更，以使其能够体现出缔约方在缔约之时的真实意愿。在海上保险领域，此种修正常见于当承保条与保险单记载事项不一致时，一方当事人主张承保条上记载的内容才是缔约时的真实意愿从而推翻保险单上的不同记载，由法院或仲裁庭决定对保险单不一致的内容进行变更。在 Wilson Holgate & Co. Ltd. v. Lancashire & Cheshire Insurance Corp Ltd. 案[108]中，保险单上记载的保险标的是棕榈油（palm oil），实际运输的货物为棕榈树种子油（palm

〔107〕 参见（2000）武海法商字第 4 号。

〔108〕 (1922) 13 Ll. L. Rep. 486.

kernel oil),二者完全不同,保险人以运输货物与保险单描述不符为由拒赔,后来被保险人依据承保条上“保险标的是棕榈树种子油”(palm kernel oil)的记载得以对保险合同进行修正,成功获赔。除此之外,英国另一种较常见的合同法定变更存在于当合同内容存在模糊或非必要条款缺失时,由法院或仲裁庭依据法律、惯例(包括行业惯例和缔约方以往的交易惯例)等对模糊之处予以明确或对缺失条款进行补充。比如,当合同中没有对保险费进行约定或加保的保险费数额是“依据安排”(to be arranged)但一直没有达成最后合意时,可以由法院或仲裁庭依据惯例确定合理的保险费数额从而完成对合同的变更。

从以上规定可以看出,我国海上保险合同的法定变更,存在较强的法律干预性,在满足特定条件(通常是法律认为合同存在不公平或不合理的现象)时,对合同内容进行变更。比较之下,英国海上保险合同的变更则更多地体现出对当事人合意的尊重。即使合同变更是在法院或仲裁庭的干预下完成的,其主要目的也是进一步探寻或明确缔约方在缔约之时的真实合意。造成这种差别的根本性原因,可能还是大陆法系和英美法系在理念上的差异。大陆法系较为注重公平合理,故在有违公平合理的情况下有权机关往往会强制对合同进行变更;英美法系更加注重对当事人意愿的尊重,即便对合同进行变更,也仅是一个探寻当事人真实意愿的过程。

2. 约定变更

所谓约定变更,是指经当事人协商一致,对合同内容进行变更。实践中,海上保险合同的变更绝大部分都是约定变更。最具代表性的约定变更是“续保条款”(held cover)。在这方面,中国和英国的做法并无太大差别。所谓续保条款,通常约定如果在合同履行过程中出现一方(通常是被保险人)违反合同某些约定的情形时,本该终止或解除的合同在满足一定条件(通常是违反方及时向另一方递交通知并经另一方同意)并对合同条款(通常是保险费数额或承保条款)进行变更后,保险合同继续有效。《英国1983年协会定期船舶保险条款》第3条规定,在有关货物、航线、船位、拖带、救助服务或开航日期的保证被违反时,若被保险人知悉后迅速通知保险人并同意修改承保条件和加付所需的保险费,则本保险仍然有效。[109]《中国人保远洋船舶保险条款(2009版)》第6条第3款的规定与之基本类似。

(三)变更的条件

保险单签发以后,在保险期间内,如果被保险人发现投保时的申报有错误或者

〔109〕《英国1983年协会定期船舶保险条款》原文:Held covered in case of any breach of warranty as to cargo, trade, locality towage, salvage services or date of sailing, provided notice be given to the Underwriters immediately after receipt of advices and any amended terms of cover and any additional premium required by them be agreed.

遗漏,或者出现了新的意外情况,或者其他情形,为了确保保险合同继续有效,便有必要对其进行约定变更或者援引法定变更。根据合同法的一般原理,保险合同的变更需要满足下列条件:(1)变更必须以合法有效的保险合同存在为前提;(2)变更因保险人与被保险人的约定或法律规定而发生,通常双方协商变更保险合同更为普遍,但在某些情况下也存在法定变更;(3)变更必须符合法定的形式要求。我国《保险法》第20条规定,投保人和保险人可以协商变更合同内容。变更保险合同的,应当由保险人在保险单或者其他保险凭证上批注或者附贴批单,或者由投保人和保险人订立变更的书面协议。有关海上保险合同内容的变更亦应适用此规定,即海上保险合同的变更需有书面的形式予以证明,可以是批注或者批单,也可单独签订书面变更协议。实践中以附贴批单的方式最为常见,而且保险人有专门制作的批单格式供各方使用。

第二节　海上保险合同的解除及救济

一、海上保险合同的解除

(一)海上保险合同解除的概念

海上保险合同的解除,是指合同有效成立后,因一方或双方当事人的意思表示,使海上保险合同的效力提前终止。海上保险合同解除之后,合同的法律效力消灭,一般情况下,保险人应返还合同未履行部分的保险费,合同解除前已履行的部分按具体情形进行清算。德国民法上有"解除"(Rücktritt)和"终止"(Kündigung)的概念。后者是使债的关系指向将来消除,不同于"解除"会存在返还价款和清算的问题,主要用于继续性债权债务关系的终了。英美法系通常不区分合同解除和终止的概念。

(二)海上保险合同解除与相关概念的区别

保险合同解除与合同无效不同。保险合同无效,是指在发生特定事由的情况下,保险合同不产生效力。二者之间的相同点在于都使保险合同的效力消灭。二者之间的区别主要有以下几点:(1)保险合同解除的对象是已经成立的保险合同,甚至是已经开始履行的保险合同。但作为解除对象的保险合同是否已经生效则不在所考虑的标准之中。合同解除使合同效力消灭的原因是合同本身不复存在。保险合同无效的对象是已成立还未生效的合同。合同无效并不等于合同未存在,其是从法律上对已经存在的合同做了否定性的评价。(2)除了被保险人的任意解除外,其他保险合同解除的情形主要包括被保险人的告知不实、谎报保险事故、危险增加怠于通知、违反保证等。保险合同无效主要发生在被保险人对保险标的没有保险利益、超额保险中的超额部分等情形下，是为了防止引发道德风险，维护社会利益而从法律上否定这一保险合同的效力。(3)保险合同的解除一般需要当事人将解除的意思表示通知对方，而保险合同的无效不需要通知，只要违反了法律的强行性规定，该合同的效力当然无效。英国法下用“void”一词表示合同无效的状态。《英国1906年海上保险法》第4条第1款规定，通过赌博的方式的海上保险合同都是无效的(void)。

合同的解除与合同的终止不同。就我国《合同法》而言，该法第91条规定了导致“合同的权利义务终止”的七种情形。合同解除仅是导致合同权利义务终止的众多情形之一。[110] 合同终止的原因除了被解除之外，还包括合同履行完毕、债务免除等情形，即合同也可以按约定使合同目的达成之后自然终止合同关系，而不一定需要其他特定的解除条件，也不一定需要特定的法律程序来完成。合同解除一定是有效合同关系提前消灭的非自然终止。德国法采取的是合同解除与合同终止并立的二元结构，但是二者发生的效力在溯及力上相区别，合同终止不产生溯及既往的效力，而合同解除权的行使会产生恢复原状的效力。我国《海商法》下有关海上保险合同的部分则主要规定了海上保险合同的解除的情形，并未提及海上保险合同的终止。但有学者认为，《海商法》下关于海上保险合同解除的情形实属合同终止，不能归为合同解除，如第230条被保险人未经同意转让船舶实际是被保险人因对保险标的丧失了保险利益所导致的合同终止。

合同解除与附解除条件的合同也有所不同。我国《合同法》将后者放在合同效力一章加以规定。根据《合同法》第45条“附解除条件的合同，自条件成就时失效”，即指解除条件一成就，合同自动失效，无须任何其他程序，也没有所谓合同解除权等；另外，附解除条件一般是合同当事人的约定，以合意确定合同关系直接自动消灭的条件。前者属于《合同法》中的“合同的权利义务终止”一章，一般是赋予当事人一方以合同解除权，即给权利人一个选择的权利，只有选择行使解除权，才会产生合同解除的结果，否则合同仍会继续生效。但作者认为附解除条件的这种约定，类似于合同解除中的协议解除，即“当事人协商一致，可以解除合同”，仅是双方当事人事先在合同中就某项可能发生的条件达成了合意，并订入合同的条款中。海上保险合同中经常约定使合同自动解除的情形也是为了确保保险人所面临的风险不会超出其可预见的程度。

(三)海上保险合同解除的形式

1. 法定解除

法定解除，是指在海上保险合同的履行过程中，合同当事人一方或双方行使法

---

[110] 但对于该条款的规定，有学者认为其混淆了“合同的权利义务终止”的条件和“债的消灭”的条件这两个不同的概念。参见韩世远：《合同法总论》，法律出版社2011年版，第500~501页。

律赋予的权利解除合同,或法律规定在特定情形下海上保险合同自动解除。我国《保险法》第 182 条规定,海上保险适用《海商法》的有关规定;《海商法》未规定的,适用本法的有关规定。因此,海上保险合同双方当事人依据《海商法》和《保险法》都有可能享有解除权。

(1)被保险人有权解除的情形

第一,保险责任开始之前,《海商法》第 226 条规定,保险责任开始前,被保险人可以要求解除合同。因此,保险责任开始前,被保险人有权解除合同。

我国《保险法》中没有这样的规定,仅在第 15 条规定,除本法另有规定或者保险合同另有约定外,保险合同成立后,投保人可以解除合同,保险人不得解除合同。合同成立之前,合同尚不存在,自然没有"解除"合同之说。但需注意两点:其一,"保险合同成立"的时间与"保险责任开始"的时间是两个不同的概念。"保险责任开始"的时间是指保险期间的开始时间,即一旦发生保险事故,保险人承担保险赔偿责任的起点,应区别于保险人实际承担保险责任的时间。"保险合同成立"的时间一般在保险责任开始之前。在合同成立后,保险责任开始之前,被保险人有支付保险费等义务,但保险人的保险责任未开始,即使发生保险事故也不负赔偿责任。但也可能在保险责任开始之后,才成立保险合同,甚至在保险人承担的赔偿责任发生之后,如果被保险人是诚实信用的,海上保险合同的效力可以溯及既往。在英国海上保险合同中常常会包含"Lost or Not Lost"条款,其初衷是试图让保险人对合同成立以前可能已经发生的损失也负保险赔偿责任。这一条款已在《英国 1906 年海上保险法》第 6 条第 1 款中得到了肯定。这实际上是将保险人的保险责任的起始时间提前到合同成立之前。其二,《海商法》第 227 条没有包含《保险法》第 15 条中"除本法另有规定外"的条件,仅规定"除合同另有约定外",保险责任开始后双方均不得解除合同。但根据《海商法》第 223 条和第 235 条的规定,保险人在被保险人违反告知和保证义务时仍然享有合同解除权。

第二,保险责任开始之后,《保险法》第 58 条规定,保险标的发生部分损失的,自保险人赔偿之日起 30 日内,投保人可以解除合同。故保险标的发生部分损失的时候,被保险人也是可以解除合同的。

《海商法》没有规定在保险责任开始之后,被保险人有权解除合同的法定情形,却规定了保险责任开始后除合同另有约定(货物运输和船舶的航次保险除外)外,双方均不得解除海上保险合同。[111] 基于此种规定,《保险法》第 58 条在海上保险中几乎没有适用的余地。

---

〔111〕《海商法》第 227 条第 1 款规定,除合同另有约定外,保险责任开始后,被保险人和保险人均不得解除合同。第 228 条规定,虽有本法第 227 条规定,货物运输和船舶的航次保险,保险责任开始后,被保险人不得要求解除合同。

（2）保险人有权解除的情形

第一，被保险人违反告知义务。根据被保险人未履行告知义务的主观状态是出于故意还是非故意，法律对于不同主观状态下未履行如实告知义务设置了不同的法律后果。《海商法》第 223 条第 1 款规定，由于被保险人的故意，未将本法第 222 条第 1 款规定的重要情况如实告知保险人的，保险人有权解除合同，并不退还保险费。合同解除前发生保险事故造成损失的，保险人不负赔偿责任。第 2 款规定，不是由于被保险人的故意，未将本法第 222 条第 1 款规定的重要情况如实告知保险人的，保险人有权解除合同或者要求相应增加保险费。保险人解除合同的，对于合同解除前发生保险事故造成的损失，保险人应当负赔偿责任；但是，未告知或者错误告知的重要情况对保险事故的发生有影响的除外。

根据《海商法》第 223 条的规定，无论被保险人出于疏忽还是故意而未尽如实告知义务，保险人均有权解除合同。但是主观状态不同将对合同解除后的法律后果造成差异，主要体现在合同解除前发生的保险事故损失是否赔偿的问题上。但《保险法》对投保人非故意下主观恶意的程度做了进一步区分，规定了重大过失未履行告知义务的情形。根据《保险法》第 16 条第 2 款的规定，只有在投保人因故意或重大过失未履行如实告知义务且足以影响保险人决定是否同意承保或者提高保险费费率的情形下，保险人才能享有合同解除权。这也形成了我国海上保险法与一般保险法对在违反告知义务时保险人的解约权存在不一致的规定：在《海商法》下，无论被保险人因何原因未履行告知义务，保险人都有权解除合同，而《保险法》仅赋予保险人在被保险人因故意或重大过失未履行告知义务的情况下的合同解除权，但没有规定一般过失违反告知义务时，保险人是否有权解除合同的问题。这方面《德国 2008 年保险合同法》就对故意、重大过失和轻过失的情形分别作了规定。如果被保险人仅是一般过失违反告知义务，保险人可以终止合同，且效力仅指向将来，但如果保险人在知悉真实情况下仍基于其他条件缔结保险合同，则保险人无权终止合同，只能变更保险合同。[112] 对于证明被保险人违反告知义务时主观状态的举证责任，我国法院有判决认为应当由保险人承担，在保险人无法证明被保险人故意违反告知义务时，应认定被保险人仅存在过失。例如，在上海汉虹精密机械有限公司与太阳联合保险（中国）有限公司海上保险合同纠纷案[113]中，涉案货物在起运港时就存在部分锈蚀，系退运货物，在运抵目的港后收货人发现货物的装箱有破损，原告（托运人）要求被告对其进行保险理赔，被告委托多家公司对涉案货物进行检验，并从其中一份检验报告中获悉涉案货物在出运前就存在锈损，被告在之后

---

〔112〕 参见仲伟珩：《论德国保险法关于投保人违反告知义务规定及对我国保险法的启示》，载《法律适用》2012 年第 6 期。

〔113〕 参见（2010）沪海法商初字第 714 号。

两次将涉案保险费退还原告,但之后原告向被告再次支付了上述保险费。被告抗辩理由之一是,原告没有如实申报涉案货物为退运货物,被告已经通过退还保费的方式解除了涉案保险合同。上海海事法院认为,涉案货物在出运前就已存在锈损,而锈损对涉案货物的价值将产生影响,会间接影响被告对于保险费率的确定;被保险人未告知该情况,根据我国法律规定,被告有权解除合同,且被告的首次退还保费就行使了合同解除权。但是,法院进一步认为,根据法律规定,被保险人因过失未履行如实告知义务的,保险人对于保险合同解除前发生的与未告知情况没有因果关系的保险事故造成的损失,应当负赔偿责任。本案中,在被告未提供证据证明原告存在故意隐瞒的情形下,原告未告知被告涉案货物存在锈损情况的行为应被认定为过失行为。法院还认定,该货损事故发生在被告行使合同解除权之前,货损是由于包装不当造成,且原告并未对货物锈损提出保险理赔,因此原告未告知的货物锈损情况对保险事故的发生没有影响。最后,法院判决认为保险人有权解除合同,但合同的解除并不影响本案中的保险人仍要承担保险赔偿责任。

我国《海商法》中对保险人行使解约权的条件不区分被保险人未履行告知义务的主观恶意的规定很大程度借鉴于《英国 1906 年海上保险法》。英国判例法下被保险人在合同成立前的告知义务和不做虚假陈述义务是英国保险法最大诚信义务的重要体现。[114] 在之后对海上保险法法典化时这两项义务被写入《英国 1906 年海上保险法》第 17 条至第 20 条。保险人未告知重要事实(Material Circumstance),或陈述不真实,保险人可以解除合同,且效力溯及既往。[115] 在 Abram v. Westville[116] 一案中阿特金森(Atkinson)勋爵认为第 17 条中解除合同这种救济方式是使合同效力终止,让双方当事人恢复到合同成立之前的状态。这一点又与我国《海商法》下保险人在被保险人违反告知义务时的解约权效力存在不同。此外,《英国 1906 年海上保险法》在第 84 条第 3 款中还规定了被保险人没有欺诈或非法的情况下保险人溯及既往地解除合同,保费应当退还的问题。此外,中英法规定不同之处还在于被保险人违反《英国 1906 年海上保险法》第 17 条至第 20 条时,英国法赋予保险人的唯一救济方式就是解除合同,从法条的表述来看,法律没有提及保险人索赔损失的权利。

英国判例同时表明,除了涉及公共政策,《英国 1906 年海上保险法》的合同解

[114] Carter v. Boehm, (1766) 3 Burr 1905; De Costa v. Scandret (1723) 2 P Wms 170.

[115] Kausar v. Eagle Star Insurance Co. Ltd. [2000] Lloyd's Rep IR 154, 157. See also The Star Sea [2001] 1 Lloyd's Rep. 389, [51].

[116] [1923] AC 773, 781 原文:the remedy of avoidance terminates the contract, puts the parties in *statu quo ante* and restores things, as between them, to the position in which they stood before the contract was entered into.

除及溯及既往效力的规定可以通过当事人在保险合同的明确措辞予以排除。[117] 而对最大诚信原则最为明显的改变，则是体现在 2015 年 2 月通过、2016 年 8 月生效的《英国 2015 年保险法》中。该法通过区分被保险人违反告知义务的主观状态及对涉案保险合同的具体影响程度设计了不同的救济方式。根据《英国 2015 年保险法》附表 1（Schedule 1）的内容，被保险人如非因故意（deliberate）或重大过失（reckless）违反了"公平陈述义务"（fair presentation）则不再必然导致保险人有权解除合同。[118] 另外，在美国的保险法领域，有些立法规定，除非虚假陈述是基于事实上的欺诈的故意作出，或者所陈述的事实或作出的保证增加了损失发生的风险，否则被保险人或其代表在保单协商过程中作出的任何口头或书面的虚假陈述或保证，都不应当被认定为具有重大影响或会导致保单作废或无效。[119] 此外，澳大利亚、加拿大和一些欧洲大陆法国家也有类似立法动向。国际上对海上保险法的改革也应当引发我们对我国海上保险法相关问题的思考。《海商法》这部分的规定尚不完整，有待改进。

第二，被保险人违反合同约定的保证条款。《海商法》第 235 条规定，被保险人违反合同约定的保证条款时，应当立即书面通知保险人。保险人收到通知后，可以解除合同，也可以要求修改承保条件、增加保险费。另根据最高人民法院《关于审理海上保险纠纷案件若干问题的规定》第 6 条的规定，被保险人违反合同约定的保证条款未立即书面通知保险人，保险人可以要求从违反保证条款之日起解除保险合同。第 7 条规定，保险人收到被保险人违反合同约定的保证条款书面通知后仍支付保险赔偿，不得再以被保险人违反合同约定的保证条款为由请求解除合同。第 8 条规定，保险人收到书面通知后，就修改承保条件、增加保险费等事项与被保险人协商未能达成一致的，保险合同于违反保证条款之日解除。

对于保证制度的详细论述，请参见本章"保证制度"相关内容。

第三，保险责任开始前，被保险人未按时缴纳保险费。最高人民法院《关于审理海上保险纠纷案件若干问题的规定》第 5 条规定，被保险人未按照《海商法》第 234 条的规定向保险人支付约定的保险费的，保险责任开始前，保险人有权解除保险合同，但保险人已经签发保险单证的除外；保险责任开始后，保险人以被保险人未支付保险费请求解除合同的，人民法院不予支持。一旦解除保险合同，如果保险责任还未开始，则保险人应退还保费，但应当扣除相关的手续费；如果是约定的保

---

[117] The Seashell of Lisson Grove Ltd. (2) Central Tax & Trustee Planning LLP (3) Andre Misso v. Aviva Insurance Ltd. & Ors [2011] EWHC 1761 (COMM).

[118] Sections 3, 4, 5, 6, 9, 10 and 11 of Schedule 1 "Insurance Remedies for Qualifying Breaches" of Insurance Act 2015.

[119] E. g. Miss. Gen. Laws Ann., ch. 175. §186. 转引自[美]肯尼斯·S. 亚伯拉罕：《美国保险法原理与实务》，韩长印等译，中国政法大学出版社 2012 年版，第 15 页。

险责任已经开始,那么解除合同的效力不应当溯及既往,对于解除之前应当承担的保险责任的仍要承担。

第四,保险人选择全额支付合同约定的保险赔偿。《海商法》第255条第1款规定,发生保险事故后,保险人有权放弃对保险标的的权利,全额支付合同约定的保险赔偿,以解除对保险标的的义务。保险人在保险期间届满之前可以通过通知被保险人并支付全额保险赔偿的办法单方面解除保险合同,这在实践中被称为保险人的提前解约权。

第五,被保险人虚构保险事故或故意制造保险事故。《保险法》第27条第1款规定了保险人在被保险人虚构保险事故时的解约权:未发生保险事故,被保险人或者受益人谎称发生了保险事故,向保险人提出赔偿或者给付保险金请求的,保险人有权解除合同,并不退还保险费。该条第2款则对被保险人故意制造保险事故情形加以规定:投保人、被保险人故意制造保险事故的,保险人有权解除合同,不承担赔偿或者给付保险金的责任;除本法第43条规定外,不退还保险费。这是一般的保险人均有权解除合同的情形,属于对保险欺诈行为民事责任的规定,该款规定常在一般保险合同纠纷中被保险人用作抗辩理由。

在江苏银行与锡山支公司保证保险合同纠纷上诉案[120]中,原审原被告之间签订了保证保险业务合作协议,原审原告为购车人提供贷款,原审被告为借款的偿还提供履约保险,保证保险的投保人为贷款人,银行为被保险人,后投保人蔡某犯贷款诈骗罪,被法院定罪。银行要求保险公司支付贷款,但保险人辩称蔡某采取恶意欺诈手段骗取贷款及保险,其依法不应承担保险责任。原审法院认为保险合同的保险人只承保或然性风险而不承保必然性风险,投保人恶意欺诈、故意制造保险事故,非保险责任范围。蔡某以非法占有为目的,使用虚假的证明文件骗取广益支行贷款,恶意不还款故意制造保险事故,锡山支公司依法不应承担保险责任。二审另外查明保险人已以蔡某故意骗贷及故意制造保险事故为由,向蔡某发出书面通知解除了保证保险合同,并以告知函的形式通知了银行。二审法院认为投保人、被保险人故意制造保险事故的,保险公司有权解除合同,不承担赔偿或者给付保险金的责任;根据查明的事实,蔡某在办理借款时即具有骗贷的故意,蔡某借款行为发生后必然会发生保险事故,现保险人已依据《保险法》第27条第2款的规定解除其与蔡某签订的保证保险合同,并已将解除合同的情况书面告知了江苏银行,故锡山支公司对蔡某欠款行为不承担保险责任。

第六,保险标的的危险程度显著增加,被保险人未及时通知。关于被保险人危险增加后的通知义务,请参见本书第六章第一节相关论述。

第七,被保险人违反防灾防损义务。关于被保险人的防灾防损义务,请参见本

---

〔120〕 参见(2013)锡商终字第0265号。

书第六章第一节的相关论述。

(3)海上保险合同自动解除的情形

《海商法》第230条规定了因船舶转让而导致的合同自动解除的情况,即因船舶转让而转让船舶保险合同的,应当取得保险人同意。未经保险人同意,船舶保险合同从船舶转让时起解除;船舶转让发生在航次之中的,船舶保险合同至航次终了时解除。根据本条的规定,当满足上述情形时,该保险合同在特定的时间点自动解除,而不以保险合同当事人主动行使合同解除权为条件。这一规定的基础是为了保护船舶保险人的利益。在实践中,船舶作为保险标的,其安全状态较多依赖于船舶所有权人对于船舶的维护和保养以及在船船员的良好船艺。因此,一艘船舶的船舶所有权人是决定船舶保险人是否为该船承保的重要信息。船舶所有权人的变更很可能改变原本船舶保险人承保的基础,故法律规定只有在取得保险人同意的前提下,船舶保险合同才可随同船舶转让而一并转让;否则,船舶保险合同则不随船舶的转让而转让,保险人也不对受让船舶的新所有人承担保险合同义务。但需要区分的是,该条款并不禁止被保险人转让船舶保险合同下的保险权益与第三方。

中国平安财产保险股份有限公司宁波分公司诉浙江鸿霖船舶工程有限公司通海水域保险合同纠纷案〔121〕则涉及作为保险标的的船舶被转让的情形。被告为其所有的船舶在原告(保险公司)处投保沿海、内河船舶保险一切险,但被告欠缴了部分保费。后被告将该保险船舶出卖,于2014年2月21日注销了船舶所有权登记,原告认为该事实不影响原被告合同的履行及被告支付保险费的义务,原保险合同仍然有效,被告辩称其仅需支付保险费至船舶注销登记之时。法院认为没有证据证明被告针对船舶买卖通知了原告,若船舶保险合同系转让于船舶买受人,则将因为未经保险人的同意而使船舶保险合同依法从船舶转让时起解除,保险人对其后发生的保险事故不负赔偿责任;另外,船舶出卖人由于丧失了保险利益,也不得向保险人请求赔偿保险金,在原、被告之间,保险合同不再具有能实现的合同目的,合同权利和义务自然终止。因此法院根据《海商法》第230条的规定,认为被告对于船舶所有权注销登记之后的保险费不负支付义务,判决被告仅需支付注销登记之前未支付的保险费。

(4)对海上保险合同当事人双方行使解除权的限制

第一,法律明确禁止保险人或被保险人解除保险合同。

情形之一是立法明确规定保险双方当事人不享有合同解除的权利,相当于直接剥夺保险人或被保险人的合同解除权。如《海商法》第227条第1款规定,除合同另有约定外,保险责任开始后,被保险人和保险人均不得解除合同。该法第228条规定,虽有本法第227条规定,货物运输和船舶的航次保险,保险责任开始后,被

---

〔121〕 参见(2014)甬海法商初字第361号。

保险人不得要求解除合同。

情形之二是对于保险人或被保险人的法定合同解除权在特殊情形下予以限制,甚至排除。一类是"弃权"或"禁反言"原则。[122] 在最高人民法院《关于审理海上保险纠纷案件若干问题的规定》中即体现了这两种原则。该司法解释第4条规定,当保险人知道被保险人未履行如实告知义务的重要情况,仍然收取保险费或者支付保险赔偿的,保险人不得再以被保险人未如实告知重要情况为由请求解除合同。该司法解释第5条规定,保险责任开始后,保险人不得再以被保险人未支付保险费为由请求解除合同。该司法解释第7条规定,保险人在收到被保险人违反合同约定的保证条款书面通知后仍然支付保险赔偿的,不得再以被保险人违反合同约定的保证条款为由请求解除合同。上述规定都是针对保险人的,限制了保险人的合同解除权。另一类情况是在《英国1906年海上保险法》下构成"情势变更"(change of circumstances)的情况,即如果由于客观情况改变使得保证不再有存在的必要性或合法性,那么即使被保险人违反该保证,也可以免责。[123]

第二,为保险人或被保险人的解除权规定行使期限。

我国《保险法》中对于保险人或被保险人的解除权的行使也设定了一定的期限。《保险法》第16条规定,当被保险人因故意或重大过失,在订立保险合同时,未履行如实告知义务,保险人有权解除合同,该解除权自保险人知道有解除事由之日起,超过30日不行使而消灭,并且自合同成立之日起超过2年的,保险人不得解除合同。该法第49条第3款规定,因保险标的转让导致危险程度显著增加的,保险人自收到前款规定的通知之日起30日内,可以按照合同约定增加保险费或者解除合同。该法第58条规定,保险标的发生部分损失的,自保险人赔偿之日起30日内,投保人可以解除合同,除合同另有约定外,保险人也可以解除合同,但应当提前15日通知投保人。由于《保险法》赋予了保险人或被保险人在其有权解除合同的情形发生时以选择权,这种选择权在客观上导致了海上保险合同处于不稳定的状态,合同双方无法判断保险合同是否继续有效,也无法进行后续商业安排,不利于商业贸易的进行,因此《保险法》要求保险人或被保险人必须及时有效地行使合同解除权或者确认合同的效力的权利。

---

[122] 弃权以及禁反言原则都源于英美法系衡平法。弃权原则,是指任何人以明示或默示方式,故意或自愿抛弃其明知的权利,或实施可以推定其抛弃该等权利的行为后,不得作为或不作为与其权利抛弃相矛盾的行为。禁反言原则,则可以概括为任何人都不得有失公正地否认他先前所承认,且已被他人给予信赖并据此行为的事实或情势原则。

[123] 《英国1906年海上保险法》原文:Section 34 (1): Non - compliance with a warranty excused when, by reason of a change of circumstances, a warranty ceases to be applicable to the circumstances of the contract, or when compliance with the warranty is rendered unlawful by any subsequent law.

第三,海上保险合同条款规制。

在海上保险实务中,当事人会在保险合同中约定一些条款,在不违反法律强制性规定或公共政策的情况下,对保险合同解除的情形或后果予以限制或排除。续保条款就是海上保险合同中典型的此类条款之一。在英国法下,违反最大诚信义务时保险人行使合同解除权的效力是溯及既往的,但保险合同双方当事人可以在合同中做例外的约定。Seashell of Lisson Grove Ltd. v. Aviva Insurance Ltd.[124]案涉及的保单中有条款(Non – Invalidation Clause)针对风险增加的情况,只要被保险人在知道风险增加的情况时立即通知保险人并支付额外保费,则保单依然有效。对此法院认为被保险人对重要事项的误述或遗漏以及违反保证的行为可以包括在风险增加的情况内,合同的约定可以排除保险人解除合同的权利。此外,由于《英国1906年海上保险法》下违反保证的法律后果十分严厉,保险人在很多情形下其实并不愿意动辄以违反保证为由自动解除保险赔付责任,而只是希望通过收取额外保费或修改合同条款的方式继续承保,实务中海上保险合同也是通过续保条款的形式实现这个目的。

保险合同中还可能有一类条款直接排除保险人的合同解除权,但由于合同解除权是法律赋予保险人的,此类合同条款必须具有非常清楚的措辞,法官在解释这样的条款时也会十分严格。Toomey v. Eagle Star Insurance Co. Ltd. (No. 2)[125]案就是关于再保险合同约定排除保险合同下的解约权条款应如何解释引起的纠纷。在该案中,原被告之间的再保险合同约定排除保险人(被告)以被保险人(原告)虚假陈述和隐瞒重要事实为由解除合同的权利,并且被保险人不能签发保险金额超过4万美元的保险。本案中,被保险人对保险人提出索赔,保险人抗辩称被保险人未告知某些重要事实,并对承保的保险金额作了误述,实际数额超出了合同约定的限制。但被保险人认为合同排除了疏忽(Negligent)条件下隐瞒和误述时保险人的合同解除权,且超过4万美元的5%是微不足道的。法院最终支持了保险人,认为约定排除保险人以被保险人虚假陈述和隐瞒重要事实为由解除合同权利的合同条款,并不足以说明当被保险人是疏忽而隐瞒或虚假陈述时,保险人解除合同的权利可以当然被排除,在合同条款没有明确说明的情况下,仅在被保险人无过错隐瞒或虚假陈述时,保险人解除合同的权利才能被排除。

2. 约定解除

约定解除,是指在海上保险合同履行过程中,出现了当事人双方在订立合同时约定的允许一方当事人行使解除权的事项,而该当事人行使了这一权利来解除合

---

〔124〕 [2011] EWHC 1761 (Comm).

〔125〕 [1995] 2 Lloyd's Rep. 88; [1995] 4 Re. L. R. 314.

同。[126] 通过约定解除保险合同是合同法合同自由原则的体现,是法律对当事人意志的尊重。但是,当事人的意志不能与国家的强行性法律规范相冲突,如果当事人的合意违反了强行性规范或社会公共利益,该合意无效。因此,海上保险合同的约定解除应当在不违反法律强行性规定、社会公共利益前提下,由双方合意约定。

《合同法》第93条第2款规定,当事人可以约定一方解除合同的条件。解除合同的条件成就时,解除权人可以解除合同。《海商法》中也有很多任意性规定,如第227条中规定保险责任开始后,被保险人和保险人均不得解除合同,但"除合同另有约定外"。对于解除后保险费的问题《海商法》作了规定……被保险人要求解除合同,保险人有权收取自保险责任开始之日起至合同解除之日止的保险费,剩余部分予以退还;保险人要求解除合同,应当将自合同解除之日起至保险期间届满之日止的保险费退还被保险人。"有权"与"应该"措辞的差异表明在保险人要求解除合同的情况下,保险人退还保险费义务并不属于双方当事人可以自由约定的事项,但合同解除后的其他法律后果,当事人可以自行在合同中约定。

在中国平安财产保险股份有限公司大连分公司诉STX(大连)造船有限公司海上、通海水域保险纠纷案[127]中,2011年度、2012年度、2013年度,被告分别在原告处为其建造的船舶投保船舶建造险,签订了三份保险合同。保单保费支付条款约定,被保险人有义务在本合同生效之日起的30天内(或者在分期支付保费到期时),支付全额保费给保险人;如果被保险人没有按照合同约定支付保费,保险人有权利以书面形式告知被保险人的经纪人取消(终止)保险合同,在取消保险合同的情况下,到期保费按比例收取;双方同意保险人应当不少于前15天通过经纪人通知取消保险。本案中,被告到期未付第一期保费,经催收仍未支付,原告于2013年5月1日书面告知被告及其保险经纪人解除保险合同,合同终止函均已被签收。法院对相关的保费催收单、合同终止函及回执等凭证作出了确认,根据《合同法》第93条第2款的规定认定,原被告之间的保险合同合法解除。

对于海上保险合同中一些常见的有关解除权的约定,可参见本书第七章、第八章相关内容。

(四)海上保险合同解除的后果

海上保险合同解除的后果,涉及合同解除的溯及力和保险费的退还两个方面的问题。

1. 合同解除的溯及力

在海上保险合同解除之后,首先面临的就是溯及力问题。虽然合同关系面向

---

〔126〕 参见应世昌:《新编海上保险学》,同济大学出版社2016年版,第92页。

〔127〕 参见(2013)大海事初字第207号。

将来自然不存在了，但是对于合同解除之前的部分是否也溯及既往的无效，则要区分不同的情况来对待。一般来说，如果在保险责任开始之前，被保险人或保险人解除合同的，自然是合同溯及既往的无效，因为保险责任还未开始，不会涉及赔偿的问题；如果在保险责任开始之后，由于因被保险人未经保险人同意转让船舶而转让船舶保险合同，违反保证，违反防灾减损义务或未尽风险显著增加的通知义务等，保险人解除合同的，是在被保险人违反某项义务或规定之时解除，一般这种解除是没有溯及既往的效力的；当保险标的发生部分损失时，保险人解除合同的，因为保险人已经赔偿过，保险合同只需要面向未来无效即可。

但法律有特殊规定的，应当遵照法律的规定或合同约定。根据《海商法》第223条第1款、《保险法》第27条的规定，如果因为被保险人故意未履行如实告知义务，被保险人故意制造保险事故或者虚构保险事故，保险人解除合同的，保险人不承担赔偿或者给付保险金的责任。根据《海商法》第223条第2款的规定，如果因为被保险人非因故意未履行如实告知义务，合同只是面向将来不再发生效力，并无溯及效力；若保险事故发生在保险合同解除之前，保险人仍然要承担保险责任，但是若未告知对保险事故发生有影响的，保险人不承担保险责任。另外，保险合同的解除可以依据合同当事人的约定实现，如果合同对此有特殊的约定，在不违反法律强制性规定的情况下，应当遵照合同的约定。

2. 保险费的退还

海上保险合同解除后，是否返还以及如何返还已经收取保险费的问题是关系到保险合同当事人的重要问题。综合来看，主要包括以下几种情况：

(1)不返还保险费。由于海上保险合同解除是合同效力的提前终止，一般情况下保险人应当按比例退还保险费给被保险人。但在特殊情形下，主要是因被保险人有主观恶意的行为而导致保险合同解除时，存在保险人不返还保险费的规定。根据《海商法》第223条和《保险法》第27条的规定，如果订立合同时被保险人故意未履行如实告知义务，或者被保险人虚构保险事故，故意制造保险事故，保险人有权解除合同，并且不退还已经缴纳的保险费。另外，由于在航次保险(包括货物运输和船舶的航次保险)中，风险一般被认为是不可分的，因此《海商法》第228条规定在航次保险中，保险责任开始后，被保险人不得解除合同。而《中国人保船舶保险条款(2009版)》第7条第2款则进一步规定，对于航次保险，自保险责任开始一律不办理退保和退费。

(2)返还部分保险费。根据《海商法》第227条的规定，根据合同约定在保险责任开始后可以解除合同的，被保险人要求解除合同，保险人有权收取自保险责任开始之日起至合同解除之日止的保险费，剩余部分予以退还；保险人要求解除合同，应当将自合同解除之日起至保险期间届满之日止的保险费退还给被保险人。这是法律对约定解除合同的情形下保险费退还问题的一般性规定，即在没有特殊规定或约定时，保险人都应按比例退还部分保险费给被保险人。此外，《海商法》第230条规定，未经保险人同意因船舶转让而转让船舶保险合同使得合同解除的，保险人应当将自合同解除之日起至保险期间届满之日止的保险费退还给被保险人。《保险法》也存在类似的规定，该法第52条规定，被保险人在标的物风险显著增加时未履行通知义务的，保险人解除合同，应当将已收取的保险费，按照合同约定扣除自保险责任开始之日起至合同解除之日止应收的部分后，退还投保人。第58条规定，当保险标的发生部分损失，保险人或被保险人解除保险合同的，应当将保险标的未受损失部分的保险费，按照合同约定扣除自保险责任开始之日起至合同解除之日止应收的部分后，退还投保人。保险实务中所常见的保险条款也包含着类似的规定。《中国人保船舶保险条款(2009版)》第7条规定，定期保险在保险船舶退保或保险终止时，保险费应自保险终止之日起，净保费可按日比例计算退还给被保险人。《中国人保船舶保险附加战争、罢工险条款(2009版)》第4条第3款规定，本保险由于第3条原因终止时，净保费可按日比例退还给被保险人。值得注意的是，《海商法》第223条对此没有作出规定。

(3)全额返还保险费。这主要是指当被保险人在保险责任开始之前解除保险合同时，保险人应返还扣除手续费之后的全额保险费。

当然，我国立法对于很多合同解除的情形并没有明确规定应当如何退还保险费。例如，若出现了被保险人非故意违反告知义务、违反保证条款、因转让船舶而转让船舶保险合同而导致保险人解除保险合同，以及保险人全额支付合同约定的保险赔偿等情形而使合同自动解除的，保险人是否要退还保费以及如何退还？这一问题《海商法》并未提及。根据前面的分析，在没有特别约定的情况下，对于不溯及既往的合同解除，保险费的退还都是按比例，扣除自保险责任开始之日起至合同解除之日止应收的部分后，退还投保人。但由于立法没有明确规定，如果合同当事人也没有对此约定，司法实践将缺少确定性的标准来处理此类纠纷。

英国法下保险费的退还也实行约定优先于法定原则，其中法定退还的情形主要规定于《英国1906年海上保险法》第82条至第84条，概括起来主要有：

(1)保险费对价完全落空时，保险费退还。如上文所述，保险费的对价是保险人承担的风险，如果风险落空，则保险费需要退还。正如曼斯菲尔德勋爵所指出的，“风险如果尚未开始，无论此种未开始是由于被保险人的过错、意愿、故意抑或其他原因，保险费应当退还，因为保险合同是一个补偿性的合同，保险人取得保险费，从而对被保险人因承保风险而导致的损失予以赔偿。无论何种原因，如果保险人承保的风险并不存在或尚未发生，则其取得的保险费不存在对价，因而需要返还”。关于该问题，还需要介绍英国法下一个背景知识：虽然依据《英国1906年海上保险法》第84条第2款风险是可以分割的，但事实上可以分割的风险在实践中是非常少见的，换言之，英国法下风险实际上是不可分割的。由此带来的后果是，保险人一旦开始承担风险，哪怕只有一天、一小时甚至一秒钟，都有权获得全部的保险费。

（2）被保险人及其代理人欺诈，保险费不退还。为了构建良好的交易秩序，英国法对欺诈一直采用比较严厉的态度，因此即使是在风险完全落空的情况下，如果被保险人及其代理人存在欺诈行为，保险费也是不予退还的。在海上保险领域，最大诚信、保证和保险利益较易涉及保险费退还的问题。关于最大诚信，被保险人违反最大诚信的后果是保险人有权宣告合同自始无效，一旦合同自始无效，双方当事人的权利义务都要回归到合同从未订立的初始状态，风险方面则视为保险人从未开始承担过风险。因此如果之前曾经有过保险赔付则被保险人需要将已经得到的保险赔偿金退还给保险人，其也有权利拿回之前支付的保险费，当然，如果被保险人欺诈，则保险费不再退还。关于保证，被保险人违反保证的后果是保险人可以解除保险责任。解除赔付责任不同于宣告合同自始无效，不对已经完结的合同期间及产生的后果有溯及力，因此关于保险费的退还要区分具体情况：如果违反保证发生在风险期间开始前，则保险费可以退还；如果发生在风险期间开始后，由于保险人已经开始承担风险，则保险费不予退还。例如，假设船舶航次保险合同中订有保证条款保证船舶会在 12 月 1 日起航，保险人自起航时起开始承担风险，但最终船舶未在 12 月 1 日如期起航并且取消了航次，那么保险费可以退还，因为被保险人在风险开始前就已违反保证条款导致保险人从未开始承担风险，当然前提是被保险人没有欺诈行为。英国法下缺乏保险利益时保险费的退还类似于违反保证时的保险费退还，即在非赌博保险并且被保险人及其代理人无欺诈和非法行为的情况下，如果被保险人在整个保险期间均无保险利益的话，保险费可以退还，如果在保险期间被保险人曾经有过保险利益，则保险费不予退还，其原因同样是基于风险不可分割理论。至于保险费的按比例退还主要存在于超额保险中。

此外，如果保险合同是通过保险经纪人订立的，在退还保险费时还涉及是否要扣除经纪人佣金的问题。这一问题的产生与英国独特的订约习惯有关。在英国海上保险市场，通常是被保险人将保险费交给经纪人，经纪人在扣除自己的佣金后将剩余的保险费交给保险人，这样一来就涉及保险人在退还保险费时是退还全额保险费还是扣除经纪人佣金后的保险费。事实上这一问题在英国法下也不十分明确，但多数观点认为，依照惯例，即使经纪人常被认定为是被保险人的代理人，但经纪人的佣金是由保险人支付的，因此，保险费应全额退还。例外是，如果有明确的证据证明经纪人的佣金是由被保险人支付的，那么保险费将在扣除经纪人的佣金后，退还给被保险人。

二、保证制度

(一)保证制度的起源

1.早期保证制度的含义

保证制度起源于英国海上保险实践,形成于英国海上保险立法。其内涵与特点集中体现在《英国1906年海上保险法》第33条至第41条,包括保证的含义、性质、免于承担违反保证责任的情形、明示保证、中立保证、完好安全保证、船舶适航保证、合法性保证等内容。英国海上保险法中的保证,被定义为一种"承诺性保证"(Promissory Warranty),是指被保险人承诺做或不做某特定事宜,或者满足某项条件,或者被保险人肯定或否定一种特定事实状态的存在。[128] 本着最大限度尊重当事人意思自治的原则,除三种默示保证,即中立保证、[129]船舶适航保证[130]和合法性保证[131]以外,《英国1906年海上保险法》规定当事人之间可以明确约定保

---

[128] 《英国1906年海上保险法》原文:Section 33:(1) A warranty, in the following sections relating to warranties, means a promissory warranty, that is to say, a warranty by which the assured undertakes that some particular thing shall or shall not be done, or that some condition shall be fulfilled, or whereby he affirms or negatives the existence of a particular state of facts.

[129] 《英国1906年海上保险法》原文:Section 36:(1) Where insurable property, whether ship or goods, is expressly warranted neutral, there is an implied condition that the property shall have a neutral character at the commencement of the risk, and that, so far as the assured can control the matter, its neutral character shall be preserved during the risk. (2) Where a ship is expressly warranted "neutral" there is also an implied condition that, so far as the assured can control the matter, she shall be properly documented, that is to say, that she shall carry the necessary papers to establish her neutrality, and that she shall not falsify or suppress her papers, or use simulated papers. If any loss occurs through breach of this condition, the insurer may avoid the contract.

[130] 《英国1906年海上保险法》原文:Section 39:(1) In a voyage policy there is an implied warranty that at the commencement of the voyage the ship shall be seaworthy for the purpose of the particular adventure insured. (2) Where the policy attaches while the ship is in port, there is also an implied warranty that she shall, at the commencement of the risk, be reasonably fit to encounter the ordinary perils of the port. (3) Where the policy relates to a voyage which is performed in different stages, during which the ship requires different kinds of or further preparation or equipment, there is an implied warranty that at the commencement of each stage the ship is seaworthy in respect of such preparation or equipment for the , purposes of that stage. (4) A ship is deemed to be seaworthy when she is reasonably fit in all respects to encounter the ordinary perils of the seas of the adventure insured. (5) In a time policy there is no implied warranty that the ship shall be seaworthy at any stage of the adventure, but where, with the private of the assured, the ship is sent to sea in an unseaworthy state, the insurer is not liable for any loss attributable to unseaworthiness.

[131] 《英国1906年海上保险法》原文:Section 41: There is an implied warranty that the adventure insured is a lawful one, and that, so far as the assured can control the matter, the adventure shall be carried out in a lawful manner.

证事项,[132]而不论该事项对承保风险是否重要。[133] 明示保证条款可以使用能够体现订立保证意图的任何语言,而不要求在条款中一定出现“保证”字样,但保证条款应该记载于保险单中,或者记载于并入保险单的某一文件中。

《英国1906年海上保险法》下保证制度的特性体现在以下几个方面:(1)被保险人应该严格遵守和履行保证义务,一旦违反,则保险人在保险合同项下的保险责任将自动解除,不论所违反的保证条款与保险事故是否有因果关系甚至是否有关,除非保险单另有不同规定。但应该注意的是,违反保证条款的后果是保险责任解除,但保险合同依然存在,因此,保险人对保证条款违反前发生的保险事故依然有赔偿责任。(2)保证条款一旦违反便不可补救。如果被保险人违反了保证,即使在保险事故发生前纠正了违反行为而使保证条款重新被遵守,依然不能免除其违约责任。违反保证条款的法律后果非常严苛,只有在三种情况下可以免责:第一,情况发展变化使保证条款不再适用于合同情况;第二,履行保证条款会被后来颁布的法律认定为违法;第三,保险人弃权。

2. 保证制度的起源

保证最早出现于17世纪,当时通信技术不发达,在投保人和保险人商定保险合同时,被保险的船舶或货物往往在千里之外,保险人对保险标的的了解和对承保风险的评估基本上取决于投保人的告知。在合同成立后,保险人亦无法直接控制船舶和货物的运动,也不可能完全掌握保险标的的实际情况,因此,为将风险限定在合同订立时可预期的范围内,不改变合同订立及履行的基础,保险人要求被保险人对某些事项作出承诺,即承诺某事项存在或不存在或承诺将来做或不做某事项,而且这些承诺必须严格遵守,不得有丝毫违反。保险人以此来确保对保险标的的良好管理、防止投保人或被保险人未经保险人同意而进行某些风险较大的活动。这些被定进保险合同中的承诺被称为保证。

在17世纪中后期,由于海战频繁,商船想要完成航行必须使用护卫舰。承保商船的保险人为了保护自己的利益都会要求船东保证:在任何时候不会命令船只在无护卫的情况下单独出航。如果船东不能作出这样的保证,则保险费会成倍增加。当时有几个涉及“护航保证”(warranty of convoy)的案例,原告向保险人索赔船损和货损保险赔偿金,保险人则辩称他们承保的前提条件是被保险人遵守船舶须有护航队护航的明示保证。法庭均接受了保险人关于承保前提条件的主张,但

[132] 《英国1906年海上保险法》原文:Section 33 (2): A warranty may be express or implied.

[133] 《英国1906年海上保险法》原文:Section 33 (3): A warranty, as above defined, is a condition which must be exactly complied with, whether it be material to the risk or not. If it be not so complied with, then, subject to any express provision in the policy, the insurer is discharged from liability as from the date of the breach of warranty, but without prejudice to any liability incurred by him before that date.

是根据贸易商间一般的惯例解释保险合同中所包含的保证,认为轻微的差异不构成保证的违反。[134]

同样,为了避免船只被交战国作为战利品捕获,船只必须保持中立,保险人于是也会要求船东保证船只在航行过程中保持中立地位。类似的保证还包括必须在特定时段出海、不绕航等,这就是保证制度出现的直接原因。在 1763 年的 Wolmer v. Muilman[135] 案中,被保险人违反中立保证,曼斯菲尔德大法官认为被保险人违反保证后,无论损失与违反保证是否有因果关系,保险合同责任均应解除。此后曼斯菲尔德大法官还审理了几个有关保证的案例,其所作的判决主要从四个方面制定了一些主要规则:(1)保证区别于陈述。保证是合同的一部分,而陈述是一种保证性陈述,不是合同的组成部分;(2)保证无论其对风险是否重要都必须被严格遵守;(3)保证视同条件;(4)保证必须依据商人间的习惯做法以及双方当事人间的订约意图来解释。

在后来关于保证的司法实践中,法官逐步认定,被保险人违反这种条款时,保险人解除保险责任,并逐渐形成了保证的判例。英国的海上保险人为了控制风险,在保险合同中加入要求或禁止被保险人做某事的条款,这是海上保险中保证制度的雏形。在司法实践中,法官逐渐开始在判决中认定,被保险人违反这种条款,保险人解除保险责任。于是,关于保证的判例逐渐出现。[136] 通过吸收 18 世纪中后期曼斯菲尔德大法官作出的确立保证制度的重要判例,谢尔曼(Sherman)爵士在于 1894 年完成起草的《海上保险法》中对保证作出了系统完整的规定。随着该法在 1906 年由议会通过成为法律,保证法律制度最终被纳入成文立法,在《英国 1906 年海上保险法》中得到了全面而系统的规定。

(二)对保证制度的诟病

保证制度出现后以其高度严格性为保险人提供了极大的保护,但是某些情况下也沦为了保险人进行技术性(technical)抗辩的工具。[137] 特别是随着航运业抵抗海上风险能力的逐步提高以及保险人实力的越发雄厚,这种严格性越来越多地引起理论界和实务界的广泛质疑。[138] 甚至有观点主张该制度寿终正寝,代之以"风险改变"制度,以缓和保险人与被保险人之间的紧张对立。英国法律委员会早

[134] Jefferies v. Legandra(1692) 4 Mod. 58,该案可能是当今能够看到的英国法律报告中最早的有关"保证"的案例,在英国法中被视为保证法律制度历史起点。

[135] Wolmer v. Muilman(1763) 1 WmBl 427,该案是曼斯菲尔德大法官审理的第一个有记载的关于保证制度的案例。

[136] 参见李玉泉:《论海上保险法中的"保证"制度》,载《中国海商法年刊》2004 年。

[137] Glicksman v. Lancashire and General Assurance Co. [1927] AC 139, pp. 144 - 145.

[138] Baris Soyer, Reforming Marine & Commercial Insurance Law, Informa Law from Routledge, 2008, p. 127.

在 1980 年便尝试调整，但因种种原因，最终未能修改相关规定。自 2006 年起，英格兰和苏格兰法律委员会联袂进行保险法的改革，保证制度便是其中意欲重点修改的制度之一。

1. 不公平的严苛法律后果

2012 年，英格兰和苏格兰法律委员会再次编写修改保证制度的咨询报告（consultation paper），并在 2014 年 6 月出版的第二份报告中旗帜鲜明地指出保证制度存在以下问题：(1) 尽管被保险人违反保证的行为与承保风险无涉，但保险人也可因此拒绝赔偿；(2) 违反保证后，即使被保险人采取了补救措施，保险人也无须对违反保证后所发生的事故承担赔偿责任；(3) 保证的违反解除了保险人的全部责任，也就是说，与保证不相关的其他保险责任也因此被解除；(4) 保险人在投保单中的陈述可被转化为保证。[139] 可见，保证制度遭反复质疑的首要症结在于其严厉的救济手段所带来的不公平的法律后果。

《英国 1906 年海上保险法》规定多项被保险人必须严格遵守的保证内容，系源于当时航运业和海上保险业的实际经营状况：船舶抗风浪能力差、海上风险大、通讯技术落后、保险人核查风险困难。然而，现代的情况对比谢尔曼时代已经有了巨大变化。信息沟通技术的快速发展使在保单生效的任何时候同被保险船舶保持联系都是可能的，因此，保险人能够及时掌握船舶的状态，如果有违反保证的必要，保险人和被保险人之间可以协商修改保险条款。因此，被保险人的保证在保险人确定承保风险的时候虽然仍然起到很重要的作用，但已经不像在 18 世纪那么重要。当经营环境发生巨大变化时，这些保证规定显示出其明显不合理的一面。虽然海上保险实务中保险人有时会放弃法定救济仍然对违反保证的被保险人作出赔付，但这种基于商业利益的自我约束并不能消除修改不合理法律规定的必要性。[140]

另外，现代海上保险保险人经常处于强势地位，特别是保险人具有能够获得复杂数据和信息的巨大优势。因此，双方看似平等的洽谈磋商议价的权利便很快发生变化并且对保险人一方有利。如果因为发生轻微的、没有后果的或与损失没有关系的违反保证的情况，保险人便可以免除其保险赔偿义务，这对被保险人会造成进一步的不公平。例如，保险单中有一个条款要求被保险人应当合理谨慎地在保险单生效期间内保证船舶航海仪器保持良好的工作状态，当船舶停在港内时发现航海雷达发生故障不能正常工作，但被保险人没有采取有效的措施及时修理。在

---

〔139〕 Insurance Contract Law：Business Disclosure；Warranties；Insurers' Remedies for Fraudulent Claims；and Late Payment，pp. 153 – 154，载 http：//www. lawcom. gov. uk/wp – content/uploads/2015/03/lc353_insurance – contract – law. pdf，最后访问日期：2016 年 12 月 10 日。

〔140〕 John Birds，*Modern Insurance Law*，Sweet & Maxwell，1993，pp. 4，131.

此期间,船舶在加油时发生火灾并全损。毫无疑问,被保险人违反了保险单中的明示保证,没有尽合理谨慎义务以保证雷达处于良好工作状态,但是,违反此保证显然与损失的发生没有因果关系。然而,当被保险人以全损要求保险赔偿的时候,保险人则可以以违反保证为由拒赔。严厉的救济手段使保证成为保险人手中对抗被保险人求偿的一张王牌(Trump Card),[141]也因此成为被保险人和学者们批评的对象。

2. 对市场份额的不良影响

巴里斯·索耶尔(Baris Soyer)博士曾经分析1995年至1998年伦敦海上保险市场保险费收入下降幅度高达50.25%的原因,认为伦敦海上保险市场丢失其市场份额的主要原因是来自其他保险市场的激烈竞争。根据伦敦市场保险人协会发表的报告显示,德国和挪威的保险市场是最有竞争力的,他们关于船壳险的保证制度通过了过去实践的检验。从分析1995年至1998年德国和挪威保险市场成交的保险费的确可以看出,同伦敦保险市场相比这两个市场的情况较为稳定,只有小幅下降。

这些市场成功的原因主要在于他们成功地发展了与世界上不同利益国家间的紧密联系,吸引了很多国外的业务。除了20世纪90年代初伦敦保险市场对某些高风险业务的犹豫对德国和挪威保险市场的成功起了重要作用外,他们在保险单中也采用对被保险人较为友好的法律规则。交易需求方主要的利益在于以最低的市场价格尽可能地获得更有利的条款,因此,如果保险费率与其他重要的保险市场是相容的,保险条件就成为争夺市场份额的重要因素。《英国1995年协会定期船舶保险条款》就是一个很好的例证。对被保险人来说该条款中增加了一些更加严格的条款,较《英国1983年协会定期船舶保险条款》更为保护保险人的利益。然而,由于伦敦市场的疲软环境,被保险人通常会转向条件更好的市场,因此,该条款没有普及,现在伦敦市场上仍有大量新签的或续签的保单使用《英国1983年协会定期船舶保险条款》。可见,保险条件的宽严对保险业务量有重要影响,可以说宽松的保险条件是在市场上吸引更多业务的工具。[142] 通过研究早期德国和挪威船壳保险中采纳的保证制度,可以说他们比英国采用了对被保险人更加公平的方法,货物保险亦是如此。同时对信誉良好的被保险人,德国和挪威的条款也没有英国的条款严格。可以说,德国和挪威的海上保险条款无论是保证还是其他领域的条款都比英国的条款能够更好地保护被保险人的利益。这一事实帮助德国和挪威的海上保险市场大幅度扩大了市场份额并且保持了很多年。

---

[141] Boberg, Trumping an Insurance Warranty, South Africa Law Journal, 1969, No. 86, p.335; See also C. Visser, "Warranties in Insurance Policies", *Journal of Business Law*, Volume 1, p.3.

[142] Baris Soyer, Warranties in Marine Insurance, Routledge – Cavendish, 2005, p.300.

伦敦保险市场目前在世界上仍处于领先地位,但这种地位并非一成不变。世界海上保险中心地位的保持取决于三方面的因素:(1)高素质的保险从业人员;(2)高水平的学者和法律从业人员;(3)发展的海上保险法。很多英国学者认为,就海上保险法而言,其必须不断发展以适应现在和将来的需要,以便更好在保险人和被保险人之间分配权利和义务。如果做不到,其他重要的保险市场便会趁虚而入。

总之,当一个保险条款的存在会影响保险人所占有的市场份额时,随之而来的将是对该条款是否有继续存在的必要性的质疑,保证制度即是如此。

(三)保证制度的存续考量

1. 从法律文化视角认识保证制度

国内外的法学理论家一致认为一种法律制度的产生应有其深刻的社会背景,但美国学者劳伦斯·M. 弗里德曼的论述更为深刻:法律制度是一个由结构(基本的体制性架构)、实体(实体规则和程序规则)和文化三者之间相互作用而构成的复杂有机体。给予法律制度以生命和真实性的是外面的社会世界,经常对法律起作用的社会力量在一定意义上可被称为"法律文化"。法律文化所要求的行为准则的始源与核心,指从上古到现在沉淀凝结而成的法律思维的致思模式、法律价值观念和用来表述法律问题的语言符号体系。它是文化指令发出的本源所在,控制着整个法律文化体系的运转。[143] 概括而言,就是英国的法律思维模式是如何精细而现实地探究生活问题,并倾向于在具体的历史关系中处理这些问题。分析保证制度产生和发展的历史路径,可以看出保证制度产生的根源是立法者在当时的历史条件下,就如何能够阻止因被保险人的特定行为而使风险陡然增加而保险人却一无所知或者是难以举证的情形而特别设立的一种制度。立法者的根本出发点并非是权利义务如何对等,更不是从因果关系的角度去考虑该制度是否会导致对被保险人不公。不同于中国"实益均衡"法律文化思维,"权利义务一致"并非英国法的理论核心,而"赢家拿走全部"(the winner takes all)的理念在英国法中却不时被引用。因此,不应以权利义务失衡、缺乏关联性等违反保证义务的法律后果的表象,否定保证制度诞生和存在的合理性与价值。在考量保证制度存废与否时,不能脱离产生该制度的英国法律文化背景。

2. 保证制度在保险学与经济学中的生命意义

(1)保证的风险控制功能

保险功能的实现建立在风险共担的机制之上,通过在处于相同危险的危险共同体中的个人之间的转移,尽可能地降低整个团体的风险以及每个成员的风险。从经济学角度看,由可能遭受相同危险的被保险人组成一个共同体,该共同体把风

---

〔143〕 参见陈晓枫:《法律文化的概念:成果观与规则观辨》,载《江苏行政学院学报》2006 年第 1 期。

险转移给保险人,保险人以危险事故发生的概率为基础计算出该团体每个成员在加入时应当交纳的保险费,一旦交纳保险费,作为成员的被保险人遭遇了危险事故发生所导致的损害时,保险人就以集合的保险费来填补。

从技术角度考虑,保险公司对危险的承保仅仅具有形式意义,其作用在于对危险分散转移业务进行组织管理。为了维持保险的团体性,保险费总额与未来支付保险金加合理营业费用后的总额之间必须保持总体平衡关系。在具体交易中,危险与保险费之间应当成正比关系,即危险程度高、投保金额大的,保险费率就越高,这就是保险交易的"对价平衡"原理。在保险关系中,不仅存在保险人与投保人的利益对立,而且也存在投保人与投保人之间或者投保人与危险共同体之间的矛盾关系。商业保险中的保险人实际上代替了危险共同体,所以维护保险人利益实质上又具有双重意义。维护保险共同体,就必须保证"对价平衡"能够得到实质性的体现。在法律技术上,"对价平衡"的实现途径有二:第一,保险法的强制规定;第二,保险条款内容的控制。

包括保证制度在内,海上保险法中的保险合同解除、终止、中止、不负保险赔偿责任、告知义务等规定,均是为了使保险人可以控制风险,通过这些原则的严格履行,保险合同项下的风险可以控制在订立合同之初保险人能够合理预测的范围之内,以维护保险共同体的利益,进而达到"对价平衡"。在保险合同订立后,就具体个案而言,保险人关心是否应该赔付,但保险人作为危险共同体的终极目标是控制风险从而实现"对价平衡"。

(2)对被保险人的阻吓功能

保证制度是市场选择的产物。已有学者从制度经济学的理论出发,通过分析保险人与被保险人的博弈过程得出以下结论:当被保险人选择投保并且不合作时,其利益可以实现最大化,结果可能刺激逆选择和道德风险。所谓"逆选择",是指面临高风险的人会比面临低风险的人更积极地求购保险,而如果保险人无法掌握足够多的信息去识别出这类人群的话,就会发生逆选择。逆选择持续下去会形成恶性循环:保险人对同一类被保险人收取同样的保费,而高风险人群总是选择购买更多保险。当保费上升到一定水平,那些低风险的人群会觉得难以承受,而且自己的索赔并不多,权衡之后他们会选择不再购买保险。当低风险人群退出,被保险人的风险集合里只剩下高风险人群,于是保费就会再次升高形成非良性循环。保险人的经营状况将会越来越恶劣,最终难以为继。为此,保险交易中应避免此种选择不合理的高风险人群的存在。保险法中的"道德风险"最早是指被保险人或保单受益人蓄意毁灭保险标的,以获得保险单下保险赔付的风险;现在则经常被用来泛指被保险人由于已获得了保险保障而不再对风险严加防范的倾向。虽然保险人理论上可以对被保险人严加监督,并把保费水平与被保险人的谨慎程度挂钩,以使后者更加认真地防范风险,但遗憾的是这种监督成本太高,这种风险将无法彻底避免。

保险的发展建立在保险共生原理的基础之上,即保险人根据准确的信息合理公平地确定保险费率后,吸引更多的投保人群,以规模效应降低保险人的运营成本,从而降低保险费率,从而使保险走向良性循环之路,最终增加全体被保险人的利益。如果一种成熟的制度能够有效地制约被保险人道德风险而诱发的不正当行为,则事故率无疑会大幅降低,保险人的业绩可以改善,也可以推出更为低廉、合理的费率去回报潜在的被保险人。因此被保险人与保险人之间不是单纯的商品买卖关系,不是个案是否赔偿的关系,其深层的规则是不允许那种只为获取利益的高危险人群存在,否则其影响的不仅是保险人的效益,更是保险存在的价值根基。

以"违反则责任中止"为特征的保证制度的存在正是体现了这种利益平衡。在海上保险中,风险的监督管理不能说不复杂,即使在通讯发达的今天,风险的防范对被保险人来说涵盖的内容是多方面的:船员的培训、船员的谨慎程度、船舶的安全构造、险情的应急部署能力、船舶航行区域限制的遵守或经营方式的选择等,保险人的监督管理成本会更高。为此,保险业务的开展需要保险合同订立之初被保险人披露的信息真实无疑且在合同的履行过程中遵循诚实信用原则。这是英国海上保险法存在诚实信用原则与保证制度的根本原因。违反保证的严厉后果,对不合作的被保险人有阻吓作用,并通过辅助以解除保险人责任来达到降低保险人风险的目的。最终,保证成为便捷高效的风险控制手段。保证的功效不是个案保险拒赔,而是以严厉的后果阻吓被保险人不轻易违反保证,这也是保证制度的生命力之所在。

3. 各国保证制度发展趋势:修订而非废除

海上保险的保证制度是一项应海上商业实践需要而产生、发展至今已有百余年历史的海上保险法特有制度。在当今世界国际贸易、航运业、海上保险业日益发展的进程中,虽然其救济的严厉性广受质疑,但保证制度将被取代的迹象并未显现。大陆法中的"风险改变"(alteration of risks)制度并非未引起学界的重视甚至推崇,但保证制度对于控制风险、减少因果关系举证方面的优势也是显而易见的。伦敦保险市场在竞争激烈的国际市场上的领先地位似乎也在昭示:很难说大陆法系中的"风险改变"制度较英国法中的保证制度更具有优越性。

南非海上保险人协会提交给南非海商法委员会的《海上保险法建议草案(1997 年)》也证实保证法律制度并非到了寿终正寝的境地。这一建议草案中,关于保证的部分,几乎保留了《英国 1906 年海上保险法》的全部内容,没有任何变更。新西兰虽然认为保证制度有不足,但也未废除保证制度,而是尝试进一步完善该制度。新西兰 1977 年通过的《保险法改革法》(Insurance Law Reform Act 1977)即试图以"因果关系"条款缓和违反保证制度的严苛后果,但"因果关系"条款仅适用于与特定风险有关的保证条款,而不适用于对合同承保的全部风险都有影响或与保险标的的具体范围、性质、使用方式、区域等有关的保证条款。[144] 澳大利亚法律改革委员会(Australian Law Reform Commission, ALRC)虽然尝试彻底废除海上保险法中的保证制度,并向澳大利亚政府提交了修改《1909 年海上保险法》的法律草案(Draft Marine Insurance Amendment Bill),但终因其对保证制度改动过大,立法建议至今仍未被澳大利亚立法机关采纳。普通法系各国为改进保证制度提出了很多务实的建议,作出了很多探索和努力,都是建议在目前的保证制度框架的基础上作部分的变动以软化该制度的严厉后果,既维持保证的基本价值功能,又最大限度地降低不公,以实现保证精神内涵的延续。尽管在违反保证的后果方面英国法院似乎持比较保守的观点,但《英国 2015 年保险法》的出台,证明英格兰和苏格兰法律委员会也无意让保证制度"寿终正寝",而是希望通过改革使其焕发新的活力。

(四)普通法对保证制度的修正适用

1. 判例修正

普通法对保证制度的限制首先体现在判例法中,其对保险单中保证条款特别是承诺性保证的认定日趋严格。多年来,英国法院一直通过创造性的解释方法缓和保证制度的严苛性,从而在个案中秉持公正。保证可能被解释为风险暂定条款(suspensory provisions),即存在违反保证情形的期间内,保单的效力暂时中止。[145] 早在《英国 2015 年保险法》颁布之前,英国学者就认为,"最近的一系列判例表明,即使保险人在海上保险合同中明确写明某一条款是保证条款,英国法院也很难轻易就将其认定为保证,除非违反保证对保险人有严重影响"。[146] 在加拿大,限制承诺性保证的范围已经成为法院的取向,只有在极少数情况下海上保险合同中规定的保证条款才被视为保证,如果保险人以保险单中的条款进行保证抗辩,则该条款除应明确标明"保证"字样外,其保证的事项必须对风险是重要的,而且违反保证应对保险标的损失有影响。在美国,法院轻易不将保险单中的保证条款认定为"持续条件"(continuing condition)而是把它视为保险单的"中止条件"(suspensory condition or suspensive condition),这就意味着如果被保险人在损失发生前已经对违反保证的行为作了补救,保险人仍要对保险标的损失承担赔付责任。[147]

2. 立法修正

案件的处理结果过于依赖法院的个案解释可能会产生法律适用不一致的问题,保险当事人难以寄希望于法院适用一致的法律规则和技术方式来处理保证纠

---

[144] 参见王欣:《海上保险保证法律制度研究》,大连海事大学 2013 年博士学位论文,第 159 页。

[145] See Baris Soyer, Warranties in Marine Insurance, Routledge – Cavendish, 2005, p. 49.

[146] J. Miller, Continuing Warranties – Court Reviews Nature of Contract Terms, *Insurance Day*, 18 May 2000, p. 6.

[147] See T. Schoenbaum, "Warranties in the Law of Marine Insurance: Some Suggestions for Reform of English and American Law", *Tulane Maritime Law Journal*, 1999, No. 23, pp. 267, 289.

纷。鉴于保险合同条款内容复杂多样,修正制定法更符合社会实践对法的稳定性和可预见性的需求。

2016 年 8 月生效的《英国 2015 年保险法》在合同基础条款、违反保证的后果、违反保证与损失发生的关联性等方面对保证法律制度进行了重大修订。

(1)合同基础条款

首先受到调整的是投保单中常见的"合同基础"(Basis of the Contract)条款。[148] 保险人常在投保单中规定一些所谓的合同基础条款,规定某些被保险人的陈述(representation 或 presentation)作为该保险合同的基础,从而将被保险人在《英国 1906 年海上保险法》第 20 条项下的陈述义务转化为保证:合同磋商期间及合同签订前,被保险人或其代理人向保险人的重要陈述必须真实,否则保险人可宣告合同无效;如果约定为保证条款,那么被保险人的任何一点不真实都可以使保险人的保险合同责任在保证条款被违反时自动解除。《英国 2015 年保险法》明确禁止这种做法,规定不得将投保(或合同变更)过程中被保险人的陈述以合同基础或其他任何合同条款的方式转化为保证。该法第 9 条第 2 款规定,无论非消费者保险合同中的条款(或合同变更条款)或任何其他合同中的条款如何规定(且无论上述条款是否声明某陈述构成合同基础条款或类似情形),该陈述皆不可被转变为保证。[149] 投保或者合同变更过程中的陈述属于第二章公平陈述义务(the duty of fair presentation)的范畴,不能作为保证;如此一来,可以成立保证的方式就限于明示保证和仅见于海上保险中的默示保证。

(2)违反保证的法律后果

《英国 2015 年保险法》的重大修改之一便是修改了违反保证条款的后果,废除了一切违反保证均导致保险合同责任自动解除的法律规定。根据该法第 10 条的规定,被保险人违反保证义务的,保险合同效力"中止"(Suspension),直至违反得到改正。在违反保证的行为得到纠正时,保险人的赔偿责任恢复。违反行为在损失发生之前得到更正的,保险人应当支付保险赔偿。当损失已经发生,或损失的发生归因于保证被违反且尚未得到更正期间发生的事件时,保险人无须对损失予以赔付。

(3)违反保证与事故、损失之间的关系

《英国 1906 年海上保险法》下的保证与实际损失或风险无关,即保证一旦违

---

[148] 英国保险实践中,投保时保险单附件中所填写的信息或者对问题单的回答会构成保险合同的合同基础条款。

[149] 9. Warranties and representations: ... (2) Such a representation is not capable of being converted into a warranty by means of any provision of the non – consumer insurance contract (or of the terms of the variation), or of any other contract (and whether by declaring the representation to form the basis of the contract or otherwise).

反,保险人的赔偿责任即解除,不考虑被违反的保证的性质或者所遭受损失的类型与保证内容是否相关,当保证的违反与遭受的损失没有任何关系时亦是如此。例如,船舶保险合同中一保证条款约定船舶需配备一定数量消防器材,被保险人违反该保证,保险人可以对船舶发生碰撞的保险赔偿责任免赔,尽管违反该保证与发生的损失没有任何关联。《英国 2015 年保险法》引入了"与实际损失无关的条款"(Terms not Relevant to the Actual Loss)这一概念:若保险合同中的条款系针对特定类型、特定地点或特定时间的风险(区别于针对保险标的整体风险的条款),如果被保险人证明其对相关条款的违反不会导致已实际发生的损失的风险增加(could not have increased the risk of the loss which actually occurred in the circumstances in which it occurred),则保险人不得以被保险人违反该条款为由免除、限制或解除保险赔偿责任。可见,英国法将以被保险人违反保证条款作为保险人行使救济权的前提条件,但例外地允许被保险人通过证明违反该保证条款并没有实际增加(事故发生当时的)风险,阻却保险人救济权的行使。但这并不意味着要求保证被违反与最终的损失之间存在因果关系方可拒赔,只要损失属于保证或其他类似的条件条款中所规定的特定类型,保险人即不承担责任。据此,上述案例的结果将截然不同:被保险人未能如数配备消防器材,不会增加船舶碰撞损失的风险,因此,《英国 2015 年保险法》下保险人不能以被保险人违反此保证条款而解除保险赔偿责任。值得注意的是,因果关系的判定一直令英国保险实务界感到困惑,为此英国法律委员会在进行《英国 2015 年保险法》立法时尽量使用因果关系的措辞。"对相关条款的违反不会导致已实际发生的损失的风险增加"虽然不能排除因果联系的意思,但仍在一定程度上避免因果关系理论的纷争。

此外,不能忽视的是,虽然《英国 2015 年保险法》作前述修改,但除上文第 1 项修改外,允许当事人在特定情况下排除(contract out)适用后两项规定。[150] 因此,保证制度的传统内容依然在很大程度有可能被保留下来。

---

〔150〕《英国 2015 年保险法》原文: Section 16: (1) A term of a non－consumer insurance contract, or of any other contract, which would put the insured in a worse position as respects representations to which section 9 applies than the insured would be in by virtue of that section is to that extent of no effect. (2) A term of a non－consumer insurance contract, or of any other contract, which would put the insured in a worse position as respects any of the other matters provided for in Part 2, 3 or 4 of this Act than the insured would be in by virtue of the provisions of those Parts (so far as relating to non－consumer insurance contracts) is to that extent of no effect, unless the requirements of section 17 have been satisfied in relation to the term. (3) In this section references to a contract include a variation. (4) This section does not apply in relation to a contract for the settlement of a claim arising under a non－consumer insurance contract.

(五)中国海上保险领域的保证制度

1.法律规定的现状

严格意义上说,中国海上保险领域并没有系统的保证制度,只有类似于英国海上保险保证制度的规定。我国《海商法》第235条规定,被保险人违反合同约定的保证条款时,应当立即书面通知保险人。保险人收到通知后,可以解除合同,也可以要求修改承保条件、增加保险费。该条款虽然参考借鉴了英国海上保险法的保证规定,但在违反保证的法律后果上立法并未采纳严苛的英国模式,而是对此进行了修正。但仅凭该条规定尚不能说中国海上保险法中已有完整的保证制度。(1)《海商法》缺乏对"保证"的定义,而中国又非判例法国家,无法通过判例对保证的含义进行阐释和修正。究竟何为保证,理论界恐怕还是停留在对《英国1906年海上保险法》中的保证的理解范畴。(2)《海商法》仅规定了违反保证条款的法律后果,未涉及默示保证,也没有关于保证条款或者默示保证进行解释的原则等系统性规定。

最高人民法院曾尝试在《关于审理海上保险纠纷案件若干问题的规定》(法释〔2006〕10号)中进一步完善保证制度,但囿于司法解释的性质并非立法活动,补充保证的定义并不妥当,最后依然未能就"保证"作概念性解释或定义,而仅是通过相关条款对违反保证的法律后果作了进一步明确:(1)保险人以被保险人违反合同约定的保证条款未立即书面通知保险人为由,要求从违反保证条款之日起解除保险合同的,人民法院应予支持;(2)保险人收到被保险人违反合同约定的保证条款书面通知后仍支付保险赔偿,又以被保险人违反合同约定的保证条款为由请求解除合同的,人民法院不予支持;(3)保险人收到被保险人违反合同约定的保证条款的书面通知后,就修改承保条件、增加保险费等事项与被保险人协商未能达成一致的,保险合同于违反保证条款之日解除。

2.司法实践的态度

由于《海商法》对"保证制度"的有限规定,"保证制度"在中国的司法实践中操作性较差,法院鲜有直接适用《海商法》第235条及相关司法解释等规定审理海上保险纠纷的判例。分析法院就关涉"保证"条款的有限判例可看出法院就此问题总体持谨慎而严格的态度。

(1)法院较少明确认定案例保险条款系《海商法》所规定的"保证"条款。如在韶关市曲江佳兴矿产品加工厂与永安财产保险股份有限公司潍坊中心支公司海上保险合同纠纷案〔151〕中,保险人作为再审被申请人主张涉案保险合同所约定适用

〔151〕 参见(2012)民申字第1502号。

的《中国人保国内水路、陆路货物运输保险条款》第五章第7条、[152]第9条[153]属于保证条款,被保险人违反保证条款故保险人无需承担赔偿责任。虽然最高人民法院驳回了再审申请人的再审申请,但在其裁定书中并没有认定此条款为保证条款,亦没有相关阐述。另有中国太平洋财产保险股份有限公司嵊泗支公司与浙江省舟山天力化纤有限公司水运货物保险合同纠纷,[154]虽然案涉争议合同条款之一名称为"保证条款",但终审法院依然从条款的约定内容出发,认为该条款并非《海商法》第235条款下的"保证"。

(2)法院就合同条款为法律所规定的"保证"的认定条件非常严格。例如,中国大地财产保险股份有限公司等与上海港机重工有限公司保险纠纷案[155]中,法院认为某一保险合同条款构成海上保险保证条款需要满足一定的形式要件和实质要件,"形式要件",是指合同条款的内容是一项声明或者承诺,且以明确保证的方式表达;"实质要件",是指保证以保险合同当事人的明确合意为基础,条款内容需要明确清楚的反映出保险合同当事人具有将一项声明或者承诺作为保证的意图,而且希望将这项声明或者承诺的成就与否与保险合同的效力相关联起来。

3. 保险条款中类似保证条款

虽然中国的海上保险保证制度立法并未实现体系化,司法实践中除了少有的肯定判例[156]外,法院对"保证制度"在海上保险领域的适用亦持有谨慎而严格的态度,但各保险条款中依然存在诸多"保证"或类似"保证"条款的约定,这也再次说明了保证制度对保险人风险防控的重要作用以及存续的实践意义。

---

[152] 《中国人保国内水路、陆路货物运输保险条款》第7条规定,被保险人应当严格遵守国家及交通运输部门关于安全运输的各项规定,还应当接受并协助保险人对保险货物进行的查验防损工作,货物包装必须符合国家和主管部门规定的标准。

[153] 《中国人保国内水路、陆路货物运输保险条款》第9条规定,被保险人如果不履行上述各条规定的义务,保险人有权终止保险责任或拒绝赔偿一部分或全部经济损失。

[154] 参见(2009)浙海终字第12号。

[155] 参见(2010)沪高民四(海)终字第41号。

[156] 最高人民法院在《关于中国船东互保协会与南京宏油船务有限公司海上保险合同纠纷上诉一案有关适用法律问题的请示的复函》中肯定了《中国船东互保协会2000保险条款》第7条通则第1款第6项约定属于保证义务,法院应当认定其效力。另外,根据上海海事法院在美国陈氏公司诉中国太平洋保险公司的(1997)沪海法商字第486号船舶保险合同纠纷案中的判决,可认定《人保1986船舶保险条款》第6条系保证条款。

《中国人保船舶保险条款(2009 版)》第 6 条[157]的规定基本与《中国人保船舶保险条款(1986 版)》相同,其中第 3 款规定,当货物、航程、航行区域、拖带、救助工作或开航日期方面有违背保险单条款规定时,被保险人在接到消息后,应立即通知保险人并同意接受修改后的承保条件及所需加付的保险费,本保险仍继续有效,否则,本保险自动解除。就此条款的性质,上海海事法院在美国陈氏公司诉中国太平洋保险公司船舶保险合同纠纷案[158]中,明确认定"在合理时间内开航"构成保险合同的保证条款,被保险人违反该条款的,保险人依法享有解除合同或者要求修改承保条件、增加保险费的权利。

《中国人保沿海内河船舶保险条款(2009 版)》第 16 条规定,被保险人应如实填写投保单并回答保险人提出的询问。在保险期间内,被保险人应对其公司、保险船舶发生变化影响保险人利益的事件如实告知,对于保险船舶出售、光船出租、变更航行区域、或保险船舶所有人、管理人、经营人、名称、技术状况和用途的改变、被征购征用,应当事先书面通知保险人,经保险人同意并办理批改手续后,保险合同继续有效;否则上述情况出现时保险合同自动解除。此条款约定较我国《海商法》第 235 条的规定更为严格,即一经违反保险合同自动解除,且不论被保险人违反有关事项与保险标的发生损失是否有因果联系,接近英国传统式"保证条款"的典型规定。

船舶保险条款中将如此多的义务与保险合同的效力关联,对被保险人非常严格。但由于部分船东为追求利润最大化往往疏于船舶的安全管理,使保险公司面临的风险更大,包括道德风险,因此,将这些被保险人的义务条款列为保证条款当然是保险人的期待。

综上,我国船舶保险条款中的某些类似于保证的条款由于《海商法》中未对保证条款进行定义而导致在实践中呈现相当的不确定性。

4. 未来保证制度的完善

保证的风险控制功效仍然无法被忽视,因此,当前国际海上保险立法中"一旦违反则保险责任自动终止"的保证法律制度的精神内涵在我国仍有继续存续的合理性。《海商法》第 235 条的不足在于仅规定了被保险人违反保证条款的法律后

[157] 《中国人保船舶保险条款(2009 版)》第 6 条规定:"保险合同的解除(一)一旦保险船舶按全损赔付后,本保险自动解除。(二)当船舶的船级社变更、或船舶等级变动、注销或撤回、或船舶所有权或船期改变、或转让给新的管理部门、或光船出租或被征购或被征用,除非事先书面征得保险人的同意,本保险自动解除。但船舶有货载或正在海上时,经要求,可延迟到船舶抵达下一个港口或最后卸货港或目的港。(三)当货物、航程、航行区域、拖带、救助工作或开航日期方面有违背保险单特款规定时,被保险人在接到消息后,应立即通知保险人并同意接受修改后的承保条件及所需加付的保险费,本保险仍继续有效,否则,本保险自动解除。"

[158] 参见(1997)沪海法商字第 486 号。

果,却未规定保证条款的定义。我国保险立法应该借鉴英国保险立法以及保险实践,但同时应注意到,英国法中保证法律制度从诞生到长时间的存续有其深刻的法律文化背景。历史演变中商业惯例、行为以及理念的变化都会反映出法律文化的变革,并促进法律制度的变革。普通法系国家与大陆法系国家的法律文化有很大的差异,也必然导致有关保证法律制度的不同。此外,我国《保险法》《海商法》的基础理论与英国法仍有较大的差异。因此,《海商法》中保证条款的定义应立足于我国立法以及保险实践的实际情况,并应尽量简练,无须对保证进行详细的分类。我国《海商法》中的"保证条款"可定义为"海上保险合同中约定被保险人承诺作为或不作为,或者被保险人确保某种事实状态的存在或者不存在的条款"。

我国《海商法》也应明确违反保证的后果,但该后果可参照英国法规定从两个方面进行缓和:(1)保险人的免责期间应从被保险人违反保证之日起至违反保证被纠正之日止;(2)被保险人违反保证条款并未增加保险事故发生的风险。因此,保证条款的定义之后可增加一款:"如果被保险人不遵守保证,除非保险单另有明确规定,对于从被保险人违反保证之日起至违反保证被纠正之日止保险标的的损失,保险人解除保险赔付责任,除非被保险人违反保证条款并未增加保险事故发生的风险"。

第三节　海上保险合同的转让

由于国际货物买卖实践的需要,特别是像 CIF 术语下的交易方式,海上货运险保单已成为单证流转过程中不可或缺的文件。同时,随着频繁的二手船买卖活动,船壳险保单的转让也变得司空见惯。然而,从法律的视角审视上述活动会发现海上保险合同的转让过程中存在诸多值得关注的问题。比如,海上保险合同的转让可否运用普通合同转让的概念去界定,海上保险合同转让与保险标的转让的关系如何,以及海上保险合同的有效转让需要具备何种条件等,这些问题都是与司法实践密切相关的内容。

一、海上保险合同转让的含义

合同的转让,准确地说是合同权利、义务的转让,是指在不改变合同关系内容的前提下,合同关系的一方当事人依法将其合同的权利、义务全部或者部分地转让给第三人的现象。合同的转让,按照所转让的内容的不同可以分为合同权利的转让、合同义务的移转、合同权利和义务的概括转让。[159]

---

〔159〕　参见崔建远:《合同法》,北京大学出版社 2012 年版,第 234 页。

海上保险合同作为一种特殊类型的合同，其转让规则本质上应服从于普通合同的转让。然而，由于海上保险理论与实践的特殊性，完全将合同转让的概念强加到海上保险合同转让之上，并不十分恰当。有观点认为，海上保险合同的转让，是指保险人或被保险人的变更（alteration）。[160] 作者赞同此种观点，即海上保险合同的转让，意指被保险人将保单转让给第三人，或者由于特殊原因发生的保险人的更换。如果换用合同转让理论来解释的话，可以认为，海上保险合同的转让不包括债权或者债务的部分转让，仅指合同的概括转让。

二、与海上保险合同转让相近的概念

（一）保险标的转让

保险标的转让，是与保险合同转让紧密相连的概念。就保险法角度而言，保险标的转让应当是指保险标的中的保险利益全部转归受让人。[161] 对于保险利益何时转移，又存在"所有权转移说"和"风险转移说"[162] 的争论。上述争论的本质涉及保险利益的问题，请参见本书第二章第二节相关内容。

按照我国一般保险法理论，保险标的的转让必然引起保险合同的转让，而在海上保险法中，保险合同并不会因保险标的的转让而自动转让。这种差异化的法律规则，是由大陆法系和英美法系不同的立法理念所决定的。由于受到大陆法系保险法理论的影响，我国《保险法》第 49 条第 1 款规定，保险标的发生转让的，受让人变更为保险合同下的被保险人。[163] 这其中反映出的是"从物主义"立法例，也称"同时移转主义"。该立法例认为，既然保险标的已经转让给他人，随保险标的而存在的保险利益也应一起转移，以维持保险合同的效力。[164]

就我国的海上保险法而言，则效仿了英美法系"属人原则"或"非当然继承主义"原则。[165]《英国 1906 年海上保险法》第 15 条规定，如果被保险人转让或者放弃其对于保险标的的利益，他并不会因此将其在保险合同下的权利转让给受让人，除非与受让人订有转让保险权益的明示或默示协议。[166] 同样，依据我国《海商法》第 229 条、第 230 条之规定，当船舶或者海运货物等保险标的发生转让时，除非

---

〔160〕 参见汪鹏南：《海上保险合同法详论》，大连海事大学出版社 2011 年版，第 60 页。

〔161〕 参见邢海宝：《保险法中转让问题研究》，载《保险研究》2009 年第 4 期。

〔162〕 参见邢海宝：《保险法中转让问题研究》，载《保险研究》2009 年第 4 期。

〔163〕 《保险法》第 49 条第 1 款规定，保险标的转让的，保险标的的受让人承继被保险人的权利和义务。

〔164〕 参见冯文丽：《财产保险合同转让的立法比较与启示——评新〈保险法〉第 49 条修改的"属人主义"与"从物主义"之争》，载《保险研究》2009 年第 8 期。

〔165〕 参见岑敏华、张伟、罗向明：《保险标的转让效力与立法约束研究——兼论〈保险法〉第 49 条治理发缺陷》，载《保险研究》2012 年第 10 期。

〔166〕 《英国 1906 年海上保险法》原文：Section 15：Where the assured assigns or otherwise parts with his interest in the subject - matter insured, he does not thereby transfer to the assignee his rights under the contract of insurance, unless there be an express or implied agreement with the assignee to that effect.

被保险人有意将保单一并转让,否则保险标的受让人不能自动继承海上保险合同。

(二)保险赔偿请求权转让

所谓保险赔偿请求权转让,是指被保险人将向保险人索赔的权利转让给第三人。[167] 保险赔偿请求权,本质为一种财产性权利,只要不违反保险合同约定或者法律的强制性规定,可以由其自由处分,而无须以取得保险人的同意为前提。保险赔偿请求权的转让,既可以在保险事故发生前进行,也可以在保险事故发生以后进行。对于保险赔偿请求权的受让人而言,不要求其对保险标的具有保险利益,亦不要求其与被保险人之间存在任何联系。当受让人向保险人提出保险赔偿请求时,保险人有权援引其在保险合同中对于被保险人享有的除外责任、免赔额等一切抗辩。

在海上保险实务中,被保险人基于某些原因转让保险赔偿请求权的情形时有发生。关于保险赔偿请求权转让的法律属性,作者认为,其不属于海上保险合同转让的范畴,而应归类于普通的合同转让制度。如前文论述,海上保险合同转让仅包括保险人或者被保险人主体的变更,而排除了部分权利义务的转让。保险赔偿请求权,仅作为被保险人依据保险合同所享有的最重要的权利,但并不能代表被保险人全部的权利义务。因此,保险赔偿请求权的转让活动,应当适用《合同法》等确定的法律规则。

三、海上保险合同转让的类型

海上保险合同的转让,根据主体不同,可以划分为两种类型,即保险人变更引起的转让和被保险人变更引起的转让。

保险人变更引起的海上保险合同转让,是指由于保险人合并、分立或者破产等情形带来的保险人主体的改变。从一般民事法律的角度讲,当合同主体发生合并或者分立时,新的主体应当继承原主体的权利和义务。此外,为了保障人身保险合同中消费者的合法权利,我国《保险法》特别规定了当人身保险的保险人被撤销或者宣告破产时,应由有关机构指定的保险人受让保险合同,继续为被保险人提供保险保障。[168]

被保险人变更引起的海上保险合同转让,通常是指由于保险标的的转让而导致的被保险人主体的改变。在海上保险实践中,绝大多数的保险合同转让都属于此种类型的转让。也正是基于这种状况,使保险标的的转让和海上保险合同转让成

---

〔167〕 参见郑才荣:《论海上保险合同转让与保险索赔权转让》,载《第四届广东海事高级论坛论文集》。

〔168〕 参见《保险法》第 92 条第 1 款规定,经营有人寿保险业务的保险公司被依法撤销或者被依法宣告破产的,其持有的人寿保险合同及责任准备金,必须转让给其他经营有人寿保险业务的保险公司;不能同其他保险公司达成转让协议的,由国务院保险监督管理机构指定经营有人寿保险业务的保险公司接受转让。

为一组密不可分的概念。由于保险标的转让的原因不同，海上保险合同转让又区分为法定转让和意定转让。前者主要指被保险人合并、分立或者解散等情形下的保险合同转让，在实践中相对较少出现；较为常见的是后者，意指当事人协议转让保险标的时引发的保险合同转让，比如国际贸易中卖方在转让提单时会同时背书转让保险单，以使买方有权利获得保险合同的保障。

四、海上保险合同转让的条件

由于国际贸易以及船舶融资活动的需要，海上货物运输保险合同和船舶保险合同的转让在实践中日益频繁。我国《海商法》第229条、第230条仅是对于海上保险合同的转让作出了原则性规定，而并未界定海上保险合同有效转让的基本条件，由此也带来司法实践的不确定性。作者认为，海上保险合同的有效转让，应当具备以下四个基本条件。

（一）被保险人对于保险标的具有保险利益

对于海上保险合同转让时是否要求转让人即被保险人对保险标的享有保险利益，我国《海商法》及《保险法》均未提及。然而，这一问题在《英国1906年海上保险法》第51条可以找到明确的答案：在被保险人对保险标的已经没有或丧失利益，且在此之前或当时未明示或默示同意转让保险单之情况下，保险单的任何转让均属无效。但本条规定不影响在发生损失之后的保险单转让。[169] 作者认为，此种条件的设置是十分必要的。一方面，保险合同是依附于保险标的而存在的，如果被保险人不具有保险利益，甚至与保险标的不具有任何关系，则保险合同的存在便意义不大，相应的保险合同转让可能也不会产生实质性意义；另一方面，如果允许不具有保险利益的被保险人转让保险合同，则可能会诱发投机行为，投机者们争相投保，然后通过出卖保险单来谋取不当利益。

对于受让人而言，具有保险利益并非其有效受让海上保险合同的前提条件。但是，这并不意味着一旦海上保险合同有效转让，受让人便取得了保险索赔权，保险索赔权的行使仍需受到保险利益规则的约束，即受让人至少应在保险事故发生时对于保险标的享有保险利益。否则，便违反了保险法的补偿原则。

（二）被保险人作出转让海上保险合同之明确意思表示

如前文论及，我国海上保险立法在保险标的转让与保险合同转让之关系方面，采用了英美法系中的“属人原则”理念。具体而言，欲实现保险合同随保险标的一并转让，需被保险人明确作出转让的意思表示。当然，是否转让保险合同，属于被

---

[169] 《英国1906年海上保险法》原文：Section 51：Where the assured has parted with or lost his interest in the subject - matter insured, and has not, before or at the time of so doing, expressly or impliedly agreed to assign the policy, any subsequent assignment of the policy is inoperative：Provided that nothing in this section affects the assignment of a policy after loss.

保险人的权利和自由。在中华联合财产保险股份有限公司大连分公司诉大连嘉宏国际货运有限公司海上保险合同纠纷上诉案〔170〕中，上诉人上诉理由之一为"保险单受益人为银行，只有受益人才享有保险赔偿请求权"，但法院最终判定"嘉宏公司是保险合同当事人，有权要求支付保险赔偿"。在本案中，仅凭保单载明"受益人为银行"并不足以实现保险合同转让的目的，甚至不能表明保险赔偿请求权的转让，其仅能表明保险赔偿金的最终受让人变更为银行，此种保险赔偿金的"让渡"（assignment）在没有法律明确规定的情况下，并不一定产生合同转让的法律效果。

另外，海上保险合同转让的意思表示还应采取一定的形式。由于海上保险合同所涉及的标的额往往比较大，通过立法设定形式要求，可以增强意思表示的明确性，减少或者避免不必要的纠纷。对此，我国《海商法》第229条规定了"背书或者以其他方式"。除背书以外，实践中被保险人通常会采取书面协议或者批单等方式约定保险合同的转让。

（三）被保险人对于合同权利和义务不得作出任何保留

被保险人在转让海上保险合同时，必须将其全部的权利和义务一并转让，而不能作出保留，否则，便不能构成海上保险合同的有效转让。只有当被保险人转让保险单中的全部利益时，受让人方有权以自己的名义请求保险赔偿。之所以施加此种限制，即不允许被保险人对保险单下的权益作出保留，是为了避免保险事故发生时保险人面临双重保险赔偿请求的状况。保险赔偿请求权是一种抽象的整体性权利，是不可分割的，它只能归属于被保险人或者保险合同受让人一方。《英国1906年海上保险法》第50条第2款〔171〕则强调是"为实现保险收益权的转让而让渡保险单"，此种情况下，受让人有权以自己的名义提出保险索赔。

在实践中，如果转让协议中有关保险合同转让的约定不是十分清楚，或者被保险人对于保单权益有所保留，那么一旦保险事故发生，受让人很可能面临因转让无效而无保险赔偿请求权的困境。在 Raiffeisen Zentral Bank Osterreiech AG v. Five Star General Trading Llc and Ors〔172〕案中，船舶所有人向作为抵押权人的银行出具了书面的保险单转让协议，尽管其中包含了明确的、无条件的"转让条款"（Assignment Clause），但"保险赔偿支付条款"（loss payable clause）却约定仅部分赔偿向保

〔170〕　参见（2009）辽民三终字第55号。

〔171〕　《英国1906年海上保险法》原文：Section 50 (2): Where a marine policy has been assigned so as to pass the beneficial interest in such policy, the assignee of the policy is entitled to sue thereon in his own name; and the defendant is entitled to make any defence arising out of the contract which he would have been entitled to make if the action had been brought in the name of the person by or on behalf of whom the policy was effected.

〔172〕　[2001] EWCA Civ 68.

险合同受让人支付。这种约定，最终被英国上诉法院认定为"没有转让被保险人全部的利益，因此不能产生第 50 条中规定的保险单转让的效力"。[173]

（四）部分转让行为需经保险人同意

按照合同法的基本原理，合同转让需要经对方当事人的同意，因为变更后的主体可能具有不同于转让主体的履约能力，可能会影响合同相对方的利益。这一点同样适用于海上保险合同的转让。对于保险人而言，保险标的面临的风险状况是其比较关心的问题。因此，当保险标的转让引发海上保险合同转让时，如果转让会影响到保险标的的风险状况，进而影响到保险人的赔偿责任时，则被保险人需事先取得保险人的同意，方可构成有效转让；如果转让行为对于保险人在保险合同下的义务和责任没有任何影响，则转让不需以保险人的同意为前提。

在转让行为是否需经保险人同意方面，我国《海商法》借鉴国际海上保险立法采用了区别对待的方法。对于海上货物运输保险合同而言，由于货物处于承运人而非被保险人控制之下，故被保险人的变更不会影响到货物的风险状况。因此，对于货运险保险单的转让，并不需要取得保险人的同意，亦不需要履行通知义务。[174]相反，在船舶保险合同中，被保险人的管理能力对于船舶的风险状况有重要影响。为了保证保险人能够及时掌握保险标的的风险变化，及时调整保费或修改承保条件，船舶保险合同的转让必须取得保险人的同意，否则，保险人有权解除保险合同。[175]

---

〔173〕 但需要注意的是，上诉法院虽然否定了《英国 1906 年海上保险法》中的转让，但却判定其属于衡平法上的转让（Assignment In Equity）。

〔174〕 《海商法》第 229 条规定，海上货物运输保险合同可以由被保险人背书或者以其他方式转让，合同的权利、义务随之转移。合同转让时尚未支付保险费的，被保险人和合同受让人负连带支付责任。

〔175〕 《海商法》第 230 条第 1 款规定，因船舶转让而转让船舶保险合同的，应当取得保险人同意。未经保险人同意，船舶保险合同从船舶转让时起解除；船舶转让发生在航次之中的，船舶保险合同至航次终了时解除。

第五章　海上保险合同解释

第一节　合同解释的基本理论

一般而言,合同缔约双方会对彼此的权利义务进行明确的约定,但受制于语言本身的局限、实践情况的复杂以及当事人能力有限等原因,合同实际履行过程中当事人会发现彼此权利义务的种种空白,此时一旦产生争议,就需要我们运用合同解释的方法弥补空白,分配双方权利义务。海上保险合同大多采用格式条款,且术语较为专业,导致许多海上保险合同的争议实际是源于对某些条款中的术语理解的分歧,如人保船舶保险条款中的"碰撞责任"是否包括间接碰撞责任、"海上灾害"(Perils at Sea)的含义、"交货不到"、"提货不着"和"火灾"的含义等。我国保险业曲折的发展历史,导致了现行的海上保险条款也经历了一系列的演变过程。在借鉴英国的保险法、保险条款的过程中,由于国内立法、财经、航运、商业、市场发展的历程不同,必然导致不同的保险人之间对具体条款理解上的差异。因此,合同解释在海上保险实务中有着重要的意义。王泽鉴教授认为,"契约条款文义明确,无待解释,乃解释的结果……应与法律解释受到同样的重视"。[1]

合同解释的发展与合同形式理论的发展有密切联系。著名法律史学家亨利·萨姆奈·梅因(Henry Sumner Maine)曾经指出,在人类的古代时期,所有权的移转伴随着庄严而繁杂的仪式,买卖当事人的意思远不及交易形式重要。[2] 罗马法采取严格形式主义,即通过语言或者文字完成各种法律行为,合同拘束力通过一定行为产生。由于当事人的合意受到轻视,自然也就不需要利用各种解释方法来确定当事人的真实意思,此时尚不存在合同解释的问题。

严格形式主义伴随着商品经济的发展而逐渐衰落。教会法从遵守戒律角度出发,认为承诺无论形式如何必须遵守。[3] 后注释法学派发展出了契约的合意理

---

〔1〕 参见王泽鉴主编:《债法原理》(第1册),中国政法大学出版社2001年版,第210页。

〔2〕 参见王洪:《合同形式研究》,法律出版社2005年版,第6页。

〔3〕 参见[美]哈罗德·J. 伯尔曼:《法律与革命西方法律传统的形成》(第1卷),贺卫方等译,法律出版社2008年版,第299页。

论,近代自然法学派最终形成了摆脱法定形式的契约概念。[4] 随着合同越发关注当事人合意,以探求当事人意思为目标的合同解释制度应运而生,成为各国合同法制度的重要组成部分。

合同解释与法律解释有着密切的联系。两种解释的客体分别为意思表示和法律,法律解释确定法律含义,寻求立法者的意图,具有普遍适用性和确定性。合同解释是明确合同条款的含义,探求合同双方的真意,注重当事人之间的利益平衡。德国民法学家卡尔·拉伦茨(Karl Larenz)认为,解释合同主要涉及表示及受领表示,双方当事人对表示的意指及理解不同,因而争论的意义为何,原则上应取决于表示者的意指,假使(对受领者而言)该意指已清楚显示于表示之中的话。而在解释法律时,双方当事人的理解并不重要,重要的是法律的前后脉络关系、目的及历史上立法者的意向,意向背后隐含着创造正当规整的立法企图、法律理性的原则、相同事务应作相同处理及避免价值矛盾等。[5]

从合同解释对合同内容构成的影响出发,可以将合同解释分为三类:(1)"单纯的合同解释",即就当事人具体有合意的内容进行解释;(2)"补充合同解释",即就当事人未明示合意之部分,根据"假设的当事人意思"来补充解释;(3)"合同内容之补充",即由合同之外的法律规范,如民法中的"任意性规范",来对合同内容进行填充。[6] 本章讨论的海上保险合同解释,主要针对前两种情况,即通过探寻当事人真意来解释保险合同。

合同解释的主体有广义和狭义之分。广义说认为任何主体都可以对合同用语含义进行解释,而狭义说则把解释主体限制于有权机关——法院以及仲裁机构。司法实践中的合同解释一般指狭义说的观点。

合同解释的客体,即合同解释的对象。两大法系均把探求当事人真意作为合同解释的最终目标,即合同解释的对象。这点在代表了两大法系协商一致成果的《国际商事合同通则》中有明显体现,该通则 4.1 条规定:(1)合同应根据当事人各方的共同意思予以解释;(2)如果该种意思不能确定,合同应根据与各方当事人具有同等资格的理智之人在处于相同情况时对该合同所应有的理解来解释。

但两种法系在合同解释对象的外延上却有不同理解。传统上英美法院仅对一份完整合约的"四个角内"(Four Corners of the Contract)的条文(文字)进行解释,不考虑订约背景等内容。这种解释规则逐渐受到批评,因为文本作为解释对象,其

---

〔4〕 参见[意]鲁伊吉·拉布鲁:《单纯合意即形成债:论罗马债法中的合意主义——从历史的足迹到中国债法之引人注目的演进》,费安玲译,参见[意]桑德罗·斯奇巴尼、杨振山主编:《罗马法·中国法与民法法典化——物权和债权之研究》,中国政法大学出版社 2001 年版,第 360 ~ 375 页。

〔5〕 参见[德]卡尔·拉伦茨:《法学方法论》,陈爱娥译,商务印书馆 2003 年版,第 222 ~ 223 页。

〔6〕 参见黄立主编:《民法债编总论》,中国政法大学出版社 2002 年版,第 77 ~ 80 页。

含义本身也是不确定的,尚需订约环境和当事人内心意思等因素来补充解释。[7]法院或仲裁庭开始全面作出解释,解释的对象除了文本合同本身,还包括交易的其他因素,如订约时的背景(语境)、口头部分的协议、合约的变更与默示条文等对该合约明示条文(文字)的增加、否定和调整。[8] 大陆法系国家则把相关因素视为"解释的辅助手段",与合同解释的对象相区别。"解释的对象只能是表示本身……其他一切应当考虑的情形都不是解释的对象,而只是解释的辅助手段"。[9]大陆法认为解释者应该把解释作业集中在解释的对象——表意人的表意上,而非"相关情况证据"上。但这种区别不具有本质性,对于合同含义的确定无决定性意义。

将合同解释的客体界定为当事人的真意还引出另一问题:由于意思表示按构成要素分为内心意思和效果意思两部分,当合同双方产生歧义,究竟该采纳当事人的主观意思,还是客观的外在表示,这产生了意思(主观)主义和表示(客观)主义两种观点。

一、意思主义和表示主义

意思主义认为应当探求当事人内心的意思。德国法学家克茨(Koetz)将意思主义概括为:"根据当事人意思自治的原则,法律义务的产生是由当事人的自由意志决定和判定的,应优先考虑当事人的意思。"[10]意思主义注意到行为人的内心意思是法律行为的核心,是权利产生、变更、消灭的真正基础,当主观意思与客观表示不符时,以主观意思为准,而不必拘泥于文字。当事人将其意思表示于外部是必要的,但其本身并无价值,仅仅能作为证明内心的证据。[11] 意思主义尽管尊重了当事人的真实意志,但也暴露出了种种弊端:(1)意思主义完全将解释合同的主动权交给了表意人,表意人获得了充分的机会去证明自己的主观意图,合同的疑义、模糊的风险完全转移至受领人。这种合同解释上的不平等有违法律的正义价值,构成对契约自由原则的滥用。(2)意思主义重视主观想法,淡化了合同条款的作用。如果仅凭主观意图就可以变更客观表示,会在合同履行过程中产生巨大的不确定性,使双方通过合同本已固定的权利义务发生变化,不利于交易安全。(3)意思主义对信赖合同的第三方也不公平。严格的合同相对性理论在市场经济环境下已被突破,第三人依赖双方意思的客观表示(主要指合同语言)为或者不为某一行为,这期间难以考察其主观意图,此时采用意思主义改变合同用语含义,构成对第三人

---

〔7〕 参见梁慧星主编:《民商法论丛》(第8卷),法律出版社1997年版,第36页。

〔8〕 参见杨良宜主编:《合约的解释——规则与应用》,法律出版社2015年版,第9页。

〔9〕 参见[德]卡尔·拉伦茨:《德国民法通论》(下册),王晓晔等译,法律出版社2003年版,第464页。

〔10〕 [德]海因·克茨:《欧洲合同法》(上卷),周忠海等译,法律出版社2001年版,第155页。

〔11〕 参见尹田主编:《法国现代合同法》,法律出版社1995年版,第28页。

合法权益的侵犯。

为弥补意思主义的种种弊端，特别是对契约自由的滥用，到了20世纪，新表示主义在大陆法系国家复苏，因其能够兼顾合同双方利益，再度成为主流观点。事实上表示主义的历史久于意思主义。但早先的表示主义乃严格形式主义的产物，其认为产生法律效果的不是行为人的意志，而是符合法律规定行为的外在表征。[12]这种观点随着合同自由原则的发展而被摒弃。新表示主义的出现意味着传统的合同自由原则受到社会公正观念的挑战，克茨将其概括为："优先考虑外表标志，即意思表示的外部事实，因为社会和商业交往中要求信赖保护，而信赖体现在人们实际出口的话上，不体现在他们所意指的含义上。"[13]表示主义认为合同价值的实现，必须依赖社会的承认，确定合同效力以当事人表现于外部的意志为准。[14]

表示主义作为一种客观理解，根据解释角度的不同又可分为受领人型与第三人型。受领人型表示主义强调合同解释应对受领人提供合理的信赖保护。受领人合理谨慎地对表意人的表达进行判断，推断表意人的意思，在此基础上作出回应。[15] 受领人作为与表意人具有同样价值的私法主体，他们同样应该受到合同法保护。但与意思主义的困境类似，受领人型表示主义以合同受领方的实际理解为准，这会造成对表意方的不公平。第三人型表示主义则认为，受领人有权按照环境指出的客观意义理解表示，表意人同样有权要求按照客观意义理解他的表示。[16]因此导入了"理性第三人"概念，解释者需要把自己置入表示受领者情境中，了解所有表示的受领者在表示到达时认识或可得认识的情境；需要熟悉一般用语用法，熟悉该交易领域特定语言用法，了解交易习惯。[17] 在司法实践中，自然是法官和仲裁员充当这一角色。正如剑桥大学克拉克(Malcolm A. Clarke)教授所言："具有正常能力和一般知识的普通人，实际上是对法官的谦称，法官就应以一个普通人的方式来阅读保单。"[18]可以发现，受领人只需足够谨慎，便不会使自己的预期偏离法官对合同可能的理解；表意人可以谨慎地判断受领人会对自己的意思作何理解，并将之和自己内心的意思比较。[19] 但这种理论却容易导致合同语言被后天赋予

---

〔12〕 参见朱庆育：《意思表示解释理论——哲学解释学—修辞学视域中的私法推理理论》，中国政法大学2002年博士学位论文，第130页。

〔13〕 [德]海因·克茨：《欧洲合同法》(上卷)，周忠海等译，法律出版社2001年版，第155页。

〔14〕 参见尹田主编：《法国现代合同法》，法律出版社1995年版，第28页。

〔15〕 参见叶金强：《合同解释：私法自治、信赖保护与衡平考量》，载《中外法学》2004年第1期。

〔16〕 参见沈达明、梁仁洁主编：《德意志法上的法律行为》，对外贸易教育出版社1992年版，第89页。

〔17〕 参见[德]卡尔·拉伦茨：《法学方法论》，陈爱娥译，商务印书馆2003年版，第179~180页。

〔18〕 [美]Malcolm A. Clarke：《保险合同法》，何美欢、吴志攀等译，北京大学出版社2002年版，第345页。

〔19〕 参见叶金强：《合同解释：私法自治、信赖保护与衡平考量》，载《中外法学》2004年第1期。

了双方从未有过的意义。

英美法下合同解释也存在主观主义（相当于意思主义）与客观主义（相当于表示主义）两大流派。主观主义认为合同解释以意思一致为前提，合同解释应该探求当事人的内心意思。适用主观主义解释合同的典型案件是 Raffles v. Wichelhaus[20]案。本案中托运人与承运人订立棉花运输合同，约定由 Peerless 轮运输。但事实上却存在两艘船期不同而船名相同的 Peerless 轮，双方发生争议。最终法官依照主观主义认定双方根本未达合意，合同解除。霍姆斯（Holmes）批评主观主义理论，认为主观主义使合同履行变得很困难，客观主义则更公平，因为表意者总是期望他的语言在通常含义上被他人理解。[21] 自 19 世纪末，客观主义被法院普遍接受。[22] 在商业合同解释的经典案例 Investors Compensation Scheme Ltd. v. West Bromwich Building Society 案中，霍夫曼（Hoffmann）勋爵将合同解释表述为“合同解释是确定合同被一个缔约时与缔约双方具有相似知识背景的理性第三人所理解的含义”。[23]

如今，无论是英美法系还是大陆法系都摒弃了极端的主客观主义，采纳以客观主义为主，兼采主观主义的合同解释理论。合同解释的对象是当事人表示于外部的客观意思，而非藏于当事人内心的意思，但是当双方当事人均未赋予该表示意思或另一方应知对方内心意思时，应以内心意思解释合同。[24]

二、合同解释的属性

合同解释的属性，系指合同解释属于事实问题还是法律问题。这种分类不仅仅具有学理意义，还关系诉讼法上举证责任归属，是否能以此为理由上诉到第二审法院（大陆法系国家）以及英美法系国家将合同解释交由法官决定还是陪审团决定等问题。

对此大陆法系国家有三种学说。事实说以日本判例为代表，认为除法律证书文字的解释为法律问题外，其余法律行为的解释都是事实问题，因而对合同的解释也属于事实问题。法律说则认为，合同解释并非单纯确认事实，而是依据解释规则判断事实应有之义。[25] 王泽鉴教授认为：“契约的解释乃法律上的判断，应由法院依职权为之，不受当事人陈述的拘束，亦不发生举证责任问题。”[26] 折中说把合同解释分为两类：一类解释仅就合同意思表示的事实之客观性进行判定，属于事实问

〔20〕 159 Eng. Rep. 375 (Ct. of Exchequer 1864).

〔21〕 参见梁慧星主编：《民商法论丛》（第 8 卷），法律出版社 1997 年版，第 34 ~ 35 页。

〔22〕 参见叶金强：《合同解释：私法自治、信赖保护与衡平考量》，载《中外法学》2004 年第 1 期。

〔23〕 [1998] 1 W. L. R. 896, 912.

〔24〕 参见梁慧星主编：《民商法论丛》（第 8 卷），法律出版社 1997 年版，第 36 页。

〔25〕 参见史尚宽主编：《民法总论》，台北，正大印书馆 1980 年版，第 424 页。

〔26〕 王泽鉴主编：《债法原理》（第 1 册），中国政法大学出版社 2001 年版，第 218 页。

题；另一类对合同意思表示的法律价值作出判断，以决定是否给予法律保护救济，此类解释是法律问题。[27]

英美法系国家的通说认为合同解释属于法律问题。在 BTP Tioxide Ltd. v. Pioneer Shipping Ltd. 案中，迪普洛克（Diplock）勋爵认为："英国将合同解释视为法律问题主要原因在于早先的民事案件通过陪审团审理，陪审团组成人员往往文化素质不高，难以对合同作出有效解释，因此在实践中逐渐形成了法官解释合同的传统，久而久之，合同解释在英美法系国家成为了法律问题。"[28]

此外，将合同解释视为法律问题还可以适用遵循先例原则。英国法区分可重复适用的标准条款和个别拟订的条款。对于标准条款，如无实质区别，之前法官作出的解释会作为判例被后来的合同解释沿用。一个理性的商人通常也会遵循这一含义，[29] 对于那些不适应市场的条款解释则逐渐被淘汰。[30] 对于个别拟订的条款，则不适用于遵循先例原则。

值得注意的是，英美法系国家也存在折中说的观点。单纯确定文字的含义是一个事实问题，但解释合同却属于法律问题。在 Chatenay v. Brazilian Submarine Telegraph Co., Ltd. 案中，林德利（Lindely）法官指出："不管是解释法律文书还是文学作品，解释合同所载用语含义无疑是一个事实问题，但是解释用语的法律效果却是一个法律问题。"[31]

比较这几种观点，作者认为合同解释的性质本身就是事实问题和法律问题的相互融合。"事实问题"是实际发生者为何的问题，"法律问题"则是实际发生者，依法秩序的标准应如何安排的问题。一方面，合同解释涉及对合同所载用语含义的诠释，探寻当事人主观意思属于事实问题；另一方面，解释合同需要法官对当事人的意思表示进行法律价值判断，这又是一个法律问题。从实践的角度，将合同解释作为法律问题能够给予当事人更充分的救济。但在解释合同的过程中，我们也应该充分尊重合同双方的意思自治，避免对合同过多干涉，严格以事实为基础进行法律价值判断，防止公权力对意思自治的过度介入。解释合同是根据一些原则诠释合同所载用语含义，而不是草率地拟制一个新合同。塞德利（Sedley）法官把合同解释比作"第三人仅凭主观臆断解释合同与疏于考察当事人所用合同词句的中

---

〔27〕 参见陈阮雄主编：《民法总则新论》，台北，三民书局 1982 年版，第 620 页。

〔28〕 [1982] A. C. 724, 736.

〔29〕 Relax limited v. Anip Acquisition Company, 1997WL 1104071, 5.

〔30〕 Tyrie v. Fletcher, 98 E. R. 1297, 1298.

〔31〕 [1891] 1 QB 79, 85.

间地带”。[32] 将合同解释视为事实与法律问题的折中的定位,便于法官作出正确合理的合同解释,同时尊重了合同的私法属性。

第二节 海上保险合同解释的原则

海上保险合同的解释可以适用我国《保险法》、《合同法》等相关法律确定的解释原则。我国《合同法》第125条规定,当事人对合同条款的理解有争议的,应当按照合同所使用的词句、合同的有关条款、合同的目的、交易习惯以及诚实信用原则,确定该条款的真实意思。由此,我国合同法确定了文义解释、惯例解释、整体解释和目的解释等几种解释原则。这些原则并没有具体的适用位阶,应留待法官在具体案件中,根据案件情况确定。[33] 根据我国《保险法》第30条的规定,采用保险人提供的格式条款订立的保险合同,保险人与投保人、被保险人或者受益人对合同条款有争议的,应当按照通常理解予以解释。对合同条款有两种以上解释的,人民法院或者仲裁机构应当作出有利于被保险人和受益人的解释。我国保险法领域认可的不利解释规则同样适用于海上保险合同。

一、符合合同目的原则

符合合同目的原则,是指对保险合同的条款或者内容作出的解释应当符合当事人缔约目的。该原则是合同解释的核心原则,目前为各国所奉行。[34] 由于探求当事人目的与合同解释的客体密切相关,该原则的理论基础、具体适用等问题已在前文合同解释的客体一节涉及,这里不再赘述。

举例说,在Zeus Tradition Marine Ltd. v. Bell(The Zeus V)[35]案中,保单中要求被保险人在船舶投入运营前必须提供独立的检验报告,双方后来就需要检验的项目产生了争议。科尔曼(Colman)法官根据订约时的语境与保险合同目的,认定检验项目须与船舶的适航性相关,简单的检验不足以满足一个合理保险人的要求。

某船舶保单中规定船舶不允许装运沙子,否则合同自动解除。该船舶在某航次中运输矿砂,最终沉没。沙子是否包括矿砂?除了从技术角度通过颗粒直径判

---

[32] Casson & Anr. v. Ostley P. J. Ltd. & Ors, [2001] EWCA Civ 101, at para. 323. 原文:It is a very reasonable stopping place on the road that runs between second – guessing parties who have simply contracted incautiously and leaving a party at the mercy of unconsidered words.

[33] 参见樊启荣、王冠华:《保险格式条款“通常理解”之解释——以我国〈保险法〉第30条规定为中心》,载《西部法学评论》2010年第6期。

[34] 参见林宝清主编:《保险法原理与案例》,清华大学出版社2006年版,第381页。

[35] [1999] C. L. C. 391.

断,还可以运用符合合同目的原则。保险人订立此条款的目的是控制船舶装运此类货物带来的风险,如果装运矿砂同样能给船舶带来类似危险,就应该认定被保险人违反了特别约定。[36] 当然,在我们分析表意人的主观目的过程中要坚持客观主义兼采主观主义原则,表意人的主观目的如果难以被一个具有相似背景的理性第三人认识到,这种目的便不能被合同解释采纳。换言之,在本案中控制船舶装运矿砂类货物所带来的风险这一意图必须能够被理性第三人意识到,而不是完全主观的意图,这有待法院根据订约时的背景情况等证据进行判断。

二、文义解释原则

通过解释合同使用的文字词句的含义来确定当事人的真实意思是一种最为常见的解释方法。欲确定合同条款含义,必须先了解其所用词句,确定词句含义。[37] 霍夫曼勋爵在 Investors Compensation Scheme Ltd. v. West Bromwich Building Society案中揭示了文义解释具有如此地位的原因:"(文义解释)反映了一种普遍的认识,我们不认为人们会轻易在正式文件中犯语言错误。"[38]

针对文义解释原则有两种观点:一种认为只有当合同书面文件不清楚,存在模糊或歧义,其他证据方可用于解释合同;另一种观点认为法院不必首先确定合同书面文件模糊或有歧义,只要存在明确证据,法官便可据此解释合同。[39] 霍普(Hope)勋爵在 Melanesian Mission Trust Board v. Australian Mutual Provident Society案中支持了第一种观点,[40]而美国学者科宾(Corbin)在其主持编纂的《合同法重述》(第 2 版)中则采纳了第二种观点。[41] 鉴于我国合同解释的几项原则并无固定的适用位阶,可综合适用,似乎也认可第二种观点。

文义解释原则的局限性在于该原则只能解释个别文字,无法解释整体合约。[42] 霍夫曼勋爵认为:"解释文字的含义需要借助词典以及语法;解释合同的含义则是确定针对一个具有类似背景的理性受领人在此条件下的理解。"[43]

如何确定合同文字的含义,艾伦堡(Elllenborough)勋爵在 Robertson v. French 案中指出,应当按照平易(Plain)、普遍(Ordinary)、通用(Popular)的标准理解。[44] 我国台湾地区学者认为:"海上普通保险约款之解释,应适用契约一般解释原则,

---

〔36〕 参见初北平:《船舶保险条款研究》,大连海事大学 2008 年博士学位论文,第 162 页。

〔37〕 参见崔建远主编:《合同法》,法律出版社 2010 年版,第 356 页。

〔38〕 [1988] 1 WLR 896,913.

〔39〕 参见梁慧星主编:《民商法论丛》(第 8 卷),法律出版社 1997 年版,第 40 页。

〔40〕 (1997) 74 P. & C. R. 297,302.

〔41〕 参见梁慧星主编:《民商法论丛》(第 8 卷),法律出版社 1997 年版,第 40 页。

〔42〕 参见初北平:《船舶保险条款研究》,大连海事大学 2008 年博士学位论文,第 163 页。

〔43〕 1 WLR 896,913.

〔44〕 102 E. R. 779, 136.

除有明示或默示之特别事情外，应依普通客观之意义而为解释。此为英美法诸国乃至法国从来就普通保险约款所确立之解释方法。"[45]但也不能因此产生误解，同一词语在专业领域含义并不一定与其在生活中的普遍理解一致。吉布森（Gibson）法官认为，法官不能仅仅凭借字典去理解文字的含义，而应该试图理解特定合同当事人所赋予合同的含义。[46] 因此，当同一用语在海上保险领域含义与生活中不同时，应当根据合同双方的相关知识背景确定。正如宾厄姆（Bingham）法官所言，"法院不能在真空中解释合同"。[47]

三、整体解释原则

整体解释，又称为体系解释，是把全部合同条款看作一个统一整体，从各个合同条款及构成部分的相关关联、所处的地位和总体联系上阐明当事人系争的合同用语含义。《法国民法典》第1161条规定，契约的全部条款得互相解释，以确定每一条款从整个行为所获得的意义。美国也有判例认为，单独的某一条款没有约束力，必须将整个文书的所有条款作为一个整体考虑。[48] 海上保险合同相较一般商事合同，专业性更强，更应注重条款的前后联系和整体的协调。经过解释之后的海上保险合同，应前后一致、全文贯通、具有整体性。

整体解释原则，在英美法中常常体现为联系上下文解释方法。在海上保险合同解释领域，具体包括下列规则。

（一）同类规则（eiusdem generis）

当一系列并列词语后跟某总括性的词语，该总括性词语只能解释为与之前列举者同类的人或物。[49] 例如，在《中国人保海洋运输货物保险条款（2009版）》中，平安险的承保范围包括"在运输工具已经发生搁浅、触礁、沉没、焚毁意外事故的情况下，货物在此前后又在海上遭受恶劣气候、雷电、海啸等自然灾害所造成的部分损失"。这里的"等自然灾害"属于总括性词语，在解释时只能解释成与雷电、海啸相类似的海底火山爆发等自然灾害，不包括瘟疫。

同类原则适用时不能轻易改变一个词语的通常含义。这里有一个有趣的案例：[50] 扣押（Seizure）风险在长期实践中被理解为以和平或武力方式强制丧失占有。海湾战争中被保险人投保的飞机停在科威特机场，被入侵的伊拉克军队扣押。但所投保的战争险中将扣押与没收、国有化等一国政府在自己境内进行的以和平

---

〔45〕 参见杨仁寿主编：《海上保险法论》，台北，三民书局1996年版，第14页。

〔46〕 Aqua Design & Play International Ltd v. Kier Regional Ltd. ,2002 WL 819907, 7.

〔47〕 Kuwait Airways Corp & Anor v. Kuwait Insurance Co SAK & Ors, [1995] C. L. C. 1396, 1398.

〔48〕 Coker v. Coke, 650 S. W. 2d 391, 393.

〔49〕 See Bryan A. Garner, *Black's Law Dictionary*, Thomson West Press, 2004, p. 1568.

〔50〕 Kuwait Airways Corp & Anor v. Kuwait In - surance Co SAK & Ors, [1999] C. L. C. 934, 935, 936.

手段剥夺占有的方式并列在一起。[51] 原审法院据此认定这里的扣押只能做缩小解释,排除被入侵的他国武力扣押的情形。上议院法官推翻了这种观点,认为并没有证据证明这里的扣押风险与其通常含义不同,因此保险人既承保和平手段又承保武力手段的扣押风险。

(二)明示其一即排除其他规则(expressio unius est exclusion alterius)

明确地提及某一事项,可以隐含地排除其他关联事项的含义。例如,英国有判例表明当保险合同的某些条款被明确约定为合同先决条件,其他未有此明确约定的条款便可能不被解释为先决条件,当然最后还是要从合同整体来解释。[52] 明示其一即排除其他规则有其局限性,只能作为一种辅助手段。"(该原则)源于法律全知论,因为只有当订约过程中的疏漏都是有意的,该原则才能完全成立……美国最高法院的判例表明运用这一原则更多是一种讨巧的选择"。[53]

(三)手写条款优先

海上保险合同中大量使用事先拟制好的格式条款。当事人手写条款与印刷的标准条款发生争议时,应当优先适用手写条款。[54] "因为手写的文字更接近当事人所表达的意思。"[55]

(四)注重条款之间的统一和谐

法官在合同解释的过程中会尽量避免导致合同内部的不协调。[56] 当合同条款的意义发生冲突,法官会尽量衔接。"如果能够去协调他们之间的矛盾并且给两条或以上不同的条文都赋予一定的解释与存在价值,就应该去这样解释,即使在协调的过程中会去把一些看起来清楚无误的文字意思作出一定的扭曲或限制"。[57] 如果某条款的字面意思与合同目的、性质不符,对该条款的解释应有所限制。在 Glynn v. Margetson[58]案中,船舶装运橘子从马拉加港驶向利物浦港。提单条款载明船舶为运送货物可在途中驶向或停靠任意港口,托运人表示同意所有条款。后船舶在航行途中绕航导致迟延,货物腐烂。上议院法官认定合同目的是将货物运到指定港,承运人途中只能驶向或停靠与本航次有关的港口,本案中承运

---

[51] 原文:1(e) covered confiscation, nationalisation, seizure, restraint, detention, etc.

[52] George Hunt Cranes Ltd. v. Scottish Boiler & General Insurance Co., Ltd., [2001] EWCA Civ 1964, para. 11.

[53] See Bryan A. Garner, *Black's Law Dictionary*, Thomson West Press, 2004, p. 1750.

[54] The "Athinoula" (1980) 2 Lloyd's Rep. 481; Southland Royalty Co. v. Panam. Petro. Corp, 378 S. W. 2d 50, 57 (Tex. 1964).

[55] Robertson v. French, (1803) 4 East 130, 137.

[56] See Howard Bennett, *The Law of Marine Insurance*, Oxford University Press, 2006, p. 271.

[57] 参见杨良宜:《合约的解释——规则与应用》,法律出版社 2015 年版,第 119 页。

[58] [1893] A. C. 351, 351.

人的绕航是不合理的。

(五)相悖理论(doctrine of repugnancy)

根据上文,法官会尽量衔接合同中矛盾的条文,避免忽略或删除某一条文,因为这是在改写(rewrite)合同,只能作为解释的最后手段。[59] 根据相悖理论,只有在符合合同目的的情况下,才能忽视或者删除某一合同条文。[60] 例如,海上保险合同中,双方经常通过补充协议(Addendum)对格式合同的某一事项进行说明,如果两者发生冲突,应当优先考虑补充协议,因为后者更大可能代表当事人的合同目的。

在确需权衡条文轻重的情况下,某些能够体现当事人真正缔约目的的文字,应当给予更优先的考虑,而不考虑形式。例如,在一份黑色字体的合同中用红色字体标明为"首要条款"(paramount clause),或者用明确的措辞说明是"不管其他条文怎样说"(not with standing anything to the contrary)等显示缔约方缔约意图重点的形式和文字,应当给予较重要的解释地位。

某些涉及专门事项的条文文字优先于一般性条文。例如,期租合同中,双方往往会容忍相冲突的特别与一般性条款存在,这可以解释为双方默示同意一般性条款不能对抗有针对性条款,针对性的条款实际上应当视为双方对该事项的特殊说明。

当合同中数字与文字相冲突时,数字往往容易犯错误,而相对较长的文字犯错概率较低。例如,美国统一商法典规定:"合同文字优先于数字,除非文字本身不明确。"[61] 在 Gray v. Venters 案中,有价证券所记载的付款金额与付款计划计算出的付款数字不符,法官最终认定文字优先于数字。[62]

四、惯例解释原则

参照习惯和惯例原则,是指合同文字或条款的含义发生歧义时,按照习惯和惯例的含义予以明确;合同存在漏洞,致使当事人的权利义务不明确时,参照习惯和惯例加以补充。[63] 保险立法或保险条款来源于对海上保险惯例的汇编,如《英国1906年海上保险法》,而惯例反过来也成为解释条款的重要原则之一。[64]

英国判例中确认习惯被法律承认的条件有三个:(1)习惯必须确定;(2)为本行业人员普遍承认;(3)习惯必须是合理的。[65] 依据合同法应有之义,这种习惯

---

〔59〕 参见初北平:《船舶保险条款研究》,大连海事大学2008年博士学位论文,第165页。

〔60〕 Great North Eastern Railway Ltd. v. Avon Insurance Plc, 2001 WL 513179, para. 34.

〔61〕 Unif. Commercial Code § 3 - 118 (c).

〔62〕 374 S. E. 2d 889, 890 (N. C. App. 1989).

〔63〕 参见崔建远主编:《合同法》,法律出版社2010年版,第364页。

〔64〕 参见初北平:《船舶保险条款研究》,大连海事大学2008年博士学位论文,第182页。

〔65〕 Cunliffe - Owen v. Teather & Greenwood, [1967] 1 WLR 1421, 1438.

同时亦不能违反法律强制规范，也不能与当事人明示或者默示的意思表示相抵触。[66] 与此同时，习惯与惯例也应当是被双方当事人已知或者应知而未被明示排除的。在 Gabay v. Lloyd 案中，法官拒绝适用对被保险人不利的习惯解释合同，除非证据显示被保险人知晓这一习惯并且据此订立合同。[67]

由于合同解释的目的在于探求当事人真意，是否符合商业常识也成为是否符合当事人真意的重要判断标准。一个理性商人的真意不太可能在商业上欠缺合理性。[68] 迪普洛克(Diplock)勋爵指出："按照语义作出的解释不能与商业常识不符。"[69] 在 2014 年 Starlight Shipping Co v. Allianz Marine and Aviation Versicherungs AG[70] 案中，王座法庭弗洛(Flaux)法官再一次确认了这种观点。本案中被保险人与劳埃德等保险公司签署和解书，承诺放弃向"保险人"索赔的权利。后被保险人起诉保险公司的雇员、代理人，原被告围绕"保险人"的范围产生争议。法官认为，把代理人等排除在"保险人"范围外将导致被保险人可以向其索赔，他们再向保险人追偿，这种迂回的索赔路径在商业上是不合理的，因此不能作出这种解释。

五、标准条款的特殊解释原则

保险合同是定式合同的一种。定式合同是一种以标准条款为基础而订立的附从合同，又称格式合同、定型合同或附合合同。一般来说，保险人按照一定的原则和技术要求，拟制出保险合同的基本条款；投保人看到条款时"要么同意，要么离开"，一般没有修改某项条款的权利。倘若确有必要增删或变更内容，通常也只能借助保险人事先准备的附加条款或附属保单，而不能完全遵照投保人的意思来作出改变。为弥补信息不对称和谈判地位差异的弊端，保险实务中开始运用不利解释规则、合理期待规则等对保险双方当事人利益进行平衡。

(一)不利解释规则

1. 不利解释规则的含义及条件

不利解释规则，又称为疑义利益解释规则，作为合同解释的规则之一，最早起源于罗马法，后逐渐被两大法系接受。成文法最早见于《法国民法典》，其第 1162 条规定，契约有疑义之情形，应作不利于订立此种约定的人而又利于债务人的解释。我国《合同法》第 41 条也规定："对格式条款的理解发生争议的，应当按照通常理解予以解释。对格式条款有两种以上解释的，应当作出不利于提供格式条款

---

〔66〕 参见崔健远主编:《合同法》，法律出版社 2010 年版，第 365 页。

〔67〕 (1825) 3 B. &C. 793.

〔68〕 [1997] A. C. 749, 771.

〔69〕 [1985] A. C. 191, 201.

〔70〕 2014 WL 4636785.

一方的解释……"

保险合同解释中的不利解释规则,系指在保险单用语可以作出两种解释的情况下,保险单用语应当依照最不利于保险人的方式予以解释。〔71〕 保险法几乎是不利解释原则最经常适用的领域,〔72〕英美法中存在大量的相关案例。根据我国《保险法》第30条的规定,采用保险人提供的格式条款订立的保险合同,保险人与投保人、被保险人或者受益人对合同条款有争议的,应当按照通常理解予以解释。对合同条款有两种以上解释的,人民法院或者仲裁机构应当作出有利于被保险人和受益人的解释。由此可见,我国在保险法领域也认可了不利解释规则。

相较于之前列举的合同解释规则,不利解释规则在其适用上有其独特性,在我国海上保险法语境下,归纳为下面三个条件:

(1)根据保险人提供的格式条款订立保险合同。我国2009年修订的《保险法》很大的变化就是将不利解释规则的适用对象由之前的"保险合同条款"修改为"采用保险人提供的格式条款订立的保险合同……对合同条款有争议……"也就是说,只有双方对由保险人提供的格式条款产生争议,方可适用不利解释,这实现了与《合同法》〔73〕的统一。

"当投保人参与了保险合同的起草,或者保险公司不单独对合同的语义负责的时候,疑义解释规则很可能会不再适用"。〔74〕 尽管海上保险合同多根据保险人提供的格式条款制定,但也存在经过双方协商条款或者被保险人提供保险条款的情形。对协商条款适用不利解释规则,违反了合同自由原则,此时只要双方根据自由真实的意愿达成合意,法院在解释时就应处于完全超然的地位,不必作出偏向哪一方的解释,而应努力探求当事人真意。同样,针对被保险人提供的保险条款不适用不利解释,也是该原则的应有之义。

(2)合同条款所载用语出现疑义。合同条款所载用语出现疑义(Ambiguity)是适用不利解释原则的另一前提。在英美法中,不利解释原则是对合同疑义的一种解决手段,如果合同语言平易易懂(Plain and Intelligible),将不会适用不利解释原则。疑义不同于争议,在Federal Deposit Ins. Corp. v. W. R. Grace & Co.案中,波斯纳(Posner)法官认为:"合同双方对合同产生争议并不意味着合同存在疑义,

---

〔71〕 See Charles S. Parnell (editor), *American Jurisprudence*, Vol. XLIII Insurance: Lawyers Cooperative Publishing, 1991, p. 360.

〔72〕 See Péter Cserne, Policy Considerations In Contract Interpretation: The Contra Proferentem Rule From A Comparative Law And Economics Perspective, *Hungarian Association for Law and Economics working papers*, 2007, p. 16.

〔73〕 参见《合同法》第41条。

〔74〕 [美]C.小阿瑟·威廉斯、迈克尔·L.史密斯:《风险管理与保险》,马从辉等译,经济科学出版社2000年版,第467页。

倘若如此,书面合同便失去了对双方的拘束力。"[75]我国原《保险法》由于对此条件规定不清,一度导致滥用不利解释规则。2009年修订后的《保险法》明确了适用不利解释规则必须针对有疑义的格式条款。根据该法第30条规定,"疑义"应理解为按照通常理解对合同条款进行解释,存在两种以上解释。这里的通常理解,应该是综合运用前文介绍的合同解释原则进行的理解。法官在审理海上保险格式条款的争议时,首先应根据个案,综合运用各种解释原则,努力寻求"通常理解",在得到两种以上合理解释的情况下,再考虑适用不利解释规则。

(3)不利解释规则是作为合同解释的最后手段。关于不利解释的适用位阶,一直存在广义说和狭义说两种观点。狭义说将不利解释视为"加时赛"("Tie Breaker"),作为其他合同解释方法失效后的最后手段。广义说伴随着格式合同的兴起而出现,系指对于格式合同的提供方,一旦存在疑义,即作出不利于合同提供者的解释。由于这种解释在某种程度上类似于严格责任,广义不利解释规则也被称为严格责任不利解释规则。

对此,美国法院对于两种学说的不断摇摆可以为我们提供有益的启示。最初美国法院采纳狭义说,但随着格式合同的大量涌现,严格责任不利解释规则渐成主流。这种现象又随着以合理期待规则为代表的保险法新学说的出现而受到冲击。此后美国再度认可了狭义说,不利解释规则处于第二位阶,作为所有解释手段失败后解决合同疑义的最后手段。[76]

严格责任不利解释容易导致合同条款的不确定,造成了整个合同缔结和履行过程的低效。同时语言的多义性和歧义性是客观存在的,保险人难以根除疑义,因此承担严格责任,未免过于严苛。根据前文,我国《保险法》立法中采纳了通说狭义说的观点,不利解释规则处于位阶的最末,有严格的适用条件。我国学者把不利解释规则的地位解释为"最后一张王牌""最后出场的角色"。[77] 作者认为是十分形象的。

2.不利解释原则的案件实践

在1987年Ingersoll Milling Mach. Co. v. M/V Bodena案中,美国联邦第二巡回上诉法院确认"保险人提供的保险合同含义如果含糊不清,将作出不利于其的

---

[75] Federal Deposit Ins. Corp. v. W. R. Grace & Co., 877 F. 2d 614, 621 (7th Cir. 1989).

[76] Scott G. Johnson, Resolving ambiguities in Insurance Policy Language: The Contra Proferentem Doctrine and The Use of Extrinsic Evidence, p. 1,载https://www.robinskaplan.com/resources/articles/resolving-ambiguities-in-insurance-policy-language-the-contra-proferentem-doctrine-and-use-of-extrinsic-evidence,最后访问日期:2019年3月9日。

[77] 参见樊启荣:《保险合同"疑义利益解释"之解释——对〈保险法〉第30条的目的解释和限缩解释》,载《法商研究》2002年第4期。

解释,这一规则适用于包括海上保险在内的一切保险”。[78] 该案中保险单同时记载了舱面货条款以及货舱运输条款,原审法院及再审法院均作出了对保险人不利的解释。法院在判决中表示:“针对保险人的不利解释原则多适用于保险人利用除外责任试图免责的情形。”[79]

在2008年审理的Pratt v. Aigaion Insurance Co. SA案中,英国上诉法院也采纳了不利解释规则。原告为自己所有拖网渔船投保,保险合同约定“被保险人保证船舶在任何时间均有一名经验丰富的船员以及船东及/或经验丰富的船长在船负责。”投保船舶在港内发生火灾造成损失,当时船上并无相关人员。原审法院认为根据字面意思,至少两人应当时刻在船上负责,而发生火灾时无相关人员在船,被保险人违反保证义务。被保险人不服上诉。上诉法院认为,“任何时间”不能仅做字面理解,还需结合相关情况。本案中只能认定投保船舶至少应在航行时有相关人员在船负责,至于“任何时间”的外延,应适用不利解释原则,保险人如想包含在港时,应当表述的更为明确。[80]

不利解释规则在我国司法实践中亦多有体现。例如,“浮山轮”案中,双方所争议的焦点在于被保险人所遭受的损失是否属于保险单上载明的承保范围,船舶碰撞责任是否包含间接碰撞,即无接触碰撞。《中国人保远洋船舶保险(1986版)》条款虽将船舶“碰撞”造成的损失列入承保范围,却未给出船舶碰撞的明确定义,亦未在免责条款中列明间接碰撞属于免赔范围,以致引发争议。可以看出,本案中“碰撞”用语含义产生了明显的疑义,法院在判决中明确采纳了不利解释原则:“‘浮山轮’投保了‘一切险’,船舶保险条款属于格式条款,该条款第1条订明的碰撞责任包括因被保险船舶与其他船舶碰撞而引起被保险人应负的法律赔偿责任,订立船舶保险合同时保险人并未向被保险人明示船舶碰撞排除无接触碰撞。根据诚信原则和《合同法》第41条的规定,对格式条款有两种以上解释的,应当作出不利于提供格式条款一方的解释。因此,本案船舶保险条款所指碰撞应当包括无接触碰撞。”[81] 对该案例的详细分析请参见本书第七章第二节“承保范围”部分的相关内容。

“泰白海”案中,被保险人投保一切险附加战争险,保险条款为《中国人保远洋船舶保险条款(1986版)》。“泰白海”轮在通过苏伊士运河时发生搁浅事故,破坏了当地海底珊瑚。双方就对珊瑚的赔偿责任是否属于一切险承保范围提交仲裁。

---

〔78〕 Ingersoll Milling Mach. Co. v. M/V Bodena, 829 F. 2d 293, 295.

〔79〕 Ingersoll Milling Mach. Co. v. M/V Bodena, 829 F. 2d 293, 306.

〔80〕 Pratt v. Aigaion Insurance Co. SA, 2008 WL 4975459.

〔81〕 最高人民法院《关于中国人民保险公司青岛市分公司与巴拿马浮山航运有限公司船舶保险合同纠纷一案的复函》[(2002)民四他字第12号]。

保险人主张船舶保险条款中“碰撞责任”项下的“固定物体”并不包括珊瑚等生物，该损失为环境损害赔偿。仲裁庭认为，保险合同的碰撞责任条款明确规定承保被保险船舶“触碰任何固定的、浮动的物体或其他物体”所产生的法律责任。“任何……其他物体”没有明确排除自然物体，珊瑚明显地属于“其他物体”。我国2002年发布的《保险法》第31条规定，对于保险合同的条款，保险人与投保人、被保险人或者受益人有争议时，人民法院或者仲裁机构应当作出有利于被保险人和受益人的解释。我国《海商法》关于海上保险合同的规定中并没有相反的规定，这一原则应适用所有保险合同。《合同法》第41条规定……对格式条款有两种以上解释的，应当作出不利于提供格式条款一方的解释……保险条款是由保险人提供的格式条款，对其含义的解释应适用这一原则（不利解释规则）。[82]

（二）合理期待规则

尽管不利解释规则常常用作合同解释的最后手段，但这并不表示面对明显不公正的合同条款不利解释规则就是被保险人所能抓住的“最后一根稻草”。由于其必须以存在疑义为适用条件，这就可能导致某些合同条款由于措辞本身十分明确而无法适用不利解释规则。保险合同术语具有很强的专业性、技术性，保险人使用冗长的语言，制定繁多的条款，看似消除了歧义，但实际上造成被保险人更难通读和审查保单，某些合同术语明显超出了被保险人的理解范围。[83] 针对这种由于格式合同造成的不公正，美国法院提出了合理期待规则：合同文本应根据一个未经保险或法律等专门训练的人的理性预期来解释；如果一个理性的人预期保单会对某一种损失提供保障，法院就会要求保险人赔付——尽管可能是合同文字已经清楚地排除了的赔付。[84]

合理期待最早可追溯到英国 Sangster's Trustees v. General Accident Assurance Corp Co. Ltd. 案。斯托蒙恩·达林（Stormonth Darling）勋爵认为“保险合同的解释必须满足被保险人订立合同时合理的期待”。一直到20世纪70年代，罗伯特·基顿（Robert E. Keeton）法官在总结美国判例的基础上，开创性地提出保险法领域的“合理期待规则”。[85] 随后该规则成为一种重要的合同解释原则，得到美国多

---

〔82〕 案例参见蔡宏达：《船舶保险条款有歧义作出有利于被保险人的解释》，载《中国远洋航务》2002年第5期。

〔83〕 例如，在 McHugh v. USAA 案中，约定承保泥石流造成的财产损失，被保险人的房屋在一场暴雨过后遭到土壤、岩石、植被及其混合物的严重破坏，保险人认为事故原因为滑坡而拒绝赔付，但两者对于大多数被保险人都是难以区分的，最终联邦第九巡回法院根据合理期待原则支持了被保险人的主张。参见164 F. 3d 451（U. S. Ct. App. 9th Cir. 1999）。

〔84〕 参见[美]Scott E. Harrington, Gregory R. Niehaus：《风险管理与保险》，陈秉正、王珺、周伏平译，清华大学出版社2005年版，第177页。

〔85〕 Insurance Law Rights at Variance With Policy Provisions, 83 *Harv. L. Rev*. 961.

州法院的接受。[86] 基顿法官对合理期待规则的完整表述为：保险投保人和指定受益人关于保险合同条款的客观合理期待将得到满足，即使通过对保单条款规定的深入解释发现这些期待并不会得到保单条款的支持。

事实上早在基顿法官之前，合理期待作为一种一般性的合同解释规则就已经出现了。在其发源地美国，针对合同的解释一直存在“合同形式主义”与“功利主义”之争。前者以威利斯顿（Williston）教授和《第一次合同法重述》为代表，主张合同解释必须严格按照文本进行，法院不应行使当事人制定和修改合同的权利；后者以科宾教授和《第二次合同法重述》为代表，主张文本并没有一个真实的意思，文本内容所表示的是起草人或说话人所知道的或应当知道的另一方将理解那些表达在本合同中的意思。[87] 可以看出，双方的主要争议点在于合同解释是否只能从文本中产生。基顿法官结合保险合同双方缔约能力相差悬殊、格式合同普遍适用等特点，针对美国已有判例，总结提出了对保险合同的解释应满足被保险人的合理期待，甚至可以完全突破文本限制，而合理期待的标准应该以市场中的普通保险消费者的期待为准。[88]

合理期待规则关注合同的实质公正，允许法官对于保险合同进行更大程度的介入，是对格式合同下双方悬殊缔约地位的一种再平衡。但该规则也一直受到争议：（1）合理期待规则可以背离合同文本，这是否构成了司法对双方意思自治的不当干预；（2）合理期待规则为保险合同带来了解释的不确定性，而这一直是商事合同主体所试图避免的；（3）如何确定“合理”的标准，合理本身就有强烈的主观色彩，不同主体对合理会有不同的认识，在美国数十年的合理期待司法实践中也一直没有定论。

合理期待规则同样适用于合同生效前。在 Gaunt v. John Hancock Mut. Life Ins. Co.[89] 案中，投保人投保了人寿险并支付了保费，保险代理人出具“附条件保费收据”（Conditional Receipt），其中载明“被保险人需通过体检并经保险人核保及批单后，保险合同成立”。被保险人在体检后未经保险人核保批单即去世。保险人主张本案中附条件收据条款清楚无误，保险合同尚未成立。原告却认为出具收

---

〔86〕 参见樊启荣：《美国保险法上“合理期待原则”评析》，载《法商研究》2004 年第 3 期。

〔87〕 参见卢明威、李图仁主编：《保险法合理期待原则研究》，中国政法大学出版社 2014 年版，第 45 ~ 48 页。

〔88〕 合理的判断并不以熟练的被保险人为准，也不以特定案件的被保险人的专业知识水平为准。这样可以更好地保护多数被保险人，同时也避免了漠视保单内容忽视自己权利的被保险人得到比了解这些内容的被保险人更多的保护，最终导致市场逆向选择被保险人都不去做了解。当然，如果保险人能够证明特定案件中以被保险人的技能和知识并不会产生这种期待，法院自然也不会支持被保险人的主张。

〔89〕 Gaunt v. John Hancock Mut. Life Ins. Co., 160 F. 2d 599 (2d Cir. 1947).

据以及当时的交易情形使他合理相信保险人已经承保,从而丧失了寻求其他保险的机会,主张保险合同已经成立保险人应该赔付,最终获得法院支持。

我国保险法并未采纳合理期待规则,发生争议时法院常常援引《保险法》第17条保险人的提示说明义务来保护被保险人,[90] 从而回避了合同是否有疑义这一问题。作者认为,合理期待规则作为一项诞生于判例法系国家的合同解释规则,在我国相关立法以及理论研究尚未完善的情况下,还不宜适用,法官应该吸收合理期待原则的有益内核,运用《保险法》规定的提示说明义务、不利解释规则等变通方法解决个案中类似的问题。

六、诚实信用及公平原则

诚实信用(good faith)是市场经济的道德规则,它要求人们在市场活动中讲求信用、信守诺言、诚实不欺,在不损害他人及社会利益的前提下追求利益。我国《保险法》中第5条明确规定保险活动当事人行使权利、履行义务应当遵循诚实信用原则。我国《合同法》第6条也规定当事人行使权利、履行义务应当遵循诚实信用原则。

公平原则要求合同双方当事人之间的权利义务要公平合理,做到大体上平衡,强调一方给付与对方给付之间的等值性,合同上的负担和风险的合理分配。具体包括:在订立合同时,要根据公平原则确定双方的权利和义务,不得滥用权利,不得欺诈,不得假借订立合同恶意进行磋商;根据公平原则确定风险的合理分配;根据公平原则确定违约责任。

诚实信用和公平原则的适用范围逐步扩大,不仅适用于合同的订立和履行,也适用于合同的解释。例如《德国民法典》第157条规定,解释合同应依诚信原则及交易习惯为之。合同解释的过程中适用诚实信用及公平原则的结果是能够排斥当事人的不合理"意思"。诚实信用及公平原则作为解释、补充、评价合同的准则,它秉承公平思想,倡导应从兼顾当事人双方利益的立场出发,公正合理地确定合同的内容和含义,以一个通情达理的第三人处在合同当事人地位的姿态来理解合同。在英国,适用该原则解释海上保险合同也被认为是发展趋势。在对合同进行解释的时候,人们不再严格局限于文字,而是在商业背景之外,更考虑"最终的公平"。在欧洲,根据调整供应商和消费者之间合同的《欧盟指南》,"一个不公正的条款不会约束消费者;如果一个条款有如下情况,则为不公平的:违反了善意的要求,造成了合同双方权利义务的极大不平衡,有损于消费者"。这其中核心的概念就是善意。[91] 在我国保险合同解释理论中,也有"利益衡量"说,指当事人签订合同的目

---

〔90〕 参见(2010)浦民一初字第838号。

〔91〕 See Malcolm Clarke, Trends in the interpretation of marine insurance contracts, in DR Thomas, *Marine Insurance: the Law in Transition*, Informa, 2006, pp. 1 – 13.

的是为了追求一定的经济利益，因此，在解释合同时就不能无视当事人双方的经济利益，不能不进行利益衡量，不但要考虑当事人的利益，而且要考虑社会利益。[92]

值得注意的是，诚信原则和公平的解释规则虽然被视为合同解释原则，但并不表示其与其他的合同解释规则完全独立。例如，前文提到的关于标准条款的不利解释规则，其精神内涵与诚信和公平原则是高度一致的。另外，由于诚实信用和公平原则比较抽象，只能作为海上保险合同解释的价值判断方法：当其他解释方法均不能解决保险合同疑义和漏洞时，方可以参考适用；或者在法官运用前文介绍的各种规则对海上保险合同作出解释之后，运用其来检验所得出的结果。

---

〔92〕 参见杨卫平：《论建立我国保险合同解释的标准与原则》，载《中国保险管理干部学院学报》2003年第1期。

第六章　海上保险合同下的赔偿

第一节　海上保险被保险人的防灾防损义务和通知义务

尽管我国《海商法》并没有明文规定海上保险被保险人的防灾防损义务，但主流观点还是认为我国《保险法》第51条的有关规定可同样适用于海上保险。[1] 这意味着，海上保险中的防灾防损制度与一般保险中的防灾防损制度具有相同的内涵和外延。同时，这也意味着，海上保险防灾防损制度的构建将不能回避防灾防损制度共有的问题。此外，海上保险还具有特殊性。因此，构建海上保险防灾防损制度之前，有必要首先清楚地界定防灾防损制度的内涵和外延；其次，需要进一步明确海上保险防灾防损制度特有的问题。本章将依次对上述问题展开论述。

一、被保险人的防灾防损义务

（一）防灾防损制度的性质

"防灾防损义务"，是指在投保以后、保险事故发生以前，为预防事故的发生而应履行的义务。[2] 如我国《保险法》第51条规定，被保险人应当遵守国家有关消防、安全、生产操作、劳动保护等方面的规定，维护保险标的的安全……投保人、被保险人未按照约定履行其对保险标的的安全应尽责任的，保险人有权要求增加保险费或者解除合同……此外，在保险合同中或保险条款中也会有防灾防损的规定。国外学者对防灾防损制度的关注就更多集中于保险条款层面。如"欧洲保险合同法重述"项目组所主张防灾防损条款认为，预防措施（precautionary measures），是指保险合同中要求保单持有人或者被保险人在保险事故发生前实施或者不实施某行为的条款。经当事人约定，该条款可以是保险人承担赔付责任的条件，也可以不

---

〔1〕 参见司玉琢：《海商法专论》，中国人民大学出版社2015年版，第376页；傅廷中：《保险法论》，清华大学出版社2011年版，第64页。

〔2〕 参见傅廷中：《保险法论》，清华大学出版社2011年版，第64页。

是。[3] 2014 年国际保险法学会关于防灾防损措施(Preventive Measures)的调查问卷中体现的防灾防损条款,是指规定于法律或保险合同当中的要求投保人或被保险人在保险事故发生之前,去做或不做特定事项,以避免保险事故的发生以及保险标的的危险程度显著增加;或要求投保人或被保险人在保险事故发生之后,采取减损措施的条款。可见,防灾防损条款不仅包括避免保险事故发生的条款,也包括减少损失的条款。

海上保险防灾防损制度的价值在于促进被保险人防灾防损义务的履行,为此,需明确被保险人防灾防损义务的性质以及违反防灾防损义务的后果。

防灾防损义务的性质,需根据防灾防损义务规范的性质来判定。法律规范的性质主要是通过其所调整的利益关系进行判断,包括合同当事人之间的利益关系,合同当事人与合同关系以外特定第三人之间的利益关系,合同当事人的利益与国家利益之间的关系以及合同当事人的利益与社会公共利益之间的关系。[4] 合同当事人之间的利益关系只在特定当事人之间发生,其应是意思自治得到最为彻底的贯彻的领域。因此,第一种利益关系主要受任意性规范或倡导性规范所调整。然而,意思自治在私人领域的统治地位早已被动摇。美国学者伯纳德·施瓦茨(Bemard Schwanz)教授指出:“为了适应 20 世纪的需要,原先作为合同法支柱的抽象的个人意思自治原则,不再是合同案件中支配一切的要素了。”[5] 实际上,随着格式合同的泛滥,当今社会中所谓的“自愿”,在更多情况下,只是“无奈的自愿”。[6] 鉴于此,法律还会通过授权一方当事人的规范和半强制性的规范来调整合同当事人之间的利益关系。第二种利益关系,因牵涉合同关系以外特定第三人的利益,应受授权特定第三人的规范调整。至于第三种与第四种利益关系,因涉及国家利益以及社会公共利益,不应允许当事人通过约定的方式排除相应法律规范的适用。因此,第三种与第四种利益关系应受强制性规范调整。

防灾防损法律规范主要调整合同当事人之间的利益。因此,其显然不属于授权特定第三人的规范。其规定的是被保险人的义务,而非权利。因此,其也不是授权一方当事人的规范。其规定了违反防灾防损义务的法律后果,可作为裁判规范。[7] 因此,也不属于倡导性规范。此外,由《保险法》第 51 条第 2 款与第 3 款的

---

〔3〕 参见“欧洲保险合同法重述”项目组:《欧洲保险合同法原则(PECIL)》,韩永强译,载梁慧星主编:《民商法论丛》(第 48 卷),法律出版社 2011 年版,第 668 ~ 691 页。

〔4〕 参见王轶:《论倡导性规范——以合同法为背景的分析》,载《清华法学》2007 年第 1 期。

〔5〕 [美]伯纳德·施瓦茨:《美国法律史》,王军等译,法律出版社 2011 年版,第 230 页。

〔6〕 参见李永军:《合同法》,法律出版社 2010 年版,第 226 页。

〔7〕 倡导性规范尽管确定了合同当事人的行为准则,但却仅具倡导性,因而并非裁判者可以运用的裁判规范。参见王轶:《论倡导性规范——以合同法为背景的分析》,载《清华法学》2007 年第 1 期。

措辞可知,[8]其并没有禁止当事人扩张或限缩防灾防损义务范围之意,不应是强制性规范。但《保险法》第51条第1款的措辞表明,[9]遵守国家有关消防、安全、生产操作、劳动保护等方面的规范是被保险人在公法上的义务。即使保险合同中未规定防灾防损义务,被保险人也应遵守相关安全规范。可见,《保险法》第51条防灾防损法律规范是一个混合性规范。当然,该法第1款虽有课以被保险人法定义务之意,然而却没有相应的救济予以支持。该问题也已得到国际保险法学会的关注,其一份报告显示,在包括英国、美国等发达国家在内的20多个国家中,仅法国、[10]瑞士、韩国、匈牙利4国规定了法定的防灾防损义务。可见,国际上的主流做法是将防灾防损义务作为一项约定义务。英国著名律师约翰·哈博格汉姆(John Habergham)先生对英国也采取此做法的解释是,保险人从不会错过将保证条款并入保险合同的机会。[11] 因此,立法者无须担心被保险人防灾防损义务的缺位。相反,更应防范保险人滥用救济权。欧洲保险合同法原则(the Principles of European Insurance Contract Law,PEICL)也已关注该问题,其第4:103条第1款规定,保险合同可以规定对预防措施之违反可以使保险人部分或者全部免责,但此规定仅在保单持有人或者被保险人有造成损失之故意或者明知可能会造成损失却置之不顾而违反其义务之情形具有效力。[12] 实际上,英国也开始重新审视现代法律背景下保险人与被保险人之间的利益平衡问题。英国上议院在2015年1月15日的保险法草案解释(Explanatory Notes)中便指出,英国的保险法发端于十八九世纪,部分内容被制定成《英国1906年海上保险法》。为了保护当时尚且非常稚嫩的保险业,该法为保险人创设了数项拒绝赔偿的制度。然而,部分制度已明显不符保险市场的良好做法(Best Practice)。[13] 这表明,现代海上保险立法已由传统的

---

〔8〕《保险法》第51条第2款、第3款规定,保险人可以按照合同约定对保险标的的安全状况进行检查,及时向投保人、被保险人提出消除不安全因素和隐患的书面建议。投保人、被保险人未按照约定履行其对保险标的的安全应尽责任的,保险人有权要求增加保险费或者解除合同。

〔9〕《保险法》第51条第1款规定,被保险人应当遵守国家有关消防、安全、生产操作、劳动保护等方面的规定,维护保险标的的安全。

〔10〕法国法仅在海上保险领域适用法定的防灾防损义务。

〔11〕原文:I would imagine that the reason for this is that insurers have never been slow in including warranties in policies. 参见 Samim Ünan (ed.), Precautionary Measures, Clauses requiring the policyholder or the insured, before the insured event occurs, to perform or not to perform certain acts (PEICL 4:101), Papers submitted to the AIDA Consumer Protection & Dispute Resolution Working Party meeting, Sigorta Hukuku Türk Derneği, December 2012, p. 83。

〔12〕参见"欧洲保险合同法重述"项目组:《欧洲保险合同法原则(PECIL)》,韩永强译,载梁慧星主编:《民商法论丛》(第48卷),法律出版社2011年版,第668~691页。

〔13〕See Insurance Bill [hl] Explanatory Notes. Accessed June 7, 2017. http://www.publications.parliament.uk/pa/bills/cbill/2014-2015/0155/en/15155en.pdf.

保护保险人利益逐渐转变到平衡保险人与被保险人的利益，甚至保护被保险人利益上来。因此，在构建海上保险防灾防损制度时，也应适度限制保险人的权利，并加强对被保险人利益的保障。

（二）防灾防损义务的履行

防灾防损义务的履行主要涉及履行主体、履行时间、履行主体须遵守的安全规范的范围和防灾防损费用的赔偿等问题。其中义务的履行主体既包括被保险人，也包括投保人；义务的履行时间仅限于保险事故发生之前。这两个问题理论上的认识较为一致，但所需遵守的安全规范却应以约定为限。现有条款通常约定被保险人须遵守国家或有关部门制定的各类安全规范。例如，《中国人保沿海内河船舶保险条款（2009 版）》第 15 条规定，被保险人应当遵守国家有关消防、安全、生产操作等方面的其他相关法律、法规及规定，维护保险船舶的安全。通常而言，上述约定已覆盖绝大部分有利于避免损失发生的安全规范，但参考国外的保险条款，海上保险合同的相关约定还可以作进一步完善。

《2013 年北欧海上保险方案》关于防灾防损义务的规定较成体系，可资借鉴。《2013 年北欧海上保险方案》第三章第三节分 6 条专门就被保险人的防灾防损义务作出规定，其明确"安全规章"（Safety Regulations）的含义，即由公共当局颁布的、保险合同中约定的、合同中授权保险人援引的以及船级社制定的旨在避免损失的安全规章。而其条文释义则进一步指出，上述规定并未要求有关规章的唯一目的是防灾防损，只要防灾防损是该规章的目的之一即可。[14] 此外，船舶根据公共当局或船级社的要求进行的定期检查以及船级社关于船舶冰级（Ice Class）的规定亦属于安全规章。

目前，《中国人保船舶保险条款（2009 版）》尚未有防灾防损制度的规定。《2013 年北欧海上保险方案》的条文释义中指出，通常情况下，被保险人应遵守更严格的安全规范，除非被保险人能证明其有合理理由无法执行更严格的安全规章。[15] 实践中也有较为宽容的做法，如《德国 2009 年远洋船舶保险条款》（German Standard Terms Conditions of Insurance for Ocean - Going Vessels 2009）第 33（2.2.2）条规定，如果货物在国外的港口装船，被保险人有权选择按照当地的法律

---

〔14〕 See The Nordic Marine Insurance Plan of 2013 version 2016, section 3: Safety Regulations. Accessed December 11, 2017. http://www.nordicplan.org/Commentary/Part - One/Chapter - 3/Section - 3/# - 3 - 22.

〔15〕 See The Nordic Marine Insurance Plan of 2013 version 2016, section 3: Safety Regulations. Accessed December 11, 2017. http://www.nordicplan.org/Commentary/Part - One/Chapter - 3/Section - 3/# - 3 - 22.

规范或德国的法律规范装运危险货物。[16]

（三）防灾防损费用的赔偿

无论是依约或依保险人建议履行防灾防损义务，被保险人都将会产生一定的费用。由于该费用产生于保险事故发生之前，被保险人能否就此费用从保险人处受偿，不无疑问。我国《海商法》第240条规定，被保险人为防止或者减少根据合同可以得到赔偿的损失而支出的必要的合理费用……应当由保险人在保险标的损失赔偿之外另行支付。似乎只要是防止承保风险造成损失而支出的合理费用，都可从保险人处受偿。然而，我国《海商法》第236条第1款却规定，一旦保险事故发生，被保险人应当立即通知保险人，并采取必要的合理措施，防止或者减少损失。被保险人收到保险人发出的有关采取防止或者减少损失的合理措施的特别通知的，应当按照保险人通知的要求处理。也就是说，仅在保险事故发生后，被保险人才负有施救义务。与之相对应的，施救费用似乎也应在保险事故后才发生。我国《海商法》第240条是对施救费用的规定。因此，防灾防损费用难依我国《海商法》第240条的规定受偿。实际上，国际上的立法例与保险实践也多持此态度。

1. 防灾防损费用承担的一般规则

研究表明，国际上保险法发达的国家多认为，通常情况下，防灾防损费用应由被保险人承担。例如，德国法认为，通常情况下，防灾防损费用应由被保险人承担；英国法也认为，通常情况下，为避免可能发生的损失（the mere possibility of loss）所产生的费用并不属于承保范围，即使该费用的支出是明智的且对保险双方都是有益的。

保险实践也多持此态度。无论是英国1983年或1995年的协会定期船舶保险条款（Institate Time Clauses），还是2003年国际船舶保险条款（Interational Hull Clauses 1/11/03）均规定，当发生损失或不幸时（in case of any loss or misfortune），被保险人及其雇员和代理人有义务采取合理的措施，避免或减轻可自本保险获得赔偿的损失。……保险人将赔偿由被保险人、其雇员及代理人由于此种措施而适当地、合理地产生的费用。也就是说，只有保险事故发生后，所产生的费用才可以从保险人处受偿。我国台湾地区“保险法”虽然未就防灾防损费用的赔偿问题作出明确规定，但我国台湾地区相关规定表明，我国台湾地区并不支持被保险人向保险人索赔防灾防损费用。该案涉及工程保险，要保人珠江公司就所承揽的工程，向富邦保险公司投保“营造工程综合损失险”“拆除清理费用损失险”“第三人意外责任险”。保险期间，系争工程因突发不可预料之地下涌砂及涌泉，致隧道本体损

---

〔16〕《德国2009年远洋船舶保险条款》原文：Clause 33（2.2.2）：If the cargo is loaded in a foreign port under regulations that exist in that port for hazardous cargo, the Insured has the option of complying either with these regulations or with the German regulations.

坏、正上方道路沉陷等，然并未造成第三人损害。珠江公司为避免道路持续沉陷危及他人安全，乃进行一系列地盘改良与地下隧道修复工作。嗣后，其向保险公司索赔修复工程的费用。但遭到拒赔，遂成诉。最终，法院还是以“避免或减轻损害之必要行为所生费用之偿还，须以保险事故业已发生为必要”为由，驳回了珠江公司的诉讼请求。[17] 我国台湾学者江朝国教授也认为：“若保险事故发生前，要保人或被保险人所为任何必要减免损失行为皆可请求，保险理赔金额将轻易失去标准，恐将危及危险共同体之运作。”[18] 若被保险人的防灾防损费用均可受偿，似乎被保险人对保险标的的日常维护费用也就可以受偿了。这无疑将极大增加保险人的负担，有违对价平衡原则。因此，防灾防损费用原则上不能获得赔偿。

2. 防灾防损费用的例外赔偿

比利时学者指出，之所以防灾防损费原则上得不到赔偿，而施救费用却可以，是因为传统观点认为，保险事故发生之前，风险仍处于被保险人的控制之中（belongs to the domain of the insured）；保险事故发生后，才转由保险人承担。[19] 也就是说，在保险人尚无须承担赔偿责任的情况下，被保险人所采取的防灾防损措施并不能使保险人受益；在保险人须承担赔偿责任的情况下，被保险人采取的施救措施才会使保险人受益。因此，保险人应赔偿被保险人产生的施救费用，但原则上无须赔偿防灾防损费用。然而，在保险标的面临紧迫危险时，被保险人采取的防灾防损措施也会使保险人受益。因为在此情况下，若被保险人不采取特殊措施，事故将会发生。实际上，绝对地将防灾防损费用排除于赔偿范围之外，也并不合理。因为被保险人知道即使超出通常的努力去履行防灾防损义务，所产生的费用也得不到赔偿，便会待保险事故发生之后，再履行施救义务。因而，只选择按一般的要求履行防灾防损义务，这恐怕也不是保险人所期待的，甚至是有违公共政策（Public Policy）的。因此，更为理想的方案应是区分保险事故发生前的具体情况，予以不同对待。在特定情况下，例外地允许被保险人索赔防灾防损费用，以鼓励被保险人尽最大努力避免保险事故的发生。

实际上，英国法也并不绝对否定索赔防灾防损费用的可能性。在英国法下，只要承保风险迫在眉睫，被保险人为避免保险事故的发生所产生的合理费用就可以得到赔偿。如在早期的判例 The knight of St Michael 案中，当发现一船煤炭在运输中过热时，船长立即决定将货物卸下船舶。虽然火灾才是承保风险，但法院最终还是判决即使火灾没有实际发生，保险人也应当赔付。理由是如果船长不采取应对

---

〔17〕 参见江朝国：《保险法逐条释义》（第1卷总则），元照出版有限公司2012年版，第851页。

〔18〕 参见江朝国：《保险法逐条释义》（第1卷总则），元照出版有限公司2012年版，第852页。

〔19〕 See Prof. Dr. em. Herman Cousy, Prof. Dr. Caroline Van Schoubroeck, *Preventive Measure Belgian Report*, AIDA XIV World Congress, 28 July 2013, p. 16.

措施,火灾很可能会发生。[20] 但什么情况才能被视为承保风险迫在眉睫,英国的判例尚无明确结论。在 Integrated Container Service Inc. v. British Traders Insurance Co. Ltd.[21]案中,狄龙(Dillon)法官也没有正面回应此问题,但他指出:"即使涉案的集装箱没有迫在眉睫的危险,也不可避免地得出以下结论:如果被保险人不采取行动,其将无法取回这些箱子。"换言之,防止保险事故的发生不以迫在眉睫为限,只要其发生的盖然性很高即可。而伊夫利(Eveleigh)法官则进一步指出,被保险人能否获得赔偿,取决于其对当时情况的合理判断以及所采取的行动。保险人不可通过事后的调查,否定被保险人当时所采取的行动的合理性。实际上,只要被保险人证明相关费用是任一谨慎的被保险人均会产生的,就可以获得赔偿。综上所述,判断防灾防损费用能否受偿,应综合考虑危险的紧迫性、保险事故发生的盖然性,且应以当时的情况进行判断。

目前,我国对防灾防损费用的赔偿问题尚持比较审慎的态度。在一起财产保险合同纠纷案件中,涉案保险标的某食品公司的财产,包括固定资产、原料及存货等位于江边,保险人接到防汛指挥部下达的防汛紧急状态的通知后,向被保险人发出了"隐患整改通知书",要求被保险人尽快转移财产。被保险人接到通知书后,迅速转移财产并因此产生了一笔费用。后来,位于江边的保险标的并未受到洪水的影响。汛期过后,被保险人向保险人索赔防灾防损费用,但遭到保险人拒赔。法官认为:"保险理赔应建立在保险事故发生的基础上,属于事后赔偿。因此,在没有发生保险事故时支付转移保险财产的费用,不在保险理赔范围内。但是,如果保险公司对没有发生保险事故时支付的转移财产费用损失不予以补偿,明显有悖于防灾防损精神。"[22]最终,法院判决保险人补偿被保险人部分防灾防损费用。保险合同作为一种对承保风险所引起的损失进行补偿的合同,是风险管理的重要手段。然而,有限的补偿并不足以鼓励被保险人履行防灾防损义务,同时,在适用法律或解释合同时,应特别尊重当事人在合同中对风险的分配,避免轻易突破合同的一般文义。因此,更理想的方案应是:进一步拓宽承保范围,将保险事故发生前,为避免已处于紧迫危险当中的保险标的遭遇保险事故所支出的合理费用也纳入承保范围之内。

实际上,国际上并不乏直接规定保险人对特定防灾防损费用承担赔偿责任的立法例。在比利时法下,防灾防损费用通常也是由被保险人承担的。但依《比利

---

〔20〕 参见郑睿:《英国海上保险法律与实务》,上海交通大学出版社 2014 年版,第 204 页。

〔21〕 [1984] 1 Lloyd's Rep. 154, 161. 涉案的集装箱出租后不久,承租人即宣告破产,为了避免这批集装箱被承租人的债权人拍卖或折抵债权,被保险人花了一大笔费用将集装箱从远东取回。然而,承租人破产并非承保风险。因此,案件的争议之一便是这笔费用能否作为施救费用受偿。

〔22〕 参见车新业、陈谦主编:《法官说案保险关系纠纷案例》,中国经济出版社 2009 年版,第 132 ~ 134 页。

时1992年保险合同法》第52条的规定,在保险标的处于紧迫(Imminent)危险的情况下,被保险人产生的合理的防灾防损费用原则上应由保险人承担。[23] 我国也日渐具备采此立法例的条件。我国重视保险人防灾防损专用准备金的设立,如中国保险监督管理委员会《关于自保公司监管有关问题的通知》第5条规定,除按照中国保监会的有关规定提取责任准备金外,自保公司可以按照国家有关规定,提取防灾防损专门准备金。又如,《广西财产保险业防灾防损工作指引》等地方性规范性文件也要求保险公司设立防预费。防预费的使用范围则包括防灾防损宣传、为企业购置必要的防灾设备、聘请专家以及设立防灾防损奖励基金等与防灾防损工作有关的用途,[24] 似可涵盖对防灾防损费用的赔偿。由于防灾防损对保险人、被保险人和整个社会都具有积极的意义,是社会效益原则在保险活动中的体现,我国相关配套措施需进一步完善,并应通过立法明确保险人对特定防灾防损费用的赔偿义务。

(四)违反防灾防损义务的后果

我国《保险法》第51条第3款对违反防灾防损义务后果的规定已较为明确,即投保人或被保险人违反了防灾防损义务,保险人可要求增加保险费或解除保险合同。然而,被保险人的身份对违反防灾防损义务的认定存在的影响、保险人的法定救济权行使的条件以及保险合同中是否有必要赋予保险人拒绝赔偿被保险人违反防灾防损义务所造成的损失的权利仍存在疑问。

1. 被保险人的身份对违反防灾防损义务认定的影响

通常情况下,被保险人未遵守相关安全规范即构成防灾防损义务的违反。然而在中英两国相关船舶保险条款中,船长、船员的疏忽行为属于承保风险。因此,若被保险人的疏忽行为被识别为船长或船员的行为,由此产生的损失便可获得赔偿。否则,被保险人将被视为未恪尽职责,相关的损失便无法得到赔偿。例如,在The Brentwood案中,被保险人主张损失是由船长的过失所致,保险人应依殷琪玛瑞条款(Inchmaree Clause)承担赔偿责任。然而,法院最终没有支持其主张,因为装船前被保险人未向船长提供有关船舶稳性的足够资料。[25]《中国人保船舶保险条款(2009版)》中也存在类似于英国殷琪玛瑞条款的内容,其中在列明风险条款中对于"被保险人未克尽职责"的情形下免除保险赔偿责任作了规定。未遵守相关安全规范容易被认定为"未克尽职责"。

---

〔23〕 See Prof. Dr. em. Herman Cousy, Prof. Dr. Caroline Van Schoubroeck, *Preventive Measure Belgian Report*, AIDA XIV World Congress, 28 July 2013, p. 10.

〔24〕 参见《广西财产保险业防灾防损工作指引》(桂保监发〔2012〕129号)。

〔25〕 Coast Ferries Ltd. v. Century Insurance Co. of Canada (The Brentwood) 1975 2SCR477, 48 DLR (3d) 310 (Supreme Court of Canada).

如何识别被保险人的身份有时也有困难,但 Holm v. Rice 案提供了许多有益的启示。该案件中的被保险人同时是保险游艇的船长和所有人。在一次航行中,游艇损坏,被保险人被迫在避难港抛锚,但因其上岸前疏忽,未把排气孔堵上,致使大量海水涌入船舱并最终导致船舶沉没。对此损失,法院认为,虽然被保险人是在以船长的身份管理船舶时,因疏忽未把排气孔堵上,但是被保险人作为船舶所有人应在上岸后一段合理的时间内请相关专业人士检验船舶。若进行了该检验,就可以避免本次事故。因此,被保险人未及时检验船舶的行为应被视为未恪尽职责。[26] 法院主要通过被保险人从事的具体工作来识别其身份,若船舶在航行当中,被保险人驾驶船舶或者管理船舶的行为通常应视为船长的行为;相反,若船舶已停航,被保险人对船舶的维护管理行为则通常应视为船舶所有人的行为。实际上,《2013 年北欧海上保险方案》也采此做法。第 3 – 25 条规定……当被保险人是船长或船员,且其过失行为是在其以海员的身份提供相关服务时发生的,保险人不得援引前文的规定拒绝承担赔偿责任。[27] 实践中,为了避免对被保险人身份识别的困惑,国际船舶条款还规定,若船长、高级船员、船员或引航员对船舶拥有股权,不被视为本第 2 条意义上的船东。[28] 我国远洋船舶保险条款尚未有类似规定。

2. 保险人救济权的行使条件

我国《保险法》第 51 条第 3 款规定,投保人、被保险人未按照约定履行其对保险标的的安全应尽责任的,保险人有权要求增加保险费或者解除合同。在实践中,若对保险人的救济权不加限制,易诱发权利的滥用。因此,在构建海上保险防灾防损制度时,应为保险人救济权的行使设置前提条件。

(1) 增加保险费的前提条件

保险费的增加乃是对合同内容的变更,因此其适用应以原有的对价平衡关系被打破为前提。实际上,最高人民法院保险法司法解释起草小组也认为,保险合同的成立以及保险费的计算均建立在投保人、被保险人承诺履行其维护保险标的物的安全的基础之上。如果投保人、被保险人不按照合同约定履行其对保险财产安全应尽的责任,意味着保险事故发生的可能性大大增加,当初保险合同缔结的基础以及保险费计算的基础均发生变化。这种情况下,为实现保险人和投保人、被保险

---

〔26〕 [1981] 124 DLR(3d) 463(Supreme Court of British Columbia); See Howard Bennett, *The Law of Marine Insurance*, Oxford University Press, 2006, p. 390.

〔27〕 《2013 年北欧海上保险方案》原文:Clause 3 (25): However, the insurer may not invoke this rule where the assured is the master of the ship or a member of the crew and the breach is committed in connection with his service as a seaman.

〔28〕 《2013 年北欧海上保险方案》原文:Clause 3 (25): 41.2 Master, Officers, Crew or Pilots shall not be considered Owners within the meaning of Clause 41.1 should they hold shares in the vessel.

人之间权利义务的平衡,应当赋予保险人要求增加保险费或者解除合同的权利。[29] 因此,只有在被保险人违反防灾防损义务,导致危险显著增加,进而打破原有对价平衡关系的情况下,保险人才可以要求增加保险费。

(2)解除合同的前提条件

从我国《保险法》第51条第3款的措辞来看,保险人似乎可自由选择增加保险费或者解除合同。然而,被保险人的防灾防损义务本质上仅是一种附随义务。[30] 违反从义务及附随义务一般不得解除合同,但致合同目的落空时可以解除合同。[31] 对于保险人而言,订立保险合同的目的是赚取与所承担风险相对应的保险费。因此,只有在保险人无法给风险定价或者即使可以给风险定价,也因保险费与保险赔偿相等或相当而失去意义的情况下,保险人订立合同的目的才会落空。因此,解除合同的前提条件应比增加保险费的更为严格。否则,保险人只需增加保险费,即可再次实现对价平衡,无须也不应当解除保险合同。

那么,何种情况下才会导致无法给风险定价或使定价失去意义呢?国内有学者指出,"至于保险人在何种条件下选择增加保险费,又在何种条件下选择解除合同,我国《保险法》并未明确规定,解释上应以投保人或被保险人有故意或重大过失为限,保险人享有合同解除权,方可免责"。[32] 实际上,道德风险本身即是导致保险人无法为风险定价的原因之一。[33] 被保险人的故意又是保险人须重点防范的道德风险之一。因此,其应是理性保险人解除保险合同的重要原因之一。存在较多争议的是,若被保险人仅是过失违反防灾防损义务,理性的保险人是否也有权解除保险合同?作者认为,应区分重大过失与一般过失两种情况进行讨论。因为重大过失与普通过失有着本质区别:前者是有认识的过错,是主观过错,是很大程

---

〔29〕 参见《〈中华人民共和国保险法〉保险合同章条文理解与适用》,中国法制出版社2010年版,第337页。

〔30〕 债之关系发展过程上的义务群包括:(1)不真正义务;(2)附随义务;(3)给付义务。给付义务又包括主给付义务和从给付义务。参见王泽鉴:《债法原理》,北京大学出版社2013年版,第90页。可以肯定的是,防灾防损义务不是主给付义务。因为,被保险人的主给付义务是支付保险费。防灾防损义务也不是不真正义务。因为,违反不真正义务的法律后果不应包括解除合同,但违反防灾防损义务的后果包括解除合同。因此,防灾防损义务只能是从给付义务或附随义务。作者更倾向认为其是一种附随义务,理由包括:首先,从给付义务是伴主给付义务而生的。也就是说,即使合同中没有约定,也会因主给付义务的存在,产生从给付义务。然而,防灾防损义务是一项约定义务。若合同没有约定时,并不存在该义务。其次,从给付义务得诉请履行,防灾防损义务恐怕是无法被诉请履行的。

〔31〕 参见崔建远:《合同法》,北京大学出版社2012年版,第262页。

〔32〕 樊启荣:《保险法》,高等教育出版社2010年版,第83页。

〔33〕 See Kangoh Lee, "Moral Hazard, Insurance and Public Loss Prevention", *The Journal of Risk and Insurance*, Vol. 59, No. 2, 1992, p. 275.

度上可以预防和避免的过错,是道德可责难性较强的过错;后者通常是无认识的过错,是客观过错(至少判断标准是客观的),是很大程度上无法完全杜绝或大幅减少的过错,是道德责难越来越趋向于无的过错。[34] 因此,被保险人的重大过失而非普通过失(或一般过失)才是理性保险人须防范的道德风险之一。

实际上,从立法的目的进行分析,也不难得出上述结论。有学者指出,"保险法规定保险相对人承担维护保险标的安全的义务,目的并不在于追求保险标的的绝对安全,否则保险将丧失意义。这一法律制度的目的在于防止保险相对人基于获得保险保障而漠视危险、疏于安全防范的道德危险"。[35] 因此,被保险人因一般过失违反防灾防损义务,并不应招致解除保险合同的惩罚。还有学者进一步指出,"从成本效益角度来看,要求当事人不得有任何过失,是一种成本很高的苛刻要求,因为当事人可能需要采取一切可能的措施,付出极大的精力和资源,这无疑将加重当事人的负担,而对于故意或重大过失行为的预防成本明显会小得多。由此可见,从法经济学的角度分析,保险人主张相应的救济权利以保险相对人的主观故意或重大过失为前提,符合成本效益规律"。[36] 也就是说,只有在被保险人因故意或重大过失违反防灾防损义务的情况下,保险人解除合同才符合成本效益规律。实际上,上述结论也得到了国际上的认可,如《2013 年北欧海上保险方案》第 3 - 27 条第 2 款规定,仅在被保险人或其代表故意或重大过失违反重要的安全规范时,保险人方可提前 14 天解除合同。[37] 又如欧洲保险合同法原则第 4:102 条第 1 款规定,保险合同可以规定如果保单持有人或者被保险人不遵守预防措施则保险人有权终止合同。但是,除非保单持有人或被保险人以造成损失之故意或者明知可能会造成损失却置之不顾而违反其义务,否则前述合同规定并无效力。[38]

---

〔34〕 叶名怡:《重大过失理论的构建》,载《法学研究》2009 年第 6 期。

〔35〕 刘建勋:《保险法典型案例与审判思路》,法律出版社 2012 年版,第 287 页。

〔36〕 张虹:《保险相对人安全防范义务研究——以〈保险法〉第 51 条第 3 款的解释和适用为中心》,载《法学家》2014 年第 4 期。

〔37〕 《2013 年北欧海上保险方案》原文:Clause 3 - 27(2): Right of the insurer to cancel the insurance
The insurer may cancel the insurance by giving fourteen days' notice, but with effect at the earliest on arrival of the ship at the nearest safe port, in accordance with the insurer's instructions, if:
1. the ship, by reason of unsuitable construction, a defect, a casualty or similar circumstances, is not in compliance with a technical or operational safety regulation,
2. a safety regulation of material significance has been infringed, intentionally or through gross negligence, by the assured or by someone whose duty it is on his behalf to comply with the regulation or ensure that it is complied with.

〔38〕 "欧洲保险合同法重述"项目组:《欧洲保险合同法原则(PECIL)》,韩永强译,载梁慧星主编:《民商法论丛》(第 48 卷),法律出版社 2011 年版,第 668 ~ 691 页;《欧洲保险合同法原则》第 1:101 条第 1 款规定,"本《原则》一般适用于包括互助保险在内的诸种商业保险"。该条第 2 款规定,"本《原则》不适用于再保险"。因此,《欧洲保险合同法原则》应可适用于海上保险。

《中国人保财产一切险条款(2009 版)》释义部分第 20 款将重大过失行为定义为行为人不但没有遵守法律规范对其较高的要求,甚至连人们都应当注意并能注意的一般标准也未能达到的行为。也就是说,被保险人本负有较高注意义务,但却连一般的注意义务也未尽到。此时,被保险人便会被视为存在重大过失。英国也持类似观点,并指出:"若被保险人明知保险标的存在被盗窃的风险,但却不采取任何预防措施,或明知其所采取的措施并不足以保护保险标的,但却不采取进一步的措施,便会被视为轻率(reckless)。所产生的损失将得不到保险赔偿。然而,在被保险人误信其已采取足够的措施保护保险标的的情况下,即使发生了损失,该损失也可得到赔偿。"[39]也就是说,被保险人的知悉是判断是否构成重大过失的重要因素。因此,若被保险人明知存在安全隐患,仍执意不改正,便很可能被认为存在重大过失,甚至故意。

3. 保险人的拒赔权

我国 1982 年实施的《经济合同法》第 41 条第 2 款规定,投保方对被保险的财产发现有危险情况,不采取措施消除,由此发生事故造成的损失由自己负责,保险方不负赔偿责任。也就是说,保险人可以拒绝赔偿被保险人违反防灾防损义务所造成的损失。然而,我国 1995 年实施的《保险法》并没有继续沿用该规定,而将保险人的救济手段变更为增加保险费或解除保险合同。此后,虽然《保险法》历经数次修改,[40]但一直未对保险人能否拒绝赔偿被保险人违反防灾防损义务所造成的损失这一问题作出回应。有学者指出,"由于法律没有规定违反安全维护义务的后果,因此法院并不能单独援引该条进行判案。法院往往会结合第 16 条和第 52 条的规定进行判决,或者直接判决保险公司拒赔无依据",[41]进而主张立法上须设置保险人的拒赔权。

(1) 设置拒赔权的必要性分析

判断是否需要设置拒赔权,主要需要考虑以下两个问题:第一,法定的救济能否为保险人提供周全的保障;第二,其他制度能否完全取代拒赔权。

保险事故发生后,无论是解除合同,还是增加保险费,都不足以保障保险人的利益,理由是基于违约解除保险合同通常不具有溯及力。保险合同大致可分为"继续性合同"和"非继续性合同"。"继续性合同"的违约解除原则上不具有溯及既往的效力;"非继续性合同"的违约解除虽然原则上可溯及既往,但是需以能恢复原状为前提。保险合同是一种射幸合同,本身不具有恢复原状的可能性。因此,在通常情况下,保险合同的违约解除不具有溯及力。有学者认为,"保险人因投保

---

〔39〕 See Malcolm Clarke, *The Law of Insurance Contracts*, 6th edition of Informa Law, 2009, p. 597.

〔40〕 《保险法》分别于 2002 年、2009 年、2014 年进行了三次修订。

〔41〕 姚军、李方:《论保险法中的安全维护义务》,载《中国青年政治学院学报》2013 年第 3 期。

人、被保险人未按照约定履行其对保险标的安全责任的，仍应对解除之日之前的保险事故承担保险责任”。[42] 因此，合同解除后的保险人赔偿义务有必要在保险立法中作出应对。

尽管保险法下不乏保险人拒赔的其他理由，如保险事故不在承保范围之内。然而，是否在承保范围之内的判断，依赖于为发现“原因”而对保险合同或者保险条款所做的解释。此外，承保的保险事故往往又是违反防灾防损义务而导致的结果，因此，保险标的损失的原因是承保范围列明的保险事故，还是导致保险事故发生的对于防灾防损义务的违反？实践中很容易产生争议。保险人主张拒赔权的理由还包括被保险人违反防灾防损义务，导致风险显著增加，且被保险人未尽通知义务。然而，有观点认为上述理由的适用，须以合同中约定有通知义务，[43] 且被保险人未尽通知义务为前提。总体来说，法定的救济未能为保险人提供周全的保障，其他制度也不能完全取代拒赔权，因此仍有设置拒赔权的必要。

（2）拒赔权的行使条件

实践中，保险合同中往往约定，对于被保险人违反防灾防损义务所造成的损失，保险人无须承担赔偿责任。例如，《中国人保沿海内河船舶保险条款（2009版）》第15条第3款规定，除经保险人同意并加收保费外，被保险人未遵守上述约定而导致保险事故的，保险人不承担赔偿责任；被保险人未遵守上述约定而导致损失扩大的，保险人对扩大部分损失不承担赔偿责任。由此可见，拒赔权的行使条件包括被保险人违反了防灾防损义务、保险标的遭受损失、违反该义务与损失之间存在因果关系。

上述约定是有效的，但也表现出对被保险人的严厉，故而不乏质疑的声音。有观点认为，“如果均以当事人是否违反劳动及消防等方面的规定作为火灾赔付的依据，有悖保险设立的初衷，其结果必将不利保险事业的健康发展”。因此，“如果投保人、被保险人违反劳动保护或安全生产的行为就是保险事故发生的直接原因，则应区分投保人、被保险人的主观状态。对于投保人、被保险人因过失造成的保险事故仍应赔偿”。[44] 然而，理论上也存在不同的见解。在英国保险合同中，被保险人的防灾防损义务主要是通过保证条款进行规定的。英国著名律师约翰·哈博格汉姆（John Habergham）先生便指出，在适用违反保证的救济时无须考虑被保险人

---

〔42〕 贾林青：《保险法》，中国人民大学出版社2009年版，第120页。

〔43〕 学界对危险增加时的通知义务是法定义务或约定义务存在争议。最高人民法院保险法司法解释起草小组倾向于认为其是一项约定义务。参见《〈中华人民共和国保险法〉保险合同章条文理解与适用》，中国法制出版社2010年版，第345页。

〔44〕 参见《〈中华人民共和国保险法〉保险合同章条文理解与适用》，中国法制出版社2010年版，第341页。

主观状态，因为《英国1906年海上保险法》第33条第3款[45]规定，保证是一项必须严格履行(must be exactly complied with)的条件。[46] 在法国法下，被保险人的防灾防损义务是海上保险法中的一项法定义务。[47] 通常情况下，保险合同中还会进一步明确该义务。例如，《法国2012年船舶一切险条款》(All Risks Machinery Insurance Policy 2012)第2.5条规定，被保险人须尽合理照管义务，以确保船舶的安全。其有义务采取一切合理的措施以避免保险事故的发生或损失的扩大。对于是否应引入被保险人主观状态的问题，法国安妮·佩利西耶(Anne Pélissier)教授也认为，保险条款本质上仍是合同条款，违反合同义务，守约方自当可行使相应的救济权，无须考虑违约方的主观状态。[48]

中国法下引入被保险人主观状态更为适宜。海上保险的标的往往受到各种国际公约和国内立法的规制，相关的安全规范更是细致具体。因此，被保险人不仅可能因过失而违反防灾防损义务，甚至还可能因此造成损失。若仅因防灾防损义务的违反与损失之间存在因果关系便免除保险人的赔偿责任，未免有违当事人的缔约目的。

实际上，多数国家或地区均将被保险人过失所致的损失作为承保风险之一。例如英国，早在 Australia & New Zealand Bank Ltd. v. Colonial & Eagle Wharves Ltd. 案中，麦克奈尔(McNair)法官便指出，“保险并不只是为谨慎经营的公司提供的。相反，被保险人购买保险的目的之一即是转移自身与其职员的过失(negli-

---

[45] 《英国1906年海上保险法》原文：Section 33 (3)：A warranty, as above defined, is a condition which must be exactly complied with, whether it be material to the risk or not.

[46] See Samim Ünan (ed.), Precautionary Measures, Clauses requiring the policyholder or the insured, before the insured event occurs, to perform or not to perform certain acts (PEICL 4:101), Papers submitted to the AIDA Consumer Protection & Dispute Resolution Working Party meeting, Sigorta Hukuku Türk Derneği, December 2012, p. 34.

[47] 《法国保险法法典》(Insurance Code)第L172－19条第2款规定，被保险人应对船舶或货物尽到合理照管义务。原文：The insured must：…2. take reasonable care in all matters relating to the ship or goods…

[48] See Samim Ünan (ed.), Precautionary Measures, Clauses requiring the policyholder or the insured, before the insured event occurs, to perform or not to perform certain acts (PEICL 4:101), Papers submitted to the AIDA Consumer Protection & Dispute Resolution Working Party meeting, Sigorta Hukuku Türk Derneği, December 2012, p. 91.

gence)所产生的风险。"[49]因此,除非合同有明确约定,被保险人自身的过失应作为一种承保风险,否则将有违商业目的。此观点也为大陆法学者所认同。我国台湾保险法学者江朝国教授指出,"被保险人或要保人之所以订立保险契约,负交付保费之义务,其目的在于避免因不可抗力或不可预料事故或因自己之疏忽引起灾害所致之损失,故原则上要保人或被保险人因'过失'所引起灾害应属保险人承保范围之内,而仅于'故意'之情形例外不包括在内"。[50] 也就是说,被保险人重大过失所导致的损失也属承保范围之内。应当指出的是,海上保险与一般保险不尽相同。通常情况下,海上保险为定值保险,而一般保险则为非定值保险。因此,在海上保险下,存在被保险人获得超出保险标的实际价值赔偿的可能性,而一般保险则不会存在上述问题。因此,即使重大过失所致损失可作为一般保险的承保风险,也不应作为海上保险的承保风险,否则将有纵容被保险人轻率行为之嫌。实际上,我国台湾地区的"海商法"第131条也规定,因要保人或被保险人或其代理人之故意或重大过失所致之损失,保险人不负赔偿责任。

我国海上保险的实践对于被保险人的疏忽或过失都非常看重,以船舶保险为例,除自然灾害、海上灾害、火灾爆炸、来自船外的暴力盗窃和海盗行为、抛弃货物以及核污染事故对船舶造成损害的风险不去考量被保险人的疏忽外,其他列明风险皆要求被保险人"克尽职责",且由于被保险人疏忽和故意造成的损失,以及船舶不适航造成的损失也属于保险人的除外责任。可见,海上保险在防灾防损方面对被保险人提出更高的要求一般通过列明风险和除外责任来实现,而且,违反防灾防损义务与拒赔权之间的关联在保险条款中通常会有约定。因此,立法层面可以结合保险的功能以及"附随义务"的性质在我国《保险法》中作出原则性的兜底规定:除保险合同另有规定外,因违反防灾防损义务而造成保险标的损失,保险人有权相应减少赔偿义务。

(3)举证责任的分配

有学者主张,"在保险合同范畴内,保险相对人不履行维护保险标的安全的义务是违约行为,保险人免除保险责任是其违约后果,因此法院依据合同条款判定保险人免责时,应当满足以下条件:第一,保险相对人有过错。第二,义务人的过错与

---

[49] [1960] 2 Lloyd's Rep. 241, p. 252. 在该案中,仓储人的职员玩忽职守,在没有得到银行的指示下,便将货物交付给了国际贸易中的买方。最终导致银行受有损失。仓储人向银行赔偿后,转而向保险人索赔。保险人则以被保险人未尽告知义务为由,欲解除合同。McNair 法官没有采纳保险人的主张,而认为职员的知悉不等于公司的知悉,除非该职员是公司的特定人员(如董事、监事、高级管理人员——本书注);董事会没有义务去调查公司的业务系统是否运作良好;该职员也没有义务"自认其罪",向公司报告其玩忽职守的情况。

[50] 江朝国:《保险法基础理论》,台北,瑞兴图书股份有限公司2009年版,第362页。

保险事故、损害结果之间具有因果关系”。[51] 也就是说，“保险相对人的过错”和“义务人的过错与保险事故、损害结果之间具有因果关系”是保险人免除赔偿责任的前提条件。缺少任何一个条件，保险人均不得免除赔偿责任。

然而，国际上多将上述条件作为被保险人对保险人免责主张的抗辩理由，而不是保险人免责的前提条件。例如，《德国 2009 年远洋船舶保险条款》第 33(1.2)条规定，如果被保险人不遵守相关安全规范，保险人将不负赔偿责任，除非被保险人能证明其不遵守相关安全规范并非出于故意或重大过失，且不遵守相关规范也与保险事故的发生并无因果关系。[52] 又如《2013 年北欧海上保险方案》第 3－25 条明确规定，损失是由被保险人过失(negligence)违反安全规章所致者……保险人不负赔偿责任。[53] 该条第 3 款进一步明确，保险人对违反安全规定的情况负有证明责任，除非船舶在漂浮时发生泄漏，此时被保险人有责任证明他未因疏忽而违反安全规则，并且违反安全规则与伤亡之间没有因果联系。[54]

我国民事诉讼举证责任分配的一般原则，即“当事人须对法律规范中对其有利的要件事实承担证明责任”。[55] 因此，保险人欲拒绝赔偿，应证明“保险相对人有过错”，且“义务人的过错行为与损害之间存在因果关系”。不能忽视的是，《德国 2009 年远洋船舶保险条款》和《2013 年北欧海上保险方案》的举证责任分配模式也有其可取之处。保险事故发生前，保险人的利益尚未受到直接影响，并且行使救济权的前提条件也很可能尚未成就。为了防止保险人滥用增加保险费或解除合同的权利，保险人应证明相关前提条件已成就。相反，若保险事故业已发生，保险人的利益很可能会受到影响，且保险人拒绝赔偿的条件往往已成就。这是因为，在被保险人违反了防灾防损义务，且随后发生事故的情况下，违反防灾防损义务通常会与保险事故存在因果关系。此外，上述情况也表明了被保险人违反了重要的安

---

〔51〕 刘建勋：《保险法典型案例与审判思路》，法律出版社 2012 年版，第 294～295 页。

〔52〕 《德国 2009 年远洋船舶保险条款》原文：Clause 33 (1.2)：The Insurer is not obliged to indemnify if the Insured fails to comply with any ship safety regulation. The Insurer will not, however, be discharged from liability if the Insured can prove that failure to comply with the regulation had no bearing on the type or scale of the loss or damage that occurred, and was the result neither of a deliberate nor grossly negligent act.

〔53〕 《2013 年北欧海上保险方案》原文：Clause 3－25：If a safety regulation has been breached, the insurer shall only be liable to the extent that the loss is not a consequence of the breach, or that the assured has not breached the safety regulation through negligence.

〔54〕 《2013 年北欧海上保险方案》原文：Clause 3－25(3)：The insurer has the burden of proving that a safety regulation has been breached, unless the vessel springs a leak whilst afloat. The assured has the burden of proving that he did not breach the safety regulation through negligence, and that there is no causal connection between the breach of safety regulation and the casualty.

〔55〕 李浩：《民事诉讼法学》(第 2 版)，法律出版社 2014 年版，第 223 页。

全规范。因为违反一般的安全规范，通常不会导致事故的发生，而连重要的安全规范都没有遵守，又进一步说明被保险人主观上存在故意或重大过失。因此，在保险事故业已发生的情况下，通常可推定保险人拒绝赔偿的条件已成就。然而，上述推定应允许被保险人通过相反的证明将其推翻。此做法一方面可给予被保险人充分的救济，另一方面也可避免保险人因举证困难而承担本不应承担的赔偿责任。这无疑能更好地平衡保险人与被保险人之间的利益关系。

实际上，我国法律并不禁止当事人通过合同分配举证责任。相反，只要约定是公平的，不会给承担证明责任的一方造成举证上的不合理负担，法院在诉讼中会乐意按照双方当事人的事先安排分配证明责任。[56]《德国2009年远洋船舶保险条款》和《2013年北欧海上保险方案》的举证责任分配模式并无显著不公之处，也不会给被保险人造成举证上不合理的负担。这是因为，通常情况下，保险标的处于被保险人的掌控之中，其更易完成举证责任。再者，被保险人只要证明其他原因才是造成事故的重要原因（the dominant cause），便足以证明防灾防损义务的违反不是事故的近因；只要证明其仅是因一时疏忽而违反安全规范，便足以证明其不存在故意或重大过失。因此，若我国海上保险合同中出现相关的约定，也不应被认为违反了《保险法》第19条或《合同法》第40条的规定，而否定其效力。

值得注意的一点是，《2013年北欧海上保险方案》项下，虽然保险人解除保险合同和免除赔偿责任的限制条件均包括被保险人的主观过错，但程度上有显著差别。在解除保险合同的情况下，保险人至少需要证明被保险人存在重大过失（Gross Negligent）。而在免除赔偿责任的情况下，被保险人仅在证明其连一般过失都不存在时，才可以对抗保险人免除赔偿责任的主张。我国是否应参考《2013年北欧海上保险方案》的做法呢？对此，作者持否定态度。理由是，被保险人因一般过失所致之损失本应是承保风险，保险人不应以此作为拒赔理由。再者，如学者所言，“在我国民法上，一般也会将故意或重大过失相提并论，其在道德上的可归责性很接近于故意，因此将其作为一项免责事由，是基于保险上道德风险防范的一项措施，具有合理性”。[57] 然而，一般过失与重大过失在道德上的可归责性有着显著的区别。若将被保险人的一般过失也纳入免责事由，对被保险人未免过于严厉，易引发防灾防损义务与被保险人购买保险目的的冲突。因此，《2013年北欧海上保险方案》关于一般过失的规定并不可取。

综上所述，通常情况下，保险人仅在证明被保险人因故意或重大过失违反了安全规范，且安全规范的违反与事故的发生存在因果关系的情况下，方能免除赔偿责

---

〔56〕 参见李浩：《民事诉讼法学》（第2版），法律出版社2014年版，第225页。

〔57〕 卫文：《保险法上的“重大过失”》，载宋志华主编：《保险法评论》（第5卷），法律出版社2013年版，第78页。

任。若合同中约定,如果被保险人不遵守相关安全规范,保险人将不承担赔偿责任,除非被保险人能证明其不遵守相关安全规范并非出于故意或重大过失,且不遵守相关规范也与保险事故的发生并无因果关系,法院也应支持当事人对举证责任的重新分配。

(4)拒赔模式的选择

此外,另外一个值得讨论的问题是能否在拒赔权中引入比例原则(the Principle of Proportionality)。本书所称比例原则有别于全有或全无的(all or nothing)赔偿模式,是指在被保险人违反防灾防损义务并造成损失的情况下,保险人依特定标准按比例减少赔偿金额的赔偿模式。

近年来,比例原则受到了国际社会的广泛关注,并先后被澳大利亚、希腊、德国、荷兰等国所采纳。如法国安妮·佩利西耶(Anne Pélissier)教授所言,防灾防损义务仅是一项附随义务,而非主给付义务。因此,即使被保险人违反了该义务,保险人也只能依违约行为对事故发生的影响,相应地减少赔偿,而不应免除全部赔偿责任。[58] 因此,理论上,比例赔偿模式有利于保险人与被保险人的利益平衡。然而,该模式主要适用于一般保险法领域。例如《德国保险法》(Insurance Contract Act)第 28 条第 2 款规定,如果保险合同中约定了投保人违反附随义务时保险人的免责条款,则当投保人故意违反上述义务时,保险人可以免于承担保险责任。在投保人基于重大过失违反附随义务时,保险人有权根据投保人的过错程度减少赔付的保险金额,投保人应就其无重大过失的事实承担举证责任。[59] 又如《澳大利亚1984 年保险法》(Insurance Contracts Act 1984)第 54 条第 1 款规定,如果不是因为本条的规定,保险合同将允许保险人以被保险人或其他人的行为为由,拒绝承担全部或部分赔偿责任。上述被保险人或其他人的行为是指发生于保险合同订立后,但不属于本条第 2 款规定的行为。在上述情况下,保险人将不得仅因上述行为而拒绝赔偿,但是保险人的赔偿责任得依被保险人的行为对其利益的影响作相应的扣减。在海上保险法领域,尚未发现采用该赔偿模式的立法。然而,实践中确有采用该赔偿模式的做法。例如《法国 2012 年船舶一切险条款》第 2.5 条第 3 款规定,如果被保险人违反了第 2.5 条项下的义务,保险人有权按比例减少依保险合同本应支付的保险赔偿。此外,还有引入该赔偿模式的立法尝试,如澳大利亚。然而,澳大利亚法律改革委员会最终还是没有采纳该模式。主要理由包括:第一,该模式

〔58〕 See Samim Ünan (ed.), Precautionary Measures, Clauses requiring the policyholder or the insured, before the insured event occurs, to perform or not to perform certain acts (PEICL 4:101), Papers submitted to the AIDA Consumer Protection & Dispute Resolution Working Party meeting, Sigorta Hukuku Türk Derneği, December 2012, pp. 65 – 66.

〔59〕 参见孙宏涛:《德国保险合同法》,中国法制出版社 2012 年版,第 69 页。

会增加讼累。当事人为了确定减少的比例,将不得不投入大量的时间与金钱去证明被保险人的行为对事故的影响。第二,该模式会增加法律后果的不确定性。因为实践中往往难以量化被保险人的行为对事故发生的影响。因此,在多数情况下,减少的比例只能依据保险条款由法官进行自由裁量。在保险条款没有约定的情况下,海上保险中能否适用比例原则需受保险因果关系的制约。

二、海上保险下危险增加后的通知义务

(一)通知义务的法律性质

我国《保险法》第52条第1款规定,在合同有效期内,保险标的的危险程度显著增加的,被保险人应当按照合同约定及时通知保险人,保险人可以按照合同约定增加保险费或者解除合同。有学者据此认为,"《保险法》大大限制了保险标的危险增加时被保险人所负有的通知义务,即将其限于保险合同对此通知义务有约定的情况下"。[60] 但也有相反的观点认为,"被保险人的此项义务是一项法定义务而非合同义务,该义务是诚信原则的具体要求"。[61] 那么,危险程度显著增加后的通知义务究竟是合同义务,还是法定义务?我们认为要回答这个问题,首先应探寻该义务产生的渊源。

我国台湾著名学者江朝国教授指出,"虽然保险契约为继续性契约,即保险契约订立之后至契约内所约定之保险事故之发生仍有一段期间,在此期间内若有任何事情发生足以影响原对价平衡关系时,须调整其契约内容以符合公平正义,此亦即'情事变更原则'真谛之所在"。[62] 保险合同是双务有偿合同,被保险人支付保险费,从而换取保险人在保险事故发生时的赔偿责任。保险费的数额则取决于保险人在保险合同订立前对承保风险的评估。因此,只有在被保险人支付的保险费与保险人承担的风险相匹配时,才是符合公平正义的。保险合同存续期间,如果风险危险程度显著增加,打破原有的对价平衡,法律确应给予保险人相应的救济,以再次平衡其与被保险人之间的关系。但应当指出的是,危险程度显著增加并不总能适用"情事变更原则"。因为,学理上认为"情事变更原则"的适用条件应包括"情事变更须不可归责于双方当事人"。[63] 否则,则应按过错分配风险。并且,危险程度显著增加并不见得总是"作为缔约基础和环境的客观情况发生异常变化"[64]所致,有时还可能会因被保险人的作为或不作为所致。因此,通知义务并不能与"情事变更原则"画上等号,也很难确切地说通知义务源于"情事变更原则"。

---

〔60〕 汪鹏南:《海上保险合同法详论》,大连海事大学出版社2011年版,第72页。
〔61〕 傅廷中:《保险法论》,清华大学出版社2011年版,第65页。
〔62〕 江朝国:《保险法基础理论》,台北,瑞兴图书股份有限公司2009年版,第294页。
〔63〕 李永军:《合同法》(第3版),法律出版社2010年版,第431页。
〔64〕 李永军:《合同法》(第3版),法律出版社2010年版,第429页。

不可否认的是，二者之间确实存在相似之处，如二者均用于平衡当事人之间的利益。不同的是，保险标的风险发生改变是合同履行过程中的常态而非例外，"通知"是为了维持合同存续过程中的随时改变的对价平衡关系，这也恰恰是保险的价值之所在。因此，即使合同并未约定，法律亦应赋予被保险人此种通知义务。

我国1995年《保险法》第36条规定，在合同有效期内，保险标的危险程度增加的，被保险人按照合同约定应当及时通知保险人……我国2002年《保险法》第37条对此未作根本的改变，仍规定，在合同有效期内，保险标的危险程度增加的，被保险人按照合同约定应当及时通知保险人……前述关于通知义务的措辞确实易让人产生其是约定义务的错觉，如有学者曾认为，"我国《保险法》第36条只是确认保险合同相关条款的效力并明确了救济方式，并没有实质上为被保险人设定一个法定义务"。[65] 但2009年修订后的《保险法》已采用了不同的措辞，而所谓"被保险人应当按照合同约定及时通知保险人"应指被保险人应当按照合同约定的方式、范围通知保险人，而并不是指只有合同中有约定，被保险人才负有通知义务。实际上，全国人大常委会法制工作委员会组织编写的《中华人民共和国保险法（修订）释义》也认为，由于保险标的的危险程度显著增加直接影响保险人的保险责任，关系保险人的利益，被保险人在知悉后，都应当及时通知保险人。通知的具体时间、方式和范围可以由保险合同约定。[66]

（二）通知义务的履行

通知义务的履行会涉及四个问题，即义务的履行主体、履行条件、履行方式以及履行期限。其中义务的履行主体较为明确，《保险法》第52条明确将被保险人作为义务的履行主体。在非海上保险下，投保人是否亦为义务主体颇具争议。

1. 通知义务的履行条件

（1）法定条件

学理上，履行通知义务的法定条件包括积极条件和消极条件。[67] 所谓"积极条件"，是指被保险人须履行通知义务的条件；所谓"消极条件"，是指被保险人可免除通知义务的条件。

就积极条件而言，2009年修订的《保险法》关于通知义务的规定与之前的立法最大的不同是在"危险程度增加"中加入"显著"一词，明确危险程度必须是显著增加，被保险人才负有通知义务，从而使被保险人免于繁重的通知义务，也有助于防范保险人滥用《保险法》第52条赋予的救济权。

---

〔65〕 李东：《论海上保险中承保风险增加时被保险人的通知义务》，载《中国海商法年刊》（2002年）。

〔66〕 参见安建主编：《中华人民共和国保险法（修订）释义》，法律出版社2009年版，第88页。

〔67〕 参见刘宗荣：《新保险法：保险契约法的理论与实务》，中国人民大学出版社2009年版，第146～149页。

但是,危险程度显著增加的判断标准并不统一。主流观点认为,“所谓危险增加,指为保险契约基础之原危险状况改变为严重对保险人不利之状况。据此加以分析,得出其三大特质:(一)重要性;(二)持续性;(三)不可预见性”。[68] 所谓“重要性”,是指危险程度增加足以影响任一谨慎的保险人决定是否同意承保或增加保险费。由于通知义务的履行主体是被保险人,因此,其在判断是否“重要”这一问题时,恐怕也会面临与告知义务一样的尴尬局面,即缺乏必要的专业知识来判断增加的危险是否达到“重要”的程度,而不得不“凭空猜测”。所谓“不可预见性”并不是指合同订立前保险人没有预见,而是指保险人在厘定保险费时未将相关情况纳入考虑范围。而实际上,合同中往往会约定被保险人须履行通知义务的情形,此时,显然难谓保险人“未预见”。至于所谓的“持续性”,则是指“保险契约订立后,原危险状况因某特定情事之发生而转变至另一新的状况,且此新发生之状况须持续不变地持续一段时间,否则若原危险状况改变之后立即促使保险事故之发生,即属‘保险事故发生之促成’,其效果依有关保险事故发生之规定定之,而非所谓之危险增加。同理,若危险状况只是一时之改变而后消失,又回复原状,则不属危险增加”。[69] 诚然,若“某特定情事之发生立即促使保险事故之发生”,此时应如英国著名保险法学者艾文米(Ivamy)教授所言,“在一系列前后继起的原因中,如果根据通常情形,后面一项原因是前面一项原因所直接地和自然地导致的合理的和可能的结果,那么,只要承保风险未曾被其他原因打断,该承保风险就是造成保险事故的近因”。[70] 也就是说,在此情况下,该“特定情形”成为损失发生的原因。此时,应依因果关系原则判断保险人是否承担赔偿责任,自无通知义务的适用余地。实际上,仅在危险增加的情况持续一段时间时,被保险人才负有通知义务。相反,若危险增加的情况出现后便很快地消失,被保险人无须履行通知义务。

然而,多长时间才被视为“持续一段时间”,应根据个案进行判断。如被保险人因过失而闯红灯,虽然闯红灯的行为会增加损失发生的危险,但因该危险很快便会消失,因此,被保险人不负通知义务。相反,于责任保险下,刹车系统具有瑕疵且已持续两三天,被保险人仍继续使用该车,为危险增加。而有学者进一步指出,“于房屋火灾保险,本为家住,后改变为储藏易燃物之场所,为危险增加……反之,只是暂时之寄存,一月之后即时搬出,亦未造成保险事故之发生,亦即非属危险增加,要保人或被保险人对此无通知义务”。[71] 但此观点仍有值得讨论的余地:虽然

---

〔68〕 江朝国:《保险法基础理论》,台北,瑞兴图书股份有限公司 2009 年版,第 294 页;任自力:《保险法学》,清华大学出版社 2010 年版,第 116 ~ 117 页;安建:《中华人民共和国保险法(修订)释义》,法律出版社 2009 年版,第 88 ~ 89 页。

〔69〕 江朝国:《保险法基础理论》,台北,瑞兴图书股份有限公司 2009 年版,第 297 页。

〔70〕 林宝清:《保险法原理与案例》,清华大学出版社 2006 年版,第 101 页。

〔71〕 江朝国:《保险法基础理论》,台北,瑞兴图书股份有限公司 2009 年版,第 297 页。

危险程度回复到增加之前的水平后,被保险人对之前增加的危险无须再履行通知义务,但危险增加之时,被保险人应负通知义务,否则在危险增加的持续时间内发生了保险事故,其恐怕也难逃未尽通知义务的不利后果。实质上,《德国保险合同法》也采此态度,其第 24 条第 3 款规定……保险标的已回复到危险增加前的状态,上述终止权消灭。[72] 从反面解释可知,在保险标的尚未回复到危险增加前的状态时,发生了保险事故,保险人仍可行使合同终止权。此立法取向值得赞同,因为无论增加的危险事后是否会回复,其持续期间客观上便已打破了原有的对价平衡关系。因此,被保险人不得以危险事后会回复到增加前的状态,而不履行通知义务。

此外,被保险人本人知悉危险程度显著增加也应是通知义务履行的积极条件之一。诚然,危险程度显著增加若是因被保险人行为或其允许第三人实施危险增加行为所致者,通常可推定被保险人知悉该情况。但危险程度显著增加还可能是由于非基于被保险人的原因所致,此时,被保险人可能不知悉该情况,法律不应苛求被保险人通知其所未曾知悉的情况。因此,被保险人的通知义务应仅以其知道的或者在通常业务中应当知道的情况为限。实际上,国外的判例也持该观点,并进一步将知悉的范围限于被保险人本人,从而更好地平衡被保险人与保险人的利益关系。在 Commercial Union Insurance Co. v. Taylor[73] 案中,原告 Taylor Farm Supply(商店)与被告 Commercial Union 保险公司订立火灾保险契约。该案中商店由拉里 · 泰勒(Larry Taylor,以下简称 Taylor)经营,史蒂文 · 泰勒(Steve Taylor,以下简称 Steve)是 Taylor 的伴子,受雇在该店工作。保险合同约定,保险人对于任何被保险人"所知悉"或"能够控制"之危险所致之损失,保险人不负保险给付之义务。由于该店有洒水设备,因此保险费的费率也获得减少计算。后因 Taylor 为商业目的出差,Steve 见水管漏水,就关闭流往喷洒水管的开关。直到 Taylor 回来之后,Steve 一直没有告诉他,如此持续数周。其后该店发生了火灾,保险人拒绝保险给付的请求,理由是原告的行为使危险性增加,且对于喷洒设备的维护,未尽善良管理人注意义务。原告提起诉讼向保险人请求给付。法院认为,从"知悉"或"能够控制"的目的而言,只有总代理人(general agent)的行为,才被视为本人的行为。在本案,Steve 是商店的伙计,他是数个受雇人之一,他的权限只限于在 Taylor 外出的时候,收受金钱而已。因此 Steve 关于"知悉"关闭喷洒水管之事,不得视为"被保险人本人知悉"。

---

〔72〕《德国保险合同法》原文:Section 24 (3): The right of termination in accordance with subsections (1) and (2) shall lapse if … the state of affairs which existed prior to the aggravation is re – established.

〔73〕Court of Appeal of Georgia, 312, S. E. 177(1983). 转引自刘宗荣:《新保险法:保险契约法的理论与实务》,中国人民大学出版社 2009 年版,第 148 页。

而在海上保险下,被保险人的知悉也同样会面临上述问题。因为海上保险的被保险人通常是法人,在这种情形下,本人则是指其代表(Alter Ego),即能够被视为船东本人的人一般是处于高层管理地位或核心地位的人,不包括公司的雇员和代理人。一般认为能够被视为被保险人本人的人通常是法定代表人、被保险人根据法律需要对其行为负责的人和其高级雇员等,即公司的董事、经理等的行为才能代表公司。[74]

就消极条件而言,虽然我国法律并没有规定"消极条件",但从诚信原则、公平原则等原则出发也可得出履行通知义务应同时满足不存在"消极条件"的结论,因为所谓"消极条件"实质上便是源于上述原则。例如,我国台湾地区"保险法"第62条规定,当事人之一方对下列各款,不负通知之义务:一、为他方所知者;二、依通常注意为他方所应知;三、一方对他方声明不必通知者。该条第1款和第2款的规定不言自明,既然保险人已知道危险程度增加的情况,就无权再以被保险人未尽通知义务而享受救济。因为,保险人并未因被保险人未尽通知义务而受有损失。至于第3款的规定亦是如此,保险人既然已经免除了被保险人的通知义务,依"禁止反言"原则应无权要求被保险人履行通知义务。此外,我国台湾地区"保险法"第61条还规定,危险增加如有下列情形之一时,不适用第59条之规定(通知义务的规定,作者注):第一,损害之发生不影响保险人之负担者;第二,为防护保险人之利益者;第三,履行道德之义务者。应当指出的是,"损害之发生不影响保险人之负担者"并不是指增加的危险不足以影响保险人,此情况尚未满足"积极条件",根本无需考虑"消极条件"。因此,此处"损害之发生"应是指承保风险以外的原因所造成的损害。"危险程度显著增加"仍是指承保风险范围内的危险增加,并不包括新增风险,新增风险不属于承保风险,故不会损害到保险人的利益。因此,此情况下被保险人无须履行通知义务。"为防护保险人之利益",主要是指为了避免或减少承保风险所造成损失而导致的危险增加。为了鼓励被保险人履行施救义务,法律应免除其在此情况下的通知义务。至于"履行道德之义务"也应得到鼓励,法律也应免除其在此情况下的通知义务或至少应使被保险人免于承担不履行通知义务后通常须承担的不利后果。应当承认的是,并非采纳危险增加通知制度的国家均免除被保险人为"履行道德之义务"进行救助时的通知义务。例如,《2013年北欧海上保险方案》[75]第3-12条第2款规定,航程中,若风险因被保险人救助人命或救助或企图救助遇难船舶或货物而变更,适用前款之规定。而前款则规定,保险人不得援引第3-9条与第3-10条两条规定中的救济措施。也就是说,在"风

[74] 参见汪鹏南:《海上保险合同法详论》,大连海事大学出版社2011年版,第91页。

[75] 以NMIP1996的2010版本为基础,丹麦、芬兰、挪威和瑞典北欧四国已经达成《2013年北欧海上保险方案》(Nordic Marine Insurance Plan 2013),并开始共同使用。

险因被保险人救助人命或救助或企图救助遇难船舶或货物而变更”的情况下，保险人无权援引第3－9条与第3－10条的规定，免除赔偿责任。但《2013年北欧海上保险方案》并没有因此而豁免被保险人的通知义务。实际上，被保险人仍须依第3－11条的规定，毫不迟延地将危险增加的情况通知保险人。这是因为从保险人角度看，通知有关风险变更的义务十分重要。〔76〕否则，保险人仍可援引第3－9条的规定对抗被保险人。但应当指出的是，在此情况下，若被保险人履行了通知义务，并不会遭致不利的法律后果，因为第3－12条第2款已明确规定，保险人无权援引第3－9条与第3－10条以对抗被保险人。比较我国台湾地区与北欧四国的不同做法，后者的做法更科学。因为被保险人“履行道德之义务”时，危险确已显著增加，若允许被保险人不将此情况通知保险人，保险人将陷于非常不利的境地。一方面是因为其难以及时安排再保险，另一方面则是因为其很可能会错过向被保险人提供出防损防灾建议的最佳时机。因此我国的《保险法》，均未规定被保险人可因“履行道德之义务”而免于履行通知义务的不利后果。实际上，在我国《海商法》中，被保险人负有不少“道德之义务”。例如，我国《海商法》第166条第1款规定，船舶发生碰撞，当事船舶的船长在不严重危及本船和船上人员安全的情况下，对于相碰的船舶和船上人员必须尽力施救。此外，我国《海商法》第174条还规定，船长在不严重危及本船和船上人员安全的情况下，有义务尽力救助海上人命。然而，实践中，提供救助服务通常会被约定为应当通知的事项。例如《中国人保船舶保险条款（2009版）》第4条规定，除非事先征得保险人的同意并接受修改后的承保条件和所需加付的保费；否则，本保险对下列情况所造成的损失和责任均不负责：①保险船舶从事拖带或救助服务……此处的“保险船舶从事救助服务”应为被保险人长期从事救助服务，而不包括偶然地为“履行道德之义务”而进行的救助行为。实际上，与船舶保险条款相类似，《英国2003年国际船舶保险条款》同样规定，船舶不得根据被保险人、船东、船舶管理人和/或承租人事先安排的合同从事拖带或救助服务。但其允许船舶协助、拖带遇难船只。〔77〕虽然船舶保险条款未作类似规定，但考虑到鼓励海上救助的大原则，应作相同的理解，即仅在船舶根据被保险人、船东、船舶管理人和/或承租人事先安排的合同从事拖带或救助服务时，被保险人才须履行通知义务。

---

〔76〕　参见［挪威］威尔姆森、布尔：《船舶保险手册》，汪鹏南等译，大连海事大学出版社2011年版，第122页。

〔77〕　《英国2003年国际船舶保险条款》第10.2条规定。原文：…but shall not …undertake towage or salvage services under a contract previously arranged by the Assured and/or Owners and/or Managers and /or Charters.

(2)约定条件

《保险法》第52条明确了只有在"危险程度显著增加"时,被保险人才负有通知义务。因此,判断危险是否显著增加便显得至关重要。虽然,前文已论及履行通知义务的法定条件,但实践中为了避免法律适用的模糊性,保险合同当事人往往还会约定履行通知义务的条件。例如,《2013年北欧海上保险方案》所约定的风险变更的主要情形便包括船舶登记注册国的变更、船舶管理人或船舶经营人的变更、船级的变更、航行区域变更、船舶进行违法目的的使用、船舶被征用、船舶被捕获以及船舶所有权变更等。[78] 通常情况下,合同中所约定的被保险人须通知的事项是能符合"危险程度显著增加"这一标准的。然而,假若合同中所约定的被保险人须通知的事项并未符合"危险程度显著增加"这一标准时,被保险人是否仍须履行通知义务;再者,被保险人违反了此种约定的通知义务,是否会产生法定的不利后果。有学者对此持肯定态度,认为:"现若当事人以明示约定之方式将危险增加应通知之事项规定于契约中,则不论其是否真正具有重要性可不加讨论"。[79] 但也有学者认为,"保险法关于危险程度显著增加时被保险人方负有通知义务的规定,应属于相对强制性规定,其排除低于对被保险人法定保护程度的约定。因此,如果危险变动事项不属于'危险程度显著增加'的,即使双方当事人明确约定,被保险人亦不负有危险增加通知义务"。[80] 应当指出的是,所谓"相对强制性规定",其适用的

---

〔78〕《2013年北欧海上保险方案》原文:Section 3 (2): Clause 3 – 8 Alteration of the risk: …A change of the State of registration, of the manager of the ship or of the company which is responsible for the technical/maritime operation of the ship shall be deemed to be an alteration of the risk as defined by sub – clause 1. The same applies to a change of classification society; Clause 3 – 15. Trading areas: … The person effecting the insurance shall notify the insurer before the ship proceeds beyond the ordinary trading area; Clause 3 – 16. Illegal undertakings: The insurer is not liable for loss which results from the ship being used for illegal purposes, unless the assured neither knew nor ought to have known of the facts at such a time that it would have been possible for him to intervene. If the assured fails to intervene without undue delay after becoming aware of the facts, the insurer may cancel the insurance by giving fourteen days' notice. The insurance terminates if the ship, with the consent of the assured, is used primarily for the furtherance of illegal purposes; Clause 3 – 18. Notification of requisition: If the assured is informed that the ship has been or will be requisitioned, or that it has been or will be returned after the requisition, he shall notify the insurer without undue delay; Clause 3 – 19. Suspension of insurance while the ship is temporarily seized: If the ship is temporarily seized by a State power without clause 3 – 17 becoming applicable, the insurance against marine perils is suspended. In that event the insurance against war perils shall also cover marine perils as defined in clause 2 – 8. clause 3 – 18 shall apply correspondingly; Clause 3 – 21. Change of ownership: The insurance terminates if the ownership of the ship changes by sale or in any other manner.

〔79〕江朝国:《保险法基础理论》,台北,瑞兴图书股份有限公司2009年版,第296页。

〔80〕高燕竹:《被保险人危险增加通知义务若干问题探讨》,载《法律适用》2010年第8期。

理论前提是被保险人与保险人之间悬殊的谈判能力。因此,否定论在消费者保险下能得到很好地支持,但在海上保险这种商业保险下能否继续适用则仍存在疑问。要解决上述问题必须从通知义务的立法目的着手进行探究。通知义务的设立是为了避免合同存续期间因危险程度显著增加使保险人遭受的显著不公。因此,若约定的事项尚未符合"危险程度显著增加"这一标准,被保险人无须承担违反通知义务的法定不利后果,而只需承担一般的违约责任。

2. 通知义务的履行方式

虽然《保险法》第52条并没有予以规定,但理论上一般认为,若合同未作约定,被保险人既可通过书面形式,也可通过口头的形式履行通知义务。但问题会是:合同中约定被保险人应以书面的形式履行通知义务,但被保险人仅口头告知保险人或其代理人危险增加事宜是否已履行了通知义务呢?江朝国教授认为,合同约定被保险人应以书面的形式履行通知义务,违反了相对强制规定,该约定无效。这是因为我国台湾地区的有关保险的强制规定,不得以契约变更之,但有利于被保险人者不在此限。合同约定被保险人应以书面的形式履行通知义务,无疑将增加被保险人的负担,且违反约定的形式要求,被保险人很可能因被认定为未尽通知义务,而受有损失。因此,该条款显然不属"有利于被保险人者",故不得变更一般法律对通知义务的形式规定。此种情况下,应该尊重商业合同的明确规定,除非保险人接受该口头的通知,否则视为被保险人未履行通知义务,最终承担未尽通知义务的法定后果。

3. 通知义务的履行期限

世界各国和地区,对于通知义务的履行期限有两种立法方式:一种是以德国、日本、奥地利为代表的概括式。《德国保险合同法》规定,要保人于知悉危险增加之事实后,均应立即通知保险人,不得迟延。另一种是以法国为代表的明确式。《法国商法典》规定,被保险人在知悉风险增加后3日内未通知保险人,保险人可以终止合同。[81] 相较而言,第一种模式更为可取,因为在不同性质的保险,甚至在相同性质的保险的不同个案下,"及时通知"的标准皆有所不同。一个概括的时间标准,更具有普适性。我国采第一种模式,《保险法》第52条即规定被保险人应"及时通知保险人"。但何为"及时通知"呢?法律没有明确规定,但最高人民法院保险法司法解释起草小组认为,"该'及时'在合同有约定的情况下,应当按照合同约定判断;合同没有约定的,应当在合理的时间内通知被保险人"。[82]

应当指出的是,通知义务与续保条款项下的通知并不相同,二者的设立目的有

---

〔81〕 参见姜南:《论保险法上的危险通知义务》,载《河北法学》2007年第8期。

〔82〕 《〈中华人民共和国保险法〉保险合同章条文理解与适用》,中国法制出版社2010年版,第344~345页。

着根本的区别。前者是为了防范对价平衡原则的违反;后者则是为了缓和保证制度严苛的法律后果。[83] 因此,前者所通知的事项原则上保险人是要承保的,而后者所通知的内容原则是不承保的,只有经被保险人通知,且保险人同意承保,该通知的内容才被纳入承保范围。此外,就性质而言,二者也有很大的区别。通知义务是一种法定义务,而续保条款项下的通知则是合同赋予被保险人的一项权利。因此,两种通知的紧迫性便有着本质的区别。前者无疑将更紧迫,后者则会更宽松一点。实践中,续保条款对通知的时间往往不作规定。例如,《中国人保船舶保险条款(2009 版)》第 4 条仅规定,除非事先征得保险人的同意并接受修改后的承保条件和所需加付的保费;否则,本保险对下列情况所造成的损失和责任均不负责……虽然,英国法下并没有通知义务,但其亦认为在续保条款下,除条款另有约定,被保险人无须"立即通知",而只需在"合理的时间"内通知即可。所谓"合理的时间"也较之"及时通知"要宽松很多。唐纳森(Donaldson)法官在 Liberian Insurance Agency Inc. v. Mosse[84]案中指出,"合理期限取决于个案的具体情况,当被保险人知悉风险正在发生,此时的合理期限将短于风险已经结束后的。如果被保险人知悉保险标的正处于危险边缘,且很可能遭受损失,此时合理期限就会很短"。这是因为,损失若在被保险人知悉之前已经发生,此时,即使将此情况通知保险人,保险人已无法采取任何措施。相反,若损失尚未发生,保险人得知该情况后,可及时安排再保险并取得一个合理的价格。因此,此时的合理期限将会很短。

此外,值得探讨的另一问题会是我国是否应根据危险程度增加的原因,赋予被保险人不同的履行期限?我国台湾地区的保险规定采用此种做法。其内容是,危险增加,由于要保人或被保险人之行为所致,其危险达于应增加保险费或终止契约之程度者,要保人或被保险人应先通知保险人;危险增加,不由于要保人或被保险人之行为所致者,要保人或被保险人应于知悉后 10 日内通知保险人。但应当指出的是,虽然德国法也同样依危险程度增加的不同原因,赋予保险人不同的救济,但其对通知的期限则不作区分,均规定投保人应在知悉情况后立即通知保险人。相较而言,德国的做法更可取。因为危险程度的增加无论是否"由于要保人或被保险人之行为所致",保险人客观上皆因此受有不利。因此,并没有很好的理由允许被保险人迟延通知。因此,我国立法也无须根据危险程度增加的原因,赋予被保险人不同的履行期限。

---

〔83〕 See Howard Bennett, *The Law of Marine Insurance*, Oxford University Press, 2006, p. 556.

〔84〕 [1977] 2 Lloyd's Rep. 560,566. 在本案中,原告是被保险人的代理人,其代表被保险人向被告购买货物保险。事后涉案货物发生了灭失,原告迫于当地的司法制裁,而赔偿了被保险人。随后,其转而向被告索赔。但被告以货物与保单所记载的货物并不相符为由拒绝赔偿。原告则主张该保险中包含了续保条款,且该条款包含了对货物误述的续保。双方就此问题诉至法院。

（三）通知义务的法律后果

1. 履行通知义务的法律后果

我国《保险法》第52条规定，被保险人履行通知义务后，保险人可以按照合同约定增加保险费或者解除合同。但并没有规定保险人行使救济权利的顺序。有观点认为如果保险人要求增加保险费，而投保人不接受的，保险人还可以要求解除合同，保险人亦可以直接要求解除合同。也就是说，增加保险费并非解除合同的前提，保险人可自由行使救济权。但如果保险人要求增加的保险费过高，对被保险人有失公允，此时诚信原则确定合理的保险费数额应该适用。英国关于续保条款的做法可资借鉴。续保条款下，经被保险人通知，保险人可依合同约定增加保费或修改承保条款。如果双方就增加保费的数额未达成一致，被保险人可依《英国1906年海上保险法》第31条第2款的规定，[85]主张以一个合理的市场价格作为增加的保费，避免保险人故意以较高的保险费作为续保条件，从而逃避合同项下义务的情况发生。只有在双方无法就增加保费的数额达成一致，亦无法寻得合理的市场价格时，续保条款才不适用。如在Greenock Steamship Co. v. Maritime Insurance Co. Ltd.[86]案中，涉案船舶投保的是航次保险，其中包含了一条续保条款，即“在被保险人违反保证时，其可通过支付额外的保险费而使合同继续有效”。涉案船舶在开航时没有备好足够的燃料，船长在航行中被迫将部分船舶备件和货物作为燃料使用。表面上，似乎发生了“共同海损”，但法院最终还是驳回了被保险人的请求，其原因有二：(1)被保险人违反了适航的默示保证；(2)即使被保险人可依续保条款进行续保，也会因为该续保费用与赔偿相当，而导致续保条款无法适用。该案对我国保险司法有借鉴意义，即原则上，应仅允许保险人增加保险费，若双方未能就保费达成一致，则被保险人只须按合理的市场价格支付保险费即可。只有在极端的情况下，如增加的风险并没有与之相对应的保险费时，保险人才可以解除合同。

此外，《德国保险合同法》还就合同的解除问题，作出了对被保险人更有利的规定，值得借鉴。其第24条第2款规定，在出现第23条第2款、第3款规定的承

---

〔85〕《英国1906年海上保险法》第31条第2款规定，合同中约定在特定情况发生后，合同只有在被保险人支付额外的保险费时才继续有效。该特定情况发生后，但双方未就增加的保费达成一致时，被保险人可支付一个合理的保险费。原文：(2) Where an insurance is effected on the terms that an additional premium is to be arranged in a given event, and that event happens but no arrangement is made, then a reasonable additional premium is payable.

〔86〕[1903] 1 KB367.

保风险增加的事实后,[87] 保险人可以事先通知投保人并在1个月后终止保险合同。也就是说,在非因被保险人的原因导致危险程度增加的情况下,法律给予被保险人1个月的宽限期去寻求新的保险,以免出现保险标的无人承保的空档期。

2. 未尽通知义务的法律后果

鉴于履行通知义务后,被保险人可能面临保费的增加或合同的解除,被保险人可能会因此而故意隐瞒危险程度增加之事实,因此,《保险法》第52条第2款规定:"被保险人未履行前款规定的通知义务的,因保险标的的危险程度显著增加而发生的保险事故,保险人不承担赔偿保险金的责任。"也就是说,保险人可直接拒绝赔偿被保险人因此受到的损失。这是因为,若被保险人故意隐瞒危险程度增加之事实,待保险人知悉该情况后,保险事故往往也已发生。此时,仅赋予保险人解除合同的权利,显然不足以维护其权益。因此,法律允许其直接免除保险赔偿责任,但应以危险程度显著增加与保险事故的发生有因果关系为限。

三、被保险人事故发生时的通知义务

被保险人在事故发生时的通知义务,也称为出险通知义务,其与被保险人的施救义务有着密切联系,故我国《海商法》及《中国人保船舶保险条款(2009版)》将其一并规定。[88] 规定被保险人的出险通知义务,是保险原理与防灾减损原则相结合的体现:对于保险人,履行出险通知义务有助于迅速掌握事故情况,及时安排检验、展开调查、固定证据,防止损失的进一步扩大,同时保护其代位求偿权;对于被保险人,出险通知义务常常是被保险人索赔的第一步,有助于其尽早得到理赔。

发生海上保险事故后,被保险人应立即通知保险人损失的性质、事故发生的时间、被保险人是否采取可行措施减少损失以及对可能发生的索赔数额作出大致的估计,通知方式应选择联络保险人最佳的通信方式。当前实务中使用电话和微信等形式更为普遍,但之后会补送书面通知,记录关于保险标的的种类、名称、数量、标号、保险金额、保险条件等内容,以满足各保险人理赔程序等需求。

---

[87] 《德国保险合同法》(Insurance Contract Act)第23条第2款、第3款规定……(2)如果投保人在未得到保险人同意的情况下提升或允许提升承保的风险,必须将此情况无迟延的披露给保险人;(3)在投保人与保险人订立合同后,如果由于非基于投保人的原因导致承保风险增加,投保人必须在其知晓上述事实后立即将上述状况通知保险人。原文:Section 23 (2): If the policyholder recognizes after the fact that he has aggravated or permitted an aggravation of the risk insured without the consent of the insurer, he must disclose the aggravation of the risk insured to the insurer without undue delay; Section 23 (3) :If , after the policyholder has submitted his contractual acceptance, an aggravation of the risk insured occurs notwithstanding his intention, he must disclose the aggravation to the insurer without undue delay as soon as he has learned thereof.

[88] 例如《中国人保船舶保险条款(2009版)》第8条第1款规定,被保险人已经获悉被保险船舶发生事故或遭受损失,应在48小时内通知保险人,如船在国外,还应立即通知距离最近的保险代理人,并采取一切合理措施避免承保的损失。

在 Alfred McAlpineplc v. BAI (Run – Off) Ltd.[89]案中,科尔曼(Colman)法官对保险人设置出险通知义务条款的商业考量作出了诠释:设置出险通知条款最主要目的在于使保险人能够对索赔以及引发索赔的事故及早进行调查,从而降低自身风险。保险人希望对采取减损措施作指示,并在责任保险中熟悉自己的抗辩权并与第三人直接进行谈判。通常责任保险中保险人在索赔提出之前会进行独立调查,越早掌握证据对其越有利,否则可能面临证人消失、记忆模糊等风险,不利于其抗辩。

与前文危险增加时的通知义务类似,被保险人在保险事故发生时的通知义务同样属于法定义务。我国《海商法》第 236 条规定,一旦保险事故发生,被保险人应当立即通知保险人,并采取必要的合理措施,防止或者减少损失。被保险人收到保险人发出的有关采取防止或者减少损失的合理措施的特别通知的,应当按照保险人通知的要求处理。对于被保险人违反前款规定所造成的扩大的损失,保险人不负赔偿责任。另外我国《保险法》第 21 条规定,投保人、被保险人或者受益人知道保险事故发生后,应当及时通知保险人。故意或者因重大过失未及时通知,致使保险事故的性质、原因、损失程度等难以确定的,保险人对无法确定的部分,不承担赔偿或者给付保险金的责任,但保险人通过其他途径已经及时知道或者应当及时知道保险事故发生的除外。

出险通知义务同样见立于国际上著名的海上保险条款。例如,《英国 1983 年协会定期船舶保险条款》,对被保险人事故发生后的通知义务作出了规定;[90]

---

[89] [1998]2 Lloyd's Rep. 694,698 – 699.

[90] 《英国 1983 年协会定期船舶保险条款》原文:Clouse 10 (1): In the event of accident whereby loss or damage may result in a claim under this insurance, notice shall be given to the Underwriters prior to survey and also, if the Vessel is abroad, to the nearest Lloyd's Agent so that a survey may be appointed to represent the Underwriters should they so desire.《英国 1995 年协会定期船舶保险条款》原文:Clouse 13 (1): In the event of accident whereby loss or damage may result in a claim under this insurance, notice must be given to the Underwriters promptly after the date on which the Assured, Owner or Managers become or should have become aware of the loss or damage and prior to survey so that a surveyor may be appointed if the Underwriters so desire. If notice is not given to the Underwriters within twelve months of that date unless the Underwriters agree to the contrary in writing, the Underwriters will be automatically discharged from liability for any claim under this insurance in respect of or arising out of such accident or the loss or damage.《英国 2003 年国际船舶保险条款》原文:Clouse 43 (1): In the event of an accident or occurrence whereby loss, damage, liability or expense may result in a claim under this insurance, notice must be given to the Leading Underwriter(s) as soon as possible after the date on which the Assured, Owners or Managers become aware of such loss, damage, liability or expense so that a surveyor may be appointed if the Leading Underwriter(s) so desire.

《2013 年北欧海上保险方案》规定发生意外事故时被保险人有义务通知保险人;[91]《布列塔尼亚保赔协会规则》保赔保险条款中同样有相关规定。[92]

(一)出险通知义务的履行期限

我国《海商法》和《保险法》虽然都规定了出险通知义务,但对通知义务履行期限的规定并不一致:《海商法》规定被保险人应立即通知保险人,而《保险法》则规定被保险人应及时通知保险人。两者仍属于与危险程度显著增加后的通知义务类似的期限规定模式——概括性的期限标准。相比较而言,"立即"这一措辞要比"及时"严格,但二者的具体判断标准仍需要根据事故发生后的具体背景来判断。

在英美法下,保险合同中的"立即"同样不能做字面理解。在某些案例中尽管保险合同约定了出险通知义务应"立即"(immediate)或者"尽快"(as soon as possible)发出,但义务人在保险事故发生一年后才通知保险人的,仍然被法院认为通知有效。[93]

我国两部立法针对通知时间的不同规定,体现了因风险不同所导致的对保险合同当事人权利义务配置的微妙差异。出险通知在很大程度上与保险人对损害安排早期检验有关,这种检验是得到有关意外事故的大部分证据的一个真正机会。[94] 在普通保险中,立法者出于对被保险人(有时是消费者)利益的保护,认为不宜对其课以过于严格的出险通知义务,故不设置具体的通知期限而仅要求"及时",同样的考量也体现在《保险法》对违反出险通知义务后果的规定要轻于《海商法》,对于这一点将在后文论述。但在《海商法》立法时,立法者则认为海上保险中由于保险标的常处于海上或国外,保险人安排检验更为困难,损失扩大的机会更大,法律风险也更高,同时海上保险双方缔约能力相对平衡,因此更需要加强对保险人利益的保护,所以强调被保险人进行"立即"通知。

另外,《海商法》对出险通知的规定由于仅涉及合同当事人,与国家、社会、第三人利益无关,不属于强制性规定。为了避免"立即""及时"等概括性措辞的模糊性以及由此给举证带来的困难,当事人常常在海上保险合同中对通知义务的履行

---

[91] 《2013 年北欧海上保险方案》原文:§3-29: If a casualty threatens to occur or has occurred, the assured shall, without undue delay, notify the insurer and keep him informed about further developments. The assured and the master are required to notify the insurer of maritime inquiries and surveys which are to be held in connection with the casualty.

[92] 参见《布列塔尼亚保赔协会规则》(Britannia Rules - P & I(Class 3) - 2016)原文:Rule 30 (1): Every Member shall be bound to give prompt notice in writing to the Managers of every incident likely to give rise to a claim under these Rules and of any legal or arbitration proceedings commenced against him. The Member shall furnish the Managers as soon as reasonably possible thereafter with all documents or information relevant thereto.

[93] 参见温世扬:《保险法》,法律出版社 2007 年版,第 113 页。

[94] 参见杨良宜、汪鹏南:《英国海上保险条款详论》,大连海事大学出版社 2009 年版,第 80 页。

期限作出更具体的安排，这种安排应该得到法院的支持。例如，《中国人保船舶保险条款（2009版）》第8条第1款就规定被保险人在获悉被保险船舶发生事故或遭受损失后48小时内应通知保险人。本条款虽然将被保险人的事故通知义务明确地限定为48小时，但在司法实践中，法院往往并不拘泥于时间上的限定，而是重点考量未及时向保险人报案是否对理赔有实质性的影响，是否与其后产生的损失与费用具有因果关系。在浙江润欣港航工程有限公司诉大众保险股份有限公司宁波分公司船舶保险合同纠纷[95]案中，争议焦点之一是严重超时报案的后果。从原告的书面报案时间看，距保险事故发生确实较长。但从被告拒赔的理由看，其依据主要源于保险条款第18条与第20条。第18条约定，发生保险事故时，被保险人应及时采取合理的施救保护措施，并须在到达第一港后48小时内向港航监督部门、保险人报告。被保险人有义务对保险事故进行举证并对举证的真实性负责。第20条约定，被保险人不履行第16条至第19条规定的义务，保险人有权终止合同或拒绝赔偿。从该两条约定看，保险人有权终止合同或拒赔的，一般不应拘泥于是否在48小时内报案，而更应着重考量是否及时采取合理施救保护措施，或者超过48小时报案对于采取合理施救措施或决定是否理赔有实质性的因果关系上的影响。本案中，鉴于被告未能举证说明48小时后报案对于是否理赔所产生的影响，法院认为保险人不能以被保险人未按约定时间报案而拒绝赔偿。

最后，《海商法》规定的出险通知义务起算点为保险事故发生，而《保险法》则规定从被保险人知道开始起算。无疑《保险法》的规定更为准确，法律不可能要求被保险人在根本未得知事故发生的情况下进行通知，除非其怠于了解有关情况，因此这里理解为从被保险人知道或应当知道事故发生起算是比较合理的。

（二）出险通知义务的履行方式

与危险显著增加时的通知义务类似，出险通知的履行方式同样应该尊重当事人的商业安排，如无特别约定则书面口头方式皆可。通知方式不符合约定的，理论上对于因不符造成的扩大损失保险人不承担责任，但保险人需举证证明，实践中这种原因造成的损失也并不常见。同时，通知义务的履行应该是连续的，换言之，被保险人不仅要通知保险事故或损失的发生，也有义务通知其之后的发展。[96]

（三）违反出险通知条款的法律后果

虽然有对被保险人通知期限的种种规定，但如果未能履行，并不意味着保险人的赔偿责任一概解除。被保险人违反通知义务的法律后果十分复杂，需要综合考虑未及时向保险人报案对理赔的影响、与之后产生的损失费用因果关系等问题。

英美法下违反出险通知义务的后果主要取决于对出险通知条款性质的认定，

---

〔95〕　参见（2008）甬海法商初字第391号。

〔96〕　参见杨良宜、汪鹏南：《英国海上保险条款详论》，大连海事大学出版社2009年版，第80页。

这实际是一个保险合同条款解释问题。关于合同条款解释请参考本书第五章“海上保险合同解释”。总体上,出险通知条款可能构成以下几种条款类型。[97]

1. 先决条件(condition precedent)[98]

某些出险通知条款可能因其重要性而构成保险人赔付的先决条件。违反先决条件,保险人对该项索赔的赔付义务解除,但不影响保险人对其他索赔的赔付。例如,在 Re Williams[99] 案中,保险合同含有“应该立即发出(出险)通知”“时间被视为本合同条件的基础”等措辞,比格汉姆(Bigham)法官毫不犹豫地将出险通知解释为先决条件。但是在《英国 1906 年海上保险法》的语境下,先决条件很难构成保证,因为其仅仅与某次索赔有关而与整个合同无关,不能因被保险人违反出险通知义务而整体解除保险人的赔付义务。[100]

2. 中止条件(suspensive condition)

如果将出险通知解释为中止条件,那么违反该条款将导致被保险人赔付义务中止,直至该违反被改正。例如合同作出“直到被保险人发出通知保险人方可赔付”等表述,便可以将其解释为中止条件。随着《英国 2015 年保险法》的出台,保证条款效力开始接近中止条款,在这种情况下可能会有更多出险通知条款被解释为保证条款。

3. 保证条款(warranty)

这里的保证条款是英美合同法语境下的保证条款。[101] 某些出险通知条款可能对保险人的理赔影响不大,并不能导致保险人拒赔,但如果保险人能够证明被保险人的违反为其带来不便,如额外支出了调查费用,则被保险人应该赔偿,从而部分抵销了保险赔偿。

大陆法下对于出险通知义务的性质同样有不同理解:(1)不真正义务,也称间接义务。其特征为相对人通常不得请求履行,而其违反并不发生损害赔偿责任,仅

---

[97] See Howard Bennett, *The Law of Marine Insurance*, Oxford University Press, 2006, pp. 685 - 689.

[98] See Bryan A. Garner, *Black's Law Dictionary*, Thomson West Press, 2004, p. 887. 英美法下的先决条件(Condition Precedent),系指某一不确定事件、行为作为合同或约定义务的生效和履行的先决条件,如果条件未能成就,则义务无须履行。

[99] (1902) 19 TLR 82.

[100] Waller LJ in Alfred McAlpineplc v. BAI (Run Off) Lt [2000] 1 Lloyd's Rep. 437. 本案中涉及再保险合同中对出险通知条款的解释,法官认为出险通知条款不能构成中间条款(因而更不可能构成条件条款),不会导致保险人的赔付义务被整体解除。

[101] 英美法把合同承诺根据重要性的不同区分为条件(Condition)与保证(Warranty),关乎合同根基的承诺属于条件条款,违反将导致合同解除,而某些内容仅仅是附带补充性的,违反产生损害赔偿责任,称为保证条款。后来英国法院又承认某些条款可能视情况不同产生不同的法律后果,称为中间条款。英美合同法语境下的保证与保险法语境下的保证完全不同,后者类似于前者中的条件条款。

使负担此项义务者,遭受权利减损或丧失的不利益。[102] (2)附随义务。“随附义务即依据诚实信用原则,根据合同的性质、目的、交易习惯产生的民事义务。与主合同义务和从合同义务都是约定义务不同,随附义务属于法定义务”。[103] 违反附随义务,债权人原则上不得解除合同,只能要求损害赔偿。

作者认为,由于《保险法》出险通知义务同样约束受益人,而附随义务仅能由合同当事人承担,因此将其解释为不真正义务更为妥当。不真正义务下保险人不得请求损害赔偿,而被保险人只能单独承担这种不利益,这也与我国《海商法》《保险法》的规定相同。

具体到我国司法实践中,法院往往采取更为灵活的态度处理出险通知争议,不仅仅因违反出险通知义务而解除保险人的赔付责任。例如,在温州市远航海运有限公司诉中华联合财产保险股份有限公司温州中心支公司海上保险合同纠纷[104]案中,原告在其船舶发生事故后,未能在24小时内向保险人报案,但法院认为,即使原告在24小时之内通知保险人,本案因共同海损产生的救助费用仍然会发生,及时报案与施救费用损失两者之间不具有因果关系。保险人不能因此解除保险赔偿责任。

与《海商法》略有不同,《保险法》对于出险通知义务的法律后果引入了重大过失理论,对一般过失或轻微过失被保险人不承担不利的责任。这是由于在《保险法》2009年修订前并未规定没有及时通知的法律后果,因而保险人多在保险合同中规定“一刀切”式的约定,即没有及时通知造成损失难以确定或事故原因难以确定的,保险公司不承担给付保险金的责任。[105] 如前文所述,虽然《保险法》的规定对于被保险人更公平,但《海商法》基于海上事故的特点作出更为严格的安排,以督促被保险人更积极地履行通知义务,这体现了立法者在商事合同效率与公平之间作出的权衡。

第二节 救助费用、共同海损、施救费用

船舶和货物在海上运输中,除了会遭受实质的损失或损坏外,还会遭受其他非实质性损失,这种损失基本上就是费用或者金钱的支出。海上保险人赔付的被保

---

〔102〕 参见王泽鉴:《民法概要》,中国政法大学出版社2003年版,第168页。

〔103〕 参见王泽鉴:《民法概要》,中国政法大学出版社2003年版,第167页。

〔104〕 参见(2008)甬海法温商初字第62号。

〔105〕 参见周玉华:《最新保险法释义与应用》,人民法院出版社2009年版,第46页。

险人的费用支出包括四种类型:(1)单独海损下赔偿被保险人修理船舶的合理费用;(2)被保险人应当承担比例的共同海损费用支出,包括其应当承担的共同海损分摊;(3)因承保风险引起的救助费用;(4)被保险人为了避免或减少保险标的的损失而支出的施救费用。本节将对海上保险中承保的后三类费用进行分析。

一、救助费用

(一)海难救助的概念和分类

海难救助(Salvage at Sea),是指救助方对在海上或者与海相通的可航水域遭遇危险的船舶、货物以及其他财产进行的救助。海难救助包括三种形式:纯救助、合同救助和雇佣救助。纯救助,是指船舶发生海难后,救助方在未接到被救方援助请求的情况下,自行进行救助的行为。在海上通信越来越发达的今天,此种救助方式已很少出现。英国法下传统的合同救助,是指根据"无效果,无报酬"为原则的救助协议(Salvage Agreement)进行的救助。[106] 目前国际上专业救助最广泛使用的是英国劳合社委员会(Council of Lloyd's)制定的救助合同标准格式(LOF),中国国际贸易促进委员会也参照了英国劳合社委员会的救助合同标准格式制定了我国的救助合同格式——中国海事仲裁委员会(1994)标准格式(CMAC 1994)。中英两国的救助标准格式条款都秉持了海难救助法律关系中的"无效果,无报酬"的原则,合同中并未规定一个具体的报酬数额,而是规定了一个确定救助报酬高低的依据。在英国劳合社委员会的救助合同标准格式下,报酬的计算是由劳合社的仲裁员作出的,被视为有公信力,在绝大部分的情况下被世界上的船舶与货物保险人所接受。[107] 中国海事仲裁委员会(1994)标准格式则规定,与合同有关的一切争议,应提交中国海事仲裁委员会仲裁解决。

《1989年国际救助公约》体现了"最大程度的订约自由",并在"救助合同"条款中规定了船舶所有人和船东的代理权以及对订约自由的限制,使固定费用的救助(雇佣救助)合同中没有约定的内容,也将适用公约。但必须承认的是,《海商法》下"无效果,无报酬"的救助与固定费用的救助在实际效果上仍有差异。

雇佣救助是救助方与被救助方约定固定数额的救助费用,或者根据人力和设备按劳给付报酬的救助方式。雇佣救助应该符合海难救助的基本特征,从而区别于一般的海上服务。但对于"雇佣救助"法律性质及法律适用一直存在争议。[108] 与"无效果,无报酬"的救助相比,雇佣救助具有以下特征:(1)救助报酬按照双方

---

〔106〕 英国法下救助协议与救助合同存在差异。当双方签署救助合同标准格式开始救助时,只能说是双方达成救助协议,因为救助费用需要等待救助成功后由仲裁员确定,此时救助合同因为没"对价"而没有约束力。参见 Christopher Hill, *Maritime Law*, 6th Edition, London: LLP, 2003 at p. 335。

〔107〕 参见杨良宜:《海上货物保险》,法律出版社2010年版,第252页。

〔108〕 参见李海:《关于"加百利"轮救助案若干问题的思考》,载《中国海商法研究》2016年第3期。

协议的固定数额,或者约定按照救助方提供的人力、物力和时间消耗加利润计算,救助是否成功在所不问;(2)雇佣救助下,往往约定救助指挥权在遇险一方,而非救助方自行指挥。

2016年7月最高人民法院审理了再审申请人交通运输部南海救助局与被申请人(希腊)阿昌格罗斯投资公司、一审被告香港安达欧森有限公司上海代表处海难救助合同纠纷一案,以司法判决的形式明确了雇佣合同的性质及法律适用。希腊油船"加百利"号,船东为希腊阿昌格罗斯投资公司,船东将船舶委托给香港安达欧森有限公司上海代表处进行管理。船舶40,682总吨,在该航次中共装载54,580吨原油,由香港运送至广西。2011年8月12日,"加百利"轮途经琼州海峡,由于船长的驾驶失误导致船舶搁浅。事故发生后,船长向交通运输部南海救助局发出求助信息。由于采取措施较为及时,并未发生任何污染事故。

在进行救助作业之前,"加百利"轮的船舶代理公司上海代表处与交通运输部南海救助局签订合同,其中约定,交通运输部南海救助局将派出"南海救116轮""南海救101轮""南海救201轮"提供救助服务,并约定无论是否成功协助出浅,均同意按每马力小时3.2元人民币的费率计算救助报酬。但是,实际上,仅"南海救201轮"参与了作业。救助作业完成后,双方就救助报酬的支付发生争议。一审中,广州海事法院认为船东应支付给交通运输部南海救助局全部的救助费用。二审法院则支持船东主张。交通运输部南海救助局不服判决,向最高人民法院申请再审。最高人民法院合议庭在综合审查一审、二审认定事实的基础上,作出最终判决。判决认为,根据案件查明的事实,该案救助报酬的计算,是以救助船舶每马力小时,以及人工投入等事先约定的固定费率和费用作为依据,与获救财产的价值并无关联。从涉案合同性质上来看,属于雇佣救助合同。雇佣救助属于《海商法》下救助行为的一种,但雇佣救助合同不同于《1989年国际救助公约》和《海商法》中规定的救助合同,不适用"无效果,无报酬"原则确定救助报酬。因《1989年国际救助公约》和《海商法》中均未规定雇佣救助合同项下救助报酬的确定,应适用《海商法》的一般法——《合同法》中的相关规定进行判定。[109]

(二)救助费用的概念

我国《海商法》海上保险合同一章没有明确规定承保"救助费用"。但《中国人保船舶保险条款(2009版)》以及《中国人保海洋运输货物保险条款(2009版)》中均规定保险人对"救助费用"予以承保。然而,对于"救助费用"的定义,保险条款并未予回答。

事实上,上述保险条款参考了《英国2009年协会货物保险条款》的措辞"salvage and salvage charges"。"salvage"在普通法下有两个含义:(1)救助人提供的救

[109]　参见(2016)最高法再61号。

助服务或救助作业;(2)救助人获得的报酬(the "Reward" earned by salvors)。[110]显然,《英国2009年协会货物保险条款》中的"salvage"是取后者救助报酬之含义。《英国1906年海上保险法》第65条第2款将"salvage charges"界定为救助人根据海商法可主张的费用,[111]即把根据救助性质的服务合同产生的费用排除在"salvage charges"之外,而归入到"共同海损"部分。实践中存在的争议是非根据LOF这类"无效果,无报酬"的救助协议进行救助所产生的费用是否属于"salvage charges"。英国有权威学者认为第65条的关键不在于救助人与遇险方是否成立合同关系,而在于救助报酬请求的性质和数额是否是根据合同确定的。[112]在"无效果,无报酬"的救助合同下,救助报酬在签订合同时尚未确定,救助人需在救助作业完成后申请由仲裁员或法院根据海商法确定,因而符合"the charges…independently of contract"。基于此观点,纯救助下的救助报酬和基于"无效果,无报酬"原则签订的救助合同下产生的救助报酬均可归入保险单中的"救助费用"从而得到保险人的赔偿。那些符合共同海损行为之构成要件但不适用"无效果,无报酬"原则的雇佣救助所产生的救助报酬则作为"共同海损"得到保险人的赔偿。

前文所述的《中国人保船舶保险条款(2009版)》将"salvage and salvage charges"译成"救助和救助费用",而且也未使用"救助报酬"这一概念,因此在司法实践中,"救助费用"一词在海上保险合同的语境下往往被用来泛指被保险人因海难救助行为而支出的金额,包括"雇佣救助"下产生的救助费用,也包括"无效果,无报酬"救助下的救助报酬。[113]这两者同属于保险人的承保范围。

(三)海上保险中承保的救助费用

保险人并非对被保险人承担的所有救助费用都予以赔偿,应考虑以下几方面。首先,引起救助费用的危险必须是海上保险所承保的风险;其次,对于救助中因涉及环境因素而给予的特别补偿,保险人是不予以赔偿的。但是对于考虑人命救助的救助费用却逐渐为保险人所承认,纳入其赔偿范围。

---

〔110〕 See Susan Hodges, *Law of Marine Insurance*, Cavendish Publishing Limited, 1996, p.426.

〔111〕 《英国1906年海上保险法》原文:Section 65 (2): "Salvage charges" means the charges recoverable under maritime law by a salvor independently of contract. They do not include the expenses of services in the nature of salvage rendered by the assured or his agents, or any person employed for hire by them, for the purpose of averting a peril insured against. Such expenses, where properly incurred, may be recovered as particular charges or as a general average loss, according to the circumstances under which they were incurred.

〔112〕 See Jonathan Gilman et. al., *Arnould: Law of Marine Insurance and Average*, Sweet & Maxwell, 2013, p.1275. 原文:It has been suggested that the distinction drawn in s.65 (2) relates merely to the quantification of the claim, so that, if the amount of the salvor's reward is determined by arbitration on the principles of maritime law, it is immaterial that the liability may arise under contract.

〔113〕 本节中的救助费用即指这种广义的救助费用。

1. 引起救助费用的危险必须是海上保险所承保的海上风险

《英国1906年海上保险法》第65条第1款规定必须是为了防止承保危险所造成的损失而支出的救助费用才可以像承保危险所造成的损失一样得到赔偿。我国的《海商法》中未对救助费用作出规定;《中国人保船舶保险条款(2009版)》规定必须是发生了承保风险造成的保险事故而引起的救助费用,保险人才负赔偿责任;《中国人保海洋运输货物保险条款(2009版)》中则对货物应该承担的救助费用未作限制。[114]

2. 救助中因涉及环境因素而给予的特别补偿

在国际海难救助发展历程中,一个不得不提的重大发展是,救助人可以因在救助过程中对环境的保护获得一笔特别补偿。这得益于20世纪60年代起,国际社会对环境保护问题的关注,特别是1978年的"阿莫柯·卡迪兹"(Amdco Cadiz)号的重大漏油事故促使了《1989年国际救助公约》的产生。该公约一个重大的变化就是将救助人避免或减少对环境破坏的技术与努力也作为核算救助报酬的一个考虑因素。[115] 如果因为环境会受到污染而被迫放弃救助,因此得不到救助报酬,救助人有权从船东处取得特别补偿。但是船壳险的保险人对该特别补偿不负赔偿责任。例如,《英国1983年协会定期船舶保险条款》第10.5.2条规定对于"环境损害或其威胁引起的,或者由于从保险船舶溢出或排出污染物质或者威胁导致的费用或责任"的索赔,保险人不予赔偿。《中国人保船舶保险条款(2009版)》第8条第3款规定,保险人不负责任何污染、防止污染或清理污染的损失、责任和费用。这些保险条款表明,保险人不愿意承担因环境问题引起的任何费用。对于参加了互保协会的船舶,因环境污染而产生的责任和费用一般都由船东互保协会承保。

3. 救助费用的确定考虑人命救助

对于考虑人命救助的救助报酬,在越来越注重保护人权的国际环境下,逐步为保险人所承认。例如英国The Bossworth (No.3)[116]案中法院即承认救助费用的确定应考虑人命救助的救助报酬,保险人也应对此予以赔偿。

该案中,原告是汽船Bossworth的船东,该船在案发时正由瑞典的格兰顿驶往挪威,船上装载着煤炭。船舶、货物以及运费都由劳氏保单承保,同时船舶也加入

---

〔114〕《中国人保船舶保险条款(2009版)》"一切险"规定,本保险承保上述原因所造成被保险船舶的全损和部分损失以及下列责任和费用:第2条中约定:(1)共同海损和救助;人保2009年海洋运输货物保险条款第1条"责任范围"第1款"平安险"第7项中约定"共同海损的牺牲、分摊和救助费用"。

〔115〕《1989年国际救助公约》原文:Section 13 (1b): the skill and efforts of the salvors in preventing or minimizing damage to the environment.

〔116〕Grand Union Shipping Ltd. v. London SS Owners' Mutual Insurance Association Ltd. [1962] 1 Lloyd's Rep 483 at p.490, QBD.

了互保协会。1957年12月21日，船舶在航行中因恶劣天气而遭遇危险，船长发出求救信号。有三艘船舶实施了救援——拖网渔船 Wolverhampton Wanderers（以下简称渔船 WW）、渔船 Faraday（以下简称渔船 F）和 Finnmerchant（以下简称商船 F）。为确保 Bossworth 轮的安全，救援渔船 WW 整夜停航在其附近，后因天气持续恶劣，Bossworth 轮船员的生命安全受到威胁，船长决定弃船。渔船 WW 在实施救援时与 Bossworth 轮相撞受损，但最终全部船员成功登上渔船 WW 并被送往英国阿伯丁，商船 F 为协助渔船 WW 救助船员而将其燃油排放到海中。拖网渔船 F 将 Bossworth 轮同样拖至阿伯丁，且渔船 WW 全程护航；商船 F 因此获得1250镑的救助报酬，渔船 WW 和渔船 F 分别获得5000镑和4000镑的报酬。

在本案中，原告主张船东互保协会承担支付给商船 F 的全部报酬1250镑以及支付给渔船 WW 的部分救助报酬（有关人命救助的部分），因为其对渔船 WW 支付救助报酬的责任不能在劳氏保单下得到赔偿。劳氏保单是针对船舶的保险，并不包括救助人命的责任。但被告船东互保协会抗辩认为渔船 WW 的全部救助报酬均应当由劳氏保单承保，被告承担的责任范围限于只因救助人命产生的报酬。

在该案中麦克奈尔（McNair）法官认为，对于《英国1906年海上保险法》第65条第2款的规定应作更宽泛一点的解释，即一项反映了人命救助因素的救助报酬，其实质上是增加了一部分为防止承保危险造成损失而支出的费用，这部分费用可以在劳氏保单下得到赔偿。

二、共同海损

根据本书第一章第一节当中的论述，有学者认为共同海损是海上保险的萌芽或起源。因为海上保险与共同海损制度有着非常紧密的联系，共同海损"一人为众、众人为一"（One for All, All for One）的损失分摊理念与海上保险损失补偿、分散风险的精神相契合，两者均对航运业的发展起到了积极的作用。然而，共同海损制度只能使损失由同一海上航程中各受益方予以分摊，但对于海上航程的参与方整体来讲，共同海损损失并未真正的转移出去并得到补偿，其仍是海上运输中客观存在的一种经济损失风险。因此，在现代海上保险条款中无不把共同海损列为承保责任。但是，在对外贸易实务中，海上保险人出于保护自身利益的目的，在保险条款中，对共同海损责任认定及共同海损赔偿计算都有特别规定。

（一）共同海损定义和构成要件

共同海损，是指在同一海上航程中，当船舶、货物或其他财产遭遇共同危险时，为了共同安全，有意而合理地采取措施所直接造成的特殊牺牲、支付的特殊费用，由各受益方按比例分摊的法律制度。一般认为共同海损必须要满足以下要件：（1）在同一海上航程中，船舶、货物或其他财产面临着共同的危险；（2）船长或船员所采取的措施必须是为了避免船货的共同危险而有意和合理的；（3）由于共同海损行为所产生的牺牲和费用必须是特殊的，即在通常运营的情况下，此种牺牲和费用不会发生。

共同海损包括共同海损牺牲和共同海损费用两部分,且两者都是海上保险的承保范围。例如《英国1906年海上保险法》第66条对此予以明确规定。[117] 《英国2009年协会货物保险条款(A)》以及前述的《中国人保海洋运输货物保险条款(2009版)》也有相应的规定。[118] 但是保险人对共同海损牺牲和共同海损费用的赔偿却有明显的不同。

(二)保险人的共同海损赔偿责任

1. 共同海损牺牲

共同海损牺牲,是指由于共同海损措施直接造成的船舶、货物或其他财产在形态上的灭失或损坏。[119] 各国的法律和保险条款通常规定,对于共同海损牺牲,被

---

〔117〕《英国1906年海上保险法》原文:Section 66: General average loss.

(1) A general average loss is a loss caused by or directly consequential on a general average act. It includes a general average expenditure as well as a general average sacrifice.

(2) There is a general average act where any extraordinary sacrifice or expenditure is voluntarily and reasonably made or incurred in time of peril for the purpose of preserving the property imperiled in the common adventure.

(3) Where there is a general average loss, the party on whom it falls is entitled, subject to the conditions imposed by maritime law, to a rateable contribution from the other parties interested, and such contribution is called a general average contribution.

(4) Subject to any express provision in the policy, where the assured has incurred a general average expenditure, he may recover from the insurer in respect of the proportion of the loss which falls upon him; and, in the case of a general average sacrifice, he may recover from the insurer in respect of the whole loss without having enforced his right of contribution from the other parties liable to contribute.

(5) Subject to any express provision in the policy, where the assured has paid, or is liable to pay, a general average contribution in respect of the subject insured, he may recover therefor from the insurer.

(6) In the absence of express stipulation, the insurer is not liable for any general average loss or contribution where the loss was not incurred for the purpose of avoiding, or in connexion with the avoidance of, a peril insured against.

(7) Where ship, freight, and cargo, or any two of those interests, are owned by the same assured, the liability of the insurer in respect of general average losses or contributions is to be determined as if those subjects were owned by different persons.

〔118〕《英国2009年协会货物保险条款(A)》原文:Clouse A (2): Institute Cargo Clause: This insurance covers general average and salvage charges, adjusted or determined according to the contract of affreightment and/or the governing law and practice, incurred to avoid or in connection with the avoidance of loss from any cause except those excluded in Clauses 4, 5, 6 and 7 or elsewhere in this insurance. 另见《中国人保海洋运输货物保险条款(2009版)》第1条"责任范围"第1款"平安险"第7项:"本保险负责赔偿:……险负责共同海损的牺牲、分摊和救助费用……"

〔119〕参见司玉琢:《海商法专论》,中国人民大学出版社2007年版,第305页。

保险人无须等待理算结束,而是可以直接要求保险人对其保险财产遭受的全部共同海损牺牲承担保险赔偿责任。被保险人因共同海损牺牲可以从其他受益方获得赔偿的权利相应地转移给保险人。换言之,保险人将共同海损损失按单独海损处理,先赔付给被保险人,再行使代位求偿权从其他共同利益方取得分摊额。

例如,《英国1906年海上保险法》第66条第4款[120]规定,被保险人对"共同海损牺牲,无须先请求其他利益方进行分摊,即可从保险人处获得全部损失的赔偿"。《英国1995年协会定期船舶保险条款》第10.1条[121]规定,对于保险船舶的共损牺牲,被保险人有权取得所有损失的保险赔偿,而不必先行使向第三方要求分摊的权利。我国《海商法》中没有上述明确的规定,但《中国人保船舶保险条款(2009版)》[122]中也明确规定,其负责赔偿保险船舶的共同海损的分摊部分,但对于保险船舶发生的共同海损牺牲,被保险人可获得对这种损失的全部赔偿,而无须先行使向其他各方索取分摊额的权利。虽然《中国人保海洋运输货物保险条款(2009版)》中没有明确规定保险人对保险标的共同海损牺牲应当先行赔偿,但是在实践操作中,保险人会在共同海损理算完成之前先予赔付共同海损牺牲,同时享受货物共同海损分摊的权利也相应转移给保险人。但对于共同海损分摊,保险人仅对货物应分摊的共同海损责任承担保险责任,所以保险人并不先行赔付,而是需要先进行理算,待明确被保险人应承担的分摊义务后再赔偿。在英国Dickenson v. Jardine[123]案中体现了该原则。

该案中船货在遭遇海上危险时,货方为了所有利益方的安全而作出了牺牲。即使货物所有人可以以共同海损损失从其他所有受益方处获得赔偿,货物保险人仍允许货物所有人直接获得等同于保险价值的保险赔偿。

依据英国的威尔斯(Willes)法官的观点,在此类案件中,被保险人对此损失的相应的索赔程序如下:"如果被保险人首先起诉保险人,那么后者不能以被保险人享有对其他第三方的独立的索赔权的事实进行抗辩。保险人必须先行赔偿被保险

---

[120] 《英国1906年海上保险法》原文:Section 66 (4): Subject to any express provision in the policy, where the assured has incurred a general average expenditure… and, in the case of a general average sacrifice, he may recover from the insurer in respect of the whole loss without having enforced his right of contribution from the other parties liable to contribute.

[121] 《英国1995年协会定期船舶保险条款》原文:Clouse10.1: This insurance covers the vessel's proportion of salvage, salvage charges and/or general average, reduced in respect of any under – insurance, but in case of general average sacrifice of the vessel the Assured may recover in respect of the whole loss without first enforcing their right of contribution from other parties.

[122] 《中国人保船舶保险条款(2009版)》第1条"责任范围"第2款"一切险"第2项"共同海损和救助":本保险负责赔偿保险船舶的共同海损、救助、救助费用的分摊部分。保险船舶若发生共同海损牺牲,被保险人可获得对这种损失的全部赔偿,而无须先行使向其他各方索取分摊额的权利。

[123] (1868) LR 3 CP 639.

人的索赔额,然后可以以被保险人的名义起诉对此负有责任的其他方……"

2. 共同海损费用

共同海损费用,是指由于采取共同海损措施而产生的额外开支。[124] 对于共同海损费用,被保险人在提出理算报告之前,保险人无赔偿的义务。这是因为费用都是为了各个利益方的共同安全而作出的,不包含任何独立利益方的损失或灭失,而只有存在独立的损失或灭失时,才能要求与这些利益相关的保险人直接对全部的损失负责。

国外谨慎的被保险人,往往还会投保共同海损费用保险,我国船东在发生共同海损以后,投保"共同海损费用保险"的需求很少,但实际上投保该保险是很有必要的。因为根据《约克-安特卫普规则》的规定(规则 17 和 G),共同海损分摊应根据财产在航程终止时的价值决定。如果船货在发生第一次海损事故后,航程终止之前又遭遇了第二次事故,导致航程终止时财产价值减少或为零,分摊就减少或不存在,保险人自然也就不负责赔偿。对此种损失的风险,被保险人可以通过投保共同海损费用保险来保护自身利益。

(三)共同海损理算适用的法律

如上文所述,被保险人可以直接向保险人主张共同海损牺牲的损失,但对于共同海损费用的索赔,则必须先取得一个共同海损的理算结果。然而由于适用不同的共同理算规则,可能造成被纳入共同海损理算的项目存在差异。这可能会导致在适用外国理算规则时,某些保险人所在国的法律不被视为共同海损的项目也被算作共同海损进行理算,无形之中加大了保险人的承保风险。所以保险条款中通常会对共同海损适用的法律作出规定。

根据《中国人保船舶保险条款(2009 版)》的规定,共同海损应首先以运输合同规定或适用的法律或惯例理算。如运输合同无此规定,应按《北京理算规则》或其他类似的规则规定办理。这样的规定对保险人较为不利,因为保险人并非运输合同的一方,其无法对理算结果进行充分的预计,增加了保险人的风险。

相比之下,《英国 1995 年协会定期船舶保险条款》的规定对保险人则更为有利,英国保险人并不愿意受海上运输合同中规定的外国理算条款(Foreign Adjustment Clause)的约束,[125] 从而使保险人免于对一些英国法所不接受的共同海损项目承担额外的保险责任。故《英国 1995 年协会定期船舶保险条款》第 10.2 条规定,当运输合同中没有特别规定时,共同海损的理算应按照航程终止地的法律和惯例办理。但是,如果运输合同规定按照《约克-安特卫普规则》理算,则应按此规

[124] 参见司玉琢:《海商法专论》,中国人民大学出版社 2007 年版,第 306 页。

[125] Brandeis, Goldschmidt & Co., v. Economic Insurance Co., Ltd. (1922) 11 Ll. L. Rep. 42. 转引自杨良宜:《英国海上保险条款详论》,大连海事大学出版社 2009 年版,第 85 页。

则办理。[126] 该规定意味着除运输合同规定按《约克－安特卫普规则》理算外，一律要根据航程终止地的法律和惯例办理。运输合同中约定的其他理算条款，在船货双方之间仍予以适用，但是约束船舶保险人的理算只能依据保险条款的规定确定。例如，某一航次是去中国，理算可根据《北京理算规则》（航程终止地惯例）或《约克－安特卫普规则》（运输合同约定）办理；但是驶往美国的航次中，运输合同注明适用《北京理算规则》，在《英国1995年协会船舶保险条款》下，该约定不约束船舶保险人。

与船舶保险条款不同，《英国2009年协会货物保险条款》并没有强制要求共同海损理算必须依照航程终止地的法律和惯例或《约克－安特卫普规则》。《英国2009年协会货物运输保险条款（A）》规定按照有关运输合同规定或适用法律进行理算。[127] 这是考虑到海上运输合同的货方处于谈判的劣势地位，特别是在班轮运输下，提单是航运公司提前印制好的格式合同，被保险人往往无力改变。为了更好地保护货方《英国2009年协会货物保险条款》不要求必须以《约克－安特卫普规则》理算。

（四）保险人的共同海损赔偿数额

在不足额保险的情况下，海上保险人共同海损赔偿数额并不一定完全等同于经海损理算的共同海损分摊金额。我国《海商法》第241条规定，保险金额低于共同海损分摊价值的，保险人按照保险金额同分摊价值的比例赔偿共同海损分摊。关于保险人对共同海损分摊金额的赔偿，我国《海商法》的规定与《英国1906年海上保险法》的规定不同。根据《英国1906年海上保险法》第73条第1款的规定，除保单另有规定外，如果被保险人已经给付或者有责任给付任何共同海损分摊，其赔偿限额为：若负责分摊的标的物是按分摊价值足额投保，应按共同海损分摊全额赔付；如果该标的物未按分摊价值足额投保，保险人应支付的赔偿额须按比例原则确定，而且如果发生了应从分摊价值内扣掉的单独海损损失，且保险人对此负有赔偿

---

〔126〕《英国1995年协会定期船舶保险条款》原文：Clause 10.2：Adjustment to be according to the law and practice obtaining at the place where the adventure ends, as if the contract of affreightment contained no special terms upon the subject; but where the contract of affreightment so provides the adjustment shall be according to the York – Antwerp Rules.

〔127〕《英国2009年协会货物保险条款（A）》原文：Clause A（2）：This insurance covers general average and salvage charges, adjusted or determined according to the contract of affreightment and/or the governing law and practice, incurred to avoid or in connection with the avoidance of loss from any cause except those excluded in Clauses 4, 5, 6 and 7 or elsewhere in this insurance.

责任,则应从保险价值中先予扣除,以便确定保险人应承担的分摊额。[128] 虽然我国《海商法》与《英国 1906 年海上保险法》表面上的计算方式不同,但由于我国《海商法》下的货物和船舶的"分摊价值"计算中已经减掉了"不属于共同海损的损失金额"部分,[129] 所以二者并无实质区别。

被保险人可以向保险人索赔其自己应承担的那部分共同海损分摊,但对于被保险人无法向其他相关方拿回的本应由对方分摊的共同海损费用是否可以向保险人索赔呢?该问题在英国 The Abt Rasha[130] 案中得到体现。

该案中,船舶由于机器故障挂靠避难港南非德班港(Durban)和南非伊丽莎白港(Elizabeth),最终船东决定将货物转船运至鹿特丹。船东与货主因此签订了不可分离协议,[131] 即在货物与原载货船分离,由另一船舶或其他运输工具运至目的港的情况下,船东在共同海损上的权利和义务可以不因转运而受到影响。同时船货双方还订立了"比格汉姆条款"(*bigham clauses*)条款。[132] 根据该条款,货物所有人因共同海损而应支付的款项不得超过若货方自己在避难港接收货物并将它们运至目的港的费用。

在该事故中,货方根据共同海损理算结果需要分摊 3,601,776.22 美元。但如果货方在避难港就安排货物转运,费用只需 2,814,349.94 美元。依据"比格汉姆条款"的规定,船东在共同海损理算时会有 787,426.28 美元没办法获得分摊。船东因此向船壳险的保险人要求赔偿其无法从货方那里拿到的 787,426.28 美元的损失(Excess Bigham Amount),但是保险人拒绝赔偿。理由是依据《英国 1906 年海上保险法》第 66 条第 4 款的规定,对于被保险人遭受的共同海损费用,其仅有权按其承担的损失比例从保险人处获得赔偿,而剩下的 787,426.28 美元根据理

---

[128] 《英国 1906 年海上保险法》原文:Section 73 (1): Subject to any express provision in the policy, where the assured has paid, or is liable for, any general average contribution, the measure of indemnity is the full amount of such contribution, if the subject – matter liable to contribution is insured for its full contributory value; but, if such subject – matter be not insured for its full contributory value, or if only part of it be insured, the indemnity payable by the insurer must be reduced in proportion to the under insurance, and where there has been a particular average loss which constitutes a deduction from the contributory value, and for which the insurer is liable, that amount must be deducted from the insured value in order to ascertain what the insurer is liable to contribute.

[129] 参见我国《海商法》第 199 条。

[130] [2000] 2 Lloyd's Rep 575.

[131] 原文:It is agreed that in the event of the vessel's cargo or part thereof being forwarded to original destination by other vessel, vessels or conveyance, rights and liabilities in general average shall not be affected by such forwarding...

[132] 原文:It is understood that the amount payable by cargo under this agreement shall not exceed what it would have cost the cargo – owners if cargo had been delivered to them at [*name of the refuge port where cargo was discharged*] and forwarded by them to destination.

算,并不是被保险人应承担的比例。但是,上诉法院对保险人的诉讼理由不予支持,法院认为保险人的责任范围是保险船舶应承担的全部比例的共同海损分摊,包括根据不可分割协议中的"比格汉姆条款"条文所应承担的部分。

同样,在 Green Star Shipping Co. Ltd. v. London Assurance and Others (The Andree)[133]案中,Andree 轮投保航次保险,在航程中先后发生火灾和碰撞事故,并因此产生了两项共同海损费用。在进行共同海损分摊时,扣除船东应承担部分的分摊(以船舶的获救价值为基础)以及货物所有人应承担部分的分摊(以货物的获救价值为基础)后,船东发现还有一部分其为此所支出的费用仍未能得到补偿(这部分不足额的产生,是因为获救货物的价值因碰撞而大大贬值)。在该案中,所争议的问题是,这部分未获得补偿的费用是否能从原告的船壳险保险人处得到赔偿。

罗氏(Roche)法官在审理该案时,主要援引了《英国 1906 年海上保险法》第 66 条第 4 款的规定,认定保险人应当对这一部分损失承担赔偿责任。其理由如下:"……一个船东,作为现行保险条款中的被保险人,如果其支出了共同海损费用,但货物价值在到达目的地前减少或灭失,导致货物应承担的分摊额而比预期的少时,那么我认为这一损失就属于保险人承担的损失比例部分,其满足《英国 1906 年海上保险法》第 66 条第 4 款的规定。"

从上述两个案例中可以看出在英国法下对于《英国 1906 年海上保险法》第 66 条第 4 款中所规定的"被保险人承担比例部分"解释的足够宽泛,以使被保险人为了船货或其他利益方的共同安全所支付的共同海损费用能够尽量得到赔偿。

(五)共同海损吸收条款的兴起

共同海损理算耗时耗力,有时理算结束以后加上理算费用,船东可能还要分摊更多的共同海损费用。在这种背景下,英美保险市场上开始出现了一种"小额共同海损条款"(Small GA Clause),特别约定共同海损的损失必须达到规定额度时,才可进行共同海损理算;对于没有达到规定额度则不按共同海损进行分摊,保险公司除了免赔额外全部赔偿给船东,而不要求船东必须先向货方提出分摊请求。此外,世界重要的水险市场还都特别增加一个条款,即"共同海损吸收条款"(General Average Absorption Clauses)。典型的是《2013 年北欧海上保险计划》第 4 - 8 条第 3 款,核心内容是船舶保险人把船东在约定金额内的共同海损风险全部"吸收"过来,立即全部赔付船东遭受的共损牺牲和费用,无须等待共同海损理算。[134] 其中,

---

[133] (1933) 1 KB 378.

[134] 《2013 年北欧海上保险计划》原文:Clause 4 - 8 (3): General average…If the assured chooses not to claim contributions from the other interests in the general average, the insurer is, at the assured's option, liable either: a. for any loss, damage, liability or costs which would have been recoverable in the general average up to the amount stipulated in the insurance contract, or; b. for the ship's general average contributions.

约定金额为船东与保险人在签订保险合同时所约定的最高限额。此条款赋予船东一项法律上有利的选择权，即如果被保险人不向其他共同海损利益方请求分摊，保险人应根据被保险人的选择赔偿可以作为共同海损的任何损失、损害、责任或费用，但以保险单所规定的金额为限，或者被保险人选择要求保险人赔偿共同海损分摊。

此种做法可以节省共同海损理算及收集共同海损担保的费用，实际上对各方都有好处，船舶保险费率也不一定就因此而增加或有较大幅度的增加。[135] 但是该条款在我国保险市场上还很少见，因此，有学者建议我国海上保险制度也引入“共同海损吸收条款”，可以使被保险人免受共损担保，完成共损理算和向其他利益方要求分摊之耗时、劳苦和花费。

（六）船舶空载航行的共同海损问题

依据我国《海商法》第 193 条第 1 款的规定，共同海损的成立条件之一是在同一海上航程中，船舶货物和其他财产遭遇了共同危险。所以，在“同一海上航程”期间，必须有多个不同的财产利益存在，才可能成立共同海损及出现共同海损分摊的问题。换句话说，我国法律不承认只涉及船舶一个财产利益时可构成共同海损。《英国 1906 年海上保险法》和《约克 – 安特卫普规则》及其他大多数国家的法律也有相同的规定。按照此种规定，发生海难事故时，船舶如果是空载航行（无货物利益方）且未出租（无运费利益方），受到损失的只有船舶一个财产利益，不能按照共同海损进行索赔。

为了鼓励船舶所有人在船舶发生危险时积极采取措施（如进入避难港修理），[136] 避免更大的损失甚至全损的发生，保护船舶安全，维护保险人的利益，在海上保险实践中出现了一种变通做法。《中国人保船舶保险条款（2009 版）》和《英国 1983 年协会定期船舶保险条款》都规定了空船共同海损条款，[137] 即在船舶空载航行无其他分摊利益方而无法成立共同海损时，保险人仍将保险船舶在避难港期间产生的船员工资，燃料、物料消耗人为地视为共同海损费用，如同存在多个分摊

〔135〕 参见汪鹏南：《海上保险合同法详论》，大连海事大学出版社 2003 年版，第 206 页。

〔136〕 避难港产生的船员工资和给养只有在作为共同海损时才能得到保险人的赔偿，否则，这些费用属于延迟或间接费用，既不可能由其他利益方分摊，通常又不能根据保险合同获得赔偿。因此在船舶空载航行时，船东可能会选择不去避难港修理而冒险驶往目的港，从而使保险人的利益得不到有效的维护。

〔137〕 《中国人保船舶保险条款（2009 版）》第 1 条“责任范围”第 2 款“一切险”第 2 项“共同海损和救助”：……（3）当所有分摊方均为被保险人或当保险船舶空载航行并无其他分摊利益方时，共损理算应按《北京理算规则》（第 5 条除外）或明文同意的类似规则办理，如同各分摊方不属同一人一样。该航程应自起运港或起运地至保险船舶抵达除避难港或加油港外的第一个港口为止，若在上述中途港放弃原定航次，则该航次即行终止。

方一样进行共同海损理算，从而使船舶所有人为了船舶安全而支付的额外费用可以从保险人处获得赔偿。空船共同海损的理算与普通的共同海损理算相比要简单得多，海损理算人无须计算收益财产的分摊价值，而只需确定哪些损失属于共同海损，从而由保险人赔付。〔138〕空船共同海损条款的精神与美国普通法下传统做法的效果一致。美国普通法下也认为在存在船舶保险人的情况下，保险人也被视为财产利益方，同样成立共同海损。结合法律规定与实践中的做法，总体来看，不承认在只存在船舶一个保险利益方时可承认共同海损，但在某些特殊情况下，即便发生共同海损时，只有一个财产利益存在，也可将其视为发生共同海损，关于其赔偿规则参照有关共同海损赔偿的规定。

在太安船务有限公司诉中国人民保险公司大连分公司共同海损保险索赔纠纷〔139〕案中，保险船舶"金路"轮在保险期内由仁川空载起航去青岛受载途中，发生海难事故，拖往大连锚地并进入船厂修理，产生了包括修船人员工资、港口费、燃料物料消耗等大量的费用。争议在于这些费用是否能够构成共同海损从保险人处得到赔付。该案一直上诉到最高人民法院，最终维持原判，即船舶空载航行，根据保险合同中的空船共同海损条款构成约定的共同海损，在避难港大连港产生的有关费用，原告要求列入共同海损由被告赔偿的请求应予支持。

此外，几乎所有的保险条款中均对"空载航程"的定义予以严格限制，以限缩空船共同海损条款的适用。前述之《中国人保船舶保险条款（2009 版）》规定的"空载航程"〔140〕，是指自起运港或起运地至保险船舶抵达除避难港或加油港外的第一个港口为止。同时，若在上述中途港放弃原定航次，则该航次立即终止。此后产生的任何费用和损失，不满足共同海损中"同一海上航程"的条件，不再作为本航程发生的共同海损。在"金路"轮案中，船舶在大连港修竣后，原告船东联系去青岛履行原定航次，被拒绝后，于 9 月 28 日与他人签订新的海上货物运输合同。法院认定，9 月 28 日是该航次终止之日，有关共同海损的费用计算到此为止，其后的损失和费用为单独海损。

三、施救费用

施救费用，是指保险标的发生保险事故以后，被保险人采取必要且合理的防止

〔138〕 参见胡正良主编：《海事法》，北京大学出版社 2012 年版，第 352 页。

〔139〕 参见步玉春：《一起被保险人船舶空载航行共同海损保险索赔纠纷案》，载《中国海商法年刊》（1998 年）。

〔140〕 参见《中国人保船舶保险条款（2009 版）》：2. 共同海损和救助……（3）当所有分摊方均为被保险人或当保险船舶空载航行并无其他分摊利益方时，共损理算应按《北京理算规则》（第 5 条除外）或明文同意的类似规则办理，如同各分摊方不属同一人一样。该航程应自起运港或起运地至保险船舶抵达除避难港或加油港外的第一个港口为止，若在上述中途港放弃原定航次，则该航次即行终止。

或减少保险标的损失的措施所产生的费用。施救费用与被保险人的施救义务相对,要求被保险人必须积极履行施救义务,尽量采取合理措施救助保险标的。施救费用(Sue and Labor Expenditure)又被称为特别费用(Particular Expenses),被保险人花费的施救费用可以从保险人处获得赔偿。不同于共同海损和救助费用,保险人在赔偿保险标的的损失之外对施救费用另行支付,且以一个保险金额为限。

(一)被保险人的施救义务

1. 施救是被保险人的法定义务

我国《海商法》第236条规定,一旦保险事故发生,被保险人应立即通知保险人,并采取必要合理措施,防止或者减少损失。被保险人收到保险人发出的有关采取防止或者减少损失的合理措施的特别通知的,应当按照保险人通知的要求处理。对于被保险人违反前款规定所造成的扩大的损失,保险人不负赔偿责任。《中国人保船舶保险条款(2009版)》也针对被保险人的施救义务作了相应的规定。因此,在保险标的发生危险时,被保险人应当像没有对船舶进行投保的谨慎船东一样,采取所有可能的合理措施,避免损失的进一步扩大,从而维护保险合同双方当事人的权益。此外,作为一项法定义务,即使在合同没有约定的情况下,施救义务仍然存在,不容当事人约定排除或抗辩。《英国1906年海上保险法》[141]和《英国1983年协会定期船舶保险条款》中也明确了被保险人的施救义务。

我国《海商法》中除要求被保险人根据自己的判断采取合理的施救措施外,还要求被保险人在收到保险人发出的有关采取防止损失发生或者减少损失的合理措施的特别通知时,应当按照保险人通知的要求处理。[142]《1964年北欧海上保险计划》也曾采用与我国《海商法》第236条相同的规定。然而,在实践中该规定可能引起保险人与保险人之间的利益冲突。例如,实践中船舶时常会遭受损坏,虽然由于这些损坏较小不足以达到构成不适航的程度,但是仍需修理。对于承保船期损失的保险人来说,可能会要求船东取得船级社签发的适航证书,然后继续航行,他的这种要求在日赔偿金额较高时更加迫切。然而,对于船壳保险人来说,如果这些小的损坏存在扩大并造成导致承保风险发生的可能,出于自身利益考虑,其会要求被保险人立即进行修理。[143] 可见,不同保险人的要求相互冲突,这使被保险人处于两难境地。出于上述考虑,现行的《2013年北欧海上保险计划》中已将上述规定

[141] 《英国1906年海上保险法》第78条第4款规定,被保险人或其代理人在任何情况下,都应采取一切合理措施防止或减少损失。原文:Section 78 (4): It is the duty of the assured and his agents, in all cases, to take such measures as may be reasonable for the purpose of averting or minimising a loss.

[142] 《海商法》第236条。

[143] See Nordic Marine Insurance Plan 2013 – Commentary Part I, §3 – 30,载 http://www. nordicplan. org/Commentary/Part – One/Chapter – 3/Section – 4/# – 3 – 30,最后访问日期:2016年12月18日。

删除。

《中国人保船舶保险条款(2009版)》并未将《海商法》的这一规定并入条款,可视为保险人通过合同的约定放弃了法律赋予其的权利,被保险人未按保险人要求或建议的方式采取措施不能必然被视为违反施救义务。在我国司法实践中,对被保险人是否按照保险人的要求采取相应措施的判定也较为宽松,并不要求被保险人必须完全遵照保险人的指示。在青岛海事法院审理的烟台市威盛国际船舶管理有限公司诉中国大地财产保险股份有限公司威海中心支公司船舶保险合同纠纷[144]案中,保险人要求被保险人在韩国就地修理船舶,但原告仍将其拖回国内修理,法院并未因此判决原告违反了施救义务,而是比较了在国内修理所花费的费用以及若在同等条件下在韩国修理需要花费的费用后,认为其施救措施满足施救义务下要求的"必要""合理"的构成要件,应当得到保险赔偿。但是如果保险人明确建议被保险人采取某一措施,而被保险人选择采取了相反的行动,但此后证明该行为并不合理,则被保险人将承担未履行施救义务的法律后果。

2. 施救义务产生的时间

我国《海商法》、《英国1983年协会定期船舶保险条款》和《2013年北欧海上保险计划》分别规定被保险人的施救义务产生于"保险事故发生时""当发生损失或灾难时"(In case of any loss or misfortune)以及"某一意外事故可能发生或已发生"(If a casualty threatens to occur or has occurred),明确被保险人施救义务产生的前提是保险事故已经发生,即危险已经实际存在,虽不要求保险标的正处于或已经处于危险所引起的灾难之中,但最起码需达到情况紧迫、灾难即将发生的程度。英国普通法判例中也认同此观点。里克斯(Rix)法官在State of the Netherlands v. Youell[145]案中指出,施救义务只有在灾难的发生已达到紧迫的程度时才会产生。库克(Cooke)法官在The Nore Challenger[146]案中对此再次予以明确。在我国法下,危险发生前的灾害预防和防范属于《保险法》第51条规定的防灾防损义务的范围,[147]所产生的费用不能得到保险人的赔付。

3. 违反施救义务的后果

我国《海商法》第236条第1款规定了被保险人的通知义务和施救义务,第2款规定了违反施救义务的法律后果:对于被保险人违反前款规定所造成的扩大的损失,保险人不负赔偿责任。该条赋予被保险人因未履行施救义务而需承担的不

---

[144] 参见(2009)青海法海商初字第353号。

[145] [1997] 2 Lloyd's Rep. 440.

[146] [2005] 2 Lloyd's Rep. 534.

[147] 我国《保险法》第51条第1款规定,被保险人应当遵守国家有关消防、安全、生产操作、劳动保护等方面的规定,维护保险标的的安全。

利后果在一定程度上的免责，且免责的程度仅限于因被保险人违反施救义务而造成的扩大的损失，而保险人对于原本遭受的全损和部分损失仍应予以赔付的，不能以此为由拒赔。此外，该条第2款中“违反前款规定所造成”的措辞意味着施救义务的违反与损失发生和扩大之间必须存在因果关系，这一点在司法实践当中得到确认，具体可参见上文引用的温州市远航海运有限公司诉中华联合财产保险股份有限公司温州中心支公司海上保险合同纠纷案[148]与浙江润欣港航工程有限公司诉大众保险股份有限公司宁波分公司船舶保险合同[149]案当中的相关论述。

《英国1906年海上保险法》没有规定被保险人未履行施救义务时的法律后果。根据保险条款的措辞，被保险人的减损义务虽是一项必须采取的法定义务，但是英国法与《英国1983年协会定期船舶保险条款》并未将其作为被保险人的一项“保证”（Warranty）。因此，未履行该义务不能导致保险合同的解除。同时，英国法的权威观点认为，保险人不能要求被保险人强制履行施救义务（The duty is not actionable），[150]而是在被保险人违反施救义务造成损失时，有权请求损害赔偿，通过向被保险人行使反请求或抗辩，从而抵销或减小保险赔偿数额。

（二）被保险人索赔施救费用的权利

1. 被保险人索赔施救费用的条件

被保险人向保险人索赔施救费用必须满足如下条件：

（1）施救行为必须是针对承保风险所造成的损失。这在实践中争议不大，已被普遍承认。[151] 因此，假使一艘船舶投保的仅是战争险，被保险人对因海上灾难而导致的船舶损失没有施救义务，被保险人在此情况下为施救行为，保险人对该笔费用不负赔偿责任。

（2）施救措施防止或减少的损失是保险合同承保的损失。在当前《中国人保船舶保险条款（2009版）》和《中国人保货物运输保险条款（2009版）》中，除全损险外，无论发生的是全部损失还是部分损失，施救费用都在其承保范围之列。[152]

（3）施救措施的目的是避免或减少损失，仅仅为了确定损失而发生的检验费

---

[148] 参见（2008）甬海法温商初字第62号。

[149] 参见（2008）甬海法商初字第391号。

[150] See Jonathan Gilman et. al., *Arnould: Law of Marine Insurance and Average*, Sweet & Maxwell, 2013, pp. 1012 – 1013.

[151] The Mandarin Star [1969] 2 Q. B. 449 案涉及的是施救费用的赔偿请求纠纷，案件的争议都集中在判断被保险人采取的施救措施是否针对承保风险。

[152] 《英国1906年海上保险法》第78条第1款也规定，只有在保险单中规定“施救费用条款”时，保险人才将承担相应的施救费用。

用或为了减少施救措施本身的费用不属于施救费用。[153] 但是我国《海商法》第240条第1款规定,被保险人为防止或者减少根据合同可以得到赔偿的损失而支出的必要的合理费用,为确定保险事故的性质、程度而支出的检验、估价的合理费用,以及为执行保险人的特别通知而支出的费用,应当由保险人在保险标的损失赔偿之外另行支付。该条文应视为是保险人对施救费用补偿义务的强制性规定。此外,这两项费用实际上是被保险人先为保险人垫付的费用,严格来说并非施救费用。因为在保险事故发生以后,保险人须确定保险事故的性质和损失程度,以此判断是否应当赔偿以及赔偿的额度。但是保险人可能难以迅速到达事故现场,所以会通知被保险人,要求其先去作出相应的检验与估价。保险人对被保险人的垫付费用需另行支付。然而,《海商法》将其与被保险人的减损费用规定在一起,适用一个保险金额的限制,这样的安排实际确立了一个特殊的施救费用制度。此外,在我国《保险法》下,被保险人的减损费用与确定损失性质、程度的费用是分别规定在第57条和第64条的,即被保险人定损费用不仅独立于保险合同的保险金额,还独立于第57条规定的施救费用,保险人须在上述两项赔偿支付外,单独对这项费用进行补偿。《保险法》的规定与《海商法》中的上述规定存在明显的不同之处。

(4)施救措施应合理。施救费用合理与否属于事实问题。被保险人应当全面考虑当时的情况进而判断是否采取施救措施以及采取怎样的施救措施来避免或减小损失。"合理"的含义体现在两个方面:

第一,指施救行为在性质和程度上均应以"合理"为限,即被保险人或其代理人应做到合理谨慎,尽可能以最少的费用挽救船舶、货物或其他财产。在货物保险中,英国司法判例中将下列情况认定为典型的不合理施救行为:延迟处置货物,产生了大量额外仓储费;[154] 货物本可以通过重新装船运输的方式运抵目的港,但被保险人却选择更加昂贵的铁路运输转运该货物,铁路运输的费用与重新装船运输费用的差额是不合理的施救费用;[155] 因延迟转运货物而支付了更高的运费金额。[156] 结合上文论述,从我国司法实践中的做法可知,我国判断救助行为合理与否一般采取比较合理行为与实际行为之间费用多少的方式,若实际行为花费的费

---

〔153〕 Irvin v. Hine [1950] 1 KB 555 案中,被保险人拒绝在干坞中对船舶进行检查,法官认为这并不构成对施救义务的违反,因为该等检查只能起到确定损失范围的作用,而不能避免或减小保险人承保的损失。

〔154〕 Meyer v. Ralli (1876) CPD 358. 保险标的为黑麦,保险单中明确约定了单独海损不赔。该批货物在运输途中因遭受海上风险而受损,其中一部分货物被卖掉,剩余货物原本也可以处理掉,但却被放置在仓库中长达一年多时间,结果产生了大量的仓储费用。法官在该案的判决中判定,被保险人所采取的措施不具有合理性,保险人对于此项仓储费不承担赔偿责任。

〔155〕 Lee v. Southern Insurance Co. (1870) LR. 5 C. P. 397.

〔156〕 Wilson Bros. Bobbin Co. v. Green [1879] 4 C. P. D. 371.

用显著高于合理行为所应花费的费用则构成不合理的施救行为。

第二,应以理性人为标准判断被保险人或其代理人是否采取合理施救措施,不应苛以被保险人更高的注意义务,被保险人亦无须像专家一样判断损失发生的可能性和损失的程度。例如,在英国判例 Sringer and Others v. The English and Scottish Marine Insurance Co. Ltd. [157]案中,原告本可以向捕获法庭(Prize Court)交付与货物价值相等的金额,从而使货物免于被法庭出售。法庭认为,如果要求被保险人采取上述措施,尤其是在外国的法院,则苛以被保险人的义务过重,不甚合理,因此判决被保险人未向法庭付款的行为不构成对施救义务的违反。

(5)施救费用是被保险人在航程中非正常支出的、额外(additional)、特殊的(extraordinary)费用。如果被保险人所支出的费用只是为了履行其在运输合同下的通常的义务,那么对于此项费用就没有风险的存在,保险人当然不予以赔偿。

在大多数案件中,区分费用是否为"额外的""特殊的"并不难,但是在涉及船舶扣押期间船员工资、给养以及船舶的日常经营费用时容易引起争议。例如船舶在航行中被某个国家扣押,那么在扣押期间船员的工资是否可以作为施救费用得到保险人的赔偿?

英国权威保险法著作 Law of Marine Insurance and Average 的第 15 版曾指出可通过运输合同是否受阻来判断产生的上述费用是否是额外、特殊的:如果合同因船舶的扣押、留置已经受阻,则其后产生的船员工资、给养和营运费用是"额外、特殊的"费用,符合施救费用的构成要件;否则,便是正常或通常的费用,不能通过施救费用得到赔偿。但该书第 18 版修正了上述观点,为不能简单地以合同是否受阻来判断该问题,如果上述费用产生时,存在有效的运输合同,通常的营运费用不能得到保险赔偿,因为该等费用是船东履行合同义务而发生的正常费用;当合同因船舶被扣留而受阻时,"船舶不再负担合同义务"本身尚不足以使船员工资、给养、船舶日常经营费用在施救条款下得以承保。被保险人还必须证明,船员继续履行雇佣合同或派人员上船的主要目的是促进船舶解除扣押,得以恢复运营,或避免船舶进一步受损。[158]

(6)施救行为的行为人必须为保险人所承认。我国法律和保险条款均规定履行施救义务的主体为被保险人,此种规定过于模糊。关于施救义务的主体是否包括其代理人、船长船员等雇员这一问题,容易在实践中产生纠纷。英国法规定的施救义务主体则较宽泛,除被保险人外还包括其代理人。《英国 1983 年协会定期船舶保险条款》为解决实践中关于船长、船员是否可以认定为被保险人的代理人的

---

[157] (1869) LR 4 QB 691;(1870) LR QB 599,CA.

[158] See Jonathan Gilman et. al., *Arnould*: *Law of Marine Insurance and Average*, Sweet & Maxwell, 2013, pp. 1289 – 1290.

争议,明确地将雇员也规定为施救义务的主体。

在 Uzielli v. Boston Marine Insurance Co.〔159〕案中,A 保险公司向 B 保险公司办理再保险,B 又向 C 办理了再保险,B 与 C 的合同中订有“施救费用”条款。本案的原告与被告是 B 保险公司与 C 保险公司。A 保险人为挽救被保险船舶支付了一些费用,B 在赔偿 A 后要求其再保险公司 C 予以赔偿。法院判决认为 C 保险公司仅负责 B 保险公司的施救行为产生的费用,而不负担 A 支付的施救费用,因为 A 既非 B 的代理人亦非其雇佣人。英国法下,对“被保险人的代理人”的类型不应做严格限制。

在 Melinda Holdings SA v. Hellenic Mutual War Risks Assn (Bernuda) Ltd. (The Silva)〔160〕案中,船舶被苏伊士港口法院扣押并构成推定全损。保险人认为被保险人的律师应当同时采取一切可能的措施释放船舶,包括:第一,提供担保;第二,启动放弃权利(Launching of a quit claim);第三,主张错误扣船的损害赔偿;第四,证明对方证据文件造假;第五,提出更多的上诉理由;第六,时效问题;第七,申请对 Hegazi 法官调查并取消其资格。而被保险人的律师并未采取上述措施,是怠于履职的行为,违反了施救义务条款。原告主张代理人仅限于船东委托从事海上航程的人,主要是船长和船员。因此被保险人的律师并非是被保险人的代理人,律师的怠职不能被视为被保险人违反施救义务。伯顿(Burton)法官支持被保险人未违反施救义务的主张,但是对于其提出的理由并不同意,认为被保险人的律师也是施救条款中的“代理人”,但是律师并不存在怠职行为,法官以此判决被保险人未违反施救义务。

同样,保险人采取的施救行为所引起的费用,也无权向被保险人请求返还。因为对保险标的遭受的承保范围内的损失进行赔偿本来就是保险人的义务。被保险人的施救行为是为了维护保险人的利益,因此法律和保险条款中规定保险人需对被保险人的施救费用予以赔偿。因为被保险人已经通过保险合同将保险标的因承保风险而产生的损失和费用转移给了保险人,所以保险人无权再向被保险人反索赔其施救行为引起的费用。

在《中国人保船舶保险条款(2009 版)》下,“合理费用”是否包括“损失”并不明确。但是英国案例表明,施救费用不仅仅限于被保险人和其代理人支付的费用,也包括被保险人和其代理人为防止或减少保险承保的损失而遭受的确定金额的损失。

在 Royal Boskalis〔161〕案中,原告荷兰公司与伊拉克的政府机构“GEIP”签订工

---

〔159〕 [1884] 15 Q. B. D. 11, p. 3.

〔160〕 [2011] 2 Lloyd's Rep. 141.

〔161〕 [1997] C. L. C. 816.

程疏浚合同，地点在伊拉克—科威特边境。原告的挖泥船船队向被告投保了战争险。1990 年，伊拉克攻打科威特，同年 9 月伊拉克政府颁布法律，对所有制裁过伊拉克国家的公司财产予以扣押。原告因此与伊拉克政府协商释放被扣押的挖泥船船队。双方最终达成协议，荷兰公司放弃对疏浚合同下的所有款项的主张，同时归还 GEIP 支付给荷兰公司的保证金，伊拉克政府释放船队。法院判决认为这笔为释放船舶而放弃的合同款项可以构成施救费用，只是由于原告的放弃款项是基于胁迫行为，不能得到执行，因此才不能基于施救条款而获得保险人的赔偿。

2. 施救费用是强制性规定还是任意性规定

施救费用在我国法下属于任意性规定，关于该问题请参见本书第三章的相关论述。

（三）被保险人可以请求施救费用的期间

并非被保险人在保险期间采取的施救行为引起的费用都可以要求保险人赔偿。被保险人索赔施救费用还需受下列条件的限制：（1）保险标的仍处于承保风险的威胁下，或者根据当时的情况不采取施救措施保险标的将遭受进一步的损坏。一旦承保风险的威胁消失，被保险人采取的后续措施即不能以施救费用向保险人主张赔偿。（2）在有些情况下，虽然承保风险没有消失，但是被保险人因采取施救行为而向保险人索要施救费用的权利也已经消灭。典型的情形是，如果被保险人发出委付通知且保险人接受，或者虽然委付被拒绝但是保险人已按全损赔偿，则在这之后被保险人实施的施救行为，保险人将不再支付施救费用。

在 Kuwait Airways Corp v. Kuwait Insurance Co. SAK〔162〕案中，被保险人的 15 架飞机在科威特机场被扣留，因为当时伊拉克正遭受外国侵略。战争险保险条款中责任限额条款规定，飞机在一次事故中的损失限额为 3 亿美元。保险单中也列有施救费用条款。在伊拉克遭受侵略后不久，保险人就承认保险标的全损并支付给了保险人最高限额 3 亿美元的赔偿。被保险人之后又采取各种努力措施，最后使 15 架飞机中的 8 架飞机获救。为此被保险人花费了 3000 万美元，被保险人根据保险单中的施救费用条款以施救费用的名义要求保险人支付这 3000 万美元的损失。法院最终没有支持被保险人的请求。在一审判决中，里克斯（Rix）法官认为被保险人采取施救行为的日期是一个“分水岭”，当保险合同双方均明确承认实际全损后，被保险人将再没有权利要求任何施救费用。被保险人不服，上诉到上诉法院。在上诉法院，斯托顿（Staughton）法官认为当保险人承认责任并开始赔偿时，保险人要求施救费用的权利即终止。他作出这个结论的根本原因是当保险人已经赔付了全损赔偿以后，剩下的 3 亿美元价值的财产已经转移给了保险人。之后保险人是否采取施救措施以及采取何种施救措施，都由保险人自己决定。

---

〔162〕（1996）1 Lloyd's Rep. 664.

四、救助费用、共同海损和施救费用的区别

(一)救助费用与共同海损的区别

通常情况下,救助费用属于在船货各方遭遇共同危险时,为了共同安全而由救助人进行救助而支付的费用,可以作为共同海损。上文提到救助包括三种形式:纯救助,“无效果,无报酬”的救助和雇佣救助。以下将根据三种不同的救助形式,将救助费用与共同海损的区别一一进行分析。

纯救助是救助人在未收到救助请求的情况下主动采取的救助行为,与共同海损中船长为了船货的共同利益或安全所主动有选择性的采取的特殊牺牲或花费有本质的差异。另外,救助者把被救船舶运到安全的地点,就可以要求船舶与货物支付救助报酬,无须等到了目的港之后再理算。更重要的是救助费用本应是船方和货方分别支付的,不能算作为了大家共同利益所做的花费。因此因纯救助行为而发生的费用不能根据共同海损获得赔偿。

“无效果,无报酬”的救助中的各个被救助方虽然处于同一航程中,但他们之间是相互独立的利益个体,他们认为合同救助下产生的救助报酬不构成共同海损,救助人必须向船方和货方分别要求支付救助报酬。此种情况在英国案例 The Raisby[163]案中得到了充分的体现。在该案中,救助人成功实施了救助作业后,救助方已经从船舶所有人那里拿到了救助船舶和运费的救助报酬,但救助人在与货方进行的索赔货物救助报酬的诉讼中却败诉,无法从货方那里拿到该部分救助报酬。于是救助人向法院提起诉讼,要求船舶所有人支付救助货物的救助报酬或者其未获得补偿部分救助报酬。救助人依据的理由是船舶所有人有义务先行支付运费和货物利益方所应支付的救助报酬,而后再向货物利益方进行追偿。法庭认为,救助人应向因救助行为而获益的货物利益方主张货物的救助报酬,而不应向船舶利益方主张该救助报酬。船舶和货物对于救助报酬的责任是相互独立的,而不是一种共同责任。不像共同海损各个受益方共同分摊费用或牺牲,救助中每一个利益方都是独立地对救助人的救助工作进行救助补偿。对于每一个获得救助的利益方,都应直接地向救助人支付他应负责的那一部分救助报酬。

同时,在海上保险中,被保险人以救助报酬索赔可能更有利。因为有可能在船舶遇难获救后,在其后驶往目的港途中又遇难发生全损,先产生的救助或救助费用中应由船舶保险分摊的部分,保险人可能借口最终不构成共同海损而拒绝赔偿。因此一般小心的船东还会为在半途花费的共同海损费用投保该笔费用最终因事故收不回的风险。而不把救助费用视为共同海损,救助人在救助成功后还可以立即要求救助报酬,不用等待到了最终目的港后漫长的海损理算过程。

《约克－安特卫普规则》1974 年与 1994 年版本曾试图将救助报酬当作共同海

---

[163] (1885) 10 PD 114;5 ASP MLC 473.

损一起理算。该规则中规定,航程中有关方因救助而支付的费用,不论救助是否根据合同进行,都应作为共同海损,但以救助作业是使在共同航程中涉及的财产脱离危险为限。[164]

但到了《约克－安特卫普规则》2004年版就发生了变化,规定除非船东为船上的货物一并支付救助报酬才能被例外地视为共同海损,即第6条(a)款:救助款项,包括所生利息和相关的法律费用,应由付款方自行承担而不得列入共同海损,除非与救助有关的一方已支付应由另一方承担的(根据获救价值而不是按共同海损分摊价值计算的)全部或部分救助报酬(包括利息和法律费用)。在理算中,应由另一方支付但该方未付的救助报酬应贷记付款方,借记由他方代其付款的一方。[165] 但是,2016年版的《约克－安特卫普规则》又作出了调整,其第6条(a)款原则上仍将救助报酬视为共同海损,只不过为简化理算而进行了折中,规定在各方对救助人各自承担合同和法律责任时,原则上不再对救助报酬进行共同海损分摊,除非存在第5条(b)款规定的五种情形。[166]

救助费用在英国的协会船舶和货物保险条款中都有承保,为了避免共同海损与救助费用出现混淆,协会保险条款明确说明是"承保共同海损与救助费用"。《中国人保海洋运输货物保险条款(2009版)》和《中国人保船舶保险条款(2009版)》中也是将共同海损与救助费用放在一起规定的。[167]

在雇佣救助下,双方当事人也存在一个以救助为目的的合同,其与共同海损的区分参见上文救助部分的论述。值得特别注意的是,在沿海船舶保险实践中,非经

---

[164] Rule Ⅵ: Expenditure incurred by the parties to the adventure in the nature of salvage, whether under contract or otherwise, shall be allowed in general average provided that the salvage operations were carried out for the purpose of preserving from peril the property involved in the common maritime adventure.

[165] Rule Ⅵ (a): salvage, payments, including interests thereon and legal fees associated with such payments, shall lie where they fall and shall not be allowed in General Average, save only if one party to the salvage shall have paid all or any of the proportion of salvage (including interest and legal fees) due from another party (calculated on the basis of salved values and not General Average contributory values), the unpaid contribution to salvage due from that other party shall be credited in the adjustment to the party that has paid it, and debited to the party on whose behalf the payment was made.

[166] 这五种情形为:(1)航程中发生了后续事故或者其他情况,造成了财产的灭失或损坏,致使获救价值和分摊价值之间产生了显著的差异;(2)存在数额较大的共同海损牺牲;(3)获救价值明显不正确,并且救助费用的分摊明显有误;(4)获救的任何一方支付了本应由另一方负担的救助报酬中的相当大一部分;(5)相当大一部分关系方已经根据实质上不同的条款处理完救助报酬的索赔,且未考虑利息、汇率调整以及救助方或分摊办法的法律费用。

[167] 《中国人保海洋运输货物保险条款(2009版)》的"一切险"、《中国人保船舶保险条款(2009版)》和《中国人保沿海船舶保险条款(2009版)》中的"全损险"均将"共同海损与救助费用"列入列明的承保范围中。

过保险人与第三方救助人约定的救助费用数额,可能得不到保险人的认可,最终仍需按照共同海损理算的程序通过理算确定。[168]

(二)救助费用与施救费用的区别

救助费用和施救费用的主要区别体现在:

1. 二者的性质不同。救助费用是部分损失,而施救费用属于"特别费用"。因此在"单独海损不赔"的保险单中,保险人不承担救助费用的损失,但保险人在赔偿保险标的的部分损失以后,还应当对被保险人支出的施救费用进行补偿。

2. 二者的赔偿条件不同。在保险标的发生全损的情况下,保险人在赔付被保险人保险标的的全损损失外,就不再另外赔偿救助费用的损失;或者在不足额保险的情况下,只要保险人已经赔偿了保险金额承保范围内的所有损失,就无须再另外支付救助费用。对于保险标的的施救费用则在保险人赔偿保险标的损失外还需要另外赔付。

3. 二者的计费方式不同。从事施救行为的是被保险人本人、其雇佣人和代理人,其都是按劳计酬的,而不是像救助报酬一样是根据协议或者"无效果,无报酬"(No Cure, No Pay)的原则计费。除了救助合同以外,救助人没有任何义务救助遇险船舶,而船东本人及其代理人或雇佣人却有救助船舶的义务。所以海难救助,救助人的行为是自愿性的,与作为被保险的雇员或者代理人对遇险的船舶或货物有施救的法定和合同义务不同。

在英国 Aitchison v. Lohre[169]案中,上诉法院判决海商法中的救助费用可以根据"施救费用"条款获得赔偿,但是该案上诉到上议院以后,上议院推翻了原判。布莱克本(Blackburn)勋爵虽然没有明确的赞成或者不赞成救助费用通过施救费用条款获得赔偿,但是他认为海上保险中施救费用制度的目的是在发生保险事故的情况下,鼓励被保险人自己努力尽量地避免或者减少损失。在这里他强调了被保险人自己,结合上议院最后的判决,可以认为该案中上议院的法官认为以"无效果,无报酬"为原则的救助是救助人的自愿行为,救助人没有法定的义务必须对其进行救助,所以无法算作施救费用。该原则在《英国 1906 年海上保险法》第 65 条得到了肯定。第 65 条规定,(1)除保险单另有明确规定外,为防止承保危险发生以致造成损失而产生的费用可以像承保危险造成的损失一样得到赔偿;(2)"救助费用",系指非合同救助人根据海商法可主张的费用。救助费用不包括被保险人或其代理人或其雇佣的其他人为避免承保危险而提供具有救助性质的服务所支出的费用。此种费用的支出如属正当,则应根据提供服务的具体情况而将其作为特

---

〔168〕 与《中国人保船舶保险条款(2009 版)》不同,《中国人保沿海船舶保险条款(2009 版)》将救助费用与共同海损和施救并列规定在一起并受一个保险金额的限制。

〔169〕 (1878) 3 Q. B. D. 558, 566.

别费用或共同海损损失得到补偿。[170] 同样《英国 1983 年协会定期船舶保险条款》中也明确将施救费用从共同海损和救助费用中排除。

我国海上保险实践中，施救费用主要针对为防止保险标的损失扩大而由被保险人本人、雇佣人或代理人所产生的燃油费和代理费等，也可能涉及委请第三方所发生的费用。但如果委托第三人时签订海难救助合同，则该费用也可能转入海难救助费用处理。

（三）施救费用与共同海损的区别

施救费用与共同海损的区别包括以下几个方面：

1. 如果费用是为了船货共同利益而产生，并且不属于"无效果，无报酬"的救助报酬，则归于共同海损的范畴；如果费用是为了一方的利益，既不属于救助报酬又不属于共同海损，则归于施救费用的范畴。当然，保险合同双方也可以通过合同或保险条款的约定来改变费用的性质与赔偿方法。

2. 共同海损必须获得成功，即在航程结束以后必须要有可以分摊的价值。施救费用则不要求一定有效果，只要是为了避免或者减少保险标的的损失，而支出的合理的费用就可以获得赔偿。

3. 共同海损属于保险标的的部分损失，而施救费用属于特别费用。对于施救费用保险人需在保险标的损失赔偿之外另行支付，而共同海损只能以部分损失索赔。救助报酬以及共同海损被视为保险标的的"部分损失"，因此，除非另有不同约定，如果保险单是"全损险"承保全部损失，则由承保危险引起的救助报酬与共同海损不属于保险赔付范围，例如《中国人保船舶保险条款（2009 版）》的"全损险"条款。施救费用源自独立于主保险合同的施救条款，即使是"全损险"，也不影响该费用的索赔。

4. 如果被保险人已经得到了关于保险标的的全损赔付，或者被保险人在部分损失的基础上已经得到了全部保险金额的赔付，就不能再额外索赔救助报酬以及共同海损，而施救费用的索赔则不会受到任何影响。

---

[170] 《英国 1906 年海上保险法》原文：Section 65：Salvage charges.

(1) Subject to any express provision in the policy, salvage charges incurred in preventing a loss by perils insured against may be recovered as a loss by those perils.

(2) "Salvage charges" means the charges recoverable under maritime law by a salvor independently of contract. They do not include the expenses of services in the nature of salvage rendered by the assured or his agents, or any person employed for hire by them, for the purpose of averting a peril insured against. Such expenses, where properly incurred, may be recovered as particular charges or as a general average loss, according to the circumstances under which they were incurred.

第三节 海上保险理赔与追偿

海上保险理赔程序自保险事故发生,被保险人向保险人作出出险通知时起,至保险人向被保险人完全履行保险赔偿义务并行使代位求偿权时止,涵盖出险通知与施救、保险事故核查、保险金支付以及追偿四个阶段。

一、海上保险赔偿的责任确定

(一)海上货物运输保险

1. 出险通知

我国《海商法》第236条、《保险法》第21条均规定了被保险人在发生保险事故后的通知义务,这是被保险人的一项法定义务。出险通知是保险理赔中重要的一步,也是保险理赔的开始。

及时、准确的出险通知,对保险人有着重要的意义。(1)这能使保险人第一时间了解到保险事故的发生,及时展开调查、安排检验,查明事故发生的原因和损害程度,以及收集证据。(2)保险人可以根据其所了解到的情况,协助或者通知被保险人采取合理措施以防止损害的扩大。(3)如果存在第三者责任,保险人也可以及时采取法律行动保护自己的代位求偿权。(4)这有助于保险人评估本保险期间被保险人的赔付率,〔171〕以及决定续约时对保险费率的调整。从被保险人的角度来看,保险人及时了解事故情况后可以更迅速地作出反应,有利于尽快对被保险人进行赔偿,并可以更准确地确定未决赔款准备金。〔172〕

因此,及时、准确的出险通知能够保证接下来理赔工作的顺利进行。需强调指出的是,被保险人向保险人及其代理人发出保险事故发生的通知,不等于他向保险人提出索赔。被保险人一般是在损失已经确定之后才会向保险人提出索赔的通知。

出险通知可以采用电话、电报、传真等方式,但应该选择在当时情况下最为迅速的传达方式。我国《海商法》第236条规定,一旦保险事故发生,被保险人应当"立即"通知保险人。也就是说,被保险人不但应该在保险事故发生后不拖延地将情况通知保险人,还应选择最快捷的传达方式,让信息在最短的时间内到达保险人。若采取口头通知的方式,一般应再补充一份书面通知,以便日后陷入纠纷时进

〔171〕 赔付率,是指一定会计期间赔款支出与保费收入的百分比。

〔172〕 未决赔款准备金,是指保险公司在会计年度决算以前发生保险责任而未赔偿或未给付保险金,在当年收入的保险费中提取的资金,也称作赔款准备金。

行调查取证。被保险人在通知保险人事故发生的时间和地点、损害的性质、损害发生的大体程度、是否已经采取过措施等内容时应使用通常的术语。此外，被保险人不仅应该在保险事故发生时通知保险人，还应该及时告知后续发展情况，使保险人全面掌握事故进展，并及时调整应对措施。

2. 勘查检验

实践中，被保险人在向保险人通知其发生了保险事故的同时，一般也会向保险人或其代理人提出货损检验申请。在海上货物运输保险中，如果是出口货物受损，国外进口方应立即通知保险单所载明的国外理赔代理人，并向其申请检验。中国人民财产保险股份有限公司在国外主要港口和城市均设有委托国外检验代理人和理赔代理人两种机构。如果是进口货物受损，我国进口方应立即通知当地保险公司，会同当地国家商检部门联合进行检验。如果是属于国外发货人的有关质量、规格的责任问题，保险公司根据保险条款不负赔偿责任，应由收货人向国家商检机构申请出具公证检验书，然后由收货单位通过外贸公司向发货人提出索赔。

即使被保险人没有向保险人申验，保险人在收到被保险人关于保险事故的通知后，也需要立即对保险事故的性质、原因、损失程度、第三人责任、救助措施等进行勘查检验，并制作勘查报告和检验报告。这一环节的目的在于辨明保险事故是否属于保险合同所载明的保险责任以及确定施救措施的合理性。延迟检验不但会使保险人难以确定货损是否发生在保险有效期限内，而且很可能导致损因由于货损现场变动而无法查明，从而引起双方争议，影响索赔。这项工作应在必要和合理的条件下进行，直接或聘请他人对受损标的进行查证和鉴定，如果海上保险事故或损失发生在国外，勘查检验常由保险人的代理人或委托人进行。

在海上货物运输保险中，发生货损后，收货人必须及时向承保的保险公司申请进行联合检验。货物抵达目的港后发现货损时，收货人应及时通知保险公司，向商检部门申请联检，共同查明致损原因、损坏数量和程度，并编制港口联检报告或情况记录。当货运转运至内陆收货人时，无论货物在港口卸货是否发现损坏，只要货物运抵目的地，发现有保险责任范围内短缺残损时，收货人就可通过当地保险公司进行联合检验并编制联检报告。

通过货物检验后，理赔人员应据此确定货损责任的归属。货物“原残”是发货人的责任，属于保险条款的险外责任，保险人不负责赔偿。我国《海商法》第243条规定，除合同另有约定外，因下列原因之一造成货物损失的，保险人不负赔偿责任：(1)航行迟延、交货迟延或者行市变化；(2)货物的自然耗损、本身的缺陷和自然特性；(3)包装不当。《中国人保海洋运输货物保障条款(2009版)》中的除外责任则包括了5项内容：(1)被保险人的故意行为或过失造成的损失；(2)属于发货人责任所引起的损失；(3)在责任保险开始前，被保险货物已存在的品质不良或数量短差所造成的损失(实务中称为原残)；(4)被保险货物的自然耗损、本质缺陷、特性以及市价跌落、运输迟延引起的损失；(5)中国人民保险公司海洋运输货物战争险条款和罢工险条款规定的责任范围和除外责任。货物"船残""工残"或其他外来原因造成的损失，只要在承保期间内发生均属保险责任，保险人应予赔偿。

中保财产保险有限公司上海分公司（以下简称中保财产）诉宁波市粮油食品进出口公司（以下简称宁波粮油）海上货物合同纠纷上诉案[173]中，原判依据投保单、购货合同、进口发票、提单、商检证书、火灾技术鉴定书等证据，认定宁波粮油与中保财产之间有长期的保险业务关系，并有货到目的港后支付保险费的习惯做法。1997年9月30日，宁波粮油进口秘鲁鱼粉2000吨，约定1997年11月装船，但并未约定具体的承运船舶。宁波粮油于1997年11月18日向中保财产投保，投保险别为一切险、火烧、霉变、结块，装载运输工具、航次、开航日期均依据提单规定。中保财产在投保单上加注"接受上述投保"，加盖公司业务专用章，但该投保单对保险费率没有约定。在宁波粮油投保时，中保财产声称，待运输船舶确定后，根据船龄最终确定费率。1998年1月17日，巴哈马籍的Lady Bella轮第13航次装载着保险合同项下的2000吨鱼粉从秘鲁钦伯特港出发，于3月19日抵达上海。3月20日，鱼粉自燃出险。经鉴定，结论为自燃原因系货物积载时间较长，通风散热不良、积热不散所致。此外，投保自非洲和中南美洲海运进口一般货物一切险的固定费率为2.5%，投保鱼粉（自燃，一切险）的附加费费率为3.5%，使用老船可以参照老船加收保险费的费率表适用老船附加费率。

一审判决认为，海上货物运输保险合同属诺成性合同，投保人提出投保要求，并与保险人就保险合同主要条款达成协议，经保险人在投保单上盖章承保，保险合同便告成立，而投保单就成为保险合同的一种书面形式。至于保险费条款中的具体金额，原告、被告之间明确约定留待运输船舶确定后，根据船龄等确定保险费率后再计算。本案各方当事人在订立合同时，有意将一项合同内容或条款留待进一步商定，这一项条款没有明确并不妨碍合同的有效成立，被告没有出具保险单并不能否认保险合同法律关系的存在。在保险单出具前保险标的发生保险事故，保险人应当根据保险合同承担赔偿责任。被告关于"承运船舶为老龄船，增加了风险责任，原告未尽告知义务"以及"火烧"险不包括"自燃"的抗辩不能成立。

中保财产上诉认为，涉讼货物的货损不属于上诉人的承保责任范围。自燃是本案涉讼货物鱼粉的自然特性，被上诉人在投保单中所填写投保险别为"一切险、火烧、霉变、结块"，并未明示投保自燃风险，故上诉人无需承担鱼粉自燃造成损失的赔付责任。此外，造成涉讼鱼粉自燃的原因是运输延误，根据我国《海商法》的规定，由于运输延误所造成的货损，上诉人有权拒绝赔偿。被上诉人宁波粮油答辩认为，《海商法》中"航行迟延、交货迟延或者行市变化，保险人不负赔偿责任"的规

---

[173] 参见(1999)沪高经终字第612号。

定,旨在限制保险人对无法控制的市场价格变化而引起的赔偿责任,不包括货损,并且鱼粉“自燃”即“火烧”这是不争的事实,据此认为上诉人提出的本案货损不属上诉人的承保责任范围的理由不能成立。法院认为被上诉人已经投保了一切险、火烧、霉变、结块,上诉人称自燃是鱼粉的自然属性、火烧不包括自燃的主张没有依据,法院不予采信。最终判决驳回上诉,维持原判。

对货物损失的检验报告,国际上经常使用劳合社的检验报告格式,各国货物损失检验报告的内容基本相同。检验申请人向保险人或其指定检验代理人申请检验时应提供填写如下内容的必要单证:申请检验表、海运提单、货物发票、海事报告、保险单证、装箱单、理货单、货物的重量单等。

我国《海商法》第251条规定,保险事故发生后,保险人向被保险人支付保险赔偿前,可以要求被保险人提供与确认保险事故性质和损失程度有关的证明和资料。因此,被保险人根据海上保险合同向保险人提供保险赔偿请求时,必须提供证据证明其索赔属于保险人的赔偿责任范围,如果被保险人没有提供或所提供的证据不齐全,保险人有权拒绝赔偿或只赔偿可以确定的部分,此时被保险人无权主张保险人迟延给付的责任。当前货物保险实务中保险人要求提交的单证包括:(1)保险单正本,初步确认索赔人已经取得保险单所证明的权益,有权向保险人提出保险索赔;(2)提单(运单或运输合同),确认航程,以便与保险单核对,同时便于保险人向承运人索赔;(3)商业发票及贸易合同,确定货物损失金额;(4)装箱单,确定箱内货物内容;(5)磅码单,确定货物重量损失;(6)货物损失证明,包括承运人出具的货损证明、理货公司出具的理货报告、集装箱设备交接单、海事报告、警方出具的被盗证明、货损照片、海事局出具的海事调查报告;(7)检验报告,定损和向第三责任方索赔的依据;(8)索赔函及索赔清单,便于保险人审核;(9)进出口报关单,涉及进出口贸易下货物的索赔数量及真实性;(10)账户信息;(11)权益转让书;(12)付款授权书。

3. 责任确定及赔偿计算

为确定保险人的责任,保险人通常需判断货损原因是否属于保险责任、货损是否发生在保险期限内、索赔人是否具有可保利益,并审查有关单证,如保险单证、事故检验报告、保险事故证明、保险标的施救和修理等方面的文件。

保险人通常依据索赔清单计算保险赔偿。保险赔偿的计算可以由保险人自身进行,也可由其代理人计算或委托海损理赔人理算。以下论述暂不考虑不足额保险和超额保险的情况。

(1)全损

第一,定值保险。此种情况下,保险赔款等于保险金额,但不超过约定的保险价值。在国际货物买卖的实践中,海上货物运输保险合同中的保险金额通常为CIF价格的110%。《2000年国际贸易术语解释通则》中CIF项下保险合同指:“卖方必须按照合同规定,自付费用取得货物保险,并向买方提供保险单或其他保险证据,以使买方或任何其他对货物具有保险利益的人有权直接向保险人索赔。……应买方要求,并由买方负担费用,卖方应加投战争险、罢工、暴乱和民变险,如果能投保的话。最低保险金额应包括合同规定价款另加 10%(即 110%),并应采用合同货币。”另外,《跟单信用证统一惯例》(UCP600)第 28 条中“保险单据及保险范围”下,第 f. ii. 款规定,“信用证对于投保金额为货物价值、发票金额或类似金额的某一比例的要求,将被视为最低保额的要求。如果信用证对投保金额未作规定,投保金额须至少为货物的 CIF 或 CIP 的价格的 110%”。因此保险人应按照货物运输保险合同中约定的保险金额,即 CIF 价格的 110% 进行赔偿,除非保险人有证据证明被保险人有欺诈行为,否则不得以保险标的的实际价值与约定价值不符为由拒绝赔偿。

第二,不定值保险。此种情况下,保险赔偿的数额等于保险金额,但不能超过货物的保险价值。不定值保险是与定值保险相对应的概念,指双方当事人在订立保险时只列明保险金额,不预先确定保险标的的价值。我国《海商法》第 219 条第 2 款第 2 项规定,货物的保险价值,是保险责任开始时货物在起运地的发票价格或者非贸易商品在起运地的实际价值以及运费和保险费的总和。在保险事故发生后,再行估计其保险价值。此种情况下,保险价值以保险责任开始时保险标的的实际价值为计算依据,通常以市场价格为标准确定其价值。在不宜用市场价格确定保险价值的情况下,也可以采用重置成本减折旧的方法或其他的估价方法来确定保险价值。

(2)部分损失

第一,部分货物损失。此种情况下,保险赔款的计算公式为:保险赔款 =(受损货物件数或重量 ÷ 承保货物总件数或总重量)× 保险金额。

第二,质量损失。如果涉及贬值,保险赔款的计算公式为:保险赔款 = 保险金额 × 贬值率。

贬值率 =(货物完好价值 - 受损后的价值)÷ 货物完好价值。

第三,修理费用。修理费用或更换费用小于贬值时,保险人可选择赔偿修理费用或更换受损部分的费用。

(二)船舶保险合同

1. 出险通知

保险船舶发生保险事故后,被保险人应立即通知保险人或其代理人,以免耽误保险人或其代理人对海损事故进行立案、勘查、检验、估损、定责和核赔等。保险事故的发生是被保险人提出索赔的前提条件,出险通知是被保险人应履行的义务。被保险人要采取合理的措施减少保险事故的损失,要配合保险人及其代理人做好勘查、检验工作,并依据检验报告确定损失金额,而后以此为基础向保险人提出索赔。此处被保险人向保险人或其代理人发出保险事故发生的通知,同货损中的出险通知一样,也不等于他向保险人提出索赔。《英国 1983 年协会定期船舶保险条款》在索赔通知的规定上,要求当被保险船舶遭遇意外事故造成灭失或损坏时,被保险人、船东或管理人必须在他们“知道或应该知道事故发生之日以后,船舶检验之前”迅速通知保险人,以便让保险人及时指定检验人进行检验;如果被保险人未在事故发生之日起的 12 个月内履行索赔通知义务,除非经保险人书面同意,保险人对该事故损失有权拒赔,但不会使合同终止。在我国,《中国人保船舶保险条款(1986 版)》规定应在 48 小时内通知保险人。

船舶保险常见的理赔单证资料包括:(1)索赔函及损失清单。(2)船舶适航证明,包括船舶所有权证书、船舶检验证书簿、船舶适航证书、最低安全配员证书、职务船员适任证书、装载记录、载重线证书等。有些涉及机损的案件还需要船舶历史维修记录和相关设备的维护保养记录。(3)事故及原因证明,包括现场照片(通常由保险公司拍照),船长海事申明,船员陈述笔录,事故航次的航海日志、轮机日志、电台日志等记录,事故主管机关或第三方的调查结论;如赔案涉及诉讼或者仲裁,且法院判决书、仲裁机构裁决书对出险原因做了分析,该法律文件即可作为出险原因证明;缺少事故主管机关的调查结论时,保险公司的查勘报告或委托第三方所作的检验报告,也可作为事故原因的证明材料;相关气象证明材料,涉及大风、雷电、洪水等自然灾害的事故中,相关单位的气象证明材料是事故原因的主要证据。(4)损失证明材料,包括船舶修理工程单、结算单、发票,救助合同、打捞合同及相关发票,碰撞触碰事故的调解书、协议书、判决书及相关支付证明,被保险人其他损失的支付证明。(5)共同海损理算报告,涉及共同海损时需要。(6)海事赔偿责任限制相关文书,在涉及海事赔偿责任限制案件中需要。(7)定损清单、赔付协议书、公估报告等。

2. 勘查定损

保险人接到被保险人或其代表人的报案后,应立即受理并将出险情况进行登记。受理报案人员要详细记录出险时间、地点、船名等内容,同时要核对报案时间是否超过保险赔偿条款中约定的报案时间,如果确有超出,则保险人应要求被保险人对报案时间晚于保险条款中约定的报案时间的事实签字确认,若因此导致保险人没有及时处理而造成损失扩大,对于扩大的损失保险人不负责赔偿。受理报案后,保险人应立即查核保险标的的保单副本、批单和投保时的记录等文件,确定保险船舶的保险金额、险别,初步分析索赔是否属于承保责任。如果确定属于承保责任,要将所有文件放入卷宗立案。

立案后,保险人要立即对出险船舶勘查定损。这决定着保险人能否收集到有关保险事故的第一手资料,能否准确地分析和确定损失原因,对于后续的理赔程序的顺利进行有着十分重要的意义。及时地进行勘查定损,还便于保险人积极参与施救,与被保险人共同采取措施,控制事态,减轻损失。

勘查后需要写出检查报告并载明损失原因。对于复杂的检验,应聘请有资格的检验人员或公估人员进行公证检验。勘查结束后,应作出事故原因是否属于保险事故的判断,确定损失范围和程度,并可以向被保险人作出保险船舶修理地点和施救措施的建议。

太平财产保险有限公司福建分公司(以下简称太平福建公司)与南京强泉运输贸易有限公司(以下简称强泉公司)船舶纠纷申请再审案〔174〕中,申请再审人太平福建公司称,钦州海事局出具的《"顺强1"轮水上交通事故调查结论书》(以下简称《事故调查结论书》)认定事故海域沉船前后有八级以上大风,没有事实和法律依据。海事局并非气象专业部门,其《事故调查结论书》所认定的风力大小在证据力上并不具有优先性。太平福建公司提交的证据可以认定事故海域沉船前后没有八级以上大风;二审判决回避确认货物水分是否超标、船舶是否超载、强泉公司是否履行安全保障义务等基本事实,回避上述事实作为沉船根本原因的分析,错误认定"顺强1"轮沉没的原因。法院认为,(1)关于海事局《事故调查结论书》是否可以作为定案依据问题,本案中太平福建公司提交了广西气象科技服务中心、北海气象台、北海水警司令部航海保证科等气象专业部门出具的气象资料,用以证明本案船舶发生沉没时并无八级大风,但是由于上述资料所体现的内容与其他气象部门出具的证明存在冲突,且没有实测气象数据予以作证,因此不具有推翻《事故调查结论书》的证明力。(2)太平福建公司以上海天衡保险公估有限公司《公估报告》和华南海事司法鉴定中心《鉴定报告》认定为由,主张涉案船舶超载,但是由于该《公估报告》《鉴定报告》系太平福建公司单方委托,不足以推翻海事局作出的《事故调查结论书》,且"顺强1"轮持有海事部门签发的准予开航的签证,因此二审判决认定是"顺强1"轮开航时没有超载,并无明显不当。据此,在没有相反证据证明《事故调查结论书》结论错误的情况下,二审判决确认《事故调查结论书》的结论意见作为定案依据,并无不当。鉴于《事故调查结论书》认定"顺强1"轮因遭遇八级大风大浪而导致船舶严重倾斜进水沉没,二审判决根据海上保险"近因原则"认定八级大风是造成船舶沉没全损的主要原因,判定太平福建公司作为保险人应当承担赔偿责任,符合事实和法律规定。太平福建公司认为《事故调查结论书》有关船舶沉没原因是建立在错误事实基础之上的主张,缺乏充分的事实依据,不予支持。

保险事故成立后,被保险人应根据保险合同的约定向保险人提供各种索赔文件,保险人要对这些文件进行详细的审查。审查结束后,对于不属于保险责任的案件,应当及时向被保险人发出书面的拒赔通知,并说明拒赔的理由。保险人在进行

---

〔174〕 参见(2012)民申字第712号。

了对船舶的勘查检验,并收到了被保险人提交的索赔必要的单据之后,应当立即进行核赔工作:(1)查明被保险人是否缴付了保险费以及是否履行了保险合同规定的其他义务,被保险船舶发生海损事故的时间是否在保险期间之内,以及被保险人是否在索赔时效内提出索赔等。(2)将船长签署的海事声明及船舶的航海日志和机舱日志等资料所列出的出险原因和事故经过,对照验船师出具的检验报告所说明的损失原因、范围和程度加以分析,确定是否属于承保范围。(3)在确定保险责任以后,应对损坏修理项目和费用逐项仔细审核,以防止混入不属于保险损失的修理项目和费用。(4)对于保险事故损失所引起的施救费用和救助费用应当仔细审核,既要审核它们的支出是否合理,又要将两者加以区别。施救费用是被保险人为避免或减轻应由保险人赔偿的损失,而且通常事先经过保险人同意所采取的措施和支出的费用。(5)拖带费用、进出避难港费用、船员的工资和给养费用等,同样需要逐项审核,以确定哪些应由保险人负责赔偿,哪些应由被保险人自己负担。(6)如果被保险船舶与他船发生碰撞,应当清楚双方船东的协议,或是通过仲裁机构裁决或法院判决所确定的双方船舶所负的过失责任比例,并了解船货损失详情,特别要对被保险船舶能否依法享有责任限制等提出意见。(7)如果被保险船舶发生共同海损,详细审核共同海损行为的过程,确定其能否构成共同海损事实。(8)如果对船舶损失的修理是按照保险条款的规定采用了招标或重新招标方式进行的,就应审核给被保险人在招标期间的补偿金额是否超过船舶当年保险价值的30%。

《英国1983年协会定期船舶保险条款》中的招标条款与《中国人保船舶保险条款(2009版)》也存在显著区别:(1)《英国1983年协会定期船舶保险条款》要求被保险人在保险人指定的港口修理受损船舶,并规定保险人有权否决被保险人在该指定港口所选择的修理地点或修船厂,但未提及被保险人应采用招标的方式合理选择修船厂这一点。与之相比,《中国人保船舶保险条款(2009版)》对通过招标方式规定的十分明确,也提到了保险人有权对被保险人选择的修船厂作出否决,但没有关于由保险人指定修理船舶的港口的规定。(2)《英国1983年协会定期船舶保险条款》强调保险人自己也可对船舶的修理直接采用招标方式作出决定,或在否决被保险人的选择以后要求后者再次招标,而且规定不论在哪一种情况下,只要投标经保险人同意而被接受,保险人就应该补偿被保险人的时间损失,但以船舶当年保险价值的30%,且以收到保险人认可后毫不迟疑地接受招标为限。《中国人保船舶保险条款(2009版)》同样有补偿时间损失的规定,即保险人补偿被保险人按保险人要求发出招标通知日起至接受投标时止,所支付的燃料、物料及船长、船员的工资和给养,但此种补偿不得超过船舶当年保险价值的30%。(3)《英国1983年协会定期船舶保险条款》在规定补偿的计算方法时指出,应对此项补偿作适当扣除,具体包括在燃油、物料及船长、高级船员和船员的工资与给养方面得到的赔偿,包括作为共同海损的金额,以及有关延迟损害赔偿和/或利润损失和/或营运费用从第三方得到的赔偿。此外,如果船舶受损的修理中有一部分是不属于保险责任范围的,在计算补偿额时应该按相当比例扣减。《中国人保船舶保险条款(2009 版)》中没有这些内容的规定。对不遵守索赔通知和招标条款各项规定的被保险人,《英国 1983 年协会定期船舶保险条款》规定的惩罚手段是在已确定支付的赔款中扣除 15%。《中国人保船舶保险条款(2009 版)》规定保险人对被保险人不合理的招标选择可以采取两种惩罚办法,行使否决权或从赔款中把因不合理选择而增加的费用扣除。[175]

3. 保险损失的确定

(1)全损赔偿

被保险船舶遭受全损,保险人按保险金额赔偿。

第一,实际全损赔偿。当被保险人向保险人提出船舶实际全损的索赔以后,保险人一旦按实际全损作出了赔偿,被保险船舶的所有权应转移给保险人,该船留下的任何残值归于保险人。如果被保险人在未办理实际全损索赔手续之前已把残值出售,保险人就可把残值从全损赔偿金额中扣除。同时,保险人也有权放弃对保险标的的权利,全额支付合同约定的保险赔偿,以解除对保险标的的义务。

第二,推定全损赔偿。在船舶发生推定全损的情况下,被保险人应向保险人提交委付通知。如果保险人接受委付,就按推定全损支付赔款,同时取得船舶的一切权利并承担有关义务。如果保险人拒绝接受委付,将在全额支付合同约定的保险赔偿后,解除对保险标的的义务。如果被保险人不提出委付而选择按部分损失索赔,保险人在对这种部分损失所支付的赔款中应扣除免赔额,赔偿后也不能取得受损船舶剩余部分的价值和其他权利。

第三,船舶失踪。我国《海商法》第 248 条规定:"船舶在合理时间内未从被获知最后消息的地点抵达目的地,除合同另有约定外,满两个月后仍没有获知其消息的,为船舶失踪。船舶失踪视为实际全损。"被保险人无须向保险人委付被保险船舶。现行《中国人保船舶保险条款(2009 版)》与此规定相同,船舶失踪 2 个月即视为实际全损,这有利于保护船舶所有人的利益。在审判实务中,此条规定曾被类推适用货物运输保险。例如在黄春发有限公司诉中国太平洋保险公司广州分公司海上运输货物保险合同纠纷上诉案[176]中,法院认为,"《海商法》第 248 条规定:船舶在合理时间内未从被获知最后消息的地点抵达目的地,除合同另有约定外,满两个月后仍没有获知其消息的,为船舶失踪。船舶失踪视为实际全损。参照上述法律规定,应推定承运提单项下货物的船舶自 1994 年 11 月 16 日起失踪。据此,应推

[175] 参见应世昌:《新编海上保险学》,同济大学出版社 2010 年版,第 378 ~ 379 页。

[176] 参见(2001)粤高法经二终字第 147 号。

定装载于该轮的货物已经于1994年11月16日失踪。”但国内后来又有不同的判决。在康地华美饲料(武汉)有限公司与中国人民财产保险股份有限公司江西省分公司海上货物运输保险合同赔偿纠纷案[177]中,法院认为:“《海商法》第248条是有关船舶失踪的规定,该条‘船舶在合理时间内未从被获知最后消息的地点抵达目的地’的规定中的‘被获知’应该为船舶保险中的被保险人获知,即宣布船舶失踪的当事人只能是船舶的被保险人,而不是货物保险中的被保险人,只有当船舶保险中的被保险人宣布了船舶失踪,船上所载货物的被保险人才能根据货物保险合同主张货物失踪的赔偿,也就是说,货物的被保险人不能因不知道船舶的行踪而推定船舶失踪进而推定货物全损。原告关于涉案船舶已经失踪、被保险货物视为实际全损的上诉理由没有法律依据,法院不予支持。”

(2)部分损失赔偿

被保险船舶遭受部分损失,保险人在保险金额限度内,按照对损失进行修理所实际支付的费用赔偿,但是在赔款中应扣除保险单所规定的免赔额。如果船舶受损后未经修理即已出售,保险人赔偿的金额应以验船师估计的合理修理费用为限。

二、补偿原则

海上保险合同是补偿性的合同,该特性在保险赔偿中的体现则是补偿原则。补偿原则是指在补偿性的保险合同中,当保险事故的发生造成保险标的毁损致使被保险人遭受经济损失时,保险人给予被保险人的经济补偿应当恰好能弥补被保险人所受损失的原则。

(一)补偿原则的立法渊源

1.英国的保险立法

补偿原则与保险合同的补偿性一样,起源于“冒险借贷”,此后也都为《英国1906年海上保险法》所确认。保险的起源地虽不在英国,但在传入英国后得到了进一步的繁荣和发展,并逐步走向现代意义上的保险。在经历了由商人和航海人士依据商业习惯和航海惯例对保险纠纷进行审判以及海事法院依据先例审判之后,《英国1601年商人保险法案》(An Act Concerning Matters of Assurance Amongst Merchants 1601)拉开了英国通过立法对保险活动进行干预的序幕,但真正对补偿原则产生重要影响的却是《英国1745年海上保险法》(Marine Insurance Act 1745)。

---

[177] 参见(2004)沪高民四(海)终字第151号。

针对之前大量存在的缺乏保险利益[178]的赌博保单(wager policy),[179]《英国1745年海上保险法》宣布以英国船舶及其载运货物为保险标的的此类保单为非法(illegal)保单,保险合同再次回归到补偿性合同。

有学者认为,《英国1745年海上保险法》是补偿原则得以确立的标志,但仔细分析就会发现这种说法并不准确,因为在该法颁布之前补偿原则就已存在。理由如下:(1)《英国1745年海上保险法》禁止的是以保单明示条款的形式约定不对保险利益作出任何要求的行为。可见在该法颁布前,大量的保单中已经出现"保险利益"的字样,这就说明那时的人们已经对保险合同的补偿性本质有了清晰的认识。(2)《英国1745年海上保险法》颁布前大量赌博保单以明示条款的形式说明不对保险利益作出任何要求的原因在于,如果不作此种说明,不具有保险利益的保单就会被认定为无效。[180] 也就是说,《英国1745年海上保险法》颁布之前的法律已经开始对保险利益作出要求了。所以,《英国1745年海上保险法》颁布之前,原则上不具有保险利益的保单因为不符合补偿原将在普通法下被认定为无效,但有一种例外,那就是以明示条款说明不对保险利益作出任何要求的保单,也就是我们所说的赌博保单,将被认定为有效。《英国1745年海上保险法》颁布后,补偿原则唯一的例外,即以明示条款说明不对保险利益作出任何要求的赌博保单也被禁止,保险合同再一次完整地回归到了补偿性合同。由此可见,其实在《英国1745年海上保险法》颁布以前,补偿原则就已经在英国通过案例法得以确立,而并非如很多人认为的那样是直至《英国1745年海上保险法》颁布才确立的。此外,虽然《英国1745年海上保险法》禁止的仅是以英国船货为保险标的的赌博保单,但并不及于与外国船货有关的保险,这是基于对外国船货保险利益调查的不便利所作的一种让步。

《英国1906年海上保险法》开篇就对保险合同的补偿性作出了明示。该法第1条规定,海上保险合同,是保险人按照约定的方式和范围,对与航海有关的海上

---

[178] 传统的严格的保险利益,是指投保人或被保险人对保险标的具有的法律上承认的利益。现代的宽松的保险利益,是指投保人或被保险人与保险标的之间的经济联系。不管是哪种保险利益学说,都是在补偿原则的基础上产生的,是补偿原则的直接体现。

[179] 当时的赌博保单,大多通过保单上"interest or no interest""without further proof of interest than the policy""without benefit of salvage to the insurer"等条款以约定方式排除普通法对保险利益的要求。此类缺乏保险利益的保单在查理二世(1630~1685)时期广泛存在,更糟糕的是在安妮女王(1665~1714)时期此类保单的有效性得到了法律的认可。See Jonathan Gilman et al., *Law of Marine Insurance and Average*, Sweet & Maxwell, 2013, pp. 353–354.

[180] See Jonathan Gilman et al., *Law of Marine Insurance and Average*, Sweet & Maxwell, 2013, pp. 353–354.

损失向被保险人承担赔偿责任的合同。[181] 除此之外,《英国1906年海上保险法》还建立起了包括保险利益、代位求偿、委付等在内的一系列具体的制度来确保补偿原则能够在保险活动中得以贯彻。可以说,与《英国1745年海上保险法》相比,《英国1906年海上保险法》不仅明确了赌博保险无效,而且明确揭示了保险合同的补偿性,并通过一系列的具体制度全面确立了现代保险法意义上的补偿原则。

2. 国际继承和发展

在英美法系国家,海上保险大多由一部单独的法律进行规制,特别是《英国1906年海上保险法》颁布后,得到了世界范围的广泛好评和认可。很多英美法系国家的海上保险法都是直接移植自该法,比如《澳大利亚1909年海上保险法》(Marine Insurance Act 1909)、《加拿大1993年联邦海上保险法》(Federal Marine Insurance Act 1993)。在此种情况下,《英国1906年海上保险法》的补偿原则自然也被这些英美法系国家所继承。大陆法系国家的海上保险法与英美法系稍有不同,很多国家的海上保险除了要受一部单独的法律调整外,还要受到其他诸如民法、保险法等一般法律的调整。虽然大陆法系国家的海上保险法与《英国1906年海上保险法》不尽相同,但也都无一例外地对海上保险合同的补偿性或保险利益等补偿原则的核心制度作出了规定。[182]

通过分析对比可以看到,虽然大陆法系和英美法系,或者说各个国家关于海上保险法的规定不完全一致,但隐藏在其后的补偿原则却是一致的,即被保险人只有在遭受了损失之时才能获得补偿。补偿原则之所以能够在世界范围内成为保险法的首要基本原则,其根本原因是保险分散风险、补偿损失等目的属性的基本要求,同时也与保险人利益保护倾向及禁止赌博保险、防止诱发被保险人道德风险等社会价值取向有一定关系。

(二)补偿原则的本质与限度

1. 补偿原则的"补偿"与民法"赔偿"之区别

对于保险法中的"补偿",我国长久以来一直存在与民法"赔偿"概念混用的现象,如我国不少学者习惯将保险法"补偿原则"称为"赔偿原则"。我国《保险法》在定义财产保险概念的时候都使用了"保险人承担'赔偿'保险金责任"的说

---

[181] 《英国1906年海上保险法》原文:Section 1: A contract of marine insurance is a contract whereby the insurer undertakes to indemnify the assured, in manner and to the extent thereby by agreed, against marine losses, that is to say, the losses incident to marine adventure. 与中文译文相比,原文的"indemnify"更能体现出保险合同的补偿性本质。

[182] 如希腊依据《希腊海事私法典》(The Code of Private Maritime Law)第257条和《希腊商法典》(Commercial Code)第189条共同确立了补偿原则。包括挪威在内的北欧各国适用的《2013年北欧海上保险方案》(The Nordic Marine Insurance Plan 2013)第2-1条对保险利益作出了规定。

法。[183] 其主要原因是对保险法补偿原则的本质的认识尚有不足,虽然保险法属于民法的下位法,但通过研究可以发现,保险法下的"补偿"与民法通常意义上所说的"赔偿"存在较大差异。

(1)性质与功能不同

通常民法的"赔偿"要以侵权法下的侵权或合同法下的违约为前提,以违法或违约为必要条件的"赔偿"本质上来说是一种法律救济措施。"救济"必然要以实现公平正义为主要目标,尽量使相关损失完全恢复到受损前的状态。与作为法律救济方式的民法"赔偿"不同,保险法的"补偿"是在保险事故发生后保险人理应承担的一项合同义务,其在本质上来说是一种正当的履约行为,是对法律的遵守而非破坏,更不是破坏后的救济。保险本质上来说是一种商业行为,虽然商业行为也要求公平正义,但在公平正义之外对经济和效率的追求也不容忽视,补偿原则的"不完美性"正是其社会功能中的经济和效率原则对公平正义原则的修正所致。[184]

(2)损失衡量的标准不同

关于"赔偿"数额的确定,无论是侵权法还是合同法原则上均以侵权或违约行为发生前后相对方财产数量总额的差额为准。而保险法关于损失的计算则必须以被保险人因保险事故致使其在保险标的之上的利益损失为准,不及于被保险人的其他财产损失。

(3)损失弥补的程度不同

这一点在与侵权法的比较中体现得尤为明显,侵权法下"致害人对其侵权行为所造成的损害,须承担全部赔偿的责任,即赔偿受害人的所有实际损失,这叫全部赔偿原则"。[185] 合同法下虽然允许双方通过合同约定违约后损失赔偿的计算方法,但通常来说此种约定仅是基于商业效率的考虑,合同方不会也不可能使其偏离实际损失太多。比较之下,保险法下的"补偿原则"理论上虽为一种完全补偿,事实上却因定值保险、不足额保险、免赔额等制度的存在导致被保险人的损失可能不能完全得到填平。

(4)实现的法律依据不同

民法下的"赔偿"作为一种事后的法律救济,在实践中主要以有关法律法规的具体规定为依据产生。虽然侵权法和合同法都允许就损失的赔偿达成事前或事后的合意,但如不能达成合意,也完全可以依据有关法律规定确定具体的赔偿范围和数额。比较之下,虽然保险法基于"补偿原则"设计了一系列的具体制度,但实践

---

〔183〕 参见《保险法》第2条。

〔184〕 参见樊启荣:《保险损害补偿原则研究——兼论我国保险合同立法分类之重构》,载《中国法学》2005年第1期。

〔185〕 彭万林主编:《民法学》,中国政法大学出版社2007年版,第523页。

中损失补偿的范围仍然要通过当事人的约定产生。保险价值、保险金额等关系“补偿原则”实现的核心问题如果没有在保险合同中明确约定,可能会因内容不明确导致合同不成立。

2. 补偿原则的不完美性

补偿原则设立的初衷是保险事故发生时被保险人能够就其所遭受的损失在保险人处得到补偿,从而使被保险人的财产和经济能力恢复到保险事故发生之前的状态。该补偿在数额上既不能多也不能少,应该正好能够填补被保险人所遭受的损失,因此补偿原则在我国台湾地区也被称为“损失填平原则”。[186] 但是,“既不能多也不能少”的描述只是一种理想状态,在海上保险的实际业务中,保险补偿在“量”上一般都会与被保险人的实际损失发生一定程度的“偏离”(deviation),而这种偏离也为海上保险法律所认可。因此,学者总结出这样一个结论:海上保险合同并不是完美的补偿合同(not a perfect contract of indemnity)。[187] 海上保险合同的这种“不完美性”主要体现在以下制度对补偿原则的突破。

(1)定值保险(valued policy)

与非海上保险相比,海上保险大多为定值保险。约定的保险价值对双方有约束力,除非是欺诈性的,[188]故保险的补偿限度实际上常常偏离损失发生时的实际价值。[189] 即使是不定值保险,也与非海上保险“保险事故发生时保险标的的实际价值即为保险价值”的模式不同。[190] 海上保险采用的是“保险开始时的价值加保险费的总和等于保险价值”的计算模式,[191]而依据该方法计算出的保险价值在多数情况下并不完全等于被保险人的真实损失。

(2)不足额保险(under insurance)

在不足额保险中,不足额部分应视为被保险人的自保。在发生保险事故时,除保险合同另有约定外,保险人按照保险金额与保险价值的比例承担赔偿责任。[192] 不足额保险有时是被保险人的自我选择,这是因为按照现代风险管理的理论,保险只是风险控制的方式之一,而且并非总是对被保险人经济上最有利的方式。通过

---

〔186〕 参见任自力主编:《保险法学》,清华大学出版社 2010 年版,第 59 页。

〔187〕 参见司玉琢、李志文主编:《中国海商法基本理论专题研究》,北京大学出版社 2009 年版,第 664 ~ 665 页。

〔188〕 《英国 1906 年海上保险法》原文:Section 27 (3): Subject to the provisions of this Act, and in the absence of fraud, the value fixed by the policy is, as between the insurer and assured, conclusive of the insurable value of the subject intended to be insured, whether the loss be total or partial.

〔189〕 参见汪鹏南:《现代海上保险法的理论与实践》,大连海事大学出版社 2004 年版,第 6 页。

〔190〕 参见《保险法》第 55 条第 2 款。

〔191〕 参见《海商法》第 219 条第 2 款。

〔192〕 参见李玉泉主编:《保险法学——理论与实务》,高等教育出版社 2010 年版,第 180 页。

不足额保险,被保险人可以节省保险费的支出。不足额保险有时则是保险人方面的要求,目的是通过被保险人自身承担一定比例风险的方法督促其加强安全管理,从而减少保险事故的发生。[193]

(3)免赔额(deductible)

船舶保险中通常有免赔额的规定,[194]若损失未达到免赔额的数额,保险人免于赔付,超过免赔额的数额,保险人扣除免赔额部分再行赔付。"deductible"又被称为"绝对免赔额",与"相对免赔额"(franchtise)相对应。所谓"相对免赔额"是指损失在规定的免赔额以下时,保险人不赔,但一旦超过它,保险人就全部赔偿,不作扣减。20 世纪 70 年代后,绝对免赔额迅速成为普遍的现象,而相对免赔额在船舶保险中已经十分罕见。[195]

除上述制度外,海上保险中常见的对补偿原则的突破还有在保险金额之外单独支付的施救费用(sue and labour)、货物险按发票价格 110% 投保的习惯做法等。理论上来说,基于"补偿性"是海上保险合同的根本属性,作为海上保险法基本原则的"补偿原则"应尽量得到维持,但事实上海上保险在许多方面都体现出了对补偿原则的突破,并且这种突破往往较之非海上保险要显著得多。产生这一现象的原因主要是:

第一,效率原则的制约。效率一直都是法律所追求的价值之一,此种价值追求在极具商法性质的海上保险中体现得尤为明显。以船舶险为例,从事海上运输的船舶通常都具有复杂的构造和较大的价值,一旦发生保险事故,船体机器的毁损、维修及折旧的计算将成为一项庞大的工程且需要专业人士来完成,这无疑将耗费大量的时间和金钱。定值保险对补偿原则的突破正是基于对效率原则的维护而产生的。

第二,合同自由原则的遵循。作为商业行为的一种,如今的海上保险几乎无一例外地都要借助合同的形式来实现其分担风险的最终目的。合同自由是合同法的基本理念,本质上就是要给予当事人通过协商决定相互间权利义务关系的自由。海上保险虽然以保险事故发生后给予被保险人充分补偿为理想目标,但却不能以此为由完全无视合同自由原则的存在,只要合同双方能够达成合意,在一定范围内偏离理想化的补偿应该被允许。

第三,商业化经济利益的考虑。海上保险本质上是一种商业行为,被保险人在

---

〔193〕 参见朱作贤:《海上保险法补偿原则研究》,大连海事大学 2008 年博士学位论文,第 22 ~ 23 页。

〔194〕 如《中国人保船舶保险条款(2009 版)》第 3 条、《英国 2003 年国际船舶保险条款》(International Hull Clauses,2003)第 16 条。

〔195〕 参见司玉琢、李志文主编:《中国海商法基本理论专题研究》,北京大学出版社 2009 年版,第 665 页。

获得保险人会在保险事故发生后对其损失进行补偿的承诺的同时，需要支付相应数额的保险费作为对价（consideration），这也是保险合同作为双务合同的自然结果。实践中保险事故带来的损失金额往往是巨大的，保险费的支出则相对较低，但损失的发生具有不确定性而保险费的支出却是必然。被保险人需要在这种高额与低额、可能性与必然性之间作出衡量，但无论被保险人是选择投保全部风险、部分风险还是根本不投保，必然都是在追求一种他认为的经济上的最优化。

需要指出的是，虽然海上保险认可对补偿原则一定程度上的偏离，但此种偏离不能过度，不能违反海上保险合同作为补偿性合同的根本属性，否则极易诱发道德风险，这也是海上保险需要保险利益原则等制度的原因。

（三）补偿原则在我国立法中的体现

在我国，海上保险法基本原则应该包含哪些可能尚有争议，但补偿原则被普遍接受，这与我国海上保险理论及实践深受英国海上保险法的影响有关。英国保险法界一直认为“海上保险合同是补偿性合同，所以补偿原则是海上保险法的原则”。[196]

但是，我国作为大陆法系国家，对海上保险的研究也必须以我国民商法体系为背景，并符合大陆法系民商法研究的内在逻辑和方法。如果以大陆法系民商法的视角重新对“补偿原则是否是基本原则”这一命题进行考察，需解答的首要问题就是：何为基本原则？对此，徐国栋教授关于民法基本原则的阐述可资借鉴。徐国栋教授认为：“民法基本原则是其效力贯穿民法始终的民法根本规则，是对立法者在民事领域所行政策的集中反映，是克服法律局限性的工具。”其进一步认为：“民法基本原则的根本规则属性有两层来源：1. 来自于它内容的根本性；2. 来自于它效力的贯穿始终性。”[197]也就是说，某个原则或制度如果想要成为一部法律的基本原则，必须具备：（1）内容的根本性。海上保险在诞生之初就以分担风险、补偿损失为目的。在漫长的发展岁月中，其“补偿性”的属性并未受到丝毫弱化，反而成为海上保险蓬勃发展的原动力，“海上保险合同是补偿性合同”的观点也逐渐被包括我国在内的世界各国所认可。可以说，补偿原则能够反映海上保险法所调整的社会关系的根本属性，具有内容上的根本性。（2）效力的贯穿始终性。我国没有单独的海上保险法，与海上保险有关的内容都规定于《海商法》第十二章“海上保险合同”中。该章以“海上保险合同”命名，其中大多数实质内容都或直接或间接地

---

〔196〕 See Howard Bennett, *The Law of Marine Insurance*, Oxford University Press, 2007, p. 22.

〔197〕 徐国栋：《民法基本原则解释——诚信原则的历史、实务、法理研究》，北京大学出版社 2013 年版，第 10 ~ 11 页。

与补偿原则有关,[198]可以说补偿原则的效力贯穿了我国海上保险法的始终。

通过以上分析会发现,补偿原则完全能够满足大陆法系民商法标准下对一部法律基本原则的全部要求,故补偿原则是我国海上保险法的基本原则。但应该注意到的是,不同于《民法总则》对我国民法基本原则所作的明确规定,补偿原则并没有得到我国《海商法》或《保险法》的明示,不过这并不影响补偿原则作为我国海上保险法基本原则的地位。因为从法理上讲,法律原则作为本源性的法律原理,其并不是法律规定本身,而是隐藏在法律条文背后的价值判断或法律思想,但它往往会借助立法不断具体化,最终演化成为承载该法律原则的若干具体制度。因此,虽然部分法律原则明白地规定于宪法或其他法律中,但法律原则不一定由法条直接宣示,有些是从法律规定中借助"整体类推"或回归法律理由的办法推求出来的。[199] 因此,补偿原则虽然未被我国法律所明示,但不影响其成为海上保险法的基本原则。实际上,国际上还没有任何一个国家的保险法或海上保险法将该原则直接"条文化"。补偿原则的确是隐藏在法律条文背后的法律思想。[200]

也应该看到,法律原则通常比较模糊、笼统,即使是以法律条文形式体现的法律原则,也不会预先设定违反它的法律后果,在实践中的可操作性不强,而诸如补偿原则此类根本未在法律条文中得到体现的隐藏式法律原则更是如此。因此通常需要借助法律规则将其具体化为某种制度,并使之与一定的法律后果相联系,从而间接地实现其法律上的强制性。在海上保险法的各部分中,补偿原则主要体现于代位求偿权、委付和重复保险制度。

三、代位求偿权

(一)概述

1. 代位求偿权的内涵

代位求偿是现代民商事法律体系中十分重要的制度之一,它适用在很多不同的领域。海上保险中的代位求偿制度规定在我国《海商法》第252条,保险标的发生保险责任范围内的损失是由第三人造成的,被保险人向第三人要求赔偿的权利,自保险人支付赔偿之日起,相应地转移给保险人。被保险人应当向保险人提供必要的文件和其所需要知道的情况,并尽力协助保险人向第三人追偿。另有《海事诉讼特别程序法》第93条规定,因第三人造成保险事故,保险人向被保险人支付保险赔偿后,在保险赔偿的范围内可以代位行使被保险人对第三人请求赔偿的权利。

---

[198] 《海商法》第十二章"海上保险合同"共六节,其中第四节"保险人的责任"、第五节"保险标的的损失和委付"及第六节"保险赔偿的支付"几乎都是以补偿原则为中心围绕展开的,前三节的规定中也多处涉及或体现出海上保险合同的"补偿性",如第219条对保险价值的规定、第220条对保险金额的规定。

[199] 参见[德]卡尔·拉伦茨:《法学方法论》,陈爱娥译,商务印书馆2003年版,第258~267页。

[200] 参见朱作贤:《海上保险法补偿原则研究》,大连海事大学2008年博士学位论文,第13页。

代位求偿权的理念起源于1750～1850年,英国曼斯菲尔德勋爵与其他的普通大法官通过一连串的先例建立了原始的"委付/抛弃权利"(abandonment)的说法,即保险人在赔付了全损之后,有权把保险标的的剩余价值从被保险人那里接管过来。[201] 在英国1877年的先例 Simpson v. Thompson 案中,上议院(House Of Lords)首次以判例的形式将"委付/抛弃权利"与"代位求偿权"作出了区分,将它们视为两种不同但又十分接近的大原则。[202] 有关先例对于代位求偿权理论的分析与梳理最终表现在《英国1906年海上保险法》的立法之中,其中第79条被认为是最早以成文法形式对代位权作出的明确规定。

从《英国1906年海上保险法》第79条的规定可以看出,本条第1款规定的是全损的情况,保险人在赔付全损后,在法律上可以获得全部的委付/抛弃的权利(物上代位权)和代位求偿的权利(代位求偿权);第2款规定的则是部分损失的情况,保险人在赔付部分损失后,在法律上仅有代位求偿的权利。值得注意的是,在这里对全损与部分损失的情况作出了区分性的规定,却并没有从保险人是否应该全额赔付以及全额赔付与否的不同法律后果的角度作出区分。

大陆法系下,代位权包括狭义的对债权的代位求偿权(subrogation)和物上代位权两个部分。[203] 英美法则认为,保险人针对全损支付了全损赔偿之后,所谓的代位求偿(subrogate)的权利也相应地扩张到使保险人有权接管保险标的可能余留的一切权利。[204] 大陆法系中的所谓"物上代位"的权利此时也属于英美法广义的代位权(right of subrogation)中的一部分,《英国1906年海上保险法》第79条的立法安排即是此思想的明确体现。这一权威条文成为世界各国现行海上保险立法所参照的范本,很多国家在本国的海上保险法成文立法中都有类似或者雷同的表述

---

〔201〕 参见杨良宜:《海上货物保险》,法律出版社2010年版,第447～448页;Roux v. Salvador [1835] 1 Bing (NC) 526, 539.

〔202〕 Simpson v. Thompson [1877] LR 3 App Cas 279 at 284. 布莱克本(Blackburn)勋爵的论述。类似的可见先例 Glen Line v. Attorney – General [1930] 37 Lloyd's Rep 55 at 61 阿特金(Atkin)勋爵的论述。

〔203〕 参见司玉琢:《海商法专论》,中国人民大学出版社2015年版,第383页。

〔204〕 参见[英]Donald O'may, Juliam Hill:《OMAY〈海上保险法律与保险单〉》,郭国汀等译,法律出版社2002年版,第567页。

（特别是英联邦的成员国），如加拿大[205]、印度[206]等。

关于英美法的代位求偿权，英国学者另有如下论述：[207]代位权，是指保险人支付保险赔偿后，享有的被保险人对造成损害发生负有全部或部分责任的第三人可行使的救济性权利。在代位求偿权制度下，保险人有权享有被保险人能够获得的赔偿以及他可以被保险人的名义获得的全部赔偿。保险人能够获得的最高赔偿不得超出其向被保险人支付的保险赔偿的范围，但该规则并不影响全损的条件下，保险人获得除代位求偿权外的保险标的的剩余价值和权利。

代位求偿权的内涵可以概括为：（1）代位求偿权产生于保险代位权中的救济性权利，是保险人赔付后享有的权利；（2）代位求偿权的实现有两种不同的情形，一是保险人有权获得被保险人从第三人处得到的补偿，二是保险人可以向第三方追偿以得到补偿；（3）保险人获得的补偿不应该超过其赔偿的范围，全损赔付的情形除外。

2. 代位求偿的制度核心

保险合同是补偿合同，损失补偿作为其基本的原则，能确保被保险人就其投保的损失获得充分补偿，但该补偿不应超过其所遭受的实际损失，以防止被保险人在受到超额补偿的不当激励可能产生的道德风险。代位求偿正是基于这个原则而产生。也就是说，代位求偿权只能适用于补偿性的保险（indemnity insurance）之中，

---

[205] 《加拿大海上保险法》[Marine Insurance Act (1993, c. 22)]原文：Section 81：(1) On payment by an insurer for a total loss of the whole of the subject – matter insured or, if the subject – matter insured is goods, for any apportionable part of the subject – matter insured, the insurer becomes entitled to assume the interest of the insured in the whole or part of the subject – matter and is subrogated to all the rights and remedies of the insured in respect of that whole or part from the time of the casualty causing the loss. (2) On payment by an insurer for a partial loss of the subject – matter insured, the insurer acquires no title to the subject – matter but is subrogated to all the rights and remedies of the insured in respect of the subject – matter from the time of the casualty causing the loss to the extent that the insured is indemnified, in accordance with this Act, by the payment for the loss.

[206] 《印度海上保险法》(The Marine Insurance Act, 1963)原文：Section 79：Right of subrogation. (1) Where the insurer pays for a total loss, either of the whole, or in the case of goods of any apportionable part, of the subject – matter insured, he thereupon becomes entitled to take over the interest of the assured in whatever may remain of the subject – matter so paid for, and he is thereby subrogated to all the rights and remedies of the assured in and in respect of that subject – matter as from the time of the casualty causing the loss. (2) Subject to the foregoing provisions, where the insurer pays for a partial loss, he acquires no title to the subject – matter insured, or such part of it as may remain, but he is thereupon subrogated to all rights and remedies of the assured in and in respect of the subject – matter insured as from the time of the casualty causing the loss, in so far as the assured has been indemnified, according to this Act, by such payment for the loss.

[207] See H. Brown, *Dictionary of Marine Insurance Terms*, Witherby, 1975, term subrogation.

对于那些固定金额的保险(sum insurance,如寿险、意外伤亡保险等),则没有代位求偿权。从制度的层面上讲,普遍认为,保险法中的代位求偿与不当得利(unjust enrichment)有着密切的关系。在某种程度上我们甚至可以说,防止(被保险人的)不当得利既是保险代位权制度的现实制度基础,又是它的核心价值目标。

在《英国1906年海上保险法》产生之前的Castellain v. Preston案中,鲍文(Bowen)大法官有如下经典表述:"那么,必须适用什么原则呢?……它是伟大的赔偿法则的必然结果,并且将产生下列效果:期望自其保险人获得全额赔偿的人不能两者兼得。如果他有办法减少损失,采取这些损失所取得的结果归属于保险人。如果他确实减少了损失,他必须将该减少的损失的利益返还给保险人。"[208]类似的观点布莱克(Black)勋爵在Burnand v. Rodocanachi[209]案的论述以及霍夫曼(Hoffmann)勋爵和斯泰恩(Steyn)勋爵在Banque Financiere de la Cite v. Parc Battersea Ltd.[210]案的论述中都可以看到。在英国判例法上相对明确的"不当得利"的说法是在近二十年从无到有发展起来的,现已成为一个与合同法和侵权法并列的法律。[211]

与英美法系相近,大陆法系同样认为保险代位权的主要目的在于实现以防止被保险人的不当得利为核心的救济价值。德国保险法学界结合保险法的语境对"保险法利得禁止原则"(versicherungsrechtliches bereicherungsverbot)给予了显著的强调,[212]认为这一原则的重心在于防范被保险人获得超额补偿的不当得利。日本保险法学界对于保险代位权制度存在三种学说,它们同样将保险代位权制度的核心价值确立为防止被保险人的不当得利。[213]

我国保险法学界对代位求偿的现有研究也同样强调代位求偿权制度在防止被保险人不当得利方面的核心作用,认为代位求偿制度是损失补偿原则的派生产物,它建立在保险的补偿原则基础之上,目的在于防止被保险人获得超额补偿,防范道

---

[208] [1883] 11 Q. B. 380, 401. 转引自[英]Donald O'may, Juliam Hill:《OMAY〈海上保险法律与保险单〉》,郭国汀等译,法律出版社2002年版,第567页。

[209] [1882] 7 App. Cas. 333 at 339.

[210] [1999] 1 AC. 221.

[211] 参见杨良宜:《海上货物保险》,法律出版社2010年版,第444～445页。

[212] 参见李政达:《从民法上"多数债务人间之求偿关系"论保险法上的"保险代位"》,台湾高雄大学2004年硕士学位论文,第121页。转引自黄丽娟:《保险代位权制度的文献述评——以法定的债权移转与权利法定代位之安排的比较为中心》,载《中国法学会商法学研究会2010年年会论文集》(下册)。

[213] 参见黄丽娟:《保险代位权制度的文献述评——以法定的债权移转与权利法定代位之安排的比较为中心》,载《中国法学会商法学研究会2010年年会论文集》(下册)。

德风险。[214]

除此之外,代位求偿权所依赖和表现的最根本的核心原则是法律认为应当作出赔偿的一方不是保险人,而是在违约和/或侵权行为中应当负责的责任方和/或过失方(wrongdoer)。虽然我们理应尊重保险合同本身的严肃性与被保险人在保险事故发生之后所享有的选择权,但代位求偿权的存在并不意味着有责任的一方终局性责任的免除。在考虑代位求偿权制度实行的实际后果时,我们应当将处于不同层次的主体的法律关系加以综合考虑。否则,代位求偿权作为救济制度的意义也就不复存在。这同样也是由保险合同本身的特性决定的。[215]

在代位求偿权理论之中,保险人与被保险人之间的关系和被保险人与第三人之间的合同和/或侵权关系是两个不同质的法律关系,只不过通过代位求偿权将两者"桥接"在了一起。根据代位求偿内在的被保险人优先受偿原则,在两对法律关系中,被保险人都应当是核心的一方,主导法律进程的选择和发展。在通过代位求偿权连接保险人与第三人之时,保险人就取代了被保险人的位置。

反过来讲,对于保险人而言,代位求偿权则更不可能是其寻求免责的挡箭牌,毕竟,代位求偿的前提是保险人已经支付了保险合同下的赔偿,而保险人或违约方和责任人的求偿选择权一直都处于被保险人手中。保险人主张的其赔偿与第三人的赔偿具有任何先后顺序的抗辩,面对无辜的被保险人都是站不住脚的。对于有责任的第三方而言就更不可能享有这样的抗辩。

这样的原则推导出的必然结果即是所谓的扣除权理论,即(1)如果被保险人在保险人赔付之前已经从有责任的第三人处取得有关该损失的一笔金钱,保险人有权向被保险人取回或者直接在保险赔付时予以扣减;(2)如果被保险人在保险人赔付之后从有责任的第三人处取得有关该损失的一笔金钱,保险人有权向被保险人取回。

3. 代位求偿权的性质

在近乎同一的防止被保险人不当得利的价值目标指引下,关于代位求偿权的性质认定,英美法系与大陆法系分别采取不同的观点,从而产生了两种截然不同的制度安排,即权利法定代位与法定的债权转移,我国台湾地区亦有保险法学者区分其为"程序代位"与"实体代位"。[216]

英美法系理论认为,权利的代位(subrogation)与权利的让与(assignment)长期

---

[214] 参见陈欣、王国军:《保险法原理》,北京大学出版社 2007 年版,第 177 页;许良根:《保险代位求偿权制度研究》,法律出版社 2008 年版,第 23 页。

[215] Somersall v. Friedman [2002] 3 SCR 109.

[216] 参见尹章华:《保险代位制度改进刍议——兼论英美法制"程序代位"之社会功能》,载《保险专刊》1993 年第 32 辑。转引自陈俊元:《再论我国保险人请求权代位之性质》,载《政大法学评论》1995 年第 90 期。

处于相区分的状态，进而推论得出保险代位权制度的根本性质在于其代位性而非让与性。也就是说，保险代位制度只是赋予了保险人以被保险人的地位向第三人主张请求的权利，保险人必须以被保险人的名义行使代位求偿权。在整个保险代位权实现的进程中，保险人只是直接“踏进被保险人的鞋子”，[217]被保险人始终是诉讼程序中的原告。对于第三人的请求权始终保持其原有的独立完整的状态，其权利、义务以及时效、存续等要素不发生任何变化，同时也制约着代位之后的保险人。因此，在一般情况下，保险人享有的权利不应超过被保险人固有的权利，保险代位权不会发生权利让与下权利移转的效果。[218]

从理论上讲，现有的权利法定代位制度安排的基础是分摊原则（principle of contribution）、推定信托（constructive trust）理论和扣除权（recoupment）理论。三者相互补充构成了现有完整的英美法体系下的保险代位权制度的核心，推动并促进保险代位权制度的进一步发展。

大陆法系理论则认为应当将保险代位权制度定位为法定的债权移转，保险人履行完对被保险人的保险赔付义务后，保险人法定的取得自被保险人处移转来的对于第三人的请求权，保险人进而可在保险赔付的范围内以自己的名义独立地向第三人主张请求权。法定的债权移转构造理论的核心依赖于不真正连带债务（unechte gesamtschulden）理论与保证关系的清偿代位理论，[219]这与英美法体系中代位求偿权制度的核心存在本质的不同。两者不能够混为一谈。国内很多理论研究以法定债权移转理论作为基础分析英美法下的保险代位权制度，必然遇到障碍。

我国立法对于代位求偿权的制度定性与建构一直遵循大陆法系的传统与思路，将代位求偿权制度定性为法定的债权移转，并以此作为具体法律规则展开的基础。我国大陆以及台湾地区的保险法学者的主流观点也倾向于认为保险代位权属于法定的债权移转。我国的《保险法》[220]虽然没有明确使用“债权移转”或“债权转移”的用词，但最高人民法院相关的司法解释一般都认定其性质为法定的债权

[217] See Keeneth S. Abraham, *Insurance Law and Regulation*, The Foundation Press Inc. ,1990,p. 201.

[218] See Catriona Simpson, “Cargo Insurer’s Choice between Subrogation, Equitable Assignment and Legal Assignment in Proceedings in Hong Kong”, *Lloyd’s Maritime and Commercial law Quarterly*, Part 1997,p. 134.

[219] 参见黄丽娟：《保险代位权制度的文献述评——以法定的债权移转与权利法定代位之安排的比较为中心》，载《中国法学会商法学研究会 2010 年年会论文集》（下册）。

[220] 《保险法》第 60 条第 1 款规定，因第三者对保险标的的损害而造成保险事故的，保险人自向被保险人赔偿保险金之日起，在赔偿金额范围内代位行使被保险人对第三者请求赔偿的权利。

移转。[221] 在我国《海商法》第 252 条第 1 款[222]更是以"转移"一词明文规定海上保险中保险代位权制度的性质为法定的债权移转。我国的司法实践中,也多依据最高人民法院对代位求偿权性质的解释进行判决。例如,在"阳光财产保险股份有限公司上海市分公司诉武汉火箭物流有限公司保险人代位求偿权案"[223]中,法官在判决中明确"……保险代位求偿权是法定的债权转移,被保险人对第三者债权发生的原因如何不能影响保险代位求偿权的行使。只要该保险事故的方式使得被保险人享有对第三者赔偿请求权,则保险人均可向第三人行使代位权"。

另外,最高人民法院《关于审理海上保险纠纷案件若干问题的规定》第 14 条规定,受理保险人行使代位请求赔偿权利纠纷案件的人民法院应当仅就造成保险事故的第三人与被保险人之间的法律关系进行审理。该项规定实质是为了明确债权转移的法律效果不必受到质疑,只要债权转移的通知到达了债务人,则该债权转移就是有效的。尽管债权转移是否符合"法定"要求具有可质疑性,但此种质疑的权利理应由被保险人行使更为合理。当然,对债权转移质疑的动机还来自诉讼主体以及索赔数额随着保险赔付的发生而作出的调整以及此种变化给第三方被告所带来的疑虑。此外,即使被告不提出异议,法院也往往认为从程序上有必要审查债权转让的真实性或者合法性。这是法定债权转移学说本身的特性所致,故有必要通过司法解释确认法院审查的范围。

权利法定代位与法定的债权转移作为两种各有特色的制度安排,对于代位求偿权制度本身及其发展有着十分重要且深刻的影响,它们都是根源于自身法律传统和习惯所形成的产物。在其发展变革的过程中,两者也在积极的相互影响,[224]但显然英美法系的关于权利法定代位的制度更为灵活,更能适应并不断紧靠保险代位求偿权的核心目标,即防止被保险人不当得利。两者的差异不仅仅是请求权在表面上采用代位或者是移转的不同方向性问题这么简单,究其根本,更是两者在理论构造上存在质的差别。法定债权移转的两个理论基础无论是单独的还是作为一个整体,都无法有效地实现防止被保险人不当得利的目标。这才是现有理论和研究的根本困境所在。

从历史的角度上看,英美法系保险代位权制度的建立源自英国的海上保险制

---

[221] 例如,最高人民法院《关于适用〈中华人民共和国保险法〉若干问题的解释(二)》第 16 条第 1 款规定,保险人应以自己的名义行使保险代位求偿权。

[222] 我国《海商法》第 252 条第 1 款规定,保险标的发生保险责任范围内的损失是由第三人造成的,被保险人向第三人要求赔偿的权利,自保险人支付赔偿之日起,相应转移给被保险人。

[223] 参见(2014)鄂东西湖民商初字第 00491 号。

[224] 如现在美国法律中保险人并不需要在任何情形下都必须以被保险人的名义进行诉讼等。参见黄丽娟:《保险代位权制度的文献述评——以法定的债权移转与权利法定代位之安排的比较为中心》,载《中国法学会商法学研究会 2010 年年会论文集》(下册)。

度,然后才进入其他保险领域,有浓厚的商业色彩和实践背景作为依托;而大陆法系国家的代位权制度则是由民商法理论体系推演得出,其代位权的内涵来自罗马法的"诉权移转"(cessio actionum)制度,[225]进而推广到保险和海上保险的领域。两种理论下代位求偿权特征的差异常常导致不同法域之间诉讼权利或者法律适用的争议。

4. 代位求偿权的特征

(1)权利产生于保险赔偿之后。通常意义上来讲,保险人赔付给被保险人后才能享有相应数额的代位求偿权。在保险人赔偿被保险人之前,代位求偿权并不存在,被保险人对于保险人的代位求偿权只有善意与合理的保护义务,[226]如在保险合同订立前向保险人披露其与第三人对保险代位求偿权的约定事项,被保险人在未被保险人赔付之前应当采取适当的行为保护他可能的对承运人、托管人以及其他第三人的诉讼权利等。[227] 这同时也是保险条款中明示或默示的要求。[228] 在保险人全额赔偿被保险人以后,被保险人对于保险人的代位求偿权保护义务变得严格,被保险人不得损害保险人的代位权,否则被保险人将有可能面临保险人的索赔请求。

(2)行使名义的差异。保险人赔付后,无需被保险人有任何的意思表示,保险人对保险标的的代位权,包括物上代位权和代位求偿权即时自动取得,除非保险人放弃这种权利。在权利法定代位理论下,以被保险人名义或者保险人名义行使权利似乎都无障碍。英国法原则上采被保险人的名义,相同的还有意大利、加拿大、泰国、马来西亚等国家。美国则是根据个案的具体情况,或以被保险人名义行使,或以保险人名义行使。在保险人只是赔付了部分应赔付金额的情况下,也可以保险人与被保险人共同的名义向第三人求偿或提出索赔。[229] 此即美国所谓的"真正利益当事人"名义。也有的国家既可以保险人的名义,也可以被保险人名义,如日本。[230] 在适用法定的债权转移理论的大陆法系国家,则多以保险人的名义行使。法定的债权转移理论认为保险代位求偿权是保险人独立享有的法定权利,债权内

---

[225] See M. L. Marasinghe, "An Historical Introduction to the Doctrine of Subrogation: the Early History of the Doctrine", *Valparaiso University Law Review*, Vol. 10, 1976, p. 48.

[226] Sola Basic Australia Ltd. v. Morganite Ceramic Pty Ltd. (Unreported, 11 May 1989, CA NSW).

[227] Cargo Institute Clause (A) 1/1/82, Section 16.2, Cargo Institute Clause (A) 1/1/09, Section 16.2.

[228] ITC – Hulls 1983, Section 13, ITC – Hulls 1995, Section 11, International Hull Clauses 01/11/03, Section 9;《中国人保海洋运输货物保险条款(2009 版)》第4条;《中国人保船舶保险条款(2009 版)》第8条。

[229] 参见杨良宜:《海上货物保险》,法律出版社2010年版,第458页。Liberty Mutual Fire Insurance Co. v. Auto Spring Supply Co., 59 Cal App 3d 860, 864, [1976].

[230] 参见《日本保险法》(2008年)第25条第1款。

容来源于被保险人将其享有的对第三者的赔偿请求权向保险人的转移。

(3)与代位权不同。物上代位权的存在和行使与物本身有着紧密的联系。在英国法下,如果无法完整地取得物之所有权,则物上代位权就无法行使。但无论是全损还是部分损失,保险人都可以获得代位权。区别只是在部分损失的情况下,保险人不能够取得保险标的的所有权与该保险标的出售的剩余价值。[231] 若保险人行使了物上代位权,通过委付/抛弃的形式取得了物之所有权,则保险人就此取得了该保险标的,即使客观上保险人有获利的行为,此时已与原被保险人无关。而在代位求偿权的限制语境下,保险人是不能够通过代位求偿权获利的,若其从有责任的第三人处追偿的金额超出了已赔付的金额,超出部分应当退还给被保险人。

(二)我国的代位求偿制度

1. 我国海上保险中代位求偿权制度概述

代位求偿权在我国现行的法律中被认为是债权的法定移转(statutory assignment)。具体而言,即保险人根据保险合同,对被保险人的损失予以赔偿之后,如果第三方根据合同或法律须对该损失承担损害赔偿责任,被保险人享有的对第三方的债权请求权立即自动转移给保险人。不管保险人赔偿的损失是全损还是部分损失,保险人都具有法定的基于债权代位的代位求偿权。此种债权的转让无须被保险人的让与意思表示,也无需第三人的同意。保险人取得代位求偿权的时间是他赔付被保险人之日,从此时起,保险人可以且应该以自己的名义独立向第三人要求赔偿,保险人也无须通知第三人,不受我国《合同法》第 80 条[232]关于债权约定转移的制约。[233] 当然法律也没有禁止保险人在法定的代位求偿权之外,通过约定以自己的名义向第三人请求赔偿,提起诉讼或者仲裁。《海商法》第 252 ~ 254 条对保险人的代位求偿权有详细的规定。[234]

---

[231] 参见《英国 1906 年海上保险法》第 79 条。

[232] 《合同法》第 80 条规定,债权人转让权利的,应当通知债务人。未经通知,该转让对债务人不发生效力。债权人转让权利的通知不得撤销,但经受让人同意的除外。

[233] 我国保险实践中保险人取得代位求偿权的时间与《英国 1906 年海上保险法》的规定有所不同,《英国 1906 年海上保险法》第 79 条规定,从造成保险标的损失的事故发生之时起,受让被保险人在该保险标的上的一切权利和救济。

[234] 我国《海商法》第 252 条规定,保险标的发生保险责任范围内的损失是由第三人造成的,被保险人向第三人要求赔偿的权利,自保险人支付赔偿之日起,相应转移给保险人。被保险人应当向保险人提供必要的文件和其所需要知道的情况,并尽力协助保险人向第三人追偿。第 253 条规定,被保险人未经保险人同意放弃向第三人要求赔偿的权利,或者由于过失致使保险人不能行使追偿权利的,保险人可以相应扣减保险赔偿。第 254 条规定,保险人支付保险赔偿时,可以从应支付的赔偿额中相应扣减被保险人已经从第三人取得的赔偿。保险人从第三人取得的赔偿,超过其支付的保险赔偿的,超过部分应当退还给被保险人。

在《海商法》中，代位求偿权自动产生于保险人向被保险人支付全部保险赔偿之时。保险人根据保险合同向被保险人支付了全部保险赔偿之后，保险人得以自己的名义直接向第三人请求或提起诉讼或仲裁。[235] 在《海事诉讼特别程序法》中，第94条和第95条规定，保险人支付保险赔偿时，如果被保险人尚未开始诉讼程序，保险人就只能以自己的名义起诉第三人；如果被保险人已开始诉讼程序，保险人就可适时申请加入或替代被保险人作为诉讼主体，且无时间上的严格限制。在宏基燃料公司诉太保财险公司广州分公司船舶保险合同纠纷案[236]中，被保险人宏基燃料主张，其在船舶碰撞纠纷案中承担过高责任的原因是保险人不参加船舶碰撞纠纷案的审理，未及时提供鉴定结论，因此保险人的行为构成违约。法院认为，保险人只有在赔付了四分之三碰撞责任的损失后，才能取得代位求偿权，才有权提起或加入到船舶碰撞纠纷案件的诉讼中去。可见，本案被告作为船舶保险人，在尚未对原告进行理赔前并未取得代位求偿权，也没有被碰撞案件的原告添列为当事人，因而其无权亦无义务参加到船舶碰撞纠纷案件中去。

在不足额保险的情况下，保险人只能按照比例享有保险合同的代位求偿权。在英国法下，认为在不足额保险中，未足额保险的部分，被保险人是自己的保险人（own insurer），未足额保险的部分应当与剩下的部分按比例分享保险赔偿。[237]

2. 保险人代位求偿权的行使

（1）代位求偿权所受的约束和行使的范围

保险人的代位求偿权是传来取得的权利，即是受让于被保险人的债权。代位求偿权由此便严格地限于被保险人原有的对第三人的权利，不能由于代位求偿而得到被保险人本没有的权利。代位求偿权也会受到第三人对被保险人抗辩权（包括权利的瑕疵）的约束，如类似于诉讼时效的起算并不受到保险人的代位求偿权的影响，第三人可同样主张责任限制等。保险人的代位求偿权的行使也不会导致保险人通过代位取得被保险人在法律上没有的权利。保险人也不能对同一被保险人[238]或者共同被保险人行使代位求偿权。既然是基于保险人对被保险人的赔

---

[235] 1992年大连海事法院审理的“东方雄鹰”轮倒签提单纠纷案。参见徐孝先：《倒签提单索赔纠纷案》，载《中国海商法年刊》（1992年）。

[236] 参见（2004）广海法商初字第205号。

[237] The “Commonwealth” [1907] p. 216; Marine Insurance Act 1906 s. 81. The contrary has been held in the United States, see Mason v. Marine Ins Co., 110 Fed R. 452 [1901]. See also Republic of China v. National Union Fire Ins Co., [1958] A. M. C. 1529; [1958] 2 Lloyd's Rep. 578, where it was held that the fact that an increased value policy was expressed to be “without benefit of salvage” did not make the owners of the vessel co – insurers so as to entitle them to a share in the nett salvage after they had been paid for a total loss; See also Jonathan Gilman et al., *Law of Marine Insurance and Average*, Sweet & Maxwell, 2013, p. 1584.

[238] Simpson v. Thomson [1877] 3 App. Cas. 279.

偿，保险人的代位求偿权便只限于第三人对被保险人在保险单中所享有的保险标的的保险利益产生的损害赔偿责任，也只限于与保险标的有关的权利，而不包括对被保险船舶丧失租船运费的请求权。

依据我国《海事诉讼特别程序法》第93条和我国《保险法》第60条第1款的规定，保险人代位求偿权的行使以其保险赔偿范围为限。即保险人代位行使损害赔偿请求权的范围须以其实际向被保险人支付的保险金金额为限。但在被保险人对损害的发生亦存在过错的情况下，保险人向第三人请求赔偿的范围是以其实际支付的保险金金额为限全部追偿，还是以第三人对保险标的造成损害的过错程度为限部分追偿，这一问题不能从现有的法律规定中找到答案。笔者认为，在这种情况下，保险人追偿权的行使应以第三人造成损害的过错程度为限进行部分追偿。因为：第一，如前所述，我国保险人代位权的立法基础是将其定性为法定的债权转移，保险人代位求偿权的本质是被保险人对第三人的损害赔偿请求权，因此在被保险人对损害的发生亦具有过错的情况下，第三人基于受害人有过错的抗辩也可对抗保险人，主张相应免除自己的赔偿责任；第二，保险的功能在于补偿被保险人的损失，被保险人仅能就自己实际遭受的损害获得保险赔偿，对于因自己过错造成的损失，被保险人是要自己承担责任的，无权要求保险人或第三人赔偿；第三，若以保险人实际支付的保险赔偿为限进行全部追偿，必然会导致本来应由被保险人承担的责任转由第三人承担，这与侵权责任法中的混合过错责任原则是相违背的。

同时，需要注意的一个问题是，在保险人向被保险人赔偿之后，不知情的第三人又向被保险人进行了赔偿，此时第三人的赔偿效力如何？保险人能否向被保险人主张返还保险赔偿？有观点认为被保险人应当向第三人而非保险人返还该笔款项，理由是，保险人一旦赔付即法定地获得了代位求偿权，第三人的赔付行为无效，保险人在没有丧失向第三人请求赔偿权利的情况下，应当向第三人请求赔偿。另有观点认为，《中国人保海洋运输货物保险条款(2009版)》《中国人保船舶保险条款(2009版)》《海商法》规定的仅仅是代位求偿权的内部效力，而其外部效力应是代位事实在第三人知情的情况下才能生效，否则，对善意的第三人而言是不公平的，他不仅要因保险合同的存在额外负担一个返还之诉，还可能承担因被保险人破产等而无法返还的风险。[239]

(2)行使代位求偿权需要的文件

如前所述，代位求偿权在我国是因清偿而发生的一种债权转让，当保险人给付赔偿金之后，自动转移给保险人。而在实际业务中，为避免异议，保险人在行使代位求偿权时，一般都采用由被保险人签发一份保险人拟定的“权益转让书”(subrogation form)作为保险人已经完成保险赔付，并取得代位求偿权的证明。但权益转

〔239〕 参见朱作贤：《海上保险法补偿原则研究》，大连海事大学2009年博士学位论文，第175页。

让书仅有保险人取得保险代位权的证据效力，保险人是否取得及何时取得代位求偿权，应以保险人给付保险金作为判断依据。保险人支付保险赔偿金后，即使被保险人拒绝签署权益转让书，保险人也享有代位求偿权；反之，如果保险人未给付保险赔偿金，在我国的司法实践中，法院也无法仅凭一份权益转让书就确认保险人享有代位求偿权。

对此，最高人民法院《关于审理海上保险纠纷案件若干问题的规定》第 13 条指出，保险人在行使代位请求赔偿权利时，未依照《海事诉讼特别程序法》的规定，向人民法院提交其已经向被保险人实际支付保险赔偿凭证的，人民法院不予受理；已经受理的，裁定驳回起诉。在中国平安财产保险股份有限公司大连分公司（以下简称平安保险公司）与深圳市华运国际物流有限公司保险代位求偿权纠纷[240]案中，法院认为根据最高人民法院《关于审理海上保险纠纷案件若干问题的规定》第 13 条的规定，平安保险公司应当提交赔偿凭证，但本案中平安保险公司一审时仅仅提交了银行保险赔偿凭证和被保险人闻达公司出具的《赔款收据和权益转让书》等证据的复印件，显然违反了上述规定，因此不予支持平安保险公司的上诉请求。再如中国人民财产保险股份有限公司大连市分公司与大连程远国际物流有限公司、新东船务有限公司海上货物运输合同保险代位求偿纠纷案[241]和中国平安财产保险股份有限公司北京分公司与万轮航运有限公司保险人代位求偿权纠纷案[242]中，法院也均以权益转让书不足以证明保险人已全额支付保险赔偿而否定了保险人代位权的存在。

由此可知，在我国的海上保险实践中，即使被保险人签署了权利转让书，其保险代位权仍不能成立，保险人还需要其他的证据如汇款凭证或者收据，来证明保险人已经作出了赔付，从而证明其代位求偿权的存在。

（3）被保险人协助保险人追偿的义务

在保险人向第三人进行保险代位请求的过程中，被保险人有义务协助保险人实施其对于第三人所享有的任何有助于减少投保损失的请求权。正如丹曼（Denman）法官在 Dufourcet & Co. v. Bishop[243]案中指出，"只要保险公司有权代位行使被保险人对于被告的权利……被保险人必须提供一切保险人所要求的协助……"

被保险人有义务为保险人提供有助于减少投保损失的必要的信息与资料。提供必要的信息意味着凡与保险事故的发生以及被保险人对于第三人之请求有关的

---

[240] 参见（2010）浙海终字第 146 号。

[241] 参见（2010）辽民三终字第 35 号。

[242] 参见（2014）鲁民四终字第 183 号。

[243] Dufourcet & Co. v. Bishop, 18 QBD 373.

一切情况，只要其有助于减少投保损失，被保险人都应当提供。事实上，协助保险人向第三人追偿义务与后文提到的不侵害保险人的代位权益分别是被保险人义务的两个面向，前者是积极义务，要求被保险人为积极行为予以协助，后者为消极义务，要求被保险人在一定的限度内不作为以防护保险人的代位求偿权。

（4）被保险人不得侵害保险人的代位权益

被保险人享有赔偿请求权是保险人获得代位求偿权的前提，一个已经被放弃的权利自然无法转移给保险人。因此，被保险人单方放弃向第三人索赔的权利实质上是对保险人代位求偿权益的侵害，使保险人无法行使代位求偿权。需注意的是，被保险人对保险人的义务通常是指不能放弃向第三人行使请求赔偿的权利，以保障保险人可以行使追偿权。简言之，被保险人的义务为保障保险人的追偿权得以行使，而非得以实现。[244]

《中国人保海洋运输货物保险条款（2009 版）》规定，未经保险人同意放弃向第三人要求赔偿的权利或者由于被保险人的过失而造成保险人代位求偿权益受到损害的法律后果是，保险人可相应扣减赔款。这与我国《海商法》第 253 条的规定[245]是一致的。但是法律和条款将“未经保险人同意放弃向第三人要求赔偿”和“过失致使保险人不能行使追偿权利”这两种情况进行单一地“保险人可以相应扣减保险赔偿”处理，似有不妥之处。

就被保险人的故意弃权行为而言，应当认定其与第三方的协议无效。因为实践中被保险人与第三人合意欺诈保险人或者被保险人受欺诈而不慎免除第三人责任的情况屡屡发生，如果将法律后果规定为保险人相应扣减保险赔偿就会使恶意第三人逃脱责任；如果将其后果规定为无效，由保险人继续行使求偿权就能合理地对恶意第三人进行惩罚，当然保险人可以通过保险合同追究被保险人的违约责任，比如扣减赔偿金。对于“过失致使保险人不能行使追偿权利”的情形，被保险人应当承担不利的法律责任，但问题在于，保险人作出实际赔付之后，即使由于被保险人的过错不能行使代位求偿权，也常常无法对已经作出的实际赔付进行相应扣减，因此有必要借鉴《保险法》第 61 条第 3 款，规定“保险人可以扣减或者要求返还相应的保险金”。[246]

在中国大地财产保险股份有限公司浙江分公司诉邬成路、晨洲船业集团有限公司（以下简称晨洲公司）船舶保险合同违约纠纷案[247]中，被告邬成路就其所有

---

[244] 参见中国渔船船东互保协会与林亚伟船舶保险合同纠纷上诉案［（2006）桂民四终字第 5 号］。

[245] 《海商法》第 253 条规定，被保险人未经保险人同意放弃向第三人要求赔偿的权利，或由于过失致使保险人不能行使追偿权利的，保险人可以相应扣减保险赔偿。

[246] 参见林新华、方阁：《海上保险中被保险人对保险人代位求偿权所负之义务》，载《中国海商法研究》2012 年第 3 期。

[247] 参见（2009）甬海法台商初字第 135 号。

的“成路19”轮向原告投保远洋船舶一切险。2008年5月5日,“成路19”轮航行于台湾以西洋面时发生舵轴断裂事故。邬成路委托共同被告晨洲公司就该事故向原告进行保险索赔。被告方向原告承诺就上述事故没有与他人签订过有损保险人权益的任何协议,保留了向包括船厂在内的任何第三方追偿损失的权利。原告据此对被告予以保险赔偿,被告方将上述事故的追偿权利转让给了原告。

然而在原告向“成路19”轮的建造方提起的保险追偿之诉中(以下简称42号案),原告得知建造方已与晨洲公司前身浙江成路远洋运输发展有限公司(以下简称成路公司)就“成路19”轮舵轴断裂事故达成了赔偿协议,成路公司明确确认责任与厂方无关,放弃了索赔权。且在原告催告被告方提供必要的文件和告知有关情况时,被告方始终拒绝向原告提供,妨碍了原告的追偿权,是导致原告在42号案中败诉的原因之一。法院认为,被告方未经保险人同意放弃向第三人要求赔偿的权利,且在42号案中未按要求向保险人提供必要的文件和所知道的有关情况,已经违反了海商法及保险法的相关规定,被告应当返还保险公司已支付的保险理赔款及其他费用。

(三)保险代位求偿权的放弃

代位求偿权在中国法及英美法下的理论基础不同,其法律表现形式也不尽相同。就保险代位求偿权的放弃来说,中国法下属于法定权利的放弃,而英国法下属于当事人自由意志的表达。

1. 放弃的条件

中国法下保险代位求偿权是从被保险人处转让取得的债权,对于保险人而言,本质上既是一种债权的请求权,又是一种法定权利,因此保险人的放弃属于有条件的放弃,即保险人在不违背法律和社会公共利益的前提下,可对代位求偿权进行自由处分。因此,代位求偿权放弃的条件有以下几点:(1)保险人放弃代位求偿权的行为不能违反法律规定,不能损害公共利益。(2)保险人必须是自愿放弃行使代位求偿权。弃权行为是保险人对自己所享有权利的自由处分,保险人的意思表示需要真实。(3)保险人需要无保留地放弃代位求偿权。如果保险人在放弃代位求偿权时作出保留,则其仍可能对第三者行使代位求偿权。

由于在英国法下放弃是当事人的意思自由,因此往往在保险合同中存在明示或者默示的保险代位求偿权放弃条款(waiver of subrogation clauses)。该条款为:保险人同意不对特定人或者某类人援引保险代位求偿权。[248]

从明示的保险代位求偿权的放弃条款来说,除非另有约定,其可以适用于保险合同下的共同被保险人。对于共同被保险人而言,在其各自的承保范围内,可以援引保险人的代位求偿放弃条款。但是如果超过了承保范围或者基于某些原因不能

[248] See F. D. Rose, *Marine Insurance Law and Practice*, Informa Law from Routledge, 2012, p. 584.

提起保险金请求的情况下，共同被保险人不能援引保险人的代位求偿权的放弃条款。

对于默示的保险代位求偿权的放弃条款，在 The Yasin 案[249]中，船东以承租人代理人的身份取得承保货物全损的保单，保险人赔偿之后试图以船舶不适航为由向船东予以追偿。劳埃德（Lloyd）法官认为，首先对于确定援引该条款的一方（船东）是否是本条款的当事方已存在困难；另外，该默示条款与明示条款相冲突。因此，法官认为船东不能援引保险代位求偿权的默示的放弃条款。

2. 保险人放弃代位求偿权的原因

（1）因利益冲突而放弃。比如，在责任保险市场发达的国家，追偿责任最终都由保险公司承担，因此追偿也变为主要是在保险公司之间进行。因此保险公司不能只考虑追偿收益而不考虑追偿责任，追偿收益和追偿责任相互抵销后，只是在原地打了个转。正是基于这种情况，许多国家的保险公司通过协议约定互相不进行追偿，比如英国和加拿大，汽车保险人之间达成的“碰撞协议”，是指保险人之间达成协议，不管依各自的保单各自的被保险人是否有权获得保险金，保险人都予以理赔，并尽力劝阻各自的被保险人不要向对方提出索赔。

（2）因利害关系的影响而放弃。比如追偿成本支出较大，追偿产生的费用可能超过可得利益，为了避免“赢了官司赔了钱”的尴尬局面，或考虑到应保持与有关方面的良好关系等，保险人往往会放弃代位求偿权。

（3）因保险人法律观念淡薄而放弃（也称不合理的放弃）。目前在国内保险业务中代位求偿尚不受重视，有保险公司尚未成立专门的代位追偿部门，也未把代位求偿结果列入保险业经营考核指标，这些都不利于代位求偿权的行使。

（4）因被保险人与第三人可能存在重合的情况而放弃。如前文所述，实践中常有承运人投保货物险的情况发生，若发生承运人不能免责的货损，则被保险人与第三人重合。为避免这种情况发生，承运人在投保货物险时会与保险人约定一个放弃代位求偿权的条款。在前述南京傲江货运代理有限公司诉中国平安财产保险股份有限公司江苏分公司海上、通海水域保险合同纠纷[250]案中，法院即认定保险公司即自愿放弃了向被保险人的代位追偿权，但却保留向负有责任的第三方进行追偿的权利，因为实践中，被保险人可能并不亲自从事货物的运输，而由实际承运人从事运输。这使被保险人要求保险人放弃代位求偿权具有现实意义。还有一种情形是，第三人有时与被保险人是关联公司，被保险人在订立合同时，往往要求保险人同意免除对其关联公司的代位求偿权。

---

[249] [1979] 2 Lloyd's Rep. 45.

[250] 参见（2014）武海法商字第00450号。

（四）保险代位求偿权的诉讼时效

代位求偿权诉讼时效与保险金给付请求权的时效不能混为一谈。我国《保险法》第26条[251]和《海商法》第264条[252]的规定针对的都是被保险人对保险人的保险赔偿请求权，其性质与保险人的代位求偿权完全不同。

1．诉讼时效的起算点

关于海上保险合同下保险人代位求偿权诉讼时效的起算点，理论和实务界的认识可以最高人民法院《关于适用〈中华人民共和国保险法〉若干问题的解释（二）》和最高人民法院《关于海上保险合同的保险人行使代位请求赔偿权利的诉讼时效期间起算日的批复》为界分成三个阶段。

在最高人民法院《关于适用〈中华人民共和国保险法〉若干问题的解释（二）》颁布之前，由于并无明确的法律或司法解释对保险人代位求偿权诉讼时效的起算问题作出规定，理论和实务界对于这一问题的认识很不统一，代表性的观点有三种。（1）认为基于大陆法系下代位求偿权债权法定转移的本质和继受人的权利不应大于原权利人的法理常识，代位求偿权的诉讼时效应当依附于被保险人与第三人的诉讼时效，自被保险人知道或应当知道其权利被侵害时开始计算。[253]（2）认为从诉讼时效制度敦促权利人及时行使权利的立法目的以及保险人的利益应当优先于加害人利益的价值选择出发，代位求偿权的诉讼时效应自保险人，而非被保险人可以行使权利之时开始计算，即依据《保险法》第60条第1款的规定，从保险人承担保险责任之时开始计算。[254]（3）认为保险代位求偿权诉讼时效的起算时间应从保险事故发生之日起计算。[255]

上述争议的存在也引起了最高人民法院的注意，因此最高人民法院于2013年5月31日公布并于2013年6月8日开始实施的最高人民法院《关于适用〈中华人民共和国保险法〉若干问题的解释（二）》第16条中明确规定，保险人代位求偿权的诉讼时效期间应自其取得代位求偿权之日起算。对于这一规定，最高人民法院

---

[251] 《保险法》第26条规定，人寿保险以外的其他保险的被保险人或受益人，对保险人请求赔偿或者给付保险金的权利，自其知道保险事故发生之日起二年内不行使而消灭。

[252] 《海商法》第264条规定，根据海上保险合同向保险人要求保险赔偿的请求权，时效期间为2年，自保险事故发生之日起计算。

[253] 该种观点为最高人民法院《关于适用〈中华人民共和国保险法〉若干问题的解释（二）（征求意见稿）》第17条所采取。

[254] 参见马宁、郁琳：《保险法诉讼时效起算点法律漏洞的弥补——以〈保险法〉第26条第1款和第60条第1款为分析对象》，载《保险研究》2011年第2期。

[255] 江苏法院网有关案例认为，由于原告保险人没有诉讼时效中断的理由，其提起诉讼的时间距事故发生之日已经超过诉讼时效期间，因此丧失胜诉权，依法应当驳回其诉讼请求。参见江苏法院网：http://www.jsfy.gov.cn/alpx/msal/2010/05/28162945887.html，最后访问日期：2016年12月10日。

在之后出版的《最高人民法院关于保险法司法解释(二)理解与适用》一书中作出了解释。在该书中,最高人民法院阐述到这样规定主要基于两点考虑:(1)在我国保险理赔可能会因为鉴定、诉讼等事由,拖延很长时间,而保险人对此往往不具有可归责性;(2)由于保险代位权属于法定债权转让,故根据最高人民法院《关于审理民事案件适用诉讼时效制度若干问题的规定》第 19 条的规定,在保险人取得代位求偿权后,保险人或被保险人通知第三者的,诉讼时效从通知到达第三者之日起中断,因此,这两种观点的实际执行效果差异不大。[256]

然而这一解释在海上保险语境下的合理性却值得质疑。(1)对于第一个考虑因素,根据最高人民法院《关于审理海上保险纠纷案件若干问题的规定》第 15 条[257]的规定,保险人完全可以通过要求被保险人及时提起诉讼来加以解决。事实上,无论是海上保险立法还是实务操作,都对被保险人保护代位求偿权的义务作出了规定。例如,《海商法》第 253 条就规定由于被保险人的过失致使保险人不能行使追偿权利的,保险人可以相应扣减保险赔偿,而且目前市场上常用的海上保险条款中也大多数明确规定被保险人有义务为了保护保险人的代位求偿权对承运人开始诉讼程序。[258] 因此,最高人民法院的第一个立法考虑在海上保险下实属不必要。(2)对于第二个考虑因素,其完全没有考虑海事诉讼时效中断制度的特殊性。最高人民法院《关于审理民事案件适用诉讼时效制度若干问题的规定》第 19 条认为,保险人或被保险人通知第三者即可达到诉讼时效中断效果是对《民法通则》第 140 条"当事人一方提出要求"就可中断时效的规定在保险领域的延伸。但是如果这一规定进一步延伸到海上保险领域则存在问题,因为《海商法》第 267 条关于时效中断事由的规定中没有"一方当事人提出要求"这一项。因此,最高人民法院

---

[256] 参见最高人民法院民事审判第二庭:《最高人民法院关于保险法司法解释(二)理解与适用》,人民法院出版社 2015 年版,第 375 页。最高人民法院《关于审理民事案件适用诉讼时效制度若干问题的规定》第 19 条规定,债权转让的,应当认定诉讼时效从债权转让通知到达债务人之日起中断。债务承担情形下,构成原债务人对债务承认的,应当认定诉讼时效从债务承担意思表示到达债权人之日起中断。

[257] 最高人民法院《关于审理海上保险纠纷案件若干问题的规定》第 15 条规定,保险人取得代位请求赔偿权利后,以被保险人向第三人提起诉讼、提交仲裁、申请扣押船舶或者第三人同意履行义务为由主张诉讼时效中断的,人民法院应予支持。

[258] 例如,《英国 2009 年协会货物条款(A)》第 16 条第 2 款规定,(被保险人)应确保对于一切对抗运送人、受托人或其他第三人权利之适当保留行使。被保险人因为履行上述之义务而适当及合理发生之费用,保险人得予补偿之。《中国人保海洋运输货物保险条款(2009 版)》第 4 条第 1 款规定,如果货损货差是由于承运人、受托人或其他有关方面的责任所造成,应以书面方式向他们提出索赔,必要时还须取得延长时效的认证。如未履行上述规定义务,保险人对有关损失不负赔偿责任。《中国人保船舶保险条款(2009 版)》第 8 条规定,保险船舶发生保险责任范围内的损失应由第三者负责赔偿的,被保险人应向第三者索赔。如果第三者不予支付,被保险人应采取必要措施保护诉讼时效。

《关于审理民事案件适用诉讼时效制度若干问题的规定》第19条本身因保险法的特殊规定而不能适用于海上保险领域，最高人民法院的第二个考虑因素也就不能成立。

同时，更为重要的是，从诉讼时效的角度来看，根据最高人民法院《关于适用〈中华人民共和国保险法〉若干问题的解释（二）》的规定，保险人的代位求偿权实际上已经独立于被保险人对第三人的赔偿请求权，成为一个新的权利。这不仅在一定程度架空了被保险人与第三人之间的诉讼时效，延长了被保险人与第三人之间法律关系的存续期间（海商法下被保险人与第三人之间的诉讼时效可能是1年的短时效，如货主就海上货物运输向承运人要求赔偿的请求权），还不利于督促保险人积极行使其代位求偿权（或督促保险人为保护其时效促使被保险人积极行使对第三人的赔偿请求权）。这与海上保险合同中诉讼时效制度关于提高效益、促使权利人尽快行使权利以促进交易关系尽快稳定的价值取向不符。〔259〕

鉴于最高人民法院《关于适用〈中华人民共和国保险法〉若干问题的解释（二）》第16条对海上保险的不适用性，最高人民法院于2014年12月25日对上海市高级人民法院《关于海上保险合同的保险人行使代位请求赔偿权利的诉讼时效期间起算日的批复》，确认"海上保险合同的保险人行使代位请求赔偿权利的诉讼时效期间起算日，应按照《中华人民共和国海商法》第十三章规定的相关请求权之诉讼时效起算时间确定"。应当认为，最高人民法院的批复充分考虑了海上保险立法及其实务的特殊性，并与长期以来我国对保险人代位求偿权属于债权法定转移的认识和"继受人的权利不应大于原权利人"以及"加害人依法所享受之时效利益，不因保险人代位行使而剥夺"〔260〕的基本法理相符，具有合理性。

2. 诉讼时效的期间

依据最高人民法院《关于海上保险合同的保险人行使代位请求赔偿权利的诉讼时效期间起算日的批复》所确立的原则，海上保险人代位求偿权的诉讼时效期间也应适用《海商法》第十三章的规定，与被保险人在海商法下享有的对第三人的时效期间保持一致。

3. 诉讼时效的中断

（1）根据我国《海商法》第267条的规定，时效因请求人提起诉讼、提交仲裁或者被请求人同意履行义务而中断。但是，请求人撤回起诉、撤回仲裁或者起诉被裁定驳回的，时效不中断。因此，如果保险人在获得代位求偿权之后向第三人提起诉讼、提交仲裁或者第三人同意向保险人履行赔偿义务的，保险人代位求偿权的诉讼时效自然中断。（2）根据最高人民法院《关于审理海上保险纠纷案件若干问题的

〔259〕　参见初北平、曹兴国：《变革中的海上保险合同诉讼时效再审视》，载《法学杂志》2014年第11期。

〔260〕　江朝国：《保险法基础理论》，台北，瑞兴图书股份有限公司2005年版，第402页。

规定》第15条的规定，保险人取得代位请求赔偿权利后，以被保险人向第三人提起诉讼、提交仲裁、申请扣押船舶或者第三人同意履行义务为由主张诉讼时效中断的，人民法院应予支持。也就是说，保险人代位求偿权的诉讼时效也可因被保险人对第三人的时效中断事由而中断，而且需要注意的是，本条中被保险人申请扣押船舶也构成时效中断的事由，其范围大于前述《海商法》第267条。

还有一点需要注意的是根据最高人民法院《关于审理民事案件适用诉讼时效制度若干问题的规定》第19条认为"保险人取得保险代位求偿权后，保险人或被保险人通知第三者的，诉讼时效从通知到达第三者之日起中断"不应在海上保险中适用，因为正如前文所提到的，该司法解释规定的逻辑基础是《民法通则》中"当事人一方提出要求"即可中断诉讼时效的规定，而这并非《海商法》下的诉讼时效中断事由。

(五)关于代位求偿制度的几个特殊问题

1.超出保险赔偿的追偿所得的处理

从补偿原则的角度出发，被保险人已经从第三人取得的赔偿，视为被保险人为保险人的利益而保存，保险人支付保险赔偿时，可以从应支付的赔偿额中相应扣减被保险人已经从第三人处取得的赔偿。保险人从第三人取得的赔偿，超过其支付的保险赔偿的，超过部分应当退还给被保险人。[261] 在英国法下存在类似的规定，认为这样的超额赔偿(windfalls)应当归属于被保险人。[262]

另外，我国《海事诉讼特别程序法》第93条至第97条对海上保险人行使代位请求赔偿权的具体程序作了规定。

2.被保险人剩余赔偿请求权的优先性

在第三人对损失的发生负有责任的情况下，若被保险人未从保险人处获得充分赔偿，其针对剩余的损失仍有权向第三人主张损害赔偿。但若第三人的清偿能力不足，无法完全满足被保险人和保险人的全部赔偿请求，则被保险人针对第三人的剩余赔偿请求权与保险人代位权之间的优先顺位应如何处理，我国相关法律并未有明确规定，学界也存在争议。

被保险人就其所遭受损失的剩余赔偿请求权应优先于保险人对第三人的代位求偿权。否则，在第三人偿付能力不足时，被保险人就会因保险人代位求偿权的存在而无法获得充分补偿。这与代位求偿制度防止被保险人获得双重赔偿，并进而

---

[261] 《海商法》第254条规定，保险人支付保险赔偿时，可以从应支付的赔偿额中相应扣减被保险人已经从第三人取得的赔偿。保险人从第三人取得的赔偿，超过其支付的保险赔偿的，超过部分应当退还给被保险人。

[262] Yorkshire Insurance Co. v. Nisbet Shipping [1962] 2 QB 330; North of England Iron Steamship Insurance Association v. Armstrong [1870] LR 5 QB 244; Goole & Hull Steam Towing Co. v. Ocean Marine Insurance Co. [1928] 1 KB 589.

保护保险人的利益的初衷是不相符的。

3. 承运人投保货运险的性质认定

虽然保险公司推出了承运人责任险，但由于责任险保费较高，出于对经营成本的考虑，很多承运人选择购买保费较低的货运险，或者当事方对于责任险的性质存在误解，因此在海上保险实践中，承运人为自己承运的货物投保货运险的情况非常普遍。

承运人为承运的货物投保货运险通常存在三种情形：(1)根据运输合同约定代货物所有人投保货运险；(2)运输合同约定以货物所有人为受益人由承运人负责安排货运保险；(3)运输合同没有约定或约定不明，但承运人以自己的名义投保货运险。

在第一种情况下，运输合同约定承运人代货物所有人投保货运险，实践中存在三种情形：(1)保险合同中的被保险人依然是货物所有人，该合同属于常规的货物保险合同。(2)承运人违背货物所有人的意愿，未能以货物所有人的名义订立保险合同，可能导致保险人不负赔偿责任时，承运人应对货物所有人承担运输合同(或委托合同)下相应的违约责任。(3)承运人以自己的名义与保险人订立保险合同，但向保险人披露其代理地位的，根据《合同法》中隐名代理的理论，该保险合同直接约束货物所有人。[263]

在第二种情况下，运输合同约定由承运人以货物所有人为受益人负责安排货运保险，则这相当于为第三人利益安排的保险，此种情形下应认定其效力。在发生保险事故的情况下，保险人应根据保险单的具体约定直接赔付给货主或赔付给承运人后转付给货主。

在第三种情况下，运输合同中没有涉及货物运输险的投保，或者虽然约定由承运人投保货运保险，但约定不明或未明确此种保险的性质，而承运人以自己的名义投保货运险。对于此种保险合同的性质界定，实务界有两种观点：一种认为其仍是货物保险合同，另一种观点则认为其具有责任保险合同的性质。对此，在承运人与保险人签订的保险合同明确为货物保险合同的情况下，将其认定为责任保险合同并不合理，因为责任保险与货物保险两者之间在保险内容以及保险费率的计算方式等方面都存在显著差异，且保险人不愿意向特定承运人提供责任保险是部分承运人寻求转投货物保险的原因之一，因此，在这种情况下，更不宜将该种货物保险合同认定为责任保险合同。在此基础上，作为货物保险合同，需要进一步考虑该种货物保险合同是否符合保险利益的要求。对此，如果承运人与货物所有人之间并

---

[263] 《合同法》第402条规定，受托人以自己的名义，在委托人的授权范围内与第三人订立的合同，第三人在订立合同时知道受托人与委托人之间的代理关系的，该合同直接约束委托人和第三人，但有确切证据证明该合同只约束受托人和第三人的除外。

无任何的保险安排和约定，承运人单方面与保险人订立货物保险合同，则存在的问题是如果发生承运人可以向货方免责，但又属于货物保险人承保范围的货损事故（如火灾），则保险人向承运人的保险赔付会使承运人在未发生损失的情况下获得赔偿，这有违补偿原则。而从根本上说，在此情形下，承运人对此类保险事故并无保险利益。据此，在这种情况下，应当认为承运人在保险事故发生时对损失不具有保险利益而保险人无需赔付。即使保险人已经做了赔付，也可以按照不当得利的情形予以追回。如果发生承运人不可以免责的货物损失，此时，不宜认为承运人没有保险利益，保险人应当依据承运人在货物运输合同下所承担的赔偿向承运人承担保险金赔偿责任。当然，理论上保险人赔偿承运人后即可取得对承运人的代位求偿权。在此情形下，如果承运人在投保货物运输险时与保险人在保险合同中订有放弃代位求偿权的条款，则保险人无法向承运人追偿。但该放弃代位求偿权如果未明确包括实际承运人，则保险人不丧失向实际承运人行使代位求偿权的权利。

四、损失、委付与提前解约权

（一）概述

如果发生了保险事故，并且被保险人宣称该保险事故的损失属于保险范围，就应当解决如何进行保险赔偿的问题。在解决保险赔偿问题时，首先要确定的是保险标的因为保险事故而遭受的损失的程度和范围。依照该标准来划分，损失可分为全部损失和部分损失两种，全部损失又可分为实际全损（actual total loss）和推定全损（constructive total loss）。部分损失按造成损失的原因来区分，可以区分为单独海损、共同海损、救助费用和特别费用。[264]

作为损失类型的划分核心，全损是海上保险中保险标的损失的中心概念。在主要的保险法律与条款中，一般都会将除了全损之外的损失定义为部分损失，即海上保险中不属于全损的损失，为部分损失。被保险人要么向保险人索赔全损，要么索赔部分损失。

将保险标的的损失区分为全损和部分损失的意义在于：(1)在有的海上保险合同中，保险人只承保保险标的的全损风险，如全损险（total loss only）以及不保单独（free of average）。如果保险事故造成的保险标的的损失没有构成全损，被保险人就无权获得任何的保险赔偿。(2)即使是依据海上保险合同，保险人同时也承保保险标的的部分损失风险，对保险事故造成的损失，被保险人只能向保险人索赔部分损失，除非被保险人能够证明已经发生了全损。(3)在保险标的发生全损的

[264] 在《2013 年北欧海上保险方案》的 C1－1 中认为损失是指任何类型的经济损失，包括全损、损害（damage/average）、收入损失、费用与责任。原文：loss (tap) means financial loss of any kind, including total loss, damage, loss of income, costs and liability.

情况下，保险人按照全损赔付之后，取得保险标的物的物上代位权。(4)保险人按照全损赔付被保险人后，海上保险合同就此终止。(5)除非保险合同有特别约定，一般情况下全损不得扣除免赔额。

（二）实际全损

《海商法》第245条规定，保险标的发生保险事故后灭失，或者受到严重损坏完全失去原有形体、效用，或者不能再归被保险人所拥有的，为实际全损。《英国1906年海上保险法》的规定与《海商法》的规定类似。根据《英国1906年海上保险法》第57条的规定，实际全损包括三种情况：(1)保险标的完全灭失或者损坏；(2)保险标的遭到严重损坏而失去了原有的形体和效用；(3)被保险人永久性地和无法挽回地被剥夺了使用或者占有保险标的的权利。《2013年北欧海上保险方案》的规定也非常类似，在船舶保险中，根据C11－1，如果船舶灭失，或者船舶受损严重以致不能修理，被保险人可以提出全损赔偿的请求。因此全损索赔权因为"实际全损"和所谓的"无法修复"而产生。《2013年北欧海上保险方案》认为，如果船舶的形体遭到损毁，以致不再是一条船，即使一些部件完好无损或者可以修复，则仍然构成全损。对船舶进行修理和使用部分旧部件建造一艘新船是有区别的。绝对灭失与基于经济估价的考虑确定是否实施救助和修理这类情形之间是渐进演变的。船舶"无法修复"的表述暗示这样的含义：该船舶必须被认定是毁损的船舶，致使该船从技术角度看进行修理已毫无意义。

第一种情况非常明显，保险标的在海上风险的作用下发生完全的灭失。区别于后两种情况的是，这里的情形主要是指保险标的绝对灭失，如船舶被摧毁(destruction)，或者虽然没有被摧毁但是仅剩残骸，抑或者虽然船舶依然完整，但是不能被救助或者移泊到修船地点；如货物随船沉入深海、被抛弃、被没收、货物被完全烧毁等，这都是典型的保险标的完全灭失或者毁坏的情况。但同样也应当注意到货物的沉没并不一定认为实际全损就一定构成。[265]

第二种情况主要是指货物失去原有的形体和效用，针对不同种类的货物特性，包括由于海上风险带来的货物的外观与实际用途的改变。保险标的是否因为承保风险而失去了原有的形体或者效用取决于对其原有形体和效用的判定。在对于形体与效用的解释严格限制于词义本身的基础上，[266]同时考虑形体与效用的变化带来的经济价值的变化。在实践中主要是指货物在抵达目的地之前失去其"商销

---

[265] Captain JA Cates Tug and Wahrfage Co. v. Franklin Ins Co. [1927] AC 698.

[266] 如果一艘以拆卸为目的的破旧船舶在拖船的拖带下遭遇海难而搁浅并且如果不依靠救助或者一定程度的修理就无法继续前行，在这种情况下不能被认定为搁浅船舶失去了原有的形体或效用而构成实际全损。See Fraser Shipping Ltd. v. Colton [1997] 1 Lloyd's Rep. 586, 591.

性”(merchantability/in an unmerchantable condition),如水泥进水结块、[267]化肥被水溶解、食品被有毒物质沾污、水果腐烂无法出售、冷冻物品解冻变质、牲畜死亡等。

在中国法下,判定货物是否构成实际全损的标准相对比较严格。例如,在莫斯科考兰特有限公司诉中国平安保险股份有限公司绍兴支公司、中国平安保险股份有限公司海上货物险合同纠纷案[268]中,就可以看出中国司法实践中对实际全损的严格态度。1998 年绍兴外贸与莫斯科考兰特有限公司签订皮鞋买卖合同,并向中国平安保险股份有公司绍兴支公司投保。在货物经海运到达莫斯科考兰特有限公司后,收货人申请检验后发现“该批鞋子内、外部均布满白绿色的霉菌菌落,致使鞋子严重受损”。根据观察该菌菌落的发展可以得出结论:该霉菌成长已经 1~1.5 个月,且系在长时间的高湿度情况下产生的,长时间的霉变作用下产生的皮上营生的菌落使皮鞋及皮革制品的高分子化合物原料组织受到严重破坏、缝线脱落。此外,俄罗斯国家公共传染病监督中心函告考兰特公司,该批鞋子不符合俄罗斯联邦公共卫生的检疫要求,不得签发卫生证书。双方就争议诉诸法院。虽然通过描述可知,鞋子的毁损程度已经使其无法再继续发挥其本身的作用,但法院仍然认为这种情况不足以构成货物的实际全损,而只能视为构成推定全损。如果货物在运输途中发生损坏,必须在中途港口卸下,卸下之后发现由于已经完全腐败,货物已经不能被安全地重新装船,而需要立即被丢弃;或者由于正在发生的快速腐败过程,货物必须在中途港卖出,因为重新装船运输之后抵达目的地必然会使货物失去原有的形体和效用,被抛弃的货物或被出卖的货物都属于实际全损,被保险人有权向保险人索赔实际全损。当然,中途处理货物所得,扣除处理费用之后,应当归保险人所有。但在海上保险实务当中,实际上是由被保险人保留变卖所得,保险人负责赔偿保险价值与变卖所得之间的差额,即救助损失(salvage loss)。另外,如果货物在中途受损严重,但可以合理预期运到目的地而不致改变其货物“种类”(specie),被保险人没有安排续运或者在中途将货物出售时,被保险人则无权向保险人索赔实际全损,保险人则只需要赔偿货物的保险价值与变卖所得之间的差额。[269] 被保险人只有委付保险货物,向保险人索赔推定全损。

另外这种情况同时也可以发生在非货物保险之中,保险标的遭到严重损坏而无法修理时也可以构成实际全损。[270] 在美国加利福尼亚州适用英国法判决的

[267] Asfar v. Blundell [1896] 1 QB.

[268] 参见中国商事海事审判网:http://www.ccmt.org.cn/shownews.php? id = 30,最后访问日期:2015 年 11 月 2 日。

[269] Anderson v. Wallis [1813] 2 M. & S. 240; Roux v. Salvador [1836] 3 Bing & N. C. 266.

[270] Barker v. Janson [1868] LR 3 CP 303.

The Gatto[271]案中,保险标的的钻井平台严重损坏,毁坏之后的残余部分已经不可能被修理甚至被用于重新建造,或者说重新拼装参与部分的行为已经不能被合理地认为是一种修理行为,法院认定,保险标的的损失构成实际全损。

在 Fraser Shipping Ltd. v. Colton[272]案中,涉及船舶是否构成实际全损的问题。在本案中,保险船舶被拖带前往拆解,其投保了全损险。在被拖带的时候,保险船舶与拖轮分离,最后搁浅在一个中国的小岛上。船舶几乎破损成两截,大部分的船舱破损。被保险人向保险人主张全损赔偿。法院判决驳回了被保险人的请求,认为船舶尚不构成全损,理由在于:(1)保险船舶是一艘无动力船舶,为拆解目的而拖带,船舶并未因搁浅而丧失其本质属性;尽管船舶在搁浅后,如不进行救助或一定程度的修理将无法继续航行,但是作为无动力船舶,其必要的船舶组成部分尚未损毁到完全不适拖的程度。(2)根据实际全损的定义,是否发生实际全损将根据原告是否已经无可挽回地丧失了该船的占有,即该船是否已经不被原告或其保险人占有处置。具体到本案,即该船是否能被救助。在此,无异议的证据表明:综合考虑可行性和费用,船舶是可以获救的。因此船舶尚不构成实际全损。所以,在船舶遇难而破损的情形,往往涉及船舶的修理、恢复问题。如果从技术上考虑,证明船舶已不能修复,才构成实际全损;如果客观上可以修复,但从商业上考虑,证明修复费用总额达到或高于保险金额,不值得修复,则构成的是推定全损,而非实际全损。

第三种情况的典型例子是保险标的沉入深海无法救助和打捞,或者保险标的在被扣押之后被拥有合格管辖权的法院下令拍卖,或者被捕获(capture),导致被保险人永久性地和无法挽回地被剥夺了使用或者占有保险标的的权利。对于在实际全损中无法挽回地被剥夺的解释,英国法下通常非常严格。根据 Arnould 的论述,保险人对船舶的丧失占有和控制必须达到"永久地、无可挽回"的程度,且复原和获救的可能性和希望也完全落空,这与被保险人选择如何对待保险标的无关。[273] 在 Dean v. Hornby 案中,布莱克本(Blackburn)勋爵又提出了以"等等看"(wait and see)的方式判断实际全损的问题,其指出"将丧失占有绝对地视为全损的原因是很危险的,因为之后的恢复占有会将全损变为部分损失。在涉及占有被剥夺时,'wait and see'在一定程度上是判定全损的必要因素,除非在被剥夺的当时有明确的意图表明这种所有权的丧失是永久的"。[274] 在 G. Cohen, Sons & Co.

[271] Edinburgh Ass Co. v. Burns [1980] AMC 1261; [1982] AMC 2532.

[272] [1997] 1 Lloyd's Rep 586.

[273] See Jonathan Gilman et al. ,*Arooald:Law of Marine Insurance and Arerage*,Sweet & Manwell,2013, pp. 1450 – 1451.

[274] [1854] 3 E & B 180 at p 190.

v. Standard Mar Ins Co. Ltd. [275] 案中，法院判决认为："如果被保险人在物理层面和法律层面都有可能修复保险标的所发生的损害，那么就没有构成法律当中所称的不可避免地被剥夺，即使要想修复保险标的要付出相当大的努力和资金。"考虑到《英国1906年海上保险法》在条文用语解释上的严苛性，实际全损往往很难成立。[276]

在英国法下对于船舶被海盗捕获后被保险人是否可以船舶全损为理由索赔损失，新案 The Bunga Melati Dua [277] 有全面的阐述。2008年8月19日，油轮 Bunga Melati Dua 被索马里海盗捕获，船舶、船员和货物一起被带到索马里海域。原告是船上运载的柴油的货主，被告是为货物承保的保险公司，其签发的保单承保海盗和偷盗损失。在船舶被捕获后不久，船东和海盗展开了谈判，希望在支付赎金后海盗能够释放船舶、船员和货物。上诉法院对船舶被海盗劫持之后，何为"无法挽回地被剥夺"作出了解释。在向海盗支付赎金有可能换回船舶被赎回的情况下，被保险人索赔实际全损的请求不能成立，因为这是典型的"wait and see"的情况。在本案中，"无法挽回地被剥夺"的标准是否成立是判断船舶是否构成实际全损的条件。在没有任何成文法律或者判例明确规定海盗捕获并扣押一定就构成实际全损的前提下，被保险人永久性地和无法挽回地被剥夺了使用或者占有保险标的的权利是一个事实问题，海盗捕获可能构成实际全损，也可能不构成实际全损。[278] 可见，只有在被保险人丧失对船舶的占有或控制，船舶找到和赎回无望的情况下，才可能构成实际全损，但如果有找到并重新夺回船舶的可能性，在被保险人恢复占有后，其只能就船舶的部分损失索赔。

运费的实际全损，一般是指在发生保险事故导致的被保险人无法赚取运费时，根据保险合同的约定，由保险人赔偿被保险人遭受的运费损失。运费发生实际全损，与运费本身的性质、运费保险的种类和运输合同的性质等有关。实际全损是否发生，取决于赚取运费所依赖的条件是否发生以及影响正常运费赚取事件的发生与运费损失之间的关系。

在 Wilson v. Forster [279] 案中，船舶和运费都投保，运输合同约定运费只有货物抵达卸货港交付时才会支付。后来，货物在交付前因柏林政令在卸货港遭扣留、征用并出售，这就构成英国出口运费的实际全损，尽管运货船舶也被扣押，后被船长赎回，并最终回国挣得进口运费。在这种情况下如果保险单是针对租船合同下英

---

[275] G Cohen, Sons & Co. v. Standard Mar Ins Co. Ltd. [1925] 30 Com. Cas. 139.

[276] The "Shakir Ⅲ" [1997] 1 Lloyd's Rep. 163.

[277] [2011] 1 Lloyd's Rep. 630.

[278] 如果存在赎回或者夺回船舶的可能性，则可能不会构成实际全损。See Dean v. Hornby [1854] 3 EL & Bl 180.

[279] Wilson v. Forster [1868] LR 3CP 427.

国进口运费的话,那么尽管在外国港口原先装船出口的货物已被扣押并出售,但只要船舶为赚取运费装载其他货物最终抵达其国内港,在此保险单下就不存在运费的全损。

在发生全损之前,如果因为保险人承保的风险导致保险标的发生了部分损失,被保险人未采取措施修复的,保险标的的损失在构成实际全损时被保险人向保险人索赔全损,或者在构成推定全损时被保险人向保险人索赔全损或者部分损失的,按照保险法中的吸收原则,之前的部分损失被认为吸收成了保险人应当向被保险人赔偿全部损失。无论在任何情况下,被保险人都不应当获得超过保险价值的保险赔偿,这也是海上保险法补偿原则在全损赔偿中的体现。

(三)推定全损

1. 推定全损概述

推定全损是海上保险中的特有制度。我国《海商法》仅规定了海上保险标的中的船舶和货物的推定全损制度。《海商法》第 246 条第 1 款规定,船舶发生保险事故后,认为实际全损已经不可避免,或者为避免发生实际全损所需支付的费用超过保险价值的,为推定全损。同条第 2 款规定,货物发生保险事故后,认为实际全损已经不可避免,或者为避免发生实际全损所需支付的费用与继续将货物运抵目的地的费用之和超过保险价值的,为推定全损。无论是船舶还是货物推定全损,从定义上看都应当包括两种不同的情形:(1)实际全损已经不可避免;(2)为避免发生实际全损所需支付的费用(包括继续将货物运抵目的地的费用)超过保险价值。

对于上述的“不可避免”(unavoidable),国内有学者认为,“如果说不可避免是指必然会发生,那么在推定全损和实际全损之间就没有任何界限……在实务中,实际全损不可避免,主要是指被保险人丧失对保险标的的自由使用,不太可能在合理的时间内重新获得该保险标的的情况”。[280] 同时值得注意的是,我国《海商法》将保险标的的保险价值作为判断船舶或货物遭受承保风险带来的损害是否构成推定全损的标准,而不考虑保险标的的实际价值,这和英国海上保险实务的做法不同。

《英国 1906 年海上保险法》第 60 条对推定全损的规定如下:(1)除保单另有明确约定之外,保险标的被认为实际全损将不可避免,或者为避免发生实际全损所需支付的费用将会超过其本身价值而被合理放弃的,为推定全损。(2)特别指出,在以下情况下成立推定全损:第一,由于承保风险使被保险人丧失对其船舶或货物的占有,而且按实际情况被保险人不可能恢复其占有的;或恢复对船舶或货物的占有所产生的费用,按实际情况将超过恢复后价值的。第二,由于承保风险使船舶受到损坏,而修理船舶损坏的费用将超过修理后船舶价值的,在估算修理费用时,不应扣除其他利益方对这些修理而支付的共同海损分摊金额,但是,如果船舶要进行

[280] 汪鹏南:《海上保险合同法详论》,大连海事大学出版社 2011 年版,第 101 ~ 102 页。

修理,则今后有可能支付的救助费用以及船舶有可能承担的共同海损分摊金额应考虑在内。第三,货物受到损坏,修理受损货物和继续将货物运至目的地的费用之和将超过到达时的价值。

英国法在诸多的判例之中对这两款之间的关系与内容作出了解释,其中最具代表性的就是1939年的Robertson. v. Petros Nomikos, Ltd.〔281〕案。Poter勋爵在此案中指出:"一个可以称为定义性的条款,必须概括了所有的情况,然而,就第60条而言,第2款第2、3项中的内容似乎并未被第1款的内容所包括。这样说来,第60条第2款并不是单纯对第60条第1款进行具体的举例说明,而是增添了新的内容。"换言之,该两款的内容应当是独立分开的,其中第1款是以实际全损与推定全损的关系角度界定的推定全损。第2款则是通过列举式方法明确规定了成立推定全损的其他情形,包括基于丧失对保险标的的占有以及保险标的遭受损坏情形下无法恢复占有和可能支付高额费用(super expense)时的推定全损。另外值得注意的是,第60条第1款规定的一般适用范围是实际全损不可避免的或者已被合理放弃的保险标的(包括运费);而第2款则仅适用于保险标的为船舶和/或货物,这一款与我国《海商法》规定的推定全损的适用范围类似。

根据以上的规定,结合英国法下对实际全损的认定标准,推定全损的类型在英国法下可以被分为以下六种:(1)由于实际全损不可避免,保险标的合理地被抛弃;(2)为避免实际全损而支出的费用超过保险标的本身的价值;(3)被保险人被剥夺了对船舶或者货物的占有,而根据具体的情形,不可能在合理时间内重新占有船舶或者货物;(4)被保险人被剥夺了对船舶或者货物的占有,而被保险人为取回船舶或者货物原有的占有状态而支付的费用,超过了船舶或者货物取回后的价值;(5)在船舶受损的情况下,修理船舶的费用超过了船舶修理之后的价值;(6)在货物受损的情况下,修理受损货物和续运货物到目的地的费用超过了货物到达目的地时的价值。

如果保险标的的损失构成了推定全损,被保险人有权选择向保险人委付保险标的,索赔全损的赔偿;当然被保险人也有选择不委付的权利,同时选择恢复和修理保险标的,〔282〕并向保险人索赔部分损失,就合理的恢复和修理费用也可以通过"sue and labor"向保险人索赔。当然在我国《海商法》第255条还规定了保险人通过全额支付保险合同约定的赔偿,放弃对保险标的的权利,解除对保险标的的义务。

2. 船舶的推定全损

船舶的推定全损包括以下情形:

---

〔281〕 Robertson v. Petros [1939] AC 371.

〔282〕 在有法律强制性确认被保险人有施救义务的情况下,这里认为,如果被保险人在可以索赔推定全损而未索赔时,应当负有合理救助保险标的的义务。

(1)船舶的实际全损已经不可避免,船舶因此被合理的抛弃。

此种情形中,船舶被抛弃的合理性是认定推定全损的关键。如果存在不合理抛弃的情形,那么损失将被认定为是由于不合理抛弃而并非承保风险造成的,进而被保险人也就不能据此索赔推定全损。在这种情况下的推定全损认定中,在船舶实际全损不可避免与合理抛弃之间应当存在一种合理的联系,不可避免应当是抛弃船舶的前提条件。

有人认为,“不能避免”的含义模糊。如果说“不能避免”是指必然会发生,那么在推定全损和实际全损之间就没有任何界限。这显然站不住脚。应当注意的是,《中国人保船舶保险条款(2009 版)》第 10 条第 2 款使用了“似已”一词,《英国 1906 年海上保险法》第 60 条第 1 款附加了“看似”一词,《海商法》中也附加了“认为”一词,这就是考虑到损失的发展及其结果不确定,不能预见。因此,“似已”“看似”或“认为”“不能避免”,与实际损失必然发生具有本质差别,更非实际损失已经发生。它们都恰如其分地划清了推定全损与实际全损的界限。[283]

英国学者认为,“全损看似已不能避免”并不能仅以被保险人的主观状态为标准。如果推定全损的事实状态并不存在,仅仅是被保险人诚实、合理地相信全损不能避免,尚不构成推定全损。[284] 换言之,推定全损必须是“根据已知的确切事实”看似不能避免,而非“根据被保险人知道的事实”判断。

根据英国普通法上的要求,在委付发出时全损不能避免的可能性必须达到最高程度(highest degree of probable at the time of abandonment)[285]或者具有很强的可能性(a very strong probability)[286]。

在 Lind v. Mitchell[287]案中,一艘纵帆船被冰山撞坏开始渗水。弃船之前,船长放了火。后来,该船被一艘轮船发现。当时,该船已经着火,但仍高高地浮在水面上。上诉法院认定,该船不构成推定全损。斯克鲁顿(Scrutton)大法官评论道,被保险人是否可以这样推论,从出现漏水开始全损就有了可能,并可判断全损不能避免,从而对该船的委付是合理的？不。这一委付并不合理。这艘船距离港口 15 海里以内。证据表明,船员乘坐的救生船能够顺东北风划行。救生船可以航行,则该帆船同样也可在东北风向中航行。该帆船在被委付后的七八小时后仍高高地浮在水面上。所以,委付是不合理的。

《中国人保船舶保险条款(2009 版)》的措辞与《英国 1906 年海上保险法》的

---

[283] 参见推定全损和保险委付,载 http://www.doc88.com/p-29896940832.html,最后访问日期:2016 年 12 月 18 日。

[284] See Jonathan Gilman et al., *Law of Marine Insurance and Average*, Sweet & Maxwell, 2013, p. 1489.

[285] Anderson v. Wallis [1813] 2 M. & S. 240, as per Lord Ellenborough.

[286] Masefield v. Amlin Corporate Member Ltd. [2010] 1 Lloyd's Rep. 509.

[287] 45 T. L. R. 54 [1928].

措辞相同，在理解本款时可借鉴英国法的解释。

与《中国人保船舶保险条款（2009 版）》以及《英国 1906 年海上保险法》的规定不同，我国《海商法》第 246 条对推定全损界定时使用的措辞是“认为”而非“看似”，且主体为“被保险人”或“保险人”并不清晰。一般认为，《海商法》采用的是主观标准，即如果保险事故发生后，一个理性的被保险人根据当时的情形合理地推断船舶实际全损将不能避免的发生即可以主张推定全损。

（2）为避免船舶的实际全损而支出的费用超过船舶的保险价值。

在这种情形下，船舶的实际全损尚未发生，在尚有拯救的可能时，为了避免船舶的实际全损而支出的费用将要超过船舶的保险价值，推定全损即成立。中国建功 515 案〔288〕就体现了这一原理。“建功 515”轮为钢质船舶，向中华财产保险公司投保船舶保险。在保险期间内，该船与“顺强 7”轮发生碰撞，“建功 515”轮船东主张该船沉没，打捞费用巨大，构成推定全损而向保险公司索赔，保险公司拒绝索赔，认为船舶发生损坏但并未达到实际全损的程度。浙江省高级人民法院判决认为：“据探摸报告……事故造成‘建功 515’轮沉没，根据探摸报告，建功 515 轮艉楼向前 4～5 米处折断，舱内装载的沙子还留在船舱内，沉船周围泥质较软。据此，船舶进行整体打捞，打捞费用很高，采取整体打捞不符合各方利益。”经过评估，法院认为打捞船舶所需要的费用将超过船舶的保险价值而认定船舶成立推定全损。

（3）被保险人被剥夺了对船舶的占有，船舶不可能在合理的时间内重归被保险人自由使用和处分。

此种情形中，关于所谓被保险人“不可能”重新占有船舶以及“合理时间”这两个标准的判断决定了推定全损的认定。“不可能”重新占有船舶要求被保险人不再具备重新获得船舶的可能性，而不是“不确定”。Richards v. Forestal Land Timber & Railways Co.〔289〕案中，1939 年德国政府要求，所有进出德国港口的船舶必须载运一定数量的难民并搭载一定的德国货物，否则会将船舶击沉。Minden 号和 Halle 轮应德国政府的要求搭载了难民和货物，然而仍旧遭到德国战船击沉，只有 Wangoni 号船舶顺利到达目的地。对于是否构成推定全损的问题，法院认为，考虑到种种原因，货物已经被毁损，货主不可能再次获得原本的货物，构成推定全损。然而，对于船舶来说，还可以被打捞上来进行价值估计，所以，对于船舶是否构成全损具有“不确定性”。因为这种“不确定性”的存在，不能简单地认为船舶构成推定全损。“合理时间”则是一个相对灵活的问题，第一，关于“合理时间”的长度的具体认定应当依据个案中船舶所面临的风险类型和具体情况分析；第二，该“合理时间”的起算点究竟是从在该案中保险事故发生之日起起算，还是从被保险人提交

〔288〕　参见（2014）浙海终字第 122 号。

〔289〕　Richards v. Forestal Land Timber & Railways Co. [1942] AC 50, 86.

委付通知之日起起算，目前仍没有定论。

(4)被保险人被剥夺了对船舶的占有，为取回船舶支付的费用超过了船舶取回后的价值。

在此种情况下，只要被保险人为取回船舶可能支付的费用与花费数额超过了船舶取回后的价值(在中国法下是船舶的保险价值)，被保险人都可以向保险人索赔推定全损。在这种情况下，支付相关费用的目的在于取回船舶，船舶最终取回与否决定了是否成立全损。除非被保险人支付相关费用有明显的针对保险人的恶意情形，否则并不在推定全损的范围内考虑被保险人取回船舶支出费用的合理性。

(5)在船舶受损的情况下，修理船舶的费用超过了船舶修理之后的价值。

在此种情况下，第一，应当以将船舶恢复到风险事故发生之前未被损坏的状态为修复的标准，以便计算相关的修理费用。[290]第二，在前一种标准的前提下，船舶的修理应当指船舶的完全修理。在 1942 年发生的 Irvin v. Hine[291]案件中，船舶触礁，在计算船舶修理费用时，将受损船舶维持航行以进行移泊的费用、移泊至修理港口的费用以及临时修理的费用计算在内，对老旧船舶进行额外修理的费用也应计算在内。第三，在我国《海商法》下，船舶的保险价值是判断推定全损是否成立的重要标准，但国内司法实践仍有以保险事故发生时的价值为判断标准的。以 2009 年在广州海事法院审理的吴来洪诉海南中海鸿兴盛船务有限公司等船舶碰撞损害赔偿案[292]为例，钢质干货船“鸿兴 988”轮与木质捕捞船“徐闻 12091”相撞，“鸿兴 988”轮因在碰撞发生时船长没有安排船员在驾驶台进行瞭望而承担完全过失责任。之后渔船船东拖带渔船离开事故发生地，并进行修理。广海事法院在审理中认为：“本案最值得考量的情节是渔船的价值，其 1997 年 11 月 20 日的全新价值为 2 万元，按渔船船东自己的陈述也不过 35000 元，按每年最低的折旧 4%、并依渔船船东所述的价值计算，11 年又 3 个月折旧 15750 元，即事故发生时渔船价值为 19250 元。渔船船东主张的修理费和拖航费共 20460 元，与渔船事故时的价值相比超过了 1210 元。显然，按照渔船船东的主张，其渔船构成了推定全损。”该案的判断标准与我国《海商法》以及英国法的规定皆不同。

根据《英国 1906 年海上保险法》第 60 条第 2 项规定，由于承保风险使船舶受到损坏，而修理船舶损坏的费用将超过修理后船舶价值的，构成推定全损。那么这里的问题是“修理后船舶价值”的确定标准是船舶修理时的市场价值还是船舶的保险价值。在不定值保险中，显然指的是船舶修复后的真实价值。学界曾对这一

---

[290] Sailing Ship (“Blairmor”) Co. v. Macredie [1898] AC 593, 602.

[291] Irvin v. Hine [1950] 1 KB 555.

[292] 参见 (2009)广海法初字第 317 号。

问题存在争议,直到1847年的Irving v. Manning[293]案中,上议院在判决中确定提到,为确定船舶是否构成推定全损时,以船舶修理之后的价值为准。上议院认为,每一个谨慎的船舶所有人都应当在发生承保风险的情况下,对修理船舶的费用与修理后船舶的预期价值进行比较。而在定值保险中,根据《英国1906年海上保险法》第27条第4款的规定,除保单另有约定之外,保单约定的价值不具有确定是否构成推定全损的最终效力。因此用以比较的并非是保险单中约定的船舶保险价值,与非定值保险相同,这里比较的同样是船舶在修复后的真实价值。但是考虑到这条规定的非强制性,伦敦保险市场一般通过标准保险条款的约定明确,在确定船舶是否构成推定全损的判断时,以保险船舶价值的80%作为船舶修理后的价值。[294] 这在一定程度上修正了《英国1906年海上保险法》的法律地位,[295]同时也明确排除了船舶残骸的价值在推定全损计算中的适用。[296]

英国海上保险中的上述规定类似于《2013年北欧海上保险方案》中的"判定船舶无价值"程序。该判定程序整体上与英国标准条款类似,仅在计算上存在较细微的差别。(1)英国标准条款中以《英国2003年国际船舶保险条款》为例,C21.2认为判断船舶价值的要件以单次事故为基础(同一承保风险产生的一系列损坏也构成一次事故),仅应考虑与单一事故或同一事故引起的后续损害赔偿有关的费用。而《2013年北欧海上保险方案》中C11-3(4)则认为事故所致损害应当"认定为只包括在引发船舶无价值判断请求的事故发生之前3年内已向所涉保险人报告,并由该保险人进行了保险检验的那些损害"。(2)在计算修理费用时,《英国1906年海上保险法》第60条第2款第2项继续规定,不应扣除其他利益方对这些修理而支付的共同海损分摊金额。这一规则在Kemp v. Halliday[297]案中得以展现。在该案件中,船舶在英国法尔茅斯进行修理,修理的时候还有一批货在船上。在进行修理期间,船舶遭受承保范围内的风险,为避免船舶沉没,船上人员有意地将部分货物抛入水中。法院判决中称:"……在确定船舶是否构成推定全损时,因为本案中存在共同海损,应将共同海损的费用计入船舶的修理费用……"由此,船舶今后有可能支付的救助费用以及船舶有可能承担的共同海损分摊金额应考虑在内。但是根据《2013年北欧海上保险方案》中C11-3(4)的规定,即使可以预见到在船舶移至修理船坞之前将会发生救助报酬,也不得将救助报酬计算在内。

---

[293] Irving v. Manning [1847] 1 HL Cas 287, 304.

[294] ITCH(83/95) C19(1),IVCH(95) C17(1),IHC(2003) C21.

[295] Robertson v. Petros [1939] AC 219.

[296] Angel v. Merchants Marine Insurance Co. [1903] 1 KB 811 CA; Macbeth & Co. v. Maritime Insurance Co. [1908] AC 144.

[297] Kemp v. Halliday [1866] LR 1 QB 520; 6 B & S 723.

3. 货物的推定全损

货物的推定全损中的具体情形与船舶保险类似,主要包括以下情形:

(1)货物的实际全损已经不可避免,货物因此被合理的抛弃。

与之前船舶推定全损的第一种情形类似,同样要求实际全损不可避免与抛弃之间的联系。《英国2009年协会货物保险条款》第13条规定,保险标的除非由于不可避免要发生实际全损或保险标的的修复、重整和续运至承保目的地的费用超过其抵达时的价值的,本保险对任何推定全损的索赔,不负赔偿责任。

(2)货物发生损坏,为了避免货物的实际全损而支出的费用将超过货物本身的价值。

对于那些由承保风险引发的保险事故,货物遭到具体的损坏,而这些损坏不能进行及时的修理,即使是货物在某些时刻依然保留着原有的属性和价值,但是为了避免货物的实际全损的发生所支出的费用将超过货物本身的价值(保险价值),即成立本情形下货物的推定全损。

(3)被保险人被剥夺了对货物的占有,货物不可能在合理的时间内重归被保险人自由使用和处分。

与之前船舶推定全损的第三种情形类似。针对货物保险,"合理时间"的标准同样也是一个不确定的问题,需要针对个案作出具体的分析和判断。[298]

(4)被保险人被剥夺了对货物的占有,为取回货物支付的费用超过了货物取回后的价值。

与船舶推定全损的第四种情况相类似。如果被保险人在支付该相关款项时有可能超过货物取回后的价值(保险价值),那么被保险人有权不支付该款项并选择向保险人索赔推定全损。[299]

(5)在货物受损的情况下,修理受损货物和续运货物到达目的地的费用超过了货物到达目的地时的价值。

这种情形下应当注意的是,续运费用应当与修理受损货物的费用一起计算。在 Farnworth v. Hyde[300]案的判决中,法官提到"当货物在非目的港遭受承保范围内的风险被损毁,但是在负担一些费用的情况下可以被运到目的地,这时为了确定货物是否构成推定全损,需要考虑到一切因此而花费的费用,包括烘干、卸货、仓储、重装的费用,而在运费到付的情况下,计算转运费用时不应当包括到付的运

---

[298] Rickards v. Forestal Land Timber & Railways Co. Ltd. (The Minden) [1942] A. C. 50., [1941] 70 Ll. L. Rep. 173; Bayview Motors Ltd. v. Mitsui Marine and Fire Insurance [2003] 1 Lloyd's Rep. 131; Clothing Management Technology Ltd. v. Beazley Solutions Ltd. [2012] EWHC 727.

[299] Stringer v. English and Scottish Marine Insurance Co. [1870] LR 5 QB 599.

[300] Farnworth v. Hyde [1866] LR 2 CP 204.

费”。在《中国人保海洋运输货物保险条款(2009版)》中,货物受损的拯救费用除了恢复、修复受损货物以及运送货物到原定目的地的费用之外,还应当包括检查和检验受损货物的特别费用。

考虑到海上货物保险标的的复杂性,货物的推定全损还有自己鲜明的特点。在Rodocanachi v. Elliot[301]案件中,一批货物将要从上海运到伦敦,途经法国北部沿海,中途有一批货要送到法国布伦,当时正值德法交战之际,德国军队封锁了北部沿海地区,造成货物无法运到布伦港。法院认为,根据当时军事封锁的客观情况,造成货物无法到达布伦港,虽然货物本身没有发生有形的损失,或者货物没有脱离被保险人的占有和控制,但也可认为货物构成了推定全损,被保险人也有权向保险人请求赔偿全损。这主要表现在除了货物本身之外,海上货物保险的保险标的也包括货物的运送航程(voyage),即海上货物保险人承保的是保险货物抵达保险单所载明的目的地的约定风险。对于因为航程失利(loss of voyage)或者航程受阻(frustration)导致的货物不能抵达保险单所载明的目的地的,也可认为构成推定全损。在《英国1906年海上保险法》通过之际,劳合社货物运输保险单所规定的承保范围,按照惯例是从一个港口到另一个港口,因此,预定航程就构成了保险标的的组成部分。如果承保风险造成预定航程受阻,保险人就应当根据保险单赔偿被保险人。在The“Sunday”案[302]中,英国公司装了两船货,准备从阿根廷运到汉堡,在船舶到达汉堡前,德国和英国之间发生敌对行为,货物无法到达汉堡,货主只好指示船东将货物在英国订舱储存起来,转而向保险公司以推定全损索赔。英国上议院认为:“保险公司的赔偿并不仅仅限于对承保货物的赔偿,还包括完成这一航程所需要的费用,要将劳合社货物运输保险单下既承保货物损失又承保航程损失的情况与单纯的货物保险相区分。”

参考《英国1906年海上保险法》第55条第2款第2项的规定,船舶或货物的保险人对迟延直接造成的损失不负赔偿责任,即使迟延是由于承保的风险所引起的。我国《海商法》第243条第1款也有类似的规定,除了合同另有约定外,保险人不负责赔偿因为航行延迟、交货延迟造成的损失。但是在航程受阻的情况下,如果这样的迟延足以导致整个风险活动受阻或者受到破坏,则被保险人同样可以主张因航程受阻引起的损失赔偿。

该原则仅适用于货物保险,主要的情形包括三种:(1)因为法律或者如卫生检疫、海关等行政法规的规定限制货物的运输,航程由于被迫的原因提前终止、受阻或者遭到破坏。一般此情况下被保险人都可以向保险人请求推定全损赔偿。(2)因为战争风险,如捕获,扣押,因港口封锁导致的滞留、扣留、禁运和没收等风

[301] Rodocanachi v. Elliot [1874] LR 9 CP 518.

[302] The “Sunday” [1916] 1 AC 650.

险的发生,导致航程失利,被保险人在合理的时间内也无法重新取得对货物的占有。这种风险一般都会被战争险保险单规定为除外责任,没有相应的承保。(3)由于货物的性质,如易腐烂和易吸水,在航行途中受损之后,如果安排继续运输,货物到达目的地时则会因为失去商销性而全损;如果在中途港变卖货物,保存货物的部分价值,则保险人只需要赔偿保险价值与变卖所得之间的差额。对于因续运产生的费用(forwarding charges),保险人应当负责赔偿。因为这种情况下往往货物不会因为海上风险构成全损,在部分损失下被保险人可以以救助费用要求保险人赔偿,在保险单中也有相应的续运费用条款。

(四)委付与委付通知

1. 保险标的的委付

委付,是指被保险人自愿将保险标的以及其中的物权和债权让与保险人,[303]是海上保险中特有的理赔处理方式。被保险人对于发生推定全损的情形下是否向保险人委付保险标的具有选择权。《海商法》第249条规定:"保险标的发生推定全损,被保险人要求保险人按照全部损失赔偿的,应当向保险人委付保险标的。保险人可以接受委付,也可以不接受委付,但是应当在合理的时间内将接受委付或者不接受委付的决定通知被保险人。委付不得附带任何条件。委付一经保险人接受,不得撤回。"

值得注意的是,是否接受委付、是否发送委付通知与推定全损成立与否无关。在上海申大(集团)公司浦东进出口分公司诉湖北晴川轮船有限公司海上货物运输提单纠纷案[304]中法院的判决就有相关的论述。1995年9月30日,被告所属"晴川7号"轮在广西防城港装载2384.3吨石灰石和1045.9吨散装滑石颗粒运往日本TAGONOURA港和ISHINOMAKI港,并向日本住友株式会社投保,船长分别针对这两批货物签发了该两票货物的清洁提单。在目的港卸货时,并未发现任何异常。然而,在日本住友株式会社向检测公司申请的检测中发现,滑石颗粒中掺杂进了石灰石,清理费用将高于货物价值。收货人索赔货物推定全损,收货人并未向保险人发送有效的委付通知,也没有将货物的所有权转移给保险人。法院判决认为,本案是货物保险人赔偿被保险人的货物损失后,行使代位求偿权,依据海上货物运输合同向承运人提出的索赔。被保险货物在运输过程中发生灭失或损坏,被保险人(收货人)既可以依据运输合同向承运人提出索赔,也可以依据保险合同向保险人索赔而后将向承运人的索赔权转让给保险人。保险人确认货损属于保险责任范围内,并依据保险合同给予被保险人赔偿后取得代位求偿权,有权代替被保险人向承运人提出索赔。本案中,滑石颗粒经检验受到石灰石的污染,因清除污染的

[303]　参见汪鹏南:《海上保险合同法详论》,大连海事大学出版社2011年版,第105页。

[304]　参见(1999)武海法商字第65号。

费用超过货物本身的价值而推定全损，收货人要求被告按照全部损失赔偿的，应当向保险人委付保险标的，但是，保险人可以选择接受委付或不接受委付。保险人没有接受委付而赔偿收货人的全部损失，并不影响推定全损的成立。关于委付的法律后果，我国《海商法》第 250 条规定，保险人接受委付的，被保险人对委付财产的全部权利和义务转移给保险人。

《英国 1906 年海上保险法》中有三个条文规定了委付的内容。第 61 条规定了委付与推定全损之间的关系，即在判断损失构成推定全损之后，被保险人可以通过向保险人委付保险标的，而索取全损的赔偿；被保险人不选择委付保险标的，而选择修复或者恢复保险标的的，可以向保险人索赔部分损失。第 62 条规定了委付通知的发出与效力。第 63 条则规定了委付的效果。

2. 委付与委付通知的含义

委付制度由保险法中的补偿原则派生而来，当被保险人向保险人请求全损的保险赔偿时，被保险人都必须放弃对于保险标的的权利，将保险标的转让给保险人。[305] 在 Kalenbach v. Mackenzie[306] 案中，布莱特(Brett)勋爵阐述了委付的含义，他认为："委付并不是海上保险中的特有制度，所有带有赔偿性质的合同中普遍存在着委付制度。在要求赔偿全部损失的情况下，索赔方应将标的物委付给赔偿方，以使其在标的物的残值中受偿。在推定全损的情况下，被保险人应当向保险人发送委付通知。"在没有发送委付通知的情况下，并不影响保险标的推定全损的成立，但被保险人不得向保险人请求赔偿全损损失，只能转而索赔部分损失。

在被保险人向保险人发送委付通知之后，保险人有选择是否接受委付的权利。如果保险人同意/接受委付，则应向被保险人支付全部赔偿，同时取得保险标的的所有权。如果保险人不同意/不接受委付，被保险人只能向保险人索赔保险标的的部分损失。当因承保风险最终导致保险标的的推定全损发展到实际全损时，未索赔的被保险人可以继续向保险人请求赔偿实际全损。从委付和全损的效果上来看，在推定全损的情况下，保险人对以全损赔偿被保险人有选择权(wait and see)，而被保险人并不拥有这种权利。但保险人有权等待的时间，保险立法很难作出一个明确的规定。

委付和委付通知并不是一个概念。委付通知，是指在推定全损的情况下由被保险人向保险人发出的委付请求，在实际全损的情况下也存在委付，只是被保险人

---

[305] 参见我国《海商法》第 256 条，《英国 1906 年海上保险法》第 61 条。我国《海商法》第 256 条规定，除本法第 255 条的规定外，保险标的发生全损，保险人支付全部保险金额的，取得对保险标的的全部权利；但是，在不足额保险的情况下，保险人按照保险金额与保险价值的比例取得对保险标的的部分权利。

[306] Kalenbach v. Mackenzie [1878] 3 CPD467, 480.

无需发出委付通知。委付,则是指保险标的及其一切权利由被保险人向保险人的转移。无论是在推定全损还是在实际全损的情况下,保险人提出相应的索赔并得到保险人的赔付之后,保险标的都应当委付给被保险人。但无论在什么情况下,委付成立与否以及委付通知的有效性均不影响推定全损的成立。无论是在中国法还是在英国法下,委付通知与推定全损都是两个相对独立的制度。[307]

委付制度在英国法下一个更重要的意义是,即便是保险人同意支付全损以完成委付,保险人对于是否接受保险标的的权利仍然具有选择权。虽然从效果上这样的规定与我国《海商法》有关保险人的提前解约权类似,但是两者实际上还是存在本质不同。

3. 委付通知的性质与有效性

各国的海上保险法都未对委付及委付通知的性质作出明确的规定。但英国判例显示,从保险合同的角度,委付通知是保险标的发生推定全损时,被保险人向保险人发出的转让(assign)其享有的保险标的的一切权益的一个要约(offer);[308]保险人接受委付的意思表示是一个承诺(acceptance)。那么结合有关法律委付通知的有效性将从以下几个方面得到判断:

(1)作为海上保险中的特有制度,委付通知发送的前提是保险单载明的保险标的的损失必须构成推定全损。委付通知应当针对该保险标的的推定全损提出,否则即使保险人接受委付通知,或者在委付通知发出时保险标的的损失并未构成推定全损的,或者保险标的的损失之后又发展为推定全损的,之前的委付通知也是无效的。

(2)所谓的委付保险标的,就是指保险人将本保险承保的被保险人对保险标的的全部利益转让给保险人。相应地,委付通知有关委付的内容就应当限于保险单中承保的被保险人的保险利益的转让。委付通知中超出的部分,无论保险人是否接受委付,都应当无效。

在不足额保险的情况下,委付通知的内容与委付的结果都应当是保险人按照保险金额与保险价值的比例取得对保险标的的部分权利。另外,只有在保险合同是可分合同的情况下,被保险人才可以通过委付通知转让部分利益,使不同的保险利益分别得到委付。[309]

对于被保险人向保险人发送委付通知时,保险人已经没有获得委付利益的可能的,则委付通知无需提交。根据《英国1906年海上保险法》第62条第9款的规定,在保险人将其风险再保险的情况下,该保险人不必再发送委付通知。

---

[307] See Jonathan Gilman et al., *Law of Marine Insurance and Average*, Sweet & Maxwell, 2013, p. 1516.

[308] The Kastor Too [2004] 2 Lloyd's Rep. 119 at [77].

[309] Fabrique de Produits Chimiques v. Large [1923] 1 KB 303.

(3)考虑到只有被保险人有权转让保险单下承保的保险标的的保险利益,那么委付通知也必须由被保险人或者其事先特别授权的人提交。对于同一保险标的,可能存在有数个保险利益,每一个保险利益的所有人只能委付其对保险标的所具有的保险利益,同时还应当考虑委付利益的可分性。

(4)从内容上,委付通知中请求委付的意图应当是明确的,被保险人应当针对一个已经存在的保险标的构成推定全损的事实发出明确的请求索赔全损的委付通知。仅将处理船货的情况通报给保险人并没有委付的意图的,不构成一个正当的委付通知。[310] 在 The "Catariba"[311] 案中,游艇 Catariba 第一次触礁被拖带靠岸,但未进行修理,在岸边存放期间遭遇台风,几乎被损毁。游艇投保《游艇协会保险》,船东(被保险人)向保险人发送通知询问其是否接受委付。法院判决认为:"被保险人在委付通知中对是否委付采用选择性的措辞,很难说被保险人存在一个明确的委付意图,也不足以被视为委付通知有效存在。""仅仅请求保险人指示如何处置保险标的的内容并不被认为构成有效的委付,但请求保险人按全损赔付则可能构成有效的委付。"[312] 从被保险人的角度,如果在保险人接受委付之前,被保险人清楚地表示将放弃全损索赔,那么委付通知将无效。从保险人的角度,保险人可以明示或默示地放弃接受委付通知的权利,这种放弃在英美法下构成弃权,这种情况下无需发出委付通知。另外,保险合同中也会明确约定保险人的某些特定行为不构成放弃委付,如《英国 2003 年国际船舶保险条款》C19.3 规定,被保险人为拯救、保护和恢复保险标的物而采取施救措施,不得视为放弃委付。

在保险人针对某个委付通知作出接受委付的决定之前,被保险人都有权收回或者撤销该委付通知,[313] 或者发出新的委付通知以代替原委付通知。[314] 如果保险人未能在合理的期限内作出接受委付的承诺,被保险人也有权收回或者撤销原委付通知。但是委付一旦被保险人接受,被保险人不得撤回。

(5)从委付后保险人将会取得与保险标的有关的一切保险利益为角度分析,《海商法》所规定的"委付不得附带任何条件",是指委付通知中不得规定任何限制

---

[310] Parmeter v. Todhunter [1808] 1 Camp. 541.

[311] The "Catariba" [1997] 2 Lloyd's Rep. 749.

[312] See Edward Richard, Hardy Ivamy, *Marine Insurance*, Butterworths, 1969, pp. 418 – 419; G Cohen, Sons & Co. v. Standard Mar Ins Co. Ltd. [1925] 30 Com. Cas., 107.

[313] Pesqueriasy Secaderos de Bacalao de Espana SA v. Beer [1946] 79 Ll L Rep. 147.

[314] 从委付通知的效力上而言,实践中往往对于发出多个委付通知时,后发出的委付通知的效力是否依赖之前发出的委付通知的效力存在争议。考虑到法律并不禁止发出多个委付通知,同时委付通知的发出取决于被保险人对推定全损条件成就的判断,这在实践当中往往缺乏一个明确的标准。被保险人直接的解决办法就是连续地提交委付通知,并且在后发出的委付通知中明确说明不影响之前发出的委付通知的有效性。The "Bamburi" [1982] 1 Lloyd's Rep. 312; The "Anita" [1971] 1 Lloyd's Rep. 487; Royal Boskalis Westminister NV v. Mountain [1997] LRLR 523.

保险人在接受委付后正当取得保险标的有关利益的条件。委付通知作为在推定全损中委付达成的先决条件，应当明确体现被保险人愿意将保险标的所有利益无条件地转移给保险人的意思。委付的意思表示不能与其他由被保险人作出的是否完全转移保险标的利益的意思表示相冲突，也不能通过委付通知的表述以任何形式限制保险标的全部或者部分利益的转移。委付通知所表达的意图应当在时间上具有连续性。当然，被保险人为委付通知的有效性在时间上设立合理的限制不应当被认为是附条件的委付。例如，在上文提及的莫斯科考兰特有限公司诉中国平安保险股份有公司绍兴支公司、中国平安保险股份有限公司海上货物险合同纠纷案中，收货人在向保险人主张推定全损，发出委付通知后，又委托 TOCT 公司将货物销毁。法院认为："收货人既然主张全损，依照保险法的规定，原告应当向保险人委付保险标的，可原告不待保险人赴现场处理，急于委托 TOCT 公司将货物销毁，与将保险标的的所有权转移给保险人的行为相冲突。故主张认定原告应承担委付过错责任，即原告承担部分货损款项。"

(6)委付是一种非要式的法律行为，委付通知也没有严格的固定格式。所以委付通知也不一定要求书面性，口头通知作出的被保险人无条件地放弃并转让保险单中保险利益的意思也可以构成一种委付通知。当然英美法中也有判例认为最好避免口头的委付通知。[315]

(7)委付通知应当在"合理的时间"内，合理而谨慎地尽快发出。《海商法》对于委付通知应当发出的时间并没有作出规定。可以明确的是，委付通知基于被保险人对保险标的的损失构成推定全损的判断作出，委付通知越早到达保险人处，就越有利于保险人作出是否接受委付的决定，但保险人拥有是否选择索赔推定全损的权利。《英国 1906 年海上保险法》第 62 条第 3 款规定，被保险人在获得损失的可靠消息后就应当尽快合理而谨慎地发出委付通知，但如果尚不能肯定损失的情况，被保险人有权在合理的时间内进行查询，以便选择是否委付保险标的。

如果被保险人没能在合理的时间内作出索赔推定全损的选择并提交委付通知，那么他将很可能失去索赔推定全损的权利。Anderson v. Royal Exch Ass Co. [316] 案对此有所体现。一艘名为 Fanny 的船舶载运整船麦子，搁浅，船体被浸泡在水下长达 4 周时间，货物被打捞上岸后发现大部分已经损毁。货主在出售了一部分未完全毁损的麦子后，将剩余部分抛入水中，继而向保险人发出委付通知。法院认为："在此案中发出委付通知的时间过晚，他没有在第一时间发出通知，而是作出了一系列挽救的行为，发现没有效果之后才通知保险人，不利于保险人采取进一步的措施。""合理的时间"在个案中应当作不同的判断，但被保险人不能在已经获得损失

---

[315] Rodocanachi v. Elliot [1874] LR 9 CP 518.

[316] Anderson v. Royal Exch Ass Co. [1805] 7 East 38.

的可靠消息之后还观望市场变化，看委付是否对其有利而选择发送委付通知。[317]在保险事故处在一个发展的过程中，保险标的的损失仍不能确定时，被保险人如果想选择索赔推定全损，那么就应当在合适的时间连续发出多份委付通知以避免可能的风险。[318]

如果一个之前发出的无效委付通知在经过一段时间后，其上所载明的推定全损的条件已经成就，无效的委付通知也不会因此而变得有效。

4. 保险人接受委付及其法律效力

在推定全损中，被保险人向保险人提交了合适的委付通知之后，保险人对是否接受委付有选择权。我国《海商法》第 249 条规定，保险人应当在合理的时间内将接受委付或者不接受委付的决定通知被保险人。所以在中国法下，保险人应当以明示的方式表示接受或者不接受委付。但根据《英国 1906 年海上保险法》第 62 条第 5 款、第 6 款的规定，英国法下保险人表示接受委付的方式可以是明示，也可以是默示。

在接受委付的效果上，尽管在法律的措辞上有细微的差别，但中英两国的法律都认为，保险人有效接受委付之后，被保险人对委付财产的全部权利和义务都转移给保险人。这里无论是权利还是义务，都来自保险单所承保的保险标的本身。考虑到委付之后转移的是保险标的以及与之相关联的保险利益，在保险人与被保险人之间，保险人不因为接受委付而承担对本次保险事故发生之前，或者非因为承保风险造成的基于船舶物权所承担的责任。货物保险人接受委付，也不承担被保险人本应当向承运人支付的运费。

同样，在推定全损的语境下，保险人不接受委付也并不影响被保险人索赔全损的权利，同样也不影响保险人在做全损赔付之后主张对保险标的的权利。我国《海商法》第 256 条规定："除本法第二百五十五条的规定外，保险标的发生全损，保险人支付全部保险金额的，取得对保险标的的全部权利……"尽管保险人此处取得的仅是"权利"而非"义务"，但如果支付保险赔偿后保险人自动获得保险标的剩余利益的所有权而成为所有权人，也可能给保险人带来强制打捞责任或油污责任。因此，该条文可以修改为：保险标的发生全损，保险人支付全部保险金额的，"有权"取得对保险标的的全部权利。由此保险人获得的是保险标的的剩余利益的选择权。

（五）保险人的提前解约权

根据《海商法》第 255 条的规定，海上保险的保险人在保险期间届满之前，可以通知被保险人并支付全额保险赔偿的办法，单方面合法解除对保险标的义务。

---

[317] Gernon v. Royal Exchange Assurance Co. [1815] 6 Taunt 383, 387.

[318] Kalenbach v. Mackenzie [1878] 3 CPD467, 480.

实践中被称为保险人的提前解约权。

我国20世纪80年代的“莲花城”轮案与“惠泉”轮案是我国海上保险实践中最早涉及保险人提前解约权的案例。两案中都是因船舶发生火灾，而还没等到被保险人宣布船舶推定全损进行保险委付，保险人就立即通知被保险人按照实际全损进行赔偿，同时解除保险合同。被保险人虽然提出异议，但保险人仍然坚持按照全损赔付并对合同解除后产生的各项费用不再负赔偿责任。[319] 当时我国的《中国人保1976年远洋船舶保险条款》并无此种规定，1986年修订的《中国人民保险公司船舶保险条款》最终加入了该内容，其第6条第1款规定，一旦被保险船舶按全损赔付后，本保险自动终止。《海商法》第255条很大程度上受到此条款影响。

值得注意的是，这种权利在英美国家的海上保险法律中并未出现，但大陆法系的德国、希腊在法律中提及了提前解约权。《德国商法典》第841条规定，保险人在保险事故发生后赔付全部保险金，则免除根据保险合同产生的任何其他责任，尤其不承担救助、保管和修理保险标的必要费用。《希腊海事私法典》第287条规定，保险人只要无条件支付全部赔偿就可以立即向保险人宣布拒绝取得委付财产的所有权。

一般情况下，保险人不会主动作出全损赔付，也不会完全不顾保险标的的剩余价值完全放弃与保险标的相关的权利。但是当出现一些特殊的情形时，保险人就会为了保护自己的利益而在被保险人选择索赔推定全损之前，选择行使提前解约权，而将之后发生的费用留给被保险人或其他保险人承担。这种特殊的情况主要有两种：(1)保险标的的损害严重，委付之后保险人将会承担保险标的物上较重的义务（主要是较高的核赔和管理费用）以及相应的法律责任；(2)保险标的的损害严重，导致保险人预计救助将难以进行，而且施救费用可能较高。

依《海商法》的规定，保险人行使提前解约权应当满足如下条件：

(1)保险人“应当自收到被保险人有关赔偿损失的通知之日起的七日内通知被保险人”。我国《海商法》第255条第2款规定：“保险人行使前款规定的权利，应当自收到被保险人有关赔偿损失的通知之日起的七日内通知被保险人；被保险人在收到通知之前，为避免或者减少损失而支付的必要的合理费用，仍然应当由保险人偿还。”关于“有关赔偿的通知”(receipt of the notice from the insured regarding the indemnity)，该通知应当出现在保险事故发生之后。该通知是指“被保险人有关发生保险事故的通知”抑或是“被保险人的损失索赔通知”？应该认为，此处是指保险事故的通知。因为该通知一般较早到达保险人，而损失索赔通知到达较晚且其形式也并不统一。保险人的提前解约权更重要的是保护了保险人的权利，在行使该权利之后与保险标的的相关的费用与责任将由被保险人承担。规定通知期

[319] 参见陈林、郑小峰：《论委付的法律特征》，载《大连海运学院学报》1998年第4期。

限的目的就在于通过7天的除斥期间敦促保险人尽快行使权利,防止对被保险人权利的损害,同时也有利于在保险标的尚有救助可能时促使利益相关方尽快地选择并采取相应的措施。

(2)保险人承诺全额支付合同约定的保险赔偿。第一,保险人是"承诺"全额支付保险赔偿,并非是"实际"支付保险赔偿后,保险人才可以行使提前解约权。第二,保险人应当按照全损支付合同约定的保险赔偿金额,对于在被保险人收到保险人有关解约通知前发生的合理的救助费用,保险人仍然应当予以补偿。

(3)保险人放弃的权利限于"对保险标的的权利"。保险人在行使提前解约权支付全部保险赔偿的同时,有权放弃对保险标的的权利。这里的"保险标的的权利"应当与《海商法》第249条和第250条的同一术语的含义相同,即指保险单所承保的被保险人对保险标的所具有的保险利益,一般情况下意指保险标的的财产所有权。我国《海商法》第256条中规定,除本法第255条的规定外,保险标的发生全损,保险人支付全部保险金额的,取得对保险标的的全部权利。由该条文也可以解释出,《海商法》第255条中保险人行使提前解约权,带来的是保险人不得再取得对保险标的的全部权利。这种权利从本质上看是一种物上代位权。在保险人行使提前解约权的情况下,保险人因为赔付被保险人而取得的代位求偿权并不会受到影响。

五、重复保险及赔付

重复保险(double insurance)又称复保险。我国《海商法》第225条对于重复保险的定义为,被保险人对同一保险标的就同一保险事故向几个保险人重复订立合同,而使该保险标的的保险金额总和超过保险标的的价值的保险。

学者一般认为"重复保险"一词的阐述最早源于1758年的英国Godin v. London Assurance Co.案。曼斯菲尔德勋爵将其论述为"如果相同一个人由于他对相同的货物或船舶有两个保险,而对相同的损失就可以获得两笔赔偿而不是一笔赔偿,或者一笔两倍于损失的赔偿"的情况。[320] 此定义揭示了重复保险的最本质特征,对此后各国立法皆有影响。

(一)重复保险之立法例及学说分析

《英国1906年海上保险法》第32条第1款规定,被保险人为同一风险和利益或其中一部分,取得两个或以上保险单,而保险金额总和超过本法所准许之赔偿数额时,被保险人被认定构成重复投保超额保险。[321] 可见,在英国法下,重复保险只

---

〔320〕 Godin v. London Assurance Co.〔1758〕1 Burr 489,492.

〔321〕 《英国1906年海上保险法》原文:Section. 32(1):Where two or more policies are effected by or on behalf of the assured on the same adventure and interest or any part thereof, and the sums insured exceed the indemnity allowed by this Act, the assured is said to be over – insured by double insurance.

是构成超额保险的形式之一。《德国保险合同法》第59条第1款规定,为同一利益,对于同一危险,投保数个保险,而其保险金额总计超过保险价值,或基于其他理由,每一独立的保险人在无其他保险存在时所应为给付的补偿超过损害总额时(复保险),多数保险人就每一保险人依照其契约对要保人应进行给付金额负连带债务人的责任,但要保人全部的请求不可以超过损害的总额。[322]《日本商法典》第632条规定,(1)就同一标的同时订立数个保险契约,其保险金额超过保险价额时,各保险人的负担额按照各自保险金额的比例确定。(2)数个保险契约的日期相同时,推定其为同时订立的契约。[323]我国台湾地区"保险法"第35条规定,复保险,谓投保人对于同一保险利益、同一保险事故,与数保险人分别订立数个保险之合同行为。[324]

从以上国家或地区的立法例可看出,对重复保险的概念界定存在差异,可以分为广义说和狭义说。广义说认为,重复保险,是指投保人对同一保险标的、同一保险利益、同一保险事故分别向两个以上保险人订立数份保险合同的保险。例如,《英国1906年海上保险法》第32条第1款的核心在于"超额保险"的界定。在重复保险的情况下,如果保险金额总和小于或等于保险价值,则该条文的第2款并不适用。[325] 狭义说则认为,重复保险,是指投保人就同一保险标的、同一保险利益、同一保险事故向两个以上保险人订立数份保险合同,且该数份保险合同约定的保险金额总和超过保险标的保险价值的保险。二者最根本的区别就在于对合同中约定的保险金额总和是否超过保险标的价值的规定不同。我国《保险法》第56条规定:"重复保险的投保人应当将重复保险的有关情况通知各保险人。重复保险的各保险人赔偿金额的总和不得超过保险价值。除合同另有约定外,各保险人按照其保险金额与保险金额总和的比例承担赔偿保险金的责任。重复保险的投保人可以就保险金额总和超过保险价值的部分,请求各保险人按比例返还保险费。重复

〔322〕 参见李玉泉:《保险法》,法律出版社2005年版,第107页。

〔323〕 参见《日本商法典》,王书江、殷建平译,中国法制出版社2000年版,第175页。

〔324〕 参见施文森:《保险法总论》,台北,三民书局1994年版,第218页。

〔325〕 《英国1906年海上保险法》原文:Section. 32 (1): Where the assured is over – insured by double insurance (a) The assured, unless the policy otherwise provides, may claim payment from the insurers in such order as he may think fit, provided that he is not entitled to receive any sum in excess of the indemnity allowed by this Act; (b) Where the policy under which the assured claims is a valued policy, the assured must give credit as against the valuation for any sum received by him under any other policy without regard to the actual value of the subject – matter insured; (c) Where the policy under which the assured claims is an unvalued policy he must give credit, as against the full insurable value, for any sum received by him under any other policy: (d) Where the assured receives any sum in excess of the indemnity allowed by this Act, he is deemed to hold such sum in trust for the insurers, according to their right of contribution among themselves.

保险是指投保人对同一保险标的、同一保险利益、同一保险事故分别与两个以上保险人订立保险合同,且保险金额总和超过保险价值的保险。”可见我国《保险法》对重复保险采取了狭义说。

(二)重复保险的构成要件

《保险法》关于规制重复保险关系的立法意旨应体现四个方面的目标:(1)禁止不当得利。重复保险制度力求避免超额保险,因为保险制度的目的和本质是损害填补,而非以侥幸的冒险心理去射幸获利。如果不加以规制,则等同于鼓励人们去进行重复保险谋取不正当利益,把投保当成赌博。(2)防止道德危险。道德危险,是指“因保险而引起之幸灾乐祸的心理,即受有保险契约上利益者或被保险者在其内心深处所潜伏期望危险发生或扩大之私愿”。[326] 此种道德危险如果滋生,必然会导致投保人对事故漠不关心,放任甚至故意造成事故发生,这显然与民法的诚实信用原则相违背。(3)保护善意投保。重复保险既然是不可规避的法律现象,所以立法上对重复保险的评价并非全盘否定,投保人可能是恶意的,也可能纯粹是出于多一分安全保障的考虑。如出现保险人破产或偿付能力下降之情势,合理设置重复保险的效力,投保人或被保险人则可以减少或避免因保险人资信不足所承担的风险,达到填补损失的目的,使其利益不至于落空,从而增强保险对投保人或被保险人的安全保障,起到稳定社会保障安全的功用。(4)平衡利益冲突。重复保险一旦发生,便牵涉到数个保险人、数份保险合同,在此之中有多重法律关系需要规制,保险人、投保人、被保险人等多方利益间的冲突需要有效地平衡。

从我国《保险法》第56条的规定来看,构成重复保险应需具备“同一保险标的、同一保险利益、同一保险事故和与两个以上保险人分别订立保险合同、投保的保险金额总和大于保险标的的价值”五要素:(1)保险标的须同一。“同一”的含义有别于“同一个”,其并不要求重复投保的所有保险合同所承保的保险标的完全一致,仅要求保险合同中存在相同的标的。表现为两种情况,第一,数个保险合同承保同一标的;第二,在数个保险合同中部分合同虽然只承保了其他保险合同所承保范围的一部分,但有一定范围存在重复。(2)保险利益相同。保险标的上可能存在不同的保险利益,此种情况称为保险利益的复合。投保人针对同一保险标的的不同保险利益投保,即投保人对同一保险标的、同一保险事故与数个保险人订立数个保险合同,每份保险合同针对的是不同的保险利益,此时不构成重复保险;若针对相同保险利益而订立,则属于重复保险。我国《海商法》第225条存在未规定同一保险利益的缺陷。在中国太平洋财产保险股份有限公司苏州分公司诉上海海联运输有限公司等通海水域货物运输合同纠纷案[327]中,上海权亚船务有限公司(以

---

[326] 桂裕主编:《保险法论》,台北,三民书局1981年版,第11页。

[327] 参见(2011)沪海法商初字第1187号。

下简称权亚公司）签发的水路货物运单载明，托运人为上海海联运输有限公司（以下简称海联公司），承运人为权亚公司，收货人为金华盛纸业（苏州工业园区）有限公司（以下简称金华盛公司）。2010 年 10 月 31 日，装载涉案货物的“皖淮河 888”轮在上海市宝山区冷冻五厂码头装货过程中船体发生倾斜，最终倾覆沉没。原告中国太平洋财产保险股份有限公司苏州分公司向金华盛公司作出了保险赔偿，并取得代位求偿权。海联公司在庭审中主张，其已就所承运的货物向华泰保险股份有限公司上海分公司投保了货物运输险，存在重复保险，原告仅应就涉案货物承担 50% 的赔偿责任，其全部赔付不合理。但上海海事法院则认为：“即使海联公司确已投保，在本案中，金华盛公司为其所有的货物向原告投保，而海联公司为其所承运的货物向华泰保险投保，两份保险合同之间投保人既非同一，保险利益亦不相同，并不构成重复保险，本院对海联公司关于涉案货物存在重复保险，原告仅应对涉案货损承担 50% 赔偿责任的抗辩主张不予采信。”（3）同一保险事故。被保险人即使将同一标的向多个保险人投保，但就不同的事故分别向单一的被保险人索赔保险赔偿，这并不会使被保险人获得超过其实际损失的保险赔偿，因此并不符合重复保险的基本特征。（4）与两个以上保险人分别订立保险合同。此要件是指两个以上保险人与订立数份保险合同两者应同时具备。尽管实务中被保险人或投保人就同一保险标的、同一保险利益、同一保险事故向同一保险人订立多份保险合同的情形并不多见，但如果此种情形确实发生亦并不构成重复保险，因为即使保险金额总和超过保险价值时，也仅归类于超额保险而已。若投保人与数个保险人订立的是一个保险合同，保险金额总和未超过保险价值时，则属于共同保险。（5）投保的保险金额总和超过保险标的的保险价值。此要素是重复保险的重要构成要件，因为如前述，当投保的保险金额总和小于或者等于保险标的的价值时，只能构成共同保险，而不构成重复保险。关于此要件《保险法》与《海商法》相比有所差异，后者规定的是保险标的的价值而非保险价值，而保险标的的价值在《海商法》下并无明确的定义。此外，在船舶责任保险中，无法适用不足额保险规则，是否构成重复保险的判断也就不应依据保险金额的总和与保险价值的比较，而应根据承保责任限额与保险标的依法承担的侵权责任额以及保险合同当事方定约意图综合判断。从本质上看该判断方法实际与财产险中“超额保险”的判断方法相一致。

在郑国寿、刘妃、郭敏与太平财产保险有限公司福建分公司海上保险合同纠纷案〔328〕中，原告郑国寿、刘妃、郭敏诉称其为“闽宁德货 0651”轮实际共有人，并于 2012 年 4 月向被告太平财产保险有限公司福建分公司投保了雇主责任险，保险金额为 900,000 元人民币。2012 年 5 月，被保险船舶在宁德大唐火电厂码头附近海域因发生保险事故导致船舶倾覆，有三人溺水身亡。在当地政府的主持下，原告与

〔328〕 参见（2014）厦海法商初字第 31 号。

死者家属达成和解，共赔偿死者家属2,096,000元人民币。不过，厦门海事法院另查明，原告还向中国人民财产保险股份有限公司赛岐经济开发区支公司（以下简称中国人保）就同一保险标的投保金额为900,000元人民币的雇主责任险，并以中国人保拒不履行雇主责任险赔付义务为由向厦门海事法院起诉。案件经一审、二审审理，福建省高级人民法院在（2013）闽民终字第966号判决书中判决中国人保就该起事故依据雇主责任险赔付原告900,000元人民币。厦门海事法院认定，原告同时向本案被告及中国人保重复投保，本案投保的雇主责任险保险标的是雇主责任，法律性质上属于财产险而非人身险，在确定保险人赔偿数额时应适用《保险法》第56条关于重复保险的规定。

（三）海上重复保险的效力

海上重复保险制度的核心是其效力，主要解决的是在发生重复保险时，投保人或被保险人与各保险人之间以及各保险人之间的权利义务关系，其内容有三：（1）重复保险所涉各保险合同的效力；（2）保险人的赔偿责任及追偿权；（3）违反重复保险通知义务的后果。

1. 海上重复保险的合同效力

从各国立法来看，重复保险的合同效力取决于投保人或被保险人的投保意图和通知义务两个因素。根据投保人投保意图的不同，重复保险有善意和恶意之分。在恶意重复保险中，由于投保人企图谋取不法利益，破坏了保险制度分散风险、填补损失的宗旨及功能，因此多数立法例规定恶意重复保险的各保险合同均为无效。典型如2008年《德国保险合同法》第78条第3款规定，投保人为获得非法利益而订立复保时，基于此意图的合同均无效……[329] 对于善意重复保险，立法例多在保险价值范围内肯定合同的效力。例如，我国台湾地区“保险法”第38条规定，除另有约定外，各保险人就其所保金额比例承担保险责任；但赔偿总额不得超过保险标的之价值。

重复保险中，投保人或被保险人负有法定的通知义务。该义务的不履行不但在有些立法例中被推定为恶意，甚至还会因此影响保险合同的效力。例如，我国台湾地区“保险法”第37条明文规定，投保人故意不履行通知义务的，保险契约无效。有些立法例尽管没有出现合同无效的字眼，但以保险人不承担责任的措辞表达了同样的内容。例如，《意大利民法典》第1910条第1款、第2款规定，就同一个风险分别与数个保险人缔结契约的，被保险人应当将所有的保险通知每一个保险

---

[329] 《德国保险合同法》原文：Section 78 (3): If the policyholder has taken out multiple insurance with the intention of thereby gaining an illegal pecuniary benefit, each contract made with that intention shall be void.

人。被保险人对发出通知有故意懈怠的,诸保险人不承担支付保险金的责任。[330] 上述恶意重复保险的效力否定,借以意图非法获利或者故意不为通知义务为判断准则,认定契约全部无效,各保险人不承担任何责任,显然较为严苛。因为无论投保人或被保险人以骗取保险赔偿金为目的签订数份保险合同也好,还是保险事故发生后被保险人获取超额保险赔偿金也好,保险人都可以依照其他相关法律法规及保险法之相关规定寻求相应的救济,如主张被保险人承担侵权责任或者不当得利返还责任。重复保险设立的目的是禁止被保险人通过化整为零的方式获得超额利益,主要调整的是数个保险人与被保险人之间的权利义务关系,就单独的保险合同之无效的理由等,不宜纳入重复保险法律制度范畴。另外,从实践中看,在未发生保险事故的情况下,投保人或被保险人以恶意重复保险为由解除合同或主张合同无效而请求退还保费的情形,发生的概率甚微,而且尽管未发生保险事故,但保险合同为射幸合同,保险人已经承担了相应的风险,投保人需对此支付相应的对价。退一步讲,即使合同被认定为无效,其过错在于投保人而非保险人,因此投保人需承担不利的法律后果。而该不利的法律后果,主要表现为保险人有权保留保险费。[331] 值得注意的是,我国保险市场尚不成熟,导致保险人在保险合同效力方面相对具有优势。倘若保险人为了承揽业务,明知重复保险而承保,一旦发生保险事故又以恶意投保为由主张无效,这种做法也与保险的初衷背道而驰。

重复保险仅是因为数份保险合同中保险利益、保险事故具有同一性,而使原本互不相干的数份保险合同有了“重复保险”之称谓。既然《海商法》和《保险法》赋予被保险人向各个重复保险人索赔的权利,意味着法律允许投保人或被保险人有安排重复保险的合同自由。基于合同相对性原则,各保险人对被保险人的责任具有相对独立性,合同各方权利义务完全是由各自的保险合同确定的。因此,各保险合同是独立生效的。只要各保险合同的保险金额不超过保险价值,并且不存在其他导致保险合同无效或者可撤销的情形,合同一经合法成立就具有法律效力。因此,在重复保险情形下,除非存在其他导致保险合同无效或者可撤销的情形,数份保险合同均应被赋予法律效力。

2. 保险人的赔偿责任

基于权利与义务平等、利益与风险共担的原则,各保险人已收取保险费,亦应承担相应的保险合同义务。但为平衡保险人之间的权利,应赋予已支付保险金的保险人向其他保险人追偿的权利,此谓重复保险下保险人之间的分摊权。当然,重

[330] 《意大利民法典》第1910条;参见《意大利民法典》,费安玲、丁玫、张密译,中国政法大学出版社2004年版,第450页。

[331] 《德国保险合同法》第78条第3款后半段,原文:the insurer shall be entitled to the insurance premium up until such time as he learned of the circumstances establishing the nullity.

复保险人之间的按比例分摊保险金责任的关系原则上不应对抗它们分别与投保人、被保险人之间的法律关系。我国《海商法》第225条规定……除合同另有约定外,被保险人可以向任何保险人提出赔偿请求。被保险人获得的赔偿金额总和不得超过保险标的的受损价值。各保险人按照其承保的保险金额同保险金额总和的比例承担赔偿责任。任何一个保险人支付的赔偿金额超过其应当承担的赔偿责任的,有权向未按照其应当承担的赔偿责任支付赔偿金额的保险人追偿。与《保险法》第56条的规定相比,《海商法》的规定显然更为周延。[332] 《英国1906年海上保险法》第32条第2款(a)规定,除非保险单另有规定,被保险人可根据自己认为合适的顺序,依次向其保险人索赔,但所得金额不得超过本法允许的赔偿限额。第2款(d)进一步规定,若被保险人得到的金额超过本法所允许的赔偿额,则此种超出金额即被视为由被保险人代各保险人托管,由保险人按他们之间的分摊权利摊回。

上述规定中被保险人向任何保险人行使的索赔权,性质上属于不真正连带赔偿,而非连带赔偿责任。因为不真正连带债务是一个债权人针对多个债务人的关系,而在连带债务中,债权人对债务人仅享有一个请求权。重复保险合同之债的债权人为被保险人,债务人为多数人的保险人,符合不真正连带赔偿的特征。当然,此种不真正连带赔偿责任制在保险费方面存在一定矛盾。因为所有保险合同均为有效,对投保人和被保险人来说仍然需要缴纳全部保险费,而其在理赔中由于受到赔偿金额不得超过保险价值的限制,无法得到全部保险金额,这有失公平;而对于保险人来说,当其他保险人发生给付不能时,其所负责任过于重大。因此,为弥补这些缺憾,采用不连带赔偿责任制国家的保险立法设计了相应的保费返还制度,以最大限度地平衡被保险人与保险人的利益。例如,《英国1906年海上保险法》第84条,[333] 我国《保险法》第56条第3款亦采用该模式。如此既避免了被保险人因部分保险人给付不能所承担的风险,也减轻了被保险人的成本支出和讼累,同时赋予被保险人保费返还请求权,平衡了各方的利益。当然,如果保险合同对重复保险责任的承担方式另有约定的,应从其约定。[334] 当然,在保险人之间的追偿实践中,可能面对两个问题:(1)应否考量追偿保险人向被保险人已作出的赔付的合理性。(2)如何平衡代位求偿权与追偿权之间的关系。

在前述郑国寿、刘妃、郭敏与太平财产保险有限公司福建分公司(以下简称太

---

[332] 我国《保险法》第56条规定,除合同另有约定外,各保险人按照其保险金额与保险金额总和的比例承担赔偿保险金的责任。重复保险的投保人可以就保险金额总和超过保险价值的部分,请求各保险人按比例返还保险费。

[333] 参见[英]Donald O'may, Juliam Hill:《OMAY〈海上保险法律与保险单〉》,郭国汀等译,法律出版社2002年版,第674~675页。

[334] 主要涉及重复保险中"其他保险条款"的约定。国外的保险单上经常标明"Other insurance clause"(其他保险条款)字样,以约定本保险人与其他保险人分摊责任与禁止他保。

平保险)海上保险合同纠纷案[335]中,原告投保的雇主责任险保险金额为900,000元人民币。厦门海事法院另查明,原告向中国人保就同一保险标的投保的雇主责任险金额也为900,000元人民币,并经过诉讼程序获得全额保险赔付900,000元人民币。另外,就人身伤亡赔偿数额方面,根据宁德海事局的事故责任认定,厦门海事法院酌定原告所有的被保险船舶"闽宁德货0651"轮承担80%的责任。因此,在原告赔偿支付给死者家属2,096,000元中,"闽宁德货0651"轮应承担的雇主责任为:2,096,000元×80%=1,676,800元人民币。在认定构成重复保险的前提下,厦门海事法院判决本案被告应赔付三原告:1,676,800元-900,000元=776,800元人民币。在本案中,中国人保可以根据《海商法》第225条的规定向太平保险追偿超过其应当承担的责任比例的部分。此外,本案中如果"闽宁德货0651"轮依法应承担的雇主责任超过1,800,000元人民币,则不应当认定构成重复保险。

在葡萄牙忠诚保险有限公司诉史带财产保险股份有限公司案[336]中,被告承保中国新港运至安哥拉罗安达港的一批螺旋焊管货物,被保险人为阿萨伊实业公司(以下简称阿萨伊公司)。就同一保险标的,被保险人阿萨伊公司向原告再次投保,与前述保险的保险金额相同。涉案货物在承保航次下出险,原告按照保险单全额赔付后,以涉案货物系重复投保为由要求被告与原告按比例分摊保险赔偿金和检验费。被告的抗辩包括:(1)原告未证明其对被保险人赔付行为的合理性。(2)原告应当证明其是否已经行使了代位求偿权,如原告已经从责任人处获得赔偿,则不能要求被告分摊;如原告未行使代位求偿权,则是由于其故意或过失而未行使,并导致所有重复保险人都丧失了代位求偿权,故无权要求被告分摊。此外,如果原告在获得分摊以后再行使代位求偿权,会在本次保险事故中获利。

针对抗辩(1),这涉及后续的追偿程序是否需要重新审查保险合同下的权利义务关系。本案中法院进行了审查,并认为原告与被保险人阿萨伊公司之间存在保险合同关系,且涉案货物因承保风险发生了货损,原告根据保险公估的结果,依据保险合同约定向被保险人进行了赔付。根据上述在案证据,可以认定原告向被保险人的赔付是合理和谨慎的。针对抗辩(2),法院认为,在分摊保险人未向第一赔付保险人支付保险赔偿金前,代位求偿权仅属于第一赔付保险人,第一赔付保险人可以自己名义就其全部赔偿向第三人行使代位求偿权,但其行使权利不能损害分摊保险人的代位求偿权益。在本案中,原告尚未提起代位求偿权之诉并不说明其已经放弃了代位求偿权益,并且被告及时获知了保险事故发生,如果其积极查勘理赔,本可及时行使代位求偿权,在该过程中也应当可以发现重复保险的存在;即使最迟于原告通知时知道重复保险的存在,如果被告及时依法履行分摊义务,也可

---

〔335〕 参见(2014)厦海法商初字第31号。

〔336〕 参见(2015)沪海法商初字第3049号。

以及时行使代位求偿权。因此,被告并未举证证明其代位求偿权益已经受损,亦未证明被告自身行为合理,系因原告过错导致其权益受损。

3. 重复保险通知义务及法律后果

《海商法》对于重复保险的通知义务未作规定。《保险法》第56条第1款规定:"重复保险的投保人应当将重复保险的有关情况通知各保险人。"为被保险人设置重复保险通知义务的根本目的在于对保险人超额给付及被保险人的不当得利的防范,降低投保人超额投保的道德风险。也就是说,重复保险通知义务的设置是为了防止被保险人恶意重复受偿,而非禁止重复保险。从保险实践来看,违反该通知义务并不直接导致保险标的的风险增加,但有可能导致保险人所承担的赔偿责任增加。为此,重复保险的通知义务与被保险人订约前的告知义务和出险通知义务皆有所不同。保险合同中,除了合同约定的保险合同当事人互相负有的主给付义务外,各国保险法可能还会规定合同当事人的附属义务。

当前的立法和实践尚未将附随义务作为一独立的责任形态对待,违反附随义务后总体上应承担违约责任。我国《合同法》对于承担违约责任的方式有很多种,如实际履行、支付违约金、损害赔偿等。但附随义务不是一种独立的义务,该义务被违反时,权利人不享有请求履行权。因此,若该义务被违反,义务人不负实际履行的民事责任。违约金责任只适用于对合同约定之给付义务的违反,并且无论有无实际损害,有违约事实之存在即可构成违约金责任之负担。而附随义务非约定义务,而且违反这种义务只有在造成损害时才要求行为人承担民事责任,因此违约金也不应作为违反附随义务的民事责任方式。附随义务在义务体系中只是一种附属的、次要的义务,其目的在于辅助给付义务之履行,保护相对人的合法权益。对附随义务的违反不构成根本违约,因而该义务被违反时,权利人不得解除合同。

由此,违反附随义务的民事责任方式只有一种,即损害赔偿。王泽鉴先生也认为:"债务人违反此项义务者,就所生之损害应负赔偿责任,并适用债务人违反给付义务的原则。"[337] 又如张广兴先生认为:"附随义务虽不可单独请求履行,但其如被违反而给对方当事人造成伤害,也应承担损害赔偿责任。"[338] 又如林诚二先生所言:"对于契约目的之达成并非不可或缺之给付,为附随义务……原则上,附随债务不履行,并不发生解除权,但亦有认为,附随债务不履行致契约目的无法达成而生解除权者,亦有之。其实,在此场合,既然发生契约目的无法达成,即应解释其为要素债务而非附随债务。"[339] 总之,解除合同不宜作为违反附随义务的救济措施。

---

〔337〕 王泽鉴:《民法学说与判例研究》(第1册),中国政法大学出版社1998年版,第102页。

〔338〕 张广兴:《债法总论》,法律出版社1997年版,第168页。

〔339〕 林诚二:《民法理论与问题研究》,中国政法大学出版社2000年版,第362页。

直接将故意违反重复保险通知义务的法律后果规定为合同无效或保险人均不承担保险赔偿责任都显得过于严厉,同时也有悖于合同附随义务的基本原理。有的国家保险立法授权保险行业自行制定一般条款的做法,又有导致保险人滥用合同解除权或免除赔偿义务的权利的风险。由于重复保险通知义务不能独立诉请,且在保险人得知被保险人违反该附随义务后,其实际已经得知重复保险的事实,因此根本无请求债务人履行的必要。如果因被保险人未履行通知义务而导致保险人对重复保险的情形并不知情,则仅当被保险人获得超额赔偿从而使保险人利益遭受相应损失时,保险人才有权要求被保险人返还超额保险赔偿金份额。

在前述葡萄牙忠诚保险有限公司诉史带财产保险股份有限公司案〔340〕中,被告主张投保人及被保险人故意隐瞒重复保险的行为,未如实履行法律所规定的"通知"义务,属于"恶意的重复保险",违反了《保险法》及《海商法》所规定的如实告知义务及诚实信用原则,造成极大的"道德风险",因此被告拒绝支付保险金以及原告的分摊要求。但上海海事法院认为,根据诚实信用原则,《保险法》第 56 条第 1 款的规定可以理解为,投保人或被保险人应当在知道存在重复保险的合理时间内履行通知义务,如果违反,应承担因违反该义务而给保险人造成损失的赔偿责任。但本案中,(1)被告确认投保人是船方代表,并非被保险人阿萨伊公司,没有证据证明该投保人在投保当时知道涉案重复保险的存在,因此不能认定其违反了重复保险通知义务。(2)虽然被保险人阿萨伊公司在向被告要求理赔时未告知存在重复保险,但本案中并未因此发生被保险人双重受偿的结果,保险人并未因此遭受损失。(3)重复保险不应属于《保险法》第 16 条影响保险人决定是否同意承保或者提高保险费率的重要情况,因为它并不会造成保险标的的风险增加,反而使重复保险法律关系中的各保险人在全额收取保险费对价的情况下仅需分摊损失风险,降低了保险人的经营成本。即使认为本案属于"投保人故意或者因重大过失"未告知重要情况的情形,被告据此享有的合同解除权也因"自保险人知道有解除事由之日起,超过三十日不行使而消灭"。当然,如果被保险人确实存在故意隐瞒重复保险,意图获得多重赔偿,以合法形式掩盖非法目的的,依据《合同法》的相关规定,两份保险合同均应无效,但被告未提供任何证据对此加以证明,故应承担举证不能的不利后果。〔341〕

〔340〕 参见(2015)沪海法商初字第 3049 号。

〔341〕 《民法总则》第 146 条规定,行为人与相对人以虚假的意思表示实施的民事法律行为无效。以虚假的意思表示隐藏的民事法律行为的效力,依照有关法律规定处理。该条文在功能上基本可取代《合同法》中以合法形式掩盖非法目的规定。

第七章 船舶保险

第一节 船舶保险合同概述

一、船舶保险合同的概念

船舶保险合同,是指保险人对于依据船舶保险合同所承保的各类船舶的物质损失,及其有关的利益或责任,承担保险赔偿责任的一种保险合同。根据《海商法大辞典》的定义,船舶保险,是指在海上保险中,投保人或被保险人以船舶作为保险标的而与保险人订立保险合同的保险。这里的船舶包括船壳、船机和船舶属具。[1] 船舶保险在英美法中被称为"船壳保险"(hull insurance)或"船壳及机器保险"(hull & machinery insurance),并被定义为"对船壳、船具、设备等因自然灾害、意外事故及船长船员疏忽造成的损失,或引起的碰撞责任的保险"。[2] "船壳"(hull),是指船舶的外壳(outer skin),是由木头、钢铁或者其他材料制成的船舶整体构造,和诸如船用滑车、船吊等设备的总和。"机器"(machinery),是指生产船舶行进动力的设备,与为船舶照明和温度系统(如锅炉、发动机、冷却器以及发电机)生产动力的设备。

从海上保险的历史背景来看,当人们最初为船舶投保的时候,保险人同意承保的部分只包括船舶及其桅杆,而并不是船舶的整体设备以及部件,如船舶储备品、船网、船线、船舶设备以及燃油等。为了使承保标的的范围更加明确,就将其称为"船壳"。随着帆船时代的消逝,"船壳"的概念已经扩大到"船壳 + 设备机器",这体现了船壳险只为船舶外壳以及推进设备提供保险的最初意图。如今的船舶保险单,通常还为船东承保其他两项主要的事项:费用(disbursement)以及碰撞责任(collision liability)。其中,费用包括船舶储备品、燃油以及所赚取的运费等。船舶保险发展到今天,实务中已不存在仅为船壳投保或仅为船机投保的做法,对船壳和船舶机器再作区分已经没有任何实际意义。因此,"hull & machinery insurance"与"hull insurance"的含义已无不同。"船舶保险"则通常被称为"marine hull insur-

---

〔1〕 参见司玉琢主编:《海商法大辞典》,人民交通出版社 1998 年版,第 807 页。

〔2〕 薛波主编:《元照英美法辞典》,法律出版社 2003 年版,第 652 页。

ance"。例如,联合国贸易与发展会议(UNCTAD)在其1989年示范条款中将条款分为"marine hull insurance"和"cargo insurance"两部分。

总之,船舶保险合同是针对水上的财产损失为船东的各类船舶提供保障的保险合同,其所承保的典型的风险为搁浅、沉没、火灾和碰撞。船舶保险合同在其碰撞条款中还承保一些非常规的风险,即对与其碰撞的他船的灭失或损害及该船所载的货物的损失承担赔偿责任。船舶保险采用定期保险单或航程保险单。

二、船舶保险合同的内容

船舶保险合同的内容主要由载明于保险单中的特别约定以及船舶保险条款构成。中国船舶保险市场经常将特别约定称为"特约条款"。

(一)特约条款的内容

我国学者一般将特约条款划分为保证条款、协会条款、共保条款和附加条款四种形式。[3] 其中保证条款,是指保险合同中以书面文字或法律规定的形式使投保人或被保险人承诺某一事实状态存在或不存在、持续存在或不存在,以及承担履行某种行为或不行为义务的条款;协会条款,是指保险业中同业者,因实际需要而共同商定的条款,如《伦敦保险人协会条款》或《美国保险人协会条款》;共保条款,即保险人与投保人约定就保险标的物的一部分,由投保人自行负担因危险而产生的损失的条款;附加条款,通常指为适应特殊情况,对保险合同的基本条款内容有所修订时,在正式保险单后添加的条款。应该说,上述划分方法是针对普通财产险而言,其对船舶保险并非一定适宜。

我国《海商法》及《保险法》对特约条款的内容未作具体规定。可以认为,不论是何种财产险,特约条款是相对于基本条款而言的。在中国船舶保险实务中,投保单和保险单上皆有注明"特别约定"的一栏。如果投保人(或被保险人)与保险人在订约时要求对方承诺履行某种义务,则可以在该栏目进行约定。特约条款可以约定基本条款以外的事项,也可以对基本条款的某些内容予以变更。其结果是可能扩大或限制保险人的责任,比如扩大或缩小保险人承保的范围,或者规定保险合同成立或生效的特别要件等。

船舶保险和货物保险中的特约条款内容有很大的区别。例如,中国的海洋货物运输保险单中的特约条款往往有协会保险条款存在,但在船舶保险单条款则很少存在。中国保险市场中的船舶保险单与国外的船舶保险单的格式及有关特约条款的内容和形式也有很大的区别。例如,在中国船舶保险实务中,船舶保险条款中的特约条款内容通常包括:(1)免赔额的特别约定,如每次事故任何损失都扣除免赔额;(2)不支付保险费的法律后果,如及时缴纳保险费是保险人承担保险赔偿责

---

[3] 参见孙宏涛、曹智:《保险合同的特约条款及其法律规制》,载《广西金融研究》2007年第4期;欧世龙、刘小丽:《试论保险合同之特约条款》,载《行政与法》2005年第8期。

任的前提条件;(3)承保附加险;(4)特殊除外责任;(5)其他对基本保险条款的说明或补充,如不承保非接触的间接碰撞所导致的责任。而在英国船舶保险市场中,特约条款是以承保条件(terms and conditions)的形式出现,内容可能会涉及:(1)将其他格式条款并入(incorporated)的条款;[4](2)碰撞责任条款的特别除外或约定;(3)对基本条款的删除或替换;(4)保证;(5)被保险人行为的法律后果,如迟延缴纳保费可能导致保险合同解除;(6)分保份额及分保保险人的不连带保险赔偿责任;[5](7)法律适用条款。

从特约条款的内容可知,船舶保险单中的特约条款是承保条件的组成部分,是基本保险条款之外的重要补充或变更。特约条款的内容是多元化的,只要是保险合同双方权利与义务的内容,皆可以在保险单中作出约定。

(二)船舶(标准)保险条款的定位

1. 对惯例的归纳与总结

惯例早已成为海上保险法的渊源。海上保险法起源于海事习惯法。在海上保险法形成初期,习惯(usage)发挥了重要的作用,因为习惯是人们在行业中自然形成的,施行现有的习惯要比制定和施行全新的法律容易得多。在今天,习惯的重要性已经大为下降,因为大量习惯已经被制定法和法院判例所接受,成为制定法或普通法规则,但习惯仍被视为是海上保险法的渊源之一。[6]《英国1906年海上保险法》第91条第2款规定,包括商事法在内的普通法,除与本文明文规定相抵触者,继续适用于海上保险合同。这里的商事法(law merchant),主要就是指海上保险习惯。另外,该法第87条第1款也规定,法律默示规定于海上保险合同中的任何权利、义务或责任可以以明文协议或习惯排除或变更,如果习惯对合同双方当事人具有约束力。当然,不是所有的海上保险习惯都具有强制力,一项习惯要被法院接受,必须具备一定的条件:(1)习惯必须在一定范围内得到普遍认可;(2)习惯必须具有确定性;(3)习惯必须合理,符合公正的要求;(4)习惯不得与制定法的规定相

---

[4] 并入条款的范围很广泛,除基本条款伦敦协会船壳险条款之外,还包括某一行业协会、保险组织或保险公司所签发的仲裁条款、船队条款(fleet clause)、索赔领头条款(claims lead clause)、招标条款(tender clause)、状况检验条款(condition survey clause)、时效条款(time bar clause)、保费支付及解约条款(premium payment and cancellation clause)等。也可能并入除外责任条款,如放射污染、化学、生物和电磁武器除外责任条款(radioactive contamination, chemical, Biological and electromagnetic weapons exclusion clause)、网络袭击除外责任条款(cyber attack exclusion clause)。

[5] 英国保险单关于分保人的不连带责任通常有明确的规定:The subscribing insurer's obligations under contracts of insurance to which they subscribe are several and not joint。

[6] 习惯的渊源效力在国际公约中也得到认可。例如,《1982年联合国国际货物买卖合同公约》第9条规定,当事人各方应受其业已同意的任何惯例和其相互之间业已建立的任何习惯做法的约束。《国际商事合同通则》第1.8条作了同样规定,即当事人各方应受其业已同意的任何惯例和其相互之间业已建立的任何习惯做法的约束。

冲突，除非制定法规定其条文可以协议排除或变更。

习惯或惯例是人们从事某种行为而得出的一般规律，是基于行为反复性所产生的经验总结。法官总结的习惯可能慢慢上升成为法律，保险从业者所总结的习惯则形成了保险条款。保险条款大多是格式条款，为了方便重复使用，一个重复使用的合同条款必然要对该合同领域的习惯进行总结，否则不会具有普遍的适用性，也就达不到重复使用的程度。此外，保险条款关于保险责任（承保风险）的规定是对习惯产生的风险的总结；新保险条款的制定要对之前形成的保险习惯进行总结；保险条款的国际化也要求对国际习惯进行更广泛的总结。标准的保险条款即使未上升到法律的层次，大多数也反映着保险实务中人们的交易习惯或者是对保险作用的通常期待，在一定程度上可以看作海上保险的习惯或者惯例的组成部分。

2. 国际保险法协调统一的先驱者

追求立法的国际协调与统一似乎已成趋势。当代的海上保险业务已呈现出国际化的特点。大型跨国保险公司通过对外直接投资，在外国保险市场设立自己的分支机构，此种经营模式必然是全球一体化的模式。作为被保险人的船东、货主，他们可以自主选择本国保险公司或外国保险公司投保。海上保险业务的国际化必然需要与之相适应的国际化法律环境。因此，通过海上保险法的国际协调来消除法律适用中的不确定性，以此来减少法律障碍、促进商事交易和保障交易安全必然成为需求。海上保险领域的学者们也试图通过制定相应的法律文件等来协调各国国内法的差异。然而，保险立法的国际统一似乎障碍重重。一方面有学者对保险立法国际统一的话题根本就不感兴趣，另一方面有学者干脆认为，海上保险法的国际统一并无必要，例如，英国大法官赫布豪斯（Lord Hobhouse）指出："认为法律统一理所应当并将之强加于商界这一错误观点让人难以接受，只有那些符合商业实践要求而且能够与各国国内法相协调并成为其有机组成部分的公约才有可能被各国议会批准。"他认为，从国际实践来看，相对于调整民商事平等主体之间交易关系的国际公约，协调纵向监管关系的国际公约（如国际海事组织制定的《国际海上人命安全公约》）更为实务界需要因此也更易为各国接受，所以制定国际公约，必须以存在迫切的客观需要为前提条件。[7] 赫布豪斯法官的观点在英美法律界非常具有代表性。[8] 在大陆法系国家，一些学者对于法律协调同样持谨慎的态度。虽然反对的声音主要来自英美两国法律界，而这两国的商法制度较其他国家更为成熟和发达，他们对法律协调努力的否定有希望倚仗这一优势，进一步扩大本国在

〔7〕 See Hobhouse, International conventions and commercial law: the pursuit of uniformity, *Law Quarterly Review*, 1990, p. 532.

〔8〕 See Contract and Commercial Law: The Logic and Limits of Harmonization, Accessed December 9, 2016. http://www.ejcl.org/74/art74-1.doc.

国际法律和世界上的影响之嫌,但这毕竟反映出并非任何学者都赞成国际立法的协调与统一。尤其是对于海上保险立法而言,《英国1906年海上保险法》显然在国际上具有举足轻重的地位,其影响力之广足以让英国学者自豪,因此英国部分学者关于海上保险立法态度消极并不奇怪。早在联合国贸发会议制定海上保险示范条款的过程中,英美两国就曾坚决反对强制性条款的使用并抵制法律秘书处关于专家工作组应考虑实体法本身问题的建议,同样的态度也体现在国际海事委员会海上保险问题工作组的工作进程中。另外,英国虽然早在1906年就制定了海上保险法,但有人认为百年来的实务发展和审判实践已使当年先进的立法逐渐暴露出其历史局限性。英国的默金(Robert Merkin)和克劳雷(Robert Croly)两位教授则认为《英国1906年海上保险法》恰是成文法的反面典型教材。[9] 非成文化的立法思潮在美国同样有所体现:在合同法领域,除涉及商事交易的《美国统一商法典》外,一直是以判例法作为主要法律渊源,对判例法原理、原则和具体规则的归纳是由美国法学会的两次《合同法重述》而不是单行成文立法来完成,在海上保险领域则至今仍未制定一部联邦成文立法。普通法系和大陆法系两大法系在海上保险法律制度上存在较大差异。虽然在形式上,普通法系国家受英国的影响也制定有单独的海上保险法,但其海上保险法内容多以原则性规定为主,且任意性规定多,法官在审判实践中所创立的判例法仍起到很大作用。而大陆法系国家中则较少对海上保险进行专门立法,通常是在保险合同法或商法典中作为一个章节进行规定。由于各国法律制度的不同和对公约的不同期望,公约的起草过程将成为各国利益平衡的过程,因此最终文本的很多内容成为各国观点的折中和妥协,这将在一定程度上直接影响业已成熟的公约调整范围之内的商事活动的习惯做法,也在一定程度上使公约的协调作用受到限制。而各国观点的折中和妥协过程,直至最终批准生效,显然需要很长的时间。

虽然海上保险法的国际协调可能遭遇种种阻碍,但这是商法国际主义在海上保险法领域的回归;是海上保险法律制度对国际商业新秩序的回应;也是实现海上保险法可预见性和确定性的客观要求。

然而,船舶保险条款在国际上被接受程度恐怕要比法律容易得多。以《英国1983年协会定期船舶保险条款》为例,很多国家在制定船舶保险条款时充分予以借鉴,有的则直接移植作为本国的船舶保险条款。在国际船舶保险实务中,保险单

---

〔9〕 默金和克劳雷两位教授认为《英国1906年海上保险法》作为对既往判例的成文化,并入其中的普通法规则和未被并入的规则引发的诉讼数量近乎相同,在案件审理过程中,法院还常常需要分析作为其制定基础的旧的判例来对其条款进行解释,这说明该法并没有带来法律的确定性,反而影响了海上保险法的灵活性。See Robert Merkin , Colin Croly, *Journal of Business Law*, 2001, p. 587.

中可能会约定适用《英国1983年协会定期船舶保险条款》。由此,保险条款所代表的商业惯例甚至是法律理念都会逐渐被其他国家所接受、吸纳。这是一种潜移默化的国际协调。可以说,能够充分反映保险业界人士交易习惯的公平的保险条款在保险法的国际协调中的作用是不可估量的,它是一种主动的吸纳的过程:当保险条款产生争议的时候,往往适用保险单或条款中所选择的法律,于是,先进的保险法中所创设的制度,自然就会在全球范围内得到认可。国际再保险市场中,对同一保险标的的投保或者分保客观上需要所使用的保险条款一致,避免出现缝隙(gap)。例如,英国船舶保险条款中将海盗行为作为海上风险予以承保,而挪威船舶保险将海盗险视为战争险需额外投保。如果在再保险中船壳险使用挪威的保险条款,而战争险使用英国的保险条款就会出现两个条款都不予承保的情形。因此,保险条款最大限度的国际统一不仅是保险法国际统一与协调的先导,也是国际保险市场稳健发展的需求。

第二节　船舶保险合同条款的主要内容

国内常见的船舶保险合同条款主要由以下部分具体构成:责任范围(全损险或一切险的损失类型与费用、碰撞责任、共同海损和救助、施救费用、附加险)、除外责任、免赔额、海运条款、保险期限(定期保险或航次保险)、保险终止、保险费和退费、被保险人的义务、招标条款、损失的索赔和追偿。本节以下的内容将以《中国人保船舶保险条款(2009版)》为出发点,结合其他国际上常见的船舶保险条款,对其中的重要内容从理论与实践的角度作出详细分析。

一、"船舶"定义所带来的困惑

船舶是复杂的保险标的,保险合同中的"船舶"含义可能存在争议。因此《中国人保远洋船舶保险条款(2009版)》首先对保险标的进行了规定。该规定将船舶视为一个整体,方便船舶保险的投保人将船舶的船壳、船机、船舶属具作为一个标的物进行投保。燃料和物料作为船舶的添加物,也属于保险标的的范围。但给养、淡水等财产并不在保险标的之列。严格说来,本保险的保险标的还应包括船东承担的责任,主要是碰撞责任。有关船舶保险下船舶的界定,可参见第二章第二节的相关论述。

不过,应特别注意的是,《中国人保船舶保险条款(2009版)》对"船舶"的界定与《海商法》中"船舶"的定义不同。这种概念的差异导致司法实践中船舶碰撞案件保险人代位求偿的范围的困惑。理赔实例如下:

A、B两船发生碰撞事故造成A船全损。A船船舶所有人在碰撞事故发生后不久在中国海事法院对 B 船提起诉讼,案件适用中国法。索赔损失的范围包括船舶损失 8000 万元人民币、燃油损失 200 万元人民币、备件损失 120 万元人民币以及其他因碰撞造成的经济损失。此三项损失的实际数额最终被法院认定且碰撞责任比例为50%。A 轮船舶保险单中载明保险金额及保险价值为6000 万元人民币。A 轮保险人依据保险单做了全损赔付后,以行使代位求偿权为由向法院提出申请参加诉讼,请求代位的数额为 A 轮船舶损失 6000 万元人民币按照碰撞责任比例应由 B 船承担的部分。则 A 轮所有人是否有权在 A 轮保险人代位求偿的范围之外向 B 船行使索赔权?

在本案当中,根据我国有关代位求偿的相关法律规定,保险人有权就船舶的损失在其支付保险赔偿的数额范围内行使代位求偿权。当然,A 轮的所有人向 B 轮索赔的范围是由侵权法律关系所决定的,依据保险单对"船舶"所做的赔付并不影响侵权等法律关系下对船舶及其所载燃油或备件的索赔。就保险合同法律关系而言,A 轮保险人已经赔偿的船舶损失实际包含船壳损失、燃油损失和备件损失。在船舶碰撞案件中,如果法院认定的船壳、燃油和备件(或保险单中"船舶"所包含其他的项目)的总价值超过保险金额,则超额的部分应该由船舶所有人来行使索赔权。A 轮船舶保险单中所定义的"船舶"不包含的船舶损失项目也由 A 轮船舶所有人行使索赔权。在本案中,如果 B 轮并无船舶损失进行冲抵,则 A 轮保险人能够代位求偿索赔的数额为 3000 万元,船壳和燃油剩余部分的损失共 1100 万元以及备件部分损失的 60 万元皆由 A 轮所有人行使索赔权。

二、承保范围

本保险分为全损险和一切险。《中国人保船舶保险条款(2009 版)》仅承保全损险和一切险这两个险别,全损险,是指保险船舶发生全损损失时,保险人才承担赔偿责任,发生部分损失时不承担赔偿责任的保险;后者虽使用了"一切险"字眼,但实际承保的是与全损险相同的列明风险,只是对于损失来讲,全损和部分损失都予以承保,并承保碰撞责任、共同海损、救助和施救费用。英国协会船舶保险条款承保的也是列明风险。《2013 年北欧海上保险方案》则有所不同,其第 2 - 8 条第 1 款规定,"海上保险承保所有可能遭受的危险",但(a)项至(d)项列明的风险除外。这意味着海上保险是以全部风险原则为基础,采用"一切险"减去除外风险的格式。北欧海上保险方案规定的除外风险仅有四大项:战争险、主权政府的干预、破产及核能释放。但是除了除外风险,北欧海上保险方案尚有许多免责条款规定保险人得拒赔全部或部分损失。

船舶保险条款究竟采用"一切险"还是采用"列明风险",在国际上曾有过研究。联合国贸发会秘书处曾建议:"……应考虑允许保险范围的方式由列举危险的方式改为一切险的承保范围,并受特定除外制约的方式。"但经过研究,联合国贸发会国际航运立法工作组未予采纳。原因主要有二:一方面,这样的方式会导致在“一切险”承保范围中增加除外清单的数目；另一方面，采取“一切险”的方案会打乱举证责任，由原来被保险人负责证明引起损失的风险属于保险范围，变为了被保险人仅举证发生了“意外事故”，而保险人则需证明某种除外情形的适用。最终，贸发会制定了两种版本的船舶保险格式示范条款，供当事人选择。

《中国人保船舶保险条款（2009 版）》下，全损险和一切险两个险别规定在同一个条款中。而前述英国协会船舶保险条款皆未采类似体例，其并不在同一条款中作两种险种的区分。[10] 我国保险条款单列“全损险”的习惯具有其历史背景：据考证我国民族保险业在清同治年间始开展，之前中国船舶在外国保险公司投保时仅能获得最基本的保险。1965 年“投保全损险以节省保费”的理论在上海出现，许多船舶改投保全损险和战争罢工险，据说保险费比上一年降低一半以上。1969 年 1 月 1 日起，远洋船全部停保，改为船公司自保。当 1972 年 3 月交通部通知从 4 月 1 日起恢复船舶保险后，上海远洋公司船舶则全部投保全损险，附加四分之四碰撞责任，救助费用、搁浅、触礁、共同海损分摊四项条件和战争险。[11]《中国人保船舶保险条款（1986 版）》实施后，确立了“全损险”和“一切险”两种险别供被保险人选择。可见，自我国保险业务产生到开展，直至中国人保公司现行条款的制定和普及，保险业界已经将“全损险”作为一种基本险种而普遍接受。

在全损险种在实务中占较大比重的情况下，将同一条款包含两个险种，从结构上看紧凑，从应用上看便捷。同一条款适用两险种有其合理性。因此，人保现有条款的整体结构已被实务界接受，不宜做大的改动。

（一）全损险

《中国人保船舶保险条款（2009 版）》规定的列明风险可以分为两类：1 ~ 6 项为第一类承保风险，即传统的海上风险，包括自然灾害与意外事故；第二类是第 7 项列出的 5 种承保风险，最早起源于英国的“殷琪玛瑞”条款，也称“过失条款”，主要是基于船员疏忽或者过失而造成的灭失或者损害。第二类承保风险受到但书的限制，即保险人承担保险责任以被保险人、船东或管理人恪尽职责为前提。这与《英国 1983 年协会定期船舶保险条款》中第 6.1 条、第 6.2 条的规定相同。《英国 1995 年协会定期船舶保险条款》对于谨慎但书的规定稍有不同，其将恪尽职守的但书适用范围扩大到了船技主管和岸上的管理人员。

1. 地震、火山爆发、闪电或其他自然灾害

对于地震、闪电的释义，可以参考《沿海内河船舶保险条款解释》。地震，是指因地壳发生急剧的自然变化，而使海底或地面发生的震动造成船舶的损失的现象。雷击（闪电），是指雷电在瞬间释放强大电流直接击中保险船舶引起的损失的现

〔10〕 英国协会船舶保险条款有单独的“全损险”条款（total loss only）。

〔11〕 参见金忠明主编：《上海远洋运输志》，上海社会科学院出版社 1999 年版，第 268 页。

象。“其他自然灾害”的范围很广，应采用“同类解释”的原则对其含义进行解释，一般意义上讲，是指不以人的意志为转移的自然界的力量所引起的灾害，它是客观存在的人力不可抗拒的灾害事故，是保险人承保的主要风险，如台风、海啸以及季风、巨浪、巨潮、洪水、冰雹、急流等非人力干预所产生的自然现象。

地震、火山爆发或闪电不同于海上灾难，岸上也可以发生。因此在英国，其最初通过“殷琪玛瑞”条款附加列入承保风险，受制于谨慎处理但书，但现在已经不再受上述但书的限制。不同于《中国人保船舶保险条款(2009 版)》，《英国 1983 年协会定期船舶保险条款》和《英国 1995 年协会定期船舶保险条款》并未将承保风险扩大到所有类似的自然灾害，仅仅限制在地震、火山爆发或闪电这三类已在全球范围适用的自然灾害。被保险人若希望其他自然灾害被予以承保，则需特别将该风险并入条款，而不是以标准条款的形式并入所有的保单中。

2. 搁浅、碰撞、触碰任何固定/浮动物体或其他物体或其他海上灾害

(1)船舶保险条款中的搁浅

《中国人保船舶保险条款(2009 版)》将搁浅明确规定为承保风险，由于搁浅而给船舶造成的损害在保险保障的范围内。《英国 1983 年协会定期船舶保险条款》和《英国 1995 年协会定期船舶保险条款》虽然不像《中国人保船舶保险条款(2009 版)》那样，明确地将搁浅列为承保风险，但是搁浅作为一种典型的海上风险，自然应当属承保范围。参考 1996 年的《沿海内河船舶保险条款解释》，船舶在航行或锚泊中遭受意外造成船舶底部与海底、河床或浅滩紧密接触，使之无法航行，处于静止或摇摆状态，并造成船舶损坏或停航 12 小时以上即构成搁浅。就搁浅的含义而言，《中国人保船舶保险条款(2009 版)》与《沿海内河船舶保险条款解释》并无二致。

搁浅事故必须是意外的，无法事先预料的事故，不可归于通常航行中，河流和港口的正常潮汐作用。[12] 这一点应与座浅相区分：座浅，是指“船舶在浅水区停泊或作业时，因潮汐或装载而引起的船舶吸底现象使船坐落在水底造成的损失以及船底与水底摩擦而又未搁浅所造成的损失”。[13]

赵典藏等与中国人民财产保险股份有限公司温州市分公司船舶保险合同纠纷上诉案[14]便涉及了关于座浅和搁浅的区分问题。该案中，被保险船舶“浙乐油 18”轮锚泊于港池，因受大风、高潮位影响及水域限制，搁浅在离主航道 160 米处的沙质浅滩上。被保险人与保险公司就该事故是座浅还是搁浅存在争议。宁波海事法院与浙江省高级人民法院均认为搁浅与座浅的区别在于前者是意外的，而后者

〔12〕 Heame v. Edmunds (1819) 1 Brod. & B. 388; Magnus v. Buttemer (1852) 11 C. B. 876.

〔13〕 参见《沿海内河船舶保险条款解释》，中国人民银行银发(1996)459 号文件。

〔14〕 参见《沿海内河船舶保险条款解释》，(2007)浙民三终字第 110 号。

可以被事先预料,不属于意外事故,保险人不承保。本案中,就主观意识而言,“浙乐油18”轮因大风走锚而致搁浅,系意外事故,既非故意,也非事先可以预料;就客观环境而言,船舶系空载,从事故发生之日的潮位与事后始终不能脱浅的事实也可以判断,不可能是座浅,应当认定为搁浅。

相反,在“正祥”轮船舶保险合同纠纷案〔15〕中,法院判决认为涉案事故因船舶吃水超过港口水深限制导致船舶底部触碰海底,该事故可以通过港口水深和船舶吃水进行预测并加以避免,不具有海上风险的一般特征,属于座浅而非搁浅。

但是,如果船舶在潮汐港故意座浅,由于意外情况,港池底部与预期的情况不同,可以构成搁浅。

在英国的 Letchford v. Oldham〔16〕案中,涉案船舶只有在涨潮的时候才能靠码头卸货。引水员判断此时的水位可以使该船舶浮于水中,如果在驶往码头的途中水位不够,则将船舶座浅等待下一次涨潮时再靠泊。船舶在驶往港口过程中,水深不足,船舶按计划座浅,但是座浅时,船头进入了一个凹陷区域,导致船舶倾斜,进而进水损坏了货物。事后证明在港池底部有凸起部分,其旁边有一区域凹陷,是蒸汽机船在低潮时借助船桨离港而造成的,在该案发生前,没有人知道港池底部存在这样的情形。法院判决该事故属于搁浅,因为事故的发生是意外的、不可预见的,并非是正常航行中会发生的。

在我国司法实践中,有些法院在判断事故是搁浅还是座浅时,以海事局出具的事故调查结论所引用的文字作为依据或依据之一。〔17〕 作为公文书证,根据最高人民法院《证据规定》,其证明力一般大于其他书证。由于海事调查报告具有相当的权威性和专业性,其在审理海事案件的过程中具有十分重要的作用。根据最高人民法院民四庭和中国海事局联合发布的《关于规范海上交通事故调查与海事案件审理工作的指导意见》的规定,海事调查报告及其结论意见可以作为海事法院在案件审理中的诉讼证据,除非有充分事实证据和理由予以推翻。

在泰州市某船务有限公司诉某财产保险股份有限公司财产保险合同纠纷案〔18〕中,争议点之一就是事故系搁浅还是座浅造成。法院认为,判断事故是搁浅还是座浅造成,通常应当以国家相关部门认定为准,而海事部门出具的事故调查结论在事故经过部分载明“造成船舶搁浅”等文字,可见海事部门也未否定事故系搁浅造

---

〔15〕 参见广东敬海律师事务所《“正祥”轮船舶保险合同纠纷案——搁浅/座浅/被保险人疏忽/索赔权转让》,载 http://www.wjnco.com/cn/articles_show.asp? Articles_id = 19,最后访问日期:2016 年 12 月 16 日。

〔16〕 (1880) 5 Q. B. D. 538.

〔17〕 参见(2013)沪二中民六(商)终字第 24 号。

〔18〕 参见(2012)宝民二(商)初字第 872 号。

成,而海事部门所作结论中并未使用“座浅”一词,因此认定不是座浅事故。[19]

当然,司法实践中法院不应当过于依赖海事调查报告。一方面,行政主管机关进行事故调查的目的是履行其加强管理、及时处理事故等行政职能,其本意并非服务于平等主体之间的民事诉讼,也不像司法机关那样须遵循民事程序法和实体法中关于举证责任、证明标准的规定。另一方面,根据海事局调查依据的《水上交通事故统计办法》第5条的规定,水上交通事故统计范围包括“搁浅事故”,但并无“座浅”这一事故类型。可见,《水上交通事故统计办法》所规定的“搁浅”强调的是船舶搁置在海底和河床的一种状态,与船舶保险条款中“搁浅”的含义不同,因而在司法实践中,法院以海事局事故调查结论判断事故在保险语境下搁浅还是座浅并不合适。

某事故若构成搁浅,则必须造成船舶的航行受阻。如前所述,《沿海内河船舶保险条款解释》即要求搁浅必须造成船舶无法航行,处于静止或摇摆状态,并要求造成船舶损坏或停航12小时以上。就船舶与海底的短暂接触而造成的船体损失,可以归于船舶“触碰”风险进行理赔。

英国法也有同样的要求,如在M'Dougle v. Royal Exchange Assurance[20]这一古老的先例中,船舶触碰到了岩石,并在岩石上静止了1分30秒左右,然后继续驶往目的港。到达目的港后发现船舶大量进水,船底与岩石接触的部分破损。船舶所有人主张搁浅,向保险人索赔。法官判决认为搁浅的法律意义是船舶静止或固定在某处,即搁浅造成了航行受阻,此时的船舶可以被视为是暂时的损毁。因此如果船舶仅仅与物体接触,然后继续航行,不能构成搁浅。

(2)碰撞

关于“碰撞”的含义,理论与司法实践中尚存在争议,在后文的“碰撞责任”条款中将对此进行详细的分析。此处需强调的是,保险人在此承保的只是保险船舶因碰撞而遭受的损失,并不包括因此而承担的对他船的责任。

《英国1983年协会定期船舶保险条款》和《英国1995年协会定期船舶保险条款》并未将碰撞列明在危险条款中,但是一般说来,碰撞造成的损失即属于第6.1.1条规定的海上灾害造成的损失。但即便如此,保险人与被保险人在保险条款中仍然常常明确约定对碰撞危险予以承保。

(3)触碰

船舶在可航水域内与船舶以外的任何固定的、浮动的物体直接接触或撞击而致损害的事实称为触碰。“任何”一词对固定的、浮动的物体未作特殊的限制。固

---

〔19〕 另见“都邦财产保险股份有限公司与泰州市信诚船务有限公司财产保险合同纠纷上诉案”,(2013)沪二中民六(商)终字第24号。

〔20〕 (1816) 4 Camp. 283.

定的物体可以包括岸壁、码头、航标、桥墩、海上固定钻井平台等水上水下建筑物。浮动物体包括灯船、浮动设施、海上养殖台筏、网浮、还可以是漂浮的集装箱等。其他物体包括空中飞行物体或其他各种不能列在“固定物体”或“浮动物体”之列的物体。

《英国1983年协会定期船舶保险条款》第6.1.7条规定了类似的承保风险，即承保“与航空器及类似装置及其上坠落的物体和与陆上传输工具、码头或港口设备或设施的触碰”。《英国协会定期船舶保险条款》承保的触碰风险仅限于与航空器以及陆上传输工具、码头和港口设备或设施等几类具体物体的触碰，而《中国人保船舶保险条款(2009版)》所承保的触碰风险则包括与任何固定的、浮动的物体的直接接触或撞击。从文字上看，后者的承保范围似乎更加广泛。但实际上，《中国人保船舶保险条款(2009版)》中的触碰风险与搁浅、碰撞一同作为海上灾难的形式之一，列举在“其他海上灾难”之前。因此，从本质上来说，《中国人保船舶保险条款(2009版)》所承保的触碰风险属于海上灾难，应符合海上灾难的构成条件——由“海”造成的(见后文“其他海上灾难”部分)，并非像字面上那样，对与任何物体的碰撞均予以承保。

当然，从条文结构上看，《英国1983年协会定期船舶保险条款》中规定的“触碰”风险则独立于“海上灾难”风险。在Phillips v. Barber[21]案中，Susannah轮在进干坞修理过程中，被强风吹翻，与地面相撞，导致舱底破裂，受损严重。法院判决认为，虽然船舶的损害并非因海上危险所致，但是被保险人仍然可以将此种灭失作为与码头或者港口设备或设施触碰所造成的损害而获得赔偿。但若依据《中国人保船舶保险条款(2009版)》，则恐怕会被认为是非海上灾难，而难以获得赔付。

另需说明的是，无论是《中国人保船舶保险条款(2009版)》还是《英国1983年协会定期船舶保险条款》，这种承保风险涉及的是由于碰撞和触碰而使船舶本身造成了全损，对于由碰撞引发的被保险人对第三人的损害赔偿责任，则并非全损险的承保范围。

(4)其他海上灾害

如本书第一章对海上风险的界定，无论是《中国人保船舶保险条款(2009版)》还是《海商法》等，都没有对“海上灾害”给予明确的界定或解释，因此在确定何为“海上灾害”时可以参考英国立法和判例中对“海上灾害”的理解。对于“海上灾害”含义的理解，在参见本书第一章第二节相关论述的基础上，还应注意下列问题：

第一，“海上灾害”发生的水域。比较《中国人保船舶保险条款(2009版)》与《英国1983年协会定期船舶保险条款》可以发现，后者明确规定，保险人承保因

〔21〕 Phillips v. Barber (1821) 106 E.R. 1151; 5 B. & Ald. 161.

“海、江河、湖泊以及其他可航水域的灾害”而造成的保险标的的灭失与损坏。明确地将“江河、湖以及其他可航水域的灾害”纳入“海上灾害险”承保风险的范围，从而消除了任何有关水域方面的疑虑，对保险人是有利的；对海船而言，河流、湖泊或其他可航水域一定是与海相通的。然而人保公司的条款未对“灾害”发生的水域作出上述的宽泛性规定，而仅仅使用了“海上灾害”一词。中国人保公司分别针对远洋船舶与沿海内河船舶设计了不同的船舶保险条款。本条款为远洋船舶保险条款，又称涉外业务船舶保险条款，即承保的标的一般为“远洋船舶”。因此，《中国人保船舶保险条款(2009版)》所提到的“海上灾害”的发生水域仅指海上或其他与海相通的可航水域。

第二，船舶进水。多数的海上灾害会涉及船舶进水。但船舶进水并不必然是海上灾害所致，正如上文所述，其必须具备“意外”这一条件，而判断是否是意外事故则需看导致船舶进水的原因是否有某些偶然的或意外的因素参与其中。

在本书已经提到过的 Canada Rice Mills Ltd. v. Union Marine & General Insurance Co. Ltd. 案中，莱特(Wright)勋爵在判决中写道：(一方面)船舶意外进水，而在正常的航行中无法预见船舶会进水，且船舶进水导致了保险标的的受损，因此从初步证据来看，该损失是由海上灾害造成的；(另一方面)事故中还可能存在一些疏忽行为，如不适当地打开阀门，或者是由于灾害使管道穿孔，抑或是恶劣的天气原因使海水进入了敞开的舱门，即便不存在恶劣的天气，由于意外事故使船舶侧倾或舱盖损坏……在这些情形下，船舶进水都是“意外的”，是海上灾害。从判决中可见，莱特勋爵对该情形进行了两种解析：其一，船舶进水本身单独构成海上灾害，而造成船舶进水的意外事故仅仅是导致该海上灾害的背景之一。从因果关系角度来说，损失的近因是船舶进水而非造成此意外事故的其他情形。其二，造成意外事故的情形以及由此导致的船舶进水这一整体作为海上灾害，是损失的近因。第二种分析显然是更合理的。正如霍华德·班尼特(Howard Bennett)在其《海上保险法》(*Law of Marine Insurance*)一书中写到的，在考虑船舶进水作为损失发生的原因是否为海上灾害时，关键是看船舶进水是否是意外导致的。船舶进水本身并非意外事故。承保的海上灾害造成的损失是由于船舶进水以及使船舶进水具有“意外性”的事件共同导致的，即导致损失发生的直接的行为以及其背后的意外情形共同构成海上灾害。而选择两者中的任何一个单独作为损失的近因都必然是错误的。

第三，自沉事故是否可以被认定为其他海上灾难而得到赔偿也是一个存在争议的问题。自沉事故，是指船舶因超载、积载或装载不当、操作不当、船体漏水等原因或者不明原因造成船舶沉没、倾覆、全损的事故；其他事故造成的船舶沉没不属于“自沉事故”。无论《中国人保船舶保险条款(2009版)》还是《中国人保沿海内河船舶保险条款(2009版)》，都没有涉及自沉。那么这是否意味着，自沉这种风险就不在船舶保险的范围之内呢？有学者认为，“沉没”是一种结果，没有无原因的沉没，沉没本身不是事故风险。上述观点值得肯定，船舶自沉仅是某种原因所造成的后果，它其实并不能算是一种风险，真正的风险应当是那些造成船舶自沉的原因。因此，要想探究船舶自沉这种现象所导致的损失是否可以从保险人处得到赔偿，应当研究造成船舶自沉的原因是否在承保范围之内。

根据我国《水上交通事故统计办法》中的定义，导致船舶自沉的原因主要有以下几种情况：第一，船舶超载、积载或装载不当；第二，操作不当；第三，船体漏水；第四，不明原因。

船舶超载、积载或装载不当是大部分船舶自沉事故发生的原因，它一般与船舶的适航性有关，因为船舶的积载或装载情况会直接影响船舶的稳性，而一艘适航的船舶应当稳性良好。根据船舶保险条款的规定，船舶的不适航是在船舶保险的除外责任之列的，不过保险人的这种除外责任需要以其在船舶开航时知道或应该知道此种不适航为限。也就是说，适航除外的限制条件有两个：一个是被保险人对船舶的不适航知情；另一个是不适航发生在开航之前或当时。实务中，船舶积载或装载不当往往是因为船长或船员的疏忽，但这并不必然导致船舶不适航责任除外。保险人需要举证被保险人对此种不适航知情。

船上人员操作不当也是构成船舶自沉的一个很重要的原因。船上人员的操作不当具体可能表现为以下几个方面：其一，船舶驾驶人员安全意识不强，违反海上安全管理规定，违法航行；其二，船舶配员不足，导致疲劳驾驶等状况；其三，船员业务技能差、操作不当；其四，船员对水势流态认识不足，操作失误。在上述情况下就需要具体分析：可能船舶自沉会被归结为船舶不适航（如上述表现第二种情况），此时所导致的船舶自沉属于除外责任；船舶自沉也可能被认为是船长或船员的疏忽行为（如上述表现第二种和第四种情况）所导致的，此时保险人就需要对船舶自沉担负起保险赔偿的责任，除非保险人能够证明被保险人对船长和船员的疏忽行为也存在“未恪尽职责”的过错。

船体漏水也容易导致船舶自沉。船体漏水的发生可能是由于船舶本身存在潜在缺陷。在这种情况下，只要该潜在缺陷不是被保险人、船东或管理人未恪尽职责而造成的，那么船舶自沉的损失应当由保险人承担。另外，船体漏水也可能是因为船舶在开航之前并没有达到适航船舶的标准而致，那么如此所致的船舶自沉则在保险的除外责任之列。

另外，在船舶自沉、所有船员丧生的情况下，其沉没的原因可能无法知悉，即不明原因所致的船舶自沉。根据我国船舶保险条款的规定以及船舶保险原理，我国对船舶所承保的风险事实上是列明风险，并不存在所谓的“不明原因”这种风险。被保险人如果想从保险人处获得赔偿，其必须证明船舶自沉是由于某种承保风险所致，否则，被保险人不能完成举证义务，将承担举证不能的不利后果，即保险人不承担保险赔偿责任。但英国法对此的态度有所不同,法官在 Lamb Head Shipping Co. Ltd. v. Jennings (The Marel)〔22〕案中明确,在自沉原因不明时将适用“推定规则”,即在被保险人证明船舶开航时适航的前提条件下,推定海上灾害是船舶自沉发生的原因。但如果存在有关船舶自沉原因的直接证据时,“推定规则”并不适用,此时被保险人必须证明沉没是意外事件,同时明确意外事件的性质。

现有《中国人保船舶保险条款(2009 版)》中承保风险的第 2 项规定为“搁浅、碰撞、触碰任何固定或浮动物体或其他物体或其他海上灾害”。《英国 1983 年协会定期船舶保险条款》中关于“海上灾害”的规定为,“海上、江河、湖泊或其他可航水域的灾害”。〔23〕可见,英国保险条款未将搁浅、触礁和碰撞单独列出,而以“海上、江河和湖泊的灾害”概括之,显然,此处的灾害应包括船舶在任何航行水域中因自然力而带来的灾害,其中包括因恶劣气候、风或者海水导致船舶损坏、故障及沉没。《中国人保船舶保险条款(2009 版)》中的“其他海上灾害”也应包括意外事故的沉船,只是因为条款的措辞反而使“海上灾害”的范围不明确。

英国法对于海上灾害有诸多判例进行解释。但我国不是判例法国家,相关法律也无明文规定,为使该术语在实务中被正确理解和适用,保险条款中理应对其进行定义。因此,《中国人保船舶保险条款(2009 版)》在承保风险条款中可增加一款:海上灾害,是指海船在海上或与海相通的可航水域因自然力带来的灾害,包括船舶搁浅,碰撞或恶劣天气、风、海水导致船舶损坏、故障及沉没。

3. 火灾或爆炸风险

火灾和爆炸对船舶造成的损害往往非常严重,损失金额巨大。2002 年在日本名古屋一船厂发生的 Diamond Princess 火灾案中,损失金额达 4 亿美元。我国的“团结”“金平”“大庆 243”等船舶也都是由于发生火灾而造成全损。此外岸上火灾对船舶的威胁也很大,如果港口码头仓库起火,加之风力的作用,很可能使正在进行港口装卸作业的船舶遭受严重损失。

(1)火灾

无论是《中国人保船舶保险条款(2009 版)》还是《英国 1983 年协会定期船舶保险条款》,火灾和爆炸都是重要的承保风险,其不属于海上特有的风险,而是一个单独的承保风险。

理赔实例:“宜昌”船 1991 年 1 月 29 日在马尾港,由于船长卧室天花板的照明线路老化引起火灾,估计修理费高达 600 万元人民币。该船由平安保险公司承保,但只自留 25%,75% 分给了人保,后平安、人保与广远(被保险人)同意按协议全损

---

〔22〕 [1992] 1 Lloyd's Rep. 402.

〔23〕 《英国 1983 年协会定期船舶保险条款》原文:Clause 6. 1. 1: perils of the seas, rivers, lakes or other navigable waters.

赔付,由平安和人保赔付广远 102 万美元,估计残值 48 万美元由广远自行处理。[24]

虽然在理赔实践中,不乏对火灾和爆炸风险的承保案例,但在中国司法实践中,很少涉及保险船舶因火灾受损要求保险公司赔付而最终成讼的案例。法院对火灾这一承保风险的诠释和分析较少,理解该条款时,可以借鉴国外的司法判例。

第一,火灾的含义。火灾在《英国 1906 年海上保险法》中并无定义。美国的 The Buckeye State[25]案认为,火灾是由"点燃或燃烧造成的,有可见的光和热"。在 Tempus Shipping Co. Ltd. v. Drefus & Co. Ltd. 案中,莱特(Wright J.)勋爵认为"仅仅是发热,尚未达到炽热或点燃的阶段,并不是其所指的'火灾'"。加拿大的 Young v. Waterloo Mutual Fire Insurance Co.[26]案中,法官又提出观点认为,火在该烧的地方燃烧尚不构成火灾,但烧到不该烧的地方就是火灾了。比如,被保险人因未控制好供热烟囱里的火而导致糖因温度升高而受损,保险人对该损害不予赔付。[27] 在 Busk v. Royal Exchange Assurance Co.[28]案中,法官认为,大副在其船舱中点火取暖,火在该烧的地方燃烧,但是离开时没能将其完全熄灭,导致火势扩大烧毁船舶,即火烧到了不该烧的地方,保险人需承保因此而造成的船舶毁损。

第二,引起火灾的原因不作限制。火灾本身即是独立的承保风险,对引起火灾的原因并不作限制。在 Gordon v. Rimmington[29]案中,船长为避免船舶被敌方的武装民船捕获,故意对船舶放火。艾伦巴勒(Ellenborough)勋爵认为:"如果船舶是因火灾而受损,那么火灾发生的原因是常见的事故还是点燃抑或是国家行为无关紧要。火灾是由第三人造成还是国王的指令造成的,或是由善意的船长船员引起的并无区别。火灾仍然是损失发生的近因,保险人须承保因此而造成的损失。"换言之,火灾并不因其发生的原因而有所区别。在 The Alexion Hope[30]案中,上诉法庭法官也认为如果损失的近因是火灾,那么无论火灾的发生的原因是意外事故还是故意为之,保险人都需对因此而造成的损失承担赔付责任,即因疏忽而放火

---

〔24〕 参见汪鹏南:《海上保险合同法详论》,大连海事大学出版社 2011 年版,第 204 页。

〔25〕 [1941] 39 F Supp 344, 347 per District Judge Knight (District Court, New York).

〔26〕 [1995] 5 DLR 35 (County Court, Ontario).

〔27〕 Austin v. Drewe [1816] 6 Taunt 436.

〔28〕 [1818] 2 B & Ald 73.

〔29〕 (1807) 1 Camp 123 (hull).

〔30〕 [1988] 1 Lloyd's Rep 311 at p 317.

是火灾,[31]第三人或船长船员故意放火也是火灾。[32] 当然,火灾若是被保险人的私谋或纵容所致,则不在承保的火灾险之列,但证明被保险人存在私谋纵容等恶意行为的举证责任由保险人承担,而被保险人只需证明损失是由火灾造成的即可。[33]

第三,火灾造成的损失。一旦火灾发生,保险人所承保的船舶损失不限于由火焰造成的,[34]还包括浓烟造成的损害[35]以及因采取灭火措施而遭受的损失。

(2)爆炸

参考《沿海内河船舶保险条款解释》对爆炸的释义,爆炸,是指物体在瞬间分解或燃烧时放出大量的热量和气体,并以很大的压力向四周扩散的现象。由此造成船舶的损失。爆炸分为物理性爆炸和化学反应性爆炸。物理性爆炸,是指由于容器内部压力急剧增加并在瞬间超过容器所能承受的极限强度而产生的爆炸。由此造成船舶的损失。但船舶主机、辅机内缸、轴等爆裂不在保险责任之列。化学性爆炸,是指物质在瞬间引起高速化学分解反应,形成大量高温气体并以巨大的压力向四周扩散的现象造成船舶的损失。英国普通法也通过判例中对爆炸的含义予以阐释。在 Commonwealth Smelting Ltd. v. Guardian Royal Exchange Assurance Ltd.[36]案中,斯托顿(Staughton)法官将爆炸界定为“猛烈的,响亮的并且……由极速的化学或核反应,或在压力的作用下气体或蒸汽喷出而引起的事件”,并表示该案中损失发生的原因是离心式的崩裂,而非爆炸。

《英国1983年协会定期船舶保险条款》将“锅炉破裂”规定在“殷琪玛瑞”条款中,受被保险人“恪尽职责”但书的制约,这与保险人赔付爆炸与火灾造成损失的条件存在区别。

4. 来自船外的暴力盗窃或海盗行为

(1)来自船外的暴力盗窃

暴力盗窃行为,是指船上人员以外的不法分子在港内及锚地对停靠或在航船舶及其设备、索具、燃料、物料进行暴力窃取、抢夺的行为,也包括船员无能为力,眼

---

[31] [1818] 2 B & Ald 73.

[32] Continental Illinois National Bank & Trust Co. of Chicago v. Alliance Assurance Co. Ltd. (No. 2) [1986] 1 Lloyd's Rep 470, 510 - 511; Kiriacoulis Lines SA v. Compagnie d' Assurances Maritimes Ariennes et Terrestres(CAMAT)(The Denetra K)[2002] EWCA Civ 1070, [2002] 2 Lloyd's Rep 581, para. 19.

[33] National Justice Compania Naviena SA v. Prudential Assurance Co. Ltd. (The Ikarian Reefer) [1993] 2 Lloyd's Rep 68, 71.

[34] Tempus Shipping Co. Ltd. v. Drefus & Co. Ltd. [1930] 1 KB 699, 709.

[35] The Diamond [1906] p. 282.

[36] [1984] 2 Lloyd's Rep 608, [1986] 1 Lloyd's Rep 121.

睁睁地让窃贼将一些索具抢走。

《英国1906年海上保险法》附件一的第9条对“盗窃”术语予以界定：“‘盗窃’不包括秘密偷窃或来自船舶内部人员无论是船员或者乘客的偷窃。”《英国1983年协会定期船舶保险条款》将“来自船外的暴力盗窃”列为其承保风险，规定在第6.1.3条中。《英国1983年协会定期船舶保险条款》中“暴力盗窃”（violent theft）的表述与《英国1906年海上保险法》中的“盗窃”的含义基本相同。我国的船舶保险条款参考了英国协会的船舶保险条款，引入了该项。对于本条款，应当分别从“来自船外的”“暴力”“盗窃”这三方面加以理解。

第一，来自船外的。“来自船外的”一词意味着本船的监守自盗不保，排除任何船员及乘客实施的盗窃。在 Taylor v. Liverpool and Great Western Steam Co.〔37〕案中，原告货主将五盒钻石装载于被告的船上，由利物浦运至纽约。提单上载有“海盗、抢劫、盗窃、虫害、船长和船员的欺诈恶行”的除外条款。在运输途中或在船舶到港后交付之前，一盒钻石被盗，但并无证据证明偷盗钻石的行为是由船员、乘客还是岸上人员所为。法院判决认为，海上货物运输法中的盗窃与保险单中的盗窃应作同样的解释，即仅指来自船外的盗窃。如果钻石是由船员所盗，则不能构成“盗窃”除外，而可能构成“船长船员的欺诈恶行”除外，但应当由被告，即船东承担举证责任，即证明盗窃行为实施的确切主体。鉴于船东并未完成举证责任，因此其应当对货主承担损失赔偿责任。

第二，暴力。偷盗不能是暗中、秘密实施的，必须存在暴力因素。对“暴力”的理解包括以下两个方面。一方面，暴力可以是对人身施加的，亦可以仅针对财产而实施。在先例 La Fabrique De Produits〔38〕中，被保险人对三箱货物投保“平安险”。保险期间是从仓库到仓库。货物在代理人的仓库中等待装船运输时，盗贼破门而入带走两箱货物。法官认为这是“暴力盗窃”造成的损失。“盗贼用铁锹打碎了两重门锁，在我看来这明显是暴力盗窃。暴力盗窃无需对人实施暴力。”另一方面，暴力行为应当发生在实施盗窃的过程中，盗窃完成后为逃险而实施暴力的并不构成暴力盗窃。The Andreas Lemos〔39〕案即指出，实施暴力的时间对于认定暴力盗窃是非常关键的。该案中，持刀的犯罪团伙夜间登上船舶，偷走船上的缆绳等设备，在携带船舶缆绳和部分设备逃走时被发现，盗贼为逃脱而向前来制止的船员投掷刀具，即在实施暴力或暴力威胁时，盗贼挪走船上设备的行为已经完成。因此该犯罪团伙并非在实施盗窃的过程中采取暴力，其行为本质上被认为是秘密偷窃，并

---

〔37〕（1874）LR 9 QB 546.

〔38〕［1923］1 KB203.

〔39〕Athens Maritime Enterprises Corpn v. Hellenic Mutual War Risks Association（Bermuda）Ltd.［1982］2 Lloyd's Rep 483.

不构成作为承保风险的“盗窃”、“骚乱”或“海盗行为”。

第三,盗窃。对于“盗窃”含义的界定,英国判例经历了由“刑法标准”到“商业标准”的转变。法官目前倾向的观点是:在理解保单中“盗窃”的含义时可以参考《英国1968年盗窃法案》中的界定,即盗窃者意图永久性剥夺被保险人对其财产的占有。但是保单中“盗窃”的含义并非严格意义上的刑法概念,如果从一个理性商人的角度来看,某行为是盗窃,则该行为即为“盗窃”。[40] 在 The Bunga Melati Dua[41]案中,里克斯(Rix)法官即采纳了上述的“商业标准”,但是对于为索要赎金而掠夺财产的行为(理论上看,属于《英国1968年盗窃法案》中的“盗窃”)是否符合理性商人的标准,能否认定为暴力盗窃,并未给出确定的结论。*Arnould*:*Law of Marine Insurance and Average* 一书的作者认为,以理性商人的标准判断行为是否构成盗窃较为合适,而理性商人很难将劫持船货索要赎金的行为看作盗窃。[42]

关于“盗窃”的含义,我国刑法中并无明确的定义,但是传统刑法理论认为:构成盗窃的核心要件有两个:一是以平和的手段窃取;二是“以非法占有为目的”。那么保险条款中“盗窃”风险的含义是否与刑法标准相同呢?对此保险人倾向主张“刑民”结合,在理赔时往往以刑事判决为依据来判断是否构成“盗窃”风险。[43] 我国司法实践对此讨论较少。在一起机动车保险合同纠纷中,[44]法院认为“原告方的报案登记和公安机关将其作为盗窃刑事案件立案侦查从侧面印证了盗窃行为的存在”。其观点似乎倾向认为,刑法上构成盗窃并非认定保险条款中盗窃风险的标准,但是可以作为保险上发生盗窃风险的初步证据。

对于船舶保险中“暴力盗窃”的含义,应当对其进行整体理解:一方面,其显然并不能与刑法中的“盗窃”的概念相对应,“暴力盗窃”并不要求秘密性和以平和的手段获取财产,其内涵与外延更为丰富,其他违背他人意志夺取占有财产的行为,如“抢夺”“抢劫”也可能是其应有之意;另一方面,也并没有必要以刑法上标准严格解读保险法中的相关概念。刑法具有复杂精细的犯罪构成理论和严格的犯罪构成要件,针对侵犯财产类犯罪设置了诸多的具体罪名,某一情形细微的变化都可能导致罪与非罪、此罪与彼罪的差别。保险条款并无意图也并无必要对作为承保风险的“暴力盗窃”作如此精细的界定。以英国法院普遍采纳的“商业标准”作为判断依据更为恰当。

---

〔40〕 See Jonathan Gilman et. al., *Arnould*: *Law of Marine Insurance and Average*, Sweet & Maxwell, 2013, p. 1114.

〔41〕 Masefield AG v. Amlin Corporate Member Ltd. [2011] 1 Lloyd's Rep. 630.

〔42〕 See Jonathan Gilman et. al., *Arnould*: *Law of Marine Insurance and Average*, Sweet & Maxwell, 2013, p. 1114.

〔43〕 参见永诚保险:《非车险常规业务理赔案例汇编(2009版)》,第54页。

〔44〕 参见(2012)南民一中字第386号。

在 1983 年之前,暴力盗窃作为海上风险的一种被列为船舶险主条款的承保范围,而海盗行为则由战争险条款予以承保。海盗行为与暴力盗窃在很大程度上有所重合,这也造成了实践中对两者进行区分的困难。由于实务中,在索马里海盗事件发生以前,海盗劫持船舶或抢劫船上货物造成船舶损失的事件并不多见,因此,联合国贸易发展委员会《统一国际船舶保险条款》和《英国 1983 年协会定期船舶保险条款》均将海盗行为从战争险条款中剔除而列入主条款中,同时也克服了"海盗行为"与"来自船外的暴力盗窃"之间区分的难题。不过近年来,保险市场有趋势将海盗险再次转移到战争险市场。2005 年,伦敦保险市场引入了暴力盗窃、海盗及船员恶意行为除外条款,如果商业保险合同中并入该除外条款,则暴力盗窃、海盗及船员恶意行为将会被列为除外风险而需要在战争险市场额外投保。在我国,1986 年人保公司在修订条款时将此海盗风险作为海上的普通风险列在主条款的承保范围内。《中国人保船舶保险条款(2009 版)》修订时未作改动。

(2)海盗行为

参考《英国 1906 年海上保险法》附件一第 8 条对"海盗"这一术语的释义,"海盗行为"包括叛乱的乘客和暴徒自岸上攻击船舶的行为。参考英国大量案例对海盗风险的理解与诠释,一般认为,某一行为若要构成海盗行为应具备以下的要素:

第一,存在暴力或暴力威胁,而不能仅仅是秘密的行为。这一要件在上述的 The Andreas Lemos〔45〕案中已经提及。但是,不同于暴力盗窃,若构成海盗行为,仅对财产实施暴力行为尚不足够,还必须对船长船员等船上人员实施暴力。

第二,就海上保险来说,"海盗"一词的含义不同于国际公法语境下的海盗,而是被赋予了通常的或商务意义上的含义。因此,海上保险中的海盗行为要求以个人利益为动机,为个人目的而抢掠,而并非针对政府或公共财产或者为了其他政治目的。

在 Republic of Bolivia v. Indemnity Mutual Marine Assurance Co. Ltd.〔46〕案中,玻利维亚政府在亚马孙河口将军需品装船,并将其运往据该河口 1000 海里的上游处所。军需品被反玻利维亚当局的有组织的游击队截获。法院判定这并非海盗行为,海盗应该是为了私利而任意的掠夺,并非是为了政治上的目的而专抢某一国家的财产。

但应注意,"个人目的"不等同于"经济目的",前者的范围更加广泛。在 Palmer v. Naylor〔47〕案中,保险船舶投保了海盗险,保险期间内船舶将一批中国移民运往秘鲁,该批移民可能是被强迫登船的,在航行途中,移民谋杀了船长和部分船员,

---

〔45〕［1982］2 Lloyd's Rep 483.

〔46〕［1909］1 KB 785.

〔47〕(1854) 10 Ex 382.

占领船舶后将船舶开往最近的陆地登岸,之后又将船舶归还给剩下的船员。被保险人以船舶遭受海盗风险为由,要求保险人赔偿船舶因此偏离航向而遭受的一切损失。该案中,移民谋杀船长船员、占领船舶的行为并非出于经济目的,但其满足为个人目的抢夺的要求。法院因此认定移民的行为构成海盗行为,支持了被保险人的诉求。本案也同时说明,船上乘客的行为可能构成海盗行为,这与上文提到的暴力盗窃不同,后者只能由船上之外的人实施。

近年来,在索马里水域,海盗劫持船舶、货物、船员索要赎金的事件常有发生,通常认为这种劫持行为纯粹是为了私人利益,而非政治目的。索马里海盗的这种劫持船货和人员索要赎金的行为与盗取财产的行为在性质上别无二致,属于海上保险的承保风险。〔48〕

第三,保险条款中的海盗行为并不限制其一定发生于领海以外,只要发生的水域可以使其称得上是“海上攻击行为”(maritime offence)即可,包括公海、有潮水域或港口,但不能仅仅发生在内水。

在2005年新加坡高等法院审理的Bayswater Carriers Pte. Ltd. v. QBE Insurance (International) Pte. Ltd.〔49〕案中,对“海盗行为”发生的水域有详细的论述。船舶所有人以《英国1983年协会定期船舶保险条款》为其所属的拖船投保,承保风险包括海盗行为。2003年,拖船在Batam港口停靠时,武装入侵者威胁船员,并用绳索捆绑了船员,被保险人主张保险人赔偿船舶因海盗风险而造成的全损。保险人拒赔,理由之一是船舶损失并非发生在“海上”,尚不构成“海盗行为”。最终法院判决支持了被保险人的主张,认为没有必要区分船舶遭遇海盗行为时是在海上航行还是在港口停泊,只要海盗掠夺行为发生的水域可以被认为是通常意义上的“海上”即可。“公海”和“领海”的划分意义仅仅在于管辖权的基础不同,对认定是否构成海盗行为并无影响。

(3)海盗赎金的保险赔偿问题

自2008年以来,索马里海盗劫持船货索要赎金的事件屡见不鲜。海盗从传统的杀人越货逐渐演变为了“文明”谈判、索要赎金,这样的转变为海上保险业带来了诸多法律问题。应从以下两方面就海盗赎金所涉的保险法律问题进行梳理:一方面是如果支付了海盗赎金,海盗赎金损失能否根据保单得到赔付?另一方面是如果未支付海盗赎金,导致船舶或者货物灭失,此时损失是否能够得到保险赔付?

第一,支付赎金时的保险赔偿问题。

首先,赎金支付的合法性与公共政策问题。赎金是否可以在保险合同下以海

---

〔48〕 See Jonathan Gilman et. al., *Arnould*: *Law of Marine Insurance and Average*, Sweet & Maxwell, 2013, p. 1117.

〔49〕 Bayswater Carriers Pte. Ltd. v. QBE Insurance (International) Pte. Ltd. [2005] 1 SLR 69 – port.

盗风险为由得到赔付？回答这一问题，应当先明确支付海盗赎金的行为是否合法。原因在于，一方面，《英国1906年海上保险法》第41条规定了被保险人的合法性保证义务：在海上保险合同中，默示保证承保的海上冒险是合法的，且就被保险人所能控制的问题而言，该海上冒险应当以合法的方式进行。若被保险人违反了合法性保证，自然也就无法获得保险赔偿。但需注意的是，根据《英国1906年海上保险法》第41条的规定，被保险人的合法性保证义务仅限于“被保险人能控制的问题”，即使支付赎金的行为被认为是非法的，也并不必然违反合法性保证。[50] 此外，被保险人还可以主张赎金的支付行为并非是“海上冒险”的一部分。另一方面，被保险人需要为自己的非法行为负责。一方无权以自己的欺诈或违法行为为依据，提出请求或者反驳对方请求。可见，对支付海盗赎金行为的合法性探讨，是讨论海盗赎金所涉保险法律问题的基础。

在适用英国法时，支付赎金的行为将受到两部法律的限制：一部是2000年的《反恐法案》(Terrorism Act 2000)；另一部是2002年的《犯罪收益法》(The Proceeds of Crime Act 2002)。两部法律针对的都是向从事恐怖活动的组织或个人提供金钱支持的行为，因此只有当海盗被宽泛地定义为恐怖分子时，赎金的支付才会被认定是非法的。然而，一般认为，索马里海盗纯粹为了私人利益，只关注金钱而不牵涉政治、宗教和意识形态等问题，难以被界定为恐怖分子，赎金的支付在英国法下也并不被认定为非法。法官在2011年的Masefield v. Amlin[51]案再次明确：“在英国法下，并没有明确和急迫的理由认定支付赎金的行为是非法的。”

虽然在英国一般认可海盗赎金的合法性，但在其他国家可能并非如此。[52] 若赎金支付地法律或者船旗国法律认为其为非法行为，那么赎金是否仍然能够得到保险赔偿呢？Regazzoni v. KC Sethia[53]先例表明，如果一个合同表面上是合法的，但实际上却是以非法为目的，或者以违反其他国家法律为目的，则英国法院并不会执行这样的合同。

除了对海盗赎金合法性的考量外，也可能存在公共政策上的考量。上述的Masefield v. Amlin案讨论了赎金的支付是否有违公共政策的问题。大卫·斯蒂尔(David Steel)法官表示，他“完全不同意”(wholly unpersuaded)支付赎金会违反公共政策的主张，“支付赎金的确鼓励了海盗行为的一再发生，索马里海盗的历史对此可以充分证明。但是，若保证船员免受伤害，唯一可能的解决之道即支付赎

---

[50] Royal Boskalis v. Mountain (CA) [1999] Q. B. 674 at 736. Per Phillips LJ.

[51] [2010] 1 Lloyd's Rep 509.

[52] 在美国支付海盗赎金属于刑事犯罪。奥巴马总统在2010年签署的关于索马里的行政命令规定，不允许任何美国人士资助一些会直接或间接影响索马里和平、安全与稳定的活动(其中即包括索马里海盗行为)，否则可能面临美国的刑事制裁。

[53] Regazzoni v. KC Sethia (1944) Ltd. [1958] AC 301, 317 (Viscount Simonds).

金。外交和军事的干预并非总是行之有效,不支付赎金可能使船员处于危险之中”。上诉法院的里克斯法官对此持相同的观点。

中国法下,赎金支付的合法性问题尚不明确。学者对此存在不同的观点。非法说认为,海盗赎金如同赌债,将其认定为非法财产,不能以法律形式肯定其效力。但基于对海上财产和海上人命安全的考虑,应搁置合法性争议,确定赎金的承担者。[54] 合法说则认为,海盗赎金是具有正当目的和意义的私力救助行为,不应受到责难。支付海盗赎金的行为在中国法下应当被视为是合法的。理由在于:一是海盗行为本身的非法性并不意味着海盗赎金支付行为也必然非法。虽然支付赎金在一定程度上间接助长了犯罪行为,但是赎金支付方主观上并非有此意图,其是在无法得到公权力充分保护时的自助行为,挽救了财产并保护了人身安全,若与其他仅具有社会危害性的行为同样受到法律的责难,显然并不合理。二是2009年的“德新海”轮海盗劫持事件后,中国各政府部门参与协调营救,最终通过向海盗支付赎金的营救方案使船货和人员得以释放,这在另一侧面上反映了中国法对赎金支付行为合法性的认可。

其次,船货赎金的保险赔付问题。在认可支付赎金合法性的基础上,赎金属何种损失是另一个值得研究的问题。对此,可从以下三方面来考虑:

其一,海盗赎金与共同海损问题。海盗赎金一般由两部分构成,即船货赎金和人员赎金。本部分探讨保险人对船货赎金的赔偿依据。主流观点认为,当载货船舶被劫持时,所支付的海盗赎金可能构成共同海损。一般认为构成共同海损必须要满足以下要件:一是在同一海上航程中,船舶、货物或其他财产面临着共同的危险;二是船长或船员所采取的措施必须是为了避免船货的共同危险而有意和合理的措施;三是共同海损的牺牲是特殊性质的,费用必须是额外支付的。关于海盗赎金能否构成共同海损的争论主要集中在前两点。

持否定观点的学者认为,在劫持船货索要赎金的情况下,海盗主观上并没有要破坏或损毁船、货的故意,反而尽可能将它们保存完好,因此不满足第一点船货处于共同危险这一构成要件。应该认为,当船货被劫持时,船舶与货物所有人丧失了对船货的占有,一旦未支付赎金,可能存在丧失船舶和货物所有权的风险。共同海损构成要件之“共同危险”不仅限于船货存在物理上的真实危险,对于被保险人而言,丧失船货所有权的风险与船货遭受物理损失的风险并无本质上的区别。

另一争议问题在于支付多少数额的赎金构成合理。一般认为,如果赎金超过船货价值则被认为不合理,但是当人质被扣押且面临生命危险的时候,则很难确定多少金额是一个合理的数字。英国法院也作出过类似判决,认为船长在紧急状况

---

〔54〕 参见傅廷中、徐昕:《海商法视角内的海盗强索赎金问题》,载《中国海商法年刊》2009年第1期。

下别无选择地接受带有十分苛刻条款的合同也应获得共同海损赔偿。[55] 因此，在决定海盗赎金金额是否合理时，必须要结合个案事实进行通盘考虑，而非与其他海盗劫持案件横向比较赎金金额的高低。[56] 此外，在 2014 年的 The Longchamp[57]案中，保险人提出“如果被保险人不加谈判，直接支付了海盗最初要求的赎金金额，则赎金的支付并非合理”。但这一说法并未得到支持，法官认为：“核心的问题并不在于支付赎金的金额是否合理，而是在特定情况下，支付赎金行为是否合理。（The essential question was not whether a ransom in a particular amount was or was not reasonable. It was whether, in particular circumstances, the payment of a ransom was reasonably incurred.）除特别情况外，在海盗劫持船舶、货物或船员索要赎金时，船东有义务继续尽速遣航，此时船东不加谈判而支付赎金不能被认为是不合理的。海盗并非理性人，赎金的金额通过谈判必然会减少的说法不能被接受。”

其二，海盗赎金与施救费用问题。为释放船舶而支付的赎金如果是合法的、合理的并且是为了防止或减少“保险合同承保的损失”，则赎金还可以通过施救费用得到保险赔偿。有关赎金和施救费用的权威案例是 Royal Boskalis v. Mountain[58]，1990 年，伊拉克攻打科威特，同年 9 月伊拉克政府颁布法律，对所有制裁过伊拉克的国家的公司财产予以扣押，也包括原告的挖泥船。原告因此与伊拉克政府达成协议，放弃工程价款和担保金以释放被扣押的挖泥船。挖泥船船东试图将该价款作为施救费用得到赔偿。上诉法院判决认为，这笔钱可以通过施救费用条款获得保险人的赔偿。该案的判决同样可以扩大适用于船舶被劫持后被保险人支付海盗赎金的案件。在 Masefield v. Amlin 案中，法院再次确定海盗赎金的性质可以被认定为施救费用。

值得注意的是，无论是《英国 1906 年海上保险法》还是人保公司的船舶保险条款均规定，共同海损的损失和分摊以及救助费用不属于施救条款的承保范围。换言之，如果损失或者费用构成共同海损或救助，则不能根据施救条款予以赔偿。因此，只有当船舶不满足共同海损构成要件时，赎金才可能通过施救费用条款来获得保险人的赔偿。

其三，船员赎金的保险赔付问题。如果船员被海盗劫持，赎金的支付仅仅为了释放船员，或者在极少的情况下，对船员的赎金单独协商确定金额。该等赎金的支

---

[55] The “Gratitudine” [1801] 3 C Rob 24, p. 270. Also see the Australian Coastal Shipping Commission v. Green, [1971] 1 Lloyd ’s Rep 16, p. 22.

[56] 参见李连君、刘洋：《海商法下海盗行为及海盗赎金的平息与最新发展》，载《中国海商法年刊》2011 年第 3 期。

[57] Mitsui & Co. Ltd. and Others v. Beteiligungsgesellschaft LP Tankepflotte MBH & CO. KG and another [2014] EWHC 3445 (Comm).

[58] (CA) [1999] Q. B. 674 at 736.

付既不能被视为共同海损费用，也不能根据施救费用条款得到赔偿，但此时可以由通过“绑架赎金险”（kidnap and ransom insurance）单独承保而得到赔偿。

在绝大多数的海盗赎金案例中，船员、船舶和货物共同处于危险之中，海盗往往以威胁船员的人身安全作为筹码，抬高赎金金额。Royal Westminster NV v. Mountain 案即涉及上述情形，一审里克斯法官认为被保险人支付赎金不仅是为了保证被保险船舶的释放，也是为了保证船员的安全，而后一目的所减少的损失并非本船舶保险的承保范围，里克斯法官因此将船舶保险赔偿减至50%。但上诉庭的菲利普斯（Phillips）法官提出了不同观点。他认为，“除非分别就释放船员和船货的赎金进行谈判协商，否则很难确定为释放船员所支付的赎金比例……支付赎金的目的有两个：保护人身和保护财产，两者不能等同……但是赎金可以合理地被认为是为了保护财产而支付的，在我看来，如果被保险人充分地关注了处于危险中的人身安全，不仅考虑挽救财产而且考虑到救助人命，但被保险人反而遭受不利，这在原则上不通，在情理上也不妥”。因此，任何赎金的支付都可以全部得到船舶保险的赔偿，即使一定比例的赎金是为了船员的安全返回。[59] *Arnould：Law of Marine Insurance and Average* 一书也持同样的观点：赎金金额因释放船员而被抬高，这并不影响共同海损下船货根据分摊价值进行理算的一般原则。[60]

船东因船员的死亡和伤残而承担的责任由保赔保险承保。如果能够对船员赎金和船货赎金进行区分，那么船货赎金归于船舶保险下的共同海损，船员赎金则归于保赔保险下的施救费用。许多互保协会规则规定，其承保的施救费用限于“仅仅”为了避免或减少承保的责任而支出的费用，由于赎金的支付往往是一个整体的金额，船员的赎金并不单独确定，因此保赔保险中的这一规定可能成为其承保船员赎金的障碍。

第二，不支付赎金而致船货受损时的保险赔偿问题。

如果未支付赎金导致船货受损，则此时仍将面临不支付赎金是否违反减损义务以及海盗劫持下的财产是否构成全损这两个问题。

对于第一个问题，在赎金没有支付或者赎金谈判失败，致使船货受损的情况下，保险人是否应当对损坏承担赔付义务呢？该问题的争议焦点在于不支付海盗赎金是否违反被保险人的减损义务。《英国1906年海上保险法》第78(4)条以及我国《海商法》第236条均规定被保险人有义务采取必要合理的措施，防止或减少损失的发生。因此有观点认为，未支付海盗赎金进而导致船货受损的行为违反了

---

〔59〕 See Robert Soady, A Critical Analysis of piracy, Hijacking, Ransom Payments, and whether Modern London Insurance Market Clauses Provide Sufficient Protection for Parties Involved in Piracy for Ransom, *Journal of Maritime Law & Commerce*, Vol. 44, No. 1, January, 2013, p. 21.

〔60〕 Royal Boskalis v. Mountain (CA) [1999] Q. B. 674 at 736.

被保险人的减损义务，保险人对因此产生的损害不承担保险赔偿义务。The Netherlands v. Youell and Hayward[61]案涉及相关问题。里克斯法官认为，《英国1906年海上保险法》第78(4)条的规定并非保证，减损也并非合同义务，只有当未履行施救义务的行为导致因果关系链断裂，进而成为损失发生的近因时，才会被认为违反了《英国1906年海上保险法》第78(4)条的规定。根据上述的判决，《英国1906年海上保险法》第78(4)条的规定很难适用于被保险人未支付海盗赎金的情形，因为此时被保险人遭受损失的近因仍然是海盗的劫持行为而非船东未支付赎金的行为。虽然存在争议，但是英国法倾向的观点是，如果船东未支付赎金导致船舶遭受损害，船东仍然有权根据相关的保单就其损失获得保险赔付。[62]

应当认为，对于海盗劫持索要赎金的情形，被保险人支付赎金或者不支付赎金均可以获得保险赔偿，即使被保险人不支付赎金也不应当被认为违反了法定的减损义务。因为被保险人可以合理地拒绝与犯罪分子进行任何的交易，但是如果赎金事实上已经支付，则应当肯定其合法性，可以将其作为施救费用或者共同海损而获得保险赔偿。

对于第二个问题，虽然古老的权威判例已明确，船货被海盗夺取通常构成全损，但在船货遭遇海盗劫持索要赎金时，情况则有所不同。在Masefield v. Amlin案中船舶及其所载的柴油均被索马里海盗劫持。被保险人得知了这一事件并在积极与劫持者们协商赎金金额以营救船舶。货物所有人向保险人提交了弃货委付通知书但是被保险人拒绝接受。该案的核心问题是此次劫持是否能使货物构成实际全损。里克斯法官认为，本案并未构成实际全损，因为原告并未无可挽回地丧失货物。海上保险中，构成实际全损的条件非常严格，被保险人很有可能通过支付相比船舶和货物价值较小的赎金，就能使船舶与货物获救。这是典型的“等等看”(wait and see)的情形，即海盗的劫持不会立即造成船舶的实际全损。

5. 抛弃货物

“抛弃”往往是在海难发生时，船长及船员为减轻船舶的重量，防止船舶下沉或为船舶搁浅后起浮，采取抛弃船上的货物及船舶属具的方式，为确保船舶或其他所载货物的共同利益和共同安全而采取的一种行为。[63] 英国船舶保险条款也承保该风险，其用词是“jettison”，原意仅为“抛弃”，通常发生的是抛弃货物，在特殊的案件中，也可以是抛弃船舶上的设备。人保公司在修订条款时，将“抛弃”风险改为了“抛弃货物”，主要是因为，事实上，现代船舶在发生海难时基本上已不存在用抛弃船舶的属具的方法解决船舶下沉问题或使船舶起浮的行为了。但是为了方

---

〔61〕［1997］2 Lloyd's Rep 440.

〔62〕See Paul Todd, *Maritime Fraud & Piracy*, Informa Law from Routledge, 2010, pp. 28 – 29.

〔63〕参见王海明：《船舶保险》，首都经济贸易大学出版社2012年版，第63页。

便海外船舶的承保,《中国人保船舶保险条款(2009 版)》的英文条款仍使用"jettison"一词。实务中,船舶如发生属具被抛弃的情况,该条款下保险人也负责赔偿,因为从中英文条款文字适用的不对称可以得出,中文条款中的"抛弃货物"不是旨在剔除抛弃属具的行为。[64]

抛弃与共同海损联系紧密,是共同海损牺牲的典型例子。但是抛弃作为一项列明的承保风险无需扩大到共同海损的行为。因为无论是《中国人保船舶保险条款(2009 版)》还是英国的协会船舶保险条款,都在后文中对共同海损问题另有规定。如果抛弃的是货物,保险人承保的并非是抛弃货物本身的损害,而是因抛弃货物而造成的船舶的损害,并且不以构成可进行分摊的共同海损为要件。若抛弃的是船舶属具,那么该被抛弃的属具本身的损害以及因抛弃行为而给船舶造成的额外损害,保险人均应当承担赔付责任。同时在构成共同海损牺牲的情况下,被保险人无需行使向其他受益方索取分摊额的权利,便可依据本条款向他的船壳保险人全额索赔,然后保险人将代为向货物受益方追索共同海损分摊。这有别于共同海损费用,被保险人仅能就他按比例应分摊的部分向他的船壳保险人索赔。[65] 这在后面的共同海损与救助条款中也作了明确的规定。

但是,*Arnould*:*Law of Marine Insurance and Average* 一书中认为,"抛弃"独立于"海上灾难"列为船舶保险条款的承保风险意义不大。如果需要进行"抛弃"行为的紧急情况是承保风险引起的,那么损失发生的近因是所承保的风险,保险公司需对此负责,而被保险人无需依靠"抛弃"这一风险进行索赔。反之,如果抛弃行为发生的原因是除外风险,被保险人也不能以"抛弃"本身是承保风险为由获得赔付。[66]

6. 核装置或核反应堆发生的故障或意外事故

由于核动力的船舶的出现,这种风险被列入船舶保险承保的风险中。保险人所承保的是因核装置发生故障或意外事故所造成的船壳的灭失或损害,而非核装置或反应物本身的灭失或损害,但损害如不是因为设计缺陷而是由保险单规定的其他承保风险造成的则不受此限制。同时,本条规定的核装置或核反应堆不仅限于船上的,保险人承保的风险范围还包括岸上的核装置或核反应堆发生故障或意

---

〔64〕 参见王海明:《船舶保险》,首都经济贸易大学出版社 2012 年版,第 63 页。

〔65〕 《英国 1906 年海上保险法》原文:Section 66 (4): Subject to any express provision in the policy, where the assured has incurred a general average expenditure, he may recover from the insurer in respect of the proportion of the loss which falls upon him; in the case of a general average sacrifice, he may recover from the insurer in respect of the whole loss without having enforced his right of contribution from the other parties liable to contribute.

〔66〕 See Jonathan Gilman et. al., *Arnould*: *Law of Marine Insurance and Average*, Sweet & Maxwell, 2013, p. 1074.

外事故造成的船舶损失。比如,岸上的核电站燃料意外泄漏造成核辐射物质污染的情况下,清除污染的费用可以作为修理费用向保险人索赔。如果污染严重无法清除,则可能索赔全损。[67]

《英国1983年协会定期船舶保险条款》也将此列为承保风险。但是因为迄今为止,核动力商船仍然寥寥无几,所以《英国1995年协会定期船舶保险条款》将该风险从主条款中删除,不再是承保风险,并在第27条辐射玷污除外条款中予以明确。事实上,自1990年10月1日起,伦敦保险市场上已经普遍使用辐射玷污除外条款,《英国1995年协会定期船舶保险条款》只是将其变为一个标准条款。

7.其他原因所造成的保险船舶的全损

其他原因造成的保险船舶的全损源于英国的"殷琪玛瑞"(inchmaree)条款。在1887年的The Inchmaree[68]案中,船员疏忽引起了船舶机械故障和机器损坏,法院判决保险人有权拒赔,因为故障损坏在陆地上同样可以发生,因此不属于保险承保的海上风险。判决一出,引起了被保险人的极大不满,市场随后推出了"殷琪玛瑞"条款,承保此类船舶机械故障机器损坏等导致的保险标的的损失,但有一个前提条件,即被保险人船东或管理人必须尽到谨慎处理的义务。另外,本条所承保的是下列事项所造成的船舶损失,而非所列事项本身的修复或更换费用。

(1)装卸或移动货物或燃料时发生的意外事故

装卸或移动货物或燃料时意外事故时有发生,如因货物脱落而造成的船舶损害,或在装卸过程中忽视船舶重心的移动而导致船舶侧翻,或者装卸时不慎引起火灾等。需要注意的是,保险人只承保货物或燃料在装卸或移动过程中对船舶造成的损害,不包括已装船的货物或燃料对船舶造成的灭失与损害,如有腐蚀性的货物造成的船舱锈蚀,甚至货物形成自由液面进而导致船舶倾覆。[69]

理赔实践:"泰白海"船1988年7月7日在蛇口港卸货时,装卸工损坏了船上3号克令吊,中国人保赔付克令吊修理费5446.52美元。[70]

在英国,"装卸货物发生的意外事故"这一风险是最早加入"殷琪玛瑞"条款的,这得益于1914年的Scott (Baltic) Steamers v. Marten[71]案。该案中,在用浮吊将锅炉装载到船舱的过程中,缆索断裂损坏导致货物坠落在舱面,法院判定船舶的损失并非由所承保的海上或类似风险造成,岸上也可能发生这种风险。因此,"装卸货物发生的意外事故"加入"殷琪玛瑞"条款,成为保险人的承保风险。"移

[67] 参见杨良宜、汪鹏南:《英国海上保险条款详论》,大连海事大学出版社2009年版,第56页。
[68] (1887) 12 App Cas 484.
[69] 参见杨良宜、汪鹏南:《英国海上保险条款详论》,大连海事大学出版社2009年版,第57页。
[70] 参见汪鹏南:《海上保险合同法详论》,大连海事大学出版社2011年版,第205页。
[71] [1914] 19 Com. Cas 93.

动货物或燃料时发生的意外”于1952年加入本条。

也有英国的判例认为这种装卸中的意外事件也可能构成“海上灾难”。比如在The Stranna[72]案中，在将木材装上甲板的过程中，由于打压舱水不当，船舶突然倾斜，导致部分装载甲板上的大木掉在海里。斯科特(Scott)大法官认为该事故与海和船舶的作用有关，只可能发生在受到重力和浮力双重作用的船舶上，属于海上特有的风险。

《中国人保船舶保险条款(2009版)》下，类似事故发生时，有必要辨析事故发生的原因是“装卸或移动货物或燃料时发生的意外事故”还是“海上灾难”，因为前者受到被保险人船东或管理人恪尽职责但书的制约，后者不受该制约。

在《英国1983年协会定期船舶保险条款》中，该风险列在第6.2条下，但《英国1995年协会定期船舶保险条款》将其移到第6.1条所承保的风险项下，意味着其不再受船东恪尽职责但书的限制。《英国2003年国际船舶保险条款》也承保该风险造成的船舶损失，并且在其用语中增加了“物料或部件”。这样，海上灾难与装卸事故便都是第一类列明的承保风险，不必像上述案件及其他先例那样判断装卸事故发生的原因是否为“海上风险”。

随着油船与货船的不断大型化，一些船舶无法进入某些港口进行装卸作业，从而导致港外甚至海上直接装卸作业的现象越来越多，但是这种作业对船舶来说风险较大。虽然在此过程中发生的事故可以归属于“海上风险”或是本条所承保的“装卸或移动货物或燃料时发生的意外事故”，但是无论是《中国人保船舶保险条款(2009版)》还是英国的协会船舶保险条款，都在其“海运”条款中对船舶进行此种作业进行了必要的限制，但是如果被保险人确有对此种风险的投保需求，可以与保险人协商加付保险费修改承保条件对此予以承保。

(2)船舶机件或船壳的潜在缺陷

第一，“潜在缺陷”之构成要件。援引潜在缺陷条款索赔需满足三个构成要件：一是船舶损失发生的原因是“缺陷”；二是该缺陷为“潜在的”；三是潜在缺陷发生在“船舶机件或船壳”上。

“缺陷”区别于作为除外风险的自然磨损。缺陷和自然磨损导致的损害结果可能都是逐渐出现的，因此，不能仅仅因为损害是逐渐发生的就将其归因于自然磨损。[73] 两者不同之处在于前者是人力的积极作为所致，使船舶机件或船壳使用寿

---

[72] (1938) 60 Ll. L. Rep. 51.

[73] Prudent Tankers Ltd. SA v. Dominion Assurance Co. Ltd. (The Caribbean Sea) [1980] 1 Lloyd's Rep. 338.

命缩短;后者则是贸易中的常见磨损的累积且未去修正的结果。[74]

“潜在的”一词在中英司法实践中争议较小。普遍认为,潜在缺陷,是指具有熟练技术的人员以通常的注意以及周到的检查仍不能发现的瑕疵。如果该瑕疵显而易见,即不能称为潜在缺陷。

在2008年天津海事法院审理的怡信有限公司与中国平安财产保险股份有限公司北京分公司等船舶保险合同纠纷案[75]中,被保险人为新购置的无动力船舶投保全损险,在拖运过程中发生沉没。事故报告中称“事故发生时天气恶劣且被保险船舶甲板上有裂口,船舷有相当大的腐蚀,而且甲板上并未配备橡胶封垫,以至于在颠簸中水进入船体”。被保险人主张损害是由潜在缺陷造成的,由于恶劣的气候,使原本不是缺陷的瑕疵部分成为缺陷,最终致使被拖船的沉没全损。法院判决认为该报告所记载的船舶缺陷是通过通常合理的检验即可发现的表面缺陷,并非船体、船舶设备的潜在缺陷……因此,该事故不属于“船舶机件或船壳的潜在缺陷”造成的。

美国法院在判断“潜在的”这一问题上标准有所不同,相比我国和英国来说更加严格。在 Parenteral v. Bayville 案中,Hopkins 法官在判决中指出,并非在通常的使用和维护中不能发现的缺陷就是潜在缺陷……潜在缺陷应该是用任何已知的和习惯的检查均无法发现的缺陷。[76]

第二,设计缺陷(defect design)是否属于潜在缺陷。关于缺陷是否包括设计缺陷这一问题,我国尚无相关司法案例专门对此问题作出回应,但英国的许多案例对此有所论及。

肯尼迪(Kennedy)法官在 Jackson v. Mumford[77]案中指出潜在缺陷与“设计缺陷”含义不同,设计缺陷针对的是船舶的规范说明与图纸设计中的缺陷,不涉及实际执行图纸过程中建造、操作问题。潜在缺陷是在执行船舶规范说明与图纸的时候因工艺不善或材料不善而出错。因此,如果机器和工艺毫无瑕疵且按照设计者的意图精确地制造,不应属于潜在缺陷。一个理性的商人在阅读船舶保险条款这一商业性文件时,并不会将潜在缺陷与“设计缺陷”联系在一起。

但是其后的 The Caribbean Sea[78]案中,罗伯特·戈夫(Robert Goff)法官进一步对潜在缺陷进行了阐释。该案中,保险船舶 Caribbean Sea 轮进水沉没,船东主

---

〔74〕 See Jonathan Gilman et. al., *Arnould: Law of Marine Insurance and Average*, Sweet & Maxwell, 2013, p. 1152.

〔75〕 参见(2008)津高民四终字第58号。

〔76〕 [1975] 1 Lloyd's Rep. 333.

〔77〕 (1902) 8 Com Cas 61.

〔78〕 Prudent Tankers Ltd. SA v. Dominion Assurance Co. Ltd. (The Caribbean Sea) [1980] 1 Lloyd's Rep. 338.

张因船壳潜在缺陷造成损失,即连接管嘴与船壳板的环形焊接处发生疲劳裂纹。事故的原因可归结为两个:一是船舶设计的方式;二是船舶日常工作中管嘴所受的力。罗伯特·戈夫法官认为,设计缺陷对船舶的影响有多种方式。例如,一方面,设计缺陷可能导致机器或船壳材料出现潜在缺陷,进而导致事故的发生;另一方面,设计缺陷可能并未造成机器和船壳材料的缺陷,即船壳和机器状况均良好,而是设计缺陷本身直接致使船舶营运性能方面的不足,使船舶不能完全胜任将要进行的航行,进而导致保险事故的发生。在考虑是否存在直接导致船舶灭失损坏的潜在缺陷时,应考虑船机及船壳的实际状况,而不是导致该状况的历史原因。也就是说,某种损失如果是由机器或船壳的潜在缺陷造成的,保险人即应当予以负责,而对该潜在缺陷产生的原因在所不问。依据罗伯特·戈夫法官的观点,设计缺陷直接导致的损失保险人不予赔付,但是如果设计缺陷造成了构成船壳或机器的材料的缺陷,进而导致了损失的发生,保险人则需对损失负责。〔79〕 换言之,设计缺陷本身并非潜在缺陷,但可能是产生潜在缺陷的原因,在其作为潜在缺陷的原因时,保险人不能以此为由拒绝承担保险赔偿责任。同时罗伯特·戈夫法官还指出,如果机器的制造没有问题,但是进行了不当的组装,这也将构成机器上的潜在缺陷。

如上文所述,在美国,潜在缺陷构成标准更加严格,大量案例均表明,设计缺陷中,只有造船材料存在固有缺陷才能构成潜在缺陷,而正常磨损、逐渐损坏、设计错误及组装错误都不构成潜在缺陷。〔80〕

相比之下,挪威对设计缺陷的态度更为明确。《2013 年北欧海上保险方案》中将错误设计与缺陷材料相并列,意味着错误设计虽不能归于潜在缺陷,但二者适用同样的规则。结合《2013 年北欧海上保险方案》第 12 - 4 条〔81〕和《2013 年北欧海上保险方案释义》〔82〕的阐述,保险人不仅承保由于错误设计和缺陷材料导致的事故,也承保因此导致的部件的缺陷,但前提是该部件已经获得了船级社的许可。其中,"设计错误",是指船舶的部分设计不成功,或者船舶强度不够。判断是否存在"设计错误"需要综合考虑该错误的性质是否需要采取一定的措施予以修正,损失发生距船舶交付的时间,损失的出现是一个逐渐的过程还是由于特殊情形而突然

〔79〕 See Howard Bennett, *Law of Maine Insurance*, Oxford Univesity Press, 2006, p. 368.

〔80〕 Brown v. Nitrate Producer's SS Co. [1937] 58 Lloyd's Rep. 188. Parente v. Bayville Marine Inc. and General Insurance Co. of America. [1975] 1 Lloyd's Rep. 333; 1974 A. M. C. 1399.

〔81〕 See The Nordic Marine Insurance Plan of 2013 Commentary, Part 2, Chapters 10 - 13, Page 44, Accessed December 16, 2016. http://www. nordicplan. org/Commentary/Part - Two/Chapter - 12/# Clause - 12 - 4.

〔82〕 See The Nordic Marine Insurance Plan of 2013 Commentary, Part 2, Chapters 10 - 13, Page 44, Accessed December 16, 2016. http://www. nordicplan. org/Commentary/Part - Two/Chapter - 12/# Clause - 12 - 4.

导致的。“设计”一词不仅包括船舶图纸设计,也包括材料类型、规模的说明及操作程序的说明。因此上述内容的错误,也归于“设计错误”。

第三,潜在缺陷的明显化与潜在缺陷造成的损失。保险公司承保潜在缺陷风险,但是仅赔付船壳或船机的潜在缺陷所导致的被保险船舶的损失,对船壳或船机的潜在缺陷本身不负任何责任。换言之,当船壳或船机的潜在缺陷已经被发现或已经变得显而易见时,保险人对被保险人为换修潜在缺陷的机件所支付的费用是不予赔付的。因此有必要区分“潜在缺陷的明显化”(潜在缺陷本身)和“潜在缺陷所造成的损失”。区分“潜在缺陷的明显化”(潜在缺陷本身)和“潜在缺陷所造成的损失”,先要明确普通法下“潜在缺陷的明显化”与“潜在缺陷”的传统界分。

在 Oceanicc SS. Co. v. Faber〔83〕案中,船舶定期保险单中规定了“殷琪玛瑞”条款。船舶在例行入坞抽出艉轴时,发现艉轴表面出现裂纹,艉轴因此需要换新。船东要求保险人赔偿更换艉轴的费用。经查发现艉轴表面有裂纹的原因是 11 年前在该艉轴上面焊接一个部件时,焊接工艺不当而在轴内留下一个缝隙,该缝隙后来逐渐发展成轴表面可视的裂纹。没有证据表明从 1902 年 5 月至 10 月(发现裂缝的时间)间,轴的状况及其上的裂纹有何发展,即被保险人面临的困境是难以证明承保期间保险标的的状况发生了实质性的改变。沃顿(Walton)法官(一审)认为,尾轴的损害并非是潜在缺陷造成的,而是潜在缺陷本身,即潜在缺陷的明显化。如果轴断裂,并且也导致船舶或其他“部件”遭受损失,保险人才应负责赔偿。船东不服一审判决,提出上诉。上诉法院维持了一审判决。〔84〕

在 Scindia Steamships (London), Ltd. v. London Assurance〔85〕案中,被保险船舶在干坞进行部件更新时,发现尾轴因存在潜在缺陷,在锥面开始断裂,螺旋桨和尾轴的锥形端掉进坞内,同时造成了一个桨叶受损。保险人同意赔付修理桨叶的费用,但是拒绝赔付更换艉轴的费用。布兰森(Branson)法官判船东败诉,指出船壳或机器的损失或损害与造成该损失或损害的潜在缺陷应有所不同。〔86〕

然而,自 The Nukila 案以后,对“潜在缺陷的明显化”与“潜在缺陷”又有了新界分。与以往的判例不同,在 Promet Engineering (Singapore) Pte. Ltd. v. Sturge and Others (The Nukila)〔87〕案中,上诉法院作出了一个截然不同的判决。该判决

---

〔83〕 (1906) 11 Com. Cas. 179; (1907) 13 Com. Cas. 28 (C. A.).

〔84〕 二审虽然维持原判,但二审法院的法官的观点并不一致。其中巴克利(Buckley)勋爵反对将损失限定为轴断裂造成其他部件的损失观点(沃顿法官)。弗莱契尔 - 莫尔顿(Fletcher - Moulton)勋爵也认为如果轴已经断裂,就应认定已经造成了损失。但他同时也认为,在本案中,发现裂纹只表示缺陷由“潜在”发展为“明显”,保险条款并不保证船壳和船机不存在任何缺陷。

〔85〕 (1936) 56 Ll. L. Rep. 136.

〔86〕 (1936) 56 Ll. L. Rep, p. 139.

〔87〕 [1997] 2 Ll. L. Rep. 146.

再次激起了人们对潜在缺陷风险的讨论。

Nukila 是一个可移浮动式海上钻井平台,1983 年 9 月在海上就位。该平台由三条圆柱体钢管腿支撑,每条管腿底部穿过并环形焊接在水密底座上;在底座内,管腿底部由支撑壁板焊接到底座的顶板和底板上以增加其强度。该平台于 1986 年 9 月 9 日按《英国 1983 年协会定期船舶保险条款》投保 12 个月,并加保了协会附加危险条款。1987 年 2 月在本保险期间,潜水员在对管腿和底座进行例行检查时,在全部三个底座的顶板上发现严重的裂纹。经进一步检查发现,管腿的钢体材料和底座内的壁板也存在严重的裂纹。这已危及平台的安全。平台被拖到新加坡修理,并作了详细的检验,共产生修理费 903,148 新币。被保险人根据"殷琪玛瑞"条款(Cl. 6. 2. 2)向保险人索赔。保险人拒赔,理由是保险标的未发生损害,所发生的仅是三条管腿本身变得明显的潜在缺陷。

一审塔基(Tuckey)法官判被保险人败诉,理由是无论是根据"殷琪玛瑞"条款还是附加危险条款,在保险期间潜在缺陷必须已对保险标的造成了损害,才可能在保险人的承保责任范围之内;保险标的的损害必须是实际发生的,而不能只是一种损害风险,不管这个风险有多大;是否存在此种损害后果并不取决于潜在缺陷部件本身的损害程度,而且焊接本身不能构成一个部件。管腿和底座实际上是连在一起的,共同使平台坐稳在海底上,在管腿的底部,管腿和底座都不具有单独的功能;焊接处的小裂纹发展为裂缝并扩散到其周围的结构,在这个阶段尚未构成对平台的损害结果。

被保险人提起上诉,上诉法院推翻了一审判决,改判被保险人胜诉。上诉法院的重要判决理由如下:将"殷琪玛瑞"条款的文字适用于案件事实是直截了当的;在本保险责任开始时,将底座顶板的下表面与管腿的连到一起的焊接处有潜在缺陷,而在保险责任开始之前该缺陷使管腿表面沿着焊缝产生了微小的裂缝,这些微小的裂缝也可称为潜在缺陷。在本保险责任期间,这些缺陷导致底座和管腿内外产生大范围的严重裂纹;这在任何通常语言文字表达上,都应算是对 Nukila 的船壳和船机造成了损害;该损害是由本保险期间开始时存在的潜在缺陷造成的。如果认为本案的情形只是管腿和底座上存在缺陷,那就是对语言的滥用。在任何通常语言文字表达上,管腿和底座都已受到了损害,因潜在缺陷的存在使管腿和底座承受不住所受到的压力而受损。[88]

不难看出,Nukila 案的判决精神与以往案例的根本不同之处在于以下几个方面:一是潜在缺陷本身指的应是"原始"的潜在缺陷,包括材料缺陷或工艺缺陷。二是潜在缺陷造成的损失应作较为宽松的解释,在保险期限内"原始"的潜在缺陷所导致的该缺陷所在的或相邻接的部位的损坏属于潜在缺陷造成的损失。三是并

---

〔88〕 [1997] 2 Ll. L. Rep, p. 147.

不要求保险标的受到损害的部件与存在潜在缺陷的部件必须是实际上可分开的或是有不同功能的。四是潜在缺陷是否存在损失应由法官根据常识来判断：如果潜在缺陷使船舶或机器的使用性能或价值降低，就可以认为造成了损失。

因此，潜在缺陷索赔成功的前提条件，首先是船壳或机器存在某种潜在缺陷；其次是该潜在缺陷在保险期间内造成了某种损失；最后需要提及的是国内司法实践对“潜在缺陷的明显化”与“潜在缺陷”的界分问题。我国在司法实践中判断潜在缺陷本身和潜在缺陷造成的损失时，采用的标准也是判断缺陷是否已经达到了影响船舶价值和使用状况的程度。如果是，那么已超出潜在缺陷，成为潜在缺陷所造成的损失。

厦门海事法院在2008年审理的福州中大航运有限公司诉中国平安财产保险股份有限公司福建分公司海上保险合同纠纷〔89〕案中即持此种观点。该案中的被保险船舶“中大9号”轮发生曲轴断裂损坏事故，经检测，事故原因是曲轴存在细小裂纹，随着柴油机长时间的运转，裂纹逐渐扩大，最后发生断裂。厦门海事法院承认潜在缺陷本身的损失并非保险责任范围，但同时指出该案的潜在缺陷仅为细小裂纹，曲轴的断裂已经超出了潜在缺陷本身，使案涉船舶的状况和价值发生了变化，故不应认为曲轴的断裂仍属于潜在缺陷本身而被排除于保险责任之外。福建省高级人民法院对该观点予以认可。

从上述案件可见，两审法院的观点似乎是：潜在缺陷（或至少本案中的潜在缺陷），并不影响船舶的使用或导致船舶价值和状况发生明显变化，否则便超出了潜在缺陷本身，而成为因潜在缺陷所造成的损失。

第四，“锅炉破裂”“艉轴断裂”与潜在缺陷。实践中，保险公司不仅承保潜在缺陷风险，还承保“锅炉破裂”“艉轴断裂”造成的损失。由于“锅炉破裂”“艉轴断裂”与潜在缺陷在赔偿范围上具有相似性，即均以赔偿由此造成的损失为限，故在此有必要一并予以讨论。

英国协会条款对“锅炉破裂”“艉轴断裂”与潜在缺陷进行了规定，其中《英国1983年协会定期船舶保险条款》第6.2条除了规定上述风险为承保风险外，还规定对锅炉破裂与艉轴断裂造成的船舶损失，保险人按照处理船机船壳潜在缺陷给船舶造成的损失一样进行赔偿。这意味着两点：其一，无论锅炉破裂与艉轴断裂的原因是什么，能否查清，其本身作为承保风险，保险公司对其造成的后续损失均负赔偿责任。其二，保险公司只赔由于机轴断裂、锅炉爆炸所造成船舶的损失，对更换受损锅炉和艉轴本身的费用不负责任。即使艉轴断裂的原因是艉轴存在潜在缺陷，被保险人也不能选择将艉轴断裂作为潜在缺陷所致的损失而主张向保险公司

---

〔89〕　参见（2008）厦海法商初字第39号。

赔偿。[90] 不过,如果机轴、锅炉的损坏是遭受海上风险所致,则另当别论。

然而,Nukila 案判决的作出与上述观点有所背离。依 Nukila 案的判决精神,潜在缺陷造成的损失应作较为宽松的解释,在保险期限内"原始"的潜在缺陷所导致的该缺陷所在的或相邻接的部位的损坏属于潜在缺陷造成的损失,且保险标的受到损害的部件也不要求与存在潜在缺陷的部件必须是实际上可分开的或是有不同功能的。这意味着即使裂纹处于艉轴之中,且与艉轴实际上是不可分开的,该裂纹所造成的艉轴断裂,也可能被视为潜在缺陷所造成的损失。类似地,依 Nukila 案的判决精神,锅炉潜在缺陷所导致的锅炉损失,也可能作为潜在缺陷所造成的损失,从而获得赔偿。在此情况下,保险人得依"锅炉破裂""艉轴断裂"条款的解释,拒绝被保险人的索赔,抑或被保险人得依 Nukila 案的判决精神,获赔更换受损锅炉、艉轴本身的费用? 这仍然存在疑问。

为了避免上述争议,2002 年 11 月 1 日,联合船舶险委员会(Joint Hull Committee,JHC)正式推出的《英国 2002 年国际船舶保险条款》(International Hull Clauses 1/11/02)对传统的"殷琪玛瑞"条款作了修订。在新条款推出 1 年之后,联合船舶险委员会根据航运、共同海损理算及保险业界针对新条款反馈回来的意见,对《英国 2002 年国际船舶保险条款》又作了相应的修改,使之更加适应保险市场的需求,这便是 2003 年国际船舶保险条款。该条款不仅规定"锅炉破裂"或"艉轴断裂"所造成的损失属于承保风险,还进一步明确"修理或更换锅炉或艉轴的费用不属于保险承保范围"。至于潜在缺陷条款,也进一步明确"校正潜在缺陷的费用不属于保险承保范围"。至此,"锅炉破裂""艉轴断裂"与潜在缺陷之间有了较为清晰的划分,上述争议也得到了较好的解决。

除英国协会条款外,《中国人保船舶保险条款(2009 版)》和《2013 年北欧海上保险方案》也对潜在损失的赔偿问题进行了规定。相较而言,《中国人保船舶保险条款(2009 版)》和《2013 年北欧海上保险方案》条款对潜在损失的赔偿问题的规定则较为宽松。由于《中国人保船舶保险条款(2009 版)》并未像《英国协会定期船舶保险条款》那样对锅炉破裂与尾轴断裂作出特别的规定,因此在《中国人保船舶保险条款(2009 版)》下,锅炉破裂与艉轴断裂本身就是一种损失,与其他船舶机件或船壳的损失一样。如果该损失是由作为承保风险的潜在缺陷所造成的,保险公司应当予以赔付。在《2013 年北欧海上保险方案》条款下,锅炉破裂或艉轴断裂本身也是承保的损害,属于保险人的责任。如果锅炉或艉轴的损害是船级社认可的设计错误或材料缺陷所致的,那么锅炉和艉轴本身的裂纹或开裂,就可能触发北

---

[90] Scindia Steamships (London), Ltd. v. London Assurance. [1936] Vol. 56.

欧海上保险方案下保险人的责任，而无需等到保险标的发生了有形变化。[91] 与《英国 1983 年协会定期船舶保险条款》相比，显然《中国人保船舶保险条款(2009 版)》和《2013 年北欧海上保险方案》条款在这一点上对被保险人更加有利，而且减少了相关争议。

(3)有意行为与疏忽行为

根据《中国人保船舶保险条款(2009 版)》的规定，船长、船员有意损害被保险人利益的行为以及船长、船员和引水员、修船人员及租船人的疏忽行为均属于保险责任范围。以下将对比中英两国船舶保险条款的相关规定以及司法判例，对这两种风险的内涵分别予以阐释，并指出其在适用时的注意事项。

第一，关于船长船员有意损害被保险人利益的行为。一般认为，"有意损害被保险人利益的行为"，是指明知其行为将造成保险标的的损坏而作为或不作为，包括船长船员恶意弃船或纵火焚烧或将船凿沉；船长、船员未经船东同意将船诈售或抵押给他人或者从事走私活动或故意违反封锁禁令而冲过封锁线以致船舶遭受扣押或没收，等等。

与《中国人保船舶保险条款(2009 版)》类似，《英国 1983 年协会定期船舶保险条款》第 6.2.5 条和《英国 1995 年协会定期船舶保险条款》第 6.2.4 条也规定，保险人对"船长或船员的欺诈恶行"(barratry)所造成的损失负责赔偿。《英国 1906 年海上保险法》附件一"保险单解释规则"的第 11 条对"barratry"一词解释为："barratry"术语，指船长或船员的各种损害船东或租船人利益的故意不法行为(The term "barratry" includes every wrongful act willfully committed by the master or crew to the prejudice of the owner, or, as the case may be, the charterer)。比较《中国人保船舶保险条款(2009 版)》与英国协会船舶定期保险条款，两者对该承保风险规定的措辞和用语有所不同。

《中国人保船舶保险条款(2009 版)》中的"有意损害被保险人利益的行为"与英国协会保险条款和《英国 1906 年海上保险法》中的"barratry"或"故意不法行为"相比，前者从字面上看似乎含义更广。但是英国通过大量判例的不断诠释，使"barratry"有了更广泛的含义。英国早期的 Knight v. Cambridge [92]、Boehm v. Combe [93] 等案例认为构成"barratry"的关键在于有欺诈、哄骗或诈骗等要素。Stamma v. Brown [94] 案更是将"犯罪意图"这一因素引入了"barratry"中。然而

[91] See The Nordic Marine Insurance Plan of 2013 Commentary, Part 2, Chapters 10 - 13, Page 44, Accessed December 16, 2016. http://www.nordicplan.org/Commentary/Part - Two/Chapter - 12/#Clause - 12 - 4.

[92] (1724) 2 Ld Raymond 1349.

[93] (1813) 2 Maule & Selwyn 172; 105 ER 172.

[94] (1742) 2 Stra 1173.

Earle v. Rowcroft[95]案将“barratry”的含义扩大,不仅限于“欺诈”“犯罪”行为,还包括“违反合同义务”的行为。在这一古老的案例中,船长根据船东指示用Annabella轮将货物从利物浦运往西非以换取奴隶,但是在到达西非后,船长决定并不按指示与英国人交易,而是与当地的荷兰人交易,因为后者的合同条件更加有利。英国与荷兰当时正处于交战状态,因此Annabella轮被英国的护卫舰拦截捕获。法院认为,虽然船长并没有损害船东利益的意图,但是他未经船东的授权行事,其行为已经构成“barratry”。可见,英国法下,“barratry”从最早需要有欺诈意图发展到需要犯罪意图,而如今含义变得更加宽泛,船长或船员的行为动机在所不问,只要船长或船员有意地而非疏忽地违反义务,且他们的行为增大了船东的风险,就能够构成“barratry”。但是《中国人保船舶保险条款(2009版)》是否也能得出相同的结论有待商榷。应当认为,《中国人保船舶保险条款(2009版)》中“有意”一词可能存在两种理解:一种理解强调船长或船员主观上有故意损害船东利益之目的,需考虑船长或船员的动机;另一种则强调船长或船员在为某行为时是积极地、有意地,该行为的客观结果是导致被保险人的利益受到损害,但对船长船员为该不法行为的动机或目的未作限制。鉴于理解上存在歧义,建议《中国人保船舶保险条款(2009版)》在之后的修订中加以明确。

中英两保险条款另一显著的区别是,《中国人保船舶保险条款(2009版)》中船长和船员的有意损害行为针对的是被保险人,而英国协会船舶保险条款中的“barratry”的实施对象是船舶所有人,大量的司法判例也对此予以反复强调。在颇具代表性的Samuel v. Dumas[96]案中,Gregorios轮的船东将其抵押给了Samuel银行,作为贷款的担保。应抵押权人的要求,船东为船舶投保了一切险。四个月后,船舶在良好天气的情况下于西班牙海岸沉没。后经调查事故原因是船长和船员故意凿沉船舶,而船东对此行为知情并默示放纵,但是抵押权人对此并不知情。抵押权人,作为被保险人以“barratry”为由,主张保险人进行损害赔偿。案件一直打到上议院,最终法院认为,虽然抵押权人有保险利益,但是以“barratry”为由主张损害赔偿不能得到支持。因为“barratry”要求船长或船东凿沉船舶的行为必须损害的是船东的利益,而本案中,船东对凿沉行为知情,因此不存在对船东利益的损害,也就并不构成“barratry”。若根据《中国人保船舶保险条款(2009版)》,船长与船员的行为无疑满足“船长船员有意损害被保险人利益的行为”。当然,无论是《中国人保船舶保险条款(2009版)》还是英国协会保险条款,保险公司对该风险造成的损失进行赔付的前提都是被保险人、船东、管理人尽到了谨慎处理的义务,没有纵容、共谋或授意船长、船员这样做,以及在知悉他们的有意损害行为后立即

〔95〕 (1742) 2 Stra 1173.

〔96〕 Sammuel v. Dumas(1924) 18 L1L 211, HL.

加以阻止。在 Pipon v. Cope[97]案中,法院确定船员多次实施走私行为,船东不能以此从保险公司得到损失赔偿,因为船东有义务阻止船员多次的走私行为,但是船东并未尽到合理谨慎的义务,极大地提高了风险,保险人对因此造成的损失不予赔付。

在英国的另一判例中,法官都表达了对保险人承保该风险的惊讶。曼斯菲尔德勋爵表示:"保险人承保该风险非同寻常,由船东自己选任的船长的不法行为造成的损失……竟然还能持续成为保险标的。"[98]事实上,船东虽然任命船长,并通过各种高科技的通信手段向船长发出指示,但是如果船长有意违背、对抗船东的意愿,损害船东的利益,船东是难以控制的。尤其是在航运企业大型化的今天,对船长与船员的管理更加不易,如果船长或船员因为对船东的意见没有得到满意的答复与解决而有意的凿沉船舶、撞击礁石或为其他损害船东利益的行为,船东对此往往难以控制,甚至是无法阻止。因此有必要由保险人对该风险予以承保。我国的船舶保险条款原本并不承保船长、船员的有意行为。人保公司 1986 年对条款修订时,参照《英国 1991 年协会船舶定期保险条款》,明确地将此项风险列入承保的风险范畴。现在令保险人感到头痛的问题是,有些船东与船长、船员合伙欺骗保险人,故意把船弄沉,然后以"barratry"向保险人索赔。船东要在有船长、船员同谋的情况下证明"barratry",要比证明"海难"(perils of the seas)容易得多,而保险人却很难证明船东存在"故意恶行"(wilful misconduct)。

第二,关于船长、船员和引水员、修船人员及租船人的疏忽行为。疏忽行为(act of negligence),是指本款所列的负有注意义务的人员操纵船舶或在船舶上作业时,由于粗心大意,未按各种有关规章制度履行职责,导致船舶发生意外事故遭受损失的行为。《英国 1983 年协会定期船舶保险条款》也分别在第 6.2.3 条与第 6.2.4 条两个条款中对该风险予以规定。其中第 6.2.3 条针对的是船长、高级船员、船员或引航员的疏忽,第 6.2.4 条则针对的是修船人和租船人的疏忽。

理解此承保风险时应当注意,该项中的人员范围限于船长、船员、引水员、修船人员及租船人,不包括船东的其他雇佣人或代理人;保险公司承保的风险限于"疏忽行为",不包括"行为不端、不适任或判断错误",如需对此承保,可投保额外保险条款;保险人的责任仅限于因疏忽造成的被保险船舶的损失,并不包括完成这些人员本应已经做好的工作所产生的费用,亦不能扩大到因疏忽引起的法律责任。此外,被保险人得以援引本条向保险公司赔偿的前提是:疏忽行为是损失的近因。如果船长或船员存在疏忽行为,但并非是损害发生的近因,则被保险人不能根据本条获得保险赔偿;但如果损失是由承保风险引起的,保险人仍然需要承担保险责任,

---

[97]　(1808) 1 Camp 434.

[98]　Marshall, op. Cit., Vol. 2. p. 519.

并不能以船长或船员存在疏忽行为为由进行抗辩。在 2013 年英国法院审理的 Irene EM[99]案中,原告为 Irene EM 轮投保了船壳和设备险,保险合同中约定承保风险包括船长船员的疏忽行为。2009 年,被保险船舶在肯帕德湾搁浅,而在船舶存在搁浅危险时,三副严重疏忽,并未采取措施防止船舶顺流漂移。法院判决认为损失发生的近因是搁浅,属于承保风险,保险公司应当承担赔偿责任,同时将船员的疏忽行为作为支持其判决的补充性理由。

司法实践中,被保险人以船长、船员的疏忽行为为由主张保险人承担保险责任的情形并不少见。例如,在山东省高级人民法院审理的一起船舶保险合同纠纷案[100]中,船员在值班时离开操舵岗位,失足落海,导致船舶在无人驾驶的状态下,失控撞到岸边而造成船体破损事故。触礁后,船长不当倒车,直接导致并加速了船舶的全部船体下沉。法院判决认为沉船事故是由于船长、船员的疏忽行为造成的被保险船舶的全损,属于保险公司的保险责任范围。在另一起广东省高级人民法院审理的船舶保险合同纠纷上诉案[101]中,被保险人提供的证据证明损害的原因是船长在天气恶劣条件下继续坚持航行,引发主机及其他运动部件因润滑不良而相继损坏。法院因此判决被保险人有权依据本项从保险公司处得到赔偿。

有关修船人疏忽行为的典型案例可参考英国法院审理的 Lydia Flag[102]案。该案中,原告为其船舶 Lydia Flag 投保,保险合同中并入了协会定期船舶保险条款。之后船舶因为丧失了船舵而遭受损失。丧失船舵的原因是修船人为了检查艉轴拆除了船舵,但在重新组装的过程中存在疏忽,未将其固定。修船人的这一疏忽行为属于承保风险,保险人应当承担保险责任。

常见的租船人的疏忽包括指定不安全港口/泊位、装运租约不允许或不该装运的危险货物等。此外,租约下,货物装卸作业往往由承租人自己负责。当由承租人安排货物装卸、码头停靠时,可能因其疏忽行为使船舶遭受损失,如码头工人在装卸作业中的意外事故、船舶停靠的泊位不良、货舱内货物配载的不当给船舶造成的损坏。保险人承保这一项风险时,应当负责赔偿被保险船舶因此而遭受的损失,在保险人承担赔偿责任后,可代位向承租人追偿。

值得注意的是,《英国 1983 年协会定期船舶保险条款》强调修船人和租船人是被保险人以外的人。因此,如果修船人或租船人是被保险人(之一),保险人不负赔偿责任。原因在于此种情况下,保险人可能基于循环诉讼的限制,无法向存在疏忽行为的修船人或租船人行使保险代位求偿权。虽然《中国人保船舶保险条款

[99] [2013] EWHC 3644 (Comm).

[100] 参见(2007)鲁民四终字第 65 号。

[101] 参见(2004)粤高法民四终字第 16 号。

[102] Martin Maritime Ltd. v. Provident Capital Indemnity Fund Ltd. [1998] 2 Lloyd's Rep. 652.

(2009 版)》中并未强调修船人员与租船人不能是被保险人,但是因为第 7 款中的但书规定,保险人对该款所列的风险予以承保的前提是被保险人、船东与管理人恪尽职守。如果修船人员与租船人是被保险人,其存在疏忽行为即意味着被保险人未能恪尽职责,保险人仍然可以据此免除赔偿责任。

(4)任何政府当局,为防止或减轻因承保风险造成保险船舶损坏引起的污染,所采取的行动

理解本条需注意三个问题:第一,本项不承保保险船舶造成污染的损害赔偿责任,而是承保保险船舶因上述情形而发生的全损损失。第二,污染事故必须是由本保险所承保的列明风险导致的船舶损害所引发的。换句话说,是保险人本来要负责赔付的特定风险所引起的。第三,船舶的损失必须是由政府当局采取的防止或减轻污染的行为造成的。

《英国 1983 年协会定期船舶保险条款》与《英国 1995 年协会定期船舶保险条款》也承保该风险,但形式与《中国人保船舶保险条款(2009 版)》有所不同,后者将该风险放在"责任范围条款"内叙述,而英国协会保险条款专门设置一条"污染危险条款"予以规定。内容上,《中国人保船舶保险条款(2009 版)》相对简单,但要旨与《英国 1983 年协会定期船舶保险条款》基本一致。《英国 1995 年协会定期船舶保险条款》对《英国 1983 年协会定期船舶保险条款》第 7 条稍作修改,扩大了保险人的承保范围,保险人承保的政府当局行为不仅限于为防止或减轻"污染"而为的行为,而是扩大到为防止或减轻任何"环境损害"而为的行为。

从 20 世纪 50 年代起,海上石油和石油制品运输量不断增长,同时油船也日趋巨型化,重大的海洋油污事故时有发生。1967 年 Torrey Canyon 号油轮在英格兰附近海域因触礁而造成油污事故,为减轻油污污染,英国经美国船东同意,用燃烧弹摧毁船舶,从而使燃油燃烧掉。面对新的形势及由此产生的新问题,联合国通过了《公海油污干预国际公约》,使得国家在受公海油污威胁时,采取摧毁船舶以避免或减少污染的行为有了依据。

但这样一来也给保险业带来了一些问题,例如,主权国家这样使用战争武器击毁船舶的行为所造成的船舶损失是由船壳险还是战争险承保?再者,像 Torrey Canyon 案这样,主权国家得到船东的同意而故意作出的损害船舶的行为,是否能满足"意外的"因素?基于这样的疑问,有必要加入这样的特别条款,明确说明保险人应对此种情况造成的损失予以赔付。

(5)上述损失不是由于被保险人、船东或管理人未恪尽职责所致

本条将恪尽职守的义务课以被保险人、船东和管理人,这与《英国 1983 年协会定期船舶保险条款》的规定相同。《英国 1995 年协会定期船舶保险条款》将上述负有恪尽职守义务的人扩大到船技主管和岸上的管理人员。但是该但书适用范围的扩大在实务中不被接受,保险公司根据《英国 1995 年协会定期船舶保险条款》

承保时,往往将其删除。

但书中的"恪尽职守"一词的含义在最近发生的两个英国案例中均有所涉及。在 the Tosia Pisces[103]案中,布莱尔(Blair)法官认为未恪尽职守意味着被保险人没有尽到合理注意。波普尔维尔(Popplewell)法官在 the DC Merwestone[104]案的判决中支持了上述观点,并进一步指出,判断被保险人是否恪尽职守的标准是看其在相关方面是否存在疏忽。保险人承担两方面的证明责任:一是被保险人存在疏忽;二是该疏忽与损失之间具有因果关系。波普尔维尔法官还进一步指出,但书中的未尽职责应是导致损失发生的近因。在理解《中国人保船舶保险条款(2009 版)》时,上述判决的论述值得参考。

(二)一切险

1. 有待商榷的一切险称谓

在介绍一切险项下的承保风险前,有必要先对一切险的称谓问题进行适当论述,因为《中国人保船舶保险条款(2009 版)》中"一切险"的称谓有待商榷。英国协会船舶保险条款分为"全部条件"(full conditions)条款和"限制条件"(restricted conditions)条款,但全部条件条款中所包含的协会船舶定期保险条款及协会船舶航次保险条款、协会船舶建造保险条款并未使用"一切险"的术语。联合国贸发会制定的船舶保险示范条款将条款分为"一切险"(all risks cover)条款和"列明风险"(named perils cover)条款,供当事人选择其一。在"一切险"条款下,保险人将承保"被保险船舶所遭受的实质损失或损害的一切风险,除非保险人能够证明适用 B 部分[105]所列的除外责任之一"。该条款体例反映了在当时国际主要保险市场中的两种观点。在"一切险"的情况下,保险人承保更广泛的风险,除非保险人证明保险标的的损失是由某项除外责任造成。而"列明风险"的举证责任将首先落在被保险人身上,其要证明损失是由哪一项承保的风险造成。然后保险人才负有责任举证证明损失并非由该风险造成或是由哪一项除外责任造成。

《中国人保船舶保险条款(2009 版)》中的"一切险"的含义是保险人对全损和部分损失都予以承保,并承保碰撞责任、共同海损、救助和施救费用,但承保的风险类型与"全损险"相同,均为列明风险。我国保险条款将承保风险作"一切险"和"全损险"之区分存在不足之处:(1)在"一切险"的标题之下,容易产生"所承保的风险为任何意外事故所造成的保险标的的损失,而非仅承保列明风险"的歧义;(2)整个"一切险"条款仅在说明本保险对于保险标的"部分损失"仍予承保,对于

---

[103] [2012] EWHC 50 (Comm), [2012] 1 Lloyd's Rep. 252.

[104] [2013] EWHC 1666 (Comm).

[105] 指联合国贸发会制定的船舶保险示范条款——《统一国际船舶保险条款》的 B 部分。——笔者注

碰撞责任、共同海损分摊、救助费用和施救费用也予以承保，其“一切”名不副实；（3）将碰撞责任、共同海损分摊、救助费用和施救费用作为“全损险”的附加承保风险并不符合保险市场的需求。实际上，保险人的此种补偿责任对被保险人非常重要。也正因如此，在船舶保险实务中，被保险人通常在投保全损险的情况下附加投保上述风险。

为此，建议《中国人保船舶保险条款(2009版)》不再使用“一切险”的称谓，而是实质保留“全损险”和“一切险”险种区分的前提下，在条款安排技术上采取英国保险条款的做法，不给条款冠以“一切险”的标题，而是在“承保的风险”条款中载明“本保险承保因下列条款所造成的保险标的的灭失和损坏：……”在“承保的风险”的最后单独增加一款：“保险人可以在保险单中特别约定其对上述风险所造成的保险标的的部分损失不承担保险赔偿责任。”

2. 碰撞责任

若保险船舶碰撞其他船舶或触碰任何物体，碰撞或触碰的双方都必然会遭受损失。从保险船舶的角度看，一方面碰撞会使其自身的船壳、机器、属具或其他部分受损，另一方面保险船舶的船东还需对与其碰撞的另一艘船舶承担碰撞责任（如果保险船舶有过失）。这两方面应当区别对待。如上文全损险条款中所述，碰撞和触碰作为海上风险的一种表现形式，船舶保险人对由该风险造成的船舶全损应当予以赔付，但是对于碰撞或触碰责任，只有在船舶投保了一切险时，船舶保险人才会予以赔付。

中英两国的船舶保险条款均规定了碰撞责任条款，但是在具体的承保范围与承保额度上存在较大区别。概括来说，《中国人保船舶保险条款(2009版)》从反面列举了作为除外责任不予赔付的碰撞责任类型，除列举之外的碰撞责任类型均应予以赔付；《英国1983年协会定期船舶保险条款》是正面列举予以赔付的碰撞责任事项，又在第8.4条规定了除外责任。承保的范围似乎小于《中国人保船舶保险条款(2009版)》。在承保金额上，《英国1983年协会定期船舶保险条款》中保险人承担的是3/4碰撞责任，而《中国人保船舶保险条款(2009版)》下的保险人承担的是100%碰撞责任。

《中国人保船舶保险条款(2009版)》规定的“全损险”（total loss only）只负责承保保险船舶因碰撞而遭受的直接损失，不承保被保险人因碰撞而需承担的碰撞损害赔偿责任。“一切险”（all risks）险种中包含碰撞责任条款（collision liability clause），明确保险人负责因被保险船舶与其他船舶碰撞或触碰任何固定的、浮动的物体或其他物体而引起的被保险人应负的部分赔偿责任。其不是列明风险中的一种，也不受列明风险中有关被保险人、船东或管理人恪尽职守义务的限制；但受制于其他条件，如保证、海运条款、保险终止条款、适航等除外责任条款。因此，碰撞责任条款具有相对的独立性。

英国协会保险条款中也规定了碰撞责任条款。该条款的产生,得益于19世纪初期的Devaux v. Salvador[106]案。在该案中,法院认为在通常的英国S. G.保险单(亦称"劳合社船舶保险单")中,保险人对船东因碰撞而带来的赔偿责任不负保险赔偿责任。此后,保险单中就普遍加入了保险人附加承保被保险船舶的碰撞损害赔偿责任的碰撞责任条款,即著名的"碰撞条款"(running down clause,RDC)。碰撞责任成为当时英国船舶保单所承保的唯一责任险。就体例而言,中英两国的碰撞责任条款相同,不属于列明风险中保险标的自身受损的风险,而是相对独立的责任风险。

(1)碰撞责任条款中船舶碰撞的含义

在《中国人保船舶保险条款(2009版)》中的碰撞责任条款中"船舶碰撞"的含义存在较多争议,司法实践中的观点尚不统一,因此有必要厘清其含义。以下将对该船舶碰撞责任条款中"船舶"的含义、"碰撞"的含义以及拖带中船舶碰撞的特殊问题分别予以阐释。

第一,"船舶碰撞"之"船舶"的含义。

《中国人保船舶保险条款(2009版)》中的碰撞责任条款的承保范围既包括"碰撞"风险也包括"触碰"风险。碰撞风险发生在保险船舶与"其他船舶"之间,而触碰则发生在保险船舶与任何固定的、浮动的物体或其他物体之间。在适用《中国人保船舶保险条款(2009版)》时,应当明确界定船舶的概念和范畴,一个物体是否被认定为"船舶"虽然并不会影响保险人对碰撞责任的承保,但是会影响保险人的赔偿范围和额度。具体来说,如果与被保险船舶发生碰撞的不是"船舶",而是固定或浮动物体,则该"固定或浮动物体的延迟或丧失使用的间接费用"不属于该碰撞责任条款的承保范围。相比《中国人保船舶保险条款(2009版)》,《英国1983年协会定期船舶保险条款》中3/4碰撞责任条款所承保的风险范围较小,保险人只承保船舶与其他船舶的碰撞,而不包括船舶与码头、防波堤、浮桥等的触碰。[107] 因此,"船舶"的含义在英国协会保险条款中更为重要,如果与保险船舶相撞的物体不是该碰撞责任条款下的"船舶",被保险人便无法根据船壳保险单获得补偿,而应由互保协会负责补偿。理解"船舶"的含义时,应当结合《海商法》与《中国人保船舶保险条款(2009版)》,并参考中英司法判例中确定的规则,从宏观和微观上予以全面理解。

其一,几乎所有国家的海商法都依托于船舶及因船舶所产生的法律关系而存在,但是对于船舶,目前国际社会尚无统一的定义。阿特金森(Atkinson)法官在

---

[106] (1836) 4 Adolphus and Ellis 420 111 E. R. 845.

[107] See Jonathan Gilman et. al., *Arnould: Law of Marine Insurance and Average*, Sweet & Maxwell, 2013, p. 1105.

Polpen Shipping Co. Ltd. v. Commercial Union Assurance Co. Ltd.[108]案中对船舶作出如下界定:船舶,应当具备以下几个要素:一是船舶是能用来航行的中空结构,意图用其在海面或其他水域进行实际工作。判决认为,水上飞机的实际工作并非是航行,水上航行只是附属的、偶然的。因此水上飞机并非保险单中所言的船舶。同理,浮吊也并非船舶。[109] 二是船舶能够自由地或受指令从一地移动到另一地。但有无自航能力不能影响对船舶的认定,如驳船[110]、起重船[111]均被认定为"船舶"。三是船舶属具是船舶的组成部分,因此保险船舶与他船的属具发生碰撞,保险人对因此产生的碰撞责任应予以赔付,[112] 如保险船舶与他船的锚发生的碰撞。[113] 但是渔网并不是船舶必不可少的一部分,没有渔网不会影响船舶在海上的安全航行,因此,保险船舶与渔网发生的碰撞并非此处所言的船舶碰撞。[114] 该案对海上保险法中船舶的认定标准值得我们参考。

其二,我国《海商法》第165条第2款规定,船舶碰撞中的"船舶"包括与《海商法》第3条所定义的船舶[115]发生碰撞的任何非用于军事或政府公务的船艇。也就是说,碰撞事故的双方船舶,只要一方是《海商法》意义上的船舶,另一方是非用于军事或政府公务的船艇,则构成《海商法》意义上的船舶碰撞。[116] "用于"一词强调的是正在从事的活动的目的,而不是其设计和建造的目的和用途。此处将"船舶"的范围扩大为不仅包括海船和其他海上移动式装置,还包括内河船和20总吨以下的小型船艇。

其三,《中国人保船舶保险条款(2009版)》从微观上明确界定了船舶保险标的"船舶"的范围,包括船壳、救生艇、机器、设备、仪器、索具、燃料和物料共八部分。与这些部分发生的碰撞都属于海上保险法意义上的船舶碰撞。[117] 例如,被保险船舶与他船的锚、救生艇等碰撞而引发的赔偿责任,皆在保险人的保险赔偿责任

---

[108] [1943] 1 All ER 162, 165.

[109] Merchants' Marine Insurance v. North of England Protecting & Indemnity Association (1926) 26 LIL Rep. 201.

[110] The Mac [1882] 7 P. D. 126; The Mudlark [1911] p. 116; The "HARLOW" (1922) 13 LI. L. Rep. 311.

[111] Marine Crafts Construction Ltd. v. Erland Blomqvist (Engineers) Ltd. [1953] 1 Lloyd's Rep. 514.

[112] The Niobe [1891] A. C. 401.

[113] Re Margetts & Ocean Accident & Guarantee Corp [1901] 2 KB 792.

[114] Bennett Steamship Co. v. Hull Mutual Steamship Protecting Society [1914] 3 KB 57 (CA).

[115] 我国《海商法》第3条规定:"本法所称船舶,是指海船和其他海上移动式装置,但是用于军事的、政府公务的船舶和20总吨以下的小型船艇除外。前款所称船舶,包括船舶属具。"

[116] 不包括与已被放弃救助的沉船及从未计划对其进行救助的沉船,也可称为弃船。

[117] 在期租下,船舶上的燃料和部分物料属于期租人,船东对此无投保利益,应该由期租人另行投保,或者与船东约定由同一个保险人承保。

范围内。

其四,关于沉船是船舶还是残骸的认定问题,英国司法判例中存在两种认定标准,即"技术标准"和"所有权变化标准"。在 Chandler v. Blogg〔118〕案中,法官以沉船是否丧失航行能力的技术性标准来认定其是否仍然是船舶,判决认为,与沉在水底但能浮起并恢复航行能力的沉船相撞构成"船舶碰撞"。但是格里尔(Greer)法官在 Pelton Steamship Co. Ltd. v. North of England P & I. Association〔119〕案中认为应采用沉船所有权是否变化为标准,只要船舶所有权人仍然试图救助船舶而未放弃船舶所有权则该沉船仍然是该碰撞条款下的"船舶"。后一种标准的实操性和经济性更强,因为毕竟不是所有的沉船都能容易地判断出其是否仍具有可航行性。采用前一种标准会使被保险人承担过重的举证责任,为证明沉船仍然是船舶可能需花费大量的费用打捞沉船,这对被保险人是不公平的。事实上,在《中国人保船舶保险条款(2009 版)》下讨论沉船是船舶还是残骸意义并不大。一方面,因为即便沉船并非船舶,保险船舶与其碰撞也会构成触碰风险,仍属于保险人的承保范围。况且,沉船多数情况下不存在"延迟或丧失使用的间接费用"的问题。另一方面,我国相关的海事行政管理办法规定,对妨碍船舶航行的沉船应当进行强制的限期打捞,在未妥善处理前,还应在沉船处设置规定的标志,并将碍航物的名称、形状、尺寸、位置和深度准确地向主管机关报告。

《2013 年北欧海上保险方案》并未对碰撞与触碰做区分,而是对碰撞的对象进行了非常广泛的规定,而且并不限于船舶。《2013 年北欧海上保险方案释义》中指出,与保险船舶碰撞的物体是另一艘船舶或者另一个海上的浮动物体,如木筏船上的原木,或者岸上的设施如码头、桥墩及船坞闸门。该船或浮动物体的所有权归属在所不问,可以是被保险人所有之物,亦可是无主物,理论上都是承保范围。保险船舶碰撞或触碰了上述物体,上述物体又碰撞或触碰了第三人所有的船舶或海上浮动物体,此时船舶保险人仍需负责赔偿。同时,《2013 年北欧海上保险方案》明确指出,保险船舶、属具、设备、货物或该船使用的拖船与第三人的船舶或海上浮动物体发生碰撞或触碰而承担的责任,保险人均需负责,只要属具、设备和货物与他船或他物的碰撞和触碰是保险船舶的移动而非其自身单独移动的结果。

第二,"船舶碰撞"之"碰撞"的界定。

其一,"碰撞"含义存在争议。关于"碰撞"是否包括无接触碰撞的争议由来已久。一般认为,无接触碰撞包括:一是浪损,如一大船在狭水道违章航行,速度过快,掀起的波浪导致附近航行或者停泊的他船沉没、搁浅或者与他船相碰。二是间接碰撞,如 A 船在狭水道航行,违章船舶从狭水道右侧转向左侧行使,对面靠狭水

---

〔118〕［1898］1 Q. B. 32.

〔119〕［1925］22 Ll. L. R. 510.

道右侧正常行使的 B 船为避免与 A 船相碰，采取右转措施，碰撞了在 B 船右侧行驶或者锚泊的 C 船。此时，B 船与 C 船之间发生接触，属于直接碰撞，A 船与 B 船、A 船与 C 船之间属于间接碰撞。三是为避免直接碰撞而搁浅或者触碰等，如在上述 A 船违章航行的情况下，如果 B 船为避免直接碰撞而搁浅或者触碰，A 与 B 之间也属于间接碰撞的情形。〔120〕

《中国人保船舶保险条款（2009 版）》并未对"碰撞"一词作明确的解释，法律的规定也尚不明确，导致该争议越发的不确定，司法实践中的认定也不统一。

在"振兴"轮间接碰撞保险赔偿争议案〔121〕中，保险船舶"振兴"轮与"吉米尼"轮 1993 年 11 月 8 日在黄浦江中会遇，由于两船操作不当，发生无接触碰撞，互有过失。上海海事法院和上海市高级人民法院两审认定"振兴"轮与"吉米尼"间接碰撞成立。2001 年 9 月 7 日，被保险人"振兴"轮船东根据《中国人保船舶保险条款（1986 版）》，要求保险人承担赔偿责任。此案提交中国海事仲裁委员会仲裁，仲裁庭认为，船舶碰撞是否包括无接触碰撞，应当依据《中国人保船舶保险条款（1986 版）》颁布时的法律规定和双方当事人在保险合同中的约定进行解释和认定。《中国人保船舶保险条款（1986 版）》公布时，中国尚无任何法律涉及船舶碰撞是否包括船舶无接触碰撞的问题，当事人双方对此亦无明确的约定，故不能认定《中国人保船舶保险条款（1986 版）》中的碰撞责任包括无接触碰撞和浪损的情况。仲裁庭据此对被保险人的仲裁请求未予支持。

在之后的"浮山"轮间接碰撞保险赔偿争议案〔122〕这一经典案例中，法院提出了不同的观点。1997 年 6 月 3 日，保险船舶"浮山"轮驶离青岛港时，与进港的"继承者"轮形成碰撞危险，"继承者"轮因采取避碰措施而意外搁浅。两船并无实际接触。双方达成和解协议，"浮山"轮给予"继承者"轮 35 万美元的碰撞赔偿。后"浮山"轮保险人以《中国人保船舶保险条款（1986 版）》中的碰撞责任条款不包括没有实际接触的间接碰撞为由拒赔。青岛海事法院认为我国参加的 1910 年《统一船舶碰撞某些法律规定的国际公约》（以下简称《1910 年碰撞公约》）〔123〕、《海商法》及 1995 年最高人民法院《关于审理船舶碰撞和触碰案件财产损害赔偿的规定》（以下简称《船舶碰撞和触碰损害赔偿规定》）已经将间接碰撞视为碰撞，且根据《保险法》有关"逆利益解释原则"，认定船舶保险人承担间接碰撞的赔偿责任更为合理。2002 年最高人民法院发布了《关于中国人民保险公司青岛市分公司与巴

〔120〕 参见胡正良主编：《海事法》，北京大学出版社 2012 年版，第 39、44 页。

〔121〕 参见中国海事仲裁委员会：《"振兴"轮船舶碰撞责任保险赔偿争议案裁决书》，2002 年 6 月 4 日。

〔122〕 参见（1999）青海法海商初字第 180 号。

〔123〕 1994 年 3 月 5 日第八届全国人民代表大会常务委员会第六次会议通过加入《统一船舶碰撞某些法律规定的国际公约》的决议。

拿马浮山航运公司船舶保险合同纠纷一案的复函》,对“船舶碰撞”界定问题作了明确说明:“‘浮山轮’投保了‘一切险’,船舶保险条款属于格式条款,该条款第一条订明的碰撞责任包括因被保险船舶与其他船舶碰撞而引起被保险人应负的法律赔偿责任,订立船舶保险合同时保险人并未向被保险人明示船舶碰撞排除无接触碰撞。根据诚信原则和《中华人民共和国合同法》第四十一条的规定,对格式条款有两种以上解释的,应当作出不利于提供格式条款一方的解释。因此,本案船舶保险条款所指碰撞应当包括无接触碰撞。”

可见,实践中,关于船舶碰撞是否包括无接触碰撞的观点并不统一。前案中,仲裁庭认为人保船舶保险条款中的“船舶碰撞”仅限于直接接触碰撞而不包括间接碰撞。但之后的案例则认为,船舶无接触碰撞是海商法中船舶碰撞的应有之意,并通过逆利益解释原则[124]予以解释,认定保险条款中的碰撞也应当包括无接触碰撞。两案不同判断结果的主要原因是保险合同生效时的法律效力状态有较大的差异。

如何界定“船舶碰撞”,这涉及合同的解释问题。《合同法》第125条第1款规定,当事人对合同条款的理解有争议的,应当按照合同所使用的词句、合同的有关条款、合同的目的、交易习惯以及诚实信用原则,确定该条款的真实意思。因此,当保险合同内容含义不明确,解释时应当探求缔约当事人的真实意图。这就要审视双方当事人之间的有效约定,而不是仅看船舶保险条款本身。

其二,从《中国人保船舶保险条款(2009版)》本身考察“船舶碰撞”含义。《中国人保船舶保险条款(2009版)》是对《中国人保船舶保险条款(1986版)》修订的产物,而碰撞责任条款并未作任何改动。从《中国人保船舶保险条款(2009版)》制定时的法律背景和参考依据来看,间接碰撞并不在保险人的承保范围之内。

首先,该条款系参考《英国1983年协会定期船舶保险条款》修订的,《英国1983年协会定期船舶保险条款》的3/4碰撞责任条款中关于“船舶碰撞”的用词是“coming into collision with any other vessel”,即仅指两艘或两艘以上的船舶发生的实际接触,不包括无接触碰撞。但如果保险船舶A因过错与船舶B发生了直接接触碰撞,已满足了碰撞责任条款的适用条件,同时B船在避免与A船的碰撞过程中,进行了适当、必要的操作,但最终导致与第三船C发生碰撞,A船保险人的赔偿责任扩大到C船在碰撞中造成的损失,[125]此情形并非是保险人承保船舶的间接碰撞问题,而是保险人承担保险赔偿责任范围的扩大问题。即保险人的赔偿范围适当地扩大到保险船舶对碰撞船舶以外的第三船的责任,但前提条件是保险船舶

---

〔124〕 即“疑义解释原则即有疑义应为表意者不利益之解释,保险合同解释中的一项特殊原则格式条款/合同的语句有歧义或模糊时应采取对拟定合同/条款或提供合同/条款一方不利的解释。

〔125〕 William France Fenwick & Co. Ltd. v. Merchants' Marine Insurance Co. Ltd. [1915] 3 KB 290.

与他船已存在实际的接触碰撞,而第三船的损失可以作为实际接触碰撞所导致损失的一部分得到保险人的赔偿。相反,保险船舶未与他船实际接触,仅仅因为操纵不当,而导致了另外两船的相撞,保险船舶的保险人不予赔偿。[126] 此种无接触的碰撞一般是由互保协会来予以承保的。[127] 综上所述,《英国1983年协会定期船舶保险条款》下,保险人承保的船舶碰撞责任仅限于直接接触碰撞。虽然不能根据英国判例解释人保的保险条款,但是,该《英国1983年协会定期船舶保险条款》的保险范围可以为我们推断人保条款的订立意图提供参考。

其次,1995年,当时作为国家金融保险主管机关的中国人民银行组织编写的《保险条款费率辞释大全》,对人保船舶保险条款中"碰撞"的解释是"仅限于船舶之间发生的直接接触,包括水上水下各部位及锚和锚链"。该书序言明确申明"在本书中辑入并解释的保险条款和保险费率对于经营该项业务的境内保险机构具有强制性约束力"。这里的解释不是对保险条款的修改,而是对条款本来含义的明确。

《中国人保船舶保险条款(1986版)》制定当时,《海商法》尚未出台,《1910年碰撞公约》虽言明无实际接触的碰撞比照适用该公约,但我国也尚未加入公约。相关其他立法也没有涉及"间接碰撞"这一概念。所以当时的立法并没有为人保提供用以明确是否承保间接碰撞法律责任的法律背景。但是人保公司在修订《中国人保船舶保险条款(2009版)》时,《海商法》早已出台,法律法规以及司法实践已经对船舶碰撞的概念进行过界定,在这样的立法背景下,保险人仍然未修订保险条款。此时探求保险人的意图以及保险条款的含义还需要分析并明确我国现行法律体系下"船舶碰撞"的含义。

其三,从《海商法》的规定考察"船舶碰撞"的含义。关于船舶碰撞的概念,《海商法》第165条第1款规定,船舶碰撞,是指船舶在海上或者与海相通的可航水域发生接触造成损害的事故。根据该定义,船舶发生接触是船舶碰撞的构成要件之一。但是《海商法》第170条又规定,船舶因操纵不当或者不遵守航行规章,虽然实际上没有同其他船舶发生碰撞,但是使其他船舶以及船上的人员、货物或者其他财产遭受损失的,适用本章的规定。《船舶碰撞和触碰损害赔偿规定》也对"船舶碰撞"扩大解释为,"在海上或者与海相通的可航水域,两艘或者两艘以上的船舶之间发生接触或者没有直接接触,造成财产损害的事故"。2016年发布的最高人民法院《关于海事法院受理案件范围的规定》第1条规定,船舶碰撞损害赔偿案件,包括浪损等间接碰撞的损害赔偿纠纷案件。理性的海商事从业人员有理由认

---

[126] See M' Cowan v. Baine (The Niobe) [1981] AC 401, pp. 406 – 407.

[127] See Steven J. Hazelwood, David Semark, *P&I Clubs Law and Practice*, Informa Law from Routledge, 2010, p. 127.

为，《海商法》第170条以及最高人民法院的司法解释的规定说明，船舶之间的"接触"并不是船舶碰撞的必要条件。

但实际上，《海商法》第170条的规定只是将船舶之间未发生实质性接触而受损的情形比照适用第165条的规定。该条并没有改变或扩大第165条所规定的船舶碰撞的含义，其仅仅是法律适用准则。《船舶碰撞和触碰损害赔偿规定》与《关于海事法院受理案件范围的规定》的相关规定仅限于审理船舶碰撞的损害赔偿案件，而非与船舶碰撞相关的所有海事纠纷案件，即仅意味着有关船舶碰撞损害赔偿责任分担的规定也适用于无接触碰撞，但并非意味着碰撞的概念包括无接触碰撞，亦不能改变《海商法》对船舶碰撞的定义。不可否认的是，从上述诸多规定可见，最高人民法院倾向认为"船舶碰撞"包括无接触碰撞。2008年，最高人民法院制定的《关于审理船舶碰撞纠纷案件若干问题的规定》的第1条明确指出："本规定所称船舶碰撞，是指海商法第一百六十五条所指的船舶碰撞，不包括内河船舶之间的碰撞。海商法第一百七十条所指的损害事故，适用本规定。"在1995年《船舶碰撞和触碰损害赔偿规定》依然有效的情况下，单就审理船舶碰撞纠纷而作出专门的规定，由此观之，最高人民法院也明确其立场，放弃了"无接触碰撞"的观点，回到了《海商法》的立法本意上来。[128]

其四，对于"船舶碰撞"的含义，逆利益解释原则并无适用空间。上述"浮山"轮案中，法院依据逆利益解释原则判决船舶保险条款中所规定的碰撞包括无接触碰撞，属于保险人的承保范围。案件审理当时适用的保险法为旧《保险法》，根据本书第七章的分析，旧《保险法》相较于新《保险法》并未明确逆利益解释原则的适用条件——保险合同依通常理解出现疑义。旧规定容易造成人民法院在审理保险合同纠纷时不当适用逆利益解释原则的现象。新《保险法》进一步明确，在解释合同时，首先应当按照通常理解对合同条款进行解释以寻求当事人真实的意思表示，出现含混不清、可做多种合理理解时再适用逆利益解释原则。根据上述分析，保险条款中"船舶碰撞"的措辞在经历"振兴"轮和"浮山"轮两案后在当前已经较为明确，并无逆利益解释原则的适用空间。

(2)拖带中的"船舶碰撞"

在保险船舶事先征得保险人同意或加付了保险费之后而从事的拖带作业中，由于保险船舶的过失导致拖带作业中的另一方与第三船发生碰撞时，是否属于保险人承保的船舶碰撞责任呢？对于该问题中英两国司法实践中的观点截然相反。

在英国法院所审理的The Niobe轮案中，保险船舶是驳船，而与他船发生碰撞的是其拖船Flying Serpent。争议问题仍然是此种情形是否构成"船舶碰撞"的问题。英国上议院的多数法官认为，此情形构成"船舶碰撞"，其将拖船与被拖船应

[128] 参见姚云飞：《中国船舶碰撞之法律概念研究》，载《中国海商法研究》2012年第2期。

当看作一个整体,视为拖带组同第三方发生碰撞,拖带组中的拖船与第三船碰撞视为驳船本身与他船的碰撞。驳船保险人须对此承担碰撞责任条款下的保险赔偿责任。

但中国司法实践的立场有所不同。在与 The Niobe 案情相似的"德跃"轮案中,中国法院作出了与英国法院完全相反的判决。

在广东省高级人民法院审理的"德跃"轮保险纠纷[129]案中,"德跃"轮投保了一切险,并且删除了第 4 条"海运条款"下关于违反拖带的有关规定。广东省救助与打捞局所属的"德跃"轮拖带"滨海三〇八"驳船驶离香港水域途中,驳船与锚泊的"澜沧江"轮发生碰撞,致使"澜沧江"轮受损。"澜沧江"轮的所有人因此向救捞局提出书面索赔。救捞局向海事法院起诉"德跃"轮的保险公司,要求保险公司应就"德跃"轮拖带"滨海三〇八"驳船过程中碰撞"澜沧江"轮一事承担保险责任。一审海事法院驳回救捞局的请求,救捞局上诉并在二审中主张,拖轮"德跃"轮是拖航运输的中枢,它控制和指挥着自身和被拖轮"滨海三〇八"驳船的行为,"滨海三〇八"驳船仅仅是被动接受中枢指令的肢体,是货舱的延伸,两者通过拖缆连为一体,整体应视为拖带一体物。但是法院并未支持救捞局的主张,其在判决中指出,在拖带作业中,拖船和驳船的控制和被控制的地位,是拖带作业的性质所决定的,与保险合同没有联系。被拖船与拖船也仅是基于商业关系的暂时结合,被拖船并不能看作被保险船舶的一部分。因此,不能将驳船与他船发生碰撞视为"德跃"轮本身与他船发生碰撞。

可见,在中国法下,被保险人欲将拖驳船组中被拖船与他船的碰撞责任纳入保险责任范围,应当另行与保险人作特别的约定。

(3)碰撞责任条款中的除外责任

《中国人保船舶保险条款(2009 版)》中的碰撞责任条款规定了五类除外责任,下面将对这五类除外责任予以阐释。

第一,人身伤亡或疾病。《海商法》第 169 条第 3 款规定,互有过失的船舶,对造成的第三人的人身伤亡,负连带赔偿责任。在这类案件中,索赔方可以向两船中的任意一船主张全部的损害赔偿,支付全部赔偿之后,相撞两船之间再根据双方的过错程度予以分摊。《英国商船航运法》也有同样的规定。[130] 该责任被明确地排除在了船壳险的承保范围之外,一般是由互保协会来予以补偿的。互保协会条款中有单独的一条人身伤亡条款,概括地承保人身伤亡责任,不限于由碰撞所引起的。

---

[129] 参见郑美琴:《保险案例评析》,中国经济出版社 2004 年版,第 222 页。

[130] 原文:Merchant Shipping Act. 1995c. 21 Schedule 14 Extra – territorial provisions Section 1: Where loss of life or personal injuries are suffered by any person on board a ship owing to the fault of that ship and of any other ship or ships, the liability of the owners of the ships shall be joint and several.

第二,保险船舶所载的货物或财物或其所承诺的责任。《中国人保船舶保险条款(2009 版)》并不承保对本保险船舶上的货物或财产的任何责任(如根据租船货运合同对碰撞后本船的货损责任,本船船员的个人物品的损害赔偿责任)。绝大多数的碰撞都是由航海过失导致的。根据《海牙－维斯比规则》第4 条第2 款以及我国《海商法》第 51 条第 1 款的规定,承运人此时可以以“航海过失”为由抗辩,对货物因碰撞而造成的损失不负赔偿责任。这样,货主只能向碰撞中的对方船舶主张与其过错比例相适应的赔偿责任。在美国,基于“货物无辜规则”,货主可向对方船舶主张全部的损害赔偿,而对方船舶不得以过失比例抗辩。对方船舶在赔偿了保险船舶所载货物的全部损失后,保险船舶再根据双方过失比例,将其应分摊的部分支付给对方船舶。而这种保险船舶对其所载货物或财产的“间接”责任,通常认为也被排除在外。[131]

此外,保险船舶“所承诺的责任”也得不到保险人的补偿。“所承诺的责任”,是指被保险人并非是因为法律上负有责任而向对方赔偿,而是基于合同中的承诺而予以赔偿的情形。典型的例子即上文提到的拖带问题和与此类似的引航问题。例如在拖带和引航合同中约定,“拖船或引航船遭受损害,即使损害完全是其自身的过错所导致的,也应由被拖船或被引航船负赔偿责任”。保险船舶基于该约定而负赔偿责任的,保险人不予补偿,因为损失是由合同承诺而非碰撞产生的。然而,由于保险船舶的过错或部分过错而导致与他船相撞,但仅仅因为合同中约定,“被碰船舶遭受损害,即使损害完全是被碰船舶过错所导致的,也应由保险船舶负赔偿责任”,保险人据此拒绝赔偿,是不符合常理的。[132] 因为在此种情况下,损失毕竟是由碰撞产生的。

第三,清除障碍物、残骸、货物或任何其他物品。本项与《英国 1983 年协会定期船舶保险条款》中第 8.4.1 条的规定一致,保险人对于清除费用不负责,一般而言,这些清除费用是船坞、港口或其他管理机构根据其被授予的法定权力,强制要求船东点灯、设置浮标及移走其船舶产生的。[133] 本条款并未对清除物做任何限制,不仅包括对船舶残骸的清除,还包括对货物或任何其他物体的清除,保险人对此均不予承保。《中国人保沿海内河船舶保险条款(2009 版)》也有类似的清除费用除外规定,但对清除对象作了有限的列举,“第三条保险船舶由于下列情况所造成的损失、责任及费用,本保险不负责赔偿:……五、清理航道、污染和防止或清除

---

[131] 参见[英]Donald O'may, Juliam Hill:《OMAY〈海上保险法律与保险单〉》,郭国汀等译,法律出版社 2002 年版,第 283 ~284 页。

[132] See Jonathan Gilman et. al. , *Arnould*: *Law of Marine Insurance and Average*, Sweet & Maxwell, 2013, p. 1101.

[133] 参见[英]Donald O'may, Juliam Hill:《OMAY〈海上保险法律与保险单〉》,郭国汀等译,法律出版社 2002 年版,第 282 页。

污染、水产养殖及设施、捕捞设施、水下设施、桥的损失和费用；六、因保险事故引起本船及第三者的间接损失和费用以及人员伤亡或由此引起的责任及费用……”

此外，碰撞条款既不承保清除被保险沉船的费用，也不承保清除对方船舶的费用。虽然根据《中国人民银行沿海内河船舶保险条款解释》的规定，清理航道费用所针对的对象是“沉没的保险船舶”。然而，其后保监会的批复中规定，清理航道的费用，是指由于发生保险事故，导致保险船舶自身、其他船舶或其他任何物体阻碍航道而产生的清理或处置费用。即保险人对清理航道、打捞保险船舶和被撞船舶的费用均属于保险人的除外责任。相关的司法案例也确定了同样的规则。

第四，任何财产或物体的污染或沾污（包括预防措施或清除）的费用，但与保险船舶发生碰撞的他船或其所载财产的污染或沾污不在此限。理解上述除外责任应当结合全损险条款第7款第5项[134]的规定。这两条规定看似矛盾，但事实上，两者规定的基础不同。第7款第5项针对的是保险船舶本身遭受的污染或沾污，保险人予以承保；而本条除外责任针对的是保险船舶以外的其他物体和财产的污染或沾污。同时，本条款规定了除外责任的例外，“保险人负责承保与被保险船舶发生碰撞的他船或其船上所载货物的污染或沾污”，但本项条款的措辞晦涩拗口，含义不明。此处的“污染或沾污”似乎可以解释为“被撞船舶对他物的污染或沾污”，也可以理解为“被撞船舶对自己的污染或沾污”。虽然无论哪种解释，都不妨害保险人拒赔因碰撞引起的任何其他财产或物体的污染或沾污，但是这种分歧对本项但书的影响甚大。作为除外责任的例外，“保险人负责承保与被保险船舶发生碰撞的他船或其船上所载货物的污染或沾污”。这种“污染或沾污”系指他船或其所载财产因碰撞而造成的他船的污染或沾污（也称污染责任），还是指他船或其所载财产本身因碰撞而被污染或沾污（也称污染损失）？对此，《中国人保船舶保险条款（2009版）》未作进一步说明。

普遍认为，条款中的“污染和沾污”指的是污染损失而非污染责任。从船东互保协会的承保范围来看，也可以从反面推知该结论。船东互保协会负责承保船舶保险人不予承保的责任险，典型的为油污责任。正如《中国船东互保协会章程和保险条款》（China Shipowners Mutual Assurance Association）中的五（六）碰撞责任规定，对入会船舶的碰撞责任只限于承保船舶险保单中的碰撞责任条款所不予承保的责任，主要包括“超额责任”和“除外责任”，特别是只涉及入会船舶与他船发生碰撞所造成的污染责任损害、油污责任、人身伤亡责任等。这从反面印证，他船或其上所载货物造成的污染或沾污责任非船舶保险碰撞责任条款的承保风险。另外，《中国人保船舶保险条款（2009版）》参考了《英国1983年协会定期船舶保险条款》的规定，而后者的规定更加明确地表达了保险人的责任核心在于对他船或

---

〔134〕 任何政府当局，为防止或减轻因承保风险造成保险船舶损坏引起的污染所采取的行动。

其财产本身的污染损失，不包括他船或其财产造成的污染责任。具体来说：

首先，《英国1983年协会定期船舶保险条款》第8.4.5条“污染或沾污”除外责任本身的英文措辞：“pollution or contamination of any real or personal property or thing whatsoever (except other Vessels with which the insured Vessel is in collision or property on such other vessels).”英文中表达“何物引起的污染”通常不用“of”，而是另有表达习惯，如pollution due to/arising from。所以本项正确的理解为：因碰撞造成的任何其他财产或物体的污染或沾污损失（污染责任），保险人不赔，但保险人赔偿碰撞引起的他船或其财产的污染或沾污，如泄漏的燃油污染了船舱，船上备用油漆等化学物品洒溢污染甲板等。

其次，《英国1983年协会定期船舶保险条款》第8.1条明确列明保险人有责任承保的三种赔偿责任：

“8.1.1　任何其他船舶或其船上财产的灭失或损坏(Loss of or damage to any other vessel or property on any other vessel)；

“8.1.2　任何其他船舶或其船上财产的延迟或丧失使用(Delay or loss of use of any such other vessel or property thereon)；

“8.1.3　任何其他船舶或其船上财产的共同海损、救助报酬或根据合同的救助报酬。”

在保险法中，“loss”一词是指一种被丢失、破坏或毁损灭失的事实状态。[135]“damage”一般解释为“因过失、故意或意外事故而非法侵害他人人身、财产等合法权益所形成的损失或伤害”。[136] 二词都是指某种财产或人身遭受损害，或者经济上的损失，或者物理上的损害。上述措辞指明了“损失”或“损害”的对象，即他船或其船上财产(loss of or damage to)受到的损失或损害，故第8.1.1条和第8.1.2条实际上可以概括为船舶保险人的承保范围仅限于他船或其船上财产自身的污染损失，而不包括他船或其船上财产引起的污染责任。

“污染或沾污”除外责任结合第8.1条“赔偿范围”，也可排除保险人需对他船或其船上财产的污染责任负责这种理解。

所以，《英国1983年协会定期船舶保险条款》第8条的各款规定构成一个有机整体，说明污染责任非船舶保险人的保险范围，但是，对于被碰撞他船或其船上财产的污染损失由保险人负责赔偿。也就是说，保险人对与保险船舶发生碰撞的对方船舶自身或其所载财产所遭受的污染或沾污仍要承担保险赔偿责任，但对除此之外的其他财产或物体的污染或沾污（包括预防措施或清除费用）不予负责。

另外值得注意的是，《英国1995年协会定期船舶保险条款》为回应《1989年救

---

〔135〕 参见潘汉典等编：《元照英美法词典》，法律出版社2003年版，第872页。

〔136〕 潘汉典等编：《元照英美法词典》，法律出版社2003年版，第363页。

助公约》,对《英国 1983 年协会定期船舶保险条款》作了相应的修改,修改后的条款为:“任何不动产或动产或任何其他物件(与保险船舶碰撞的其他船舶或该船上财产除外)的污染或沾污或其威胁,或环境损害或其威胁,但是考虑到 1989 年《国际救助公约》第 13 条第 1 款 b 项提及的救助人在防止或尽量减轻环境损害方面的技能和努力,本项除外不扩展至被保险人应支付的有关救助报酬。”可见,《英国 1995 年协会定期船舶保险条款》规定的除外范围包括了更广泛含义上的环境损害或其威胁,同时明确了,如果在决定救助报酬时,考虑了救助人在防止或尽量减小环境损害方面的努力,保险人对该救助报酬的责任,不因本项除外规定而受影响,但是特别补偿保险人不予负责。实践中,特别补偿是船东的互保协会予以补偿。

第五,任何固定的、浮动的物体以及其他物体的延迟或丧失使用的间接费用。间接费用,是指保险船舶触碰这些物体后,造成这些物体不能正常使用而产生的非直接发生的费用及非物质上的损失。应从三方面对这一条款予以解读。

首先,保险船舶因碰撞而导致自身的延迟损失或间接费用,无论是根据碰撞责任条款还是全损险中所列明的保险责任范围,都无法作为碰撞损失而要求保险人补偿。保险船舶的船东往往会向相撞船舶主张与其过失比例相适应的损失赔偿,保险人对此并不关心。但是,鉴于保险赔偿采用交叉责任原则,因此,在双方船舶互有责任碰撞的情况下,碰撞中的每一方船舶所遭受的延迟损失或丧失使用的间接费用,事实上最终由对方船舶的保险人按碰撞责任比例赔偿。

其次,就碰撞和触碰所造成的对方船舶和其他物体的间接损失,《中国人保碰撞责任条款(2009 版)》的覆盖范围不尽相同。对于与保险船舶相撞的船舶或其上财产的延误损失或间接费用,保险人仍应承担保险责任。《中国人保船舶保险条款(2009 年版)》中的(二)一切险中的/碰撞责任 e 项所规定的延迟损失或间接费用等除外责任,适用的是任何固定的、浮动的物体以及其他物体,而根据前面条款的规定[137]可知,固定、浮动物体并不包括船舶,即与保险船舶发生碰撞的船舶的延误损失或间接费用仍是保险人的承保责任范围。《英国 1995 年协会定期船舶保险条款》第 8.1.2 条也明确将“其他船舶或其船上财产的延误或失去用途”列为保险人负赔偿责任的损害赔偿范围。

最后,与保险船舶发生触碰的其他物体的延迟损失或间接费用,不属于保险人的承保范围。在“宁安 9”轮船舶保险争议[138]案中,保险船舶“宁安 9”轮因电击故障失控而触碰了船厂的船台,造成船台滑道损坏。被保险人向船厂赔偿了修复船台的费用以及延误船期费用共计 1050 万元后,提起仲裁,要求保险人承担保险赔

---

〔137〕 本保险负责因保险船舶与其他船舶碰撞或触碰任何固定的、浮动的物体或其他物体而引起被保险人应负的法律赔偿责任。

〔138〕 参见《海事仲裁(上海)通讯》,2007 年第 6 期(总第 36 期)。

偿责任。双方的争议是保险人对于被保险人承担的船台延误船期的费用是否负责。仲裁庭裁决认为,根据“船舶保险单”所依据的《中国人保船舶保险条款(1986版)》“一切险”条款的规定,在“碰撞责任”条款下,该保险“对下列责任概不负责:……d. 任何固定的、浮动的物体以及其他物体的迟延或丧失使用的间接费用”。因此,对于船台滑道的“迟延或丧失使用的间接费用”不在保险公司的承保范围之内。而“修复前由于船台滑道不能正常使用所产生的合理的收益损失”属于“迟延或丧失使用的间接费用”的范畴,因此依照约定不应属于保险人的责任范围,保险人在本案中的保险赔付责任仅为对船台损坏的修理费用。

(4)船舶碰撞责任条款的“交叉责任原则”

中国船舶保险市场所通用的《中国人保船舶保险条款(2009 版)》以及英国船舶保险市场广泛使用的《英国 1983 年协会定期船舶保险条款》的碰撞责任条款皆规定,在没有援引责任限制的情况下,实行交叉责任原则(cross liability principle)。那么交叉责任原则的具体含义如何?在保险合同关系中又将如何予以适用呢?

第一,“交叉责任原则”在海事法中的含义。

传统观点认为,碰撞损害赔偿的计算有两种方法:交叉责任和单一责任。[139] 交叉责任原则,是指在两船发生互有过失碰撞时,双方就对方的过失提起损害赔偿请求,即同时存在两个相互的赔偿请求。单一责任原则,是指在上述情况下,双方在法律上只产生一个海事请求权。首先计算碰撞造成的两船损失的总额,然后按自己的过错比例计算各自对全部损失应承担的损失金额,得到的数额高于本身损失的一方,应向对方支付该差额。[140] 以表 7-1 为例,A 船承担 20% 的碰撞责任,B 船承担 80% 的碰撞责任。

表 7-1 两船碰撞责任分配(单一责任原则)

	船舶损失	船期损失	油污损失	共计
A 船	a	b	c	a + b + c
B 船	a'	b'	c'	a' + b' + c'
A、B 两船损失总计	a + b + c + a' + b' + c'			

按照交叉责任原则,A 船向 B 船索赔 0.8(a + b + c),B 船同时向 A 船索赔 0.2(a' + b' + c')。

---

[139] See Susan Hodges, *Law of Marine Insurance*, Cavendish Publishing Limited, 1996, p. 326.

[140] See Nordic Marine Inurance Plan 2013 – Commentary Part Ⅰ, § 4 – 14. 载 http://www.nordicplan.org/Commentary/Part – One/Chapter – 4/Section – 3/# – 4 – 14,最后访问日期:2016 年 12 月 16 日。

按照单一责任原则,A 船承担两船全部损失的0.2（a+b+c+a'+b'+c'),B 船承担两船全部损失的0.8（a+b+c+a'+b'+c'),若 B 船对全部损失应承担的金额0.8(a+b+c+a'+b'+c')大于其自身的损失金额(a'+b'+c'),最终只需 B 向 A 支付0.8（a+b+c+a'+b'+c'）-(a'+b'+c')=0.8(a+b+c)-0.2(a'+b'+c'),即 A、B 互负债务的差额。

从上述的计算结果来看,根据单一责任原则确定的赔偿金额等于根据交叉责任原则计算出的各自赔偿数额相互抵销,最终由承担赔偿责任金额较高的一方向对方赔付抵销后的差额。因此有学者指出,单一责任原则实质上就是一船对另一船的债务数额冲抵之后的差额。交叉责任与单一责任并非两种并列的损害赔偿计算方法,只有交叉责任赔偿办法是碰撞双方纯粹的赔偿计算方式;而单一责任赔偿办法只是碰撞双方赔偿支付的一种结算方式,为的是避免双方相互赔偿而导致支付手续不便。[141] 两者的区别只不过是两船是相互的各自作出赔偿还是由一船向另一船支付抵销后的差额。

在船舶碰撞侵权法律关系下,如果不考虑海事赔偿责任限制的话,交叉责任原则与单一责任原则在适用结果上并无实质差别。但是在涉及海事赔偿责任限制时,若碰撞双方的海事请求均为限制性海事请求时,是按照交叉责任原则,碰撞双方各自以抵销前的赔偿责任适用海事赔偿责任限制,之后再相互抵销(“先限制,后抵销”),还是按照单一责任原则,以抵销后的金额适用海事赔偿责任限制(“先抵销,后限制”),将存在较大的不同。《1976 年责任限制公约》第 5 条、《1957 年责任限制公约》第 1 条第 1 款以及我国《海商法》第215 条,都作了以单一责任原则为基础,“先抵销,后限制”的规定。英国上议院在 The Stoomvaart Maatschappij Nederland v. Peninsular and Oriental S. N. Co.（The Khedive)[142] 案中推翻了 Chapman v. Royal Netherlands Steam Navig Co.[143] 案的判决,也确定了海事法中单一责任原则的适用。近期的 MIOM Ltd. v. Sea Echo ENE（No. 2)[144] 案再次明确了单一责任原则。

第二,“交叉责任原则”在保险法中的含义。

在船舶保险中,若保险人承担的船舶碰撞责任仍以单一责任(抵销后的责任)为依据,则会出现与保险合同约定相背离的现象。原因在于单一责任在两船各自承担的碰撞责任相互抵销时,不考虑各种损失的性质如何,保险船舶承担的所有责任都参与冲抵,这意味着最终冲抵后的数额已经无法确定是否为船壳保险人应当

---

[141] 参见王海明:《船舶保险》,首都经济贸易大学出版社 2012 年版,第 191 页。

[142] （1882）7 App. Cas. 795. HL.

[143] （1879）4 P. D. 157.

[144] ［2012］1 Lloyd's Rep. 140.

承担的责任。以其作为保险人承担船舶碰撞保险责任的基础,一方面,可能使保险人赔付了本来并非其承保范围的碰撞责任。例如,根据《中国人保船舶保险条款(2009版)》,保险人对保险船舶向对方船舶承担的人身伤亡责任、油污责任不负责赔偿,而单一责任原则使得保险人实质上承担了该类责任。另一方面,单一责任原则的适用也可能使保险人获得了本应由被保险人获得的赔偿金,其原因在于代位求偿权的存在。例如,保险人对于保险船舶本身的船期损失不承担保险责任,其代位求偿权也就自然不应及于被保险人向对方主张船期损失赔偿的债权。单一责任原则的适用使得船期损失用以冲抵本需赔偿对方的碰撞责任,保险人相当于代替被保险人行使了代位求偿权,最终减轻相应保险赔偿而额外获利。可见,保险合同关系下,适用单一责任原则有悖于保险合同的约定。

正是基于这样的原因,无论是《中国人保船舶保险条款(2009版)》还是《英国1983年协会定期船舶保险条款》,都在碰撞责任条款中引入了交叉责任原则,是指在确定保险人的赔偿责任时将两艘船舶的各自碰撞责任按交叉责任原则一一列明,"如同各船东不得不按各自的责任相互赔偿一样"。需强调的是,交叉责任原则仅仅在保险人与被保险人之间适用,以确定保险赔偿责任,而在发生碰撞的两船船东之间仍然以单一责任原则确定碰撞侵权责任,并判断是否有权享受海事赔偿责任限制。

以上文为例,A船承担20%的碰撞责任,B船承担80%的碰撞责任。在采用交叉责任原则计算保险人的保险赔偿责任时,各主体承担损失的金额如表7-2所示:

表7-2　两船碰撞责任分配(交叉责任原则)

	A船保险人承担	A船船东承担	A船东互保协会承担	B船保险人承担	B船东互保协会承担	B船船东承担
A船船壳损失 a	0.2a			0.8a		
A船船期损失 b		0.2 b		0.8b		
A船油污损失 c			0.2c		0.8c	
B船船壳损失 a'	0.2a'			0.8a'		
B船船期损失 b'	0.2b'					0.8b'
B船油污损失 c'			0.2c'		0.8c'	

以B船为例,根据交叉责任原则计算,B船保险人首先承担B船的全部船壳损失a',然后向A船代位求偿0.2 a':

B 船保险人承担　　0.8a + 0.8b + 0.8a'

B 船互保协会　　0.8c + 0.8c'

B 船自负损失　　0.8b'

根据单一责任原则,如前所述,只需 B 船向 A 船承担 0.8(a + b + c) - 0.2(a' + b' + c')的碰撞责任,A 船无需向 B 船赔偿,因此:

B 船保险人承担　　a' + 0.8(a + b + c) - 0.2(a' + b' + c') = 0.8(a + b + a') - 0.2b' + 0.8c - 0.2c'

B 船互保协会　　c

B 船自负损失　　b'

比较两种计算方法得出的数据可知,用单一责任原则计算保险人的赔偿责任并不合理。在上述实例中,采用单一责任原则时,B 船保险人多承担了本应由船东互保协会负责的油污责任 0.8c,同时,B 船保险人的代位求偿权扩大到了 B 船的船期损失 0.2b'和油污损失 0.2c',侵占了原本属于被保险人的收益。

第三,"责任受法律限制"时"交叉责任"的适用。

《中国人保船舶保险条款(2009 版)》规定,交叉责任原则适用的条件是不存在海事赔偿责任限制。原因在于海事赔偿责任限制普遍采用单一责任原则进行计算,如果仍适用交叉责任原则计算保险赔偿,则会使得保险赔偿的计算基础与保险船舶实际承担的碰撞责任不一致,这显然不妥。然而,如上文所述,适用单一责任原则计算保险赔偿具有先天的不合理性,且该种缺陷不会因为存在责任限制而自动消失。在这种两难的境地下,需要第三种方案提供更合理的解决办法。

丹麦和挪威在实践中采用了修正的交叉责任原则的做法:即便碰撞中的一方或双方可以享受海事赔偿责任限制,仍然可以适用交叉责任原则计算保险赔偿,但是作出必要的修正以避免保险赔偿计算基础与保险船舶实际承担碰撞责任不一致的问题。这种修正的交叉责任原则的具体做法是:如果被保险人与受害方之间责任抵销后的余额适用责任限制,在处理被保险人与保险人之间的保险索赔时,未经抵销的较大责任应予以扣减,扣减额是因适用责任限制而减少的余额部分。[145] 以《2013 年北欧海上保险方案》所举数字为例,保险船舶 A 与 B 相撞,两者各承担 50% 的责任。A 船船壳损失 300,船期损失 120, 共计 420。B 船船壳损失 200,船期损失 150,共计 350。在船舶碰撞责任法律关系中,若不考虑海事赔偿责任限制,B 船需向 A 船承担净责任 35。因责任限制的适用,该赔偿额减少为 21,余额减少了 14,根据《2013 年北欧海上保险方案》的规定,B 轮承担的赔偿额从原来 420 × 50% = 210 修正为 210 - 14 = 196。事实上,此种计算方法将海事赔偿金额的限制

---

[145] See Nordic Marine Inurance Plan 2013 - Commentary Part Ⅰ, §4 - 14, Accessed December 16, 2016. http://www.nordicplan.org/Commentary/Part - One/Chapter - 4/Section - 3/# - 4 - 14.

转化为了对B轮承担责任比例的限制，即由原来的50%降到了7/15(196/420)，然后再根据一般的交叉责任原则予以计算，即

A船保险人承担的保险赔偿责任为：300(A船本身的损失)+350×50%(A船承担的碰撞责任)-300×7/15(从B船处取得的代位求偿部分)=335。

B船保险人承担的保险赔偿责任为：200(B船本身的损失)+420×7/15(B船承担的碰撞责任)-200×50%(从A船处取得的代位求偿权)=296。

通过适用修正的交叉责任原则，使得在存在海事赔偿责任限制时，保险赔偿的计算基础也可以与保险船舶实际承担的碰撞责任相一致。克服了适用传统交叉责任原则的弊端。

《中国人保船舶保险条款(2009版)》中的碰撞责任条款规定，“当保险船舶与其他船舶碰撞双方均有过失时，除一方或双方船东责任受法律限制外，本条项下的赔偿应按交叉责任的原则计算”。该条款并未明确规定在一船援引责任限制时将按照单一责任原则来计算保险人的保险责任。长期以来国内学者认为在存在海事赔偿责任限制的情况下，不适用交叉责任原则，就意味着应当适用单一责任原则，这种“非此即彼”的推断显然依据不足。虽然在普通法中出现过按照单一责任原则进行赔付的古老判例，但由于现代船舶保险和互保协会碰撞责任承保范围的不同，使碰撞法中的单一责任原则在保险法中没有可操作性，更不用说对被保险人是否公平。因此，对该保险条款的解释应根据《合同法》中的公平原则，可以将其解释为保险人的保险赔偿责任应依据修正的交叉责任原则。如果保险人在该条款下无意提供此种承保风险的保险保障，其应该在保险条款中或在其保险条款的解释中作出明确的说明。

(5)《中国人保船舶保险条款(2009版)》中的二一切险下/碰撞责任(3)下保险人的责任(包括法律费用)是本保险其他条款项下责任的增加部分，但对每次碰撞所负的责任不得超过船舶的保险金额

第一，碰撞责任具有一个单独的保险金额。

碰撞责任是增加承保的一种独立责任风险，与本保险其他条款下的责任(如对被保险船舶的碰撞损失赔偿责任)并行不悖。对每次碰撞所负的保险责任具有一个单独的保险金额，最高赔偿限额不能超过一个保险金额。换言之，一场严重的船舶碰撞事故可能导致保险人赔付至少两个保险金额：一是保险船舶碰撞损失限额；二是碰撞责任赔偿限额。[146] 该规定不同于《英国1983年协会定期船舶保险条款》，后者以保险价值为限。对于多出限额的“超额责任”由互保协会负担。

《中国人保船舶保险条款(2009版)》中规定，“……责任不超过船舶的‘保险金额’”。“保险金额”是一般财产保险中的概念，而责任保险中相对的概念是“责

〔146〕 在发生施救费用的情形下，多数国家的海上保险法给予施救费用单独一个保险金额。

任限额”。责任限额通过承保时保险双方约定赔偿限额的方式来确定。可见,此处保险双方约定的碰撞责任限额等于保险金额。

第二,每次碰撞所负的责任。

“每次碰撞所负的责任不超过船舶的保险金额”,这意味着在保险期间,船舶每发生一次碰撞事故,保险人的保险补偿上限是一个船舶保险金额。在通常的定期保险 12 个月期间内,如果保险船舶发生了多次碰撞,每一次碰撞都有独立的限额,而并非是保险期间内不论实际发生了几次碰撞,都适用一个赔偿限额。一次碰撞可能会导致更多的碰撞发生,但如上文提到的,《中国人保船舶保险条款(2009版)》中的碰撞责任条款不承保非接触性的碰撞,但是在《英国 1983 年协会定期船舶保险条款》下,如果保险船舶与一船发生碰撞,碰撞又导致了该船与第三船碰撞,保险人对第三船的损失也予以承保,但只能适用一个赔偿限额。

第三,法律费用。

碰撞发生后,被保险人不可避免地会承担法律费用,而对于被保险人为防止或者减少根据合同可以得到赔偿的损失而支出的合理部分,保险人应当予以负责。我国《海商法》第 240 条作了类似的规定。法律费用一般包括两类:“抗辩费用”(costs of defence)和“追偿费用”(costs of recovery)。前者包括被保险人为辩驳碰撞责任、提起限制责任的程序等而支出的费用,此处的碰撞责任应理解为保险人承保责任范围内的赔偿责任。后者是指保险人为索赔被保险船舶碰撞损失而支付的法律费用。通常追偿费用要在保险人和被保险人之间分摊,属于保险人代位求偿部分才由保险人承担。例如,与船壳保险人要赔偿的单独海损或其他的损失或损害有关,则可以获得船壳保险人全额补偿;关于被保险人就油污损失、船期损失向对方船舶提起诉讼请求而分摊的费用,则无法从船壳保险人出得到赔偿。[147]

法律费用将费用限制为法律方面的支出,但不应作过于严格的解释,不仅包括律师费用、法院费用,也包括为抗辩或限制碰撞责任而支出的检验费用、咨询费用和准备出示证据支付的证人专家费用等。国内法院习惯上不支持索赔律师费用。然而,就保险条款本身而言,律师费用应为法律费用中首要部分,作为保险双方约定的责任承担,法院应该予以支持。

值得注意的是,保险人对法律费用的补偿义务不同于其对被保险人应对第三人承担的赔偿责任的赔付义务。对于后一类义务,通常只有在当事人和解或法院认定被保险人对第三人负有赔偿责任后才会发生;而前一类义务,是因被保险人对第三人提出属于保险范围内的索赔抗辩或对第三人追偿而产生的,不论该抗辩和

---

〔147〕 参见[英]Donald O’may, Juliam Hill:《OMAY〈海上保险法律与保险单〉》,郭国汀等译,法律出版社 2002 年版,第 280 ~ 281 页。

追偿能否成功。[148]

《中国人保船舶保险条款(2009版)》中关于法律费用的规定与《英国1983年协会定期船舶保险条款》的规定存在区别,具体表现为以下方面:

一是根据《英国1983年协会定期船舶保险条款》的规定,保险人负责法律费用的前提是该笔法律费用必须是“保险人事先书面同意”的。在实践中,除了要获得保险人最初的同意外,在碰撞诉讼的每一个重要步骤都有必要向保险人持续通报并取得他们的同意。[149] 而《中国人保船舶保险条款(2009版)》并无这样的限制,但我国保险市场上其他责任保险合同也常常规定“只有事先经保险人书面同意的诉讼抗辩费用,保险人才负有补偿义务”这样的条款。但是类似条款的效力在我国值得商榷。我国已有法院认为,这一条款限制了被保险人的应诉权,违反了民事诉讼法中规定的处分原则,并且与公平原则相悖,因而,判令这一条款无效。[150]

二是虽然法律费用的性质与碰撞责任不同,但根据《中国人保船舶保险条款(2009版)》的规定,法律费用是包括在碰撞责任之中的,作为其组成部分,与碰撞条款下保险人承保其他责任的总和不能超过一个保险金额。《英国1983年协会定期船舶保险条款》第8.3条规定,若是经保险人事先书面同意而发生的法律费用,保险人应偿付3/4,而对法律费用的补偿数额未作上限规定。《英国2002年的国际船舶保险条款》规定,保险人对此法律费用的赔偿责任不超过船舶保险价值的25%。

3. 共同海损、救助费用、施救费用

对于船舶保险下被保险人遭受的共同海损、救助费用和施救费用问题,参见本书第六章第二节的相关论述。

三、除外责任

《中国人保船舶保险条款(2009版)》第2条明确列举了四类除外责任:不适航;被保险人及其代表的疏忽或故意行为;被保险人恪尽职责应予发现的正常磨损、锈蚀、腐烂或保养不周,或材料缺陷包括不良状态部件的更换或修理;以及战争和罢工险条款承保和除外的责任范围。只要除外责任条款所列明的事项发生,无

---

〔148〕 参见周学峰:《侵权诉讼与责任保险的纠结——从两方对抗到三方博弈》,载《清华法学》2012年第2期。

〔149〕 参见[英]Donald O'may, Juliam Hill:《OMAY〈海上保险法律与保险单〉》,郭国汀等译,法律出版社2002年版,第281页。

〔150〕 在该案中,被保险人因发生交通事故而遭到第三人起诉,但其应诉时没有征得保险公司的同意,于是该保险公司拒绝赔偿被保险人支出的诉讼费用。法院判决认为,保险合同中“应诉须经保险公司同意”的约定是无效的。参见周学峰:《侵权诉讼与责任保险的纠结——从两方对抗到三方博弈》,载《清华法学》2012年第2期。

论是在“全损险”还是“一切险”下，保险人都不负赔偿责任。以下将对船舶保险实务中常见的前三项除外责任予以说明。

(一)不适航的除外责任

船舶保险条款对不适航除外责任的规定如下：“本保险不负责下列原因所致的损失、责任或费用：(一)不适航，包括人员配备不当、装备或装载不妥，但以被保险人在船舶开航时，知道或应该知道此种不适航为限……”可见，保险人根据本款规定免除赔偿责任时，必须证明以下三点：(1)客观上，船舶存在不适航的事实；(2)主观上，在船舶开航时，被保险人实际知道或应该知道不适航；(3)不适航与被保险人索赔的损失之间具有因果关系。但值得注意的是，该条款并没有作定期保险和航次保险的区分。

1. 船舶不适航的认定

根据本款规定，保险人免除赔偿责任的前提是船舶存在不适航的事实。此处的船舶适航是广义的概念，包括配备船员、装备船舶以及装载货物这三方面，任何一方面的不当或不妥，都将构成船舶的不适航。

船舶适航证书是船舶适航的表面证据。船舶适航与否是一个事实问题，船舶通过法定检验和船级社检验后，检验机构将给船舶颁发船舶法定检验证书和船舶适航证书。该证书是船舶适航的书面证明之一，构成海商法下船舶适航的形式要件。实践中，海事法院会首先核定船舶的各类证书，如果船舶缺少法定证书、超越证书限定的航区航行，证书无合理原因过期又未及时提出延长，则会被认定为不适航。[151]

船舶适航证书并非船舶适航的绝对证据。船舶证书体现的是船舶检验当时技术状态满足技术标准和管理标准的静态情况，而船舶保险中的船舶适航是针对船舶开始某一个具体航次的风险动态情况，因此船舶所载的法定证书符合要求只能说明船舶满足了适航的最基本的形式要求，并不能作为司法实践中判断船舶是否适航的唯一依据。

(1)船上人员配备不当

船上人员配备不当，是指船员在数量上或资质上配备不当，数量上的配备不当，是指船舶配备的船员数量不能满足船舶正常航行值班或作业的需要，违反《船舶最低安全配员规则》的规定。

例如，在泰州市振陵运输有限公司与安信农业保险股份有限公司海上保险合同纠纷上诉案[152]中，振陵公司为其所属的“振陵机369”轮向安信农业保险股份有

---

[151] “扬帆27”轮案［案号：(2017)浙民终788号］和“天利69”轮案［案号：(2018)琼民终354号］，均涉及被保险船舶在中国南海海域发生事故后，保险人认为船舶超出航区。

[152] 参见(2011)沪高民四(海)终字第204号。

限公司投保了沿海内河船舶一切险，“振陵机369”轮在曹妃甸海域装砂后船体倾覆下沉。保险船舶在出险时，船上仅有四名船员，不符合该轮最低配员七名的要求，影响了船舶排水和施救，构成了船舶不适航，且与船舶沉没具有因果关系，因此法院最终以此认定该保险事故属于保险合同的除外责任，保险人不负保险赔偿责任。

资质上的配备不当，是指船长或船员不能胜任本职工作，表现为不满足相应的职能和责任级别所要求的知识和技能，未持有相应的适任证书。如果船员持有相应的适任证书，但是在船期间经常酗酒而影响履行职责，工作责任心不强或玩忽职守，亦构成船上人员配备不当。〔153〕

在“浙普渔油31”轮〔154〕案中，保险船舶发生保险事故的所在地是渤海湾海域。“浙普渔油31”轮的二副持有200～1600总吨近岸航区船长证书（C类船长证书）。二审法院认为，该证书不是渤海湾沿岸各省港监签发的，其在渤海湾海域航行，违反了国家交通部的有关规定，属超区航行，船员的配备不合格导致船舶不适航，因而保险人不负保险赔偿责任。

（2）装备不妥

装备不妥主要指：第一，船舶技术性能不符合船级规范的要求和不具备其航程所需的技术性能要求；第二，助航设备、系泊设备装备不妥，海图、航路指南等航行资料以及相关法定证书等不齐全或存在效力问题；第三，开航前未能准备充足的燃料、物料、淡水和食品等物品，供船舶在下一停靠港添加之前使用。在配备燃料上，除应正确计算航程与船舶耗油量外，需考虑燃料的质量、航次中风浪、洋流等情况，确定安全系数。〔155〕

（3）装载不妥

装载不妥，主要是指没有按船舶的不同类型进行合理的装载、配载和绑扎货物。在中国太平洋保险公司杭州分公司诉应芝龙船舶保险合同纠纷案〔156〕中，“浙绍海3”轮装载货物时，由于积载不当，甲板上装载货物，使重心提高，导致稳性不满足法规要求，法院认定此时船舶处于不适航状态。当搁浅后在受到横向水流的作用下，该船的复原力矩已不足以抵抗水流倾覆力矩，致使该船向顺流方向倾覆，即不适航与事故造成的损失具有因果关系，法院最终判决认为装载不妥造成的不适航确系保单约定的免责事项之一。

---

〔153〕 参见司玉琢主编：《海商法》，法律出版社2007年版，第100页。

〔154〕 参见汪鹏南主编：《中国海上保险案例摘要及评论》（第1辑），大连海事大学出版社2003年版，第7页。

〔155〕 参见司玉琢主编：《海商法》，法律出版社2007年版，第101页。

〔156〕 参见（2001）浙经二终字第105号。

2. 被保险人知道或应当知道

在存在保险船舶不适航这一客观事实的基础上，保险合同又通过“主观标准”将不适航限定在一定范围内，即“以被保险人在船舶开航时，知道或应该知道此种不适航为限”。该限制条件可以从以下三方面解读：

(1) 知道或应当知道的主体限于被保险人。当被保险人是一个公司法人时，知道或应当知道的主体为公司的股东、董事等。实践中，船东往往把对船舶和船员的基础管理委托给船舶管理人或者公司里董事以外的负责人。这些人知道船舶不适航相当于被保险人知道，但被保险人本人不包括船长和船员等被保险人的雇佣人员。因此，如果船长和船员在开航时知道船舶存在不适航的情形，但并未告诉被保险人时，属于承保风险中的“船长、船员的疏忽行为”，而非“不适航”除外责任，保险人对因此造成的损失应承担赔偿责任。

(2) 知道，是指被保险人对船舶不适航的状态实然上的知晓和了解，但却对此听而不闻、视而不见或明知故犯。例如，被保险人明知船上的一些船员不合格，仍然录用；明知被保险船舶技术性能达不到应去水域的要求，仍然派往。

(3) 应当知道以一般的谨慎被保险人的行为作为标准。在同样的情形下，如果谨慎的被保险人会对船舶不适航状态有所知晓，则认为实际被保险人也应当知道。该规定降低了保险人的证明难度。

上文提到的中国太平洋保险公司杭州分公司诉应芝龙船舶保险合同纠纷案[157]中，很好地诠释了“应当知道”在上述情形的适用情况。法院认为被保险人对“浙绍海 3”轮在开航时不适航状态是应当知道的，理由在于：第一，保险船舶装有 23 件甲板货，而装载甲板货会影响船舶的稳性进而可能导致船舶不适航是一个普通常识，因此作为该轮二副且就在船上的被保险人应当是明知的。第二，事发后船员对装载甲板货数量所作的虚假陈述，该行为也证明了船长船员对装载甲板货足以影响船舶稳性是明知的，因此，很难说被保险人对船舶不适航完全不知情。

《中国人保船舶保险条款（2009 版）》的规定与我国《海商法》的规定存在不同。根据我国《海商法》第 244 条第 1 款规定，不适航构成除外责任的限制条件是，“船舶定期保险中被保险人不知道的除外”。可见，《海商法》对船舶定期保险与航次保险作了不同的处理。船舶定期保险中，被保险人在开航时对船舶的不适航不知道的，不丧失从保险人处获得赔偿的权利；而在船舶航次保险中，被保险人无论在开航时是否知道船舶不适航，保险人均可依据不适航免于承担保险赔偿责任。《海商法》第 244 条允许合同另作约定，且《中国人保船舶保险条款（2009 版）》的规定是有利于被保险人的，因此应当承认《中国人保船舶保险条款（2009 版）》的效力。

---

[157] 参见（2001）浙经二终字第 105 号。

3. 不适航与被保险人索赔的损失之间具有因果关系

无论是《海商法》第 244 条还是《中国人保船舶保险条款(2009 版)》,都使用了"下列原因所致的"这一措辞,这意味着保险人免于赔偿的损失、责任或费用必须是由除外风险"所致的",即除外事项的存在或发生本身尚不足以构成保险人免于赔偿的理由,还要求损失与除外事项之间存在保险法上的因果关系。例如,船上消防设备的故障可能使船舶处于不适航状态,但是保险人若因此主张免于赔偿责任,还需证明,如果该消防设备正常,使用该设备本可以成功灭火,控制火情。

浙江省高级人民法院审理的林文杰诉宁波人保公司船舶保险合同赔偿责任案〔158〕中,保险船舶发生事故当时船上有八名船员,低于十名的最低配员要求,但法院认为,事发当时值班的均为职务船员,所缺少的两名船员非船上职务船员,故不能据此认定本案船舶在开航前或当时不适航。同时,缺少船员须与保险事故存在因果关系,该案船舶触礁并非因船员配备不当,所以认为此次事故并不构成保险合同所约定的除外责任。

4. 与英国法的不同

《英国 1906 年海上保险法》第 39 条对船舶航次保险和船舶定期保险下的不适航处理机制不同:在航次保险中,适航被规定为被保险人的一项默示的保证义务〔159〕;而在定期保险中,被保险人没有此项默示保证,而是将不适航列为除外责任的事项,但以被保险人的明知为限。〔160〕

(1)船舶定期保险适航制度的比较

根据《英国 1906 年海上保险法》第 39(5)条的规定,不适航在船舶定期保险中是一种除外责任。这与"不适航"在我国《海商法》和保险条款中的性质相同,并且都要求不适航与损失之间具有因果关系。

中英两国关于船舶定期保险下不适航除外责任的区别,主要表现在对被保险人主观方面的要求。《英国 1906 年海上保险法》第 39 条要求被保险人对船舶不适

---

〔158〕 该案在浙江省高级人民法院于 2002 年 12 月 4 日调解结案。参见《人民法院案例选》(2003 年第 3 辑,总第 45 辑),人民法院出版社 2004 年版,第 378 ~ 386 页。

〔159〕 《英国 1906 年海上保险法》第 39(1)条规定,在航次保险单中有一项默示保证,即在为承保的特定海上冒险之目的而开始其航次当时,船舶应适航。原文:Section 39 (1): In a voyage policy there is an implied warranty that at the commencement of the voyage the ship shall be seaworthy for the purpose of the particular adventure insured.

〔160〕 《英国 1906 年海上保险法》第 39(5)条规定,在船舶定期保险单中,不存在船舶在海上冒险的任何阶段应当适航的默示保证,但若被保险人明知,却将处于不适航状态下的船舶派出海,保险人对可归因于不适航的任何损失不负责任。原文:Section 39 (5): In a time policy there is no implied warranty that the ship shall be seaworthy at any stage of the adventure, but where, with the privy of the assured, the ship is sent to sea in an unseaworthy state, the insurer is not liable for any loss attributable to unseaworthiness.

航的状态是“被保险人明知的”(privity of the assured)。“明知”(privity)有两层含义:第一,被保险人事实上知道并同意;第二,被保险人“蓄意不查明”(blind - eye knowledge),即被保险人怀疑存在不适航的情形,但是因害怕自己的怀疑变为事实而故意不去确认查明。需注意的是,如果被保险人不去查明的原因是其态度的消极懒惰或存在疏忽过失,尚不构成“蓄意不查明”,不满足“被保险人明知”这一主观要件的要求。[161]

在 Manifest Shipping & Co. Ltd. v. Uni - Polaris Shipping Co. Ltd. 案中,Star Sea 轮在由科林托港驶往泽布吕赫港口时,轮机室突发大火造成船舶推定全损。损失发生的原因包括三方面:第一,紧急消防泵在船舶满载时存在故障;第二,轮机舱密封性不良;第三,在火情通过其他方式无法控制的情况下,船长并未立即意识到需使用二氧化碳灭火装置,亦未意识到需要将所有的二氧化碳释放出来才能起到效果。保险人据此认为被保险人在明知船舶处于不适航的状态而使之航行,其依据《英国 1906 年海上保险法》第 39 条第 5 款的规定,无须承担赔偿责任。一审法院支持了保险人的主张,但上议院推翻了上述判决,认为并不能证明被保险人对船长的任职能力以及船舶的缺陷存有任何怀疑。霍布豪斯(Hobhouse of Woodborough)大法官同时指出,因疏忽而不知道船舶不适航并不等于知情,被保险人因疏忽而未能查实证明情况也不等同于“蓄意不查明”。

与英国法不同,《中国人保船舶保险条款(2009 版)》要求被保险人知道或应当知道,应当知道不仅包括英国法下“蓄意不查明”的情况,还包括被保险人因疏忽大意的过失而未能发现船舶不适航的情形,在范围上相比英国保险条款更加宽泛,对“主观要件”的要求相对较低。

(2)船舶航次保险不适航制度的比较

英国法下,船舶不适航在航次保险中被规定为一种默示保证义务。《英国 1906 年海上保险法》第 39 条第 1 款即明确规定,航次保险单中含有默示保证,即船舶在开航时必须具有经受承担特定航程的适航能力。而中国法将船舶不适航作为航次保险的除外责任。两者的区别具体表现在以下几个方面:

第一,被保险人的主观标准不同。根据《英国 1906 年海上保险法》,在航次保险中,被保险人对船舶开航时不适航是否明知在所不同,只要存在不适航的客观事实,保险人即不负赔偿责任。[162]《海商法》下并无“适航保证”的概念,但该法以及人保船舶保险保条款中不适航除外责任的适用,也区别于定期船舶保险,即不以“被保险人对船舶不适航是明知的”为前提。

---

〔161〕 Manifest Shipping & Co. Ltd. v. Uni - Polaris Shipping Co. Ltd., [2001] Lloyd's Rep IR 247.

〔162〕 See Jonathan Gilman et al., *Arnould: Law of Marine Insurance and Average*, Sweet & Maxwell, 2013, p. 917; Douglas v. Scougall [1816] 4 Dow at 276.

第二，英国法并不要求适航义务的违反与损失之间具有因果关系，即无需考虑违反适航义务是否实际促成了损失的发生，只要其与特定种类、特定时间或特定地点的损失有关，保险人即对损失的发生不负赔偿责任，相比因果关系标准，保险人拥有更加广泛的救济权利。但是在中国法下，作为除外责任的船舶不适航与发生的损失必须具有因果关系，才能成为保险人免责的依据。

第三，违反适航义务的法律后果不同。根据英国《2015 年保险法》的规定，被保险人如违反适航保证，保险合同的效力"中止"(suspension)，直到该违反被改正(或情况已发生变化而不需要改正)，保险人对合同中止期间发生的事故或责任没有保险赔偿责任。在中国法下，不适航作为保险除外责任，在满足上述各条件的情况下，其效果是免除保险人的赔偿责任。

(二)疏忽或故意除外责任

我国《海商法》第 242 条规定："对于被保险人故意造成的损失，保险人不负赔偿责任。"不同于船舶不适航、自然磨损或者锈蚀除外责任的规定，该条并没有"除合同另有约定外"的措辞，意味着保险合同双方不能通过合同约定改变本条款的规定，性质上是保险人的法定除外责任。我国《保险法》第 27 条规定："……投保人、被保险人故意制造保险事故的，保险人有权解除合同，不承担赔偿或者给付保险金的责任；除本法第四十三条规定外，不退还保险费。……"我国《保险法》第 174 条规定，投保人、被保险人故意造成保险事故，骗取保险金的，属于保险诈骗活动，将受到刑事或行政处罚。此外，《英国 1906 年海上保险法》第 55 条第 2 款也有类似规定，即"保险人不承担由被保险人故意恶行(willful misconduct)所导致的任何损失"。

将被保险人故意行为作为除外责任的合理性在于：(1)这是"任何人不得从自己的错误行为中获益"这一古老法律原则的必然要求；(2)保险的目的是保护被保险人免受风险、意外灾难带来的损失，而被保险人的故意行为不具有意外性和偶然性，其故意行为必然会导致保险标的的灭失或损害；[163] (3)被保险人的疏忽或故意行为与保险合同中的最大诚信原则相悖；[164] (4)保险在分散其"承保风险"的同时，也带来了"道德风险"，后者是指因保险而引发的幸灾乐祸的心理状态，即具有保险合同下利益的人或者被保险人在内心深处可能希望危险发生或者危险扩大。[165] 为了抑制被保险人内心深处潜伏的私愿因受利益的驱动而被激发，各国保

---

〔163〕 Susan Hodges, *Law of Marine Insurance*, Cavendish Publishing Limited, 1996, p. 221.

〔164〕 "最大诚信"乃英国海上保险法中确定的原则。我国是否存在独立的"最大诚信原则"尚存在争议，但是可以确定的是，我国保险合同也要求诚信，且比一般合同对的诚信要求程度更高。

〔165〕 参见桂裕：《保险法论》，台北，三民书局 1981 年版，第 11 页。转引自樊启荣：《保险事故与被保险人过错注意关系及其法律调整模式——兼评我国〈保险法〉第 27 条第 2 款及相关规定》，载《法学评论》2012 年第 5 期。

险立法均将被保险人的故意行为规定为保险责任的法定除外事项。笔者将分别就故意和疏忽的主体问题以及故意和疏忽各自的含义予以分析讨论。

1. 主体——被保险人及其代表

被保险人,是指被保险本人,如果被保险人是公司法人,则是指其代表(alter ego)。一般认为能够被视为被保险人本人的人通常是法定代表人、被保险人根据法律需要对其行为负责的人和其高级雇员等,即公司的董事、经理等的行为才能代表公司。具体的规定各国法律可能略有不同,但究其实质则大同小异,即能够被视为船东本人的人一般是处于高层管理地位或核心地位的人,不包括公司的雇员和代理人。[166] 后者的疏忽或故意行为一般是船舶保险的承保风险。

但是随着公司规模不断扩大,公司内部职能划分越来越细,并非公司事无巨细都要董事和经理亲力亲为,而是交由有权行使管理职能的各部门。因此,判断作为公司的被保险人是否有疏忽和故意行为主要是看作被保险人的船公司及公司内直接管理船舶的经营或技术管理职能部门(包括商务、调度、航运、海监、船技等)的负责人,以及被授权代表公司处理事件的人所做的代表该部门或公司的决定和指示是否是造成损失后果的实质原因。在 The lady Gwendolen[167]案中,公司的中层管理人员被法院认定为被保险人本人。威廉姆斯(Williams)法官指出,在当前案件中,涉案公司拥有一个独立的负责交通运输事务的部门,该部门的职责之一是运营公司船舶运营。笔者认为,对于船舶运营有关的事务而言,该部门的负责人的行为没有理由不能被视为公司的行为,即使该负责人不是公司的管理层组成人员。在 Meridian Global Funds Management Asia Ltd. v. The Securities Commision[168]案中,英国枢密院将判定是否为公司"第二自我"的归属原则(rules of attribution)分为三类:首要归属规则、一般归属规则和特别归属原则。首要归属原则由公司章程或者公司法规定,一般指董事会的决议或股东大会的一致决定的法律效力应该归属于公司,但是首要归属原则还需要有一般归属规则加以补充。一般归属原则遵循代理法的一般原则,包括表见代理和替代责任。特别归属原则,是指涉案相关事项的决策人和参与人的故意或过失行为将被视为公司的故意或过失行为,而没有参与到该相关事项的经理、董事或高层管理人员的行为就不能归属于公司。

船舶保险的被保险人往往是船东,那么船长是否可以被视为船东本人的代表呢?笔者认为对此不能一概而论,应在具体案件中对船长的行为和身份做具体的

---

〔166〕 参见汪鹏南:《海上保险合同法详论》,大连海事大学出版社 2011 年版,第 91 页。

〔167〕 The lady Gwendolen, [1965] 1 Lloyd's Rep. 335.

〔168〕 Meridian Global Funds Management Asia Ltd. v. The Securities Commision, [1995] 2 AC 500, at 506.

分析。在 The Padre Island 轮[169]案中,名为 Padre Island 的油轮在巴哈马岛附近搁浅,船东以船舶构成推定全损向船舶保险人提起索赔。法庭经调查后确认,Padre Island 轮的沉没是由于船长索拉斯(Soulas)的故意行为所致,而非海上风险致损。那么接下来的问题就是,船长的这种故意搁浅的行为究竟是船长个人的故意行为,还是视为原告船东的行为?如果搁浅是船长个人恶意损害被保险人利益的行为,那么船东就可以从保险人处获得赔偿;但如果船长的这种故意搁浅的行为船东是知道的,那么船东是无法获得保险赔偿的。法庭在对有关证据调查分析之后,认为索拉斯船长的故意搁浅行为是在船东知晓并且获得船东授权的情况下进行的,理由主要是:(1)如果索拉斯船长完全是处于个人恶意而为,那么这种行为对其没有任何好处,也就是说索拉斯船长缺乏这样做的动机;(2)索拉斯船长无缘无故收取了 20,000 美元;(3)当时本案的被保险人正遭受严重的财政危机。在综合分析了上述情况之后,法院认为索拉斯船长是遵从被保险人(船东)的指示而使船舶搁浅的。即使没有证据证明被保险人对该事件认知或知晓程度,至少有事实很清楚地表明,驻港船长(port captain)斯特拉塔基斯(Stratakis)知晓该有意搁浅事件,并且其事先将该状况报告给了船东。所以,无论从何种角度来分析,都说明船东(被保险人)对于 Padre Island 轮的搁浅是知晓的并且是对其进行指示过的,船长使船舶搁浅的行为事实上就是船东故意使船舶搁浅的行为,船舶的损失是由船东的故意行为所致,因此法院判定船东不得从保险人处获得保险赔偿金。从上述案例中可以看出,究竟船长是否可以被认为是船东代表以及其行为是否可以被认作船东的行为,要看具体案件中船长的故意行为究竟是在何种情况下作出的。

如上文所分析,船舶在海上航行期间完全由船长操控,并且船上所有人员也都听从船长的指示。然而,笔者认为,这并不等于说可以直接将船长视为船东本人,主要原因有以下几点:

(1)船长只是船东的高级雇员,其一切权利只限于在船上行使。船长虽然享有很大的权利,但这些权利的行使完全局限于船上的事务,除此之外,船长并没有任何重大决策权,可以说,船长只是船东在船上的高级雇员。另外,作为船东本身来说,其需要选择或者决定的事情是很多的,绝不仅仅限于船舶航行中所涉及的事务,因此作为船东,他所承担的责任要相对更大,而所享有的权利自然也会更多一些。由这种比较来看,船长应该算是船东的一个职能部门,并且是专门管理船舶航行期间事务的职能部门,船长所享有的决策权是船东所享有的众多决策权中的一个方面,因此,船长并不能完全代表船东本身。

(2)虽然船长对于船上大部分事务是有自主决定权的,但是现代发达的通信科技使船长同船东的沟通交流日益方便,很多情况下,船长的决策会先请示船东,

---

[169] The Padre Island, [1971] 2 Lloyd's Rep. p. 431.

尤其是在某些重大的情况下，船长无权也不敢擅自代表船东作出任何决定，他可能必须先得到船东的特别授权或者指示之后才能作某些行为。这样一来，在现代航海中，船长对于船上事务的决策权又受到了一层限制。

因此，船长的行为不能必然地等同于船东的行为，船长并不能被默认为船东本人。有时候，船长是以其个人身份在行事；但有时候，船长就是代表船东在行事，他就是船东代表。究竟应当如何判定船长的身份就需要在具体案件中具体分析。

在同一保险船舶上存在多个被保险人的情况下，这里的“被保险人”是否包括其他共同“被保险人”呢？换言之，被保险人之一存在疏忽或故意行为，保险人对该方的抗辩是否及于其他共同被保险人呢？英国有学者认为此时应当区分联合保险(joint insurance)和共同保险(composite insurance)的不同情形。所谓共同保险，是指两个或两个以上被保险人享有一个或相同的保险利益，为其共同利益而投保。典型的类型是财产的共有人为了共同的利益投保。联合保险是对某一财产具有不同保险利益的主体为了方便，在同一保险中予以共同承保，但是各自的保险基础不同。常见的联合保险包括船舶所有人与船舶经营人联合保险、船舶所有人与作为融资人的银行之间的联合保险、集团下不同公司之间以及主合同方与分合同方的联合保险。共同保险下，一个被保险人的故意行为会使另一被保险人丧失索赔权，但是在联合保险下，一个被保险人的故意疏忽行为不会影响其他被保险人的索赔权。[170] 在我国光船租赁或者融资租赁下的船舶保险，船舶所有人与承租人作为共同被保险人的情形也很常见。此种情形下，两被保险人的保险利益并不完全一致，因此被保险人之间应作区别对待。

2. 故意

一般认为“民法上故意和过失原则同其价值”，[171] 区分两者并无实际意义，因此民法乃至保险法对“故意”的含义未作明文规定。通说借用刑法上的定义，认为故意乃行为人意识到了某一行为结果的发生而希望或放任该结果的发生。[172] 英国判例法赋予了“故意恶行”三个本质要素：

(1)被保险人对灭失或损坏有意而为。

(2)被保险人对上述的损失或损坏放任发生、漠不关心。这意味着故意行为

---

〔170〕 Howard Bennett, *Law of Maine Insurance*, Oxford Univesity Press, 2006, pp. 54 – 55. Samuel v. Dumas, [1924] A. C. 431.

〔171〕 参见郑玉波：《民法债编总论》，中国政法大学出版社 2004 年版，第 479 页。转引自岳卫、周馨：《保险契约故意免责条款之故意对象研究——基于比较法的视角》，载《南开学报》(哲学社会科学版)2012 年第 3 期。

〔172〕 参见王利明：《侵权行为法研究》(上卷)，中国人民大学出版社 2004 年版，第 479 页。转引自岳卫、周馨：《保险契约故意免责条款之故意对象研究——基于比较法的视角》，载《南开学报》(哲学社会科学版)2012 年第 3 期。

不仅仅包括积极作为,也包括消极的不作为。例如,明知系船用索具,已然锈蚀,不堪再用,仍于飓风警报后,不采应变措施,反有使船舶受损之意思,不加闻问,卒使船舶搁浅沉没,即可认为被保险人有使保险事故发生之故意。[173]

(3)被保险人行为的直接目的是从保险人处取得保险赔偿。[174] 但对于这一点,我国台湾地区有学者提出相反观点,认为所谓故意制造保险事故,无须有意诱致契约上事故发生,亦无须具有诈取保险金之意思,只要被保险人有意使发生该等保险事故之事实,而为该行为,即可认为故意。[175] 换言之,对损失的发生这一结果存在故意即可,但无须考察被保险人的意图或动机。《2013 年北欧海上保险方案》也持相同观点:故意不仅包括被保险人故意造成损失以获得保险赔偿,即欺诈故意,也包括被保险人意识到他的行为可能导致损失的结果的事实。[176] 《中国人保船舶保险条款(2009 版)》将被保险人的故意与疏忽行为并列,作为保险人的除外责任。作者认为,该规定本身存在一定的逻辑问题(后文"疏忽"部分有所述及),但若暂且不论其条款自身的逻辑缺陷,单从条款本身的规定来看,在《中国人保船舶保险条款(2009 版)》下讨论"故意"这一措辞是否考虑被保险人的意图或动机意义不大,无论有无诈取保险费之动机或意图,都可以涵盖在"故意"或"疏忽"之下,造成保险人的除外责任。

3. 疏忽

《中国人保船舶保险条款(2009 版)》在《海商法》第 242 条的基础上,还增加了被保险人的疏忽行为,将其与被保险人的故意行为同作为保险人的除外责任,但这样的规定使条款缺乏内在的一致性和逻辑性。因为在《中国人保船舶保险条款(2009 版)》第 1 条责任范围中规定,只有第 7 款规定的五项承保风险受被保险人未恪尽职责这一但书的限制。换言之,在第 1 款至第 6 款规定的承保风险下,如果被保险人未做到恪尽职责,仅仅是疏忽行为,尚不构成故意,此时保险人也应当承担保险赔偿责任,而不能以此为由进行抗辩。

《英国 1983 年协会定期船舶保险条款》的除外责任条款中并未规定"疏忽"。《英国 1906 年海上保险法》第 55 条第 2 款规定保险人免责事项仅限于被保险人恶意的错误行为造成的损失责任,并不包括被保险人轻率的一时冲动行为,也不包括过失甚至重大过失。除《英国 1983 年协会定期船舶保险条款》第 6.2 条,在装卸、卸载、移泊燃油或货物时发生的意外事故,锅炉爆炸,管道泄漏和潜在缺陷,船长、

〔173〕 参见杨仁寿:《海上保险法论》,台北,三民书局 2000 年版,第 277 页。

〔174〕 See Howard Bennett, *Law of Maine Insurance*, Oxford Univesity Press, 2006, p. 455.

〔175〕 参见杨仁寿:《海上保险法论》,台北,三民书局 2000 年版,第 276 页。

〔176〕 See *The Nordic Marine Insurance Plan of* 2013 *Commentary*, Part 1, Chapters 2, Clause 2 – 11, Accessed 16 December 2016. http://www.nordicplan.org/The – Plan/Part – One/Chapter – 2/Section – 21/# – 2 – 11 – Causation – Incidence – of – los.

船员、引航员的疏忽,修船人或承租人的过失,船长和船员的有意恶行,仅在当"此种灭失或损害并非由于被保险人、船东或管理人缺乏谨慎处理所致"时,才予承保。对于除此之外的其他承保风险,保险人并不能仅仅因被保险人存在过失或疏忽而免于承担保险赔偿责任。但是在1998年《国际船舶安全营运和防止污染管理规则》(International Safety Management,ISM)生效后,被保险人的疏忽很可能构成"不适航"除外责任,因为该法规定船长、船员需及时报告船舶的不良状况,而且详细规定了船东指定的监管人员的职责,被保险人的代表人可能是被保险人指定的船技主管、管理公司或驻船代表等。[177]

《2013年北欧海上保险方案》条款中,如果被保险人因一般过失导致意外事故,也不构成保险人的除外责任,保险人仍将负责全部赔偿。但与中英保险条款不同的是,《2013年北欧海上保险方案》对于"重大过失"导致意外事故的情形作了明确规定:根据第3-33条,如果被保险人因重大过失导致意外事故,保险人的赔偿责任一般将根据过错程度及事实情况确定。《2013年北欧海上保险方案》对"重大过失"的含义未作界定,一般认为"重大过失"的程度介于故意和疏忽之间。在重大过失的情况下,保险人除全部或部分地免责外,保险人还可以提前14天通知后终止保险合同。

(三)被保险人恪尽职责应予发现的正常磨损、锈蚀、腐烂、保养不周,或材料缺陷包括不良状态部件的更换或修理

1. 正常磨损、锈蚀、腐烂或保养不周

正常磨损、锈蚀、腐烂是因其使用方法或受自然界的影响而必然会遭受的损害,与保险的本质——承保风险的偶然性、不可预料性相违背,其并非是风险而是一种不可避免的现象,保险人自然不予承保。

但是正常磨损、锈蚀、腐烂或保养不周仅限于被保险人恪尽职责应予发现的,且保险人对此需承担举证责任,否则,保险人不能因此而免除赔偿责任。

例如,在中国平安财产保险公司与烟台大海国际船舶管理公司船舶保险合同纠纷上诉案[178]中,"盛海"轮的管理人大海船舶公司向平安保险公司投保一切险,适用《中国人保船舶保险条款(1986版)》。"盛海"轮抵达日本鹿岛锚地后,发现主机六个缸套出现不同程度的拉缸磨损,于是将该轮拖至鹿岛北公共码头靠泊检修并向保险人主张产生修理费等其他费用。

平安保险公司主张拉缸事故是由于正常磨损或滑油总碱值降低造成的,但法院判决认为,平安保险公司未提交证据证明其事故原因是正常磨损,更未证明上述正常磨损和材料缺陷是被保险人恪尽职责应予发现的,因此对该主张本院不予支

---

〔177〕 参见汪鹏南:《海上保险合同法详论》,大连海事大学出版社2011年版,第214页。

〔178〕 参见(2007)鲁民四终字第123号。

持。同时,法院根据鉴定公司的鉴定报告,认为,缸套不属于过度磨损;缸套的拉缸损坏应该是在航行途中发生滑油压力大幅度降低,甚至接近其报警压力,或已经报警的情况下(船员未能及时发现)而未及时采取合理措施恢复正常压力,使柴油机在该状态下长时间运行而导致的机损事故。按照《中国人保船舶保险条款(1986版)》一切险条款,船长、船员的疏忽行为所造成的船舶部分损失属于承保范围,平安保险公司应当承担保险赔偿责任。

关于本款规定的除外责任,实践中存在的问题是:如何区分和辨别正常磨损、海上灾难以及潜在缺陷。

2. 正常磨损与海上灾难

两者区分的关键在于判断损失发生的原因是否是"意外"的,即该事件是"经常的、正常的、自然渐进的结果"还是"异常的,不能避免、不可预测的"[179](见全损险条款——其他海上灾难部分)。压载水舱由于硫酸盐还原菌(广泛存在于海水河水中)而受到腐蚀,损害原因即为正常磨损,而非海上灾难。[180] 但是,船舶在黄埔长时间等待卸货,以致船底附着一层厚厚的软体动物,这被认为是"意外的",因为黄埔是微咸——淡水环境,而软体动物喜咸水,所以船底产生附着物并非是"通常"事件。[181]

3. 正常磨损与潜在缺陷

区别"正常磨损"和"潜在缺陷"是极其重要的,因为前者属于除外风险,而后者是承保风险。缺陷和自然磨损导致的损害结果可能都是逐渐出现的,因此,不能仅仅因为损害是逐渐导致发生的就将其归因于自然磨损。[182] 两者不同之处在于前者是人力的积极作为所致,使船舶机件或船壳使用寿命缩短;而后者则是贸易中的常见磨损的累积且未去修正的结果。[183] 事实上,损失的发生往往是两者共同作用的结果,判断事故造成的损失是否可以得到保险赔偿的关键则在于判断两者中哪一个是损失发生的近因。例如,在 The Caribbean Sea[184]案中,海上钻井平台的管道设计存在缺陷,设计缺陷造成所使用的填角焊缝(fillet welding)型号有缺陷,

---

[179] Popham and Willett v. St Petersburg Insurance Co. ,[1904] 10 Com Cas 31, p. 34.

[180] Navalight Shipping Ltd. v. Schwarzmeer Ostsee Versicherungs AG (Sovag), March 16, 2011, LJN BP 7829. 海牙上诉法院审理,保险合同适用英国法。

[181] Cosmos Bulk Transport Inc. v. China National Foreign Trade Transportation Corp. (The Apollonius) [1978] 1 Lloyd's Rep. 53. 该案是期租合同纠纷,法院认为此种情况下的船壳受损属于意外事件,可以适用停租条款。

[182] See Prudent Tankers Ltd. SA v. Dominion Assurance Co. Ltd. , [1980] 1 Lloyd's Rep. 338.

[183] See Jonathan Gilman et al. , *Arnould: Law of Marine Insurance and Average*, Sweet & Maxwell, 2013, p. 1152.

[184] The Caribbean Sea, [1980] 1 Lloyd's Rep. 338, QBD.

即材料方面的缺陷,这构成了船舶的潜在缺陷,同时在自然磨损的作用下逐渐引起管道金属疲劳、产生裂缝,即潜在缺陷与自然磨损共同作用导致了损失的发生。法院根据近因原则判决认为,潜在缺陷是损失发生的近因,保险人应当承担保险责任。

但是,如果在潜在缺陷和自然磨损是损失发生的共同近因的情况下,鉴于除外责任条款的适用优先于承保范围条款,此时不能依据承保范围条款予以承保。[185]

4. 材料缺陷包括不良状态部件的更换或修理

缺陷的材料包括不良状态部件的更换或修理,本身就并非损失风险。另外,此条中的缺陷是指被保险人恪尽职责应予发现的缺陷,因此不包括"潜在缺陷"。后者根据承保范围条款是承保的风险,但也仅限于潜在缺陷所造成的损失,对于潜在缺陷本身仍然不负保险责任。

四、免赔额条款

免赔额,是指被保险船舶发生承保风险事故时,保险人按照约定对于保险索赔金额不负责赔偿的额度。免赔额使得被保险人自己承担一部分风险。如本书前文所述,免赔额又被称为"绝对免赔额",与"相对免赔额"对应。自 20 世纪 70 年代后,保险条款中普遍使用的是绝对免赔额,已很少使用相对免赔额,但英国协会船舶运费保险条款中仍然规定了相对免赔额:本保险不承保共同海损之外的低于 3% 的部分损失……[186]

免赔额条款的功能表现在三个方面:(1)减少保险理赔费用,免赔额的规定避免了保险人和被保险人之间频繁支付的小额赔款。(2)对保险费率有相应的制约作用,免赔额的高低一般是保险双方协商一致的结果,免赔额高,被保险人自己承担的风险损失大,保险费率也会相对减少。免赔额在制约保险费率方面的作用在市场竞争中越发明显,尤其是在航运市场低迷的情况下,保险人经常通过高免赔额,低保费的方式争揽业务。(3)免赔额是对被保险人的某种激励,通过该激励作用,可以提高被保险人防风险的意识、加强对船舶的管理。

(一)免赔额的适用范围

《中国人保船舶保险条款(2009 版)》第 3 条免赔额条款规定了免赔额的适用范围,即"承保风险所致的部分损失赔偿,每次事故要扣除保险单规定的免赔额

---

[185] Justice Goff 依据 Mr Justice Scrutton 在 CJ Wills and Sons v. The World Marine Insurance Co. Ltd. {(1911) The Times, 14 March; (Note) in [1980] 1 Lloyd's Rep. 350.}案中的判决理由也指出,根据先例,缺陷的产生如果可归因与自然磨损,则不能根据"殷琪玛瑞"条款获得保险赔偿。

[186] Institute Time Clauses Freight (1/8/89 and 1/11/95), Clause12; Institute Voyage Clauses Freight (1/8/89 and 1/11/95), Clause 10. 原文:This insurance does not cover partial loss, other than general average loss, under 3% unless caused by fire, sinking, stranding or collision with another vessel. Each craft and/or lighter to be deemed a separate insurance if required by the Assured.

（不包括碰撞责任、救助、共损、施救的索赔）。……本条不适用于船舶的全损索赔以及船舶搁浅后专为检验船底引起的合理费用”。

根据上述规定，免赔额只适用于保险船舶遭遇单独海损所造成的部分损失赔偿，对于下列情况则不予扣减免赔额：

1. 船舶全损索赔。

2. 船舶搁浅后专为检验船底引起的合理费用，即进干坞看船底必须专为检查搁浅情况时才不扣免赔额，这样的规定一方面为避免被保险人钻空子，借机对船舶进行免费船级检验；[187] 另一方面则鼓励船东在船舶发生搁浅并怀疑船底有不妥时，尽快进行检查，以免发生更严重的事故。

3. 碰撞责任、共同海损、救助费用或施救费用。但是在实务中，保险公司为了控制风险，可能针对免赔额在保险条款中作出特别的约定，如“免赔额为 5 万元人民币或损失数额的 10%，以较高者为准。免赔额将适用于所有的损失和损害”。有的保险单在承保条件一栏中特别规定“任何事故任何损失都扣除免赔额”。此种情况下，特别规定将优先格式条款的规定而适用。

在中国大地财产保险股份有限公司诉南京连润运输贸易有限公司等海上保险合同纠纷案[188] 中，南京连润运输贸易有限公司为其所属的“连润 6”轮投保沿海内河船舶一切险。保险期间内，保险船舶与他船发生碰撞，保险船舶“连润 6”轮船首破裂，产生的修理费 113 万余元；被撞船舶损失为 625 万余元，其中船期损失为 93 万元。

该保险单的特别约定清单中规定：主险下，每次事故绝对免赔额为 5 万元或损失金额的 10%，两者以高者为准。该免赔额（率）同时适用于碰撞、触碰责任及螺旋桨等单独损失险。但该保险单所附的中国大地财产保险股份有限公司沿海内河船舶保险条款记载：保险人对每次赔款均按保险单中的约定扣除免赔额（全损、碰撞、触碰责任除外）。

本案涉及免赔额的争议之一，即保险单中关于免赔额的两处规定相互矛盾，适用时应当以何为准？法院判决认为，保险单中关于免赔额的两个约定相互矛盾，根据有关法律规定，格式条款与非格式条款不一致的，应当采用非格式条款，即保险单特别约定清单中的规定。

相比《中国人保船舶保险条款（2009 版）》中免赔额条款的规定，《英国 1983 年协会定期船舶保险条款》中免赔额的适用范围更大，第 12.1 条规定……当船舶搁浅后，专为检验船底而引起的合理费用，即使检验结果未发现任何损坏，本保险仍予负责。本条不适用于船舶的全损或推定全损的索赔，也不适用于根据第 11

---

〔187〕 参见杨良宜、汪鹏南：《英国海上保险条款详论》，大连海事大学出版社 2009 年版，第 91 页。

〔188〕 参见（2013）沪高民四（海）终字第 86 号。

条,由同一事故产生的全损索赔以外的施救费用的索赔。可见,《英国1983年协会定期船舶保险条款》规定的免赔额只在下列情况不适用:

1. 船舶全损以及由同一事故产生的全损相关的施救费用。

2. 船舶搁浅后专门为检验船底而产生的合理费用。除此之外,当被保险船舶发生碰撞责任、共同海损、救助费用、单独海损所致部分损失及在遭遇部分损失时采取抢救措施而引起的施救费用,保险人在计算赔偿额时,须将同一事故引起的上述各项索赔相加,扣除一个免赔额后,由保险人赔付。

(二)免赔额的扣减基于"事故原则"

《中国人保船舶保险条款(2009版)》规定免赔额的扣减基于"事故原则",而非"航次原则",这与《英国1983年协会定期船舶保险条款》的规定相同。实践中可能存在的问题是:在发生连续或相继损害的时候,如何判断这些损害是同一事故造成的还是数个事故造成的,进而决定扣减一个免赔额还是数个免赔额。

英国海损理算协会(AAA)成立了专门的工作组来研究这一问题,工作组认为,在下列情形时,应扣减一个免赔额:(1)损失发生的原因是基于一次事故或意外事件。(2)尽管发生了多次的事故或意外事件,这些事故或事件并非彼此分离,而是形成了一个互相联系的系列事件。相反,如果导致损失的事件或事故是新的、与之前的事故并无直接联系的,可以构成新的介入原因时,则需要扣减多个免赔额。[189] 可见,该工作组的建议是从因果关系的角度进入手,判断随后发生损害的原因是否是不能预见的不应发生的事件,从而打破原事故与随后损失之间的因果联系。例如,船舶发生搁浅后,需进入干坞修理,在驶往干坞时发生碰撞,进干坞与碰撞不能必然地联系起来,后者作为不可预见的事件,构成新的介入原因,打破原来的因果联系,因此应该扣减两个免赔额。但是如果船舶是因为碰撞而失去动力,须进港口修理,但由于航道窄、水流急,对于无动力船舶来说危险程度高,被保险人因此雇佣拖船予以拖带入港,但拖带用力过大导致船壳板开裂,此时则应扣减一个免赔额。因为碰撞导致船舶失去动力与之后船舶进港时的事故之间具有直接联系,拖船拖带并未打破因果关系。[190]

(三)恶劣气候所造成两个连续港口之间单独航程的损失索赔应视为一次意外事故

恶劣天气造成的损失,就更难确定发生连续或相继损害时应扣减一个免赔额还是多个免赔额。因此为避免争议,《中国人保船舶保险条款(2009版)》与《英国1983年协会定期船舶保险条款》均对此做了直接明确的规定:在两个连续港口之

[189] See N. Geoffrey Hudson and Tim Madge, *Marine Insurance Clauses*, Informa Law, 2005, pp. 133 - 134.

[190] 参见杨良宜、汪鹏南:《英国海上保险条款详论》,大连海事大学出版社2009年版,第91页。

间的航程中，如果损失是由于恶劣气候造成的，视为是一次意外事故，仅扣除一个免赔额。

《中国人保船舶保险条款(2009 版)》中关于恶劣气候造成事故的免赔额规定相对简单，对于恶劣气候持续时间跨越两份保险合同期间的问题未作规定，但是《英国 1983 年协会定期船舶保险条款》对此有详细的规定。[191] 以《海上保险条款》(*Marine Insurance Clauses*)[192]一书中引用的案例为例，船舶在航程中遭遇浮冰，在 2010 年 12 月 20 日到 2011 年 1 月 10 日，12 个月的定期保单分别于 2010 年 1 月 1 日(免赔额是 60,000 镑)和 2011 年 1 月 1 日(免赔额是 120,000 镑)开始，船舶的航海日记上记载船舶遭遇浮冰共计 5 天，其中的 2 次发生在 2010 年，3 次发生在 2011 年。修理船舶的总花费为 100,000 镑。根据第 12 条免赔额的规定，第 12 条应按如下方式适用：

2010 年保单

修理费用：	100,000 镑
该保单分摊的修理费用占 2/5：	40,000 镑
扣减的免赔额 2/5 ×60,000 镑：	-24,000 镑
保险人赔偿：	16,000 镑

2011 年保单

修理费用：	100,000 镑
该保单分摊的修理费用占 3/5：	60,000 镑
扣减的免赔额 3/5 ×120,000 镑：	-72,000 镑

保险人赔偿：无需赔偿

《中国人保船舶保险条款(2009 版)》对上述问题未作规定，在出现上述情形时易引发争议，有必要在之后对条款进行修订时予以补充。

---

[191] 《英国 1983 年协会定期船舶保险条款》第 12.2 条规定，如果这种恶劣气候持续时间超过本保险承保的期限，就应按照本保险单有效期间内的恶劣气候天数与该次单独航程中的恶劣气候天数之比例乘以保险单规定的免赔额，以如此求得的免赔额作为在计算损失赔偿时实际应扣除的免赔额。本条的恶劣气候包括与浮冰的触碰。原文：Clause 12. 2: Claims for damage by heavy weather occurring during a single sea passage between two successive ports shall be treated as being due to one accident. In the case of such heavy weather extending over a period not wholly covered by this insurance the deductible to be applied to the claim recoverable hereunder shall be the proportion of the above deductible that the number of days of such heavy weather falling within the period of this insurance bears to the number of days of heavy weather during the single sea passage.

The expression "heavy weather" in this Clause 12. 2 shall be deemed to include contact with floating ice.

[192] See N. Geoffrey Hudson and Tim Madge, *Marine Insurance Clauses*, Informa Law, 2005, p. 136.

五、海运条款

根据《中国人保船舶保险条款(2009 版)》第 4 条的规定,在未经保险人同意的情况下,被保险人不能从事非正常的、增加额外风险的航行,具体包括:

1. 保险船舶从事拖带或救助服务。

2. 保险船舶与他船(非港口或沿海使用的小船)在海上直接装卸货物,包括驶近、靠拢和离开。

3. 保险船舶为拆船或为拆船出售的目的的航行。

海运条款有利于保险人将风险控制在其可接受的范围内。笔者将分别就海运条款的性质以及其规定的三种情形予以阐释。

(一)海运条款的性质

海运条款是免责性质的条款还是仅仅是明确被保险人告知义务内容的条款?对于这一问题曾存在争议。怡信有限公司与中国平安财产保险股份有限公司北京分公司等船舶保险合同纠纷上诉案[193]中就该争议进行了讨论。

该案中,涉案保险航程实际是怡信有限公司为拆船出售目的所做的航行,但怡信有限公司并未告知保险人或取得保险人的同意,因此天津海事法院以被保险人违反了保险合同中的海运条款为由,判决保险人不负赔偿责任。怡信有限公司不服,提起上诉。

该案的争议之处在于,被保险人怡信有限公司认为海运条款的性质是免责格式条款,根据最高人民法院《关于适用〈中华人民共和国保险法〉若干问题的解释(二)》第 9 条[194]的规定,以及《保险法》第 17 条第 2 款[195]的规定,保险人对保险合同中免责条款有明确说明义务,未作提示或者明确说明的,该条款不产生效力。因此,原告怡信有限公司主张,应当以保险人未履行说明义务为由,认定保险条款中的海运条款不产生效力。而法院则认为,《中国人保船舶保险条款(2009 版)》第 4 条"海运条款"强调了海运中影响船舶保险费率和承保条件的特殊事项,规定了被保险人应当履行的告知义务的内容。《中国人保船舶保险条款(2009 版)》第 4 条中的"否则,本保险对下列情况所造成的损失和责任均不负责",并不是对免除

---

[193] 参见(2008)津高民四终字第 58 号。

[194] 最高人民法院《关于适用〈中华人民共和国保险法〉若干问题的解释(二)》第 9 条规定,保险人提供的格式合同文本中的责任免除条款、免赔额、免赔率、比例赔付或者给付等免除或者减轻保险人责任的条款,可以认定为《保险法》第 17 条第 2 款规定的"免除保险人责任的条款"。保险人因投保人、被保险人违反法定或者约定义务,享有解除合同权利的条款,不属于《保险法》第 17 条第 2 款规定的"免除保险人责任的条款"。

[195] 《保险法》第 17 条第 2 款规定:"对保险合同中免除保险人责任的条款,保险人在订立合同时应当在投保单、保险单或者其他保险凭证上作出足以引起投保人注意的提示,并对该条款的内容以书面或者口头形式向投保人作出明确说明;未作提示或者明确说明的,该条款不产生效力。"

保险人赔偿责任的特别约定,而仅是一种法律后果的强调性告知。根据《海商法》[196]和《保险法》[197]的规定,即使《中国人保船舶保险条款(2009版)》第4条中没有"否则,本保险对下列情况所造成的损失和责任均不负责"的表述,也丝毫不影响保险人的这一法定免责权利。《中国人保船舶保险条款(2009版)》中的第4条并非免责性质的条款。

法院将"海运条款"认定为非免责条款是正确的,"海运条款"应当是明确"告知义务"或"危险增加通知义务"内容的条款。如果"海运条款"所列事项的发生在保险合同成立前,则是明确"告知义务"内容的条款;如果"海运条款"所列事项发生在保险期间内,则应当是明确"危险增加通知义务"内容的条款,未履行此义务的后果是法定的。如我国《保险法》第52条规定,在合同有效期内,保险标的危险程度显著增加的,被保险人应当按照合同约定及时通知保险人,保险人可以按照合同约定增加保险费或者解除合同。海运条款不会因为保险人未尽说明义务而无效。

(二)保险船舶从事拖带或救助服务

1. 对"保险船舶从事拖带或救助服务"含义的理解

海上拖带和救助时,拖带船舶受被拖物或被救物的影响,其操纵性和抗风险能力受到了较大的限制,增加了海上危险程度,而且保险船舶主要是从事远洋运输业务的商船,不具备从事专业拖带和救助的能力。实际上,海上拖船和专业救助船的保险须另行拟定保险条款,保险费与普通船舶保险不同。因此保险人在海运条款中对保险船舶从事拖带或救助服务予以了限制。但是该限制也存在例外,根据《1989年国际救助公约》第10条的规定,"只要不致于对其船舶及船上人员造成严重危险,每个船长都有义务援救在海上有丧生危险的任何人员"。因此,遇难船舶进行救助或拖带是商船的国际法义务,保险船舶对遇难船舶的拖带和救助不受海运条款的限制。理解本条还需注意以下几个方面:

(1)本款的措辞仅限于保险船舶被用作拖船使用,不包括保险船舶被他船拖带。但是事实上,被他船拖带,没有动力、船速和舵效,可能相比保险船舶从事拖带作业更加危险。《英国1983年协会定期船舶保险条款》中"航海"(navigation)条

---

[196] 我国《海商法》第223条第1款规定:"由于被保险人的故意,未将本法第二百二十二条第一款规定的重要情况如实告知保险人的,保险人有权解除合同,并不退还保险费。合同解除前发生保险事故造成损失的,保险人不负赔偿责任。"

[197] 我国《保险法》第16条第4款规定:"投保人故意不履行如实告知义务的,保险人对于合同解除前发生的保险事故,不承担赔偿或者给付保险金的责任,并不退还保险费。"

款[198]则规定被保险船舶不能拖带他船，也不能被他船拖带，但该条款同时规定了例外情形，即习惯性的拖带行为以及需要协助时被拖带至第一个安全港口或地点这两种情况不适用“海运条款”。习惯性拖带常见于船舶进出港靠离码头以及在运河航行的过程中，有助于船舶的安全航行；后者是指保险船舶在海上航行中偶然失去自身动力或自身动力受到限制时，若禁止或限制船舶被他船拖带，明显不利于及时救助或协助被保险船舶，故《英国 1983 年协会定期船舶保险条款》将保险船舶在需要协助时拖到第一个安全港口或地点作为保证的例外。《英国 1995 年协会定期船舶保险条款》增加了一项例外规定，即被保险人根据当地法律和惯例有义务签订拖带或引航服务合同时，不受海运条款的约束，即使订立的拖带或引航条款对被保险人不利，如条款规定免除拖船、引航船以及其船东的责任。

(2)本款要求保险人无须承担保险责任的前提是被保险人遭受的损失和承担的责任与被保险船舶从事拖带服务之间存在“因果关系”。但是根据《中国人保船舶保险条款(2009 版)》第 6 条第 3 款有关保险条款解除的规定，如果禁止拖带、救助作业方面的规定属于保险单特款规定，即在基本条款之外，投保单和保险单的“特别约定”一栏另对禁止拖带和救助作业予以约定时，则无须强调因果关系，只要违反保险约定进行拖带作业，保险合同自动解除，保险人自然不承担此后的任何保险赔偿责任，无论该损失或责任是否因为拖带而产生。在英国法下，《英国 1983 年协会定期船舶保险条款》第 3 条“违反保证”条款明确列明了拖带保证，一旦违反，不问因果，保险人即可免责。

2. 未经保险人同意，从事拖轮或救助服务的法律后果

本条规定违反该海运条款的法律后果是保险人免责，免责范围仅限于该海运条款中的列明的情形所造成的损失和责任，保险合同的效力不受影响。但同时，《中国人保船舶保险条款(2009 版)》第 6 条第 3 款又规定，当货物、航程、航行区域、拖带、救助工作或开航日期方面有违背保险单特款规定时，被保险人在接到消息后，应立即通知保险人并同意接受修改后的承保条件及所需加付的保险费，本保

---

[198] 《英国 1983 年协会定期船舶保险条款》第 1. 1 条规定，保险船舶在所有时间根据本保险的各项规定承保，并许可在有或没有引航员的情况下开航或航行，试航及协助、拖带遇险船舶或驳船，但保证保险船舶不得被拖带，除非是习惯性的，或当需要协助时被拖带至第一个安全港口或地点，也不得根据被保险人、船舶所有人、管理人和/或承租人事先安排的合同从事拖带或救助服务。但本条不排除与装卸有关的习惯拖带。原文：Clause 1. 1：The vessel is covered subject to the provisions of this insurance at all times and has leave to sail or navigate with or without pilots, to go on trial trips and to assist and tow vessels or craft in distress, but it is warranted that the vessel shall not be towed, except as is customary or to the first safe port or place when in need of assistance, or undertake towage or salvage services under a contract previously arranged by the Assured and/or Owners and/or Managers and/or Charterers. This Clause 1. 1 shall not exclude customary towage in connection with loading and discharging.

险仍继续有效，否则，本保险自动解除。

有学者认为，第4条与第6条第3款的规定不同，适用上存在矛盾。但实际上，可以将第4条解释为是对违反海运条款的三种情形的一般规定，而第6条是针对拖带和救助作业所作的特殊规定，在保险合同规定了有关拖带或救助方面的保证时，第6条的规定应当优先适用，即无需损害与违反本款规定之间具有因果关系，保险合同即可自动解除。

（三）保险船舶与他船（非港口或沿海使用的小船）在海上直接装卸货物，包括驶近、靠拢和离开

随着油轮与货轮的不断大型化，一些船舶受港口吃水的限制，无法进入某些港口进行装卸作业，从而导致港外甚至海上直接装卸作业的现象越来越多。正常情况下，保险船舶是在码头装卸货物，或者在港区由一些小型船舶装卸。由于码头固定且船型小，两船发生碰撞事故对保险船舶造成损失的风险小。但是海上直接装卸货物面临的是动荡不停的海面和海上作业的大型船舶，尤其在两船驶近、靠拢或驶离时，发生碰撞造成损失的风险很大。因此保险条款中对保险船舶进行此种作业作了必要的限制，但如果被保险人对此种风险有投保要求，也可以通过订立附加险条款的方式加以承保。理解本条款需要注意以下三个方面：

1. 本款不适用于保险船舶与港口或近岸的小船进行的直接装卸货物作业，因为港内小船进行的此种作业更加常见而且相对安全。值得注意的是，某小型船舶，是指设计用于港口或近岸作业的小型船舶。即使实际装卸货作业是在港外（海上）完成，此装卸过程中造成的保险船舶的损失或损害，保险人仍然需要承担保险责任。另外，如果与保险船舶进行直接装卸作业的船舶不是上述用于港口或近岸作业的小型船舶，即使其在港内进行装卸作业，本款亦予以适用。[199]

2. 本款适用的期间不仅限于直接装卸作业过程中，还包括两船为进行装卸作业而驶近、靠拢，以及装卸结束后的离开过程。在此期间造成的保险船舶的损失或责任，保险人亦不负赔偿责任。

3. 与保险船舶违反保单特款规定而从事拖带或救助作业不同，违反本款的法律后果是，保险人对保险船舶因此造成的损失或责任不负责，但不影响保险合同的效力。同时，要求损失或责任必须与海上直接装卸作业具有因果关系，且由保险人承担举证责任。

实践中，保险人收到关于保险船舶将与其他海船在海上进行直接装卸作业的通知时，保险人通常要求修改保险合同，就整个货物装卸过程中发生的所有损失、费用和责任的索赔，适用更高的免赔额，并在必要时增加保费。因此，每个船东在将船舶出租时，都应当考虑是否存在这种货物装卸方式的可能。如果存在，应当注

---

〔199〕 参见杨良宜、汪鹏南：《英国海上保险条款详论》，大连海事大学出版社2009年版，第31页。

意在租船确认书或租船合同中明确约定，由承租人补偿船东因此而额外承担的增加的免赔额和保险费。[200] 在 JIN BI (1995)伦敦仲裁案中，仲裁员一致认为，如果船东未在期租租约中限制海上船靠船装卸作业，或没有规定如此作业而增加的保费由承租人负责，承租人有权进行此种作业，且不承担加收的保险费。[201]

《英国 1983 年协会定期船舶保险条款》中的"航海条款"(navigation)，也对海上直接装卸作业的行为进行了限制。[202] 与《中国人保船舶保险条款(2009 版)》的区别之处在于：《英国 1983 年协会定期船舶保险条款》强调"船舶在营运作业中"(trading operations)，即本款仅适用于保险船舶在海上与其他船舶进行装卸的商业行为，应该具有定期性、规律性，不包括偶然性的一次装卸行为或事故发生后的应急行为。但《中国人保船舶保险条款(2009 版)》并未作类似的除外规定，从措辞上看，即便是因船舶发生搁浅而需进行的抛货、转运或减载，也需先征得保险人的同意。显然，人保的规定不利于被保险人及时采取措施，减少损失。

(四)保险船舶为拆船或为拆船出售的目的的航行

保险人对此行为予以限制的原因在于：(1)为拆船或以拆船出售为意图而航行的船舶一般都是老旧船。老旧船的设备陈旧，机器老化，抗风险能力弱，船东船员都可能放松对船技状况的监管，使保险人承担的风险比一般船舶航行时的风险大得多。(2)即将被拆解的船舶的市价往往很低，有的几乎与市场上的废钢价格一样。而船舶的保险金额一般以投保时船舶的市场价格为基础确定的，远远高于即将拆解的船舶的市场价，易引发被保险人的道德风险。此时，若保险船舶发生全损，保险金额又未做及时调整，保险人按保险金额进行全损赔偿，这对保险人是极其不公平的。若保险船舶发生部分损失，修船费也不会因保险船舶是老旧船而有所减少，反而因为保险赔偿不扣减"以新换旧"的支出，而使保险人增加无谓的赔款支出。[203] 实践中，被保险人将此情形通知保险人后，保险人往往增加两种限制

---

[200] See N. Geoffrey Hudson and Tim Madge, *Marine Insurance Clauses*, Informa Law, 2005, p. 74.

[201] 参见杨良宜、汪鹏南：《英国海上保险条款详论》，大连海事大学出版社 2009 年版，第 31 页。

[202] 《英国 1983 年协会定期船舶保险条款》第 1.2 条规定，如果船舶在营运作业中，需要与他船(非港口或沿海使用的小船)在海上装卸货物，那么由于这种装卸作业，造成被保险船舶的灭失或损坏，或者对他船的责任，本保险不负责赔偿。除非船舶在从事这种作业之前事先通知了保险人，并且双方就修改承保条件和增加保险费达成协议。原文：Clause 1.2: In the event of the vessel being employed in trading operations which entail cargo loading or discharging at sea from or into another vessel (not being a harbour or inshore craft) no claim shall be recoverable under this insurance for loss of or damage to the vessel or liability to any other vessel arising from such loading or discharging operations, including whilst approaching, lying alongside and leaving, unless previous notice that the vessel is to be employed in such operations has been given to the Underwriters and any amended terms of cover and any additional premium required by them have been agreed.

[203] 参见王海明：《船舶保险》，首都经济贸易大学出版社 2012 年版，第 74 页。

条件:第一,限定保险人的最高赔偿限额为船舶灭失或损坏是报废船舶的市场价值;第二,仅承保全损险,并重新厘定费率。

六、保险期间

根据保险期间的不同,船舶保险可分为定期保险和航次保险。定期保险是以明确约定的时间点作为保险期间的起止期限;航次保险是以船舶到达起始港的时间和到达目的港的时间作为起止期限。厄尔(Erle)法官对航次保险和定期保险做过这样经典的描述:"航次保险以船舶的运动确定保险期限,定期保险则以日月的更迭为度量标准(the duration of the insurance… in voyage policies, is measured by the motion of the ship; in time policies, by the motion of the earth)。"[204]

船舶适航在航次保险和定期保险中的适用有所区别,因此区分船舶保险是航次保险还是定期保险具有实践意义。在一般情况下两者容易区分,但是当保险合同双方既约定了保险期间的具体的起止日期,又同时约定保险人承保特定航程风险时,则容易引发争议。例如,在由新加坡上诉法院审理的 The Marina Iris[205]案中,双方的争议之一即保险合同是定期保险还是混合保险(兼有定期保险和航次保险的特征)。

该案中,保险合同约定保险责任期间为 2003 年 12 月 24 日到 2004 年 12 月 23 日,但另有航区范围条款规定保险承保从日本神户到新加坡的航次风险。高等法院认为(新加坡一审法院)本保险存在两段不同的保险阶段,从神户到新加坡,保险人承保航程风险,在新加坡修理入级后,保险人承保船舶在新加坡国内及印尼水域的风险,此时为定期保险合同。综上,该保险合同为混合性质保险,兼具定期保险和航次保险的特征,因此被保险人对船舶开行前适航存在默示保证。但新加坡上诉法院推翻了一审判决,认为该保险合同明确规定了保险责任起止的特定日期,其应当是一个纯粹的定期保险合同。本保险承保从日本神户到新加坡的航次风险的规定只是修改或扩展了航区范围,并没有改变本合同是定期保险合同的性质。再者,"航程风险"的表述也不能改变定期保险合同的性质,因为航程风险既可以通过航次保险承保,也可以通过定期保险承保。因此,法院认为在船舶离开神户时,不存在适航的默示保证。

应按照定期保险合同还是航次保险合同来界定保险期间,应根据合同内容进行解释。以前述案例为例:(1)该保险合同只规定保险责任期间为 2003 年 12 月 24 日到 2004 年 12 月 23 日,并未将保险责任期间与航程挂钩。因此,依文义解释应认为该保险合同是定期保险合同,而不是混合保险合同。(2)保险单中明确并

---

[204] Gibson v. Small [1853] 4 HLC 353, 384.

[205] Marina Offshore Pte. Ltd. v. China Insurance Co. (Singapore) Pte. Ltd. [2006] SGCA 28; [2007] 1 Lloyd's Rep 66.

入了《英国1983年协会定期船舶保险条款》,但未提及协会船舶保险航程条款,依目的解释可知,合同当事人在订约时,无意通过航次保险单独承保船舶从日本到新加坡这段航程的风险。(3)保险合同通过保证条款约定,开航前,保险船舶应通过适航检验。该约定也从侧面印证了该保险合同是定期保险合同,因为航次保险合同项下,被保险人负有默示的适航义务,保险人无须顾虑船舶在开航前是否适航。相反,只有在定期保险下,保险人才会有此顾虑。(4)依整体解释,也可得出该保险是定期保险的结论。因为该保险合同中约定了航行区域,通常情况下,航次保险只承保特定航次,无须限制航行区域。相反,只有在定期保险下,保险合同才会限制航区。

此外有关保险期间的问题,可参见本文第二章第四节的论述。

七、保险合同的解除

《中国人保船舶保险条款(2009版)》第6条规定了三种保险合同解除的情形:(1)保险合同因保险船舶按全损赔付,保险合同中约定的保险双方的权利义务和责任均行使或履行完毕,保险合同自动解除;(2)被保险人未经保险人的同意,变更了与船舶船级或船舶管理相关的事宜,保险合同因此自动解除;(3)被保险人违背了某些保单特款规定,未能及时通知保险人并按要求加付保费时,保险合同自动解除。有关保险人在选择全额支付合同约定的保险赔偿金后提前解除保险合同的权利,参见本书第四章第二节的相关论述。笔者将侧重分析后两种保险合同解除的情形。

(一)船舶船级和船舶管理方面的变更

《中国人保船舶保险条款(2009版)》第6条第2款规定:"当船舶的船级社变更、或船舶等级变动、注销或撤回、或船舶所有权或船期改变、或转让给新的管理部门、或光船出租或被征购或被征用,除非事先征得保险人的书面同意,本保险自动解除。但船舶有货载或正在海上时,经要求,可延迟到船舶抵达下一个港口或最后卸货港或目的港。"本款的规定主要涉及两方面的内容:一类是船舶船级问题;另一类是船舶管理问题。

1.船舶船级方面的变更

船级问题包括船舶的船级社变更,船级变动、注销或撤回。船级社(或船级)的地位对保险人来说非常重要,船舶的安全和适航性很大程度上取决于船舶的船级及其所在船级社的声誉。不同的船级社对入级的规范要求不同,尤其是有些船级社为了竞争盈利的需要,放松船舶入级的规范要求。有难以维持原船级社技术标准的被保险船舶可能采取更改船级社的办法,降低船舶的技术要求。船级的变动、注销或撤销则更加直接反映了船舶质量、物理状态的变化,因此保险人要求被保险人对船舶船级的变化予以特别关注。

《英国1983年协会定期船舶保险条款》第4条"终止条款"中也规定了船级保

证的内容。除了《中国人保船舶保险条款(2009版)》所列事项外,还包括船级暂停(suspension of class)、船级中断(discontinuance of class)以及船级届满(expiry of class)。对于这三种情形是否属于《中国人保船舶保险条款(2009版)》下的保险合同终止事由可能产生争议。司法实践中,有法院对此持否定态度但似乎尚无定论。例如,在海南昌信船务有限公司诉中国太平洋保险公司海南分公司船舶保险合同纠纷上诉案[206]中,争议的焦点之一即船级暂停是否是保险合同终止的事由。

该案中,海南昌信船务有限公司为其光船租赁的船舶"万利达"轮投保一切险,船舶在保险期间发生保险事故,向保险公司索赔,保险人拒绝理赔,原因之一是保险船舶"万利达"轮为中国船级社船级,持有多项法定证书以及检验项目已过期,且展期3个月亦届满,对上述项目均未检验。被保险人曾在展期3个月内向中国船级社提交申请检验报告,船级社批注称:待该轮抵达本港,需与船东代表或船长确认所需检验项目后,再进行申请评审和标识。因该轮沉没,故未作检验。

原审认为,"万利达"轮虽未对多个船级证书和检验项目过期未检负有过错,但依保险合同的约定,船级暂停不属于保险终止的事由。因此,保险合同并未终止,保险人应当负保险赔偿责任。但保险人不服原判,其认为:"万利达"轮在事故发生前,已因船级暂停而导致船级证书失效,该轮已失去船级。由于该轮船级变动和失去船级,船舶保险合同早已自动终止,中国太平洋保险公司海南分公司不承担赔偿责任。一审法院认定船级暂停不属于船舶保险合同中保险终止的事由存有错误。

二审法院判决认为,中国船级社《钢质海船入级与建造规范》规定,船舶没有按照本规范规定的期限进行或完成有关检验,且未按规定进行展期时,应通知船东船级证书到期或无效,船级将自动暂停。中国船级社亦未正式通知"万利达"轮证书到期或无效,故"万利达"轮保持了船级,其船级未自动暂停。中国太平洋保险公司海南分公司不承担赔偿责任的理由,无法律依据,本院不予支持。

虽然二审法院的判决最终以"船舶保持了船级,未自动暂停"为由,认为保险合同并未终止,并未对"船舶暂停"是否属于保险合同终止事由作出认定,但从一审法院的判决中可见,司法实践中对是否能将"船舶暂停"认定为合同终止事由仍存有疑问。

2. 船舶管理方面的变更

船舶所有权或船期改变、转让给新的管理部门、光船出租、被征购或被征用往往会引起船舶的管理和人员配备方面的变动。转让后的管理者或船舶所有人水平不及前者,经验不如前者丰富,将导致船舶所面临的风险随之增大。保险船舶被有关当局或政府征用或收购,也相当于船舶所有权的变更,同时船舶的营运性质发生改变,不再属于《海商法》的调整范围,船舶所面临的损失和责任风险也自然发生

[206] 参见(1999)琼经终字第87号。

变化。因此,如上述情形的发生未事先获得保险人的同意,则保险合同自动解除。

3. 被保险人的义务和违反义务的法律后果

根据《中国人保船舶保险条款(2009 版)》的规定,如果保险船舶发生上述船级方面或管理方面的变化,必须事先通知保险人,且取得保险人的书面同意,若被保险人事先未通知而为上述行为,则不问损失与行为之间的因果关系,保险合同自动解除,没有其他补救机会。解除行为自被保险人违反上述规定之日起发生效力。有的船级社的规则中规定了船级的"回溯"(retrospective)取消,在这种情况下,保险自动终止也回溯到船级停止的那一天。[207] 本款的法律后果非常严苛,与英国法下违反保证义务的后果相同。被保险人不能通过修改承保条件并加付保险费的方式使保险合同的效力得以延续。

对于保险合同解除后保险费的退还问题,《中国人保船舶保险条款(2009 版)》并未涉及。我国《海商法》第 230 条针对船舶所有权发生变更时,保险合同的效力问题作了相同的规定,同时明确了保费的处理问题:"因船舶转让而转让船舶保险合同的,应当取得保险人同意。未经保险人同意,船舶保险合同从船舶转让时起解除;船舶转让发生在航次之中的,船舶保险合同至航次终了时解除。合同解除后,保险人应当将自合同解除之日起至保险期间届满之日止的保险费退还被保险人。"保险合同因本条规定的其他情形而自动解除时,保险费也应作同样的处理。此处的保险费应当指"净保险费",即从"总保险费"中扣除经纪人的佣金以及给被保险人的折扣等扣减后保险人实际所得的保险费。

《英国 1983 年协会定期船舶保险条款》中对此作了规定,由于上述原因导致保险合同自动终止的,自合同解除之日至保险期满之日的净保险费,需按日比例退换。

4. 修正性的缓和规定

《中国人保船舶保险条款(2009 版)》对船级变化和船舶管理方面的变化,不加区分地规定了一种缓和情形,即如果船舶有货载或在海上,在被保险人提出要求后,保险合同并不立即解除,其效力可以延迟到船舶抵达下一个港口或最后卸货港(载货船)或目的港(空船),保险人不能拒绝。然而,"下一个港口"与"最后卸货港"或"目的港"可能并不一致,在适用该条时易产生争议,保险合同的效力具体延续至哪一个港口,是应当根据被保险人的选择最终决定,还是说只能延续至下一个港口。后一种解释更加合理,因为船舶在抵达下一个港口时,即有机会对船舶进行修理以恢复船级。

《英国 1983 年协会定期船舶保险条款》的终止条款针对船级变动和船舶管理方面的变化,规定了不同的缓和情形。对于前者来说,如果船舶在海上,该自动终止应延迟至船舶到达下一港口时,而不存在最后卸货港或目的港的争议。此外还

---

〔207〕 参见汪鹏南:《海上保险合同法详论》,大连海事大学出版社 2011 年版,第 40 页。

规定，如果船级状态发生变化是《英国1983年协会定期船舶保险条款》第6条或《协会货物战争险条款》和《协会货物罢工险条款》所承保的损害造成的，在下一个港口开航前保险并不当然终止，只有保险船舶未经船级社事先同意而从下一港口私自开航时，本保险才自动终止，即保险合同的效力扩展到船舶在下一港的在港期间。规定该缓和情形是因为有些船级社的规则中规定海上发生搁浅、碰撞或失去动力，船级就无效或停止了，而搁浅、碰撞本是保险人承保的海上风险，但仅仅因为船级社规则的规定就使得保险合同立即终止，这对被保险人不公平。

对于船舶管理方面的变化，自然终止的后果在两种情况下亦有一定的缓和：(1)已经开航并按其"预定航程"航行的船舶，经被保险人请求，自动终止可推迟到该船抵达其最后卸货港(载货船)或目的港(空船)。"预定航程"的措辞意味着如果被保险人要求推迟终止后，船舶改港，脱离了"预定航程"，保险则自动终止。(2)如果保险船舶被征购或征用，事先未经被保险人书面同意，自动终止推迟到被征购或被征用后的第15天。

(二)违反某些特款规定

当货物、航程、航行区域、拖带、救助工作或开航日期方面有违背保险单特款规定时，被保险人在接到消息后，应立即通知保险人并同意接受修改后的承保条件及所需加付的保险费，本保险仍继续有效，否则，本保险自动解除。

本条款一般被称为续保条款，被保险船舶在运营过程中，有些情况是船东很难或者无法有效地加以控制的，虽然被保险人违反了合同中约定的某些"特款"规定，但对保险人承保风险并无大的影响。鉴于此种情形，保险条款规定被保险人及时通知保险人，被保险人在同意保险人修改的承保条件及所需加付的保险费后，保险人将继续承保。

1. 保险单特款规定

我国《海商法》及《保险法》对特约条款的内容未作具体规定。可以认为，不论是何种财产险，特约条款是相对于基本条款而言的。在中国船舶保险实务中，投保单和保险单上皆有注明"特别约定"一栏。如果投保人(或被保险人)与保险人在订约时要求对方承诺履行某种义务，则可以在该栏目进行约定。特约条款可以约定基本条款以外的事项，也可以对基本条款的某些内容予以变更。其结果是可能扩大或限制保险人的责任，比如扩大或缩小保险人承保的范围，或者规定保险合同特别成立或生效的要件等。例如，保单格式中航行范围项下注明，"被保险船舶不得于×年×月×日至×年×月×日进入×××冰区"，即属于特款规定。

特约条款适用于保单对货物、航程、航行区域、开航日期等方面所作的特别约定，以及海运条款中对拖带、救助工作的限制。

2. 违反保单特款规定的法律后果

《中国人保船舶保险条款(2009版)》规定，被保险人在接到消息后，应立即通知保险人并同意接受修改后的承保条件及所需加付的保险费,本保险仍继续有效。否则,本保险自动终止。《中国人保船舶保险条款(2009 版)》的措辞意味着,保险人在接到通知后,不可以解除合同,而是必须提出修改后的承保条件以及所需加付的保险费,最终决定是否接受的是被保险人。被保险人同意,保险合同则继续有效,被保险人不同意,保险合同则终止。

然而,我国《海商法》第 235 条对违反保证条款的法律后果的规定则有所不同:被保险人违反合同约定的保证条款时,应当立即书面通知保险人。保险人收到通知后,可以解除合同,也可以要求修改承保条件、增加保险费。这意味着,即使被保险人立即通知了保险人,保险人仍然有权选择解除保险合同。

如果《海商法》第 235 条的规定是强制性的法律规范,则该规定不能通过约定而改变,《中国人保船舶保险条款(2009 版)》的规定应为无效的规定。笔者认为,《中国人保船舶保险条款(2009 版)》的效力应当被予以认可。该条款的目的是缓和违反保证的法律后果,在货物、航程、航行区域、拖带、救助工作或开航日期这几个方面违反了保单的特款约定,应当按照《中国人保船舶保险条款(2009 版)》的规定处理,但是如果被保险人违反了其他方面的特款约定,法律后果则不能得到缓和,被保险人在及时通知了保险人并接受保险人可能提出的附加条件,保险人也有权解除合同。这与《英国 1983 年协会定期船舶保险条款》第 3 条"延续条款"的规定相一致。

3. 保险合同自动延续的条件

根据续保条款的规定,只有当被保险人通知了保险人,并且双方修改承保条件并就增加的保险费或其他条件达成了一致,被保险人才有机会延展保险期间。

(1)接到消息后立即通知

保险合同自动延续所需的条件之一是被保险人知悉上述事项时,应立即通知保险人。这样的规定是基于如下两个方面的考虑:第一,如不作此规定,被保险人自然不愿立即通知,而是倾向在事故实际发生之后,再向保险人发出通知,保险人可能因此丧失了额外的保费收入;第二,被保险人如果在知悉风险改变后的一段时间再向保险人发出通知,在该段期间可能又出现新的情况或发生风险改变,新的情况或风险会使保险人无法或很难对改变的风险进行再保险。因此现代大多数的保险延续条款不仅要求给予通知,还要求应当立即通知或尽快通知。在条款没有对通知时间进行规定的情况下,则默示地认为被保险人应当在合理时间内进行通知。

在 Shipping Corp. and Wayang (Panama) S. A. v. Mark Tanald Massic[208] 案中,油船 Litsion Pride 去波斯湾,保单中并入了战争险航行区域保证条款:第一,本保险承保范围应当扩展,但是本保险承保的船舶若航行于除外条款中所列的国家或

〔208〕 [1985] 1 Lloyd's Rep 437.

地区的领水时,需按保险人的要求额外支付保险费;第二,如果可行,应当尽快将航程信息通知给保险人,未提前通知不影响合同效力。

在 1982 年 5 月 25 日,Litsion Pride 从事由欧洲至波斯湾港口(现在的霍梅尼港)的航次出租。众所周知,当时的霍梅尼港是波斯湾最危险的港口之一,航行到该区域需要加付一大笔保费。1982 年 8 月 2 日,该船越过了北纬 24 度的霍尔木兹海峡。船舶管理公司 Macedonia 于 8 月 2 日写信邮寄给出租人,信上说:"我们在此通知您,船舶从法国敦刻尔克港驶往波斯湾,于今日 16:00 进入战区。请承保占争风险,并相应的通知保险人。"直到 8 月 12 日,经纪人才收到该信。1982 年 8 月 9 日,船舶被伊拉克的飞机投下的导弹击中,造成全损。保险人拒绝赔偿,理由是,保险人与船公司的业务往来中一直用传真,但在通知保险人船舶进入战区时,却使用平邮寄给保险人,保险人认为 8 月 2 日的信件可能是倒签,在知晓船舶被击沉后才寄出的,只不过信上的日期还是写 8 月 2 日,法官也不相信船东,判定保险人不予赔偿。总而言之,一旦违反或可能违反保单的特款规定,船东若想延续保险条款,必须马上通知保险公司,这是保险合同得以延续的先决条件。

需注意,通知保险人的时间并非保险船舶违反上述条款时,而是当被保险人接到船舶违反上述特保条款消息,即知悉之后。丹宁勋爵(Lord Denning)在 The Euryshenes[209] 案中,对"知悉"予以阐释:"如果一个人,对某一事实心存疑虑但充耳不闻,而且没有进行合理的询问以至于他对这一事实并不确定,那么就应当认定他对该事实的真相是知晓的。"

(2)被保险人同意修改承保条件或加付保险费

如上文所述,《中国人保船舶保险条款(2009 版)》的规定意味着,保险人在接到通知后,不可以解除合同,而必须提出修改后的承保条件以及所需加付的保险费。续保条款似乎是对被保险人有利的条款。然而续保条款并未规定加付保险费的确定标准,导致本款的规定事实上对被保险人来说是不利的,因为保险人若意图从保险合同中解脱出来,完全可能要求被保险人加付极高的不合理数额的保险费,被保险人如果不同意,保险人即不再继续承保,这背离了本款规定的初衷。

相比《中国人保船舶保险条款(2009 版)》的规定,英国的规定更加合理、完善。《英国 1906 年海上保险法》第 31 条第 2 款规定,在某一事件发生时,如果保险继续有效以某一待安排的附加保险费为条件,若事件发生时,尚未商定该附加保费,则被保险人应支付合理的附加保费。合理标准应当如何确定呢?根据普通法的案例,额外的保费的数额应当根据保险人所接受的额外的风险程度予以确定。

在 Greenock Steamship Co. Ltd v. Maritime Insurance Co. Ltd.[210] 案中,保险船

---

〔209〕 [1977] Q. B. 49.

〔210〕 [1903] 1 KB 367.

舶在开航时没有备足燃料,在这种不适航的情况下开航。这显然违反了保证义务,保险合同本应当终止。但是该保险合同中规定了续保条款,在违反该类保证的情况下,保险船舶的风险仍是可以继续被承保的。但是双方当事人未能就加付保费的数额达成一致,于是将争议提交至法院。比格汉姆(Bigham)法官认为,保险人应当考虑以下两个因素来确定合理的加付保费:第一,可能遭受的损失。被保险船舶未备足燃料,需要寻找替代燃料,如船舶的设备或者是桅杆,抑或是船载货物。船舶或货物因此而遭受损失可被认定为共同海损,所以保险人在确定保险费的时候应当考虑这一因素。第二,由于船舶缺乏足够的燃料而可能遭受全损的风险。基于以上两个因素以及本案的具体情况,法官的判决是,被保险人加付的保费至少与由于被保险船舶所有人对船舶设备和桅杆烧毁而主张的单独海损,以及支付当作燃料烧毁的货物的索赔相对等。

可见,本案是以改变的风险可能造成保险船舶额外遭受的损失为标准,确定额外的保险费。更直观的标准是以改变的风险在保险市场上得以承保的费率来确定额外需支付的保费,如果市场上没有对此类风险的保险费率,即市场上根本不会对改变的风险予以承保,则续保条款不发生法律效力,不会得以适用。典型的案例是关于货物保险的 Liberian Insurance Agency Inc. v. Mosse[211]案以及 Nam Kwong Medicines & Health Products Co. Ltd. v. China Insurance Co. Ltd.[212]案。

在 Liberian Insurance Agency Inc. v. Mosse 案中,唐纳德森(Donaldson)法官的结论是:"该(续保)条款只有在如下情况才适用:被保险人准确告知了所有可能影响风险的事实,但是对即将发生的事实并不知晓的情况下,才有可能主张援引市场费率,这样的费率可以被认为是'合理的市场费率'。"也就是说,只有要续保的风险可以在保险市场上以合理的费率获得承保时,这种费率标准才是合理的市场费率。

香港的 Nam Kwong Medicines & Health Products Co. Ltd. v. China Insurance Co. Ltd. 案中,被保险船舶不符合任何一个船级社的入级要求,远没有达到标准的适航条件。法院认为,这样一艘船舶是根本不可能以合理的保费在保险市场上获得承保的。所以在这种情况下,根本就不存在合理的保险费,续保条款也因此未能生效。

八、保险费和退费

有关船舶保险合同下的保险费和退费问题,除本书第二章第五节的相关论述外,还有两个问题值得述及。

(一)定期保险:停泊退费

船舶停泊于港内的风险相比航行中的风险要小得多,因此如果船舶长期停泊

---

[211] [1977] 2 Lloyd's Rep 560.

[212] [2002] 2 Lloyd's Rep 591.

在港,船东会希望改投保险费更低的港口险或停泊保险。为了避免船东取消保单,或到期不在续保,保险人同意在船舶连续停泊时间达到了规定的天数时,可以在保险到期时退还一定比例的净保费给被保险人,只收取港口险或停泊保险应付的保费。[213]《中国人保船舶保险条款(2009版)》以及英国协会船舶保险条款都有对停泊退费的规定。

1. 关于停泊退费条件。根据《中国人保船舶保险条款(2009版)》的规定,被保险人欲主张停泊退费必须满足如下条件:

(1)保险船舶必须"停泊"在港口或其他区域。港内停泊是指被保险船舶抵达港口检疫锚地等待检疫开始到起航时止,"停泊"并非要求船舶完全停在港口不动,船舶在港内、通常的装卸货作业、进坞修理,尽管可能进行移泊、进出船坞,其仍满足"停泊"状态的要求,但是不包括在潮锚地的停泊时间。英国曾有过案例,对"停泊"一词的含义予以解释,对理解《中国人保船舶保险条款(2009版)》具有参考价值。

North Shipping Co. v. Union Marine Insurance Co.[214]案中,虽然船舶在海军港口航行受限长达两个月,但其蒸汽机一直运转,并且不时地作为英国舰队的装煤船移动。布雷(Bray)法官判决认为,涉案船舶并非处于"停泊"状态。根据"停泊在港"(laid up in port)一词的传统含义,当船舶装货、卸载,进坞修理,装载时,尽管船舶可能需要去两三个地点进行装卸,但其均可认定为处于"停泊"状态,保险人应当退还保险费。但是布雷法官认为,"停泊"一词的含义不包括船舶在战时被用来作为装煤船使用,因为此等使用要比通常方式的装货作业更加危险。因此判决,船东无权要求退还保险费,其判决得到了上诉法院的支持。

理解"停泊"一词的含义,还需结合其所在的特定语境。在 Hunter v. Wright[215]案中,船舶定期保险合同中规定,"如果船舶出售或停泊港口,则退还尚未开始的余下保险期间的保险费"。被保险人被判决无权退还保费,因为船舶在一年的有效保险期间虽停泊了数月,但是其在一年内又重新航行使用。法官认为,保险合同中"停泊"的措辞与"出售"并列使用,因此"停泊"的含义与"出售"相关,应被认为是永久的停泊,如同船舶被出售一样,从而导致保险合同的终止。

(2)保险船舶的停泊地点必须是"保险人同意的"港口或区域内。《中国人保船舶保险条款(2009版)》并未对港口或区域的自然情况有其他的限制,但通常要求处于港内或有遮蔽的水域。船东不能一方面索赔恶劣天气造成的损失,一方面要求办理停泊退费。[216]《英国1995年协会定期船舶保险条款》则明确规定,保险

[213] 参见杨良宜、汪鹏南:《英国海上保险条款详论》,大连海事大学出版社2009年版,第123页。

[214] [1918-1919] 24 Com. Cas. 83.

[215] [1938] 2 All ER 621.

[216] 参见汪鹏南:《海上保险合同法详论》,大连海事大学出版社2009年版,第220页。

船舶停泊的港口或区域除必须经保险人认可外,还同时要求其不可以是暴露的或无防护的水域,否则不允许退费。《英国1983年协会定期船舶保险条款》和《英国2003年国际船舶保险条款》对船舶停泊在非保险人同意的港口或区域做了让步,如果船舶停泊的水域未经保险人认可,但该水域在认可的港口或停航区附近,同时停泊是连续的,被保险人可将未被认可的水域内的停航时间加在认可的港口或区域内停泊的天数上,以凑足连续停泊30天。但退费仍限于在认可的港口或区域内停泊天数所占的比例部分。

(3)保险船舶必须停泊达30天以上。《中国人保船舶保险条款(2009版)》根据停泊的天数决定是否退还保险费,如果停泊天数超过30天,对于停泊的所有时间,被保险人均有权享受退费。在停泊时间的计算方法上,采用前后日期相加减一天,得到的结果如果达到31天或更多,保险人则准予办理退费。停泊天数的计算,采取计天不计时的方式,如果停泊天数是30天零几小时,也不能给予退费。英国协会保险条款的规定所有区别,协会条款将30天作为一个单位,整个停泊的期间,满几个30天即可就30天的停泊进行几次退费。余下的天数如果不满30天,则不能予以扣减。例如,一艘船舶在港口连续停泊75天,根据《中国人保船舶保险条款(2009版)》,被保险人可以享受75天的停泊退费,但是根据英国协会船舶保险条款,船舶的停泊期满两个30天,可以就这60天退换保费,但对于余下的15天,则不能退还保险费。

(4)本款不适用船舶发生全损,全损不退费的理由上文已经提及。《中国人保船舶保险条款(2009版)》的规定较为简单,对于船舶发生全损的时间、造成全损的原因均未做限制。而英国协会船舶保险条款则强调:无论全损发生在承保期间还是保险扩展期间,无论造成船舶全损的原因是承保风险还是非承保风险,一律不予以停泊退费。所以船舶在保险期间内的某一时间发生了连续30日以上的停航,船东不能马上要求保险人办理停航退费,只能在保险到期后,没有发生全损的情况下主张予以办理。如果发生全损,就没有退费问题了。针对这种因船舶发生全损而丧失停泊退费的风险,船东可以额外投保附加险。

2. 关于停泊期间的退费计算。根据《中国人保船舶保险条款(2009版)》的规定,停泊期间的保费按净保费日比例的50%计算,即无论保险船舶停泊的目的和原因,应退保险费的计算方式均相同,应退保险费=(保险金额×保险费率-经纪人手续费或回扣)×剩余天数÷365天×50%,这种不同船舶停泊原因而适用统一比例进行停泊退费的计算方法虽然简便,但是可能存在不尽合理之处,因为船舶因不同原因而停泊所面临的风险是不同的,保险费自然也应当差异化处理。英国协会船舶保险条款以船舶是否为了修理而停泊这一标准,规定不同退还保险费比例。如果保险船舶停泊港口既为了修理又有其他非修理方面的目的,保费应分别按照修理日数和非修理日数的比例计算。条款界定了"修理"一词的含义,将"船舶因正常磨损或根据船级社的建议而进行的修理活动”排除在外。

3. 关于两张连续保单下停泊退费的计算。《中国人保船舶保险条款(2009版)》规定,“如果本款超过30天的停泊期分属两张同一保险人的连续保单,停泊退费应按两张保单所承保的天数分别计算”。即如果船舶在承保期届满后继续在该保险公司投保,且停泊期恰好跨越了两张保险单,则在判断被保险人能否享受停泊退费时,将两个保险单下的连续停泊期间累积相加,超过30天即可停泊退费,但是在计算退费金额时,仍需按两个保单项下的费率条件分别计算后予以相加。

英国协会船舶保险条款的规定有所不同,其规定,每张保单按一个停泊期30天与本保单下的停泊天数的比例计算各自负责的退费。这种分属两张保单的停泊期可以从船舶停泊的第一天起算,也可以从连续30天停泊期开始的第一天起算,由被保险人自行选择。在两张保险单的费率不同的情况下,被保险人可以选择对自己更加有利的计算方式。例如,被保险人两张连续的保险单的保险期间分别是2013.1.1~2013.12.31,2014.1.1~2014.12.31,船舶于2013年12月10日到2014年1月20日连续停航共计41日,被保险人可以请求从停泊期开始的第一天2013年12月10日起算,即在2013年度主张退费22天,退费金额为月保费的22/30,2014年度主张8天,退费金额为月保费的8/30。或者,被保险人可以选择从连续30天停泊期开始的第一天起算,即主张从2013年12月21日起算停泊期,2013年度退费10天,退费金额为月保费的10/30,2014年度退费20天,退费金额为月保费的20/30。

(二)航次保险:自保险责任开始一律不办理退保和退费

风险整体一旦开始,之后就不能再按比例退还保险费。因为虽然保险费是估计的数额,风险是根据航程的长度和性质予以确定的,然而,航程一旦开始,保险责任开始,即使尚不足24小时,风险也开始了。[217] 航次保险合同所承保的航程中的风险是一个整体,不具有可分性,相应地,保险费亦不具有可分性,船舶一旦开航,保险费便已经赚取。即使保险船舶可能立即返还,放弃整个航程,亦不能退还部分保费。我国《海商法》第228条也规定,货物运输和船舶的航次保险,保险责任开始后,被保险人不能要求解除合同。航次保险不办理退保退费,这与国际上任何保险市场一样。

在Annen v. Woodman[218]案中,保险船舶的保险期间始于“在和从苏里南”(船舶开始航程的港口),船舶在航行途中搁浅灭失。保险人以船舶在开航时人员配备不足,处于不适航状态进行抗辩,拒绝赔偿。原告承认船舶处于不适航状态,同时主张因其违反了适航保证,导致承保的风险未曾开始,因此请求判决保险人退还保险费。法院判决认为,保险期间为“在和从苏里南港口”,船舶在开

[217] See Jonathan Gilman et al., *Arnould: Law of Marine Insurance and Average*, Sweet & Maxwell, 2013, p. 182.

[218] [1810] 3 Taunt. 299.

航时虽然不适航，但是对于停泊在港期间来说，保险船舶是适航的，因此风险已经开始，且航次保险中的风险是整体不可分的，一旦承保风险已经开始，则不能主张退费。

九、被保险人的义务

被保险人的义务主要包括：

1. 被保险人已经获悉被保险船舶发生事故或遭受损失，应在48小时内通知保险人，如船在国外，还应立即通知距离最近的保险代理人，并采取一切合理措施避免承保的损失。

有关被保险人的出险通知义务和施救义务，在本书第六章第一节和第二节中已经进行了较为详尽的分析，此处不再赘述。

2. 被保险人提供相关单证的义务。

（1）被保险人向保险人请求赔偿时，应及时提交保险单正本、港监签证、航海（行）日志，轮机日志、海事报告、船舶法定检验证书、船舶入籍证书、船舶营运证书、船员证书（副本）、运输合同载货记录、事故责任调解书、裁决书、损失清单以及其他被保险人所能提供的与确认保险事故的性质、原因、损失程度等有关的证明和资料。

上述条款对《海商法》第251条的规定予以明确和列举，但与实践中的做法可能有所差异。根据上述条款，保险人虽然有权要求被保险人于保险事故发生后提供相关证明和资料，但是其范围应当受到相应的限制。

一方面，证明和资料不应当超过保险人为确定保险事故发生及赔偿范围或为行使代位求偿权所必需。[219] 事实上，船舶发生保险事故时，并不一定需要所有上述列举的证书和文件，保险事故发生后，保险人会主动参与到事故的调查、勘验、处理以及调解和裁决程序中，因此事故责任调解书、裁决书等资料，保险人本身就有，无需被保险人提供。此款的要求对远洋船东来讲似乎有些严格和多余。

另一方面，被保险人有义务提供的证明和资料必须以被保险人依一般情形的获得者为限，避免被保险人因无法达成保险人的要求而遭不利。[220] 因此，《中国人保船舶保险条款（2009版）》规定，被保险人有义务提供的证明和资料仅限于“被保险人所能提供的”，然而被保险人“能”与“不能”往往只凭被保险人的一面之词，并未引入客观的标准，法院又难以在所有的案件中，都事先认定相关的资料与证明是否是被保险人事实上“能够提供”的。因此，这样的措辞在实务中易产生纠纷与争议，容易被被保险人用来开脱义务，对于实务中有些不属保险范围的损失，被保险人往往都以无法提供为由不提供证明和资料，并对该等损失进行索赔。

（2）被保险人向保险人请求赔偿并提供理赔所需资料后，保险人在60日内进

[219] 参见江朝国：《保险法基础理论》，台北，瑞兴图书股份有限公司2009年版，第330页。

[220] 参见江朝国：《保险法基础理论》，台北，瑞兴图书股份有限公司2009年版，第330页。

行核定。对属于保险责任的,保险人在与被保险人达成赔偿或给付保险金的协议后10日内,履行赔偿义务。

上述规定是保险人对索赔进行核定的期限以及核定后赔偿期限所做的承诺。根据《保险法》第23条第1款的规定,保险人收到被保险人或者受益人的赔偿或者给付保险金的请求后,应当及时作出核定;情形复杂的,应当在30日内作出核定,但合同另有约定的除外。保险人应当将核定结果通知被保险人或者受益人;对属于保险责任的,在与被保险人或者受益人达成赔偿或者给付保险金的协议后10日内,履行赔偿或者给付保险金义务。保险合同对赔偿或者给付保险金的期限有约定的保险人应当按照约定履行赔偿或者给付保险金义务。法律规定保险人对索赔请求核定期限是30日,但是允许合同另作约定。考虑到海上保险案件的复杂性,上述条款将索赔核定期限延长至60日。

(3)被保险人未履行前款约定的单证提供义务,导致保险人无法核实损失情况的,保险人对无法核实的部分不承担赔偿责任。

上述条款规定旨在保护保险人的利益。如果被保险人不履行提供单证的义务,导致保险人无法核实情况的,保险人便无法作出是否赔偿的决定。保险人对无法核实的损失部分可以拒付。可见,本条要求不提供单证与保险人无法核实损失之间具有因果关系。但是对于同一份单证,由于理赔人员的水平不同,不同的理赔人员可能得出的结论也不尽相同。这在实务上会可能存在潜在的争议。

3. 被保险人或保险人为避免或减少本保险承保的损失而采取措施,不应视为对委付的放弃或接受、或对双方任何其他权利的损害。

4. 被保险人与有关方面确定保险船舶应负的责任和费用时,应事先征得保险人的同意。

被保险人与有关方面确定保险船舶应负的责任和费用时,事先需要取得保险人的同意,这与保险人所付的保险赔偿责任和享有的代位求偿权密切相关,否则,保险人得以在合理的范围内拒赔或扣减保险赔偿。另外,被保险人除应当事先征得保险公司的同意,还应当积极参与诉讼,使得保险船舶应负的责任和费用控制在合理公允的数额。

在佛山市顺德区宏基燃料有限公司诉中国太平洋财产股份有限公司广州分公司船舶保险合同纠纷案〔221〕中,原告所属的油船“顺港168”轮向被告投保沿海、内河船舶一切险。保险期间内,保险船舶与两艘案外船舶发生碰撞。在另案即船舶碰撞纠纷案中,本案原告宏基燃料公司主张被撞船舶的修复费用有失公允,但其未提供证据予以证明,又未在法定期限内申请鉴定,逾期向法院申请鉴定,因此法院对其主张未予支持。因此在本案船舶保险合同纠纷案中,法院判决认为,原告认可

〔221〕 参见(2004)广海法商初字第205号。

了碰撞事故造成的有关船舶损失的数额，且未在举证期限内申请对修船费等损失进行鉴定，此乃原告对自身权利的处分，并不违反法律规定。但是，原告在该案中对损失数额的认可是过高的，同时原告又存有行使诉讼权利不及时的失误，因而该案判决所确认的有关船舶损失数额仅对该案当事人有效，不能约束本案被告；有关案件受理费分担的判决亦不得作为向保险人索赔的依据。

5. 保险船舶发生保险责任范围内的损失应由第三者负责赔偿的，被保险人应向第三者索赔。如果第三者不予支付，被保险人应采取必要措施保护诉讼时效；保险人根据被保险人提出的书面赔偿请求，按照保险合同予以赔偿，同时被保险人必须依法将向第三者追偿的权利转让给保险人，并协助保险人向第三者追偿。未经保险人同意放弃向第三人要求赔偿的权利，或者由于被保险人的过失造成保险人代位求偿权益受到损害，保险人可相应扣减赔款。

本条规定了被保险人向第三人索赔及保护诉讼时效、转让赔偿请求权、协助保险人向第三人追偿及不得侵害保险人的代位权益的义务。

有关这部分的论述，可参见本书第六章第三节以及第八章第二节有关货物保险条款下被保险人义务部分的相关论述。

十、招标

保险事故发生后，按合同约定的程序进行招标，从而确定修理费和打捞费用是非常重要的，如未进行合理招标，法院可能对评估的费用数额不予采信。

1. 当保险船舶受损并要进行修理时，被保险人要像一个精打细算未投保的船东，对受损船的修理进行招标以接受最有利的报价。

船舶的修理费用与修理时间往往成反比，修理费用越高，所需要的时间越少，船期损失就越少。船舶保险人负责赔偿船舶修理费用，但对于船期损失，保险人不负责赔偿，而由被保险人自行承担。可见，保险人与被保险人对招标后果可能会有不同的利益需求，在修船期与价格之间的平衡问题上易产生矛盾。例如，A 船厂修船价格是 20 万美元，修船期需要 40 天，B 船厂修船价格是 30 万美元，修船期需要 25 天，该船的船期损失为 5000 美元/天。对于保险人，自然倾向选择 A 船厂，保险人承担的保险赔偿为 20 万美元，相比选择 B 船厂节省了 10 万美元；但是被保险人更愿意选择 B 船厂，因为这样会节省 15 天的船期损失 7.5 万美元。保险人和被保险人的利益出现了冲突。根据条款的规定，被保险人要像一个精打细算的未投保的船东一样作出选择，即如果所有的费用和损失均由被保险人承担时，一个理性的、精打细算的船东会做何选择。

仍以上述数据为例，一个未投保的船东，其选择 A 船厂修理意味着要承担修船费与船期损失共计：20 万美元 + 40 天 × 5000 美元 = 40 万美元，选择 B 船厂修理需要承担修船费和船期损失共计：30 万美元 + 25 天 × 5000 美元 = 42.5 万美元，被保险人若像一个精打细算的未投保的船东，则应当选择 B 船厂。

2. 保险人也可对船舶的修理进行招标或要求再次招标，此类投标经保险人同意而被接受时，保险人补偿被保险人按保险人要求而发出招标通知日起至接受投标时止所支付的燃料、物料及船长、船员的工资和给养。但此种赔偿不得超过船舶当年保险价值的30%。

被保险人习惯上应招标修理，但是根据上述条款，保险人有自行进行招标或在对第一次招标不满意时，要求进行第二次招标的权利。同时保险人补偿被保险人招标期间而遭受的滞期损失，但此种补偿必须满足下列条件：(1)该等招标是保险人所要求的，包括保险人自行招标以及保险人对被保险人的第一次招标不满意而要求进行的第二次招标。(2)补偿的期间仅限于被保险人按保险人要求发出招标通知之日起至接受投标期间，虽然未作明确规定，但是很明显，被保险人于收到保险人的同意后，在接受投标时不能有不合理的延迟。补偿项目限于被保险人支付的燃料、物料及船长、船员的工资和给养。(3)招标期间的滞期费补偿金额不能超过船舶当年保险价值的30%。

英国协会保险条款也规定了招标条款，但在具体规定上，与《中国人保船舶保险条款(2009版)》存在不同。以《英国1983年协会定期船舶保险条款》的规定〔222〕为例，两者的区别在于：

(1)《中国人保船舶保险条款(2009版)》规定保险人补偿的招标期间的滞期

---

〔222〕《英国1983年协会定期船舶保险条款》第10条第3款规定，保险人也可对船舶的修理招标或要求再次招标。一旦保险人同意接受投标，对自发出招标通知日起至接受投标时止的时间损失，他应按照船舶当年保险价值的30%给予补偿，这种时间损失必须是完全由于等待投标所引起的，并要求在保险人同意后立即接受投标。上述有关燃料，物料和船长、高级船员、船员以及其他人员的工资和给养的补偿必须作适当扣除，扣除款项中包括共同海损和招标期间由于滞期而可从第三方那里得到的利润和营运费用损失赔偿。除订定的免赔额以外，如果损坏修理费用的一部分是保险人不负责赔偿的话，那么上述补偿应按相应比例扣减。

原文：Clause 10.3：The Underwriters may also take tenders or may require further tenders to be taken for the repair of the vessel. Where such a tender has been taken and a tender is accepted with the approval of the Underwriters, an allowance shall be made at the rate of 30% per annum on the insured value for time lost between the despatch of the invitations to tender required by Underwriters and the acceptance of a tender to the extent that such time is lost solely as the result of tenders having been taken and provided that the tender is accepted without delay after receipt of the Underwriters' approval. Due credit shall be given against the allowance as above for any amounts recovered in respect of fuel and stores and wages and maintenance of the Master Officers and Crew or any member thereof, including amounts allowed in general average, and for any amounts recovered from third parties in respect of damages for detention and/or loss of profit and/or running expenses, for the period covered by the tender allowance or any part thereof.

Where a part of the cost of the repair of damage other than a fixed deductible is not recoverable from the Underwriters the allowance shall be reduced by a similar proportion.

费以船舶当年的保险价值的30%为上限，即招标期间的滞期费如果小于保险价值的30%，则补偿实际的滞期费，如果实际的滞期费高于保险价值的30%，则仅补偿船舶保险价值的30%。而在《英国1983年协会定期船舶保险条款》下，补偿数额与被保险人的实际损失无关，按保险价值予以年利率30%的补偿，等待决标所损失的时间，按一年365天比例计算。例如，船舶保险价值为3,650,000英镑，保险人认为被保险人原来的投标皆不能接受，而要求被保险人再行招标，等待再行招标的决标期间是20天，船期损失2500英镑/天。

保险人根据《英国1983年协会定期船舶保险条款》，补偿额计算如下：3,650,000英镑×30%÷365天×20天=60,000英镑。

根据《中国人保船舶保险条款（2009版）》，补偿额的计算如下：实际船期损失为20天×2500英镑/天=50,000英镑，50,000英镑<60,000英镑，所以保险人只需补偿50,000英镑。

（2）根据《英国1983年协会定期船舶保险条款》的规定，补偿额中应当扣除被保险人所得到的金额，包括被保险人可以作为共同海损而得到赔偿的金额，如船舶的燃料、物料与船员工资和给养，以及被保险人能从第三方得到赔偿额，如延迟和/或利润损失和/或营运费用方面的赔偿。《中国人保船舶保险条款（2009版）》未在这方面作细致的规定，但是根据保险的补偿原则，被保险人已经得到赔偿的部分，保险人不再根据招标条款予以补偿。

（3）《英国1983年协会定期船舶保险条款》规定了被保险人未能遵照本条的规定行为时的法律后果，即在确定的赔款中扣除15%罚金，确定的赔款是指扣除免赔额后的净保险赔偿。[223] 但《中国人保船舶保险条款（2009版）》未作类似的规定。

一般情况下，保险人是不会自行单独进行招标工作或要求重新招标的，一方面原因在于绝大多数情况下，保险人对于被保险人对船舶修理的招标是满意的；另一方面，保险船舶的保险价值如果是1000万美元，招标期间滞期费的补偿金额可能达到每日8000余美元，保险人因此很少主张重新招标。[224] 上述条款事实上是对前一款的补充，明确保险人在招标过程中有上述权利。

3. 被保险人可以决定受损船舶的修理地点，如被保险人未像一个精打细算未投保的船东那样行事，保险人有权对被保险人决定的修理地点或修理厂商行使否决权或从赔款中扣除由此而增加的任何费用。

上述条款赋予了保险人决定受损船舶修理地点的权利。在保险人未对修理作出安排的情况下，保险人如果对被保险人选择的修船地点和修船厂商不满意，有两

---

〔223〕 参见杨良宜、汪鹏南：《英国海上保险条款详论》，大连海事大学出版社2009年版，第82页。

〔224〕 See N. Geoffrey Hudson and Tim Madge, *Marine Insurance Clauses*, Informa Law, p. 166.

种措施可供其选择:(1)对修船地点或修理厂商行使否决权;(2)承认该修船地点或修理厂商,但是从赔款中扣除因被保险人未尽一个未投保船东的精打细算之责而导致的额外支付的任何费用。

十一、索赔和赔偿

(一)保险事故发生时,被保险人对保险标的不具有保险利益的,不得向保险人请求赔偿保险金

1. 船舶保险中享有保险利益的主体范围

根据我国《保险法》第12条第6款的规定,保险利益,是指投保人或者被保险人对保险标的具有的法律上承认的利益。《英国1906年海上保险法》将保险利益限定为:被保险人与保险标的必须具有"普通法或衡平法上的关系"。中英两国对保险利益的规定在本质上是一致的,均要求被保险人与可保财产之间存在某种法律关系。这种关系可以根据法律的直接规定而产生,亦可根据合法有效的合同而产生。总结中英两国司法实践,下列主体被认定为对保险船舶具有保险利益:

(1)船舶所有权人

船舶所有权人包括登记所有权人和实际所有权人。在船舶所有人自己经营船舶的情况下,其无疑对船舶有直接的、明确的利害关系,因而具有保险利益。但是实践中,船舶往往会有特殊经营模式,出现登记所有权人与实际所有权人不一致、船舶所有权与船舶经营管理权分离的情形,如船舶挂靠关系。在此情形下,船舶登记所有人与实际所有人哪一个具有保险利益呢?

严格根据我国法律下的"法律联系说"解释保险利益原则,保险公司一般只会接受船舶登记所有人作为被保险人,实际所有权人为了将来能优先于被保险人获取保险理赔金,在投保时则会要求保险公司将自己列为第一受益人。更常见的情况是,登记所有权人与实际所有权人签订船舶经营管理合同,实际所有权人则以船舶经营人和管理人的身份取得保险利益,为船舶予以投保。

船舶即使出租后,船舶所有人依然对船舶具有保险利益。但是,在租船合同中可能会约定,一旦船舶发生损失,租船人要负责赔偿。但这只是对租船人的责任的规定,船东并不会因此而丧失对船舶的保险利益。在此种情形下,船舶所有人完全有权对船舶进行投保。在损害发生时,他可以要求承租人赔偿,也可以选择向保险人求偿,再由保险人向承租人代位求偿。

在1811年的Hobbs v. Hannam[225]案中,租船合同中约定承租人在船舶发生灭失时要赔付船价给船东,法院判决认为船东具有保险利益。即使是船长按承租人的指示进行非法交易而把船卖了,尽管这不属于船员不法行为(barratry),但船东还是可以从保险人那里得到赔偿。

---

[225] [1811] 3 Campbell 93.

(2)船舶的经营人与管理人

如上文所述,在海上保险实践中,往往出现船舶所有权与船舶经营管理权相分离的情形。将管理人与船舶登记所有人一并列为保单下的被保险人是一种很普遍的做法。船舶经营人与管理人自身是否具有保险利益取决于经营管理协议的内容。

如果根据经营管理协议,经营管理人有权直接占有、使用船舶,并可独立安排船舶的营运,与船舶所有人分享营运收入,甚至可有条件地处分船舶等,船舶经营管理人对船舶就享有保险利益。占有无论是事实还是权利,都给予占有人一种有利的地位。占有人不仅可以对物进行使用或获取收益,也会因占有而承担责任。这种情况往往管理人是实际所有人,而登记所有人则仅仅是为了设立单船公司和船舶挂旗考虑而设立。

例如,在海南和宇运贸有限公司诉中国人民财产保险有限公司九江市八里湖支公司海上运输保险合同[226]案中,海南和宇运贸有限公司为"星光66"轮投保了沿海内河船舶一切险及螺旋桨等单独损失险,后保险船舶因发生保险事故而产生大量的修理打捞费用和损失,被保险人向保险人索赔。双方争议的焦点之一是海南和宇运贸有限公司对"星光66"轮是否具有保险利益。事故报告载明海南和宇运贸有限公司为"星光66"轮的经营人,尽管海南和宇运贸有限公司不是"星光66"轮登记的所有权人,但经营人要对船舶状况及盈利情况负责,即船舶运营采取所有权与经营权分离的经营模式,且海南和宇运贸有限公司实际交纳了保险费24,200元,根据《保险法》第12条第6款规定的"保险利益是指投保人或者被保险人对保险标的具有的法律上承认的利益",可以认定海南和宇运贸有限公司对"星光66"轮具有保险利益。

在中港集团上海港口工程装备有限公司诉中国人民财产保险股份有限公司上海市浦东支公司船舶保险合同赔偿纠纷案[227]中,被保险人与案外人共同出资从日本中和物产株式会社处购买了"幸运港"轮,并在巴拿马设立了长和船务有限公司,长和船务有限公司作为该轮的登记船东将"幸运港"轮在巴拿马登记注册。原告与案外人约定由原告负责"幸运港"轮的日常管理和营运。保险公司以原告不是船舶的登记所有人,不具有保险利益为由抗辩。法院判决认为,原告系购买和改建涉案船舶的出资人之一,船舶安全营运与原告具有经济利害关系。同时,原告负责船舶的日常经营管理,实际控制船舶,在涉案事故中作为侵权行为人与受损养殖户达成赔偿协议,并实际支付赔款。据此,应认定原告对涉案船舶具有法律上的利益,法院对被告以原告不是船舶的登记所有人而否认其具有保险利益的意见不予

[226] 参见(2013)琼民三终字第7号。

[227] 参见(2006)沪海法商初字第405号。

采纳。

事实上,该案判决被保险人具有保险利益理由之一:“原告系购买和改建涉案船舶的出资人之一,船舶安全营运与原告具有经济利害关系。”该判决理由一定程度上反映的是经济联系说的观点。

在烟台市威盛国际船舶管理有限公司诉中国大地财产保险股份有限公司威海中心支公司船舶保险合同纠纷案[228]中,被保险人是保险船舶“润祥”轮《代管协议书》和《经营管理协议书》项下的船舶经营管理人。保险人以被保险人既不是船东也不是光船承租人为由,主张被保险人不具有保险利益。法院认为被保险人为“润祥”轮的船舶经营管理公司,负责对该船的全部经营管理工作,包括投保。原告依法对保险标的具有法律上承认的利益,因此,原告依法享有保险利益。

但是,如果根据协议,船舶的经营开支、收入归船舶所有人承担或享有,船舶产生的责任由船舶所有人负责,而经营管理人只需负责船舶的日常管理和营运计划,从而有权向船舶所有人索取报酬,其对船舶不具有保险利益,而只对其报酬具有保险利益。在双方约定由船舶经营人、管理人负责投保时,在满足一定条件的情况下,船舶经营人和管理人可能会被认定为船舶所有人的代理人,代其办理保险手续。这样,船舶所有人成为保险合同的一方,且具有保险利益,有权从保险人处取得保险赔偿。

例如,在福州金帆船务有限公司、周某某与中国人保船舶保险合同理赔纠纷案[229]中,保险船舶“金山泉 78”轮船舶所有权人为周某某,周某某与福州金帆船务有限公司签订了船舶经营管理合同,约定由福州金帆船务有限公司协助周某某办理船舶保险手续,保险费由周某某负担。保险单表面记载被保险人为福州金帆船务有限公司。保险船舶发生保险事故后,周某某与福州金帆船务有限公司均请求保险人承担保险赔偿责任,保险人抗辩:周某某与被告不存在任何保险合同关系,其并非本案适格的原告,而福州金帆船务有限公司在涉案的碰撞事故中没有承担任何赔偿责任,并无实际损失,无保险利益,其无权向被告主张权利。一审与二审法院均判决认为,根据双方船舶委托经营管理合同,周某某系“金山泉 78”轮的所有权人,其作为实际船东和实际被保险人对涉案保险标的具有保险利益。福州金帆船务有限公司仅系“金山泉 78”轮挂靠经营人,而非船东和实际经营人,且在船舶碰撞纠纷中未对外承担赔偿责任,周某某根据船舶委托经营管理合同委托福州金帆船务有限公司代办保险业务。保险公司作为专业保险人,在办理船舶保险时,应审查并了解相关船舶的所有权及实际经营情况,对上述情况应当是明知的。根据《合同法》第 402 条关于隐名代理的规定,周某某委托福州金帆船务有限公司代办

---

[228]　参见(2009)青海法海商初字第 353 号。

[229]　参见(2005)甬海法商初字第 336 号。

保险业务,是保险合同的隐名被保险人,其与保险公司之间构成保险合同关系,是本案适格的原告。保险公司依约收取了保费,在保险事故发生后,拒绝支付保险赔偿,应承担相应的违约责任。

(3)船舶承租人

光船承租人由于实际占有、使用和营运船舶,在租赁期间因对船舶的占有、使用和营运的原因致使出租人的利益受到影响或遭受损失的,要负责消除影响或赔偿损失,因此具有保险利益。关于认定租船人具有保险利益的案例,可以参考潍坊鸿达海运有限公司诉中国太平洋保险公司潍坊分公司损失理赔案[230]。

该案中,原告是保险船舶的光船承租人。被告主张原告没有海上运输经营许可证,对“潍洋”轮没有合法的保险利益。法院判决认为,原告作为“潍洋”轮的光船租船人,对该轮具有占有、使用、经营收益权,原告会因该轮作为保险标的的灭失和损害而遭受损失,或因其安全到达而实现期待利益,因此,原告对该轮具有经营管理利益、责任或费用利益等,即具有法律上承认的利益。原告是否具有海上运输经营许可证,与能否出险没有必然联系。原告、被告之间的保险合同合法有效。

(4)同意购买船舶的人(无论所有权是否转移)或者承担风险之人

在怡信有限公司与中国平安财产保险股份有限公司船舶保险合同纠纷案[231]中,被保险人怡信公司购买无动力船舶“ROYAL ALEUTIAN”轮,并将其自美国阿拉斯加荷兰港拖航至中国张家港,被保险人为该船投保全损险。拖带途中保险船舶遭遇保险事故而沉没。保险人以船舶未进行船舶所有人的变更登记主张怡信公司不是船舶所有人,不具保险利益。法院判决认为,怡信公司是被保险船舶的合法买受人,支付了船款,并依据购船合同在接收船舶后承担风险,怡信公司对保险标的具有保险利益。

但是,如果在购买船舶一方尚不承担风险的情况下,买受人难以被认定为存在保险利益。

例如,在 Piper v. Royal Exchange Assurance[232]案中,原告在挪威买了一艘船并为船舶投保,但买卖合同中约定在船到达英国前都由卖方承担风险,保险船舶于保险期间搁浅。原告因此向保险人请求保险赔偿。保险人以原告没有保险利益进行抗辩,并提起反诉,要求原告应归还保险人曾支付给原告的船舶修理费。法官认为,保险人承保原告的风险以原告有保险利益为前提,支付给原告船舶修理费也是基于原告有保险利益。然而,被保险人没有保险利益,因此不仅不能得到赔偿,还要归还已得到的修理费。在这种情况下,原告怎样才能获得保险利益呢?法官在

[230] 参见(1998)鲁经终字第639号。

[231] 参见(2008)津高民四终字第58号。

[232] [1932] 44 Ll. L. Rep. 103.

判决中进一步指出，如果原告投保的不是船舶，而是船舶安全到达伦敦，那么他就可以获得偶然保险利益。

(5)对船舶具有担保权利的一方

对船舶具有担保权利一方包括船舶抵押权人、留置权人和船舶优先权人，其保险利益是基于船舶担保物权所带来的优先受偿的担保权益。船舶因保险事故发生灭失或损坏时，担保权利人可以基于这种优先受偿权先于普通债权人从保险船舶的交换价值(主要是保险赔偿金)中实现自己的债权。

担保权利是一种物权，虽然船舶担保物权人不占有船舶，但是其对船舶仍然享有物权属性的权利。例如，担保权利人可以在一定情况下申请将船舶扣押、拍卖等。这就意味着当船舶发生灭失或损害时，对船舶享有担保物权人的部分权益将受到损害。从这个角度看，担保物权人对保险船舶具有保险利益。我国《海商法》第15条规定，除合同另有约定外，抵押人应当对抵押船舶进行保险；未保险的，抵押权人有权对该船舶进行保险，保险费由抵押人负担。该规定也从侧面反映，抵押权人对被抵押船舶具有保险利益，可以以自己的名义对船舶进行保险。但是，我国法律对船舶担保物权人是否具有保险利益未作明确规定，实践中极少有船舶担保物权人为其担保权益而单独投保。担保物权人，尤其是作为抵押权人的融资银行，为保障自身的权利，往往要求船舶所有人在保险合同中特别将其约定为第一受益人，但第一受益人条款的效力存在争议。我国司法实践中一般倾向于肯定其效力，但是对此条款中"受益人"的含义以及法律地位的理解应当区别于人身保险中的受益人。

例如，在北海华洋海运有限责任公司诉中国人民财产保险股份有限公司北海市分公司船舶保险合同纠纷案[233]中，涉案船舶保险合同中特别约定了农村信用社为第一受益人。保险船舶"鑫源顺6"轮沉没，被保险人请求保险人承担保险赔偿责任。同时，农村信用社依据保单中第一受益人的特别约定，要求以有独立请求权的第三人身份参加本案诉讼，并请求法院判令被告将包括贷款本金以及利息在内的保险赔偿金支付给第三人。法院判决认为，船舶保险中关于第一受益人的特别约定条款应认定为有效，但是，我国《保险法》对"受益人"概念明确界定在人身保险中，因此该第一受益人并非《保险法》中的受益人，而属于《合同法》第64条规定的当事人约定由债务人向第三人履行债务的第三人。《合同法》中的第三人的法律地位决定了第一受益人在保险合同纠纷中的诉讼地位，第一受益人不能以原告或者有独立请求权第三人身份参加保险合同之诉，只能以无独立请求权第三人身份参加诉讼。

2. 不具有保险利益的法律后果

如果被保险人的保险利益已经确定丧失，不可能恢复，则从被保险人丧失保险

[233] 参见(2013)厦海法商初字第255号。

利益之时起,被保险人就不再享有保险赔偿请求权,合同目的已不能实现,即使保险人不主动行使主张解除合同的权利,双方的权利义务也自然终止。

在中国平安财产保险股份有限公司宁波分公司诉浙江鸿霖船舶工程有限公司通海水域保险合同纠纷案[234]中,被告鸿霖公司将其所有的“鸿霖浚 9”轮在原告处投保沿海、内河船舶保险一切险,约定保费分四期支付,但被告一直拖欠保险费。保险期间,被告已将“鸿霖浚 9”轮出卖,并于 2014 年 2 月 21 日注销所有权登记,转让船舶时由于受让人为外国公司,不需要转让船舶原有保险,被告将船舶出卖的事实已告知原告,但原告称被告未交保险费不能解除保险合同。

原告认为注销船舶所有权的事实不影响原告、被告合同的履行及被告支付保险费的义务,原保险合同仍然有效,原告诉请判令被告支付保险费(包括船舶注销登记之后的保险费)。被告鸿霖公司对原告、被告之间订立保险合同及原告主张的未支付保险费的事实无异议,但认为保险费应计付至船舶所有权注销登记之日。

法院判决认为,保险标的转让后被保险人的权利和义务依法由受让人承继,被告在丧失保险利益的同时也丧失了保险赔偿请求权,原告对被告不承担赔偿保险金的责任,故在原告、被告之间,保险合同不再具有能实现的合同目的,合同权利和义务自然终止,原告关于合同仍在原告、被告之间存续的主张缺乏法律依据,法院未予支持。

(二)全损

全损分为两种方式:实际全损和推定全损。前者强调被保险人实际丧失对保险标的的占有或控制,后者着重于经济因素。

1. 实际全损

(1)构成实际全损的情形

构成实际全损的情况有三种:第一,实际完全毁损或灭失,如船舶发生爆炸,炸成数段,成为一堆废铁,支离破碎,散落于海上。第二,保险标的遭到严重损坏导致保险船舶丧失了原有的形体和效用。据此,在衡量是否构成实际全损时,需要对保险船舶原有的形体或效用以及事故后的实际状况进行判定。第三,被保险人不能避免地丧失该船舶,即尽管知道船舶还在,也知道在什么地方,但船东得不到船舶,失去了对船舶的控制,也做实际全损处理。如船舶在深海沉没或搁浅,依现代技术无法打捞或脱离浅滩;或海盗掠夺,回复无望。

(2)实际全损时,按照保险金额赔偿

根据“实际全损时,按照保险金额赔偿”的规定,在船舶发生实际全损时,保险人应当按照保险金额予以赔偿。但事实上,保险人的全损赔偿还需受到保险价值的约束,换言之,保险价值是确定保险人的赔偿限度,即保险人的最高赔偿额。

---

[234] 参见(2014)甬海法商初字第 361 号。

在定值保险中,定值保险单是该项索赔的基本依据,保险金额往往同约定价值相等或低于约定价值,被保险人此时可以得到足额赔偿,全部赔偿的限度即为保险金额。在不定值保险中,船舶的保险价值,是保险责任开始时船舶的价值,包括船壳、机器、设备的价值,以及船上燃料、物料、索具、给养、淡水的价值和保险费的总和。虽然该价值需要依据评估来确定,但从理论上说亦产生定值保险之效果。倘若船舶的实际价值高于保险金额,按保险金额计算;若实际价值低于保险金额,则赔偿实际价值。

(3)保险船舶在预计到达目的港日期,超过两个月尚未得到它的行踪消息视为实际全损,按保险金额赔偿

船舶失踪是为船舶在一定期限内下落不明设定的一种法律制度。船舶在海上航行,船舶和被保险人通过无线电通信设备进行联系,或通过船舶代理人互通信息。如果船舶在预计到港时间后的一段时间内尚未到达,船东通过各种渠道与船舶无法取得联系,可推测其保险船舶可能遭遇海上事故而灭失。但事实是否如推测一样,需要时间和证据予以证实,这往往需要花费一定的时间。因此,世界各国都普遍规定,当船舶失踪达到规定期限时,船舶视为实际全损。理解《中国人保船舶保险条款(2009版)》时,应当注意以下几点:

第一,构成船舶失踪的要件之一是保险人收不到消息。这种消息不仅包括来自该船舶的消息,还包括来自其他方面的有关消息。此时船舶可能已灭失,也可能存在,无论船舶灭失与否,在未证明该船舶的确切位置或去向前,可认定为失踪。

第二,保险条款将船舶失去行踪的时间设置了一个上限——两个月,起算时间是保险船舶预计到达目的港的时间。如果合同中约定了船舶预计到达目的港的时间,即为合同中的约定时间,如果合同中未约定具体时间,则应该为通常情况下,考虑到船舶自身及气候条件完成航程所需要的时间。我国《海商法》第248条也对船舶失踪规定了两个月的期限,[235]但与《中国人保船舶保险条款(2009版)》规定不同,该两个月的起算时间以船舶合理到达目的港为准,而并不考虑合同中约定的预计到港时间。

第三,被保险人以船舶失踪提出索赔时,按实际全损赔偿,而且不要求被保险人委付保险标的。但是如果保险人赔偿后失踪船舶又出现的,被保险人应将取得的赔偿金及利息退还给保险人,或者将船舶所有权无偿转移给保险人。

2. 推定全损

当保险船舶实际全损似已不能避免,或者恢复、修理、救助的费用或这些费用的总和超过保险价值时,在向保险人发出委付通知后,可视为推定全损。不论保险

[235] 《海商法》第248条规定:“船舶在合理时间内未从被获知最后消息的地点抵达目的地,除合同另有约定外,满两个月后仍没有获知其消息的,为船舶失踪。船舶失踪视为实际全损。”

人是否接受委付，都应按保险金额赔偿。如保险人接受了委付，本保险标的属保险人所有。有关推定全损以及委付的相关内容，参见本书第六章的相关论述。

（三）部分损失

1. 对本保险项下海损的索赔，以新换旧均不扣减。

当船舶旧的部件因保险事故而发生灭失或损坏时，被保险人将使用新的部件予以替换，这将使船舶的状况较保险事故发生前有所改善。海上保险合同是补偿性质的合同，对于船舶以新换旧的增加部分理应予以扣减。然而，实践中，以新换旧扣减的数额通常难以确定，尤其是在钢制船的时代，这种改善往往只是名义上的，因此船舶保险的保险人放弃了扣减的权利，在船舶保险条款中约定"以新换旧不做扣减"。[236]

但本款规定不影响海上货物运输合同中船东与货主之间共同海损的理算。如果共同海损理算书中对共同海损牺牲的修理已作了以新换旧的扣减，在《1974 年约克－安特卫普规则》中的确仍有广泛的折旧规定，保险人对共同海损牺牲的赔付无需等到共同海损理算的结束，而是将其类同单独海损先予全部赔付，对于无法全部作为共同海损要求货方分摊的折旧部分，由保险人自己承担。[237]

2. 船东为使船舶适航做必要的修理或通常进入干船坞时，保险船舶也需就所承保的损坏进坞修理，进出船坞和船坞的使用时间费用应平均分摊。

为了使船舶保持适航状态，根据船级社入级规范的要求，船舶要进行定期的检验与维修。此等检验维修产生的费用，是船东营运中的正常花费，保险人不负责赔偿。如果船舶发生了轻微的海损事故，造成的损坏不大，尚不影响正常航行，船东往往并不立即入坞修理，而是等到下一次船舶定期修理时一并予以维修，从而减少船期损失。这样，船舶的下一次进坞修理有两个目的：(1)根据船级社入级规则要求而进行的正常维修检验；(2)修理保险事故造成的船舶损失。保险人对后者需要承担保险赔偿责任，但对前者不负责赔偿。为公平起见，保险人要求船东分摊进出船坞和船坞的使用时间费用，考虑到难以计算清楚为两种目的进坞修理所各自占用船坞的时间，因此，本条规定，不对两者各自占用船坞的时间做详细核算，而由保险人与船东平均分摊费用。

3. 保险人对船底的除锈或喷漆的索赔不予负责，除非与海损修理直接有关。

"船底"，是指保险船舶"空载水线"以下的部分。本条仅仅涉及船底部分，不影响保险人对船舶其他部分损害修理的责任。[238] 船舶搁浅、碰撞等事故可能造成船底遭受损失，需要进干坞进行修理，与海损修理直接相关的船底除锈或喷漆，保

[236] See N. Geoffrey Hudson and Tim Madge, *Marine Insurance Clauses*, Informa Law, 2005, p. 139.

[237] 参见杨良宜、汪鹏南：《英国海上保险条款详论》，大连海事大学出版社 2009 年版，第 99 页。

[238] 参见杨良宜、汪鹏南：《英国海上保险条款详论》，大连海事大学出版社 2009 年版，第 101 页。

险公司负责赔偿,其余除锈或喷漆的花费应由船东自行负责。

但如果在海损修理期间,由于其他原因导致修理期间被不合理延长,需要重新涂船底防污漆的费用,则保险人不负责。

(四)其他情形

1. 被保险人为获取和提供资料、文件所花费的时间和劳务,以及被保险人委派或以其名义行事的任何经理、代理人、管理或代理公司等的佣金或费用,本保险均不给予补偿,除非经保险人同意。

根据《中国人保船舶保险条款(2009 版)》第 8 条中对被保险人义务的规定,海损事故发生后,被保险人向保险人请求赔偿时,其有义务提供有关的资料、文件和单证,证明损失发生的事实和船舶损失程度。因此,被保险人在为完成该项义务而花费的时间和劳务,保险是不予负责的(共同海损理算报告除外)。有时,被保险人并非亲自从事这项工作,而是委派经理、代理人、管理或代理公司处理案件,因此而产生的佣金和费用,保险人也不予负责。但如经保险人同意,保险人对此等佣金和费用就需要负责。例如,船舶在一个没有保险代理人的国家发生海难事故,但该案又必须在该国处理,保险人往往会同意该案可由被保险人请其船舶代理人代表被保险人和保险人在该国办理,并支付相关费用。

2. 凡保险金额低于约定价值或者低于共同海损或救助费用的分摊金额时,保险人对本保险承保损失和费用的赔偿,按保险金额在约定价值或分摊金额所占的比例计算。

本款是对不足额保险的规定。有学者澄清:本条款有一个误写的地方,将"分摊价值"误写为"分摊金额"。[239] 在足额保险的情况下,保险金额等于保险价值。本款中规定的"约定价值",是保险人与被保险人根据保险标的投保时的市场价格商定出的船舶价值。该约定对双方均具有约束力,在损失发生时,被保险人无需举证证明保险标的在保险事故发生时的实际价值,而是按约定价值作为赔偿计算标准。约定价值可能与船舶的实际价值相比偏高或偏低,但这一般不影响约定价值的效力,除非被保险人在确定保险价值时有欺诈行为或违反了告知义务。

在不足额保险的情况下,被保险人不能从保险人处得到全部赔偿,而是按照保险金额与保险船舶约定价值之间的比例来计算赔偿的数额,计算公式为:保险赔偿 = 损失额 × 保险金额/约定价值或分摊价值。[240] 英国法下,将这种按比例分担的规则称为"共同保险"(coinsurance),即把不足额保险的被保险人视为自己的保

---

[239] 参见王海明:《船舶保险》,首都经济贸易大学出版社 2012 年版,第 85 页。

[240] 本款与《海商法》的规定并不完全一致。《海商法》第 241 条规定:"保险金额低于共同海损分摊价值的,保险人按照保险金额同分摊价值的比例赔偿共同海损分摊。"

险人。[241]

陈某诉永安财产保险股份有限公司某某中心支公司通海水域保险合同纠纷案[242]中，保单上约定，保险船舶的保险价值是200万元，保险金额为120万元。同时约定，对保险船舶救助及施救的两项费用之和的累计最高赔偿额以不超过保险金额8%为限。保险船舶在保险期间发生侧翻沉没，事故发生后，原告与案外人签订沉船打捞合同，并承担了46万元施救费用，根据公估报告，核定船舶修理费468,366.91元，修理中切割下来的废钢材价值8000元。但由于原告事故后无钱修理，保险船舶一直搁置。原告主张保险人对船舶予以保险赔偿。依照《海商法》第240条第3款的规定，保险金额低于保险价值的，除合同另有约定外，保险人应当按照保险金额与保险价值的比例，支付本条规定的费用。因此，本案因碰撞、触碰引起的船舶一切险保险责任下的保险赔款，计算如下：（船舶损失468,366.91－废品价值8800）元×不足额保险比例60%＋船舶打捞费460,000元×不足额保险比例60%＝551,740.15元。

3. 保险船舶与同一船东所有或由同一管理机构经营的船舶之间发生碰撞或接受救助，应视为第三方船舶一样，本保险予以负责。

该款是所谓的"姐妹船条款"，如果同一船东的两条船相撞，两船之间不存在侵权责任，因为一个人不能对自己提起诉讼。在经典的Simpson v. Thompson[243]案中，A船与B船发生碰撞后沉没，B船与A船属于同一船舶所有人。尽管B船在碰撞中存在过错，但保险人对于沉没的A船支付全损赔付后，不享有从B船所有人处获得赔偿的权利。这对被保险人是不公平的，而且姐妹船的船舶保险人可能各不相同，这也影响了保险人行使代位求偿权。为解决上述问题，条款中采用了姐妹船条款，旨在维护被保险人的利益。根据该款规定，就船舶保险而言，姐妹船被视为所有人不同或者管理人不同，从而保障同一船东拥有的船舶之间相互发生碰撞或进行救助作业而产生的船舶损失和费用能够得到保险赔偿，同时鼓励船东在发生保险事故时，可以毫无顾虑地动用姐妹船对其遇难的船舶进行及时救助。

《英国1983年协会定期船舶保险条款》第9条也规定了姐妹船条款，其前半段的规定与《中国人保船舶保险条款（2009版）》的规定基本相同，不同的是，英国协会定期船舶保险条款还对有关碰撞责任及救助费用金额的确定问题作了特别规

---

〔241〕《英国1906年海上保险法》第81条：在本保险投保金额少于其可保价值，或在定值保险单中，投保的金额少于保险单价值之场合，就有关该未保险余额，被保险人应视为是他自己的保险人。原文：Section 81：Where the assured is insured for an amount less than the insurable value or, in the case of a valued policy, for an amount less than the policy valuation, he is deemed to be his own insurer in respect of the uninsured balance.

〔242〕参见（2012）甬海法温商初字第236号。

〔243〕［1877）3 App. Cas. 279.

定,即确定上述金额时,应呈交给由保险人和被保险人双方同意的一个独任仲裁员进行仲裁。姐妹船中如果有一艘船或两艘船载有货物,则货方不受船舶保险单上该姐妹船条款的限制,船长和船员就其独立的救助报酬请求权而言,也不受该姐妹船条款的制约。但在实践中,货方和运费利益方、提出索赔的船员往往会同意遵循独任仲裁员关于救助报酬的裁决。[244]

十二、争议的处理

根据《中国人保船舶保险条款(2009版)》的规定:"因履行本保险合同发生的争议,由当事人协商解决。协商不成的,提交保险合同载明的仲裁机构仲裁;保险合同未载明仲裁机构且争议发生后未达成仲裁协议的,依法向有管辖权的法院起诉。本保险合同适用中华人民共和国法律(不包括港澳台地区法律)。"

本条修改了《中国人保船舶保险条款(1986版)》的规定,删去了原条款中规定的"被保险人与保险人之间所发生的一切争议,需要仲裁或诉讼时,仲裁或诉讼的地点在被告方所在地",同时补充规定了一款法律适用条款,明确准据法为中华人民共和国法律。

[244] 参见[英]Donald O'may, Juliam Hill:《OMAY〈海上保险法律与保险单〉》,郭国汀等译,法律出版社2002年版,第596页。

第八章　海洋运输货物保险条款

海洋运输货物保险的险种很多,以《中国人保海洋运输货物保险条款(2009版)》为例,按照是否能单独投保分为基本险和附加险两类。基本险所承保的主要是自然灾害和意外事故所造成的货物损失与费用,分为平安险、水渍险和一切险三种。附加险是对基本险的补充和扩大,承保的是除自然灾害和意外事故以外的各种外来原因所造成的损失。附加险只能在投保某一种基本险的基础上才可加保,分为一般附加险、特别附加险和特殊附加险。本章将分两节对基本险和附加险进行阐述。

第一节　海洋运输货物保险基本险条款解释

《中国人保海洋运输货物保险条款(2009 版)》基本险部分包括责任范围、除外责任、保险起讫、被保险人的义务和索赔期限五部分。

货物需要依赖船舶的运送才能到达目的地。因此,海上航程的完成也属于海上货物运输保险的标的。如果航程终止,尽管货物本身在物理意义上并没有受损,但是构成了货物经济或法律意义上的推定全损,如货物的续运费用大于货物抵达目的地的价值,则被保险人遭受的为货物全损;若航程终止后货物没有实质损坏且经济上值得续运去目的地,则被保险人遭受的部分损失为续运费用。虽然《中国人保海洋运输货物保险条款(2009 版)》并没有对保险标的进行特别规定,但是从我国《海商法》第 246 条对"货物推定全损"的规定以及《中国人保海洋运输货物保险条款(2009 版)》对"货物推定全损"和"续运费用"的规定可推知,我国海上保险实务与法律都确认承保保险单载明的航程的完成。这也是英国普通法早已确定的原则。[1]

一、责任范围

根据《中国人保海洋运输货物保险条款(2009 版)》第 1 条的规定,基本险分为

〔1〕 See Susan Hodges, *Law of Marine Insurance*, Cavendish Publishing Limited, 1996, p. 26.

"平安险""水渍险""一切险"三种。被保险人根据其需求选择投保其中一种，货损发生后，保险人按照保险单上载明险别的承保范围承担赔偿责任。"平安险""水渍险""一切险"的称谓源自保险行业的习惯，但是其字面意思和实际承保范围并不完全一致，容易使人产生误解。

海上货物运输保险既有列明风险，如协会货物保险 B、C 条款、"平安险"和"水渍险"，又有非列明风险，如协会货物保险 A 条款和"一切险"。是否为列明风险将直接影响保险人与被保险人的举证责任分配，从而影响诉讼不利后果的承担。这导致在实务中，负有举证责任的一方将负责事故发生时的主要调查工作。在列明风险情况下，被保险人需要首先证明货物损失是由某种具体的承保风险造成的，被保险人完成此项举证后，保险人才需要抗辩并证明货损是除外责任造成的，若被保险人不能完成此项举证，保险人可以拒赔。在国际货物运输实务中，货方不控制运输，只是把货物交给承运人或船东，因此举证货损原因属于承保风险对货主来说是很困难的。而在非列明风险情况下，被保险人只需要证明损失是由可保风险造成的即可，不需要说明损失具体是由哪种风险造成的，其很容易完成举证，而保险人需要充分举证损失属于除外责任才可拒赔。[2] 本条款中的"平安险"和"水渍险"是列明风险，因此被保险人的举证责任较重，需要证明其索赔的损失是由具体某项列明风险造成的。而"一切险"是非列明风险，一般来说被保险人只需证明损失由意外风险造成即可。

（一）平安险

"平安险"（Free from Particular Average，FPA），英文原意为"单独海损不赔"。"平安险"最初只赔偿全部损失，所以又称为全损险。但在长期实践中，出现了"FPA 英国条件"和"FPA 美国条件"，[3] 对"平安险"的责任范围进行了补充和修订，承保部分重大海上事故造成的货物部分损失。所以，平安险发展到现在早已突破了其最初的责任范围，逐步扩展为赔偿部分损失。比如《中国人保海洋运输货物保险条款（2009 版）》承保范围的第 2、3、4 项，均是在意外情形下发生的部分损

---

〔2〕 British and Foreign Marine Insurance Co. v. Gaunt [1921] 2 AC 41, at 47 (per Lord Chancellor): "… the plaintiff discharges his special onus when he has proved that the loss was caused by some event covered by the general expression and he is not bound to go further and prove the exact nature of the accident or casualty which in fact occasioned his loss."

〔3〕 参见[美]吉尔摩、布莱克：《海商法》（上），杨召南等译，中国大百科全书出版社 2000 年版，第 95 页。"FPA 英国条件"，又称"F. P. A. English Condition"：单独海损不赔，除非船舶搁浅、沉没，或烧毁，或发生碰撞。只要上述海难发生时货物在船上，则保险人对于货物在出事或出事后所发生的一切损失承担保险责任，不考虑其是否存在因果关系。"FPA 美国条件"，又称"F. P. A. American Condition"：单独海损不赔，除非是由于船舶搁浅、沉没、烧毁，或与另一艘船舶碰撞所引起。损害须与海难有因果关系，即损害确实由上述海上事故引起的才构成保险责任。

失。从平安险的承保范围来看，无论是其“平安险”的称谓还是“单独海损不赔”的原意都不能反映其实际内涵，所以《英国 1982 年协会货物保险条款》将其称谓改成了“C 条款”。[4] 但是“平安险”作为习惯称呼在我国海上保险行业中被长期沿用下来。

“平安险”是三种基本险中承保范围最小的险别，一般仅适用于大宗、低价值、粗糙的无包装货物，如废旧钢材、矿砂、木材等，因此平安险的保险费率通常也是最低的。投保人在选择平安险时，如果货物还存在特别的性质，或者运输的航线可能会遭遇特别的意外或者人为事故等，则需要投保附加险以便保障货物的运输安全。

《中国人保海洋运输货物保险条款(2009 版)》对平安险条款的承保范围是通过列明风险的形式确定的，被保险人索赔时需要举证证明货损是由哪项具体的列明风险造成的，其列明的风险包括如下八项：

1. 货物在运输途中由于恶劣气候、雷电、海啸、地震、洪水自然灾害造成整批货物的全部损失或推定全损。

当被保险人要求赔付推定全损时，须将受损货物及其权利委付给保险人。被保险货物用驳船运往或运离海轮的，每一驳船所装的货物可视作一个整批。推定全损，是指被保险货物的实际全损已经不可避免，或者恢复、修复受损货物以及运送货物到原定目的地的费用超过该目的地的货物价值。

本项列举了保险人予以承保的五种自然灾害，即恶劣气候、雷电、海啸、地震、洪水。由于平安险是列明险，因而冰雹、冻雨、火山爆发等其他自然灾害造成的损失被排除在保险责任之外。“恶劣气候”并不是指一般的、常见的、可预测的气候条件，而是船舶在海上偶然遇见的异常气候条件，足以使船舶破裂、倾覆、进水导致货物被浸泡、倒垛、散包等。在不同的季节、不同的航线，恶劣气候的构成标准也是不同的。[5] “雷电”，又称闪电，是大气的一种放电现象。闪电很容易引起火灾或爆炸。“海啸”是一种气象性水文灾害。“地震”是地壳的震动形成地面的断裂与变形，包括海底地震。“洪水”是一种水文灾害，常常对港内及陆上货物造成损害。[6] 因此，投保人在选择平安险时，应该对所投保运输航程可能出现的自然灾害的种类进行预测。对于这五种之外的自然灾害应当与保险人协商附加险别或约定补充条款。

根据《中国人保海洋运输货物保险条款(2009 版)》第 3 条“责任起讫条款”，“货物运输途中”应该包括了海上运输期间以及与海上运输相关联的陆运或仓储

---

[4] 因此，《英国 2009 年协会货物保险条款(C)》对应我国《中国人保海洋运输货物保险条款(2009 版)》平安险条款。

[5] 参见曾立新：《海上保险学》，对外经济贸易大学出版社 2001 年版，第 347 页。

[6] 参见汪鹏南：《海上保险合同法详论》，大连海事大学出版社 2011 年版，第 129 页。

阶段。因此,此处的"恶劣气候""雷电""海啸""地震""洪水"不局限于海上发生的,也承保了相应的陆上风险。

对于"整批货物全损",并不仅仅是以一张保险单上所载运货物的全部损失为标准来确定,只要一张保险单所承保的货物中可以分割的某一部分发生全部损失,便可以视为"整批货物全损"。[7] 所以,"整批货物全损"可能包含以下五种情况:(1)一张保险单项下承保的货物的全损;(2)一张保险单项下承保的一部分可分割货物的全损;(3)一张保险单所承保的分类保额的货物全损;(4)一张保险单所承保多份提单中的某一份提单货物的全损;(5)一张保险单所承保货物使用驳船运往或运离海轮时,每一驳船所装运的货物的全损。

全损包括实际全损和推定全损。根据本项对"推定全损"的界定,判定货物推定全损有两个相互独立的标准:(1)实际全损不可避免;(2)"恢复、修复受损货物以及运送货物到原定目的地的费用"超过"目的地货物价值"。其中"恢复"货物的费用,包括货物应分担的救助费用和应分摊的共同海损。"修复"货物的费用,包括分拣、干燥和重新包装等重整措施的费用。"运送货物到原定目的地的费用"包括在中途港、避难港由于卸货或者存仓所产生的费用,以及将货物转运到目的地的全部运费等。[8] 值得注意的是,本项与我国《海商法》第246条第2款[9]对"推定全损"的表述并不一致,《海商法》以超过"保险价值"为准,而《中国人保海洋运输货物保险条款(2009版)》以超过"目的地的货物价值"为准。根据我国《海商法》第219条第2款第2项的规定,货物的保险价值,是保险责任开始时货物在起运地的发票价格或者非贸易商品在起运地的实际价值以及运费和保险费的总和。因此,目的地的货物价值并不一定是货物保险价值,而且保险存在足额保险和不足额保险,货物价值和保险价值也会相应存在不一致的情形。二者的区别应引起被保险人的注意。鉴于我国《海商法》对推定全损的规定只是任意性规定,在审判实务中,只要保险条款的约定清楚无误,仍应以约定为准。

有关推定全损情况下的委付,可参见本书第六章第三节的相关论述。

与《中国人保海洋运输货物保险条款(2009版)》平安险条款相对应的《英国2009年协会货物保险条款(C)》的承保范围没有提及这五类自然灾害。因此《英国2009年协会货物保险条款(C)》对如"地震、火山爆发、雷电"等自然灾害所致的损失都不予赔偿。

---

〔7〕 参见应世昌:《新编海上保险学》,同济大学出版社2010年版,第191页。

〔8〕 参见汪鹏南:《海上保险合同法详论》,大连海事大学出版社2011年版,第105页。

〔9〕 《海商法》第246条第2款规定,货物发生保险事故后,认为实际全损已经不可避免,或者为避免发生实际全损所需支付的费用与继续将货物运抵目的地的费用之和超过保险价值的,为推定全损。

2. 由于运输工具遭受搁浅、触礁、沉没、互撞、与流冰或其他物体碰撞以及失火、爆炸意外事故造成货物的全部或部分损失。

"意外事故",是指因行为人不能预见、不能避免,并对其后果不能克服的事件,在保险法中专指人们在正常的生活、生产中难以预料,并且不希望发生的损失或灾难。本项列明了保险人予以承保的7种意外事故造成的货物损失,可以分为两类:(1)由于运输工具遭受搁浅、触礁、沉没、互撞、与流冰或其他物体碰撞造成的货物损失;(2)火灾、爆炸造成的货物损失。与第1项自然灾害情形下只赔偿全部损失相比,本项列明的意外事故造成的货物损失包括了全部损失和部分损失,突破了平安险的传统承保范围。

"运输工具",是指船舶,但不限于海船,还包括运输过程中使用的驳船、内河船只。有关船舶搁浅、碰撞、触碰以及火灾、爆炸的相关含义,可参见本书第七章船舶保险条款的相关解释。需要注意的是,"失火"和"爆炸"并不仅限于发生在运输工具上的失火与爆炸,在运输过程中的陆运或仓储阶段发生失火或爆炸事故所造成的货损也在保险人的责任范围内。失火或爆炸的原因可以是偶然的,如闪电造成失火;也可以是故意的,如第三人故意纵火。只要不属于除外原因,保险人就应当负赔偿责任。火灾造成的货物灭失或损坏,除直接被烧坏或烟熏造成者外,还包括救火过程中造成的损失,如货物湿损或遭践踏造成的损害。"沉没",是指船舶因任何原因在水中丧失漂浮能力,包括船舶倾覆。本项承保风险不包括货物非因船舶沉没只是由于船舶剧烈摇摆或者上浪导致的落海。

"火灾和爆炸"造成的货损在《英国2009年协会货物保险条款(C)》第1.1.1条中得以承保。"火灾",是指保险标的被点燃或者处于燃烧的状态。保险标的过度受热或者发热并不能构成火灾,除非过度受热可能立即转化为燃烧状态。火灾包括临近物体着火的热辐射所造成的损失,但不包括货物由于自然原因发热或自燃引起的损失,因为这属于货物固有特性的除外责任。火灾引起的损失还包括灭火措施或为避免火灾发生而采取的合理行为所引起的损害。[10]"爆炸",是指有激烈的化学反应或者核反应,或者气体或者蒸汽在压力作用下喷发而形成的剧烈声响的事件。[11]爆炸很难与火灾相区分,因此《英国2009年协会货物保险条款》将二者一起规定。

《英国2009年协会货物保险条款(C)》第1.1.2条承保了"船舶或驳船搁浅、擦浅、沉没或倾覆"造成的货损。《英国2009年协会货物保险条款(C)》第1.1.4

〔10〕 Symington v. Union Insurance Society of Canton Limited [1928] 31 Lloyd's Rep. 179 at 182. See also John Dunt, *Marine Cargo Insurance*, Informa Law from Routledge Press, 2009, p. 174.

〔11〕 Commonwealth Smelting Ltd. v. Guardian Royal Exchange Assurance [1984] 2 Lloyd's Rep. 608; [1986] 1 Lloyd's Rep. 121 (per Lord Staughton).

条承保了“船舶、驳船或运输工具与水以外的外部物体碰撞或接触”造成的货损。“运输工具”包括货物运送途中的各种习惯使用的火车、拖车、卡车等车辆或直升机等。因此,《英国 2009 年协会货物保险条款(C)》第 1.1.4 条承保了海上和陆上交通工具意外事故造成的风险。《中国人保海洋运输货物保险条款(2009 版)》中的“运输工具”仅指船舶,也就意味着仅承保海上交通工具意外事故造成的风险。

3. 在运输工具已经发生搁浅、触礁、沉没、焚毁意外事故的情况下,货物在此前后又在海上遭受恶劣气候、雷电、海啸等自然灾害所造成的部分损失。

本项规定了《中国人保海洋运输货物保险条款(2009 版)》平安险条款承保自然灾害造成货物部分损失的唯一一种情形。当货物部分损失的致损原因既有列明的搁浅、触礁、沉没和焚毁意外事故,又有恶劣天气、雷电、海啸等自然灾害时,《中国人保海洋运输货物保险条款(2009 版)》平安险条款的保险人对自然灾害造成的部分损失负责赔偿。如此规定是因为出现这样的情况时,被保险人很难举证哪些损失是意外事故造成的,哪些损失是自然灾害造成的,所以将其作为例外规定,只要损失的有效原因既有意外事故又有自然灾害,保险人就负责赔偿。没有意外事故的作用,单纯由自然灾害造成的损失,如列明意外事故发生之前,运载被保险货物的船舶在正常运输过程中因遭受自然灾害已经造成的货物部分损失;又如在列明意外事故发生之后,载运货物的船舶已经完全脱险,在以后正常的运输过程中,因遭受自然灾害而造成的货物部分损失,平安险都不负责赔偿。

“焚毁”,是指载货船舶发生火灾,以致遭到结构上的严重损害。货物发生一般火灾时,不可援引本项进行索赔。[12] 本项中“恶劣气候、雷电、海啸等自然灾害”并不是列明式,应采用“同类解释规则”解释“等自然灾害”,指与“恶劣气候”“雷电”“海啸”同等程度的海上自然灾害。

本项规定来源于《英国 1963 年协会货物保险平安险条款》[13],但是《英国 1982 年协会货物保险条款》和《英国 2009 年协会货物保险条款》都已经删去了该规定。

---

〔12〕 参见曾立新:《海上保险学》,对外经济贸易大学出版社 2001 年版,第 348 页。

〔13〕 如果船舶发生搁浅、沉没或焚毁时货物在船上,保险人就要负责赔偿货物的单独海损,即使搁浅、沉没或焚毁不是货损的原因,只要货损不是除外的危险造成的。原文:Clause 5: Warranted free from Particular Average unless the vessel or craft be stranded, sunk, or burnt, but notwithstanding this warranty the Underwriters are to pay the insured value of any package or packages which may be totally lost in loading, transhipment or discharge, also for any loss of or damage to the interest insured which may reasonably be attributed to fire, explosion, collision or contact of the vessel and/or craft and/or conveyance with any external substance (ice included) other than water, or to discharge of cargo at a port of distress, also to pay special charges for landing warehousing and forwarding if incurred at an intermediate port of call or refuge, for which Underwriters would be liable under the standard form of English Marine Policy with the Institute Cargo Clauses (W. A.) attached.

4. 在装卸或转运时由于一件或数件整件货物落海造成的全部或部分损失。

本项承保的风险又称"吊索损害"，限于货物装卸或转运过程中发生的意外，如吊钩脱落、吊绳断裂或吊杆折断等，造成整件货物掉落海中而造成的损失。本项仅承保装卸或转运过程中的货物落海损失，如果货物坠落到岸上，保险人不予承保。本项承保了"吊索损害"造成整件货物落海的全部损失以及部分损失。以前，保险公司在对整件落海的损失进行理赔时需认定货物确实发生了全部损失才进行赔偿。后来为了防止被保险人不积极抢救保险标的，只要发生了整件落海的事实，不论该保险标的是否发生了全损，保险人均承担赔偿责任。[14] 因此，此处的"货物落海造成的部分损失"主要是指一件或数件整件货物全部落海后经施救仍遭受的部分损失。"整件货物"并不限于保险单下的全部货物，但要求是"整件"，若是整件货物的一部分分散落入海中造成的部分损失，平安险不予承保。

《英国2009年协会货物保险条款（C）》不承保避难港外的货物装卸所造成的损失。

5. 被保险人对遭受承保责任内危险的货物采取抢救、防止或减少货损的措施而支付的合理费用，但以不超过该批被救货物的保险金额为限。

本项是对"施救费用"的规定，"施救费用"包括抢救费用和保护费用。抢救费用，是指在发生保险事故时，被保险人为了防止或减少保险责任范围内的损失而采取相应抢救措施所发生的必要的合理的费用。如沉船后打捞被保险货物的打捞费，或发生火灾时抢救货物的搬运费等。保护费用，是指在发生保险事故后，为了减轻保险货物的损失程度，防止损失继续扩大和加重，或为恢复其价值所进行的整理、翻晒、烘干、复制加工等所支付的运杂费、保管费、加工费以及重新包装等费用。根据我国《海商法》第240条第1款的规定，施救费用包括为确定保险事故的性质、程度而支出的检验、估价的合理费用，以及为执行保险人的特别通知而支出的费用。对于本项的理解，需区分施救费用与救助费用、共同海损之间的区别，相关内容可参见本书第六章的相关论述。

在上海农工商对外贸易公司诉中国平安保险股份有限公司上海分公司海上运输货物保险理赔案[15]中，原告向被告投保，保险标的为"孟特"轮散装的豆粕，险别为"一切险"。"孟特"轮在印度孟买装货完毕启运，抵达中国港口开始卸货，次日原告通知被告有严重货损。原告向被告提出索赔，但被告拒赔，该批货物后被成功拍卖。原告遂向北海海事法院提起诉讼要求法院判令被告赔偿货损及相关检验费用、起诉承运人的诉讼费和扣船申请费、律师费。

---

〔14〕 参见张丽英、赵劲松、赵鹿军：《中英海上保险法原理及判例比较研究》，大连海事大学出版社2006年版，第55页。

〔15〕 参见北海海事法院（2000）海商初字第011号；（2000）桂经终字第207号。

一审北海海事法院认为，货损属于被告承保的“一切险”责任范围，被告应予赔偿。原告为防止或者减少因保险事故发生所致之损失而支出的抢险劳务费、抢险疏运费、货物检验费以及在广州海事法院为申请扣船和诉讼所支出的扣船申请费、案件受理费以及为此而支付的律师费用，均符合我国《海商法》第240条施救费用的规定，应由被告承担。

二审广西壮族自治区高级人民法院在维持一审主要判决事项的基础上进行了改判，认为保险事故发生后，被上诉人为了减少保险标的豆粕损失的扩大，采取了一系列抢险措施，为此支出了抢险劳务费、抢险疏运费、扣船费、案件受理费，根据《海商法》第240条第1款的规定，上诉人应对上述费用进行赔偿。但对装卸包干费、保管费、关税、包装袋费等费用，因其不是为防止或减少保险标的豆粕损失的扩大而采取抢险措施所支付的合理的、必要的费用，属被上诉人经营该批豆粕中必然发生的费用，应计入成本；而律师费不是进行诉讼的必然开支，故该部分费用不属保险赔偿的范围。

实际上，一审予以保护而二审改判为不予保护的原告为追究承运人责任而支付的律师费用，应该属于“被保险人为防止或者减少根据合同可以得到赔偿的损失而支出的必要的合理费用”，因为本案涉及复杂的法律和技术问题，委托律师代理诉讼在市场经济发达国家自不待言，即便在我国也已成为惯例，况且该支出不是为本案诉讼而是另案为被告利益进行扣船保全和诉讼支出的费用，因而具有合理性。

《英国2009年协会货物保险条款（C）》第16条“被保险人义务条款”规定了被保险人的施救义务和保险人支付施救费用的义务。第16.1条规定，被保险人及其雇员和代理人有义务采取为避免或尽量减少此种损失可能是合理的措施。第16.2条规定，保险人负责在可取得赔偿的损失之外补偿被保险人履行这些义务而适当和合理地发生的任何费用。赋予被保险人索赔施救费用的条款被称为“施救费用条款”，其具有以下几个特点：(1)损失必须是由承保风险引起的；(2)承保风险必须迫在眉睫或已经发生并给保险标的带来损失，或可能扩大损失；(3)费用必须是被保险人因采取合理措施而适当合理支出的；(4)必须是被保险人及其雇员或代理人采取的相关措施而产生的费用；(5)共同海损、救助费用不在该条款涵盖范围内；(6)不足额保险或部分保险下，费用应该按相关比例赔付；(7)该条款为一个补充条款，被保险人的施救费用请求是一个性质完全不同的索赔请求，独立于被保险人对保险标的损失的索赔请求，即使保险人赔偿了全损，仍应当赔付施救费用。〔16〕

---

〔16〕 See Jonathan Gilman et al., *Arnould: Law of Marine Insurance and Average*, Sweet & Maxwell, 2013, p. 1257.

《中国人保海洋运输货物保险条款(2009 版)》与《英国 2009 年协会货物保险条款》在“施救费用”上的规定区别不大。

6. 运输工具遭遇海难后,在避难港由于卸货所引起的损失以及在中途港、避难港由于卸货、存仓以及运送货物所产生的特别费用。

本项承保运输工具因避难而产生的货物损失和特别费用,其中包括以下两部分:(1)运输工具遭遇海难后,货物在避难港因卸货而引起的损失。避难港是非预定卸货港。[17] 此处仅承保因避难港卸货而引起的货损,若是其后的运送或装卸过程引起的货损则不在其承保范围内。(2)货物的“续运费用”,包括在中途港、避难港由于卸货、存仓所产生的费用,以及将货物转运至目的地的全部运费。此处的“海难”指海上固有风险,且仅指海上意外事故如沉没、碰撞、触礁、飓风等一般偶发灾难,而火灾、爆炸、战争、海盗、船长船员不法行为等不是本项的海难。[18]

海上货物运输保险除了承保货物本身的损失外,还承保保单记载的航程的完成。如果运输在中途终止,承运人不能继续航程,如有可能,被保险人有义务将货物续运至原定目的地,而保险人的责任就是赔偿被保险人的此种特别费用。“续运费用”条款是为了规制航程终止时的施救费用问题而产生的,[19] 因此,“续运费用”从性质上来说是“施救费用”的一种。[20] 因为当运输工具遭遇海难导致航程受阻时,货物即使不续运,对于被保险人而言,损失也并不会因此而扩大,因为保险人会负责赔偿因此而产生的货损。但是被保险人在保险事故发生时有施救义务,应当尽其所能将损失降到最低,所以当续运货物成为可能时,被保险人就应该用尽量低的费用将货物续运。该项费用由保险人负责赔偿。

对于“续运费用”的性质,如果“续运费用”满足“施救费用”的构成条件,就应当将其作为“施救费用”。但如果“续运费用”不满足“施救费用”的构成条件,就应当将其作为单独的特别费用。无论如何,保险人应该在保险标的的赔偿之外另行支付“续运费用”,以被施救货物的保险金额为限。在不足额保险下,除合同另有约定外,保险人应该按照保险金额与保险价值的比例对续运费用进行赔付。货物的续运费用也是判断推定全损的一个要素,如果货物的续运费用加上货物的实质损害已超过货物抵达目的地的价值,则已构成推定全损。

---

〔17〕 参见汪鹏南:《海上保险合同法详论》,大连海事大学出版社 2011 年版,第 156 页。

〔18〕 参见马鸣家主编:《保险条款费率辞释大全》,中国商业出版社 1995 年版,第 504 页。

〔19〕 See John Dunt, *Marine Cargo Insurance*, Informa Law from Routledge Press, 2009, p. 311. 在以前的英国法判例中,续运费用只有在为避免全损的发生或所避免的损失超过相对免赔额的情况下,保险人才作为施救费用予以补偿。由此导致了被保险人可能不愿采取合理的施救措施,使货物的部分损失进一步恶化成全损。后来为杜绝这一现象的发生,保险人最终同意在保险单中加入续运费用条款。

〔20〕 Wilson Bros Bobbin Co. Ltd. v. Green (1917) 1 KB 860.

《英国2009年协会货物保险条款(C)》第12条“续运费用条款”的规定与我国前述《中国人保海洋运输货物保险条款(2009版)》的规定存在细微差别。其第12条规定,由于本保险承保的风险作用的结果,承保的运送在保险标的根据本保险承保的目的地以外的港口或地点终止,保险人补偿被保险人卸下、储存和发运保险标的至所承保的目的地而适当且合理发生的额外费用。从中可以看出,两者在“续运费用”产生的原因上存在区别:《中国人保海洋运输货物保险条款(2009版)》要求运输工具遭遇特定范围的海难,而《英国2009年协会货物保险条款》要求是承保风险,即《英国2009年协会货物保险条款(A)》下的非除外责任或《英国2009年协会货物保险条款(B)》和《英国2009年协会货物保险条款(C)》下的承保风险引起运输工具在中途港终止航程。

7. 共同海损的牺牲、分摊和救助费用。

对于共同海损牺牲、分摊和救助费用的保险赔付问题,可参见本书第六章的相关论述。需要说明的是,本项没有对共同海损的牺牲、分摊和救助费用的产生原因进行说明,因此从文字措辞上来看,这些费用具有独立于承保风险的性质。即使是非承保风险造成的共同海损和牺牲费用,只要不是除外责任,也在保险人的承保范围内。

《英国2009年协会货物保险(C)》第1.2.1条承保共同海损牺牲。根据其第19条,适用《英国1906年海上保险法》第66(4)条对于“共同海损牺牲”的规定,被保险人可以从保险人处得到全部损失的赔偿,而无须实施和等待向负责分摊的其他各受益方进行分摊的权利。[21] 根据《英国1906年海上保险法》第79(2)条,保险人在赔付共同海损牺牲后,取得相应的代位求偿权。[22] 同时,《英国2009年协会货物保险条款(C)》第1.2.2条规定承保“抛弃”造成的货损。“抛弃”,是指合法的抛货,通常是共同海损牺牲,但也可以不是共同海损,[23]如按政府当局的命令将危险货物抛入水中。如果是共同海损牺牲的话,也要遵守《英国1906年海上保险法》第66(4)条和第79(2)条的规定。最后,《英国2009年协会货物保险条款(C)》第2条“共同海损条款”规定了保险人承保非除外责任引起的共同海损和救

〔21〕《英国1906年海上保险法》原文:Section 66 (4): Subject to any express provision in the policy...in the case of a general average sacrifice, he may recover from the insurer in respect of the whole loss without having enforced his right of contribution from the other parties liable to contribute.

〔22〕《英国1906年海上保险法》原文:Section 79 (2): Subject to the foregoing provisions, where the insurer pays for a partial loss, he acquires no title to the subject – matter insured, or such part of it as may remain, but he is thereupon subrogated to all rights and remedies of the assured in and in respect of the subject – matter insured as from the time of the casualty causing the loss, in so far as the assured has been indemnified, according to this Act, by such payment for the loss.

〔23〕See John Dunt, *Marine Cargo Insurance*, Informa Law from Routledge Press, 2009, p. 178.

助费用。此条款对于“非列明风险”的《英国2009年协会货物保险条款(C)》意义不大,但对“列明风险”的《英国2009年协会货物保险条款(B)》和《英国2009年协会货物保险条款(C)》却意义重大,因为如果在保险条款中不列明“共同海损条款”,则保险人仅根据《英国1906年海上保险法》第66条第6款对为避免承保危险或与此有关所引起的共同海损负赔偿责任。[24] 例如,在《英国2009年协会货物保险条款(C)》中,“地震、火山爆发或闪电”造成的货损既非承保范围也非除外责任,因此,对于因“地震、火山爆发或闪电”而引起的共同海损,若按照《英国1906年海上保险法》,则保险人不负赔偿责任,但若按照“共同海损条款”的规定,则保险人仍然需要承担赔偿责任。“共同海损条款”实际上扩大了B、C条款下保险人对共同海损的法定赔偿责任范围。这就意味着,如果货物发生实质货损,货主必须证明是列明的风险造成的才能获得赔付,但发生的共同海损的分摊就不需要证明。[25]

对于救助费用和共同海损,《英国2009年协会货物保险条款(C)》第2条“共同海损条款”进行了承保。在英国法下,通常船货双方各自依据法律确定的救助报酬将按照救助费用理赔,[26] 固定费用的救助(雇佣救助)下产生的救助报酬,符合共同海损要件的按照共同海损理赔;不符合共同海损要件的,则归入施救费用理赔。

8. 运输契约订有“船舶互撞责任”条款,根据《船舶互撞责任条款》规定应由货方偿还船方的损失。

本项是针对提单或者租约中“船舶互撞责任”条款的特别规定。“船舶互撞责任”条款是往美国运输的运输契约中特有的条款。该条款的出现是由于作为货主国的美国在船舶碰撞货损赔偿处理上实行“无辜货方规则”,[27] 规定互有过失

---

〔24〕《英国1906年海上保险法》原文:Section 66 (6): In the absence of express stipulation, the insurer is not liable for any general average loss or contribution where the loss was not incurred for the purpose of avoiding, or in connexion with the avoidance of, a peril insured against.

〔25〕参见杨良宜:《海上货物保险》,法律出版社2010年版,第249页。

〔26〕《英国1906年海上保险法》原文:Section 65 (2): “Salvage Charges” means the charges recoverable under maritime law by a salvor independently of contract. They do not include the expenses of services in the nature of salvage rendered by the assured or his agents, or any person employed for hire by them, for the purpose of averting a peril insured against. Such expenses, where properly incurred, may be recovered as particular charges or as a general average loss, according to the circumstances under which they were incurred.

〔27〕The “Atlas” (1816) 93 U. S., 302, 315 建立了“无辜货方规则”,但是在1979年Alamo Chemical Transportation Co. v. M/V Valdes案中该规则被否认,货主被判决只能向对方船舶按其过失比例索赔货物损失。虽然有这样的先例,但是这样的做法目前并未被法院普遍接受。See Alamo Chemical Transportation Co. v. M/V Valdes(1979) AMC 2033, 469 F. Supp. 203 (E. D. La.).

造成碰撞的两船对船上载运货物的损失承担连带责任。因此,货主通常根据连带责任选择向对方船东主张全部赔偿,对方船东在赔偿之后便会依据侵权向本船船东请求偿还本应由本船船东承担的过失比例部分。那么,本船船东就间接赔偿了本船货主,使船东实际上失去了《海牙规则》中航海过失免责的保护,货主得到了全部赔偿。针对美国法的这种特殊情况,凡是运往美国的货物,船方都会在提单或租约中增加"船舶互撞责任"条款,规定本船船东有权向本船货主追索其本应免责却间接赔付了的那部分货损赔偿。这样,货主无论通过侵权或合同的方式都不能获得全部的货损赔偿。

针对运输合同中的"船舶互撞责任"条款,货物保险人同意在货物保险单中增加一项风险条款,承保这部分货主无法从本船船方处获得的货损赔偿,使被保险人最终可以就其所遭受的货损得到充分的补偿。

《英国2009年协会货物保险条款(C)》第3条规定,本保险负责赔偿被保险人根据运输合同中订有的"船舶互撞责任"条款规定应负的赔偿责任。当船东根据上述条款提出索赔请求时,被保险人应通知保险人,保险人有权自负费用为被保险人就此项索赔进行抗辩。相对于《中国人保海洋运输货物保险条款(2009版)》,《英国2009年协会货物保险条款(C)》规定得更加细致,明确了被保险人的通知义务和保险人为被保险人进行抗辩的权利。这样可以避免保险人因单方理算不清或"过失"而承担不应有的赔偿责任,反映出保险方在赔付时不仅要严格查明应由保险方承担的被保险方的最小损失,还要通过"船舶互撞责任"条款向索赔方抗辩的机会,将赔偿的责任减到最小限度。

(二)水渍险

"水渍险"的风险承保范围,除包括上列"平安险"的各项损失和费用外,还包括被保险货物由于恶劣气候、雷电、海啸、地震、洪水自然灾害所造成的部分损失。

"水渍险"(With Particular Average, WA),英文原意为"负责单独海损赔偿"。根据本款规定,《中国人保海洋运输货物保险条款(2009版)》水渍险条款的承保范围共有9项,即《中国人保海洋运输货物保险条款(2009版)》平安险条款负责的8项责任加上"由于恶劣气候、雷电、海啸、地震、洪水自然灾害所造成的部分损失"。由于水渍险承保列明的5种自然灾害造成的部分损失,因此施救费用、续运费用的赔偿范围也会有所扩大。同时,由于《中国人保海洋运输货物保险条款(2009版)》水渍险条款不负责货物因某些外部原因所造成的部分损失,因此,《中国人保海洋运输货物保险条款(2009版)》水渍险条款比较适合不可能发生碰损、破碎或容易生锈但不影响使用的货物,如铁钉、铁丝、螺丝等小五金类商品,以及旧汽车、旧机床、旧设备等二手货。[28] 《中国人保海洋运输货物保险条款(2009版)》

---

〔28〕 参见应世昌:《新编海上保险学》,同济大学出版社2010年版,第198页。

水渍险条款仍属于列明风险,被保险人进行货损索赔时仍然需要证明列明风险是货损发生的原因。

《中国人保海洋运输货物保险条款(2009 版)》水渍险条款对应《英国 2009 年协会货物保险条款(B)》。为了与运送条款协调,《英国 2009 年协会货物保险条款(B)》在承保范围上囊括了与海上运送相关联的陆上风险。“地震、火山爆发或闪电”“陆上运输工具的倾覆或脱轨”“河水、湖水危险”都不限于海上发生者。概括来说《英国 2009 年协会货物保险条款(B)》的承保范围要大于水渍险,主要体现在以下方面:(1)《英国 2009 年协会货物保险条款(B)》第 1.2.3 条承保海水、湖水或河水进入船舶、驳船、船舱、运输工具、集装箱、托盘或储存处所造成的货物损失。货物在运输途中或储存期间遭受的淡水水渍损失,只要在保险期间内,《英国 2009 年协会货物保险条款(B)》是予以承保的。但《中国人保海洋运输货物保险条款(2009 版)》水渍险条款的承保范围,仅限于海水所造成的损失,淡水造成的损失不在其承保范围内。被保险人如果想要分散淡水湿损风险,则需要加投淡水雨淋险。(2)《英国 2009 年协会货物保险条款(B)》第 1.1.3 条对发生在保险期间内的陆上运输工具的意外倾覆、出轨都予以承保,而《中国人保海洋运输货物保险条款(2009 版)》并无此规定。(3)《英国 2009 年协会货物保险条款(B)》第 1.2.2 条对浪击落海的货物损失予以承保,而《中国人保海洋运输货物保险条款(2009 版)》的列明风险中并不包括浪击落海,被保险人需要加保舱面险来获得保障。(4)对于“吊索损害”,《英国 2009 年协会货物保险条款(B)》第 1.3 条承保“装上或卸离船舶或驳船过程中掉落或从船上落入水中或坠落而发生的整件货物的全损”。《英国 2009 年协会货物保险条款(B)》仅承保全部损失,不承保货物落海造成的部分损失。但《英国 2009 年协会货物保险条款(B)》对于“坠落”造成的货物全损也负责赔偿,即承保货物坠落到甲板或岸上的全损。而《中国人保海洋运输货物保险条款(2009 版)》仅对“落海”的货物予以承保,不包括“跌落”造成的货损。但是水渍险对自然灾害的承保范围要大于《英国 2009 年协会货物保险条款(B)》,《英国 2009 年协会货物保险条款(B)》第 1.1.6 条规定承保“地震、火山爆发或闪电”三种自然灾害造成的货损,不区分全部损失与部分损失。“地震、火山爆发或闪电”不限于海上发生者,也包括陆上风险的承保。水渍险条款承保了“恶劣气候”“雷电”“海啸”“地震”“洪水”五种海上或陆上的自然灾害。

(三)“一切险”

“一切险”的承保范围,除包括上列平安险和水渍险承保的各项外,还包括被保险货物在运输途中由于外来原因所致的全部或部分损失。

“一切险”(All Risks, AR),是三种基本险中承保范围最大的险种。由于“一切险”提供的保障范围比较全面,因此适用于各类易受损的货物。但是“一切险”的名称很容易引起被保险人的误解,使其误认为任何风险造成被保险货物的损失,保险人都予以赔偿。实际上,“一切险”受制于“可保风险”的约束,其承保的外来风险必须是不确定的、非必然发生的(fortuitous)风险。确定的损失,如货物自然损耗、本身缺陷就不在“一切险”的承保范围内。

对于“一切险”的承保范围,实践中曾存在很大争议。《中国人保海洋运输货物保险条款(1963版)》沿用了《英国1963年协会货物保险条款》关于“一切险”的称呼和非列明式的责任范围。但《中国人保海洋运输货物保险条款(1972版)》将“一切险”改称为“综合险”(英文名称仍是“All Risks”),并将综合险的责任范围划定为“除包括上述全损险和基本险的责任外,本保险还对被保险货物在运输途中由于外来原因造成的短少、短量、渗漏、碰撞、破碎、钩损、雨淋、生锈、受潮、发霉、串味、沾污等全部或部分损失也负责赔偿”,即将综合险的责任范围列明为15个险别。不过,此后《中国人保海洋运输货物保险条款(1981版)》又将“综合险”改回为“一切险”(英文名称仍是“All Risks”),且规定“一切险”的承保范围为“除包括上列平安险和水渍险的各项责任外,还负责被保险货物在运输途中由于外来原因所致的全部或部分损失,这样就又与协会货物保险条款的责任范围保持一致了。由于缺乏对“外来原因”的实质界定,实践中对“一切险”的承保范围也认识不一。1997年原保险主管机关中国人民银行曾作出《关于〈海洋运输货物保险“一切险”条款解释的请示〉的复函》[29],将“外来原因”明确为“仅指偷窃、提货不着、淡水雨淋、短量、混杂、沾污、渗漏、碰损、破损、串味、受潮受热、钩损、包装破裂、锈损”。但对该问题的争论并未就此结束。

“一切险”承保范围的认定关键在于对“外来原因”的理解,并主要有“列明风险”和“非列明风险”两种观点。持“列明风险”观点的学者认为,从中国人民银行《关于〈海洋运输货物保险“一切险”条款解释的请示〉的复函》看,“一切险”承保范围仅限于“平安险”“水渍险”及11种附加险,也就是说,“一切险”与“水渍险”“平安险”无根本区别,其承保的仍旧是列明式风险,仅仅是列明的范围大于“水渍险”与“平安险”而已。持“非列明风险”观点的学者认为,法定或者意定除外责任以外的任何风险,只要该风险具有意外的性质,都属于“一切险”的承保范围,即“一切险”承保的是“非列明”风险,与“平安险”和“水渍险”的“列明式”承保范围存在根本区别——其承保范围涵盖而不限于前述11种普通附加险。实践中各海事法院对此问题的判决也截然不同,例如,在Eleconora No. 8船载货船舶失踪一切险与保险利益争议案[30]中,一审广州海事法院的重审判决和二审广东省高级人民法院的终审判决都认为,“一切险”不是列明风险,载货船舶失踪导致货物实际全损是属于“外来原因”造成的损失,保险公司应该赔付;在Hagaar船货物被船舶

〔29〕　参见银函〔1997〕210号,现已失效。

〔30〕　参见(2000)广海法重字第1号。

所有人盗卖一切险争议案[31]中，一审海口海事法院认为，“船舶所有人自盗”的行为属于“一切险”条款中约定的外来原因，属于“一切险”的承保范围，而二审法院则引用中国人民银行《关于〈海洋运输货物保险“一切险”条款解释的请示〉的复函》将“一切险”定性为列明风险，并认定“船舶所有人自盗”行为未被列明，因而保险人无须赔付。

对“一切险”承保范围性质的认定不仅会影响承保范围的大小，还会导致当事人举证责任的不同。如果“一切险”条款中的“外来原因”被认定为是中国人民银行《关于〈海洋货物运输保险“一切险”条款解释的请示〉的复函》中的“列明原因”，则被保险人先需要证明造成事故的风险属于承保范围、造成事故的风险与索赔损失之间存在因果关系。若不能证明则被保险人将承担诉讼中的不利后果。相反，如果“外来原因”被认定为“非列明原因”，被保险人只需要证明确有意外事故在保险期间发生即可，无须证明损失具体由哪种风险造成，而保险人需要承担严苛的举证责任证明损失是由除外原因造成的才可以拒赔。因此，“列明风险”的解释有利于保险人，“非列明风险”的解释则有利于被保险人。

原保险业主管机关中国人民银行作出的《关于〈海洋运输货物保险“一切险”条款解释的请示〉的复函》现已失效，不应作为法院审判的有效依据，因为其既不是行政法规，也不是部门规章，只是行政机关的一种意见，只能对保险公司起指导作用，而非法院判案参考依据。保险合同条款必须是当事人的自由合意，如果保险合同当事人没有将该复函纳入保险单中转化为合同条款，则该复函不能对保险人和被保险人平等民事主体之间的民事合同产生约束力。

《中国人保海洋运输货物保险条款(2009 版)》的承保范围应当认定为“非列明风险”，即承保的是保险单上列明的除外责任以外的一切风险，只要该风险具有意外的性质。从文义上看，“外来原因造成的损失”，是指来自保险标的本身之外的原因所造成的损失，故“外来原因”不应该只限于前述列明的 11 种。此外，从海洋运输货物保险一切险条款的制定渊源来看，其是参照协会货物保险一切险条款制定的。《中国人保海洋运输货物保险条款(1981 版)》将《中国人保海洋运输货物保险条款(1972 版)》列明式的“综合险”改为现在的“一切险”，与协会货物保险 A 条款的非列明风险式承保范围保持一致，以便与国际市场接轨。因此，对《中国人保海洋运输货物保险条款(2009 版)》一切险条款承保范围进行“非列明”式认定符合人保公司拟制保险条款时的真实意思表示。

最高人民法院对该问题的观点也倾向于认为“一切险”承保的外来风险为非列明风险。

---

〔31〕 参见(2001)粤高法经二终字第 147 号。

1. 船东非法盗卖货物属于“一切险”承保范围

在海南丰海粮油工业有限公司诉中国人民财产保险股份有限公司海南省分公司海运货物保险赔偿金利息损害纠纷案〔32〕中，海南丰海粮油工业有限公司（以下简称丰海公司）向中国人民财产保险股份有限公司海南省分公司（以下简称海南人保）投保了近5000吨棕榈油，自印尼到中国洋浦港。投保险别为“一切险”，由“哈卡”轮承运。由于“哈卡”轮船东与该船期租人产生了船舶租金纠纷，“哈卡”轮终止了提单约定的航程，并将装载的棕榈油运至中国汕尾地区走私，被中国边防查获、没收。丰海公司向保险人索赔，保险人以船东盗卖不属于“一切险”承保范围为由拒赔。

1996年一审海口海事法院判决认为，“一切险”保险条款除外责任中并不包括因承运人的非法行为将整船货物盗卖或者走私造成的保险标的的损失，虽然不属于列明的11种普通附加险风险，但仍然是被保险人不可预见、不可控制的“外来原因”，海南人保亦不能证明其在签订保险合同时向丰海公司说明因承运人的非法行为将整船货物盗卖或者走私造成的损失不属于保险责任范围。因此，海南人保应当按照合同约定承担赔偿责任。保险人应当对船东自盗行为承担赔偿责任。海南人保不服该一审判决，上诉至海南省高级人民法院。1997年海南省高级人民法院判决撤销一审海口海事法院的民事判决，驳回被上诉人丰海公司的诉讼请求。丰海公司不服该二审判决，向最高人民法院提出再审申请。最高人民法院指定此案由海南省高级人民法院复查处理。2001年海南省高级人民法院作出驳回丰海公司再审申请的决定。其后，丰海公司再次向最高人民法院提出再审申请。2003年最高人民法院作出民事裁定，裁定对此案进行再次审理，并通过审判监督程序对该案提审。2004年最高人民法院判决撤销海南省高级人民法院的民事判决，最终维持海口海事法院的民事判决。

2. 舱面货掉落的风险属于“一切险”的承保范围

在大众保险股份有限公司苏州中心支公司、大众保险股份有限公司与苏州浙申实业有限公司海上货物运输保险合同案〔33〕中，浙申公司为其定购的一批白松向大众保险支公司投保了“一切险”。该批白松由“开明先锋”（Pioneer Kamchatki）轮承运至中国太仓港，途中因遭遇恶劣天气致使部分货物落海。浙申公司向大众保险索赔，但大众保险辩称浙申公司运输货物，投保海洋运输货物一切险，短量险除外，未投保舱面货物险。原告受损的货物为舱面货，受损原因是被风刮入大海，其损失不在保险责任范围之内。

---

〔32〕 参见（1996）海商初字第096号；（1997）琼经终字第44号；（2003）民四监字第35号；（2005）琼民二终字第35号；（2003）民四提字第5号。

〔33〕 参见（2005）武海法商字第229号。

武汉海事法院基于保险合同并未明确排除舱面货风险，判决舱面货掉落的风险属于一切险的承保范围。对此，在最高人民法院《关于大众保险股份有限公司苏州中心支公司、大众保险股份有限公司与苏州浙申实业有限公司海上货物运输保险合同案适用法律问题的请示的复函》〔34〕中，最高人民法院认为“一切险”的承保风险应当为非列明风险，如保险标的的损失系运输途中的外来原因所致，且并无证据证明该损失属于保险条款规定的除外责任之列，则应当认定保险事故属于一切险的责任范围。

当然，值得注意的是，承运人无单放货不属于“一切险”的承保风险。在中国抽纱公司上海进出口公司诉中国太平洋保险公司上海分公司海上货物运输保险合同纠纷案〔35〕中，抽纱公司把从上海运往圣彼得堡的9127箱玩具向被告投保了“一切险”和“战争险”，责任期间是仓至仓。货物运抵目的地后，由于客户迟迟不付货款，抽纱公司遂持正本提单到圣彼得堡提货，却提货不着。抽纱公司主张这是保险合同约定的一切险风险，向中国太平洋保险公司上海分公司索赔，但保险人拒赔。

一审上海海事法院认为承运人无单放货属于“偷窃、提货不着”的范围，因而属于“一切险”的承保范围，保险人应当承担保险责任。二审上海高级人民法院撤销了一审判决，改判保险人不承担保险责任。上海高级人民法院认为，“一切险”的承保风险必须是外来因素造成的，具有不可预见性和责任人不确定性的特征。承运人无单放货造成的提单持有人提货不着，属于承运人违反海上货物运输合同义务，应当承担违约责任，或者属于承运人侵犯提单持有人对提单项下货物物权应当承担侵权责任的情形，是确定的责任人不正确履行职责而发生的可以预见的事故，并不具备上述海上货物运输承保风险的特征，故不属于保险人可保风险的范围。承运人无单放货是一种商业风险，因为货物本身已经运抵保险单所载明的目的地，所以航程已经完成。

《英国2009年协会货物保险条款（A）》与《中国人保海洋运输货物保险条款（2009版）》一切险条款相类似。《英国2009年协会货物保险条款（A）》第1条“风险条款”规定，本保险承保保险标的的损失或损害的一切风险，但不包括下列第4～7条规定的除外责任。由此可知，《英国2009年协会货物保险条款（A）》采取的是“一切险减去除外责任”的“非列明”方式来确定其承保范围。当然，“一切风险”需要受到“可保风险”的限制，风险必须是非确定的、意外的风险才可以承保。

比较而言，《中国人保海洋运输货物保险条款（2009版）》一切险条款的承保范围总体上要比《英国2009年协会货物保险条款（A）》大，因为虽然二者都采用

---

〔34〕（2007）民四他字第8号。

〔35〕（1998）沪海法商初字第506号。

“一切可保风险减去除外责任”的方式确定承保范围,但《英国 2009 年协会货物保险条款(A)》的除外责任要比《中国人保海洋运输货物保险条款(2009 版)》一切险条款多。例如,《英国 2009 年协会货物保险条款(A)》的除外责任包括因船舶所有人、经理人、承租人或经营人的破产或经济困境产生的损失、损害或费用,船长船员的蓄意恶行,船舶、驳船的不适航及船舶、驳船、运输工具、集装箱、托盘等不适运,任何人的错误行为对保险标的或其组成部分的蓄意损害或蓄意毁坏,恐怖分子或出于政治动机而采取行为的人员造成的损失等。另外根据《英国 1906 年海上保险法》第 55 条[36],《英国 2009 年协会货物保险条款(A)》也不承保虫害和鼠害造成的损失。但是《英国 2009 年协会货物保险条款(A)》承保“海盗行为”造成的损失,而《中国人保海洋运输货物保险条款(2009 版)》一切险条款只有加保战争险时才对“海盗行为”的损失负责。另外,《英国 2009 年协会货物保险条款(A)》承担“抛弃”损失,包括共同海损性质的抛弃和非共同海损性质的抛弃(如按地方当局的命令将危险货物抛入水中),而《中国人保海洋运输货物保险条款(2009 版)》一切险条款仅承保共同海损性质的抛弃。

二、除外责任

除外责任,是指保险人不予承保的风险损失范围,是对保险人承保范围的反向限定。除外责任包括法定的除外责任和约定的除外责任。根据我国《海商法》第 242 条和第 243 条的规定,保险人法定的除外责任包括被保险人故意造成的损失,航行迟延、交货迟延或者行市变化造成的损失,货物的自然损耗、本身的缺陷和自然特性造成的损失,以及包装不当造成的损失。根据《中国人保海洋运输货物保险条款(2009 版)》,保险人约定的除外责任包括被保险人的故意行为或过失所造成的损失,发货人责任所引起的损失,在保险责任开始前被保险货物已存在的品质不良或数量短差所造成的损失,被保险货物的自然损耗、本质缺陷、特性以及市价跌落、运输延迟所引起的损失或费用,战争险条款和罢工险条款规定的责任范围和除外责任。可以看出,该保险条款的约定除外责任包括并且大于法定除外责任。对此,保险人在订立合同时应当在投保单、保险单或者其他保险凭证上作出足以引起投保人注意的提示,并对该条款的内容作出明确说明,否则,该约定的除外责任条款将被认定为无效。[37] 另外,法律并未明确禁止保险人对我国《海商法》第 243

〔36〕《英国 1906 年海上保险法》原文:Section 55 (2) (c): Unless the policy otherwise provides, the insurer is not liable for ordinary wear and tear, ordinary leakage and breakage, inherent vice or nature of the subject - matter insured, or for any loss proximately caused by rats or vermin, or for any injury to machinery not proximately caused by maritime perils.

〔37〕我国《保险法》第 17 条第 2 款规定,对保险合同中免除保险人责任的条款,保险人在订立合同时应当在投保单、保险单或者其他保险凭证上作出足以引起投保人注意的提示,并对该条款的内容以书面或者口头形式向投保人作出明确说明;未作提示或者明确说明的,该条款不产生效力。

条所列免责事项予以承保。被保险人可以与保险人自由约定对部分法定的或约定的除外责任予以承保，如实践中，以鱼粉为保险标的的保险合同往往会在一切险之外再附加“自燃险”，否则保险人可能会以“货物本质缺陷、特性”为由拒赔。

平安险、水渍险和“一切险”都规定了同样的5种除外责任。其中有一点不太明确，在该条款中除外责任的前3项仅规定了除外原因引起的货物损失，没有包括除外原因引起的费用。但是“责任范围”条款本书第484页第6项和第485页第7项仅规定保险人承保续运费用、共同海损牺牲、分摊和救助费用，没有对这些费用详细说明，容易引起前3项除外责任是否只排除货物损失的争论。

在《英国2009年协会货物保险条款》中，所有的除外责任，不仅适用于保险标的的“损失”或“损害”，而且还适用于“费用”。[38] 因此，除外责任条款还会影响“转运费用条款”“共同海损条款”“施救费用条款”。如果这些费用产生的原因属于除外责任，被保险人就不能获得相应的保险赔偿。

以下，笔者者将对《中国人保海洋运输货物保险条款（2009版）》的除外责任进行逐一阐述。

（一）被保险人的故意或过失行为所造成的损失

有关“被保险人”“故意”“过失”（与疏忽同义）的界定，可参见前一章船舶保险合同中除外责任相关部分的论述。

《英国2009年协会货物保险条款》下的一般除外责任第4.1条规定，保险人对被保险人的“蓄意恶行”，造成的损失、损害和费用免责。“蓄意恶行”，是指明知自己的行为会发生损害保险标的的结果，但却故意或放任让这种结果发生。[39] “蓄意恶行”必须要有“明知故犯”的情节，仅是严重疏忽或不良行为本身是不足够的。[40] 因此，保险人援引此项免责时要证明被保险人的意图不仅仅是疏忽而是故意。比较而言，第4.1条并没有将被保险人的过失行为也列为除外责任。因此《中国人保洋运输货物保险条款（2009版）》在本项上更加严格，不承保被保险人的过失行为。另外，《英国2009年协会货物保险条款》不仅排除了被保险人蓄意恶行造成的损失，还排除了相关费用。在《英国2009年协会货物保险条款（B）》和《英

---

〔38〕《英国2009年协会货物保险条款》原文：Clause 4：In no case shall this insurance cover：4.1 loss damage or expense …4.3 loss damage or expense caused by …4.4 loss damage or expense caused by … 4.5 loss damage or expense caused by …4.6 loss damage or expense caused by… 4.7 loss damage or expense directly or indirectly caused by or arising from…Clause 5：In no case shall this insurance cover loss damage or expense arising from…Clause 6：In no case shall this insurance cover loss damage or expense caused by…Clause 7. In no case shall this insurance cover loss damage or expense…

〔39〕 See Jonathan Gilman et al., *Arnould*：*Law of Marine Insurance and Average*, Sweet & Maxwell, 2013, pp. 1060 – 1061.

〔40〕 Horabin v. British Overseas Airway Corp. [1952] 2 Lloyd's Rep. 450 (per Lord Barry).

国2009年协会货物保险条款(C)》中还多了一项排除第三人故意损害或毁坏保险标的的除外责任规定,即"任何人的非法行为对保险标的或其组成部分故意损害或故意毁坏"。如果想要在《英国2009年协会货物保险条款(B)》和《英国2009年协会货物保险条款(C)》下获得这些保障,需要加保"恶意损害险"。

(二)属于发货人责任所引起的损失

我国法律并没有对"发货人"进行定义,但是根据"商业惯例解释"规则,发货人是指将货物交给承运人的人。"发货人责任",是指由于发货人的故意行为或者过失而引起的货损,主要是指货物品质问题、包装不善、原装短少或者短量、货物标识不清或者错误、货物积载不当等原因造成的货物损失。此处"发货人责任"既包括发货人的故意行为,也包括其过失行为。只要是发货人应当对货损承担责任,保险人就可以拒赔。本条可与我国《海商法》第243条关于包装不当的法定免责相联系。虽然二者表述不一致,但是在实务中往往是发货人负责包装,所以这两个除外条款存在很多交集。但如果在承运人负责货物包装的情况下,保险人可否援引"包装不当"的法定免责事项拒赔?按照条款的文义解释,我国《海商法》并没有对包装的责任主体进行限制,因此保险人理论上可以以承运人包装不当为由拒绝承担保险责任。同时,对于"包装"的定义,集装箱是否构成包装常常成为实践中的争议焦点。实践中倾向于认为对此应视具体情况而定,如果集装箱是由承运人提供或所有,则应将其理解为承运船舶的舱位,而不能构成货物的包装;如果集装箱是托运人另行租用或所有,则应将其理解为包装。

在谢肯塔诉U. M. S. Generali Marine S. P. A. 海上货物运输保险合同纠纷案[41]中,原告与卖方C公司签订意大利红色餐酒购销合同,包装为专用新胶囊装入20英尺标准集装箱。被告承保了该批货物并签发了保险单,保险条件为《英国1982年协会货物保险条款(A)》。同年,载运船舶Zim Singapore I轮将涉案货物运抵中国天津港。原告委托货运代理公司报关,并依法缴纳了相应的关税等费用。但中国商检部门以该批货物中的2个集装箱外表贴有腐蚀品标识,违反中国食品卫生法为由,将该2个集装箱(的货物)强制销毁。此后,新天国际经贸股份有限公司将被销毁的2个集装箱(的货物)保险索赔权转让给原告,原告向被告索赔货损,被告拒赔。

上海海事法院认为,造成货物损失的原因为集装箱外部附有腐蚀品标识而被中国检验检疫局销毁,因此集装箱是否构成包装成为该案的关键。而理解集装箱是否构成货物的包装,应视具体情况而定,如果集装箱是由承运人提供或所有,则应将其理解为承运船舶的舱位,而不能构成货物的包装;如果集装箱是托运人卖方C公司另行租用或所有,则应将其理解为包装。结合涉案货物由投保人卖方C公

---

[41]　参见(2001)沪海法商初字第445号。

司装箱及货物的包装为新胶囊标准集装箱等具体事实,可以认为除了集装箱之外,涉案的货物葡萄酒再无其他包装,且将集装箱本身理解为货物的包装物并不违背贸易当事人或保险合同当事人的原意。据此,本案中的集装箱外部附有腐蚀品标识应理解为属保险标的物的包装不当,由此造成的货物损失应属《英国 1982 年协会货物保险条款(A)》中保险标的的包装或准备不足或不当造成的灭失、损害或费用的除外条款,不属该条款中"一切险"的保险责任范围,保险人可以不负赔偿责任。

《英国 2009 年协会货物保险条款》第 4.3 条规定了"保险标的的包装或准备不足或不当而不能经受所保运送通常的事故所引起的损失、损害或费用"的免责。货物包装通常会被视为保险标的。[42] 也就是说,如果货物没有损坏而只是包装有损坏,保险人也要负责赔偿,但如果包装本身有缺陷,就变成货物的内在缺陷,保险人可以拒赔。第 4.3 条还明确了包装"合适"的标准,即包装本身必须足以承受承保运输中的通常事故。另外,第 4.3 条规定了保险人不承保包装本身有缺陷的两种情况:(1)由被保险人或其雇员进行的集装箱内或托盘内货物的积载,即被保险人自己的疏忽造成的;(2)保险责任开始前就已经存在的包装本身缺陷。比较而言,《中国人保海洋运输货物保险条款(2009 版)》将所有发货人引起的损失都归入除外责任,扩大了保险人的除外责任范围,对被保险人不利。

(三)在保险责任开始前,被保险货物已存在的品质不良或数量短差所造成的损失

本项是对货物"原残"的规定。"品质不良",主要是指货物的质量本身在保险责任开始前就不符合质量标准;"数量短差",主要是指货物的数量较合同要求的或者特殊需要的有出入,出现短少或不足。易生锈的钢材、二手机械设备、露天堆放的豆饼等货物常常存在严重的原残。对于保险责任开始之前就已经存在的损失,保险人自然不会予以赔付。保险责任开始后的"短量"是在《中国人保海洋运输货物保险条款(2009 版)》一切险条款的承保范围内的,因此本项除外责任适用的关键是对"保险责任期间"的认定。在实务中,货损是由原残还是承保风险造成的很难确定,需要根据专业鉴定意见结合其他证据,如提单上有关货物状况、数量的记载,予以评定。对此,保险人应与被保险人约定装船前进行检验以避免事后争议。

美国 Plata American Trading Inc. v. Lancashire[43] 案即涉及本项免责条款。在该案中,某船从休斯敦装运油脂到汉堡,保险期间为休斯敦到汉堡。这些油脂是从一个储藏罐通过泵打入船舱。船到卸货港后发现油脂短缺很多。经调查后发现

---

〔42〕 See John Dunt, *Marine Cargo Insurance*, Informa Law from Routledge Press, 2009, p.147.

〔43〕 1958 AMC 2329 (NY 1985).

贮存油脂的储藏罐与另外两个储藏罐相通,货物短量是由于装船时一部分油脂打入了船舱而另一部分却打入了另外两个储藏罐。于是,买方向保险人主张赔偿,认为货物已经离开储藏罐,保险责任期间已经开始。但法院最后判决货物只有离开泵之后,保险责任才开始起算。因此,短缺的那部分油脂并未离开储存处所,那部分油脂的保险期间从未开始,在保险责任开始前,油脂就短量了。由此可知,如果收货人发现货物短量不是运输中风险引起的,而是发货人在保险责任开始前少装造成的,对于这部分短缺,保险人是不予承保的。[44]

(四)被保险货物的自然损耗、本质缺陷、特性以及市价跌落、运输延迟所引起的损失或费用

本项规定了四部分除外责任:(1)货物的自然损耗引起的损失或费用;(2)货物的本质缺陷或本质特性引起的损失或费用;(3)市价跌落引起的损失或费用;(4)运输迟延引起的损失或费用。与前3项除外责任不同的是,本项除外责任不仅包括“损失”,还包含相关“费用”。

货物的自然损耗,是指货物因自身特性导致的在运输途中必然发生的损失。具体表现为水分蒸发、渗漏、扬尘、易碎品破碎、散装货短量以及油脂类货物在油舱、油管四壁沾留而造成的短量损失等。对于这类货物,保险人有权对其部分损失约定扣减一定比例的自然减量,或扣减一定比例的新换旧的修理费。[45] 通常保险人会采取规定免赔率的做法,对损失率低于免赔率的部分,保险人不予赔偿。若保险单中约定了“免赔率”,则保险人不能再扣减自然损耗。

“货物的本质缺陷”,是指货物本身固有的缺陷,如玻璃、陶瓷等制品原有的裂痕等,或者货物发运前已经存在的质量上的瑕疵,如有些谷物在装船前已有虫卵,遇到适当温度而孵化导致货物被虫蛀受损。“货物特性”,是指在没有外来原因或事故的情况下,在运输途中,货物自身性能变化引起的损坏,如水果腐烂、面粉发热发霉、砂糖发潮结块、煤炭自燃、氧化发白等。[46] 若是货物本质缺陷或特性造成相邻货物受损,则相邻货物所受损失不在除外责任范围内,保险人对货物本身的损失或由此引起的费用不负赔偿责任。

“市价跌落”,是指外界市场因素导致货物价格的跌落。市价跌落属于商业风险而且是投机风险,不在保险人承保范围内。

“运输迟延”应按照海上保险实践中的一般观念来认定,即指承运人因不可抗力、运输调度等原因不能正常发送货物,而推迟、延长运输期限。[47] 与“运输迟

---

〔44〕 参见杨良宜、汪鹏南:《英国海上保险条款详论》,大连海事大学出版社2009年版,第486页。

〔45〕 参见汪鹏南:《海上保险合同法详论》,大连海事大学出版社2011年版,第162页。

〔46〕 参见应世昌:《新编海上保险学》,同济大学出版社2010年版,第211页。

〔47〕 参见韦松主编:《货物运输保险》,首都经济贸易大学出版社2012年版,第30页。

延”免责相对应,我国《海商法》第243条规定保险人对“航行迟延、交货迟延”造成的损失免责。但法律没有对此处的“航行迟延”“交货迟延”进行进一步解释。我国《海商法》第50条第1款规定,货物未能在明确约定的时间内,在约定的卸货港交付的,为迟延交付。根据立法原意,应坚持“约定迟延交付”论,即该“迟延交付”的认定以明确约定交付时间为前提,若当事人没有约定交付时间,就不应认定存在迟延交付。应该认为,《海商法》第50条的“迟延交付”不能等同于第243条中的“航行迟延”“交货迟延”,原因如下:(1)两者词义相似,但措辞并不完全一致。(2)前者是《海商法》第四章“海上货物运输合同”中的术语,而后者是《海商法》第十二章“海上保险合同”中的术语,两者上下文亦有不同。(3)以海上货物运输合同中的双方当事人是否约定交付时间来认定保险合同下是否存在“航行迟延”“交货迟延”,令人不解。如果运输合同当事人是否约定交付时间会影响保险合同下是否存在“航行迟延”“交货迟延”,就等同于保险合同当事人的权利义务不能仅凭该合同当事人之间的约定,还要受运输合同当事人约定的制约,这有违“合同的相对性”原则。

在广东富虹油品有限公司诉深圳平安海上货物运输合同货损纠纷案[48]中,原告广东富虹油品有限公司为“韩进大马”(MV. Hanjin Tacoma)轮从巴西运载进口的大豆向被告中国平安财产保险股份有限公司深圳分公司投保了海运货物一切险。被告向原告签发了保险单。货物到港停泊56天后才靠泊卸货,卸货后原告发现该轮所载货物霉变,立即通知了被告。原告向被告提交了索赔申请和相关资料,被告一直不予赔付。

一审广州海事法院认为,法律规定航行与交货迟延所造成的损失为保险除外责任,不意味着航行与交货迟延期间不属于保险期间。法律规定与航行、交货迟延有因果关系的损失,保险人不负责赔偿。迟延期间所发生的损失不等于因迟延所造成的损失,因为在迟延期间可能存在外来原因造成被保险货物损失,也可能因迟延等其他因素或多种因素综合作用造成货损。因运输迟延属保险期间,在运输迟延中因承保风险所造成的损失,保险人仍应负责赔偿;如果在运输迟延中因承保风险与迟延等保险除外风险共同造成被保险货物损失,保险人仅可拒赔因迟延等保险除外风险所造成的损失,即与迟延等保险除外风险有因果关系的部分损失。根据《检验报告》与《检验证书(残损鉴定)》,船舶在航行和等泊期间舱内没有通风或通风不良是货损的主要原因;《最终报告》《评估报告》中认为船舱通风不良、运输迟延(货物在船时间较长)等因素是货损的原因,但仅试图证明运输迟延期间发生的货损,而没有证明运输迟延所造成的损失。被告没有举证证明货损中因航行迟延、交货迟延等法律规定的保险除外风险所造成的部分,应依法承担不利后果。

---

〔48〕 参见(2005)广海法初字第211号;(2005)粤高法民四终字第304号。

保险人应当承担保险责任。

广东省高级人民法院在判决中指出,《海商法》第243条所规定的航行、交货迟延,是指船舶实际的航行时间以及交货时间晚于运输合同约定的航行时间以及交货时间。本案提单没有明确约定航行时间以及交付时间。在承托双方没有明确约定航行时间和交付时间的情况下,被告不能主张航行迟延、交货迟延造成的货损免责。最后判决维持一审原判。

针对二审判决理由,笔者认为,本案船舶将货物运抵目的港后停泊56天后才靠泊卸货,尽管不构成海上运输合同法规范中的"迟延交付",但是明显属于海上保险合同法规范中的"航行迟延""交货迟延"。而且,本案保险合同双方当事人对"航行迟延""交货迟延"的事实也是一致认可的。故应认定本案保险合同下存在"航行迟延""交货迟延"。比较而言,笔者认为一审的判决理由更加合理。一审判决中指出,迟延期间所发生的损失不等于因迟延所造成的损失。无论是保险单的约定,还是我国《海商法》的规定,保险人的除外责任之一是迟延所造成的损失,而不是迟延期间所发生的损失。这里特别需要强调损失发生的原因应是迟延。由于我国没有规定保险近因原则,法院对于损失赔付的判定主要根据举证责任的分配规则来处理。保险人在一审中仅举证证明了运输迟延期间所发生的损失,而没有举证证明迟延所造成的损失,即没有证明在全部损失中迟延所造成的损失的比例,故承担举证不能的不利后果,其要求免除部分赔偿责任不能成立,须对全部货损承担赔偿责任。

运输迟延可能会导致货物的实质性损失,如水果、蔬菜的腐烂变质,也可能会导致货物的经济性损失,如季节性商品在节令后才运到,虽然货物完好无损,但是却已经失去其经济价值,被保险人会因此而遭受市场损失。普通法中判例认为,对于运输迟延造成的实质性损失或是经济性损失,保险人都不承保,即使运输迟延是由于承保风险造成的,如碰撞或恶劣天气等。[49] 但是,保险人要援引迟延免责,就必须举证证明货物损失是由运输迟延造成的,而不是运输迟延期间的承保风险造成的。因为根据《中国人保海洋运输货物保险条款(2009版)》第3条"责任起讫"第2款,对于运输迟延期间的承保风险,货物卸离海船后60天内保险人是继续承保的,60天后,在被保险人及时通知保险人并在必要情况下加缴保费后,保险人也是继续承保的。

与"货物的自然损耗"相对应,《英国2009年协会货物保险条款》第4.2条排除了"保险标的的通常渗漏、通常重量或体积损失,或通常磨损"。该条款排除了"非意外"或"必然发生的损失",但《英国1906年海上保险法》允许保险合同作相

---

〔49〕 Federation Insurance Company of Canada v. Coret Accessories Inc. & Hirsch [1968] 2 Lloyd's Rep. 109.

反的规定。

与“货物的本质缺陷、特性”相对应,《英国2009年协会货物保险条款》第4.4条规定了“固有缺陷或保险货物本质所造成的损失或损坏”的除外责任。《英国2009年协会货物保险条款(A)》也不承保货物的固有缺陷,不论是肯定的还是意外的。[50] 《英国1906年海上保险法》第55条[51]也规定,除非保险单另有约定,保险人对保险标的的固有缺陷或特性造成的任何损失不承担保险责任。由此可知,《英国1906年海上保险法》允许当事人自由约定是否承保货物的固有缺陷,但即使被保险人加保货物固有缺陷或本质造成的损失,保险人也仅赔付其中意外的损失或损坏。[52] 英国迪普洛克(Diplock)勋爵曾在判决书中对“固有缺陷”进行了定义:固有缺陷,是指货物在预期航程的通常条件下,在没有任何外来偶然因素或事故介入时,由于装运货物的自然属性而可能使货物变质的风险。[53]

与“运输延迟”相对应,《英国2009年协会货物保险条款》第4.5条将“延误造成的损失或损坏”排除在了承保风险之外。《英国2009年协会货物保险条款》删去了“直接”二字,即删去了《英国1982年协会货物保险条款》中延误必须是损失的“近因”的要求。因此,只要迟延是造成损失的在效力上等同于承保风险的有效原因,保险人即可免责。[54] 《英国2009年协会货物保险条款》第4.5条还规定了一种例外情况,即由于迟延而引起的保险货物所应分摊的共同海损费用,保险人是赔付的,也就是所谓的除外责任的“除外”。《中国人保海洋运输货物保险条款(2009版)》除外责任条款中虽未涉及此点,但对于因迟延而引起的共同海损费用,保险人也承担责任,因为平安险所列明的承保风险中包含了“共同海损的牺牲、分摊和救助费用”。

在Mayban General Insurance Bhd. v. Alstom Power Plants Ltd.[55]案中,一台有着五个支架的变压器从英国运往马来西亚,被保险人为货物投保了《英国1982年协会货物保险条款(A)》。在运输途中遭遇的坏天气的作用下,船舶剧烈颠簸,最终导致变压器支架断裂受损。

高等法院在判决中指出,作为保险标的的货物,如果不能抵御航程中通常的风

---

〔50〕 Mayban General Assurance Bhd. v. Alstom Power Plants Ltd. [2004] 2 Lloyd's Rep. 609.

〔51〕 《英国1906年海上保险法》原文:Section 55 (2) (c): Unless the policy otherwise provides, the insurer is not liable for ordinary wear and tear, ordinary leakage and breakage, inherent vice or nature of the subject-matter insured, or for any loss proximately caused by rats or vermin, or for any injury to machinery not proximately caused by maritime perils.

〔52〕 Soya G. m. b. H. v. White [1983] 1 Lloyd's Rep. 122.

〔53〕 Soya G. m. b. H. v. White [1983] 1 Lloyd's Rep. 122 (HL).

〔54〕 See John Dunt, *Marine Cargo Insurance*, Informa Law from Routledge, 2009, p. 122.

〔55〕 [2004] 2 Lloyd's Rep. 609.

浪状况所造成的影响，则意味着损失的近因是货物固有缺陷。构成货物固有缺陷的判断标准是货物不具有适航性，如果货物不能经受住航程中通常的环境的影响，则货物固有缺陷这一项除外责任满足了构成要件，保险人可以拒赔。该案的判决结果备受批评，因为其使得货物在投保《英国 1982 年协会货物保险条款（A）》时，被保险人只有在完全不同寻常的海上风险造成损失的情况下才能获得赔偿，使得货物保险的功能由此被极大地限缩。

在 The Cendor MOPU[56]案中，自升式石油钻塔 Cendor MOPU 被装在拖驳船上由拖轮从得克萨斯拖带运往目的港，经过各方专业组织的调查最后认定将其直径 12 英尺、长 312 英尺的三个立柱朝上装载，装载后经过专业检查确认积载状况良好。考虑到石油钻塔的立柱有可能会禁不住整个航程中的风浪，在中途挂靠开普敦时再次进行了检验以确定这种运输方式是否是最恰当的。货主为钻塔投保了《英国 1982 年协会货物保险条款（A）》，且列明“货物的潜在缺陷和自然属性”属于除外风险。石油钻塔到达开普敦北部的萨尔达尼亚湾时，因为立柱的插孔有裂痕而挂港修理，之后再次起航。再次起航后不久钻塔右侧的一个立柱断裂沉海，后另外两个立柱也断裂沉海。

Blair 大法官遵循 Mayban 案的判决，认为驳船所经历的天气和海况的影响，是在航程合理的考虑范围之内，那么损失的近因就应该是钻井支架的固有缺陷。

上诉法院法官认为损失是由海上风险造成的，当时的天气和风浪虽然是在可预计的范围之内，但是作用在驳船之上风浪的高度和方向，正好使得右侧支架断裂，让剩余两个支架承受了更多的压力而相继断裂，因此损失是由“使得支架断裂的风浪”（the breaking wave）造成的，保险人不能援引货物“固有缺陷”免责。

最高法院认为货物不能抵抗航程中的正常风险不能自动剥夺被保险人索赔的权利。Mayban 案的判决是错误的。本案中支架断裂的情况是偶然的海上事故，既不可预料也不在双方当事人考虑范围之内。当时风浪的方向、高度和强度正好对第一个支架造成了冲击，而又正好使得后两个支架的压力陡增而导致支架相继断裂。因此，损失的“近因”既不是固有缺陷，也不是风浪的正常作用，而是海上的外来偶然因素。该偶然因素以“使得支架断裂的风浪”的形式存在。

（五）中国人民财产保险股份有限公司海洋运输货物战争险条款和货物运输罢工险条款规定的责任范围和除外责任

战争风险和罢工风险是特殊的政治风险，需要被保险人投保特殊附加险予以保障，不在基本险的承保范围之内。

---

[56] Global Process Systems Inc. and another v. Syarikat Takaful Malaysia Berhad (The Cendor MOPU) [2011] UKSC 5.

战争险条款和罢工险条款的除外责任排除了危险程度最大的战争风险和罢工风险引起的间接损失,自然这也不属于海上货物运输保险条款的承保范围。

《英国2009年协会货物保险条款》第4.7条以及第6条、第7条的规定与本项除外规定比较相近。但《英国2009年协会货物保险条款》中详细地列明了战争与罢工的含义与内容,而《中国人保海洋运输货物保险条款(2009版)》则只在条文中简单地使用了"战争险与罢工险"两个词语,并没有对其内容加以概括与解释。

三、责任起讫

有关货物保险条款下的责任起讫,参见本书第二章第四节的相关论述。

四、被保险人的义务

为了控制自身的风险,保险人在保险条款中规定了一系列被保险人的义务。《中国人保海洋运输货物保险条款(1981版)》规定了被保险人如下五个方面的义务,对于被保险人违反义务所造成的损失,保险人可以拒绝赔偿。但其对有关损失的界定较为模糊,在实践中容易产生争议。因此《中国人保海洋运输货物保险条款(2009版)》完善了被保险人违反义务的法律后果,对其进行分情况讨论,使其更加明确而合理。

(一)被保险人及时提货义务及保护保险人代位求偿权义务

当被保险货物运抵保险单所载明的目的港(地)以后,被保险人应及时提货,若发现被保险货物遭受任何损失,应即向保险单上所载明的检验、理赔代理人申请检验,如发现被保险货物整件短少或有明显残损痕迹应即向承运人、受托人或有关当局(海关、港务当局等)索取货损货差证明。如果货损货差是由于承运人、受托人或其他有关方面的责任造成的,应以书面方式向他们提出索赔,必要时还须取得延长时效的认证。如未履行上述规定义务,保险人对有关损失不负赔偿责任。

货物抵达保险单载明的卸货港后,被保险人有义务及时提货。由于《中国人保海洋运输货物保险条款(2009版)》的保险期间为"仓至仓",因此保险人保险期间的长短取决于被保险人是否及时提货,若被保险人不及时提货,保险人还需要承保在临时性运输仓库的货损风险。

如果被保险人在提货时发现已经发生货损,应当立即申请检验,便于及时确定损失的原因及范围,也有利于防止损失扩大和向责任人追偿。同时,为了协助和保护保险人的代位求偿权,被保险人应当即时索取货损货差证明。如果货损货差是由于承运人、受托人或其他有关方面的责任所造成,被保险人应以书面方式及时提出索赔。由于被保险人原因,如单证不齐,保险人不能及时结案,致使向承运人等责任方的索赔时效即将届满时,被保险人应以其名义依据法律规定使时效期间中断,保护时效。

本款没有规定被保险人及时通知保险人保险事故的义务。但是，根据《保险法》第21条〔57〕和《海商法》第236条，〔58〕货损发生后，被保险人有及时通知保险人的法定义务。

在华联粮油贸易公司诉华安财产保险公司海上货物运输保险合同案〔59〕中，原告就黄豆粕货物与被告签订了货物运输保险单，约定承保险别为一切险和战争险。1998年1月1日“仁达思”轮装载涉案货物抵达目的港，次日开始卸货。卸货过程中，装卸工人发现部分豆粕发红变质。原告及时通知了被告。货物出险后，原、被告对残损货物的处理和赔偿问题进行了协商。1998年1月23日，双方达成协议，约定：“甲方（保险公司）确认收到乙方（粮油公司）按照保险单规定提交的包括商检证书在内的索赔文件，在判定有关单证无异议的情况下，根据保险单有关规定作出理赔，具体理赔数额按双方达成的协议约定；甲方应在1998年3月10日前实现对乙方的保险赔偿，如果不在上述时间内实现对乙方的保险赔偿，乙方有权终止对承运人的诉讼，并直接诉请甲方予以赔偿，由此所引起的一切后果及费用应由甲方承担。因甲方在乙方诉前保全必须提起诉讼的期间难以完成理赔手续，无法取得对承运人的代位求偿权，甲方要求乙方以乙方名义起诉承运人，相关风险、费用和收益由甲方承担。”原告遂依据与保险人的协议于1998年1月24日向广州海事法院对承运人提起诉讼，后因一直未收到保险赔偿，被保险人于1998年5月20日撤回了对承运人的诉讼，随后提起对保险人的诉讼，即本案。对此，本案被告保险人辩称：原告撤销对承运人的起诉，构成放弃向第三人要求赔偿的权利。而且在向承运人主张权利的诉讼时效届满前，其仍未对承运人提起诉讼，使针对承运人的请求超过诉讼时效，因此产生的法律后果应由原告承担。

一审广州海事法院认为，虽然原告撤回了对承运人的起诉，但依照我国法律规定，原告撤诉后仍可就同一争议再次提起诉讼。因此，原告撤回对承运人的起诉，不构成放弃向第三人要求赔偿的权利。向承运人索赔，不是被保险人向保险人索赔的前提条件。保险事故发生后，被保险人可以选择向承运人索赔，也可以依据保险合同径直向保险人索赔，只要在向承运人索赔的诉讼时效届满之前，给保险人保留必要的调查、理赔时间即可。如保险人负有赔偿责任，其应及时赔付，以取得向承运人索赔的代位求偿权，自行向有责任的第三方索赔，维护自己的权益。如保险人拖延不赔，而使得向承运人索赔的诉讼时效届满，因此产生的法律后果应由保险

---

〔57〕　我国《保险法》第21条规定，投保人、被保险人或者受益人知道保险事故发生后，应当及时通知保险人。

〔58〕　我国《海商法》第236条规定，一旦保险事故发生，被保险人应当立即通知保险人。被保险人若是违反了本款规定的义务，保险人对有关损失不负责。

〔59〕　参见（1998）广海法深字第074号；（2000）粤法经二终字第48号。

人承担。本案中，原告起诉被告时，其针对承运人的诉讼时效远未届满，有足够的时间可供被告调查和理赔。但被告没有及时作出赔偿，以取得代位求偿权自行向承运人索赔，因此造成向承运人索赔的诉讼时效届满的法律后果，理应由被告自行承担。二审广东省高级人民法院支持了一审判决。

在被保险人光通公司诉人保钦州公司水路运输货物保险出险后交付保费及被保险人未及时向承运人索赔致过诉讼时效使保险人丧失代位追偿权案[60]中，投保人农垦公司以光通公司为被保险人向保险人投保水路运输货物保险综合险。保单背面第14条载明：货物发生保险责任范围内的损失，如果根据法律规定或者有关约定，应当由承运人或其他第三者负责赔偿部分或全部的，被保险人应首先向承运人或其他第三者索赔。后发生保险事故，被保险人向保险人提出索赔，但没有向责任方承运人提起索赔或提起诉讼。保险人以被保险人过失使保险人丧失追偿权利而拒赔。

一审北海海事法院判决，光通公司在向保险人索赔及主张权利期间，忘却了保单背面条款所载明的货物出险后应首先向责任方承运人索赔以保住诉讼时效的义务，致使被告在本案结束后丧失了向第三人及责任方追偿的权利。根据《海商法》第253条的有关规定，保险人有权相应扣减保险赔偿。二审广西壮族自治区高级人民法院支持了一审判决。

本案一审、二审法院认为保险条款中被保险人应当对第三人提起诉讼的约定是有效的。但需要注意的是，如果保险条款中对违反此义务的后果作出了明确规定（如《中国人保海洋运输货物保险条款（2009版）》），那么应依据合同约定确定违反后果；如条款中未对违反后果作出约定，可依据《海商法》第253条确定。该条规定属于被保险人保护保险人代位求偿权的法定义务，《中国人保海洋运输货物保险条款（2009版）》相关义务属于约定义务，约定义务优先于法定义务，《中国人保海洋运输货物保险条款（2009版）》相关约定的效力并无问题。当然，《中国人保海洋运输货物保险条款（2009版）》中关于延长时效措辞也存在有待商榷之处。该条款规定，"……如果货损货差是由于承运人、受托人或其他有关方面的责任所造成，并应以书面方式向他们提出索赔，必要时还须取得延长时效的认证。如未履行上述规定义务，保险人对有关损失不负赔偿责任"。（1）"书面方式向他们提出索赔"。依据我国相关法律，普通民法诉讼时效因起诉、当事人一方提出要求或同意履行义务而中断，而《海商法》则规定，时效因请求起诉、提交仲裁或者被请

〔60〕 参见被保险人光通公司诉人保钦州分公司水路运输货物保险出险后交付保费及被保险人未及时向承运人索赔致过诉讼时效使保险人丧失代位追偿权案，载北大法宝：http://www.pkulaw.cn/Case/pfnl_117462136.html? match = Exact，最后访问日期：2016年2月3日。

求人同意履行义务而中断。[61] 海洋运输货物保险属于海商案件，按规定应当优先适用《海商法》的有关规定。也就是说，被保险人向责任方提出非诉讼的书面索赔，并不能产生中断诉讼时效的效果。(2)《中国人保海洋运输货物保险条款(2009 版)》所说的延长时效，有待进一步考虑。我国《民法总则》第 188 条规定，诉讼时效期间自权利人知道或者应当知道权利受到损害以及义务人之日起计算。法律另有规定的，依照其规定。但是自权利受到损害之日起超过 20 年的，人民法院不予保护；有特殊情况的，人民法院可以根据权利人的申请决定延长。《民法总则》第 197 条进一步规定，诉讼时效的期间、计算方法以及中止、中断的事由由法律规定，当事人约定无效。可见，诉讼时效的延长发生在诉讼时效期间届满之后，仅适用于 20 年的最长诉讼时效，而且必须是权利人有正当理由而且符合规定的条件的，法院才能作出。其他情形下，诉讼时效不得协议延长。因此，人保海洋运输货物保险条款将来可考虑做相应修改，避免争议的发生。

在国际保险市场上，各国保险组织都制定有自己的保险条款，但最为普遍采用的是英国伦敦保险业协会所制定的《协会货物保险条款》。

本款对应《英国 2009 年协会货物保险条款》第 16.2 条关于被保险人保护保险人代位求偿权的义务。

(二)被保险人的"施救义务"

有关被保险人的施救义务，参见第六章第二节的相关论述。

(三)被保险人"续保"的义务(权利)

如遇航程变更或发现保险单所载明的货物、船名或航程有遗漏或错误时，被保险人应在获悉后立即通知保险人并在必要时加交保险费，本保险才继续有效。就保险条款的本项规定而言，与其说这是被保险人的义务，不如说是其权利。根据我国《保险法》第 52 条的规定，危险增加时，保险人有解除保险合同的权利。而在国际海上运输中，在很多情况下，航程的目的地会发生改变，从而有可能使货物面临与海上货物运输保险投保时不一样的其他风险。例如，买方要求、卖方结不了汇加之货物价格下跌导致买方拒绝接受该货物，从而迫使卖方将船上货物转卖；政治原因或其他原因导致相关货物在卸货港被拒绝进港，迫使该批货物开往其他目的地卸货；等等。如果保险合同不对此进行"续保"规定，对于被保险人无法控制的承保风险偏差，保险人就可能解除保险合同的不确定性。如果有明示的"续保"规定，只要被保险人及时通知保险人并在必要时加交保费，保险人就必须继续承保。而且保险人要对"续保"议定期间发生的货损承担保险责任，即"续保"可以让保险

---

[61] 《民法总则》第 195 条规定："有下列情形之一的，诉讼时效中断，从中断、有关程序终结时起，诉讼时效期间重新计算：(一)权利人向义务人提出履行请求；(二)义务人同意履行义务；(三)权利人提起诉讼或者申请仲裁；(四)与提起诉讼或者申请仲裁具有同等效力的其他情形。"

期间从未终止过。[62] 因此,“续保”规定可以一定程度上为被保险人提供保障。

在航程变更或发现保险单所载明的货物、船名或航程有遗漏或错误两种情况下,被保险人必须在知悉后立即通知保险人并在必要时增加保费,保险人才会予以继续承保。“航程变更”是保险责任开始后,被保险人改变了原定目的地。此处没有对“航程变更”的原因进行限定,因此既可以是合法航程变更,也可以是非法航程变更。要求“及时通知”,是为了让保险人有机会安排再保,如果通知太晚,货物已经发生损失,就会导致保险人无法再保。然而条款却没有解释“及时”的具体含义,简单说就是尽快在合理时间内。要求“必要时增加保费”,是因为如果承保风险发生变化导致原来的保费不够,保险人当然要加收保费。但增加的保费应该按在保险市场能够获得的合理商业费率来确定。[63]

被保险人“续保”的义务(权利)可联系到《保险法》下被保险人在保险期间内保险标的危险程度增加时的通知义务。但保险期间内保险标的危险程度增加时的通知义务是被保险人的一项法定义务,而条款中的“及时通知并在必要时加交保费”更多的是对被保险人的一种保障,是被保险人的权利。这也是条款没有规定被保险人违反义务的法律后果的原因。

司法实践中,有关货损发生后发出的“续保”通知不“及时”,存在相关的典型案例。在 Hood v. West End Motor Car Packing Co. [64]案中,被保险车辆本应该放置在甲板下面,但是却放在甲板之上。被保险人知道这种情况后并没有马上通知保险人续保,而是等到损失发生后才向保险人发出续保通知。法院判决认为被保险人有默示义务在知悉遗漏或错误后的合理时间内通知保险人。法律不允许被保险人静观其变,若发生货损就续保,若不发生货损就不续保。最后上诉庭认为被保险人的通知太晚,是不合理的。

《英国 2009 年协会货物保险条款》第 10 条规定了“航程改变条款”,保险责任开始后,如果被保险人改变目的地,则必须积极“续保”,保险合同才能继续有效。另外,新增的第 10.2 条还对“鬼船”的情况进行了承保。如果保险责任开始后,但被保险人或其雇员不知道船舶驶往另一目的港,保险人对货损仍然承担赔偿责任。

(四)被保险人提供索赔单证的义务

在向保险人索赔时,必须提供下列单证:保险单正本、提单、发票、装箱单、磅码单、货损货差证明、检验报告及索赔清单。如涉及第三者责任,还须提供向责任方追偿的有关函电及其他必要单证或文件。

被保险人未履行前款约定的单证提供义务,导致保险人无法核实损失情况的,

---

〔62〕 参见杨良宜:《海上货物保险》,法律出版社 2010 年版,第 406 页。

〔63〕 Liberian Insurance Agency Inc. v. Mosse [1977] 2 Lloyd's Rep. 560.

〔64〕 (1917) 2 KB 38.

保险人对无法核实的部分不承担赔偿责任。

本款的规定是对被保险人提供索赔单证法定义务的具体化。根据《海商法》第251条的规定,保险事故发生后,保险人向被保险人支付保险赔偿前,可以要求被保险人提供与确认保险事故性质和损失程度有关的证明和资料。根据《保险法》第22条第1款的规定,保险事故发生后,按照保险合同请求保险人赔偿或者给付保险金时,投保人、被保险人或者受益人应当向保险人提供其所能提供的与确认保险事故的性质、原因、损失程度等有关的证明和资料。若被保险人未能履行此义务,单证提供不全导致保险人无法核实情况,保险人可以仅就无法核实的情况拒绝承担保险责任。《英国2009年协会货物保险条款》中无相关规定。

(五)被保险人在获悉有关运输契约中"船舶互撞责任"条款的实际责任后,及时通知保险人的义务

根据《中国人保海洋运输货物保险条款(2009版)》第1条"承保范围"条款,"船舶互撞责任"条款下货方应当赔偿给本船船方的损失属于保险人的承保范围。保险人在承担保险责任的同时要积极维护自身的代位求偿权,因此保险人要求被保险人在得知船舶互撞的实际责任后及时履行通知义务。如果被保险人未能履行,保险人便可能不能取得代位求偿权,对此,保险人可以拒绝赔偿货物损失。《英国2009年协会货物保险条款》中无相关规定。

五、赔偿处理

保险人收到被保险人的赔偿请求后,应当及时就是否属于保险责任作出核定,并将核定结果通知被保险人。情况复杂的,保险人在收到被保险人的赔偿请求并提供理赔所需资料后30日内未能核定保险责任的,保险人与被保险人根据实际情形商议合理期间,保险人在商定的期间内作出核定结果并通知被保险人。对属于保险责任的,在与被保险人达成有关赔偿金额的协议后10日内,履行赔偿义务。

为解决保险人不合理拖延核保的问题,2009年《保险法》新增了对保险人核保时限的规定。[65]《中国人保海洋运输货物保险条款(2009版)》也相应增加了对保险人理赔程序和时限的规定。对于被保险人提出的赔偿请求,保险人首先应当及时作出核定。情况复杂的,保险人应当在30日内作出核定,但是允许当事人自由约定合理期间。保险人作出核定后需要与被保险人达成有关赔偿金额的协议。在达成协议后的10日内,保险人应当履行赔偿义务。

---

〔65〕《保险法》第23条第1款规定:"保险人收到被保险人或者受益人的赔偿或者给付保险金的请求后,应当及时作出核定;情形复杂的,应当在三十日内作出核定,但合同另有约定的除外。保险人应当将核定结果通知被保险人或者受益人;对属于保险责任的,在与被保险人或者受益人达成赔偿或者给付保险金的协议后十日内,履行赔偿或者给付保险金义务。保险合同对赔偿或者给付保险金的期限有约定的,保险人应当按照约定履行赔偿或者给付保险金义务。"

“赔偿处理”条款中并未规定保险人未及时履行义务的法律后果。对此,可以依照《保险法》第23条第2款的规定,要求保险人除支付保险金外,赔偿被保险人因此受到的损失。虽然法律没有明确这种损失是否包括利息,但理论上说应该包括利息。甚至有学者建议,保险人由于其过错未及时支付保险赔偿的,被保险人可在保险金请求外,按双倍同期银行贷款利率,请求自被保险人向保险人提供全部主要保险索赔单证之日起的利息。[66]

《英国2009年协会货物保险条款》中无相关的理赔程序规定。

六、索赔期限

本保险索赔时效,从保险事故发生之日起起算,最多不超过2年。

本条是对被保险人索赔时效的规定,是为了督促被保险人及时行使索赔权而订立。《中国人保海洋运输货物保险条款(2009版)》将索赔时效的起算点由《中国人保海洋运输货物保险条款(2009版)》的“被保险货物在最后卸载港全部卸离海轮时”提前为“保险事故发生之日”,这有利于敦促被保险人及时向保险人告知保险事故,从而使保险人尽早介入到保险事故的处理中,实现保险制度对社会公众提供的保障功能。保险索赔时效,一般指被保险人或者受益人在保险标的因保险事故遭受损失后,依照保险合同的约定,请求保险人赔偿或者给付保险金的法定时限。实践中对保险索赔时效的性质一直争议不断。2009年《保险法》用第26条取代原《保险法》第27条,将索赔时效的性质明确规定为“诉讼时效”。但笔者认为,保险索赔时效应该为“除斥期间”。诉讼时效是“权利人持续不行使民事权利而于期间届满时丧失请求法院保护其民事权利的法律制度”。[67] 诉讼时效的适用需要存在一个关键的法律前提,即“权利人在其权利受到非法侵害时”,[68] 方才有权请求法院通过诉讼程序强制义务人履行义务以实现其权利,而用于规范被保险人和受益人行使保险请求权的保险索赔时效却没有此法律前提。归纳我国的保险实务,被保险人或者受益人行使保险请求权,并不是出于该项债权因保险人的违约而遭受侵害,而只是基于发生保险事故而要求保险人依约自觉地向其履行保险责任。显然,其行使保险请求权不是为了寻求法律的强制保护,无须通过诉讼途径。换一个角度讲,只有被保险人或者受益人行使保险请求权以后,保险人予以拒赔的,被保险人或者受益人不服的,才得以向法院提起诉讼来寻求法律强制保护,[69] 此时才适用诉讼时效。因此,从法理根据上讲,保险索赔时效应该是除斥期间而非诉讼

---

〔66〕 参见司玉琢、胡正良主编:《〈中华人民共和国海商法〉修改建议稿条文、参考立法例、说明》,大连海事大学出版社2003年版,第597~599页。

〔67〕 参见张俊浩主编:《民法学原理》,中国政法大学出版社1991年版,第304页。

〔68〕 参见王利民:《民法本论》,东北财经大学出版社2001年版,第561页。

〔69〕 参见贾林青:《论保险索赔时效的法律性质——对新〈保险法〉第26条的质疑》,载《中国商法年刊》(2010年)。

时效。另外,保险法之所以设计保险索赔时效,目标在于督促被保险人或者受益人作为权利人在发生保险事故后,及时地向保险人行使保险请求权,进而让保险人尽快完成保险理赔程序。将索赔时效定性为可以中断、中止或延长的诉讼时效将与该目标背道而驰,而不可变更的除斥期间则可以很好地实现此目的。

对于以被保险人寻求法律强制保护为前提的诉讼时效,根据我国《海商法》第264条的规定,海上保险合同诉讼时效的起算点也为“保险事故发生之日”。《海商法》采用“保险事故发生之日”作为诉讼时效的起算点事实上使诉讼时效兼具了索赔时效的功能,这是因为我国《海商法》和《保险法》都没有规定索赔时效的问题,而保单中通常也不约定索赔时效或即使约定,也不能有损于诉讼时效。但有学者认为《海商法》对诉讼时效的规定是有违法理的,应进行变革。根据其观点,保险事故的发生仅仅意味着保险标的遭受损失,并不直接导致被保险人的保险金求偿权受到侵害。从《民法通则》诉讼时效自“知道或者应当知道权利被侵害时起计算”的原则出发,只有当保险人出具拒赔通知或逾期赔付时被保险人的保险金求偿权才受到侵害,诉权也才随之产生(在此之前并无诉权可行使)。因此,海上保险合同的诉讼时效应起算于“保险人拒绝赔偿、给付,或者逾期赔偿、给付之日”。〔70〕

笔者认为,海上保险合同的诉讼时效制度具有独特的国际法渊源,并更多地体现商事法律追求效率的价值取向。《海商法》关于海上保险合同诉讼时效从保险事故发生之日起计算的规定具有其合理性。(1)可以将保险事故的发生作为保险赔偿请求权产生的条件,即保险赔偿请求权是附条件的,只有条件成就时,才产生诉讼时效期间起算点。〔71〕 因此,诉讼时效从保险事故发生之日起算不存在有违法理的嫌疑。(2)将海上保险合同诉讼时效的起算点确定为“保险事故发生之日”可以增加可确定性,提高效益。相比于《保险法》中“被保险人知道或者应当知道保险事故发生之日”和《民法通则》中“权利人知道或者应当知道权利被侵害之日”的时效起算点,“保险事故发生之日”作为一个完全客观的时间点具有其他两个时间点所无法比拟的确定性,这对于提高海上保险合同诉讼时效制度的效益具有不可忽视的作用。(3)将诉讼时效的起算点规定为保险事故发生之日有利于敦促被保险人及时报损,从而使保险人尽早介入到保险事故的处理中,这对事故证据的保全和损失扩大的预防都有重要的价值。如果依一些学者的观点采用“保险人拒绝赔偿、给付,或者逾期赔偿、给付之日”为诉讼时效的起算点,则在法律上,无论保险事故发生多久之后,被保险人依然可以向保险人索赔。这显然是不合理的,诉讼时

〔70〕 徐猛、茅麟:《论保险合同诉讼时效规定的理解和适用——对〈中华人民共和国海商法〉第264条的思考》,载《中国海商法研究》2012年第3期。

〔71〕 参见李兆良:《海上保险诉讼时效规定的理解和修改》,载《中国海商法研究》2013年第2期。

效敦促权利人尽快行使权利的立法目的也将落空。[72]

《英国2009年协会货物保险条款》没有对索赔时效进行规定。但根据第19条"法律和惯例条款",保险索赔期限受英国法律和惯例的调整。英国法将时效制度作为程序问题,仅规定了诉讼时效。根据1980年《时效法》(Limitation Act),合同时效期间为自诉因产生之日起6年。对于海上货物保险合同,时效期间为从发生货损之日起6年。[73]

第二节　海洋运输货物保险附加险概述

如前所述,附加险只能在投保某一种基本险的基础上才可加保,分为一般附加险、特别附加险和特殊附加险。

一、一般附加险

一般附加险承保一般外来原因所引起的货物损失,亦可称普通附加险。根据《中国人保普通附加险条款(2009版)》,目前承保的普通附加险包括偷窃提货不着险、淡水雨淋险、短量险、混杂玷污险、渗漏险、碰损破碎险、串味险、受潮受热险、钩损险、包装破裂险、锈损险共11种。《中国人保普通附加险条款(2009版)》明确规定,普通附加险条款受主险中的除外责任条款的制约。

(一)偷窃、提货不着险

偷窃、提货不着险承保被保险货物在保险有效期内,被偷窃或整件提货不着所造成的损失,由保险人按保险价值负责赔偿。被保险人应及时提货,如遇被保险货物遭受偷窃行为所致损失,被保险人必须在提货后10日内申请检验,如遇整件提货不着的损失,则被保险人必须向责任方取得整件提货不着的证明,否则,保险公司不负赔偿责任。保险公司给予被保险人赔偿金以后取得向第三人的代位求偿权,但其金额以不超过保险公司支付的保险金为限。

(二)淡水雨淋险

淡水雨淋险承保被保险货物直接由于淡水雨淋、冰雪融化所造成的损失。淡水包括船上淡水舱、水管漏水和船舱或舱内其他货物"出汗"等,淡水是与咸水即海水相对而言的。由于平安险和水渍险只对海水所致的各种损失负赔偿责任,因此,淡水雨淋险是在平安险和水渍险基础上的扩展。作为被保险人应按时提货,发现货物遭受淡水雨淋的损失时,必须在提货后10日内申请检验,否则,保险人不负

---

〔72〕参见初北平、曹兴国:《变革中的海上保险合同诉讼时效再审视》,载《法学杂志》2014年第11期。

〔73〕Chrandris v. Argo Insurance Co. Ltd. [1963] 2 Lloyd's Rep. 65.

赔偿责任。被保险人申请检验货物遭受淡水雨淋损失时,货物的包装外部应有淡水或淡水痕迹,或有其他适当证明。

(三)短量险

短量险承保货物在运输过程中因外包装破裂、破口、裂缝或散装货物散失而发生的与实际重量短少的损失。对散装货物的重量短缺,则以装船重量和卸船重量的差额作为损失的依据。正常损耗需要先扣除,当事人通常在保险单中约定一个免赔量。

(四)混杂玷污险

混杂玷污险承保被保险货物在运输过程中,因混进杂质或被玷污所造成的损失。例如,砂、矿石等混进了泥土、草屑等而使其质量受到影响;布匹、纸张、食物、服装等被油渍或带色的物质污染而造成的经济上的损失等。

(五)渗漏险

渗漏险承保两项风险:(1)被保险货物在运输过程中,因容器损坏而引起的渗漏损失,如流质、半流质及油类货物;(2)用液体储藏的货物因流体的渗漏而引起的货物腐败等损失,如湿肠衣等。

(六)碰损破碎险

碰损破碎险承保货物在运输途中因震动、碰撞、受压造成的碰损和破碎的损失。所谓碰损主要是对金属或金属制品的货物,如机器、搪瓷钢精器皿等,这类物品在运输途中因受震、受压、受碰击等造成的货物本身的凹痕、脱瓷等损失。破碎,主要是指易碎物品如玻璃、玻璃制品、陶瓷、石棉瓦、大理石等在运输过程中因受震动挤压等外来原因造成的货物破碎。

(七)串味险

串味险承保被保险货物在运输过程中,因受其他物品的影响而引起的串味损失,主要适用于食用物品、中药材、化妆品原料。这种串味损失如果是由于船方配载不当造成,保险公司依合同赔偿后取得向船方的代位求偿权。

(八)受潮受热险

受潮受热险承保被保险货物在运输过程中,因气温突然变化或由于船上通风设备失灵致使船内水汽凝结、发潮或发热所造成的损失。一些袋装、捆装及易于吸收水分的货物容易遭受这类损失。货物受热,通常是指温度增高使货物发生变质损失。不同于其他附加险,该附加险对受潮受热的原因作出了限定,被保险人有举证责任去证明受潮、受热属于上述两种原因之一。

(九)钩损险

钩损险承保货物在装卸过程中,装卸工人使用手钩或吊货钩对货物包装及内容造成的损失。内容的损失是货物破损或散落短重,包装损失主要是重新整理、修理或更换包装的费用。袋装化肥、水泥等货物在港口装运时容易造成钩损风险,有必要加保钩损险。

（十）包装破裂险

包装破裂险承保在运输过程中因搬运、装卸不当，使包装破裂造成物品的短少、沾污、受潮等损失。此外，为了保险货物在运输过程中安全续运的需要，对包装进行修补或调换包装所支付的费用，也由保险人负责。

（十一）锈损险

锈损险承保保险货物在运输过程中因为生锈造成的损失。这种生锈只要不是原装时就存在的，属于保险期限内发生的，保险公司都将负责赔偿，因此责任较大。一般来说，对裸装的易生锈的金属板、块、条、管等，由于几乎必然会生锈，保险公司一般不予承保。

二、特别附加险

特别附加险承保一些涉及政治、国家政策法令和行政措施等特殊外来因素所造成的风险损失。如果特别附加险条款与主险条款冲突，优先适用特别附加险条款。根据人保公司的规定，我国的特别附加险主要包括以下五种险种。

（一）进口关税险

进口关税险承保货物受损但被保险人仍需要按完好价值缴纳进口关税所造成的损失。其保险金额是单独的，并在保险单中与货物本身的保险金额分别注明。

（二）舱面险

海运货物一般都是装于船舱内的。保险人的海运货物险在确定保险责任范围和保险费率时，都是按照舱内货物考虑的。对货物装载于舱面，由此而遭受的损失保险人不予负责，这是国际海上运输惯例，即对活牲畜和舱面货物不视作货物。但在实务中，有些货物因其体积庞大，或是有毒性以及酸性，或是危险品等只能装于舱面，"舱面险"就是为了满足这些货物的需要而制订的。保险人对于这类货物装于舱面而遭受风险所造成的损失负责赔偿。

（三）拒收险

拒收险承保货物在进口港被进口国的政府或有关当局拒绝进口或没收所造成的损失。损失必须不是由于被保险人故意或过失造成的。若在被保险货物起运后，进口国宣布实行任何禁运或禁止，保险人则负责赔偿运回出口国或转口到其他目的地因而增加的运费，但最多不得超过被拒绝进口货物的保险价值。

（四）黄曲霉素险

黄曲霉素是一种致癌的毒素。各国对黄曲霉素的含量都有严格的限制标准，若进口货物经过化验发现超过规定标准时，进口国就会拒绝进口，或没收或强制改变用途。黄曲霉素险就是承保被保险人由此而受到的损失，按被拒绝进口或被没收部分货物的保险价值或改变用途所造成的损失予以赔偿。

(五)出口货物到我国香港特别行政区(包括九龙)或澳门特别行政区存仓火险责任扩展险

内地出口到港澳的货物,若由内地在港澳的银行办理押汇,货物运抵目的地后,在货主归还贷款前,货物权益属于银行。货物卸离船舶后,若是把货物存放于保单载明的过户银行所指定的仓库时,为了使货物在存仓期内若遭受损失时能获得保险的赔偿,就可加保这种特别附加险。这一保险的责任,始于运输责任终止之时,直到银行收回押款,解除对货物的权益时终止;或始于运输险责任终止时起算满 30 天为止。

三、特殊附加险

特殊附加险,主要指的是战争险与罢工险两种。如果特殊附加险条款与主险条款冲突,优先适用特殊附加险条款。

(一)战争险

战争险并非对所有与战争有关的损失均予以负责,它有一定的责任范围。根据《中国人保海洋运输货物战争险条款(2009 版)》第 1 条的规定,我国的海洋运输货物战争险主要负责的是直接由于战争、类似战争行为和敌对行为、武装冲突或海盗行为所致的损失;因此而引起的捕获、拘留、扣留、禁制、扣押所造成的损失;各种常规武器,包括水雷、鱼雷、炸弹所致的损失;以及由于上述原因所引起的共同海损的牺牲、分摊和救助费用。而由于敌对行为使用原子或热核制造的武器所致的损失和费用以及根据执政者、当权者或其他武装集团的扣押、拘留引起的承保的航程的丧失或挫折而提出的索赔均不属于战争险的承保范围。

(二)罢工险

我国海上货物运输罢工险的承保范围是被保险货物由于罢工者、被迫停工工人或参加工潮暴动、民众斗争的人员之行动,或任何人的恶意行为所造成的直接损失和上述行为或行动所造成的共同海损的牺牲、分摊和救助费用;在罢工期间由于劳动力短缺或劳动力的不能使用所致的保险货物的损失,包括因此而引起的动力或燃料缺乏使冷藏机停止工作所致的冷藏货物的损失,保险人亦负赔偿责任。

被保险货物如已投保战争险,则加保罢工险时,一般不再加收保险费,这是国际上的习惯做法,人保公司亦是如此规定的。

第九章　再保险合同

第一节　再保险概述

一、再保险的概念及作用

再保险(reinsurance),是指保险人将其所承保的风险和责任向其他保险人再投保的行为,因此,其又被称为“保险之保险”。再保险又可以分为传统再保险和财务再保险。财务再保险是指保险人与再保险人约定,保险人支付再保险费给再保险人,再保险人为保险人提供财务融通,并对于保险人因风险所致损失,负担赔偿责任的行为。其与传统再保险的区别是,传统再保险以分摊承保风险(underwriting risk)为主要目标,而财务再保险则是以分担财务风险(financial risk)为主要目标。我国《保险法》第28条第1款规定,保险人将其承担的保险业务,以分保形式部分转移给其他保险人的,为再保险。下文中讨论的再保险是指传统再保险。

再保险是保险人为避免自己承保的业务遭受巨额损失,影响正常经营而采取的风险分散方式。再保险制度的出现从根本上是为了分散、转移风险的需要。再保险最早产生于欧洲海上贸易发展时期。据考证最早的一张再保险保单是1370年7月由意大利一名商人Gustav Cruciger签订的。他将自己承保的从热那亚到荷兰斯鲁伊斯(Sluys)的全程海上运输风险中有较大风险的,从西班牙加迪斯(Cadiz)到斯鲁伊斯这段大西洋航程的责任转移了出去,而将经由地中海的这段较为安全的航程的责任自留了下来。[1] 直到1688年劳合社建立前,再保险仅限于海上保险。随后再保险开始向火险、工程险和责任险等一般保险扩展。19世纪出现专门经营再保险业务的再保险公司后,规模庞大的国际再保险市场形成。20世纪末,再保险已经成为保险行业中不可缺少的组成部分。

保险是基于大数法则运作的,而根据大数法则,承保标的的数量越大、同质化程度越高,风险分散就越彻底,保险经营的稳定性就越好。因此,个别保险金额特

---

〔1〕 See C. E. Golding, K. V. Louw, Golding: The Law and Practice of Reinsurance, Witherby & Co. Ltd., 1987, pp. 1 - 2.

别高的承保标的将影响保险经营的稳定性，对再保险的需求也由此产生。[2] 而到了现代，再保险的作用已经不仅局限于分散保险经营风险，其在增强保险人的偿付能力，扩大保险公司的承保能力，稳定保险市场乃至整个国民经济上都具有非常重要的作用。[3] 对于海上保险而言，考虑到保险标的（船舶、货物、事故责任）通常金额巨大，且海上风险变幻莫测，再保险的安排尤显重要。

二、再保险的分类

对再保险的分类，根据分类依据的不同而有所不同，以下介绍最为重要的两种分类。

（一）按责任承担方式分类

按照计算原保险人与再保险人之间分出与分入承担损失责任金额的方式的不同，再保险又可分为比例再保险和非比例再保险。

1. 比例再保险（proportional reinsurance），是指原保险人与再保险人以保险金额为基础按比例计算各自收取的保险费和承担的赔偿责任的再保险方式。[4] 在比例再保险合同中，约定了保险分出人和再保险分入对每一风险的分出和自留比例的计算方法或者具体的比例，保险人承保的每一笔保险业务，再保险人按计算的比例收取再保保费，发生损失时按照相同比例负责赔偿。比例再保险又按合同约定的计算自留比例和分出比例的方式不同可进一步划分为成数再保险（quota share reinsurance）[5]、溢额再保险（surplus reinsurance）[6]以及成数和溢额混合再保险（quota share & surplus reinsurance）。

2. 非比例再保险（non – proportional reinsurance），也称为超赔（excess of loss reinsurance），是以赔款金额确定保险人自留额（也称为免赔额）和再保险人接受的分保金额的再保险方式。[7] 在该种再保险方式下，再保合同一般约定一个保险人

---

〔2〕 当然，保险人也可以通过与其他保险人共同承保来达到分散风险的目的，但在共同保险下，投保人必须与数个保险人共同协商，手续复杂，不如再保险简便。

〔3〕 参见郑云端：《再保险法》，中国人民公安大学出版社 2004 年版，第 1 页。

〔4〕 根据《再保险业务管理规定》第 2 条，比例再保险，是指以保险金额为基础确定再保险分出人自留额和再保险接受人分保额的再保险方式。

〔5〕 成数再保险，是指保险人将每一危险单位的保险金额按照约定的比例分保给再保险人的再保险方式。在该种方式下，无论保险人承保的每一危险单位的保险金额大小，只要是属于合同约定范畴内的风险，其都要按照约定的比例分出给再保险人，当然，发生的赔款也应按照该约定的比例进行分摊。

〔6〕 溢额再保险，是指保险人以每一危险单位的一定保险金额作为自留额，以自留额的一定倍数（称为线数，lines）作为分出额分给再保险人的再保险方式。在该种方式下，保险人与再保险人按照自留额和分出额对保险金额的比例来分配保险费用及分摊赔款。

〔7〕 根据《再保险业务管理规定》第 2 条规定，非比例再保险，是指以赔款金额为基础确定再保险分出人自负责任和再保险接受人分保责任的再保险方式。

自己承担的赔偿限额作为自留额,同时约定由再保险人承担的最高赔偿限额,通常再保险人承担的赔偿限额又被分成几个区间段,称为层。超赔再保险合承保的业务分发生赔款时由保险人自己承担自留额以内的赔款,超过自留额部分由再保险人承担。再保险人收取的保险费是根据保险人以往赔付统计分析结果和预计保险人将来在再保险合同期间收取的保费规模计算的,保险人的实际赔款与再保险承担的赔款之间无固定的比例关系,所以称为非比例再保险。非比例再保险多用于巨灾风险、保赔保险、货物运输保险等,手续相对简便,日常分出和理赔管理工作量也较少,有利于减少再保成本和管理成本,由于保险费是按保险人的损失定价,保险人比较容易购买到他们认为合适的再保险保障,再保险人也可以通过价格来保证提供的保险保障和价格相匹配。

(二)按再保险的安排方式分类

按照再保险安排方式的不同,再保险可分为临时再保险、合约再保险及预约再保险三种。

1. 临时再保险(facultative feinsurance),亦被称为选择再保险,是再保险的最初形态,多在再保险合同中约定,超出免赔额的部分由再保险分出人和分入人按照再保险合同中约定的比例分摊。在该种再保险安排方式下,保险人在认为其所承保的业务有必要予以分保时,临时与再保险人签订再保险合同。临时再保险常用于单一风险的分保安排,保险人可以自由挑选再保险人,而再保险人也可以自由选择是否接受保险人的分保请求。临时再保险的优点在于再保险双方都有较强的自主性,缺点在于手续烦琐,不够迅捷。临分业务通常采用比例再保险方式。

2. 合约再保险(treaty reinsurance),又称合约分保,是指原保险人与再保险人先签订再保险合同,约定在一定时期内(一般为一年),保险人有义务将在此期间内承保的所有再保合同约定的保险业务分出给再保险人,而再保险人也有义务接受该部分的分保业务。[8] 通过合约再保险合同分出的保险业务,通常会包括保险人在一定时期内承保的一系列风险,这些风险会被限制为特定的险种和风险类别,海上保险的保险人通常按船舶保险和货物运输保险分别与再保险人签订再保险合同。并在合同中对风险类别有所限定,例如,有的船舶再保险合同约定只限于航行于中国沿海、内河的船舶。但也不排除再保险分入人愿意承保再保险分出人的全部险种的情况,保险人与再保险人就保险人承保的所有保险业务签订一个再保险合同。但即使在该类合同中也有可能对风险类型有所限定,如船舶拖航、活牲畜运输除外。合约再保险合同的基本功能是增加再保险分出人的承保能力,稳定经营。一般而言,在合约再保险下,对于再保险合同约定内的保险业务,不需要向再保险

---

〔8〕 根据《再保险业务管理规定》第2条规定,合约分保,是指保险人与其他保险人预先订立合同,约定将一定时期内其承担的保险业务,部分向其他保险人办理再保险的经营行为。

人单独申报,而自动得到再保保障,对于保险人开展保险业务非常方便,对于再保险人也省去了每笔审核的工作和成本。合约再保险可以是比例再保险也可以是非比例再保险 。

一般而言,在合约再保险下,对于再保险合同约定的特定保险业务,保险人将自动得到再保险保障,这也是合约再保险又被称为义务再保险(obligatory reinsurance)和自动再保险(automation reinsurance)的原因。当前,实务中也有一些合约再保险合同中约定再保险人有权选择是否接受原保险人分出的业务,因此,合约再保险合同又可进一步分为强制性的合约再保险和非强制性的合约再保险。

3. 预约再保险(open cover reinsurance/facultative - obligatory reinsurance),是介于临时再保险和合约再保险之间的一种再保险方式。在该种再保险安排方式下,保险人与再保险人之间也事先订立再保险合同,只是保险人可以选择是否将某一部分保险业务分出给再保险人,而再保险人必须接受保险人分出的保险业务。预约再保险适宜为一些发生事故没有规律的风险提供额外保障,所以在海上保险中运用较多。[9] 但再保险人愿意同原保险人订立预约再保险合同,是建立在其对原保险人有充分信任的基础之上的。

三、再保险与共同保险

共同保险(co - insurance)是国际保险市场较多采用的一种保险形式,又称“共保”,指两个或两个以上保险人在同一保单中约定各自承保的份额,各保险人按承保份额的比例收取保险费和各自按比例承担保险责任的保险形式。参与共保的保险人称为共保人,各共保人与被保险人之间是独立的合同关系,互相不承担连带责任。按洽谈保险业务过程的角色不同,共保人一般又分为首席共保人(主共)和从共保险人(从共),首席共保人一般承保的份额最高,在报价和洽谈保险业务中承担任任务最多,从共保险人决定是否参与共保和参与的份额时,一个重要的参考因素是首席承保人的经验。首席共保人在保险期间处理共保事宜的权利和义务是通过保单中增加首席条款或者共保人之间签订协议的方式予以明确的,主要内容包括首席承保人在办理保险合同变更(批改)、理赔哪些情况下可以先决定后通知其他共保人。除了约定的情况,[10] 尽管在实践中首席保险人可能因其行业地位和商业关系而在具体保险活动中承担更多义务,但其他共同保险人仍然享有保险合同下的全部权利。首席保险人条款并不导致首席保险人自动成为其他保险人的代理人。[11]

---

[9] 参见郑睿:《英国海上保险法律与实务》,上海交通大学出版社 2014 年版,第 306 页。

[10] Roadworks (1952) Ltd. v. Charman [1994] 2 Lloyd's Rep. 99.

[11] San Evans Maritime Inc. & Others v. Aigaion Insurance Co. [2014] EWHC 163. See also Mander v. Commercial Union Assurance [1998] LRR 93.

共同保险与再保险均有分散风险、控制损失、充分利用市场承保能力和稳定经营成果的功能，同一个再保险安排下的数个再保险人之间也可能存在共同保险的关系，其赔偿范围也应当按照共同保险的原则确定。[12] 二者的区别在于，(1)共同保险属于原保险，是原保险的特殊形式，是风险的第一次分散，对共同保险承保的风险还可以进行再保险；再保险则是在原保险的基础上对风险的第二次分散。(2)两者的法律关系不同：在共同保险中，投保人与保险人之间的法律关系是横向的，投保人与每个保险人之间都存在直接的法律关系，保险事故发生后，各保险人均向被保险人履行自己承担的保险金给付义务；在再保险中，原保险人与再保险人之间是一种纵向的保险关系，再保险合同的效力仅及于原保险人和再保险人，再保险人的赔偿范围也应当依照再保险合同确定，[13] 而不涉及原保险合同的被保险人，因为被保险人不是再保险合同的当事人。

再保险和共保在不同保险市场中的作用有一定的差别。由于通过协议再保险可以自动获得保障、手续便捷，现代保险实务中普遍采用再保险的方式分散风险，特别是在中国市场中绝大部分采取独家承保的方式。国际市场上船舶险由于风险非常集中，采用共保方式非常普遍。中国市场共保一般用于再保合同中除外的风险、保额巨大或者风险特殊的业务，如拖航风险、LNG 船舶保险、风电船舶的保险、货运运输保险中的散货运输或者钻井平台的运输。我国的相关法律法规中，并没有共同保险的相关规定，然而实践中有的保险人为了分散风险，却不乏采用共同保险协议的形式订立再保险合同的做法：如在中国人民财产保险股份有限公司宁夏回族自治区分公司诉民安财产保险有限公司山东分公司再保险合同纠纷案[14] 中，原告作为首席承保人，先与被保险人签订了保险合同，承保财产一切险和机器损坏险，随后又与本案被告签订了“共保协议”，约定原告作为首席承保人与被告共同承保，后发生保险事故，原告按照合同约定向被保险人赔付后被拒绝摊赔。虽然涉案协议名为“共保协议”，且法院也并未在判决中明确认定涉案协议的性质，但双方当事人在起诉书和答辩状中均认为其性质应为再保险合同。

再保险除了前述的典型功能外，还被国际保险人用于参与本国公司在外国投资的公司的保险业务。很多国家规定注册在本国的公司的保险业务由在本国取得经营资质或者内资保险公司经营。因此，外国保险公司或者外资保险公司采取委托当地有经营资质的保险公司承保外资公司的保险业务，再通过比例临分再保分入的形式参与这些公司的保险业务。这种做法称为代出单(fronting)。在分保协议中一般还规定直接索赔条款(Cut Through Clause)，其作用是明确被保险人可以

〔12〕 Paul Tudor Jones v. Crowley Colosso [1996] 2 Lloyd's Rep. 619 .

〔13〕 Insurance Co. of Africa v. Scor (U. K.) Reinsurance Co. , Ltd. , [1985] 1 Lloyd's Rep. 312.

〔14〕 参见(2014)青民商初字第 162 号。

直接向再保险人索赔，这实际上有共保的性质。

四、再保险合同的订立

与一般保险合同的订立一样，再保险合同的订立过程也因订立地点的不同而有所不同。以下，仅以我国和英国[15]为例，介绍再保险合同的订立流程。

(一)我国再保险合同的订立

在我国，再保险合同与普通保险合同的订立程序基本一样，也要经过要约、承诺两个阶段。其中，再保险合同的要约，是指保险人向再保险人发出订立再保险合同的意思表示的法律行为。承诺，是指再保险人同意保险人订立再保险合同意思表示的法律行为。在实践中，由于保险人与再保险人往往需要对再保险合同的条款进行反复的磋商，因此，合同订立过程中经常伴有多次的要约与反要约。在合同订立的过程中，根据我国《保险法》第28条第2款的规定，应再保险接受人的要求，再保险分出人应当将其自负责任及原保险的有关情况书面告知再保险接受人。也就是说，处于再保险合同的订立阶段时，保险人对再保险人的告知义务主要包括两个方面：(1)有关其自负责任的情况；(2)有关原保险合同的情况。

值得注意的是，《保险法》第28条第2款对保险人告知义务的表述方式既不同于其第16条第1款中对一般保险投保人所采取的询问告知模式，也不同于《海商法》第222条第1款中对海上保险投保人所采取的主动告知模式。对此，考虑到再保险合同的性质需要根据定约的具体条件判断，因此，《保险法》或《海商法》下的告知义务的规定是否适用于再保险合同不能简单地给出结论。

SK海力士再保险合同纠纷案对我国再保险人的赔偿义务有着重要的指导意义。法院根据具体案情认定“反确认”并非双方订立临时分保合同的必要条件，在约定的承诺期限内实际履行合同的行为，被认为是对要约接受，是承诺行为。该案具体案情如下：

SK海力士于2013年投保财产保险(英国协会保险条款)，包含财产一切险及营业中断险。根据承保方案，由5家保险公司组成共保体进行承保，其中现代财险承保份额为50%，原保险合同于2013年8月1日开始生效，保险合同期限为一年。现代财险随后将自身承保份额进行了再保险分出，中华联合财险是接受分保的再保险接受人之一。2013年9月4日，SK海力士下属工厂发生火灾，造成重大损失。中华联合财险与现代财险之间就其再保险合同是否成立展开了旷日持久的纠纷。一审判决中，中华联合财险胜诉，原审原告现代财险上诉。但北京市高级人民法院作出二审判决，中华联合财险败诉。根据判决书的要求，中华联合财险要向现代财险支付SK海力士案件再保险赔偿金、公估费及专家费人民币2.68亿元及利息

---

〔15〕 之所以选择英国，是因为英国是目前世界上最大的海上再保险中心，其再保险业务的操作方式具有代表性。

0.19 亿元,合计 2.87 亿元。

中华联合财险与现代财险此前即保持着频繁的业务往来,基于当事方业务人员的往来邮件内容,中华联合财险认为,其 8 月 1 日邮件中的六个备注条件[16]属于临时分保合同的主要条款,其对现代财险 7 月 25 日要约内容作出了实质性变更,构成新要约。现代财险未在新要约规定的有效期内作出承诺,再保险合同未能成立。但二审法院认为中华联合财险在现代财险没有进行反确认的情况下,于 30 日临时分保新要约有效期届满前向现代财险发出核对 SK 海力士项目净分入保费金额,并要求现代财险限期支付。中华联合财险按照现代财险公司的要约内容确定并行使合同权利,实际履行合同的行为,是实质性地接受了现代财险 7 月 25 日的要约。

二审法院也强调认为本案再保险合同双方当事人均系注册登记的专业从事保险业务的公司,纠纷发生前双方当事人之间亦有多笔再保险分出分入业务。在这些业务中,现代财险有按照中华联合财险的反确认要求作出反确认的情形,也有没按要求作出的情形。可见,反确认并非双方订立临时分保合同的必要条件。中华联合财险与现代财险的再保险合同在法律上成立,且被上诉人有违诚信原则。故应承担本案中的赔偿责任。

(二)英国再保险合同的订立

与我国再保险合同的订立方式不同,在英国,再保险合同的订立与一般保险一样,是以承保条为基础展开的。总体而言,英国再保险合同的订立过程与本书第四章第一节所介绍的英国海上保险合同的订立流程一致。具体而言,在保险经纪人为订立再保险合同而准备的承保条中,其包含的事项主要为保险人的信息、承保风险的性质、再保险的期间、赔偿限额、保险人的自留额及支付的保险费等。[17]

在英国法下,再保险合同的订立亦受到诚信原则的制约,保险人对再保险人负有公平陈述义务。在再保险合同订立过程中,保险人负有的提示义务的事项主要包括两方面:(1)与原保险合同风险有关的事项,包括原保险合同承保标的的性质、被保险人的索赔经历(claims experience)以及任何表明被保险人曾经欺诈的确凿证据;(2)与再保险合同的风险有关的事项,包括原保险合同是定值保险还是不定值保险,保险人承保的风险份额,原保险人是否是强制性的预约保险合同,[18]保险人在原保险人下的免赔额,原保险合同是否存在不寻常条款,共同保险人以及保

[16] 这些条件包括:(1)全部再保手续费为 10%(含税);(2)中华联合财险收到现代财险的确认以前没有已知的或已报案的损失发生;(3)最优的再保险条件,其他与原保单一致;(4)本要约自今日起有效期为 30 天;(5)60 天内交齐保费;(6)在收到对方公司的反确认以前不承担保险责任。

[17] See Barlow Lyde and Gilbert LLP, *Reinsurance Practice and the Law*, Informa, 2009, p. 12.

[18] 该事项之所以重要是因为在强制性的预约保险合同下,被保险人可以将坏的风险交由保险人承保而保险人必须承保。

险人的经纪人之前是否存在过欺诈行为等。[19] 不过需要注意的是，再保险合同下告知义务的履行因再保险合同类型的不同而有所区别：对于临时再保险合同和非强制性的合约再保险，保险人的告知义务与一般保险合同没有本质区别，但对于强制性的合约再保险，由于再保险人必须接受保险人分出的业务，因此，对于每一次分出的业务，保险人不必分别履行告知义务。而且，对于原保险合同下投保人提供的有关情况，若保险人不加适当的调查直接地转移给（pass on）再保险人，则将来发现该情况存在不实时，保险人将会被认为违反了如实告知义务。[20]

第二节　再保险合同的主要条款

国际海上再保险市场中并没有标准的再保险合同，海上再保险合同通常是基于缔约自由和意思自治原则，由双方当事人协商订立的。再保险合同的主要条款根据再保险合同的类型而略有不同。除一些基本条款，诸如缔约双方的名称，再保险的业务范围，保险费的计算及保险赔付的支付方法等条款外，本书主要介绍下列再保险合同中较富特色的条款。

一、索赔条款

（一）索赔合作条款（claim cooperation clause）和索赔控制条款（claim control clause，CCC）

根据再保险合同，再保险人应当承担的责任是在保险人依照原保险合同向被保险人支付保险金后，对原保险人作出赔付，故原保险人根据原保险合同作出保险赔付的方式及数额与再保险人的权益密切相关。因而在英国的再保险实践中，再保险合同中通常会订有索赔合作或索赔控制条款，授权再保险人介入原保险合同的索赔过程中，以最大限度地维护自己的权利。[21] 在索赔合作条款下，原保险合同保险范围内的任何损失以及被保险人根据直接保险合同向原保险人提起的任何诉讼，原保险人均有义务在得知损失或诉讼发生后的合理时间内通知再保险人，未经再保险人同意，原保险人不得与被保险人达成和解协议。但在损失的发生与被保险人的披露义务并无明显关系的情况下，除非再保险合同中有明确约定，否则，

---

〔19〕 See Jonathan Gilman et al., *Arnould's Law of Marine Insurance and Average*, Sweet & Maxwell, 2013, pp. 1712 – 1714.

〔20〕 See Jonathan Gilman et al., *Arnould's Law of Marine Insurance and Average*, Sweet & Maxwell, 2013, p. 1712.

〔21〕 参见郑睿：《英国海上保险法律与实务》，上海交通大学出版社 2014 年版，第 318 页。

对于原保险人根据诚实信用原则是否享有针对被保险人的抗辩的事实,原保险人是无义务必须查明的。[22] 而索赔控制条款对再保险人的保护则更进一步,被保险人对原保险人提起的任何诉讼都要受到再保险人的制约,故在索赔控制条款下,通常原保险人与诉讼结果并没有实质上的利害关系。在 Beazley & others v. Al Ahleia Ins Co. and others[23]案中, KOC 与 HHI 订立原油储罐建造合同,因其中一个储罐存在设计缺陷造成损失,被保险人向其保险人提出索赔,后原保险人通知再保险人进行理赔。因再保险合同中约定了理赔处理控制条款 CCC,规定再保险人承担再保险责任的先决条件是:“(a)原保险人应当就发生的损失通知再保险人;(b)原保险人应当向再保险人提供有关信息,且再保险人有权任命损失理算员并控制理赔;(c)未经过再保险人的事先同意,不得进行理赔、妥协或承认责任。”原告主张,被告未允许 Beazley 和其他原告控制与 KOC 的协商且未经 Beazley 等原告的事先同意进行理赔、妥协以及承认 KOC 在争议储罐索赔的责任,违反 CCC 中(b)(c)项,从而拒绝承担再保险理赔责任。案件的争议点可归纳为:(1)对于 CCC 是否属于免责条款,原告认为不具有免责条款的性质,而被告认为应被视为免责条款。(2)原告主张被告违反了 CCC 中(b)项的规定,被告 AIC 的 Bukhari 于 2009 年 12 月 2 日与 KOC 进行协商;12 月 6 日已经达成协议;但直到 12 月 8 日才通知 Beazley 等,认为原保险人剥夺了再保险人的相关权利。(3)原告认为由于 CCC 的(c)项的措辞并没有任何限制性词语,所以被告 AIC 未经原告事先同意,对 KOC 提出的索赔进行理赔、妥协或承认责任的行为,违反了(c)项的规定。

本案 Eder 法官判决被告胜诉,即原保险人没有违反 CCC 的规定,再保险人应当承担再保险理赔。法官认为遵守 CCC 是再保险人承担理赔责任的先决条件, CCC 性质为免责条款,应按公平原则进行解释。2009 年 12 月 2 日至 6 日,KOC 与 AIC 之间未达成任何协议,此期间进行的讨论仅仅是内部的,不具有对外的法律效力。(b)项给再保险人分配了对保险理赔进行控制等权利,即如果再保险人没能控制理赔或协商,则再保险人则不承担责任。但是由于不存在这种协商,所以法官认为被告未违反(b)项的规定。(c)项与(a)(b)项并列时,应当在整个 CCC 的背景下进行整体解释,即指的是再保险合同下的理赔、妥协或承认。而对于原保险人自留额的理赔、妥协或承认责任,不需要经过原告的同意。所以法官认为(c)项不适用于被告的理赔、妥协或承认责任,被告也没有违反(c)项的规定。

(二)索赔共命运条款(follow the settlement clause)

在各国的海上再保险合同中,“共命运条款”得到了普遍认可和接受,其含义

---

〔22〕 See Jonathan Gilman et al. , *Arnould's Law of Marine Insurance and Average*, Sweet & Maxwell, 2013, p. 1748.

〔23〕 Beazley & others v. Al Ahleia Ins Co. and others, [2013] EWHC 677(Comm).

是，除非双方当事人另有约定，对于再保险合同约定的事项，再保险人在其利害关系范围内与原保险人同一命运，即只要原保险人对被保险人所做的保险赔付符合商业合理原则和诚实信用原则，再保险人就须按原保险人的决定履行再保险合同的义务。在这一条款的约束下，原保险人与被保险人之间诉讼结果的效力及于再保险人，原保险人依据诚实信用原则对被保险人作出的非诉讼赔偿对再保险人也有约束力。〔24〕但“共命运”须受到一定的限制，即再保险人仅在利害关系范围内与原保险人共命运，与再保险合同无关或因原保险人自身的过错和为自己的利益而行使权利所产生的费用，再保险人无义务承担。

英国法下，共命运条款表述为“索赔共命运”。其含义是，在满足特定要求的前提下，再保险人应直接承认保险人与被保险人达成的和解协议的效力，并据以作出保险赔付，但前提是，保险人达成的和解既在保险合同条款允许的范围内，又未超出再保险合同的承保范围。保险人有义务证明，他已经赔付了被保险人，再保险索赔请求属于再保险合同的承保范围。若原保险合同与再保险合同不是背靠背的，则要证明损失属于再保险合同的承保范围。〔25〕鉴于共命运条款在世界各国的再保险实践中已成为具有普遍约束力的惯例，因此，在再保险合同中，即使没有明确的共命运条款，也不影响其在再保险合同中的适用，原保险人和再保险人均要受其约束。

（三）被保险人的直接索赔权条款（cut – through clause）

再保险合同中，再保险人承保的是保险人根据原保险合同而享有的经济利益，所以当发生原保险人的赔偿或给付责任时，再保险人就应依据再保险合同对原保险人进行赔偿。再保险人的赔偿义务，不以原保险人对被保险人履行保险赔偿义务为前提，再保险人不可以原保险人尚未实际向被保险人支付保险赔偿为由拒绝向原保险人承担赔付责任。实践中，再保险人的赔付责任通常发生于原保险人依直接保险合同对被保险人承担赔偿的责任得以确定之时。〔26〕

原保险合同与再保险合同是两个独立的保险合同，被保险人与再保险人之间无直接的权利义务关系。故在一般情况下，被保险人无权越过原保险人，直接向再保险人主张权利，再保险人也无权对被保险人与保险人之间的业务活动及权利义务关系进行不正当干涉。但在英国的再保险实践中，再保险人行使索赔控制权或者对原保险合同的保险人和被保险人之间就损失进行协商的过程进行监督，并不能将其定性为对被保险人和原保险人合同关系的不正当干涉，也不能因此认为再

〔24〕 参见杜鹃、陈玲主编：《再保险》，上海财经大学出版社 2009 年版，第 30 页。

〔25〕 See Peter Hirst, et al., *Key components of insurance and reinsurance*, Clyde & Co. LLP., 2013, p. 12.

〔26〕 参见邹海林：《试论再保险合同的基本问题》，载《中南政法学院学报》1996 年第 5 期。

保险人有支付原保险合同的诉讼费用的义务。[27]

为保障被保险人的利益或者实际需要,有的再保险合同中通常均订有“直接索赔条款”,赋予被保险人直诉再保险人的权利,双方当事人既可以特别条款的形式约定也可以补充条款的形式约定。直接索赔条款的行使通常是在原保险人丧失保险偿付能力的情况下,但若双方当事人在合同中有明确约定,在特别事项发生时被保险人也可行使直接索赔权。该条款的存在不仅使被保险人在原保险人不能如约履行义务时获得保险赔偿的权利得到保障,同时,使再保险人获得了进入不被允许的诉讼和市场的合法理由,为再保险业务的发展提供了更大的契机。但在英国法下,1999 年的《第三人权利法案》生效前,被保险人基于合同的相对性原则是无权直诉再保险人的。该法案颁布以后,被保险人的直接索赔权虽然不再受此限制,但是在英国法下,被保险人只有在原保险人丧失偿付能力的情况下,才可越过原保险人,直接向再保险人索赔。

二、错误与遗漏条款(errors and omissions)

再保险的手续烦琐,难以避免有错误或遗漏的发生,很可能会影响再保险合同的效力。为防止因错误或遗漏引发当事人之间的纠纷,维护原保险人的权益,同时保障合同的效力和稳定性,再保险合同中通常订有错误与遗漏条款,其基本含义是,与再保险合同有关的错误、迟延、疏忽或者遗漏,双方当事人在任何情况下均不得推卸责任。再保险人不得以原保险人在办理保险分出业务中因过失造成的错误、遗漏或迟延为理由而拒绝承担赔付责任或主张解除合同。原保险人要想获得错误与遗漏条款带来的利益,就应在发现错误和遗漏时,立即通知再保险人并及时予以更正或补充,否则,要承担不利的法律后果。

但英国再保险中的错误与遗漏条款与我国的有一定差异。英国的保险实践中,法庭在理论上可以拒绝当事人以误述为由主张解除合同并要求赔偿损失的诉讼请求。但这一做法却不适用于再保险合同。也就是说,在再保险合同中,再保险人完全可以以原保险人误述为由行使合同解除权,而再保险合同中的错误与遗漏条款并不意味着再保险人放弃了其在原保险人误述的情况下解除合同的权利,只是意图通过该条款减轻原保险人因提供的文件不符合合同约定而应承担的不利后果。[28]

三、默示条款(implied terms)

我国再保险制度中并无默示条款的规定,虽然《合同法》中规定了实质上的默

---

〔27〕 See Jonathan Gilman et al. , *Arnould's Law of Marine Insurance and Average*, Sweet & Maxwell, 2013, p. 1749.

〔28〕 See Jonathan Gilman et al. , *Arnould's Law of Marine Insurance and Average*, Sweet & Maxwell, 2013, p. 1717.

示条款制度,[29]但并不能适用于再保险合同。在英国的再保险实践中,有些内容虽然双方当事人并未在合同中明确约定,但根据行业惯例或交易习惯,也视为有效条款。这就是我们通常所说的默示条款。再保险合同中的默示条款主要包括以下几种。

(一)检验条款(inspection clause)

合同再保险中,再保险人通常会在保险合同中明确保留对原保险人的业务记录进行检查的权利,即使双方当事人在合同中没有明确约定,至少在比例再保险合同中,都应将再保险人的此项权利视为合同的默示条款。[30] 再保险人可以在再保险合同期间内的任何时候行使这项权利,但不得以检查原保险人的义务记录为由拖延或支付保险金。我国的再保险合同中,通常也订有检查条款,赋予再保险人检查原保险人的账单及其他业务文件的权利,但实务中,除非双方当事人发生利益冲突并有可能诉诸法律时,否则再保险人一般不会主动行使该权利。

(二)保险人谨慎经营条款

此条款源于 Hobhouse 大法官对 Phoenix General Insurance Co. of Greece v. Halvanon Insurance[31]一案的评述。Hobhouse 大法官认为,在预约保险合同中,不论双方当事人是否在合同中有明确约定,保险人都应当以一个谨慎合理的人的身份,并且和市场惯例保持一致地经营保险业务。这是因为在预约保险合同中,原保险人将保险责任分出时,再保险人即有义务接受,并无选择的权利,而原保险人出于自身利益的考量,很有可能将良好的风险自留,将较差的风险分出给再保险人。为此,对原保险人接受投保的行为进行规范和约束,对维护再保险人的权益具有十分重要的作用。但在非比例再保险中,再保险人和原保险人的商业利益并不完全一致,再保险人可以通过原保险人履行披露义务获得与承保风险有关的信息,并且可以将其认为必要的条款在合同中予以明确,故该默示条款并不适用于非比例再保险合同。[32]

四、并入条款(incorporation)

再保险合同中双方当事人的权利义务是根据保险合同中的条款确定的。基于临时再保险合同的特点,出于商业便捷考虑,伦敦再保险市场的很多临时再保险合同并未完整详细地拟定所有条款,而是采用并入的方式,将原保险合同中的条款并入再保险合同中,并据此确定原保险人与再保险人之间的权利义务。尽管有学者

---

〔29〕 例如,《合同法》第 150 条关于标的物权利瑕疵担保义务的规定,以及第 154 条关于标的物质量的规定等。

〔30〕 Baker v. Black Sea and Baltic General Insurance Co. Ltd. [1995] L. R. L. R. 261.

〔31〕 [1985] 2 Lloyd's Report 599.

〔32〕 See Jonathan Gilman et al., *Arnould's Law of Marine Insurance and Average*, Sweet & Maxwell, 2013, p. 1721.

认为，并入条款的效力仅是为了保证原保险人与被保险人订立的合同条款全部为再保险人所知悉，但英国学界的主流观点仍认为并入条款的主要功能是保证再保险人与原保险人承保的范围是相一致的。

英国法下，并入条款需要满足如下条件：(1)并入条款在性质上须属于允许被并入的范围。一般在实践中，仲裁条款、法律适用条款和管辖权条款等相对性和私密性较强的条款，非明示不得并入。(2)被并入条款的来源须清楚表明，单纯地在合同中约定概括性地并入(the same terms as original)并不能明确直接保险合同中的条款被并入至再保险合同中。(3)并入条款须以适合于再保险合同的措辞予以重新阐述，因为合同条款的措辞与合同解释密切相关，不同的措辞可能导致对原保险合同与再保险合同的承保范围有不同的理解，由此影响再保险合同的索赔。(4)除非双方当事人在合同中明确约定，原保险合同中在再保险合同生效后新增加的条款不得视为并入条款。(5)并入条款的含义和范围在并入时须明确，这是为了降低再保险人因法律变动而可能遭受的风险。

就并入条款的法律效果而言，只有并入条款在再保险合同中用合适的措辞重新表述，才可将其视为再保险合同双方当事人之间的约定，双方的权利义务才受其约束。若非如此，并入条款仅仅是设定了再保险人对原保险人进行赔付的基础。也就是说，只有原保险人在再保险人承认的基础上对被保险人作出的赔付，再保险人才会对原保险人进行赔偿，即使再保险人承认原保险人与被保险人之间和解协议的效力，也并不意味着再保险人会据此对原保险人作出赔付。〔33〕

(一)承保范围(coverage of direct policy)的并入

并入条款的基本目的就是使再保险合同与原保险合同的承保风险保持一致，故一般情况下，与原保险合同承保风险有关的一般条款均可概括性地并入再保险合同中。但特殊条款的并入却颇具争议，在 Maritime Insurance Co. v. Steams〔34〕案中，法院认为与原保险合同承保风险有关的特殊条款非经双方当事人明确约定，不得概括性地并入再保险合同，而 Scrutton J. 大法官在对 Property Insurance Co. v. National Protector Insurance Co.〔35〕案中的评论中则认为，再保险合同中也可以概括性地并入特殊条款，但若原保险人并未向再保险人披露此特殊条款，则再保险人有权以原保险人违反诚实信用原则为由主张解除合同。

(二)附属条款(ancillary terms)的并入

虽然并入条款的初衷是保证再保险合同与原保险合同的保险范围相匹配，但

---

〔33〕 See Jonathan Gilman et al., *Arnould's Law of Marine Insurance and Average*, Sweet & Maxwell, 2013, pp. 1725 – 1726.

〔34〕 [1901] 2 K. B. 912.

〔35〕 [1913] 18 Com. Cas. 119.

同时也会将原保险合同中对被保险人施加义务或其他相关的附属条款并入到再保险合同中,故原保险合同的附属条款只有在对再保险合同有意义并且不会与再保险合同中明确约定的条款相冲突时,才可以被并入。比如前面论及的索赔合作和索赔控制条款,该条款只是规定了原保险人的损失通知义务,与向再保险人提起的诉讼并无直接关系,故若再保险合同中没有明确约定,则不将其视为并入条款。

(三)争端解决条款(dispute resolution provision)的并入

在意思自治原则的基础上,合同的双方当事人有权在平等自愿的前提下协议选择争端的解决方式和所适用的法律,故仲裁条款、管辖权条款及法律适用条款等争议解决条款一般被认为是与合同的其他条款相分离的。再保险合同中,当事人一般不会选择将上述条款并入到再保险合同中,所以概括性地并入(the same terms as original)并不意味着原保险合同下的争端解决条款在再保险合同中同样适用。

第三节 再保险合同基本法律问题阐述

再保险合同是明确保险人和再保险人双方权利义务关系的协议。作为保险合同的一种,其具有一般保险合同的共同特点,即也是射幸合同、双务有偿合同、诺成合同。但由于再保险合同是在原保险合同基础上订立的,而且再保险往往具有跨境的特点,导致再保险合同具有特殊性。

一、再保险合同与原保险合同的关系

如前所述,原保险合同是再保险合同订立的基础,因此,再保险合同与原保险合同之间必然存在不可分割的联系,这种联系在学理上被归纳为再保险合同的从属性。再保险合同的从属性主要表现在以下三方面:(1)合同效力上的从属性。由于再保险的目的是对原保险合同下风险的分散,因此,如果原保险合同无效或被撤销,则再保险合同的目的也自然落空,再保险合同随之无效或可撤销。(2)保险事故发生的从属性。由于再保险合同是对原保险合同承保风险的分摊,因此原保险事故的发生就是再保险事故的发生。(3)合同内容的从属性。实务中,再保险合同主要规定一些最基本的条款及事项,其他一些事项通常采用并入条款的方式加以约定(有关并入条款的详细论述见本章第二节),因此,再保险合同在内容上与原保险合同存在很多的相同之处。事实上,就合同内容而言,再保险合同的从属性最集中体现于“共命运条款”(在本章第二节中作过详述)。

当然,虽然再保险合同与原保险合同之间存在一定的从属关系,但需要明确的是两者在本质上是相互独立的合同。这种独立性具体表现为:(1)赔偿请求权的独立性。再保险合同的独立性意味着原保险合同的被保险人与再保险人之间没有直接的法律关系，在保险事故发生之后，原被保险人对再保险人不享有请求支付保险赔偿金的权利。对此，我国《保险法》第29条第2款明确规定，原保险的被保险人或者受益人不得向再保险接受人提出赔偿或者给付保险金的请求。(2)保险费请求权的独立性。原被保险人对再保险人不享有保险赔偿金请求权的同时，再保险人也只能向作为其合同相对方的保险人请求支付保险费，而无权向原保险合同下的投保人请求交付保险费。对此，我国《保险法》第29条第1款明确规定，再保险接受人不得向原保险的投保人要求支付保险费。(3)赔偿义务的独立性。即原保险合同下被保险人与保险人之间的权利义务关系不受再保险合同的影响，不论是否办理再保险，保险人对原被保险人的赔偿义务不会改变。对此，我国《保险法》第29条第3款也有明确的规定，再保险分出人不得以再保险接受人未履行再保险责任为由，拒绝履行或者迟延履行其原保险责任。这一点在华安财产保险股份有限公司深圳分公司与中国人民财产保险股份有限公司白山市分公司再保险合同纠纷上诉案[36]中有所体现。

二、再保险合同的法律性质

关于再保险合同的法律性质，一直是学界研究的焦点问题之一。总结来看，关于再保险合同属性的学说主要有以下几种。

(一)合伙合同说

合伙合同说为德、日、法等国早期判例所采用，该学说认为再保险合同是原保险人与再保险人以分担危险为共同目的之合伙合同。[37] 之所以这么认为，是因为："首先，再保险合同是基于原保险合同将其承担的巨大风险分散出去从而保障自身经营为目的而产生的。再保险合同的双方当事人对于原保险合同的标的具有利害与共的关系，这和合伙中的共收益、共赔偿相似。其次，基于原保险合同的约定，保险事故发生后，原被保险人可以直接向原保险人主张赔付保险金，这也和合伙中的债权人可以向合伙中的当事人主张债权相似。最后，在再保险合同中，当事人双方可以根据合同约定以比例再保险方式或非比例再保险方式，划定原保险人和再保险人各自所承担的责任，这也和合伙中根据双方出资的多少而承担与之相应的责任类似。"[38]不过该学说在现代已很少被采纳，因为大多数观点认为"保险人与再保险人之间并无共同出资，且订立再保险合同之目的亦非在经营共同事业，加之再保险人与原保险人系两独立的法人，各为合同之主体，并非两者成为一个合

---

〔36〕 参见(2010)厦民终字第11号。

〔37〕 参见袁宗蔚：《保险法》，台北，三民书局1969年版，第69页。转引自覃怡、樊启荣：《再保险合同定位的若干问题探讨》，载《法商研究》2000年第1期。

〔38〕 宋云明、张建梅：《再保险合同的性质探讨》，载《人民司法》2011年第5期。

伙主体,故再保险合同非合伙合同”。〔39〕根据我国《民法通则》和《合伙企业法》的规定,合伙是当事人共同出资,共同经营,共担风险、共负盈亏。而再保险合同中,原保险人只是将自己承担的保险责任中的一部分分保出去,由再保险人承担。当事人之间并没有形成严格的利益共同体,所以将再保险合同定位为合伙合同是不恰当的。

(二)保险合同说

持保险合同说的学者认为对于再保险合同性质的判断,应以再保险合同的内容为依据。鉴于再保险合同在本质上仍是由保险人给付一定保险费,由再保险人承担危险的双务合同,因此其合同内容与一般保险合同一致,故再保险合同应为保险合同的一种。然而,对于再保险合同究竟属于何种保险合同,学界存在两种观点:

1. 原保险合同说。该说认为再保险合同是继承原保险合同而来,其实质内容仍以原保险合同为基础。如有学者认为:“如果原保险合同是财产保险合同则再保险合同为财产保险合同。原保险合同是人身保险合同则再保险合同是人身保险合同。因为其保险标的并未改变。”〔40〕该种观点也为英国一些法官所支持,例如,Hobhouse 大法官在 Toomey v. Eagle Star Insurance Co. Ltd.〔41〕案中就认为再保险人的保险利益要根据原保险合同来确定,并且原被保险人要确保再保险人享有根据原保险合同有权并可能获得的权利,再保险合同与原保险合同承保的风险和保险利益是相同的。类似地,在 Charter Reinsurance Co. Ltd. v. Fagan〔42〕案中,Hoffmann 勋爵也认为再保险合同并不是一个承保保险人潜在责任或赔偿的保险,它是再保险人和保险人之间一个独立的合同,该合同的保险标的与原保险合同中的保险标的相同。虽然再保险与原保险承保的危险基础是相同的,但再保险合同的保险标的和保险事故乃至双方当事人都与原保险合同不尽相同,将二者等同未免有失偏颇,因此该学说目前鲜少被采用。

2. 责任保险合同说。该说认为再保险合同是以分担保险人向原被保险人的赔偿责任而产生的,其承保的风险不是原保险合同保险标的的损坏或灭失,而是原保险人的赔偿或给付责任。原保险合同中约定的保险事故发生时,再保险人的赔偿责任并不成立,只有原保险事故发生,原保险人的保险责任成立时,再保险人方需承担保险责任。因此,再保险应为原保险的补充责任的保险,即为责任保险。此学说为很多国家、地区学界的通说。例如,我国大陆学者认为“原保险人与再保险人

---

〔39〕 覃怡、樊启荣:《再保险合同定位的若干问题探讨》,载《法商研究》2000 年第 1 期。

〔40〕 陈继尧:《再保险实务研究》,台北,三民书局 1976 年版,第 74 页。

〔41〕 [1994] 1 Lloyd's Rep. 516.

〔42〕 [1997] AC 313.

订立合同之目的在于将其所承担的保险责任的一部分转移给再保险人,从而减少其自身所承担的风险,具有责任保险合同的本质特点”。[43] 我国台湾地区的学者认为“不论原保险契约为财产保险、责任保险抑或人身保险,再保险契约均系基于有效契约而生之利益而成立之保险契约,性质上属于责任保险”。[44] 日本学者认为“再保险在实际运用上,固亦有类似合伙之点,但在法学的观察上,则非属正当。又原保险契约说,若就原保险及再保险之保险利益之不同观之,亦非正当。结果自以责任保险说为正当”。[45] 甚至于有的国家为避免实务上的麻烦,明确规定再保险合同具有责任保险合同的性质,可以适用责任保险的相应规范,如《韩国商法典》第726条规定,有关责任保险的规定,准用于再保险合同。[46]

该学说主要是建立在保险利益原则与损失补偿原则基础之上,将再保险定位为风险和责任的二次分配。但在科技日益发达的今天,保险标的价值的扩大和风险的增加使原保险人在承保某些风险时,要首先确保该风险能够成功分保出去,以降低企业的承保风险,在发生保险事故时能够保障正常经营,故而,再保险成为许多原保险合同成立的前提和必要条件,再保险也开始逐渐介入第一次风险分摊之中,参与了直接承保经营的过程。因此,责任保险合同说也开始遭到质疑。

(三)合作保险说

如前文所述,随着再保险人开始参与原保险人直接承保经营的过程,将再保险视为是第二层次的风险分配与责任承担已不再恰当。合作保险合同说即产生在此基础之上,拟通过合作的法律行为说明再保险合同的法律性质。对此,可作如下解释:再保险人将一种经济上的信用给予原保险人,增加其偿付能力,以保证其在面临巨额保险金的支付时依然能够维持正常的经营活动,不至于陷入窘境,并向其收取保险费;同时,依照再保险合同的约定,分担一定比例的保险赔款。因此在某种程度上可以说,再保险人参与了原保险人的盈亏。但该学说主要是从经济学的角度出发,通过阐述原保险合同与再保险合同的关系从而推断再保险合同的性质,却忽略了再保险合同的独立性,过分夸大了再保险合同对原保险合同的影响,虽具有一定的新颖性和合理性,却也不尽科学。

在英国的再保险实践中,尽管有权威学者将再保险的性质视为类似于责任保

---

〔43〕 任自力主编:《保险法学》,清华大学出版社2010年版,第284页。

〔44〕 江朝国:《保险法基础理论》,台北,瑞兴图书股份有限公司1999年版,第498页。

〔45〕 [日]田边康平:《保险契约法》(中译本),廖淑惠译,财团法人保险事业中心1993年版,第115页。转引自樊启荣:《论再保险合同之法理构造——以我国“保险法第二次修改”为背景》,载《中南财经政法大学研究生学报》2010年第3期。

〔46〕 参见宋云明、张建梅:《再保险合同的性质探讨》,载《人民司法》2001年第5期。

险,但主流观点仍认为,再保险是对原保险合同中保险标的的可保利益的保险。[47]在 Lexington Insurance Co. v. Wasa International Insurance Co. Ltd.[48]案中,上诉法院的 Sedley L. J 法官认为,将再保险合同视为针对原保险合同所承保风险的更进一步的保障,是再保险在英国被视为非法时期时的历史遗留观点,[49]经过漫长的时期已不再具有代表性和合理性。再保险实践和相关立法已表明,再保险所保障的是原保险人的责任。但 Sedley L. J 法官的观点同样遭到了上议院的反对,[50]他们一致认为再保险并非责任保险。并且 Mance 勋爵和 Collins 勋爵都强调,再保险人始终有权利依据再保险合同条款(而非直接保险合同中的条款)行事。Collins 勋爵同时认为,原则上讲,如果再保险合同中的措辞能够确切表明该合同是责任保险合同,那么就不能否定其责任保险的性质。通过一些判例我们可以看出,在英国,部分学者并不主张对再保险合同进行明确的定性,他们认为,再保险合同的具体内容可能通过责任保险合同条款的方式来表达,也可能通过并入原保险合同中的条款来表示,因此,再保险合同的性质应通过合同中的具体措辞来推断。由于再保险合同在被保险人、保险金的给付条件等方面都与责任保险存在区别,而再保险业务的新发展——再保险有可能参与原保险人直接承保经营的过程的现象的存在同样会对再保险的定性产生影响。因此,实践中,我们不妨效仿英国,结合再保险合同的具体措辞和案件的特殊情形,对再保险合同的性质做灵活认定,以使得案件得到最恰当的处理。

三、再保险人赔偿义务的确定与履行

国际再保险实践中,再保险人承担赔偿责任需要满足三个条件:(1)再保险合同发生效力;(2)再保险人要确定损失属于直接保险合同承保的范围;(3)要确定该损失同样未超出再保险合同的承保范围。在普通法下,并未规定将原保险人对被保险人进行赔付作为其获得赔偿的条件之一。其原因在于,如果原保险人因破产而无法赔偿被保险人,那么只要被保险人已向其提出索赔,则原保险人的清算人即可以通过破产程序赔付被保险人。因此,再保险人应依据其与原保险人签订的协议对其进行赔付,而不得以原保险人尚未对被保险人赔付为借口而推迟或拒绝赔偿。

---

〔47〕 See Jonathan Gilman et al., *Arnould's Law of Marine Insurance and Average*, Sweet & Maxwell, 2013, p. 1708.

〔48〕 [2009] UKHL 40.

〔49〕 英国最早开始海上保险领域的再保险业务,但由于当时对重复保险和再保险的定义不明确,二者出现混同现象,并存在利用原保险与再保险费率之间的差额进行投机的现象。英国的再保险业务遭到舆论的非议,并曾经一度出现英国议会颁布法令宣布再保险为非法并禁止再保险业务的情况。

〔50〕 [2009] Lloyd's Rep. I. R. 675.

再保险承保的风险为原保险人对于原被保险人承担的赔偿或者给付责任，再保险人仅以原保险人的赔偿或者给付责任为保险事故，所以，当发生原保险人的赔偿或者给付责任时，再保险人应当对原保险人为给付。再保险人的给付义务，不以原保险人对被保险人履行给付或者赔偿义务为要件；至于原保险人对被保险人是否实际为保险金给付，与再保险人的给付义务无关。我国的通说观点认为，再保险人的给付责任，发生于原保险人依照原保险合同被确定应当对被保险人承担给付义务时。因此，原保险人依照原保险合同负有赔偿或者给付义务时，即使尚未对被保险人为保险给付，再保险人亦应当向原保险人履行再保险给付义务。再保险人的赔偿责任以合同约定的数额为限，在再保险有效期间，若原保险人不能支付到期债务或者丧失支付能力时，再保险人是否需要承担超出其责任限额部分的赔偿责任，我国法律并无相关规定。对此，英国法院的判决认为，若再保险合同没有明确地将再保险人的超额给付责任约定为除外责任，则在原保险人发生支付不能或者丧失支付能力时，再保险人应当承担原保险约定的全额给付责任。这种做法，对于我国的保险实务具有一定的参考价值。

四、再保险人的代位求偿权

就英国海上再保险而言，再保险人的代位权首先在 Assicurazioni Generali de Trieste v. Empress Assurance Co. Ltd.〔51〕案中获得承认。法院认为再保险人就其所支付的保险赔偿金，有权向原保险人请求。在美国判例 Glacier General Assurance Co. v. G. Gordon Symons Co. Ltd.〔52〕案中，也肯定了再保险人确实拥有保险代位权，但认为应当由原保险人就全部损失去实际代位追偿，之后再将追偿所得的相应数额给付给再保险人。由此可见，在英美各国的司法实践中，都有判例承认了再保险人代位求偿权的存在。再保险人对原保险人进行赔付后，即有权行使原保险人的代位权，要求第三人履行相应的赔偿责任。比如，若原保险人享有针对被保险人的误述主张损害赔偿的权利，则再保险人对原保险人进行保险赔付后，即被授权行使原保险人的此项权利。换句话说，如果再保险人根据再保险合同向原保险人支付的保险赔偿是基于被保险人的误述作出的，那么再保险人获得救济的途径并不是向原保险人主张权利，而是代位原保险人，要求被保险人承担责任。〔53〕

我国的《保险法》和《海商法》虽然都对保险人的代位求偿权作出了规定，但对再保险人是否享有代位求偿权却并未明确。对此，学界有肯定说和否定说两种观点。

〔51〕 Assicurazioni Generali de Trieste v. Empress Assurance Corporation [1907] 2 K. B. 814.

〔52〕 631 F. 2d 131 (9th Cir. 1980).

〔53〕 See Jonathan Gilman et al., *Arnould's Law of Marine Insurance and Average*, Sweet & Maxwell, 2013, p. 1746.

否定说基于再保险合同责任保险的性质以及再保险合同的独立性,认为再保险人不享有代位权。[54] 理由是:(1)再保险人承担的是补偿原保险人因根据原保险合同向被保险人支付保险赔偿后所遭受的损失的责任,原保险人订立再保险合同初衷是与再保险人分摊风险,而非将原保险合同下的权利义务全部或部分移转给再保险人;(2)再保险合同与原保险合同是相互独立的,原保险人根据原保险合同享有的向第三人追偿的权利并不当然地及于再保险人;(3)再保险具有分散性,原保险人为分散风险可能与多个再保险人订立分保合同,多个再保险人分别行使代位求偿权,实际操作起来是十分困难的,因而从国际再保险实践来看,惯常的做法是由原保险人行使代位求偿权,再与再保险人就追偿所得进行分配。

肯定说认为,再保险人作为广义的保险人,当然地享有代位权。[55] 再保险中存在两对法律关系,即原保险人与被保险人之间,再保险人与原保险人之间的法律关系。原保险人对被保险人进行赔付后,在其保险赔付的范围内取得对第三人的代位权,可以向第三人主张损害赔偿的权利,而根据再保险合同,原保险人对被保险人作出再保险范围内的赔付,再保险人即有义务对原保险人进行赔付,如此一来,原保险人就获得了双重利益,这显然是有违公平的;抑或者,原保险人根据再保险合同获得补偿后,可能会怠于行使对第三人的代位权,而使第三人免于承担损害赔偿责任,由此不当得利,对再保险人权益的实现造成阻碍。此外不能以再保险合同独立于原保险合同为由否定再保险人的代位求偿权。代位权制度的存在本身就是对债权相对性的突破,既然原保险人有权介入被保险人与第三人的法律关系中,那么否定再保险人代位求偿权的存在未免有失偏颇。

虽然我国目前的再保险司法实践中尚未有明确承认或否定再保险人代位求偿权的先例,但笔者认为,无论是依据在保险的性质,还是对再保险进行体系解释,代位求偿制度都可适用于再保险中。

五、再保险的立法基础及法律适用

再保险立法可分为主体立法和行为立法。主体立法主要是对再保险公司及再保险公司的高级管理人员的规定;行为立法则针对再保险公司的业务行为,主要是再保险合同以及对再保险业务进行监管的相关规定。论及再保险,一般都是以原保险为基础对其进行分析定位,认为原保险是第一性的,再保险是第二性的。的确,再保险的产生即是为分散原保险人的承保风险,在其产生初期,也确实作为原保险的第二层次的保证,发挥着分散风险、保证原保险人承保能力的功能。但随着经济社会的发展,危险的巨型化也使得再保险成为很多保险合同成立的先决条件,原保险人在承保特定类型的风险时,多会事先寻求再保险的支撑。此外,再保险合

---

〔54〕 参见吴坤埔、蒙瑞华:《论再保险人代位求偿权》,载《人民论坛》2011 年第 2 期。

〔55〕 参见武亦文:《保险代位权在再保险中的适用》,载《保险研究》2012 年第 5 期。

同作为独立于原保险合同之外的合同,在遵循保险法基本原则,采取措施防止原保险人不当得利的同时,也要注重原保险人与再保险人之间的合作配合。因此,再保险立法需站在发展与合作的立场,将再保险对原保险合同订立的影响充分考虑进去。

目前各国的保险立法中都没有针对再保险合同的专门规定,再保险合同的法律调整主要参照直接保险合同。就我国而言,我国《保险法》虽然未直接明确再保险合同的法律适用,但从其对再保险合同规定的位置安排上看,再保险合同的法律调整应参照直接保险合同。《保险法》对再保险合同的规定仅有两条(第 28 条、第 29 条),而这两条都规定在第二章"保险合同"的第一节"一般规定"下。由此可见,我国《保险法》将再保险合同视为保险合同的一种,其法律适用可参照直接保险合同适用。另外,我国《保险公司管理规定》第 72 条第 2 款规定:"再保险公司适用本规定,法律、行政法规和中国保监会另有规定的除外。"不过值得注意的是,虽有上述参照适用的原则,但这并不意味着所有《保险法》有关直接保险的规定都可适用于再保险合同,如《保险法》第 30 条所规定的"不利解释规则"。《保险法》第 30 条所确立的"不利解释规则"是以投保人在保险交易中处于弱势地位,有必要对其进行倾斜性保护为出发点而设立的,但在再保险合同下,投保人也是具有专业保险知识、业务经验的保险人,其无论在谈判能力还是对再保险合同的熟悉程度上都难言处于弱势地位,因此,"不利解释规则"在再保险合同中不存在适用的基础。对于海上再保险合同而言,其法律适用与一般海上保险合同一样,优先适用《海商法》第十二章的规定,在《海商法》没有规定的情况下,适用《保险法》的规定。

我国关于再保险的法律规定是零散的、非系统性的,强调对再保险实践的适应性,一定程度上缺乏系统性、规范性和前瞻性,且主要体现在对再保险人资格的确定、再保险业务范围、保险偿付能力,以及再保险合同的主要条款等方面,而对再保险公司的日常业务经营规范、再保险人赔偿义务的确定与履行、再保险人的代位求偿权等方面的规定仍存在空白点。另外,随着再保险业务的国际化水平不断提高,再保险业务往往涉及不同法律制度,因此,再保险合同条款的国际标准的统一以及再保险法律适用的国际统一也是我们在以后的再保险立法中需要考虑的问题。

图书在版编目(CIP)数据

海上保险法 / 初北平著. -- 北京 : 法律出版社,
2020

ISBN 978-7-5197-0519-0

Ⅰ. ①海… Ⅱ. ①初… Ⅲ. ①海上运输保险-保险法
-研究 Ⅳ. ①D912.280.4

中国版本图书馆CIP数据核字(2016)第326248号

海上保险法
HAISHANG BAOXIANFA

初北平 著

责任编辑 郑怡萍
装帧设计 凌点工作室

出版 法律出版社
总发行 中国法律图书有限公司
经销 新华书店
印刷 天津嘉恒印务有限公司
责任校对 王晓萍
责任印制 胡晓雅

编辑统筹 法律教育出版分社
开本 710毫米×1000毫米 1/16
印张 34
字数 653千
版本 2020年5月第1版
印次 2020年5月第1次印刷

法律出版社/北京市丰台区莲花池西里7号(100073)
网址/www.lawpress.com.cn
投稿邮箱/info@lawpress.com.cn
举报维权邮箱/jbwq@lawpress.com.cn
销售热线/400-660-8393
咨询电话/010-63939796

中国法律图书有限公司/北京市丰台区莲花池西里7号(100073)
全国各地中法图分、子公司销售电话:
统一销售客服/400-660-8393/6393
第一法律书店/010-83938334/8335
西安分公司/029-85330678
重庆分公司/023-67453036
上海分公司/021-62071639/1636
深圳分公司/0755-83072995

书号:ISBN 978-7-5197-0519-0
定价:72.00元